부가가치세법 강의

강의

2025

Teaching Value Added Tax

구성권 · 오기수 공저

도서출판
어울림
www.aubook.co.kr

2025년 개정판 머리말

   법률은 제정된 이후 시대와 환경의 변화에 따라 개정의 과정을 거치게 되며 2025년에 시행되는 부가가치세법에도 다수의 개정 사항이 있었다. 이에 따라 이번 개정판에서는 다음과 같은 부가가치세법의 개정 내용을 반영하였다.

   우선 수시부과 제도를 신설하여 납세지 관할 세무서장 등은 사업자가 과세기간 중에 재화 또는 용역을 공급하지 않고 세금계산서 또는 신용카드매출전표를 발급하는 등의 경우에는 해당 과세기간의 개시일부터 수시부과 사유가 발생한 날까지를 수시부과기간으로 하여 그 사업자에 대한 부가가치세를 부과할 수 있도록 하였다. 다음으로 부가가치세 면제 대상에 치료·예방·진단 목적으로 조제한 동물의 혈액 공급을 추가하였다. 또한 전자세금계산서 발급 전송에 대한 세액공제 특례 기한을 '2024년 12월 31일까지'에서 '2027년 12월 31일까지'로 3년 연장하였다. 이 외에도 명의위장 사업자인 일반과세자에 대한 가산세율을 공급가액 합계액의 '1%'에서 '2%'로, 명의위장 사업자인 간이과세자에 대한 가산세율을 '0.5%'에서 '1%'로 상향 조정하는 등의 개정이 이루어졌다.

   이 책은 부가가치세법의 내용을 이해하기 쉽게 기술하고자 하였으나 아직 여러 부분에서 부족함이 있다. 저자는 이러한 부족함을 계속해서 수정·보완하여 더 좋은 책이 될 수 있도록 노력할 것이다.

   끝으로 이 책이 대학에서 부가가치세법을 처음 공부하거나 실무를 준비하는 분들에게 미력하나마 도움이 되었으면 한다. 그리고 2025년 개정판을 출판할 수 있도록 도움을 주신 도서출판 어울림의 여러분들께 감사의 인사를 드린다.

2025년 2월
저 자

차 례

제1장 부가가치세의 기초이론

제2장 부가가치세법 총론

제4장 영세율과 면세

제5장 과세표준과 세율

제6장 납부세액의 계산

제7장 거래징수와 세금계산서

제8장 신고 · 납부와 환급

제9장 결정 · 경정 · 징수와 가산세

제10장 보 칙

제11장 간이과세

부 록

제1장

부가가치세의 기초이론

제1절 부가가치세의 의의

1. 부가가치세의 개념

부가가치세(Value Added Tax, VAT)란 재화나 용역이 생산되거나 유통되는 모든 거래단계에서 부가되는 가치를 과세대상으로 하여 과세하는 조세로서 일반소비세의 성격을 지닌 간접세이다. 이러한 부가가치세는 본래 유럽에서 발전된 매상세(sales tax)의 일종으로서 생산 및 분배과정의 각 단계, 즉 제조·도매·소매 등의 단계에서 재화 및 용역에 부가되어지는 가치에 국한하여 과세되어지는 조세이다. 여기서 부가되는 가치란 각 기업에서 발생한 지대·임금·이자·감가상각비 및 이윤 등 생산요소가치의 합계를 말한다. 물론 각 단계에서 발생하는 부가가치에는 원재료나 반제품 등의 중간재구입액은 포함하지 않는다.

> ☞ 매상세
>
> 매상세란 생산자로부터 최종소비자에 이르는 상품매매단계마다 반복적으로 동일상품에 대하여 과세하는 조세이다. 매상세는 다른 소비세와 마찬가지로 역진적인 작용을 하며 최종소비자에게 갈 때까지의 매매 횟수가 많을수록 조세부담은 크게 되므로 그 부담의 경감을 목적으로 하여 기업의 수직적 결합을 촉진시킨다.
> 그러나 매상세는 저율(低率)의 세율로도 많은 세수(稅收)를 확보할 수 있다는 장점이 있으므로 많은 재원이 소요될 때에는 대개 매상세가 도입되었다.

부가가치세의 특징은 무엇보다도 과세표준이 판매액의 총가치(gross value)에 있지 않고 각 판매단계에서 부가되는 순가치(net value)에 있다는 것이며, 최종소비자가 그 부가가치세를 부담한다는 것이다.

예를 들면 어떤 재화가 어느 한 사람으로부터 다른 사람에게 이전될 때마다. 즉, 재화이전의 각 단계마다 재화의 가치는 추가적으로 증가되며 그 결과 재화의 가격도 상승하게 된다. 이때 재화의 추가적인 가격상승의 크기는 각 단계에서 실현된 부가가치의 크기와 일치한다. 결국 부가가치세의 과세표준(tax base)은 각 단계에서 재화에 부가된 순가치라고 할 수 있다. 따라서 최종소비자의 소비자가격은 이러한 부가가치에 부가가치세를 더한 금액이 된다.

[그림 1-1] 부가가치와 부가가치세의 흐름

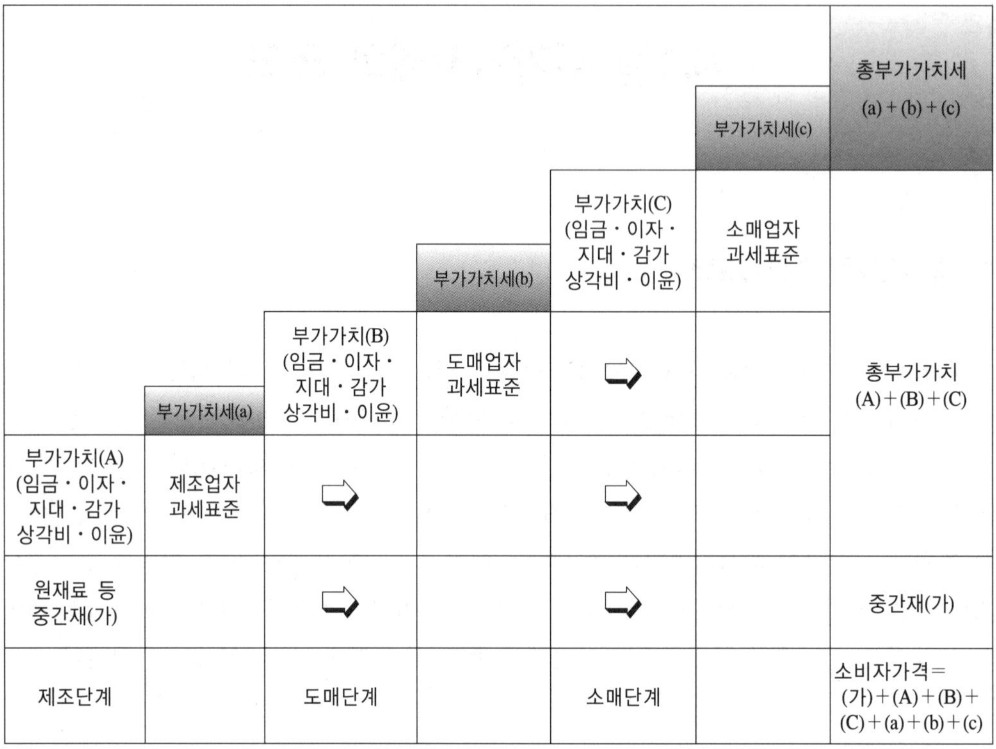

제조단계	도매단계	소매단계	
			총부가가치세 (a)+(b)+(c)
		부가가치세(c)	
	부가가치세(b)	부가가치(C) (임금·이자·지대·감가상각비·이윤) / 소매업자 과세표준	
부가가치세(a)	부가가치(B) (임금·이자·지대·감가상각비·이윤) / 도매업자 과세표준	⇨	총부가가치 (A)+(B)+(C)
부가가치(A) (임금·이자·지대·감가상각비·이윤) / 제조업자 과세표준	⇨	⇨	
원재료 등 중간재(가)	⇨	⇨	중간재(가)
제조단계	도매단계	소매단계	소비자가격= (가)+(A)+(B)+(C)+(a)+(b)+(c)

이를 [그림 1-1]을 통하여 살펴보기로 한다. 어느 한 재화가 제조되어 소비자에게 공급되는 유통단계를 제조·도매·소매의 3단계로 설정하였다. 각 단계에서의 부가가치는 생산요소인 임금·지대·이자·이윤 및 감가상각비로 구성되어 있다. 첫번째인 제조단계에서는 원재료 등의 중간재를 구입하여 제품을 생산하였는데 여기서 부가된 가치는 A원이다.

이 제조업자의 부가가치세 과세표준은 A원이며, 이에 대한 부가가치세 a원은 도매업자로부터 받아 납부한다. 도매단계에서는 제조업자로부터 구입한 상품을 판매하는네 이 단계에서 부가된 가치는 B원이다. 도매업자의 부가가치세 과세표준은 B원이며, 이에 대한 부가가치세 b원은 소매업자로부터 받아 납부한다. 마지막 소매단계에서는 도매업자로부터 구입한 상품을 판매하는데 여기서 부가된 가치는 C원이다. 소매업자의 부가가치세 과세표준은 C원이며, 이에 대한 부가가치세 c원은 소비자로부터 받아 납부한다. 최종적으로 소비자는 총부가가치액 A+B+C원과 계속적으로 전가되어온 부가가치세 a+b+c원 그리고 원재료 등 중간재구입비를 모두 합한 금액을 소비자 가격으로 지불하고 재화를 구입하게 된다. 결국 부가가치세는 전액 소비자가 부담하는 소비세인 것이다.

2. 부가가치세의 유형

부가가치세는 그 범위에 따라 국민총생산(GNP)형, 소득형 및 소비형의 세 가지로 분류할 수 있다. 부가가치세를 적용하고 있는 나라에 있어서 실질적인 유형은 소비형의 부가가치세이지만 이들 각 유형을 다음에서 구체적으로 살펴본다.

가. 국민총생산(GNP)형 부가가치세

국민총생산형은 총수입금액에서 중간재구입액만을 차감한 국민총생산액이 부가가치라고 보고 과세하는 유형이다. 즉 총수입금액(총매출액)에서 중간재구입액(원재료·반제품 등)의 공제는 허용하나 자본재의 매입비용이나 감가상각비는 공제하지 아니한다. 그러므로 부가가치에는 소비재뿐만 아니라 모든 자본재를 포함한 총투자비용(감가상각비 포함)을 과세대상으로 하기 때문에 부가가치는 각 단계에서의 임금·이자·이윤·지대·감가상각비의 합한 금액인 국민총생산액과 일치한다.

GNP형은 부가가치세 유형 중 과세범위가 가장 포괄적이므로 최대의 세수를 올릴 수 있는 반면, 자본재에 과세함으로 인하여 투자를 억제하게 된다. 뿐만 아니라 자본재는 매입시에 과세되고, 또한 그 자본재의 사용에 의하여 생산된 재화 등이 소비자에게 판매될 때 자본재에 과세된 부가가치세액이 소비자 가격에 포함되어 또다시 과세됨으로써 중복과세되는 단점이 있다.

> GNP형 부가가치세 과세표준＝총수입금액(총매출액)－중간재구입액
> ＝임금＋이자＋이윤＋지대＋감가상각비

나. 소득형 부가가치세

소득형의 부가가치세는 판매자의 총수입에서 중간재구입액과 감가상각비를 차감한 금액을 과세표준으로 한다. 소득형 부가가치세의 과세표준은 임금·지대·이자 및 이윤을 합계한 것과 같다. 따라서 소득형은 일정기간의 모든 최종재 및 용역의 생산·판매된 총수입금액에서 중간재투입액뿐만 아니라 과거에 구입하여 그 생산 등에 사용된 자본재의 감가상각비까지 공제한 국민순생산액(NNP)이 부가가치라고 본다. 그러므로 부가가치에는 소비액뿐만 아니라 순투자액(총투자액－감가상각비)이 포함되게 된다. GNP형과는 부가가치에 감가상각비를 포함시키지 않는 점에서 차이가 난다.

소득형은 GNP형과 마찬가지로 투자비용을 부가가치세액 만큼 상승시켜 투자를 억제할 것이다. 부가가치에서 감가상각비를 제거하고 있는 점에서는 GNP형보다 합리적이지만 감가상각비의 적정한 계산은 과세행정의 기술상 곤란한 결함을 내포하고 있다.

> 소득형 부가가치세 과세표준＝총수입금액(총매출액)－중간재구입액－감가상각비
> ＝임금＋이자＋이윤＋지대

다. 소비형 부가가치세

GNP형의 부가가치세는 소비재는 물론 자본재에도 적용되지만 소비형의 부가가치세는 단지 소비재의 거래에만 적용된다. 소비형의 부가가치세 과세표준은 판매자의 총수입금액 (총매출액)에서 중간재구입액과 시설확대를 위한 자본재구입액(신투자비용)를 차감한 금액과 동일하다. 따라서 소비형 부가가치세는 소매단계에만 과세하는 소매매상세에 의해서도 같은 결과를 성취할 수 있다. 소비형 부가가치세 과세표준은 임금·지대·이자 및 이윤과 감가상각비의 합한 금액에서 총투자액(자본재구입액)을 차감하거나, 임금·지대·이자 및 이윤의 합한 금액에서 순투자액(총투자액－감가상각비)을 차감한 금액과 일치한다.

이 소비형 부가가치세는 과세표준의 범위가 가장 좁다. 소비형 부가가치세는 자본재에 과세하지 않기 때문에 투자비용을 저하시켜서 투자를 촉진시킨다. 만약 과세표준이 투자액 보다 적어서 음수(－)로 나타나면 이를 환급하여 준다. 그리고 소비형 부가가치세는 중간재와 자본재를 구별할 필요가 없고 감가상각비를 계산할 필요도 없기 때문에 시행이 간편하다는 장점이 있다.

이 소비형 부가가치세를 우리나라와 EU제국 등이 채택하고 있으며, 세 유형 중 가장 널리 채택되어지고 있다.

> 소비형 부가가치세 과세표준＝총수입금액(총매출액)－중간재구입액－자본재구입액
> ＝임금＋이자＋이윤＋지대＋감가상각비－총투자액(자본재구입액)
> ＝임금＋이자＋이윤＋지대－순투자액(자본재구입액－감가상각비)

라. 부가가치세 유형에 따른 사례

다음 표는 부가가치세의 세 가지 유형에 따른 부가가치세 과세표준의 계산을 예를 들어 설명하고 있다.

[표 1-1] 부가가치세의 유형 사례 (단위 : 만원)

구 분		A기업	B기업	C기업	국민경제	비 교
경상수입	① 소비재판매	－	100	500	600	
	② 중간재판매	200	120	－	320	
	③ 자본재판매	－	200	－	200	
	④ 합계	200	420	500	1,120	

구　분		A기업	B기업	C기업	국민경제	비　교
경상비용	⑤ 임금·이자·이윤·지대	150	180	300	630	
	⑥ 중간재구입	−	200	120	320	
	⑦ 감가상각	50	40	80	170	
	⑧ 합계	200	420	500	1,120	
자본비용	⑨ 자본재구입	−	−	200	200	
부가가치세 과세표준	GNP형(④−⑥)	200	220	380	800	⑤+⑦
	소득형(④−⑥−⑦)	150	180	300	630	⑤
	소비형(④−⑥−⑨)	200	220	180	600	⑤+⑦−⑨

(1) GNP형 부가가치세

GNP형에 따른 과세표준의 크기는 구체적으로 각 판매자의 총수입금액에서 중간재 구입을 위한 비용을 뺀 나머지의 값이다. 즉 [표 1－1]에서 보는 바와 같이 국민경제 전체적으로 볼 때 총수입은 1,120만원인데, 중간재 구입비용이 320만원이므로 GNP유형에 입각한 과세표준은 800만원임을 알 수 있다. 따라서 GNP형 과세표준의 크기는 임금·이자·이윤·지대 및 감가상각비를 모두 합한 금액과 같다고 할 수 있다. 한 마디로 GNP형의 부가가치세의 특징은 그 과세표준이 GNP의 크기와 같다는 사실이다.

(2) 소득형 부가가치세

앞 표를 살펴보면 A기업은 중간재구입이 없어 총수입 200만원에서 감가상각비 50만원을 제외한 150만원이 부가가치세 과세표준이 되며, B기업을 보면 총수입 420만원에서 200만원의 중간재구입비와 40만원의 감가상각비를 제외한 180만원이 과세표준이 된다.

(3) 소비형 부가가치세

A기업과 B기업은 자본재구입액은 없다. C기업을 보면 총수입은 500만원인데 여기에서 중간재구입비용 120만원과 자본재구입액(신투자액) 200만원을 빼면 그 나머지 180만원이 부가가치세 과세표준이 된다. 이는 감가상각비를 포함한 임금·이자·이윤·지대의 합한 금액 380만원에서 자본재구입액 200만원을 뺀 금액과 같다. 따라서 소비형의 부가가치세는 그 과세표준의 크기가 최종소비재의 크기와 같다는 것을 보이고 있다.

3. 부가가치세의 계산방법

가. 가산법

가산법은 각 거래단계에서 일정한 기간 동안 발생한 부가가치의 구성요소인 임금·이자·지대·이윤과 감가상각비 등을 합산하여 과세표준으로 하고, 그 금액에 세율을 곱하여 부가가치세 납부세액을 계산하는 방법이다. 이 방법은 이론적으로는 정확하고 확실한 방법이나 실무적으로 부가가치를 합산하여 계산하는 것이 어려워 사실상 불가능한 계산방법이다. 또한 개개의 품목과 용역에 대한 개별적 세액산출이 어렵기 때문에 품목별·용역별로 부가가치세를 면제하거나 경감세율을 설정할 수 없으며, 재화의 수출입에 대한 국경세조정이 어렵다.

다음은 소비형 부가가치세 가산법에 따른 부가가치세 계산방법이다.

$$(임금+이자+이윤+지대+감가상각비-총투자액) \times 세율 = 부가가치세$$

나. 공제법

(1) 전단계거래액공제법

전단계거래액공제법은 매출액(공급가액)에서 전단계매입액을 차감한 금액을 부가가치세 과세표준으로 하고, 그 과세표준에 세율을 곱하여 세액을 산출하는 방법이다. 소비형 부가가치세에 있어서 매입액은 중간재구입액과 자본재구입액의 합한 금액을 뜻한다. 만약에 자본재구입액이 많아서 매출액보다 매입액이 크면 과세표준은 음수(-)로 나타나며, 그 음수인 과세표준에다 세율을 곱하여 계산된 금액만큼은 환급된다. 이 방법은 과세대상이 부가가치라는 부가가치세의 기본이론에 가장 충실한 과세방법이라고 말할 수 있다. 즉 과세대상이 부가가치라는 것을 납세의무자가 명백하게 인식할 수 있다.

그러나 다음과 같은 단점이 지적되고 있다.

첫째, 과세기간 단위로 총매출액에서 총매입액을 차감하는 방법에 의해 과세표준을 산출하기 때문에 업종별로 부가가치세를 면제하거나 경감세율을 설정할 수는 있지만 생활필수품 등과 같은 품목별 재화나 용역에 대하여 개별적으로 면세하거나 경감세율을 설정할 수 없다.

둘째, 과세기간별로 부가가치액을 계산하기 때문에 재화 또는 용역의 개개 품목 내지 개개의 거래에 대하여 산정·부과한 부가가치세액이 명확하지 못하여 수출재화에 대한 부가가치세의 환급이 어렵고 또한 부정확해진다.

셋째, 전단계거래액이 확인되면 비록 세금계산서를 받지 않은 경우에도 부가가치액의 계산에서 이를 차감해야 하기 때문에 세금계산서 수수를 유도하는 기능이 매우 약하다.

다음은 소비형 부가가치세에 따른 전단계거래액공제법에 따른 부가가치세 계산방법이다.

(매출액 - 전단계매입액) × 세율 = 부가가치세

(2) 전단계세액공제법

전단계세액공제법은 해당 과세기간의 매출액(공급가액)에다 세율을 곱하여 산정한 매출세액에서 매입액에다 세율을 곱하여 산정한 매입세액을 차감하는 방법으로 납부세액 또는 환급세액을 계산하는 방법이다. 실질적으로 이 방법은 해당기간중의 매출액(공급가액)에 세율을 적용하여 산출된 매출세액에서 전단계로부터 매입할 때 받은 세금계산서에 기재된 매입세액을 공제하여 해당 단계에서 납부할 세액을 공제하여 간접적으로 계산한다는 점에서 간접공제방법이라고도 한다. 따라서 아무리 매입한 금액이 객관적으로 입증된다고 하더라도 세금계산서를 받지 아니하였다면 매입세액을 공제받을 수 없다.

매출세액(매출액 × 세율) - 매입세액(매입액 × 세율) = 부가가치세

이 과세방법은 부가가치를 간접적으로 유도·산출하기 때문에 부가가치세의 과세대상이 부가가치라고 하는 논리를 불투명하게 만드는 단점을 가지고 있다. 그러나 다음과 같은 장점 때문에 우리나라 등 많은 나라가 채택하고 있다.

첫째, 부가가치세액이 거래가 있을 때마다 품목별 또는 용역별로 계산되기 때문에 개개 재화 또는 용역이 부담하는 세액을 정확히 알 수 있다.

둘째, 품목별로 부가가치세를 면제하거나 품목을 기준으로 경감세율을 설정하는 데 편리하다.

셋째, 거래할 때 주고받는 세금계산서에 세액이 구분 표시되기 때문에 부가가치세액의 전가가 명확하게 인식된다. 즉 부가가치세의 부담자가 소비자임을 명백하게 사업자가 인식하게 된다.

넷째, 전단계거래액공제법에서는 부가가치를 과세기간 단위로 계산하기 때문에 사업자의 재화수입에 대하여는 부가가치세액을 과세할 수 있었지만 개인인 비사업자가 소비목적으로 재화를 수입하는 경우에는 그 개인의 부가가치액을 기간단위로 계산할 수 없기 때문에 과세할 수가 없다. 그러나 이 방법에서는 사업자·비사업자인 개인 여부를 불문하고 수입하는 재화에 용이하게 부가가치세를 과세할 수 있다.

다섯째, 개개 품목이 부담한 부가가치세액을 정확히 산정할 수 있기 때문에 재화의 수출입에 대한 국경세조정에 편리하다.

여섯째, 세금계산서를 받지 않으면 매입세액 공제를 받을 수 없는 불이익 때문에 세금계산서의 수수가 강력하게 유도될 수 있어 근거과세를 유도할 수 있다.[1]

4. 부가가치세의 경제적 효과

가. 긍정적 효과

(1) 조세누적효과의 제거

매상세 중 거래세는 재화·용역의 거래단계마다 거래금액을 과세표준으로 하여 과세하는 총액과세주의이기 때문에 거래단계 수 여하에 따라 조세누적효과가 발생한다. 하지만 부가가치세는 거래의 전단계에서 실현된 부가가치는 과세대상에서 제외하고, 각 거래단계별로 재화 또는 용역에 부가된 순가치 또는 새로 창출된 가치에만 국한하여 과세한다. 이는 부가가치세의 중요한 장점 중 하나는 순액과세주의이다. 따라서 부가가치세는 종래의 매상세가 조세의 초과부담을 수반했던 일련의 누적효과를 제거할 수 있어 자원배분에 중립적이다.

선진국에서 부가가치세를 도입한 이유는 매상세가 지니는 불합리성을 극복하자는 데 있다. 즉 종래의 매상세는 각 판매자의 총수입에 대해 과세되며, 그 결과 매상세는 재화 및 용역의 판매단계가 많으면 많을수록 조세부담의 증가는 결국 가격상승에 전가되어 소비자 부담을 가중시킨다.

(2) 과세의 중립성

부가가치세는 각 거래단계에서 실현한 부가가치에 동일세율로 과세되므로 기업의 특성이나 재화·용역의 종류에 따른 조세부담의 차별을 배제할 수 있어 경쟁기업의 거래에 미치는 영향은 중립적이라고 할 수 있다. 그리고 일반적으로 면세·경감세율의 적용대상을 생활필수품 등 가격탄력성이 적은 것으로 선정하기 때문에 생산단계나 유통단계에 대해서 면세하거나 경감세율을 적용하는 경우보다 조세의 왜곡현상을 최소화시킬 수 있다.

(3) 조세수입 증대효과

부가가치세는 해당 거래단위의 순가치에 대해 같은 세율로 과세됨으로써 세부담이 객관적으로 명확하며, 그 결과 조세부담의 회피 내지는 조세저항을 감소시키는 특성을 지니고 있다. 특히 납세의무자인 거래자는 납부할 세액을 결정하는 근거 자료로서 세금계산서를 비치해야 하며, 이의 수수에 의해 과세가 이루어지므로 세원을 양성화시킬 수 있다. 조세저항의 감소 및 세원의 양성화는 모두 조세수입을 증대시킬 수 있는 긍정적 효과라고 할 수 있다.

---

1) 최명근, 「부가가치세법론」(서울 : 조세통람사, 1999), pp.1820

(4) 투자촉진 효과

부가가치세가 투자에 미치는 영향은 부가가치세의 유형에 따라 다르게 나타나지만, 소비형부가가치세를 채택할 경우 기업의 기계 및 시설확대를 위한 자본비용을 과세대상에서 제외해 줌으로써 기업의 신투자를 촉진시킨다. 그리고 자본재에 대한 공제는 특히 자본집약적인 기업을 우대하여, 설비의 근대화를 촉진시킴으로써 기업성장에 이바지할 수 있다.

(5) 수출촉진 효과

수출재화에 대한 간접세의 과세는 소비지국과세원칙을 취하고 있다. 따라서 수출할 경우 부가가치세를 면세해 줌으로써 수출산업은 수출상품의 가격을 인하시킬 수 있으며, 이는 국제경쟁력을 강화시킬 수 있다. 다시 말해 소비형부가가치세(전단계세액공제법)하에서 소비지국과세원칙을 채택하면 수출재화에 영세율을 적용하여 자국에서 과세한 부가가치세액을 환급하여 줌으로써 수출산업의 자본부담을 경감시켜 주며, 결과적으로 수출촉진적인 효과를 발휘할 수 있다.

(6) 조세행정의 능률화

부가가치세는 재화 및 용역의 거래단계마다 과세되어지므로 조세저항을 줄일 수 있을 뿐만 아니란 전단계세액공제법을 채택할 경우 납세의무자는 매매에 대한 세금계산서를 비치하지 않으면 안되므로 거래자료의 양성화로 세무행정의 효율성을 기할 수 있다. 즉 세금계산서의 비치는 매출과 매입에 대해 자료를 제공함으로써 거래 전단계의 세액공제를 주장할 수 있기 때문이다.

나. 부정적 효과

(1) 조세부담의 역진성

부가가치세는 일반 소매단계에 있어서의 매상세와 같은 것이므로 세부담은 사실상 다른 간접세의 경우와 마찬가지로 판매자로부터 구매자에게 전가하는 조세이다. 특히 소비형부가가치세는 일반매상세와 같이 소비지출에 대한 일정세율로 과세되어지므로 저소득층은 고소득층보다 불리하다. 즉 수직적인 공평의 기준에서 본다면 부가가치세는 소비자에게 전가됨으로써 서민층이 부유층보다 더 많은 부담을 지게 되는 조세부담의 역진성이 있다는 것이 그 단점이다. 왜냐하면 소득수준이 높을수록 한계소비성향은 낮을 것이며, 소득수준이 낮은 사람일수록 반대로 한계소비성향은 높고, 또한 화폐의 한계효용도 크기 때문이다.

하지만 생활필수품 등에 대해서 영세율이나 면세제도를 채택할 경우 부가가치세의 역진적 부담을 다소 완화시킬 수 있다 할 것이다.

(2) 물가상승 효과

부가가치세가 다른 간접세와 마찬가지로 세부담을 소비자에게 전가한다면 이는 곧 재화 및 용역의 가격상승을 의미함에 불과하다. 즉 부가가치세의 과세에 의해 과세액만큼 가격은 상승한 것이며, 최종소비자가 지불하는 가격은 그 재화의 전(前)거래단계에서 전가된 세액을 모두 포함한다. 한 마디로 표현하여 최종소비자는 재화가격에 포함된 전(前)거래단계에서 비롯되는 「누적세액」을 부담하게 되는 것이다. 이와 같은 조세의 전전은 물가상승효과를 가져올 것이며, 물론 물가는 여타의 안정정책수단에도 좌우되지만 부가가치세의 도입이 인플레이션을 촉진시킬 수 있는 소지를 지니고 있다는 것을 간과해서는 안 될 것이다.[2]

---

2) 이필우, 「재정학개론」(서울 : 법문사, 1986) pp.440~444

제2절 우리나라의 부가가치세제도

1. 부가가치세 도입배경

　우리나라가 부가가치세제 도입에 관하여 정부가 공식적으로 관심을 표명한 것은 1971년 도의 '장기세제의 방향'을 공표하면서부터였다. 1972년 6월에는 IMF 재정전문가부회원인 James C. Duignan을 초청하여 부가가치세의 도입 가능성에 대한 검토를 하도록 하였고, 1973년 7월에는 전후 일본의 세제개혁 사절단장으로 일본에 부가가치세 도입을 건의한 재정학자인 Carl S. Shoup 박사를 초빙하여 자문을 구하였다. 1975년과 1976년에는 IMF의 조세전문가인 Alan A. Tait 박사를 초빙하여 우리나라의 부가가치세 도입에 관한 구체적인 연구를 하였다. 그는 1975년 12월에 제출된 제1차 보고서 "한국에 적합한 부가가치세에 관한 검토(A Report on the Possible Korean Value Added Tax)"에서 대체할 세목과 세율·면세범위·경과조치 등을 제시하였고, 1976년 6월에 제출한 제2차 보고서 "한국 부가가치세의 물가에 미치는 영향"(A Report on the Proposed Korean Value Added Tax, with Special Reference to the Effects on the Retail Price Index and on Household Expenditures)에서는 주로 부가가치세가 물가에 미치는 영향과 물가규제에 대하여 검토하였다. 또한 법안의 초안과 부가가치세 행정에 대하여는 James C. Duignan을 재차 초청하여 자문을 구하였다. 그리하여 1975년에는 세제심의위원회가 설치되고, 1976년 1월에는 정부가 부가가치세 도입의사를 발표하였다. 그 후 6월 16일 세제심의위원회가 재무부장관에게 부가가치세에 관한 심의의견서를 제출하였다. 9월에는 부가가치세 실시위원회가 설치되었고, 마침내 1976년 9월 14일 정기국회에 법안을 제출하여 많은 논란을 겪은 후 11월 17일에 국회를 통과하여 12월 22일에 공포되었다. 그리하여 부가가치세는 다음해인 1977년 7월 1일을 기해 실시하게 되었다.

2. 부가가치세 도입목적

　당시 정부는 국회에 제출한 부가가치세법안의 제안 설명에서 부가가치세의 도입목적을 다음과 같이 설명하였다.

가. 세제의 간소화

우리나라는 1970년대 이후 간접세가 전체 내국세 세수의 50% 이상을 점유하는 간접세위주의 조세구조를 가지고 있었다. 즉 부가가치세가 도입되기 이전의 우리나라 간접세구조는 1976년을 기준으로 볼 때, 일반소비세의 성격을 지닌 영업세와 물품세·석유류세·직물류세 등 개별소비세의 세수구성이 34% 대 66%로 개별소비중심의 체제였다. 특히 간접세의 세목은 11개로서 각 세목의 세율도 상이하고, 신고일자 및 신고절차도 복잡하여 납세자에게는 많은 불편이 있었다. 따라서 종래의 영업세·물품세·직물류세·통행세·입장세·전기가스세·유흥음식세·석유류세를 대부분 부가가치세로 통합하였고, 일부품목에 한하여 개별소비세로 하였으며, 주세·전화세·인지세는 존속시켜 세정 및 세제의 간소화를 기하고자 하였다.

나. 수출 및 투자 촉진

1960년대 초부터 추진해 온 경제개발 5개년 계획의 4차년도를 맞아 동 계획을 효과적으로 지속하기 위하여 수출지원체제를 강화하고 민간부문의 투자를 촉진하고자 부가가치세제는 수출재화와 용역에 대하여 영세율제도를 마련하였던 것이다. 즉 매출세액을 영(0)으로 하고, 이에 소요된 원·부재료 등에 대한 매입세액은 부가가치세의 기본원리인 전단계세액공제 방법에 따라 다시 환급하여 세부담을 완전히 덜어줌으로써 수출품에 대하 국제경쟁력을 강화할 수 있게 되는 것이다. 또한 투자에 있어서도 사업설비 등 투자재가액에 포함되어 있는 매입세액을 즉시 공제함으로서 투자를 촉진하는 것이다.

다. 간접세의 중립성 유지

영업세는 모든 거래단계에서 누적적으로 과세되므로 세금에 대하여 다시 세금을 과세하는 조세의 중복과세현상을 가져 왔으나, 부가가치세는 부가가치에 대하여만 과세되므로 그 과세표준은 가 거래단계별 부가가치의 합한 금액에 대해서만 과세된다. 또한 영업세는 원료에서 완제품까지 생산단계가 통합된 기업은 한번 과세되지만, 그렇지 아니한 기업은 두 번 이상 과세되는 불합리한 세제였으며, 물품세 등의 간접세는 과세대상이 선택적이고 세율도 차별적이어서 국내자원의 합리적인 배분을 왜곡시킬 우려가 있었다. 그러나 부가가치세는 원칙적으로 모든 재화와 용역이 같은 세율로 과세되는 것이어서 간접세의 중립성이 유지되는 것이다.

라. 탈세예방과 근거과세의 실현

전단계세액공제를 받기 위해서는 전단계에 납부한 영수증, 즉 세금계산서가 필요하며, 납세자는 자기의 이익을 위해 세금계산서를 요구하게 되며, 그렇게 되면 공급자의 거래금액이 자동적으로 양성화된다. 즉 세금계산서제도에 따른 세액공제법은 자기보강적인 효력 (self-enforcing effect)이 있다는 것이다. 따라서 세금계산서의 수수기능을 통하여 납세자 상호간의 매출·매입사실이 자동적으로 노출되어 탈세가 방지되며, 또한 세금계산서를 근거로 공평과세를 실현할 수 있는 것이다.

3. 부가가치세의 특성

가. 소비형 부가가치세

소비형 부가가치세 과세표준은 임금·지대·이자 및 이윤과 감가상각비의 합한 금액에서 총투자액(자본재구입액)을 차감하거나, 임금·지대·이자 및 이윤의 합한 금액에서 순투자액(총투자액 - 감가상각비)을 차감한 금액과 일치한다.

우리나라 부가가치세는 일정기간 매출세액에서 자기의 사업을 위하여 사용되었거나 사용된 재화 또는 용역의 공급에 대한 세액을 공제하도록 하여 간접적으로 투자지출(자본재구입액)에 대응하는 부가가치에 대하여서는 과세하지 않도록 하고 있기 때문에 소비형 부가가치세에 속한다.

소비형 부가가치세는 자본재에 과세하지 않기 때문에 투자비용을 저하시켜서 투자를 촉진시키며, 중간재와 자본재를 구별할 필요가 없고 감가상각비를 계산할 필요도 없기 때문에 시행이 간편하다는 장점이 있다.

나. 전단계세액공제법

전단계세액공제법은 해당 과세기간의 매출액(공급가액)에다 세율을 곱하여 산정한 매출세액에서 매입액에다 세율을 곱하여 산정한 매입세액을 차감하는 방법으로 납부세액 또는 환급세액을 계산하는 방법이다. 현행 부가가치세법에서는 재화 또는 용역의 구입시 거래상대방으로부터 거래징수당한 매입세액 중 세금계산서에 의하여 확인된 금액을 자기의 매출세액에서 공제하도록 하고 있다.

다. 소비지국과세원칙

소비지국과세원칙이란 재화의 국가간 이동에 있어서 이중과세를 방지하기 위하여 재화의 생산국에서는 부가가치세를 과세하지 아니하고 재화의 소비국에서 과세하는 것을 말한다. 우리나라의 경우 수출하는 재화에는 소비지국과세원칙에 따라 영(0)세율을 적용하여 완전면세하여 줌으로써 부가가치세를 과세하지 아니하고 있다.

라. 다단계거래세

　다단계거래세란 재화나 용역이 최종소비자에게 도달할 때까지의 모든 거래단계마다 부가가치세를 과세하는 것을 말한다. 매상세의 경우에도 거래단계마다 과세하는 다단계매상세가 있으나 이 방법은 거래액이 중복하여 다음 단계의 과세표준에 산입되고 과세표준이 세포함가격이기 때문에 세금에 세금을 부과하게 되어 누적과세효과가 발생한다는 점에서 차이가 있다. 즉 부가가치세는 다단계거래세이지만 각 거래단계에서 부가되는 가치에 대해서만 과세함으로 누적과세효과가 발생하지 않는다.

마. 일반소비세

　같은 개별소비세・주세 등은 특정물품에 대하여 특정거래 단계에서 반출가격 전부에 대하여 과세하는 개별소비세인 반면에, 부가가치세는 모든 재화나 용역에 대하여 모든 거래단계의 부가가치에 대해서만 과세하지만 최종소비자가 부담하는 일반소비세에 해당된다.

바. 간접세

　간접세의 특징은 납세자와 담세자가 다르다는 점이다. 부가가치세는 간접세로써 납세의무자는 사업자이며 담세자는 최종소비자가 된다.

사. 물　세

　부가가치세는 납세의무자의 부양가족 수 또는 기초생계비 등의 인적사정이 전혀 고려되지 아니하고 재화 또는 용역의 소비사실에 대하여 과세되므로 물세에 해당한다.

4. 부가가치세법의 목적

　부가가치세법은 부가가치세의 과세(課稅) 요건 및 절차를 규정함으로써 부가가치세의 공정한 과세, 납세의무의 적정한 이행 확보 및 재정수입의 원활한 조달에 이바지함을 목적으로 한다(부법 1). 여기서 과세요건이란 납세의무의 성립에 필요한 법률상의 요건을 의미하며, 과세권자・납세의무자・과세대상・과세표준・세율을 구성요소로 한다.

제2장

부가가치세법 총론

제1절 납세의무자

1. 의 의

부가가치세의 납세의무자는 다음과 같이 구분된다(부법 3 ①).

① 사업자

② 재화를 수입하는 자

이 경우 납세의무자는 개인, 법인(국가·지방자치단체와 지방자치단체조합을 포함)과 법인격이 없는 사단·재단 또는 그 밖의 단체를 포함한다.

> **【통칙·판례·예규 참조】**
>
> **부 통** 납세의무
> 사업자가 부가가치세가 과세되는 재화를 공급하거나 용역을 제공하는 경우에는 해당 사업자의 사업자 등록 여부 및 공급 시 부가가치세의 거래징수 여부에 불구하고 해당 재화의 공급 또는 용역의 제공에 대하여 부가가치세를 신고·납부할 의무가 있다(부통 3-0-1).
> -납세의무의 속지주의
>
> **부 통** 명의자와 사실상 귀속자가 서로 다른 경우의 납세의무
> 과세의 대상이 되는 행위 또는 거래의 귀속이 명의일 뿐이고 사실상 귀속되는 자가 따로 있는 경우에는 사실상 귀속되는 자에 대하여 부가가치세법을 적용한다(부통 3-0-2).

2. 사업자

가. 사업의 개념

사업자란 사업 목적이 영리이든 비영리이든 관계없이 사업상 독립적으로 재화 또는 용역을 공급하는 자를 말한다(부법 2 (3)).

부가가치세는 간접세로서 납세자와 담세자가 서로 일치하지 않기 때문에 부가가치세 납세의무자는 법률상의 납세의무자를 말하며 부가가치세의 경제적 부담자를 뜻하는 것은 아니다. 따라서 사업자는 법률상 납세의무자로서 재화 또는 용역을 공급받은 자로부터 부가가치세를 거래징수하여 납부할 의무가 있다.

한편 부가가치세법은 사업이 무엇인가에 관하여 구체적으로 정의하고 있지 않지만, 판례에서는 부가가치를 창출해 낼 수 있는 정도의 사업 형태를 갖추고 계속·반복적인 의사로 재화 또는 용역을 공급하는 것이라고 표현하고 있다.3)

이러한 사업자의 개념을 통하여 다음 사항을 정리해 볼 수 있다.

① 사업의 영리성 여부를 불문하므로 국가와 지방자치단체, 지방자치단체조합이 부가가
   치세 납세의무자에 포함된다(부법 3 ①).

② 소득세가 과세되지 아니하는 농가부업은 사업을 구분할 때에 독립된 사업으로 보지
   아니한다. 다만, 「소득세법 시행령」 제9조 제1항에 따른 민박, 음식물 판매, 특산물
   제조, 전통차 제조 및 그 밖에 이와 유사한 활동은 독립된 사업으로 본다(부칙 2 ③).

부가가치세법상 사업의 구분은 일반적으로 통계청장이 고시하는 해당 과세기간개시일 현재의 한국표준산업분류에 의하되 다만, 부가가치세법에서 용역의 범위로 열거한 사업과 유사한 사업은 한국표준산업분류에 불구하고 용역을 공급하는 사업에 포함된 것으로 본다 (부령 4).

【통칙·판례·예규 참조】

[부][통] 제조업의 범위

사업자가 새로운 재화를 제조·가공하는 인적·물적 설비를 갖춘 장소에서 다음 예시하는 행위를 계속적으로 행하는 경우에는 제조업에 해당된다(부통 2-4-1).

1. 광업권소유자가 광구 이외의 지역에 제련 또는 선광시설을 하고 자기가 채굴한 광물을 제련 또는 선광하는 경우 다만, 단순히 자기가 채굴한 광물의 순도를 높이기 위하여 광물을 분쇄하는 것은 광산업에 해당된다.
2. 도정업과 제분업(떡방아간을 포함한다)
3. 화장지 원지 및 필림 등을 구입하고 이를 절단하여 포장판매하는 경우
4. 타인소유 제조장을 임차하여 해당 제조장을 이용하여 제조·가공업을 영위하는 경우

[부][통] 수탁가공하는 사업자의 업태

사업자가 주요자재의 전부 또는 일부를 부담하고 상대방으로부터 인도받은 재화에 공작을 가하여 새로운 재화를 만드는 사업은 제조업에 해당하는 것이나, 인도받은 재화에 주요자재를 부담하지 아니하고 가공만 하는 것은 용역업에 해당된다(부통 2-4-2).

[부][통] 위탁가공·판매하는 사업자의 업태

사업자가 제조장을 설치하지 아니하고 타제조업자에게 위탁가공(외주가공)하여 판매하는 사업은 판매업으로서 형태에 따라 도매업 또는 소매업에 해당된다. 다만, 사업자가 특정제품을 자기가 직접 제조하지 않고 다른 제조업체에 의뢰하여 제조케 하여, 이를 판매하는 경우에도 다음의 4가지 조건이 모두 충족된다면 제조업을 영위하는 것으로 본다(부통 2-4-3).

1. 생산할 제품을 직접 기획(고안 및 디자인, 견본제작 등)하고
2. 자기소유의 원재료를 다른 계약사업체에 제공하여

---

3) 대법원 판례 1989.2.14. 88누5754

3. 그 제품을 자기명의로 제조케 하고(자기명의로만 된 고유상표를 부착하는 경우를 말하며, 거래처의 상표를 부착하거나 O.E.M. 방식 및 상표 부착 없이 판매하는 경우에는 이에 포함하지 않음)
4. 이를 인수하여 자기책임하에서 직접 판매하는 경우

부 통 일부 위탁제조·가공하는 경우의 업태

제조장을 설치하고 재화를 제조·가공하는 사업자가 다음 각호의 행위를 하는 경우에는 제조업을 영위하는 것으로 본다(부통 2-4-4).
1. 계약된 수량의 일부를 약정된 기일 내에 제조·가공할 수 없어 일시적으로 위탁제조·가공하여 공급하는 경우
2. 제품 제조공정의 일부를 다른 사업자에게 위탁가공하게 하여 동 제품을 완성하는 경우

부 통 생선 등을 가공하여 냉동하는 경우의 업태

사업자가 시설을 갖춘 장소에서 생선의 머리·뼈·내장 등을 제거하여 사람이 소비하기에 적합한 상태로 공급하거나 구입한 생선을 구입한 상태로 냉동하여 공급하는 때에는 제조업을 영위하는 것으로 보는 것이나 단순히 세척·포장하고 신선도를 유지하기 위하여 일정한 온도로 냉장하는 경우에는 그러하지 아니하다. 이 경우 냉동이란 제품이 전체적으로 동결될 때까지 빙점보다 아래로 냉각시킨 상태를 말한다(부통 2-4-5).

나. 사업자의 구분

부가가치세의 납세의무자인 사업자는 크게 다음과 같이 분류한다. 부가가치세법상 중요한 의미가 있는 것은 과세사업자이며, 이 과세사업자는 연간 재화·용역을 공급하는 금액을 기준하여 다시 일반과세자와 간이과세자로 구분한다.

① 과세사업자 : 부가가치세가 과세되는 재화 또는 용역을 공급하는 사업자를 말한다 (부법 2 (6)).
　㉮ 간이과세자 : 직전 연도의 재화와 용역의 공급에 대한 대가(부가가치세가 포함된 대가를 말하며, 이하 "공급대가"라 함)의 합계액이 1억4백만원에 미달하는 사업자로서, 간편한 절차로 부가가치세를 신고·납부하는 개인사업자를 말한다.
　㉯ 일반과세자 : 간이과세자가 아닌 사업자를 말한다.
② 면세사업자 : 부가가치세가 면제되는 재화 또는 용역을 공급하는 사업자를 말한다.
③ 과세·면세 겸영사업자

【통칙·판례·예규 참조】

판 례 부가가치세법 제2조 제1항 소정의 "사업자"의 의미

부가가치세법 제2조 제1항은 영리목적의 유무에 불구하고 사업상 독립적으로 재화 또는 용역을 공급하는 사람을 사업자라 하여 부가가치세납세의무자로 규정하고 있는데, 여기서 사업상 독립적으로 재화 또는 용역을공급하는 사람이란 부가가치를 창출해 낼 수 있는 정도의 사업형태를 갖추고 계속적이고 반복적인 의사로 재화 또는 용역을 공급하는 사람을 뜻한다(대법원97누6100, 1999. 4. 13).

> **예규** 도매 및 소매업의 구분
>
> 부가가치세법상 재화를 공급하는 사업의 구분은 경제기획원장관이 고시하는 해당 과세기간 개시일 현재의 한국표준산업분류를 기준으로 하는 바 이에 의하면 도매업이란 소매업자, 산업사용자, 상업사용자 단체 또는 전문적인 이용자 다른 도매업자, 구매상 또는 판매상의 대리점 등 개인 또는 회사에 새로운 상품 및 중고상품을 변형을 가하지 아니하고 재판매하는 산업활동을 말하는 것이며, 소매업은 상점, 백화점, 연쇄점, 우편주문, 주유소소비자협동조합, 경매소 등에서 개인, 가정소비 또는 이용자를 위해 대중에게 새로운 상품이나 중고상품을 변형 없이 재판매하는 산업활동을 말한다(부가 1265－132, 1982. 1. 14).
>
> **예규** 단종 공사면허 없이 도장공사 용역을 제공할 경우
>
> 건설업 면허가 없더라도 실질과세의 원칙에 의거 건설업 중 도장공사업으로 적용한다(부가 1265. 1－1893, 1982. 7. 14).
>
> **예규** 오락기구 설치 운영업
>
> 오락용 모형 우주왕복 정기 여객선을 수입하여 과학관, 어린이 회관 등에 설치운영하는 산업활동은 달리 분류되지 않는 오락서비스업에 해당된다(부가 1265－1338, 1983. 7. 7).
>
> **예규** 병원의 병실에 유료 텔레비젼을 설치·운영하는 사업의 업종
>
> 병원과의 계약에 의하여 자기 계정하에 병원 병실에 텔레비젼을 설치하고 이용자(환자, 보호자 등)들이 텔레비젼에 부착되어 있는 Coin Timer에 사용료를 투입하여 시청할 수 있는 시설을 운영하는 경우에는 한국표준산업분류표상 "71309 : 달리 분류되지 않은 그 밖의 개인 및 가정용품 임대업"에 분류된다(부가 46015－817, 1995. 5. 2).
>
> **예규** 폐수처리용 미생물 배양판매의 과세 여부
>
> 미생물 배양체 또는 미생물용 조제배양제를 제조하는 활동은 한국표준산업분류표상 제조업으로 보는 것이며, 사업자가 폐수처리용 미생물을 배양하여 분뇨처리장 등에 판매하는 경우에는 부가가치세가 과세된다(부가 46015－1106, 1995. 6. 19).

3. 재화를 수입하는 자

재학를 수입하는 자는 부가가치세를 납부할 의무가 있으며(부법 3 ① (2)), 납세의무자가 재화의 수입에 대하여 「관세법」에 따라 관세를 세관장에게 신고하고 납부하는 경우에는 재화의 수입에 대한 부가가치세를 함께 신고하고 납부하여야 한다(부법 50).

4. 신탁 관련 납세의무자

가. 신탁 관련 본래의 납세의무자

(1) 원칙 : 수탁자

신탁재산과 관련된 재화 또는 용역을 공급하는 때에는 「신탁법」에 따른 수탁자가 신탁재

산별로 각각 별도의 납세의무사로서 부가가치세를 납부할 의무가 있다(부법 3 ②). 여기서 신탁재산이란 「신탁법」 또는 다른 법률에 따른 신탁재산(해당 신탁재산의 관리, 처분 또는 운용 등을 통하여 발생한 소득 및 재산을 포함)을 말한다(부령 5의2 ①). 이처럼 수탁자가 납세의무자가 되는 경우 수탁자는 해당 신탁재산을 사업장으로 보아 사업자등록을 신청하여야 한다(부법 8 ⑥).

(2) 예외 : 위탁자

다음 중 어느 하나에 해당하는 경우에는 「신탁법」에 따른 위탁자가 부가가치세를 납부할 의무가 있다(부법 3 ③, 부령 5의2 ②).

① 신탁재산과 관련된 재화 또는 용역을 위탁자 명의로 공급하는 경우
② 위탁자가 신탁재산을 실질적으로 지배·통제하는 경우로서 다음 중 어느 하나에 해당하는 경우
㉠ 수탁자가 위탁자로부터 부동산 또는 지상권, 전세권, 부동산임차권, 부동산소유권이전등기청구권, 그 밖의 부동산 관련 권리를 수탁받아 부동산개발사업을 목적으로 하는 신탁계약을 체결한 경우로서 그 신탁계약에 따른 부동산개발사업비의 조달의무를 수탁자가 부담하지 않는 경우(다만, 수탁자가 재개발사업·재건축사업 또는 가로주택정비사업·소규모재건축사업의 사업시행자인 경우는 제외)
㉡ 수탁자가 재개발사업·재건축사업 또는 가로주택정비사업·소규모재건축사업의 사업대행자인 경우
㉢ 수탁자가 위탁자의 지시로 위탁자와 특수관계에 있는 자에게 신탁재산과 관련된 재화 또는 용역을 공급하는 경우
③ 그 밖에 신탁의 유형, 신탁설정의 내용, 수탁자의 임무 및 신탁사무 범위 등을 고려하여 대통령령으로 정하는 경우

(3) 공동수탁자

수탁자가 납세의무자가 되는 신탁재산에 둘 이상의 수탁자(이하 '공동수탁자'라 함)가 있는 경우 공동수탁자는 부가가치세를 연대하여 납부할 의무가 있다. 이 경우 공동수탁자 중 신탁사무를 주로 처리하는 수탁자(이하 '대표수탁자'라 함)가 부가가치세를 신고·납부하여야 한다(부법 3 ④).

나. 신탁 관련 제2차 납세의무 및 물적납세의무

(1) 신탁 관련 수익자의 제2차 납세의무

1) 의의

수탁자가 납부하여야 하는 다음 중 어느 하나에 해당하는 부가가치세 또는 강제징수비(이하 '부가가치세등'이라 함)를 신탁재산으로 충당하여도 부족한 경우에는 그 신탁의 수익자(「신탁법」)에 따라 신탁이 종료되어 신탁재산이 귀속되는 자를 포함)는 지급받은 수익과 귀속된 재산의 가액을 합한 금액을 한도로 하여 그 부족한 금액에 대하여 납부할 의무(이하 '제2차 납세의무'라 함)를 진다(부법 3의2 ①).

① 신탁 설정일 이후에 「국세기본법」에 따른 법정기일이 도래하는 부가가치세로서 해당 신탁재산과 관련하여 발생한 것
② 위 '①'의 금액에 대한 강제징수 과정에서 발생한 강제징수비

2) 납부특례

부가가치세를 납부하여야 하는 수탁자의 관할 세무서장은 제2차 납세의무자로부터 수탁자의 부가가치세등을 징수하려면 다음의 사항을 적은 납부고지서를 제2차 납세의무자에게 발급하여야 한다. 이 경우 수탁자의 관할 세무서장은 제2차 납세의무자의 관할 세무서장과 수탁자에게 그 사실을 통지하여야 한다(부법 52의2 ①).

① 징수하려는 부가가치세등의 과세기간, 세액 및 그 산출근거
② 납부하여야 할 기한 및 납부장소
③ 제2차 납세의무자로부터 징수할 금액 및 그 산출 근거
④ 그 밖에 부가가치세등의 징수를 위하여 필요한 사항

(2) 신탁 관련 수탁자의 물적납세의무

1) 의의

부가가치세를 납부하여야 하는 위탁자가 부가가치세등을 체납한 경우로서 그 위탁자의 다른 재산에 대하여 강제징수를 하여도 징수할 금액에 미치지 못할 때에는 해당 신탁재산의 수탁자는 그 신탁재산으로써 이 법에 따라 위탁자의 부가가치세등을 납부할 의무(이하 '물적납세의무'라 함)가 있다.

2) 납부특례

부가가치세를 납부하여야 하는 위탁자의 관할 세무서장은 수탁자로부터 위탁자의 부가가치세등을 징수하려면 다음의 사항을 적은 납부고지서를 수탁자에게 발급하여야 한다. 이

경우 수탁자의 관할 세무서장과 위탁자에게 그 사실을 통지하여야 한다(부법 52의2 ②).

  ① 부가가치세등의 과세기간, 세액 및 그 산출 근거

  ② 납부하여야 할 기한 및 납부장소

  ③ 그 밖에 부가가치세등의 징수를 위하여 필요한 사항

  이에 따른 고지가 있은 후 납세의무자인 위탁자가 신탁의 이익을 받을 권리를 포기 또는 이전하거나 신탁재산을 양도하는 등의 경우에도 위에 따라 고지된 부분에 대한 납세의무에는 영향을 미치지 아니한다(부법 52의2 ③).

제2절 과세기간

1. 의 의

과세기간이란 세법에 따라 국세의 과세표준의 계산에 기초가 되는 기간을 말하는 것으로 (기법 2), 부가가치세에 있어서 과세기간은 개인·법인을 구분하지 아니하고 1년을 6개월 단위로 나누어 제1기와 제2기로 구분하고 있다(부법 5 ①). 다만, 간이과세자의 과세기간은 1월 1일부터 12월 31일까지이다.

이 과세기간은 부가가치세의 납세의무 성립시기 판정·신고기한의 계산과 확정시기·과세표준의 계산기간 등과 관련되어 중요성을 가지고 있다.

2. 일반적인 과세기간

부가가치세의 과세기간은 법률에 규정되어 있는바 법인사업자와 개인 일반사업자는 다음과 같이 1년을 6개월 단위로 나누어 2개의 과세기간으로 나누고 있다. 하지만 **간이과세자의 과세기간은 1년 단위로 1월 1일부터 12월 31일**까지이다.

① 제1기 과세기간 : 1월 1일부터 6월 30일까지
② 제2기 과세기간 : 7월 1일부터 12월 31일까지

3. 예외적 과세기간

가. 신규사업자의 최초과세기간

신규로 사업을 시작하는 자에 대한 최초의 과세기간은 개업일로부터 개업일이 속하는 과세기간의 종료일까지로 한다. 다만, 사업시작 전 등록의 경우는 그 등록일로부터 그 날이 속하는 과세기간의 종료일까지로 한다(부법 5 ②). 여기에서 사업개시일은 다음의 규정에 따른다(부령 6). 다만, 해당 사업이 법령의 개정 등으로 면세사업에서 과세사업으로 전환되는 경우에는 그 과세전환일로 한다.

① 제조업에 있어서는 제조장별로 재화의 제조를 시작하는 날

② 광업에 있어서는 사업장별로 광물의 채취·채광을 시작하는 날

③ 그 밖의 사업에 있어서는 재화 또는 용역의 공급을 시작하는 날

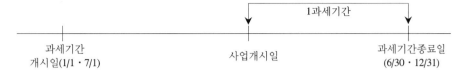

나. 폐업자의 최종과세기간

사업자가 폐업하는 경우의 과세기간은 폐업일이 속하는 과세기간의 개시일로부터 폐업일까지로 한다. 다만, 사업시작 전에 등록을 한 후 사업을 시작하지 아니하게 되는 때에는 사실상 그 사업을 시작하지 아니하게 되는 날까지로 한다(부법 5 ③).

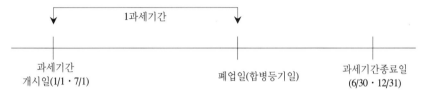

【통칙·판례·예규 참조】

부 통 합병으로 인한 소멸법인의 최종과세기간

합병으로 인한 소멸법인의 최종 과세기간은 법 제5조 제3항에 따라 그 과세기간의 개시일부터 합병등기를 한 날까지로 한다(부통 5-7-1).

다. 간이과세 포기시 과세기간

간이과세자가 간이과세를 포기함으로써 일반과세자가 되는 경우에는 간이과세의 신고일이 속하는 과세기간의 개시일로부터 그 신고일이 속하는 달의 말일까지의 기간과 그 신고일이 속하는 달의 다음달 1일부터 해당 일이 속하는 과세기간의 종료일까지의 기간을 각각 1과세기간으로 한다(부법 5 ④). 따라서 이 경우에는 각 과세기간이 2개의 과세기간으로 될 수 있다.

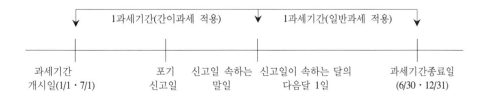

라. 과세유형 변경에 따른 과세기간

직전 연도 공급대가의 합계액이 1억4백만원 미만이거나 이상으로 간이과세자에 관한 규정이 적용되거나 적용되지 아니하게 되어 일반과세자가 간이과세자로 변경되거나 간이과세자가 일반과세자로 변경되는 경우, 그 변경되는 해에 간이과세자에 관한 규정이 적용되는 기간의 부가가치세의 과세기간은 다음의 구분에 따른 기간으로 한다.

① 일반과세자가 간이과세자로 변경되는 경우 : 그 변경 이후 7월 1일 ~ 12월 31일
② 간이과세자가 일반과세자로 변경되는 경우 : 그 변경 이전 1월 1일 ~ 6월 30일

제3절 납세지

1. 의 의

납세지란 납세자가 납세의무 및 협력의무를 이행하고 과세권자는 부과권과 징수권을 행사하는데 있어서 적법한 조세법률관계의 이행을 결정하는 장소적 기준을 말한다. 따라서 납세지는 과세관청의 관할구역을 정하는 기준이 된다.

부가가치세법상의 사업자는 납세지에서 사업자등록을 하고, 매입·매출처별세금계산서합계표를 제출하는 등 협력의무를 이행하여야 하며, 과세표준과 세액을 신고·납부하여야 한다. 이러한 부가가치세의 납세지는 원칙적으로 그 부가가치의 창출장소인 사업장을 기준하여 판정한다. 다만 다음의 경우는 예외로 한다(부법 6 ③,④).

① 사업자가 사업장을 두지 아니하면 사업자의 주소 또는 거소(居所)를 사업장으로 한다.
② 사업자 단위 과세 사업자는 각 사업장을 대신하여 그 사업자의 본점 또는 주사무소의 소재지를 부가가치세 납세지로 한다.

2. 사업장

가. 개 념

사업장이란 사업자 또는 사용인이 상시 주재하여 거래의 전부 또는 일부를 행하는 장소를 말한다(부법 6 ②). 이러한 사업장은 부가가치세의 장소적 과세단위가 되므로 동일인이 여러 개의 사업장을 경영하는 경우에도 매출세액과 매입세액은 원칙적으로 각 사업장 별로 계산하여야 한다.

나. 납세지와 사업장의 관계

납세지는 조세법률관계의 생성·변경·소멸의 기준이 되는 장소이다. 납세의무자는 납세지를 기준지로 하여 납세의무·협력의무를 이행하여야 하고, 납세지를 관할하는 과세관청만이 납세의무자에 대하여 부과권·징수권을 행사하여야 한다.

사업장은 사업자 또는 그의 사용인이 상시 주재하여 거래의 전부 또는 일부를 행하는 장소이다. 따라서 사업장은 과세의 장소적 단위로서의 의미를 가진다. 부가가치세법은 "사업자의 부가가치세 납세지는 각 사업장의 소재지로 한다."고 규정하여 사업장과세를 원칙으로 하고 있다(부법 6 ①). 따라서 사업장은 부가가치세의 납세지를 결정하는 기준이 되는 것이다.

다. 사업장의 판정

(1) 일반적인 판정기준

사업장이란 사업을 하기 위하여 거래의 전부 또는 일부를 행하는 고정된 장소를 말한다(부법 6 ②). 여기서 거래란 재화 또는 용역을 공급하는 거래, 즉 매출세액을 발생시키는 거래뿐만 아니라 재화 또는 용역을 공급받는 거래, 즉 매입세액을 발생시키는 거래도 포함되는 것으로 하고 있다.[4)]

다만, 사업자가 사업장을 두지 아니한 경우나 비거주자 또는 외국법인 경우, 그리고 수탁자가 납세의무자가 되는 경우의 사업장은 다음과 같이 정한다.

① 사업자가 사업장을 두지 아니한 경우에는 사업자의 주소 또는 거소(사업장을 설치하지 아니하고, 등록도 하지 아니한 경우에는 과세표준 및 세액을 결정 또는 경정할 당시의 사업자의 주소 또는 거소를 말함)를 사업장으로 한다(부법 6 ③, 부령 8 ⑤).

② 사업자가 비거주자인 경우에는 소득세법상 비거주자의 국내사업장으로 규정하는 장소로 하고, 사업자가 외국법인인 경우에는 법인세법상 외국법인의 국내사업장으로 규정하는 장소를 사업장으로 한다(부령 8 ⑥).

③ 수탁자(공동수탁자가 있는 경우 대표수탁자를 말함)가 사업자등록을 신청하는 경우에는 해당 신탁재산의 등기부상 소재지, 등록부상 등록지 또는 신탁사업에 관한 업무를 총괄하는 장소를 사업장으로 한다(부령 8 ⑦).

【통칙 · 판례 · 예규 참조】

부 통 인접되어 있는 사업장의 동일 사업장 여부

제조업자의 제조장 부지가 도로 또는 하천으로 인하여 연속되지 아니하고 가까이 떨어져 있는 장소에 각각 제조장이 설치되어 있는 경우 그 제조장들을 일괄하여 한 장소에서 제조 · 저장 · 판매 등의 관리를 총괄적으로 하는 등 그 실태가 동일제조장으로 인정되는 경우에는 같은 사업장으로 본다(부통 6-8-1).

---

4) 부가 1265-2917, 1981.11.9. 국세청장

(2) 사업형태별 사업장의 판정

사업장의 판정은 사업자 또는 그 사용인이 상시 주재하여 거래의 전부 또는 일부를 행하는 장소를 원칙으로 한다. 다만, 다음의 사업에 있어서는 별도 게기하는 장소를 그 사업장으로 하되, '9)'를 제외하고는 이외의 장소도 사업자의 신청에 의하여 추가로 사업장으로 등록할 수 있다(부령 8 ①).

1) 광업의 사업장

광업에 있어서는 광업사무소의 소재지를 사업장으로 한다. 그러나 광업사무소가 광구 밖에 있는 때에는 광업사무소에서 가장 가까운 광구에 대한 광업원부의 초두에 등록된 광구소재지로 한다.

2) 제조업의 사업장

제조업에 있어서는 최종제품을 완성하는 장소를 사업장으로 한다. 다만, 따로 제품의 포장만을 하거나 용기에 충전만을 하는 장소와 「개별소비세법」 제10조의5 에 따른 저유소는 제외한다.

3) 건설업·운수업·부동산매매업의 사업장

① 법인의 경우 : 등기부상 소재지(등기부상 지점소재지 포함)를 사업장으로 한다.
② 개인의 경우 : 그 업무를 총괄하는 장소를 사업장으로 한다.
③ 법인의 명의로 등록된 차량을 개인이 운용하는 경우에는 그 법인의 등기부상 소재지를 사업장으로 한다.
④ 개인의 명의로 등록된 차량을 다른 개인이 운용하는 경우에는 그 등록된 개인이 업무를 총괄하는 장소를 사업장으로 한다.

4) 부동산임대업의 사업장

부동산의 등기부상 소재지를 사업장으로 한다. 다만, 부동산상의 권리만을 대여하거나 다음에 해당하는 사업자가 부동산을 임대하는 경우에는 그 사업에 관한 업무를 총괄하는 장소를 사업장으로 한다(부령 8 ②).
① 「한국자산관리공사 설립 등에 관한 법률」에 따른 한국자산관리공사
② 「농업협동조합의 구조개선에 관한 법률」에 따른 농업협동조합자산관리회사
③ 「부동산투자회사법」에 따른 기업구조조정 부동산투자회사
④ 「예금자보호법」에 따른 예금보험공사 및 정리금융회사
⑤ 「전기사업법」에 따른 전기사업자
⑥ 「전기통신사업법」에 따른 전기통신사업자

⑦ 「지방공기업법」에 따라 설립된 지방공사로서 법령으로 정하는 지방공사(서울주택도 시공사, 부산도시공사, 대구도시공사, 인천도시공사, 광주광역시도시공사, 대전도시공사, 울산광역시도시공사, 강원도개발공사, 전북개발공사, 경상북도개발공사, 경남개발공사, 경기주택도시공사, 제주특별자치도개발공사, 충북개발공사, 충청남도개발공사, 전남개발공사)

⑧ 「한국농어촌공사 및 농지관리기금법」에 따른 한국농어촌공사

⑨ 「한국도로공사법」에 따른 한국도로공사

⑩ 「국가철도공단법」에 따른 국가철도공단

⑪ 「한국토지주택공사법」에 따른 한국토지주택공사

⑫ 「주택도시기금법」에 따른 주택도시보증공사

5) 수자원개발사업의 사업장

수자원을 개발하여 공급하는 사업에 있어서는 그 사업에 관한 업무를 총괄하는 장소를 사업장으로 한다.

6) 다단계판매원의 사업장

방문판매등에관한법률에 따른 다단계판매원이 재화 또는 용역을 공급하는 사업에 있어서는 해당 다단계판매원이 등록한 다단계판매업자의 주된사업장의 소재지를 사업장으로 한다. 다만, 다단계판매원이 상시 주재하여 거래의 전부 또는 일부를 행하는 별도의 장소가 있는 경우에는 그 장소를 사업장으로 한다.

7) 전기통신사업의 사업장 – 통신요금 통합청구

전기통신사업법에 따른 전기통신사업자가 2개 이상의 단말기기(회선의 단말에 설치하여 전기통신에 이용되는 기기)를 통하여 각 사업장에서 이용자에게 통신용역을 제공하고, 각 사업장의 업무를 총괄하는 장소에서 통신요금을 일괄하여 청구하는 방법으로 일괄하여 청구하는 전기통신사업에 있어서는 그 업무를 총괄하는 장소를 사업장으로 한다.

8) 전기통신사업의 사업장 – 이동통신역무

다음의 이동통신역무를 제공하는 전기통신사업에 있어서는 사업자가 법인인 경우에는 그 법인의 본점소재지, 개인인 경우에는 그 사업에 관한 업무를 총괄하는 장소를 사업장으로 한다(부령 8 ① (8), 부칙 4).

① 주파수를 이용하여 이동중에 송·수신할 수 있는 설비를 가진 자에 대하여 교환설비를 통하여 음성 등을 송신하거나 수신하는 이동통신역무. 다만, 「전기통신사업법 시행령」 별표 2에 따른 설비미보유재판매사업은 제외한다.

② 무선호출수신기를 휴대한 자에게 용건을 알려주기 위하여 무선통신방식에 의하여 신호·신호음 또는 전화번호나 문자를 보내는 역무

③ 주파수를 공용하는 무선통신방식에 의하여 이동체에 장착하는 송·수신설비를 가진 자에 대하여 전용교환설비를 통하여 주로 음성을 송신하거나 수신하는 역무

④ 데이터통신을 위한 전용교환설비를 설치하고 무선통신방식에 의하여 데이터를 송신하거나 수신하는 역무

9) 무인자동판매기를 통한 재화·용역 공급

무인자동판매기를 통하여 재화·용역을 공급하는 사업에 있어서는 그 사업에 관한 업무를 총괄하는 장소를 사업장으로 한다.

10) 한국철도공사가 영위하는 사업

한국철도공사가 영위하는 사업에 있어서는 그 사업에 관한 업무를 지역별로 총괄하는 장소를 사업장으로 한다.

11) 우정사업조직의 소포우편물을 방문접수·배달 사업

우정사업조직이 부가우편역무 중 소포우편물을 방문접수하여 배달하는 용역을 공급하는 사업에 있어서는 그 사업에 관한 업무를 총괄하는 장소를 사업장으로 한다.

12) 전기판매사업자

전기판매사업자가 전기요금통합청구의 방법으로 요금을 청구하는 전기판매사업에 있어서는 그 업무를 총괄하는 장소. 여기서 전기요금통합청구의 방법이란 전기판매사업자가 2 이상의 전기사용계약단위를 통하여 각 사업장에서 이용자에게 전기를 공급하고, 각 사업장의 업무를 총괄하는 장소에서 전기요금을 일괄하여 청구하는 것을 말한다.

13) 국가·지방자치단체 등의 과세사업

국가·지방자치단체 또는 지방자치단체조합이 부가가치세 과세사업을 영위하는 경우 그 사업에 관한 업무를 총괄하는 장소. 다만, 위임·위탁 또는 대리에 의하여 재화 또는 용역을 공급하는 경우에는 수임자·수탁자 또는 대리인이 그 업무를 총괄하는 장소

14) 송유관설치자

송유관설치자가 송유관을 통하여 재화나 용역을 공급하는 사업에 있어서는 그 사업에 관한 업무를 총괄하는 장소

(3) 직매장과 하치장

1) 직매장

직매장이란 사업자가 자기의 사업과 관련하여 생산 또는 취득한 재화를 직접 판매하기 위하여 특별히 판매시설을 갖춘 장소를 말하며(부령 8 ③), 이러한 직매장은 사업장으로 본다. 따라서 직매장은 사업장으로 의제되므로 일반적인 사업장과 같이 등록 및 세액계산・신고납부 등 사업장으로서의 제반의무를 이행하여야 하고, 본 사업장에서 직매장으로 판매를 목적으로 하여 재화를 반출하는 것도 재화의 공급으로 본다(부법 10 ③).

그러나 주사업장총괄납부사업자 또는 사업자단위과세사업자가 총괄납부 또는 사업자단위과세의 적용을 받는 과세기간에 반출하는 것은 이를 재화의 공급으로 보지 아니한다. 다만, 주사업장총괄납부사업자가 세금계산서를 발급하여 관할세무서장에게 신고한 경우에는 재화의 공급으로 본다(부령 10 ③ (2)).

2) 하치장

하치장이란 사업자가 재화를 단순히 보관·관리하기 위하여 시설을 갖춘 장소일 뿐 그곳에서 거래의 전부 또는 일부가 이루어지지 아니한 장소를 말하며, 이러한 하치장은 사업장으로 보지 아니한다(부법 6 ⑤, 부령 9 ①).

하치장을 설치한 사업자는 하치장설치신고서를 해당 하치장을 둔 날부터 10일 내에 하치장설치신고서를 제출하여야 한다. 다만, 「주세법 시행령」 제64조 제4항에 따라 관할세무서장의 승인을 받은 주류하치장의 경우에는 하치장설치신고서 제출을 생략할 수 있다.

하치장설치의 신고를 받은 세무서장은 10일 이내에 사업장관할세무서장에게 통보하여야 한다(부령 9 ②).

하치장 설치 신고서

접수번호		접수일			처리기간 즉시

신 고 인 인적사항	상호(법인명)		사업자등록번호	
	성명(대표자)		전화번호	
	사업장(주된 사업장) 소재지			
	업태		종목	

신고내용

설치 연월일	하치장 소재지	소속 사업장	규모		소유구분		하치할 재화의 품목	연락 전화번호
			대지 면적 (m^2)	건물 면적 (m^2)	자가	타가		

「부가가치세법 시행령」 제9조 제1항에 따라 하치장 설치를 신고합니다.

년   월   일

신고인   (서명 또는 인)

세무서장   기히

첨부서류	없음	수수료 없 음

210mm×297mm[백상지 80g/㎡(재활용품)]

2) 하치장

하치장이란 사업자가 재화를 단순히 보관·관리하기 위하여 시설을 갖춘 장소일 뿐 그곳에서 거래의 전부 또는 일부가 이루어지지 아니한 장소를 말하며, 이러한 하치장은 사업장으로 보지 아니한다(부법 6 ⑤, 부령 9 ①).

하치장을 설치한 사업자는 하치장설치신고서를 해당 하치장을 둔 날부터 10일 내에 하치장설치신고서를 제출하여야 한다. 다만, 「주세법 시행령」 제64조 제4항에 따라 관할세무서장의 승인을 받은 주류하치장의 경우에는 하치장설치신고서 제출을 생략할 수 있다.

하치장설치의 신고를 받은 세무서장은 10일 이내에 사업장관할세무서장에게 통보하여야 한다(부령 9 ②).

홈택스(www.hometax.go.kr)
에서도 신청할 수 있습니다.

하치장 설치 신고서

접수번호		접수일					처리기간 즉시	

신고인 인적사항	상호(법인명)						사업자등록번호	
	성명(대표자)						전화번호	
	사업장(주된 사업장) 소재지							
	업태						종목	

신고내용

설치 연월일	하치장 소재지	소속 사업장	규모		소유구분		하치할 재화의 품목	연락 전화번호
			대지 면적 (㎡)	건물 면적 (㎡)	자가	타가		

「부가가치세법 시행령」 제9조 제1항에 따라 하치장 설치를 신고합니다.

년   월   일

신고인   (서명 또는 인)

세무서장   귀하

첨부서류	없음	수수료 없 음

210mm×297mm[백상지 80g/㎡(재활용품)]

2) 하치장

하치장이란 사업자가 재화를 단순히 보관·관리하기 위하여 시설을 갖춘 장소일 뿐 그곳에서 거래의 전부 또는 일부가 이루어지지 아니한 장소를 말하며, 이러한 하치장은 사업장으로 보지 아니한다(부법 6 ⑤, 부령 9 ①).

하치장을 설치한 사업자는 하치장설치신고서를 해당 하치장을 둔 날부터 10일 내에 하치장설치신고서를 제출하여야 한다. 다만, 「주세법 시행령」 제64조 제4항에 따라 관할세무서장의 승인을 받은 주류하치장의 경우에는 하치장설치신고서 제출을 생략할 수 있다.

하치장설치의 신고를 받은 세무서장은 10일 이내에 사업장관할세무서장에게 통보하여야 한다(부령 9 ②).

하치장 설치 신고서

접수번호	접수일	처리기간 즉시

신 고 인 인적사항	상호(법인명)	사업자등록번호
	성명(대표자)	전화번호
	사업장(주된 사업장) 소재지	
	업태	종목

신고내용

설치 연월일	하치장 소재지	소속 사업장	규모		소유구분		하치할 재화의 품목	연락 전화번호
			대지 면적 (m^2)	건물 면적 (m^2)	자가	타가		

「부가가치세법 시행령」 제9조 제1항에 따라 하치장 설치를 신고합니다.

년   월   일

신고인   (서명 또는 인)

　　세무시징   귀히

첨부서류	없음	수수료 없 음

210mm×297mm[백상지 80g/㎡(재활용품)]

(4) 임시사업장

기존 사업장이 있는 사업자가 그 사업장 이외에 각종 경기대회·박람회·국제회의 그 밖의 이와 유사한 행사가 개최되는 장소에서 임시로 사업장을 개설하는 경우에는 그 임시사업장은 기존 사업장에 포함되는 것으로 한다(부법 6 ⑤, 부령 10 ①). 여기서의 '그 밖의 이와 유사한 행사가 개최되는 장소'에는 바자회, 시장조사목적, 피서철의 해수욕장 등에서 일시적 사업을 목적으로 단기간 임시로 개설된 판매장소를 포함한다.[5]

1) 임시사업장의 개설신고

임시사업장을 개설하려는 자는 다음 각 호의 사항을 기재한 임시사업장개설신고서를 해당 임시사업장의 사업개시일부터 10일 이내에 임시사업장의 관할세무서장에게 제출(국세정보통신망에 의한 제출을 포함한다)하여야 한다. 다만, 임시사업장의 설치기간이 10일 이내인 경우에는 임시사업장개설신고를 하지 않을 수 있다(부령 10 ②).

2) 임시사업장개설신고의 타당성 여부 확인 및 통지

임시사업장개설신고서를 접수한 임시사업장관할세무서장은 임시사업장설치의 타당성 여부를 확인하여 임시사업장조사확인통지서를 임시사업장개설신고서를 접수한 날로부터 7일 이내에 신청인과 기존 사업장관할세무서장에게 통지하여야 한다(부령 10 ③).

3) 임시사업장폐쇄신고

임시사업장을 개설한 자가 그 임시사업장을 폐쇄한 때에는 그 폐쇄일로부터 10일 이내에

---

5) 부가 46015-809, 1994.4.21. 국세청장

임시사업장 개설 신고서

접수번호	접수일	처리기간	즉시

신고인 인적사항	상호(법인명)		사업자등록번호	
	성명(대표자)		전화번호	
	사업장 소재지			
	업태		종목	
	총괄 납부 관리번호			

신고내용

임시사업장 명세	임시사업장 소재지							전화번호		
	사업의 종류			개설 연월일	폐쇄 예정일	소유구분		규모		
						자가	타가	구조	건물 면적 (m^2)	대지 면적 (m^2)
	업태	종목	업종코드							
	임차료 지급명세		소유자명세							
	전세금 (보증금)	월세	성명	생년월일		주소				
	만원	만원								

「부가가치세법 시행령」 제10조 제2항에 따라 위와 같이 임시사업장 개설을 신고합니다.

년   월   일

신고인   (서명 또는 인)

세무서장   귀하

신고인 제출서류	사업허가증 사본, 사업등록증 사본 또는 신고확인증 사본(법령에 따른 허가·등록·신고사업인 경우) 중 1부	수수료 없음

210mm×297mm[백상지 80g/㎡(재활용품)]

임시사업장 폐쇄 신고서

접수번호	접수일		처리 기간	즉시

신고인 인적사항	상호(법인명)		사업자등록번호	
	성명(대표자)		전화번호	
	사업장 소재지			
	업태		종목	
	총괄 납부 관리번호			

신고내용				
개설기간	년 월 일 부터 년 월 일 까지 ( )간			
폐쇄 연월일	년 월 일			
폐쇄 사유				

임시사업장 공급실적	구분	(년 기)		(년 기)	
		공급가액	부가가치세	공급가액	부가가치세
	세금계산서				
	기 타				
	영세율				

「부가가치세법 시행령」 제10조 제4항에 따라 위와 같이 임시사업장을 폐쇄하였음을 신고합니다.

년   월   일

신고인

(서명 또는 인)

세무서장   귀하

첨부서류	없음	수수료 없음

210mm×297mm[백상지 80g/㎡(재활용품)]

3. 과세 관할

과세 관할이란 부가가치세를 납세자가 국가에 신고·납부하거나 국가가 납세자에게 부과·징수함에 있어서 법률상 유효하게 사무처리를 담당하는 행정기관을 말한다. 즉, 국세의 과세표준과 세액의 신고를 받고 조사·결정권을 행사하는 등 국세에 관한 사무를 담당하는 행정기관을 말한다. 부가가치세법은 사업자에 대한 부가가치세는 납세지를 관할하는 세무서장 또는 지방국세청장이 과세하며, 재화를 수입하는 자에 대한 부가가치세는 납세지를 관할하는 세관장이 과세한다고 규정하고 있다(부법 7).

제4절 사업자등록

1. 의 의

사업자등록은 과세행정의 능률화를 위해 사업을 시작하는 자에게 사업장마다 사업의 주요사항을 사업장관할세무서장에게 등록하게 하는 제도이다. 사업장등록은 과세당국으로 하여금 납세의무자의 파악과 그 동태 및 사업내용 등의 인지를 용이하게 하면서 납세번호를 모든 거래관계 서류에 명시하도록 하여 과세자료의 양성화를 기함으로써 근거과세·공평과세를 실현하려는 데 그 목적으로 두고 있다.

따라서 사업자등록은 납세의무자의 협력의무이지만 사업자등록을 하지 않을 경우 그 불이행에 대하여 가산세 및 매입세액불공제 등의 불이익이 뒤따르기 때문에 사실상 협력의무 이상의 법적인 효과를 갖는다.

2. 등록과 등록증 발급

가. 등 록

(1) 등록기한

사업자는 사업장마다 사업개시일부터 **20**일 이내에 사업장관할세무서장에게 등록하여야 한다. 다만, 신규로 사업을 시작하려는 자는 사업개시일 전이라도 등록할 수 있다(부법 8 ①).

(2) 등록절차

1) 사업자등록신청

사업자등록을 하려는 자는 사업장마다 다음 사항을 적은 사업자등록신청서(법인의 경우 법인세법시행규칙 별지 제73호 서식에 따른 법인설립신고 및 사업자등록신청서)를 관할세무서장이나 그 밖에 신청인의 편의에 따라 선택한 세무서장에게 제출(국세정보통신망에 의한 제출 포함)하여야 한다(부령 11 ①). 다만, 사업자는 사업자등록의 신청을 사업장 관할세무서장이 아닌 다른 세무서장에게도 할 수 있다.

① 사업자인적사항

② 사업자등록신청사유

③ 사업시작연월일 또는 사업장설치착수연월일

④ 그 밖의 참고사항

한편 수탁자가 사업자등록을 신청하는 경우로서 다음의 요건을 모두 갖춘 경우에는 둘 이상의 신탁재산을 하나의 사업장으로 보아 신탁사업에 관한 업무를 총괄하는 장소를 관할하는 세무서장에게 사업자등록을 신청할 수 있다(부령 11 ⑪).

① 수탁자가 하나 또는 둘 이상의 위탁자와 둘 이상의 신탁계약을 체결하였을 것

② 신탁계약이 수탁자가 위탁자로부터 「자본시장과 금융투자업에 관한 법률」에 따른 재산을 위탁자의 채무이행을 담보하기 위해 수탁으로 운용하는 내용으로 체결되는 신탁계약일 것

2) 첨부서류

사업자등록신청서에는 다음의 서류를 첨부하여야 하며 사업자등록을 신청하는 자가 미성년자인 경우에는 법정대리인의 동의를 확인할 수 있는 기획재정부령으로 정하는 서류를 추가하여 제출하여야 한다(부령 11 ③). 다만, 해당 법인의 설립등기 전 또는 사업의 허가·등록이나 신고 전에 사업자등록을 할 때에는 법인 설립을 위한 사업허가신청서 사본, 사업등록신청서 사본, 사업신고서 사본 또는 사업계획서로 이를 대신할 수 있다(부령 11 ④).

① 법령에 의하여 허가를 받거나 등록 또는 신고를 하여야 하는 사업의 경우 : 사업허가증사본·사업등록증사본 또는 신고필증사본

② 사업장을 임차한 경우 : 임대차계약서사본

③ 사업장을 전차한 경우 : 전대차계약서 사본, 임대인의 전차동의서(임대차계약서에 전차 시 임대인의 동의가 필요없다는 특약이 있는 경우 해당 임대차계약서 사본)

④ 상가건물임대차보호법에 따른 상가건물의 일부분만을 임차한 경우 : 해당 부분의 도면

⑤ 「조세특례제한법」금지금(金地金) 도·소매업 및 「개별소비세법」에 따른 과세유흥장소에의 영업을 영위하려는 경우 : 사업자금 내역 또는 재무상황 등을 확인할 수 있는 자금출처명세서

⑥ 사업자단위로 등록하려는 사업자 : 사업자 단위 과세 적용 사업장 외의 사업장(종된 사업장)에 대한 위 '①'부터 '⑤'까지의 규정에 따른 서류 및 사업장 소재지·업태·종목 등이 적힌 법령으로 정하는 서류

⑦ 액체연료 및 관련제품 도매업, 기체연료 및 관련제품 도매업, 차량용 주유소 운영업, 차량용 가스 충전업, 가정용 액체연료 소매업과 가정용 가스연료 소매업 : 사업자금

명세 또는 재무상황 등을 확인할 수 있는 서류로서 법령으로 정하는 서류

⑧ 재생용 재료 수집 및 판매업 : 사업자금 명세 또는 재무상황 등을 확인할 수 있는 서류로서 법령으로 정하는 서류

3) 주민등록표등본 확인

등록신청을 받은 관할세무서장은 행정정보의 공동이용을 통하여 발기인의 **주민등록표등본을 확인**하여야 한다. 다만, 등록을 신청하는 자가 확인에 동의하지 아니하는 경우에는 이를 첨부하도록 하여야 한다(부령 11 ⑫).

【통칙 · 판례 · 예규 참조】

[부 통] 미등기지점 등의 사업자등록

과세사업을 영위하는 법인이 지점 또는 직매장에 대한 사업자등록신청을 하는 경우에는 해당 지점의 등기 여부와는 관계없이 사업자등록신청서에 해당 법인의 법인등기부등본을 첨부하여 등록할 수 있다 (부통 5-7-1).

[부 통] 겸업사업자의 사업자등록

부가가치세의 과세사업과 면세사업을 겸업하는 사업자는 법 제5조의 규정에 따른 사업자등록증을 발급받아야 한다. 이 경우 해당 사업자는 소득세법 제168조 또는 법인세법 제111조의 규정에 따른 사업자등록을 별도로 하지 아니한다(부통 5-7-2).

[부 통] 허가사업의 사업자등록

법령에 의하여 허가를 얻어야 하는 사업을 영위하는 자가 사업허가증사본을 첨부하지 아니하고 사업자등록신청서를 제출한 경우 해당 사업장에서 사실상 사업을 영위하는 때는 실지 사업내용대로 사업자등록증을 발급할 수 있다(부통 5-7-3).

[부 통] 공동사업자의 사업자등록 및 정정

2인 이상의 사업자가 공동사업을 하는 경우 사업자등록신청은 공동사업자 중 1인을 대표자로 하여 대표자명의로 신청하여야 하며, 공동사업자 중 일부의 변경 및 탈퇴, 새로운 공동사업자 추가의 경우에는 사업자등록을 정정하여야 한다(부통 5-11-1).

홈택스(www.hometax.go.kr)에서도 신청할 수 있습니다.

사업자등록 신청서(개인사업자용)
(법인이 아닌 단체의 고유번호 신청서)

※ 사업자등록의 신청 내용은 영구히 관리되며, 납세 성실도를 검증하는 기초자료로 활용됩니다.
  아래 해당 사항을 사실대로 작성하시기 바라며, 신청서에 본인이 자필로 서명해 주시기 바랍니다.

※ [ ]에는 해당하는 곳에 √표를 합니다.

(앞쪽)

접수번호	처리기간	2일(보정 기간은 불산입)

1. 인적사항

상호(단체명)		(사업장 전화번호)
성명(대표자)	연락처	(주소지 전화번호)
주민등록번호		**(휴대전화번호)**
(단체)부동산등기용등록번호		(FAX 번호)

사업장(단체) 소재지	층 호
사업장이 주소지인 경우 주소지 이전 시 사업장 소재지 자동 정정 신청	([ ]여, [ ]부)

2. 사업장 현황

업 종	주업태	주종목	주생산요소	주업종 코드	개업일	종업원 수
	부업태	부종목	부생산요소	부업종 코드		

사이버몰 명칭		사이버몰 도메인	

사업장 구분	자가 면적	타가 면적	사업장을 빌려준 사람 (임대인)			임대차 명세		
			성 명 (법인명)	사업자 등록번호	주민(법인) 등록번호	임대차 계약기간	(전세) 보증금	월세(차임)
	m²	m²				~	원	원

허가 등 사업 여부	[ ]신고 [ ]등록 [ ]허가 [ ]해당 없음	주류면허	면허번호	면허신청 [ ]여 [ ]부
개별소비세 해당 여부	[ ]제조 [ ]판매 [ ]입장 [ ]유흥	사업자 단위 과세 적용 신고 여부	[ ]여 [ ]부	
사업자금 명세 (전세보증금 포함)	자기자금 원	타인자금		원
간이과세 적용 신고 여부	[ ]여 [ ]부	간이과세 포기 신고 여부	[ ]여 [ ]부	
전자우편주소		국세청이 제공하는 국세정보 수신동의	[ ]문자(SMS) 수신에 동의함(선택) [ ]전자우편 수신에 동의함(선택)	

그 밖의 신청사항	확정일자 신청 여부	공동사업자 신청 여부	사업장소 외 송달장소 신청 여부	양도자의 사업자등록번호 (사업양수의 경우에만 해당함)
	[ ]여 [ ]부	[ ]여 [ ]부	[ ]여 [ ]부	

신탁재산 여부	[ ]여 [ ]부	신탁재산의 등기부상 소재지 또는 등록부상 등록지	

210mm×297mm[백상지(80g/m²) 또는 중질지(80g/m²)]

3. 사업자등록 신청 및 사업 시 유의사항 (아래 사항을 반드시 읽고 확인하시기 바랍니다)

가. 다른 사람에게 사업자명의를 빌려주는 경우 사업과 관련된 각종 세금이 명의를 빌려준 사람에게 나오게 되어 다음과 같은 불이익이 있을 수 있습니다.

  1) 조세의 회피 및 강제집행의 면탈을 목적으로 자신의 성명을 사용하여 타인에게 사업자등록을 할 것을 허락하거나 자신 명의의 사업자등록을 타인이 이용하여 사업을 영위하도록 한 자는 「조세범 처벌법」 제11조제2항에 따라 1년 이하의 징역 또는 1천만원 이하의 벌금에 처해집니다.

  2) 소득이 늘어나 국민연금과 건강보험료를 더 낼 수 있습니다.

  3) 명의를 빌려간 사람이 세금을 못 내게 되면 체납자가 되어 소유재산의 압류·공매처분, 체납명세의 금융회사 등 통보, 출국규제 등의 불이익을 받을 수 있습니다.

나. 다른 사람의 명의로 사업자등록을 하고 실제 사업을 하는 것으로 확인되는 경우 다음과 같은 불이익이 있을 수 있습니다.

  1) 조세의 회피 또는 강제집행의 면탈을 목적으로 타인의 성명을 사용하여 사업자등록을 하거나 타인 명의의 사업자등록을 이용하여 사업을 영위한 자는 「조세범 처벌법」 제11조제1항에 따라 2년 이하의 징역 또는 2천만원 이하의 벌금에 처해집니다.

  2) 「부가가치세법」 제60조제1항제2호에 따라 사업 개시일부터 실제 사업을 하는 것으로 확인되는 날의 직전일까지의 공급가액 합계액의 1%에 해당하는 금액을 납부세액에 더하여 납부해야 합니다.

  3) 「주민등록법」 제37조제10호에 따라 다른 사람의 주민등록번호를 부정하게 사용한 자는 3년 이하의 징역 또는 3천만원 이하의 벌금에 처해집니다.

다. 귀하가 재화 또는 용역을 공급하지 않거나 공급받지 않고 세금계산서 또는 계산서를 발급하거나 발급받은 경우 또는 이와 같은 행위를 알선·중개한 경우에는 「조세범 처벌법」 제10조제3항 또는 제4항에 따라 3년 이하의 징역 또는 공급가액에 부가가치세의 세율을 적용하여 계산한 세액의 3배 이하에 상당하는 벌금에 처해집니다.

라. 신용카드 가맹 및 이용은 반드시 사업자 본인 명의로 해야 하며 사업상 결제목적 외의 용도로 신용카드를 이용할 경우 「여신전문금융업법」 제70조제3항제2호부터 제6호까지의 규정에 따라 3년 이하의 징역 또는 2천만원 이하의 벌금에 처해집니다.

창업자 멘토링 서비스	신청 여부	[ ]여 [ ]부

※ 세무대리인을 선임하지 못한 경우 신청 가능하며, 서비스 제공 요건을 충족하지 못한 경우 서비스가 제공되지 않을 수 있음

대리인이 사업자등록신청을 하는 경우에는 아래의 위임장을 작성하시기 바랍니다.

위 임 장	본인은 사업자등록 신청과 관련한 모든 사항을 아래의 대리인에게 위임합니다.			
			본 인:	(서명 또는 인)
대리인 인적사항	성명	주민등록번호	전화번호	신청인과의 관계

위에서 작성한 내용과 실제 사업자 및 사업내용 등이 일치함을 확인하며, 「부가가치세법」 제8조제1항·제3항, 제61조제3항, 같은 법 시행령 제11조제1항·제2항, 제109조제4항, 같은 법 시행규칙 제9조제1항·제2항 및 「상가건물 임대차보호법」 제5조제2항에 따라 사업자등록 ([ ]일반과세자[ ]간이과세자[ ]면세사업자[ ]그 밖의 단체) 및 확정일자를 신청합니다.

년   월   일

신청인: (서명 또는 인)

위 대리인: (서명 또는 인)

세무서장 귀하

신고인 제출서류	1. 사업허가증 사본, 사업등록증 사본 또는 신고확인증 사본 중 1부(법령에 따라 허가를 받거나 등록 또는 신고를 해야 하는 사업의 경우에만 제출합니다) 2. 임대차계약서 사본 1부(사업장을 임차한 경우에만 제출합니다) 3. 「상가건물 임대차보호법」이 적용되는 상가건물의 일부분을 임차한 경우에는 해당 부분의 도면 1부 4. 자금출처명세서 1부(금지금 도매·소매업, 과세유흥장소에서의 영업, 액체연료 및 관련제품 도매업, 기체연료 및 관련제품 도매업, 차량용 주유소 운영업, 차량용 가스 충전업, 가정용 액체연료 소매업, 가정용 가스연료 소매업, 재생용 재료 수집 및 판매업을 하려는 경우에만 제출합니다) 5. 신탁계약서 1부 6. 주택임대사업을 하려는 경우 「소득세법 시행규칙」 별지 제106호서식의 임대주택 명세서 1부 또는 임대주택 명세서를 갈음하여 「민간임대주택에 관한 특별법 시행령」 제4조제5항에 따른 임대사업자 등록증 사본 1부	수수료 없음

유의사항

사업자등록을 신청할 때 다음 각 호의 사유에 해당하는 경우에는 붙임의 서식 부표에 추가로 적습니다.
1. 공동사업자가 있는 경우
2. 사업장 외의 장소에서 서류를 송달받으려는 경우
3. 사업자 단위 과세 적용을 신청하려는 경우(2010년 이후부터 적용)

210mm×297mm[백상지(80g/㎡) 또는 중질지(80g/㎡)]

나. 등록증의 발급

(1) 개 념

사업자등록신청을 받은 사업장 관할 세무서장(사업자단위과세사업자의 경우에는 본점 또는 주사무소 관할 세무서장을 말함)은 사업자등록을 하고, 사업자의 인적사항과 그 밖에 필요한 사항을 적은 사업자등록증을 신청일부터 2일 이내(토요일 및 일요일, 공휴일 및 대체공휴일 또는 근로자의 날은 산정에서 제외함)에 신청자에게 발급하여야 한다. 다만, 사업장 시설이나 사업현황을 확인하기 위하여 국세청장이 필요하다고 인정하는 경우에는 발급기한을 5일 이내에서 연장하고 조사한 사실에 따라 사업자등록증을 발급할 수 있다(부법 8 ⑥, 부령 11 ⑤).

이 경우 사업장 관할 세무서장은 사업자등록의 신청 내용을 보정(補正)할 필요가 있다고 인정될 때에는 10일 이내의 기간을 정하여 보정을 요구할 수 있으며, 해당 보정기간은 발급 기간에 산입하지 아니한다(부령 11 ⑬).

(2) 등록번호 부여

① 사업자등록증에 부여된 등록번호는 사업장마다 관할세무서장이 부여한다. 다만, 사업자단위로 등록신청을 한 경우에는 사업자단위과세적용사업장에 대하여 등록번호를 부여한다.

② 관할세무서장은 과세자료를 효율적으로 처리하기 위하여 세관장 또는 국가 · 지방자치단체 · 지방자치단체조합과 부가가치세 면세사업자 중 소득세 · 법인세의 납세의무가 있는 자(민법 제32조의 비영리법인 등)에게도 등록번호에 준하는 고유번호를 부여할 수 있다(부령 12 ②).

사업자등록번호의 부여기준

① 사업자등록번호는 전산시스템에 의하여 일련번호 순서대로 자동 부여되며, 한번 부여된 번호는 준영구코드화하여 세적이전, 과세유형전환 등의 경우에도 당초의 번호를 그대로 사용한다. 다만, 다음 각호의 하나에 해당하는 경우에는 사업자등록번호를 새로 부여한다.
  1. 순수한 신규 개업자 및 폐업 후 1년 이내에 사업시작자
  2. 과세사업에서 면세사업으로 전환하거나 그 반대로 전환하는 자
  3. 과세사업 폐업 후 면세사업 재개업자, 면세사업 폐업 후 과세사업 재개업자
② 사업자등록번호는 10자리(×××－××－×××××)로 구성되고 다음 각호의 기준에 의해 부여한다.
  1. 청 · 서코드(3자리) : 순수한 신규개업자(폐업 후 재개업이 아닌 자)에게만 사업자등록번호 최초 부여관서의 청 · 서코드를 부여하며 관서간 세적이전, 관할구역변경의 경우에는 청 · 서코드 변경을 하지 아니한다.

---

2. 개인·법인 구분코드(2자리)

　가. 개인구분코드

　　ⓐ 개인과세사업자 : 특정동 구별없이 01부터 79까지를 순차적으로 부여

　　ⓑ 개인면세사업자 : 산업구분없이 90부터 99까지를 순차적으로 부여

　　ⓒ 소득세법 제1조 제3항에 해당하는 법인이 아닌 종교단체 : 89

　　ⓓ 소득세법 제1조 제3항에 해당하는 자로서 "ⓒ" 이외의 자(아파트관리사무소 등) 및 영 제7조 제6항의 규정에 따라 등록한 다단계판매업자 ·················· 80

　나. 법인성격코드 : 법인에 대하여는 성격별코드를 구분하여 사용한다.

　　ⓐ 영리법인의 본점 ······································· 81·86·87

　　ⓑ 비영리법인의 본점 및 지점(법인격없는 사단, 재단, 그 밖의단체 중 법인으로 보는 단체를 포함) ····················· 82

　　ⓒ 국가, 지방자치단체, 지방자치단체조합 ···················· 83

　　ⓓ 외국법인의 본·지점 및 연락사무소 ···················· 84

　　ⓔ 영리법인의 지점 ······························· 85

3. 일련번호코드(4자리) : 과세사업자(일반과세자·간이과세자), 면세사업자, 법인사업자별로 등록 또는 지정일자순으로 사용가능한 번호를 0001~9999로 부여한다. 다만, 비영리법인의 본·지점은 등록 또는 지정일자순으로 0001~5999로 부여하고, 국세기본법 제13조 제2항의 규정에 따라 법인으로 보는 단체는 6000~9999로 부여한다.

4. 검증번호(제일 끝자리) : 전산시스템에 의하여 사업자등록번호의 오류 여부를 검증하기 의하여 1위의 검증번호를 부여한다.

③ 폐업 후 재개업의 경우에도 종전의 사업자등록번호를 변경없이 사용한다.

　다만, 2개 이상의 사업자등록번호를 가진 사업자가 폐업하고 추후 사업자등록을 신청하는 경우에는 사업자등록신청일로부터 1년이 지난 등록번호 중 가장 최근에 폐업한 사업장의 사업자등록번호부터 소급하여 순차적으로 부여한다. 이 경우 공동사업자에게 부여하였던 사업자등록번호는 재사용하지 아니한다.

【통칙·판례·예규 참조】

예규 **법인과 개인이 공동사업을 할 경우**

법인과 개인이 동업계약에 의하여 공동사업을 영위하는 경우에는 해당 공동사업체의 인격에 따라 법인 또는 개인으로 사업자등록을 하여야 하며 인격의 구분이 불분명한 경우에는 국세기본법 제13조의 규정에 따라 판정한다(부가 1235－2025, 1978. 5. 23).

예규 **면세사업과 과세사업 겸업자의 사업자등록**

부가가치세의 과세사업과 면세사업을 겸업하는 사업자는 부가가치세과세사업자등록증을 발급받아야 하므로 겸업자에게 부가가치세과세사업자등록번호와 부가가치세면세사업자등록번호를 동시에 발급할 수 없다(부가 1235－2701, 1978. 7. 18).

예규 **허가를 받지 아니한 사업자의 사업자등록**

법령에 의하여 허가를 받아야 하는 사업을 영위하는 자가 사업허가증사본을 첨부하지 아니하고 사업자등록신청서를 제출한 경우 해당 사업장에서 사실상 사업을 영위하는 때는 실지 사업 내용대로 사업자등록증을 발급한다(간세 1235－3501, 1978. 11. 24).

사업자등록증

(   )

등록번호 :

① 상호 :   ② 성명 :

③ 개업 연월일 :   년   월   일   ④ 생년월일 :

⑤ 사업장 소재지 :

⑥ 사업의 종류 :

업태	종목	생산요소

⑦ 발급 사유 :

⑧ 공동사업자 :

⑨ 주류판매신고번호 :

⑩ 사업자 단위 과세 적용사업자 여부 : 여( ) 부( )

⑪ 전자세금계산서 전용 전자우편주소 :

년   월   일

○○세무서장   직인

국세상담이 필요할 땐 ☎ 126   210mm×297mm[백상지 120g/㎡]

사업자등록증

(   )

등록번호 :

① 법인명(단체명) :

② 대표자 :

③ 개업 연월일 :   년   월   일   ④ 법인등록번호 :

⑤ 사업장 소재지 :

⑥ 본점 소재지 :

⑦ 사업의 종류 :

업태	종목	생산 요소

⑧ 발급 사유 :

⑨ 주류판매신고번호 :

⑩ 사업자 단위 과세 적용사업자 여부 : 여( ) 부( )

⑪ 전자세금계산서 전용 전자우편주소 :

년   월   일

○○세무서장   직인

국세상담이 필요할 땐 ☎126   210mm×297mm[백상지 120g/㎡]

다. 다단계판매원의 사업자등록

(1) 총괄등록대상자

개별등록대상자 이외의 다단계판매원이 방문판매등에관한법률 제15조의 규정에 따라 다단계판매업자에게 등록을 하고 도·소매업을 영위할 목적으로 다단계판매업자에게 도·소매업자로 신고한 자에 대하여 다단계판매업자가 그 신고일이 속하는 달의 다음달 10일까지 사업장관할세무서장에게 다단계판매원의 인적사항·사업시작연월일·그 밖의 내용 등을 「다단계판매원(등록·폐업)현황신고서」에 의하여 신고하는 때에는 다단계판매원6)이 사업자등록신청(폐업신고)을 한 것으로 본다(부령 11 ⑧).

이 경우 다단계판매업자가 발급한 다단계판매원등록증을 관할세무서장이 해당 다단계판매원에게 발급한 사업자등록증으로 본다(부령 7 ⑨).

(2) 개별등록대상자

다음의 하나에 해당하는 다단계판매원은 다단계판매업자의 주된사업장소재지관할세무서장에게 개별적으로 사업자등록을 신청하여 사업자등록증을 발급받아야 한다. 다만 '②'의 경우에는 그 사업장을 관할하는 세무서장에게 등록하여야 한다(부령 11 ⑧ 단서).

① 간이과세자로 해당 과세기간에 대한 공급대가가 4천800만원 이상인 자
② 다단계판매원이 상시 주재하며 거래의 전부 또는 일부를 행하는 별도 사업장을 두고 있는 경우

라. 직권등록 및 등록거부

사업자 또는 국외사업자가 신청에 의하여 사업자등록 또는 간편사업자등록을 하지 아니하는 경우에는 납세지 관할 세무서장이 조사하여 등록할 수 있으며(부령 11 ⑥), 사업자의 사업개시일 전에 사업자등록신청을 받은 세무서장은 신청자가 사업을 사실상 시작하지 아니할 것이라고 인정되는 때에는 등록을 거부할 수 있다(부령 11 ⑦).

---

6) 부록 6. 다단계판매업자가 지켜야할 사항(2002.2.5. 국세청고시 제2002-10호) 참조

다단계판매원 (등록·폐업) 현황신고서

접수번호	접수일		처리기간　즉시

다단계 판매업자 인적사항	사업자등록번호	다단계판매원 총괄번호
	상호	성명
	사업장 소재지 (연락처 :　　　　　　)	
	업태	종목

다단계판매원 등록 및 폐업 현황

등록번호	판매원 등록일	판매원 폐업일	성명	주민등록번호	비고

「부가가치세법 시행령」 제11조 제8항에 따라 우리 업체에 다단계판매원으로 등록한 다단계판매원의 등록 및 폐업 현황을 제출합니다.

년　　　월　　　일

신고인　　　　　　　　　　　　　　　　(서명 또는 인)

세무서장　　　　　　　　　　　　　　　　　　　　귀하

첨부서류	없음	수수료 없음

210mm×297mm[백상지 80g/㎡(재활용품)]

3. 사업자등록 사항의 변경

가. 사업자등록 정정 신고

사업자가 다음에 해당하는 경우에는 지체없이 사업자의 인적사항, 사업자등록의 정정사항과 그 밖의 필요한 사항을 적은 사업자등록정정신고서를 관할 세무서장이나 그 밖에 신고인의 편의에 따라 선택한 세무서장에게 제출(국세정보통신망에 따른 제출을 포함한다)하여야 한다. 이 경우 사업자등록정정신고서에는 사업자등록증을 첨부하여야 하며, 사업자등록을 할 때 첨부한 서류의 내용이 변경된 사업자는 해당 첨부서류를 제출하여야 한다(부령 14).

① 상호를 변경하는 때

② 법인 또는 법인으로 보는 단체외의 단체로서 기획재정부령으로 정하는 단체의 대표자를 변경하는 때

③ 사업의 종류에 변동이 있는 때

④ 사업장(사업자단위과세사업자의 경우에는 사업자단위과세적용사업장을 말한다)을 이전하는 때

⑤ 상속으로 인하여 사업자의 명의가 변경되는 때

⑥ 공동사업자의 구성원 또는 출자지분의 변경이 있는 때

⑦ 임대인, 임대차 목적물 및 그 면적, 보증금, 임차료 또는 임대차기간의 변경이 있거나 새로이 상가건물을 임차한 때. 다만, 「상가건물임대차보호법」에 따른 상가건물의 임차인이 사업자등록정정신고를 하려는 경우, 임차인이 같은 법의 규정에 따른 확정일자를 신청하려는 경우 및 확정일자를 받은 임차인에게 변경 등이 있는 경우에 한정한다.

⑧ 사업자단위과세사업자가 사업자단위과세적용사업장을 변경하는 때

⑨ 사업자단위과세사업자가 종된 사업장을 신설 또는 이전하는 때

⑩ 사업자단위과세사업자가 종된 사업장의 사업을 휴업하거나 폐업하는 때

⑪ 사이버몰(부가통신사업자가 컴퓨터 등과 정보통신설비를 이용하여 재화 등을 거래할 수 있도록 설정한 가상의 영업장을 말한다)에 인적사항 등의 정보를 등록하고 재화나 용역을 공급하는 사업을 하는 통신판매업자가 사이버몰의 명칭 또는 「인터넷주소자원에 관한 법률」에 따른 인터넷 도메인이름을 변경하는 때

나. 정정 후 사업자등록증 재발급

위 '가'의 정정신고를 받은 세무서장은 다음 구분에 따른 기한 내의 정정내용을 확인하고 사업자등록증의 기재사항을 정정하여 재발급해야 한다.

① 위 '가'의 '②'부터 '⑩'까지의 경우 : 신고일부터 2일 내

② 그 밖의 경우 : 신고일 당일

다. 등록정정사실의 통지

사업장의 이전, 신고·납부의 승인을 얻은 자가 총괄사업장을 이전 또는 변경으로 사업자등록정정신고를 받은 사업장관할세무서장은 종전의 사업장관할세무서장에게 지체없이 사업장의 이전 또는 변경사실을 통지하여야 한다(부령 14 ④).

라. 주소지의 이전과 사업자등록 정정

사업장과 주소지가 동일한 사업자가 사업자등록 신청 또는 사업자등록 정정신고서를 제출하면서 주소지를 이전하는 때에 사업장이 함께 이전하는 것에 동의하는 경우에는 사업자가 주소지를 이전하는 때에 사업자등록 정정신고서를 제출한 것으로 본다(부령 14 ⑤).

마. 면세사업자의 과세사업등록신청으로 간주하는 사업자등록 정정신고

사업자등록은 부가가치세법상의 납세의무자에게만 그 의무가 지워진다. 그러므로 부가가치세 납세의무 그 자체가 없는 면세사업자에게는 부가가치세법상의 사업자등록의무도 없다. 그러나 면세사업자는 소득세법·법인세법의 규정에 따라 사업자등록을 하여야 한다.

이 경우 소득세법과 법인세법규정에 따라 등록한 면세사업자가 추가로 과세사업을 영위하려는 경우에 부가가치세법에 따라 사업자등록정정신고서를 제출한 때에는 부가가치세법에 따른 등록신청을 한 것으로 본다(부령 11 ⑩).

【통칙·판례·예규 참조】

부 통 채무자 회생 및 파산에 관한 법률에 따른 회생절차개시 시 사업자등록증의 정정
회사가 회사정리법의 규정에 따라 법정관리 시작명령을 받아 관리인 또는 관리인 대리가 회사사업의 경영과 재산의 관리 및 처분을 할 경우에는 해당 관리인 또는 관리인 대리를 회사의 대표자로 보아 사업자등록을 정정할 수 있다(부통 8-14-2).

판 례 사업의 종목이 변경되었으나 착오로 폐업신고서를 제출한 경우 폐업시 잔존재화로 과세한 처분의 당부
사업의 종목이 변경된 이건의 경우 청구인이 사업자등록정정신고서를 제출하면 되는 것임에도 이를 잘못 알고 폐업신고서를 제출한 것으로 보여지는바, 실질내용에 따라 쟁점 부동산에서 사업의 종목이 변경되었다고 보는 것이 타당함(국심2003전3197, 2004. 2. 12).

예 규 법정관리인이 회사의 경영과 재산의 관리 및 처분을 할 경우
회사가 회사정리법의 규정에 따라 법정관리 시작 명령을 받아 관리인 또는 관리인 대리가 회사사업의 경영과 재산의 관리 및 처분을 할 경우에는 해당 관리인 또는 관리인 대리를 회사의 대표자로 보아 사업자등록을 정정할 수 있다(간세 1265-102, 1981. 1. 27).

[ ] 사업자등록 정정신고서
[ ] 법인이 아닌 단체의 고유번호 정정신고서

※ 뒤쪽의 작성방법을 읽고 작성하시기 바라며, [ ]에는 해당되는 곳에 √표를 합니다.　　　　　(앞쪽)

접수번호		변경 연월일		처리기간	즉시(2일)

인적 사항	상호(법인명) (단체명)		사업자등록번호	
	성명(대표자)		연 락 처	(사업장 전화번호)
				(주소지 전화번호)
				(휴대전화번호)

신고 내용

정정할 사항	상 호(법인명) (단 체 명)		(단체)부동산등기용등록번호 ㅡ	연 락 처	사업장 전화번호	주소지 전화번호	휴대전화번호
	성 명(대 표 자)		주민등록번호 (법인등록번호)	ㅡ		본점 대표자 변경 시 지점 또는 종된 사 업장 일괄정정 (법인사업자만 기재)	[ ]동의함 [ ]동의하지 않음
	총괄사업장 소재지						층　　　　호
	사 업 장　소 재 지 (임 대 차 부 동 산)						
	사업장이 주소지인 경우 주소지 이전 시 사업장 소재지 자동 정정 신청					([ ]여, [ ]부)	
	전자우편 주소			국세청이 제공하는 국세정보 수신동의	[ ]문자(SMS) 수신에 동의함(선택) [ ]전자우편 수신에 동의함(선택)		

사 업 의　종 류

구 분	주업태	주종목	주업종 코드	부 업 태	부 종 목	부업종 코드
추가할 사항						
삭제할 사항						

사이버몰 명칭		사이버몰 도메인	

사업장 구분 및 면적		도면 첨부	사업장을 빌려준 사람(임대인)		
자 가	타 가	여　　부	성 명(법 인 명)	사업자등록번호	주민(법인)등록번호
㎡	㎡				

임대차 계약기간	(전 세)보 증 금	월 세(차 임)
．　．　～　．　．	원	원

주 류 면 허		개별소비세(해당란에 ○표)				부가가치세 해당 여부 ※법인사업자만 적음	
면 허 번 호	면 허 신 청	제 조	판 매	장 소	유 흥	여	부
	여　　부						

공 동 사 업 자 명 세	출자금		원	변경일			변경 구분(해당란에 ○표)		
	성 명	주민등록번호	지분율	관 계	출자공동사업자여부	성 립	지분 변경	탈 퇴
		ㅡ			．			

210mm×297mm[백상지(80g/㎡) 또는 중질지(80g/㎡)]

서류를 송달받을 장소 신고 (개인사업자만 기재)	「국세기본법」 제9조 및 같은 법 시행령 제5조에 따라 사업장이 아닌 다음 장소에서 서류를 송달받으려 합니다. 이 신청서로 등록 신청한 사업장에 대해 발생되는 고지서나 신고안내문 등의 송달 주소로 활용됩니다.		
	사업자 단위 과세 적용 종된 사업장 정정신고 여부	[　]여　　[　]부	
	송달받을 장소	[　] 주소지 [　] 기 타 (　　　　　　　　　　　　　　　) ※ 주민등록 주소를 선택한 경우 「주민등록법」 제16조에 따라 주소가 이전되면 송달주소가 이전된 주소로 자동으로 변경되는 것에 동의하는 경우 아래의 동의함에 √표를 합니다. 　　　　[　] 동의함　　　　　　　　　[　] 동의하지 않음	
	신 고 이 유		

신고 구분	[　]사업자등록 정정만 신고
	[　]사업자등록 정정신고와 확정일자를 동시에 신청
	[　]확정일자를 이미 받은 자로서 사업자등록 정정신고(확정일자 번호: 　　　　　　　)
	[　]총괄사업장을 이전 또는 변경
	[　]사업자 단위 과세 사업자로서 종된 사업장 정정 신고

납세자의 위임을 받아 대리인이 사업자등록 정정 신고를 하는 경우에는 아래의 위임장을 작성하시기 바랍니다.

위 임 장	본인은 사업자등록 정정 신고와 관련한 모든 사항을 아래의 대리인에게 위임합니다.	
	본인 : 　　　　　　　　　　　　　　(서명 또는 인)	
대리인 인적사항	성　　명	주민등록번호
	전화번호	납세자와의 관계

「부가가치세법」 제8조제8항, 같은 법 시행령 제14조제1항, 같은 법 시행규칙 제11조 및 「상가건물 임대차보호법」 제5조제2항에 따라 위와 같이 사업자등록 정정신고 및 확정일자를 신청합니다.

　　　　　　　　　　　　　　　　　　　　　　　　　　　　　　　년　　　월　　　일

　　　　　　　　　　　　신고인　　　　　　　　　　　　　　　(서명 또는 인)

세무서장　귀하

신고인 제출서류	1. 사업자등록증 원본 2. 임대차계약서 사본(사업장을 임차한 경우에만 제출합니다) 1부 3. 「상가건물 임대차보호법」이 적용되는 상가건물의 일부분을 임차한 경우에는 해당 부분의 도면(「부가가치세법 시행령」 제14조제2항 단서에 따라 임대차 목적물 등 임대차 관련 사항의 변경 등을 이유로 정정신고를 하는 경우에만 제출합니다) 1부 4. 변경 사항이 반영된 사업허가증 사본, 사업등록증 사본 또는 신고확인증 사본 중 1부(법령에 따라 허가를 받거나 등록 또는 신고를 해야 하는 사업의 경우에만 제출합니다) 5. 자금출처명세서 1부(금지금 도매·소매업, 과세유흥장소에서의 영업, 액체연료 및 관련제품 도매업, 기체연료 및 관련제품 도매업, 차량용 주유소 운영업, 차량용 가스 충전업, 가정용 액체연료 소매업, 가정용 가스연료 소매업, 재생용 재료 수집 및 판매업을 하려는 경우에만 제출합니다)	수수료 없음
담당 공무원 확인사항	사업자등록증	

행정정보 공동이용 동의서

본인은 이 건 업무처리와 관련하여 담당 공무원이 「전자정부법」 제36조제1항에 따른 행정정보의 공동이용을 통해 위의 담당 공무원 확인 사항을 확인하는 것에 동의합니다. * 동의하지 않는 경우에는 신고인이 직접 관련 서류를 제출해야 합니다.

　　　　　　　　　　　　신고인　　　　　　　　　　　　　　　(서명 또는 인)

작 성 방 법

1. 「정정할 사항」란에는 사업자등록을 정정하여야 할 사항만 해당란에 적습니다.
2. 공동사업자 명세에서 소득분배비율과 지분율이 다른 경우에는 소득분배비율을 적습니다.
　출자공동사업자란 「소득세법 시행령」 제100조제1항에 따라 경영에는 참여하지 않고 출자만 하는 공동사업자를 말합니다.
3. 사업장을 임차한 경우 「상가건물 임대차보호법」의 적용을 받기 위해 사업장 소재지를 임대차계약서 및 건축물관리대장 등 공부상의 소재지와 일치되도록 구체적으로 적어야 합니다. (예시) ○○시 ○○구 ○○로 ○○ (○○(빌딩) ○○층 ○○○호, ○○동)
4. 「본점 대표자 변경 시 지점 일괄정정」 동의여부는 법인 본점사업자만 적고, 동의함을 선택하는 경우 모든 지점의 대표자가 변경 후 본점 법인대표자로 일괄 정정됩니다.(변경 전 본·지점의 대표가 동일인으로서 단독대표인 경우에만 적용됩니다)

210mm×297mm[백상지(80g/㎡) 또는 중질지(80g/㎡)]

4. 휴업·폐업 신고

가. 개 념

사업자가 휴업 또는 폐업하거나 사업시작 전 등록한 자가 사실상 사업을 시작하지 아니하게 되는 경우에는 지체없이 휴업(폐업)신고서에 사업자등록증과 폐업신고서를 첨부하여 관할 세무서장이나 그 밖에 신고인의 편의에 따라 선택한 세무서장에게 제출(국세정보통신망에 의한 제출 포함)하여야 한다. 다만, 사업자가 부가가치세확정신고서에 폐업연월일 및 사유를 적고 사업자등록증을 첨부하여 제출하는 경우에는 폐업신고서를 제출한 것으로 본다(부령 13 ③).

나. 휴업일의 기준

휴업을 하는 날은 사업장별로 그 사업을 실질적으로 휴업한 날(실질적으로 휴업한 날이 분명하지 아니한 경우에는 제1항에 따른 휴업신고서의 접수일)로 한다. 그리고 휴업신고서에 적힌 휴업기간을 산정 때에는 계절적인 사업의 경우 그 계절이 아닌 기간은 휴업기간으로 본다(부령 13 ⑦).

다. 폐업일의 기준

사업자의 폐업일은 다음의 구분에 따른다(부령 7).
① 합병으로 인한 소멸법인의 경우 : 합병법인의 변경등기일 또는 설립등기일
② 분할로 인하여 사업을 폐업하는 경우 : 분할법인의 분할변경등기일(분할법인이 소멸하는 경우에는 분할신설법인의 설립등기일)
③ 위 ① 및 ② 외의 경우 : 사업장별로 그 사업을 실질적으로 폐업하는 날. 다만, 폐업한 날이 분명하지 아니한 경우에는 폐업신고서의 접수일
④ 사업 개시일 전에 사업자등록을 한 자로서 사업자등록을 한 날부터 6개월이 되는 날까지 재화와 용역의 공급실적이 없는 자에 대해서는 그 6개월이 되는 날을 폐업일로 본다. 다만, 사업장의 설치기간이 6개월 이상이거나 그 밖의 정당한 사유로 인하여 사업 개시가 지연되는 경우에는 그러하지 아니하다.

부가가치세법 시행규칙 [별지 제9호서식] <개정 2022. 3. 18.>

홈택스(www.hometax.go.kr)에서도 신청할 수 있습니다.

[ ] 휴업
[ ] 폐업 ┐ 신고서

접수번호		접수일			처리기간	즉시

인적사항	상호(법인명)		사업자등록번호	
	성명(대표자)		전화번호	
	사업장 소재지			

신고내용	휴업기간	년 월 일부터 년 월 일까지(일간)
	폐 업 일	년 월 일

휴업·폐업 사유	사업부진	행정처분	계절사업	법인전환	면세포기
	1	2	3	4	5
	면세적용	해산(합병)	양도·양수	기타	
	6	7	8	9	

사업 양도 내용 (포괄양도·양수의 경우만 적음)	양수인 사업자등록번호(또는 주민등록번호)

송달받을 장소 신고 (「국세기본법」 제9조에 따라 서류를 송달받을 장소를 신고하는 경우만 적음)	신고(변경) 후 장소
	1. 대표자 주민등록상 주소 □
	2. 기타 □ (주소: , 전화번호:)
	주민등록상 주소가 이전하는 때에 송달장소도 변경되는 것에 동의 여부
	□ 동의함 □ 동의하지 않음
	"주민등록상 주소"를 선택하고, 위의 동의함에 체크한 경우 대표자의 주민등록상 주소를 이전하는 때에 자동으로 송달장소가 변경됩니다(「국세기본법 시행령」 제5조제2항)

폐업자 멘토링 서비스	신청 여부	[ ]여 [ ]부

※ 세무대리인을 선임하지 못한 경우 신청 가능하며, 서비스 제공 요건을 충족하지 못한 경우 서비스가 제공되지 않을 수 있음

납세자의 위임을 받아 대리인이 휴업·폐업 신고를 하는 경우에는 아래의 **위임장을 작성하시기** 바랍니다.

위 임 장	본인은 [ ]휴업, [ ]폐업신고와 관련한 모든 사항을 아래의 대리인에게 위임합니다.
	본인 : (서명 또는 인)

대리인 인적사항	성명	주민등록번호	전화번호	신고인과의 관계

「부가가치세법」 제8조제8항 및 같은 법 시행령 제13조제1항·제2항에 따라 위와 같이([ ]휴업, [ ]폐업) 하였음을 신고합니다.

년   월   일

신고인   (서명 또는 인)

세무서장 귀하

신고인(대표자) 제출서류	1. 사업자등록증 원본(폐업신고를 한 경우에만 제출합니다) 2. 사업양도·양수계약서 사본(포괄 양도·양수한 경우에만 제출합니다)	수수료 없음
담당 공무원 확인사항	사업자등록증	

행정정보 공동이용 동의서

본인은 이 건 업무처리와 관련하여 담당 공무원이 「전자정부법」 제36조에 따른 행정정보의 공동이용을 통해 위의 담당 공무원 확인 사항을 확인하는 것에 동의합니다. *동의하지 않는 경우에는 신고인이 직접 관련 서류를 제출해야 합니다.

신고인   (서명 또는 인)

참고 및 유의사항

※ **참고사항**

관련 법령에 따라 허가·등록·신고 등이 필요한 사업으로서 주무관청에 제출해야 하는 해당 법령상의 신고서(예: 폐업신고서)를 함께 제출할 수 있습니다. 이 경우 세무서장은 해당 신고서를 주무관청에 보냅니다.

※ **유의사항**

1. 휴업기간 중에도 제세신고 기한이 도래하면, 부가가치세 등 확정신고·납부를 해야 합니다.
2. 폐업하는 사업자는 과세기간 개시일부터 폐업일까지의 사업실적과 잔존 재화에 대해 **폐업일이 속한 달의 말일부터 25일 이내**에 부가가치세 확정신고·납부를 해야 합니다.

210mm×297mm[백상지(80g/㎡) 또는 중질지(80g/㎡)]

라. 휴업 · 폐업 신고 특례

(1) 법인합병 신고

법인인 사업자가 합병으로 인하여 소멸한 때에는 합병 후 존속하는 법인, 합병으로 설립된 법인 또는 합병 후 소멸하는 법인은 법인합병신고서에 사업자등록증을 첨부하여 합병 후 소멸한 법인의 폐업한 사실을 그 소멸한 법인의 관할세무서장에게 신고하여야 한다(부령 13 ④).

(2) 법령에 따라 허가 등록 또는 신고 등을 하는 사업

법령에 따라 허가를 받거나 등록 또는 신고 등을 하여야 하는 사업의 경우에는 허가·등록·신고 등이 필요한 사업의 주무관청에 휴업(폐업)신고서를 제출할 수 있으며, 휴업(폐업)신고서를 제출받은 주무관청은 지체 없이 관할 세무서장에게 해당 서류를 송부(정보통신망을 이용한 송부를 포함한다)하여야 하고, 허가·등록·신고 등이 필요한 사업의 주무관청에 제출하여야 하는 해당 법령상의 신고서를 관할 세무서장에게 제출한 경우에는 관할 세무서장은 지체 없이 해당 서류를 관할 주무관청에 송부하여야 한다.

5. 등록말소 및 갱신

가. 등록의 말소

사업장 관할 세무서장은 등록된 사업자가 폐업(사실상 폐업한 경우 포함)한 경우와 사업 개시일 이전에 등록신청을 하고 사실상 사업을 시작하지 아니하게 되는 경우에는 지체 없이 사업자등록을 말소하여야 한다(부법 8 ⑨). 여기서 사실상 폐업한 경우 및 사실상 사업을 시작하지 않게 되는 경우는 다음 중 어느 하나에 해당하는 경우로 한다(부령 15 ②).

① 사업자가 사업자등록 후 정당한 사유 없이 6개월 이상 사업을 시작하지 아니한 경우
② 사업자가 부도발생, 고액체납 등으로 도산하여 소재 불명인 경우
③ 사업자가 인가·허가 취소 또는 그 밖의 사유로 사업수행이 불가능하여 사실상 폐업상태에 있거나 사실상 사업을 시작하지 아니하는 경우로 볼 수 있는 경우
④ 사업자가 정당한 사유 없이 계속하여 둘 이상의 과세기간에 걸쳐 부가가치세 신고를 하지 아니한 자로서 사실상 폐업상태에 있는 경우
⑤ 그 밖에 사업자가 위 '①'부터 '④'까지의 규정과 유사한 사유로 사실상 폐업상태에 있거나 사실상 사업을 시작하지 아니하는 경우

한편 등록을 말소하는 경우 관할 세무서장은 지체 없이 등록증을 회수해야 하며, 등록증

을 회수할 수 없는 경우에는 등록말소 사실을 공시해야 한다(부령 15 ①).

> ☞ 부가가치세 사무처리규정
>
> 제16조【사업자등록의 말소】 ① 부가가치세 담당과장은 사업자가 시행령 제12조 제2항에 해당하는 경우에는 지체 없이 사업자등록을 말소하고 사업자등록증을 회수하여야 하며, 회수한 사업자등록증은 재사용이 불가능하도록 조치하여야 한다. 다만, 회수할 수 없는 경우에는 등록말소 사실(상호·성명·사업자등록번호 및 폐업일)을 관할세무서 인터넷 홈페이지 또는 게시판에 공시하여야 한다.
> ② 내부업무 처리자는 제1항에 따라 직권으로 사업자등록을 말소하는 경우에는 관리자의 결재를 받은 후 전산 입력하고, 사업자에게 그 사실을 『사업자등록 말소(폐업)통지서(별지 제6호 서식)』에 의하여 통지하여야 한다.

나. 갱 신

관할세무서장은 부가가치세업무의 효율적인 처리를 위하여 필요하다고 인정하면 사업자등록증을 갱신 발급할 수 있다(부령 16).

6. 「개별소비세법」과 「교통·에너지·환경세법」에 의한 의제

개별소비세 또는 교통·에너지·환경세의 납세의무가 있는 사업자가 「개별소비세법」 또는 「교통·에너지·환경세법」에 따른 신고 등을 한 경우에는 다음과 같이 부가가치세법에 의한 등록신청 또는 변경신고 등을 한 것으로 본다.
①「개별소비세법」 또는 「교통·에너지·환경세법」에 따른 개업 신고를 한 경우 : 사업자 등록의 신청
②「개별소비세법」 또는 「교통·에너지·환경세법」에 따른 휴업·폐업·변경 신고를 한 경우 : 휴업·폐업 신고 또는 등록사항 변경 신고
③「개별소비세법」 또는 「교통·에너지·환경세법」에 따른 사업자단위과세사업자 신고를 한 경우 : 사업자 단위 과세 사업자 등록 신청 또는 사업자 단위 과세 사업자 변경등록 신청
④「개별소비세법」 또는 「교통·에너지·환경세법」에 따른 양수, 상속, 합병 신고를 한 경우 : 등록사항 변경 신고

법인합병신고서

접수번호	접수일		처리기간 즉시

신고인 인적사항	법인명(상호)	등록번호
	대표자명(성명)	주민(법인)등록번호
	사업장(주된 사업장) 소재지	전화번호
	업태	종목
	총괄 납부 관리번호	

신고내용		
존속법인 또는 신설법인	위 사업자와 같음	
피합병 법인	법인명	등록번호
	대표자명	주민(법인)등록번호
	사업장(주된 사업장) 소재지	
합병 연월일		

「부가가치세법」 제8조 제8항 및 같은 법 시행령 제13조 제4항에 따라 합병으로 인하여 폐업하였음을 신고합니다.

년   월   일

신고인   (서명 또는 인)

세무서장 귀하

첨부서류	사업자등록증	수수료 없음

210mm×297mm[백상지 80g/㎡(재활용품)]

7. 미등록에 대한 제재

가. 미등록가산세

사업자가 법정기한 내에 등록을 신청하지 아니한 경우에는 사업개시일부터 등록을 신청한 날의 직전일까지의 공급가액에 대하여 1%에 상당하는 금액을 납부세액에 가산하거나 환급세액에서 공제한다(부법 60 ① (1)).

나. 매입세액불공제

사업자등록을 하기 전의 매입세액은 매출세액에서 공제하지 아니한다. 다만, 공급시기가 속하는 과세기간이 끝난 후 20일 이내에 등록을 신청한 경우 등록신청일부터 공급시기가 속하는 과세기간 기산일까지 역산한 기간 내의 것은 제외한다(부법 39 ① (8)).

8. 사업자단위과세제도

가. 개 념

부가가치세는 사업장마다 신고·납부하는 사업장과세를 원칙으로 하고 있다. 그러나 사업장이 둘 이상인 사업자(사업장이 하나이나 추가로 사업장을 개설하려는 사업자를 포함함)는 사업자 단위로 해당 사업자의 본점 또는 주사무소 관할 세무서장에게 등록을 신청할 수 있는데, 이 경우 등록한 사업자를 사업자 단위 과세 사업자라 한다.

나. 등록절차

① 사업장이 둘 이상인 사업자는 사업개시일부터 20일 이내에 사업자 단위로 해당 사업자의 본점 또는 주사무소 관할 세무서장에게 등록을 신청할 수 있다. 이때 사업자단위로 등록하려는 사업자는 본점 또는 주사무소에 대하여 다음의 사항을 적은 사업자등록신청서[이미 등록한 사업자인 경우 '사업자단위과세 등록신청서(기존사업자용)']를 본점 또는 주사무소 관할세무서장에게 제출하여야 한다. 이 경우 사업장 관할 세무서장에게 사업자등록을 신청한 것으로 본다.
  ㉠ 사업자인적사항
  ㉡ 사업자등록신청사유
  ㉢ 사업시작연월일 또는 사업장설치착수연월일
  ㉣ 그 밖의 참고사항

② 사업장 단위로 등록한 사업자가 사업자 단위 과세 사업자로 변경하려면 사업자 단위 과세 사업자로 적용받으려는 과세기간 개시 20일 전까지 사업자의 본점 또는 주사무소 관할 세무서장에게 변경등록을 신청하여야 한다. 사업자 단위 과세 사업자가 사업장 단위로 등록을 하려는 경우에도 또한 같다(부법 8 ④). 다만, 사업장이 하나인 사업자가 추가로 사업장을 개설하면서 추가 사업장의 사업 개시일이 속하는 과세기간부터 사업자 단위 과세 사업자로 적용받으려는 경우에는 추가 사업장의 사업 개시일부터 20일 이내(추가 사업장의 사업 개시일이 속하는 과세기간 이내로 한정함)에 사업자의 본점 또는 주사무소 관할 세무서장에게 변경등록을 신청하여야 한다(부법 8 ⑤).

다. 사업자단위과세의 포기

사업자단위과세사업자가 각 사업장별로 신고·납부하거나 주사업장총괄납부를 하려는 경우에는 그 납부하려는 **과세기간 개시 20일 전**에 다음의 사항을 적은 사업자단위과세포기신고서를 사업자단위과세적용사업장 관할세무서장에게 제출하여야 한다. 사업자단위과세적용사업장 관할세무서장은 사업자단위과세포기신고서의 처리결과를 지체 없이 해당 사업자와 종된 사업장의 관할세무서장에게 통지하여야 한다(부령 17 ①).

① 사업자의 인적사항
② 사업자단위과세 포기사유
③ 그 밖의 참고사항

사업자단위과세를 포기한 경우에는 그 포기한 날이 속하는 과세기간의 다음 과세기간부터 사업자단위과세포기신고서에 적은 내용에 따라 각 사업장별로 신고·납부하거나 주사업장총괄납부를 하여야 한다.

부가가치세법 시행규칙 [별지 제5호서식] <개정 2021. 3. 16.>

사업자 단위 과세 등록신청서
(기존사업자용)

접수번호	접수일	처리기간	2일(보정기간은 산입 하지 않음)

신청인 인적사항	상호(법인명)		사업자등록번호	
	성명(대표자)		전화번호	
	사업장(주된 사업장) 소재지			
	업태		종목	
사업자 단위 과세 적용 사업장 개수		사업자 단위 과세 적용 과세기간		. . 부터

신청내용

구분	일련 번호	사업자 등록번호	사업의 종류		사업장 소재지	상호 (법인명)	사업장 관할 세무서
			업태	종목			
본점 또는 주사무소	0000						
종된 사업장	0001						
	0002						
	0003						
	0004						
	0005						
신청 사유							

「부가가치세법」 제8조 제4항·제5항 및 같은 법 시행령 제11조 제2항·제3항에 따라 위와 같이 사업자 단위 과세 등록을 신청합니다.

년   월   일

신청인   (서명 또는 인)

세무서장 귀하

신청인 제출서류	신설되는 종된 사업장이 있는 경우에는 사업자 단위 과세 사업자의 종된 사업장 명세서 1부	수수료
담당 공무원 확인사항	주사무소 및 종된 사업장의 사업자등록증	없음

행정정보 공동이용 동의서

본인은 이 건 업무처리와 관련하여 담당 공무원이 「전자정부법」 제36조에 따른 행정정보의 공동이용을 통하여 위의 담당 공무원 확인 사항을 확인하는 것에 동의합니다.
*동의하지 않는 경우에는 신청인이 직접 관련 서류를 제출해야 합니다.

신청인   (서명 또는 인)

210mm×297mm[백상지 80g/㎡(재활용품)]

사업자 단위 과세 적용 종된 사업장 명세
(사업자등록번호 :　　　ー　　　ー　　　　)

① 일련 번호	② 법인명 (단체명)	③ 종된 사업장 개설일	④ 대표자	⑤ 사업장 소재지	⑥ 사업의 종류	
					업태	종목
0001						
0002						
0003						
0004						
0005						
0006						
0007						
0008						
0009						
0010						
0011						
0012						
0013						
0014						
0015						

년　　　월　　　일

○○세무서장　　　　직인

210㎜×297㎜[백상지　120g/㎡]

부가가치세법 시행규칙 [별지 제11호서식 부표 1] <개정 2021. 3. 16.>

사업자 단위 과세 사업자의 종된 사업장 정정신고서 (개인사업자용)

(사업자등록번호 :   )

※ [ ]에는 해당되는 곳에 √표를 합니다.

종된 사업장 일련 번호 ( )	상 호		사업장 소재지			종된 사업장 개설·폐업	개설일	휴업기간	폐업일
			층 호						
	구분	주업태	주종목	주업종코드	부업태	부종목	부업종코드	확정일자 신청	도면 첨부
	추가할 사항							여[ ]	여[ ]
	삭제할 사항							부[ ]	부[ ]
	자가 면적	타가 면적	사업장을 빌려준 사람 (임대인)			임대차명세			
			성명 (법인명)	사업자 등록번호	주민(법인) 등록번호	임대차 계약기간	(전세) 보증금	월세	
	㎡	㎡					원	원	

종된 사업장 일련 번호 ( )	상 호		사업장 소재지			종된 사업장 개설·폐업	개설일		폐업일
			층 호						
	구분	주업태	주종목	주업종코드	부업태	부종목	부업종코드	확정일자 신청	도면 첨부
	추가할 사항							여[ ]	여[ ]
	삭제할 사항							부[ ]	부[ ]
	자가 면적	타가 면적	사업장을 빌려준 사람 (임대인)			임대차명세			
			성명 (법인명)	사업자 등록번호	주민(법인) 등록번호	임대차 계약기간	(전세) 보증금	월세	
	㎡	㎡					원	원	

종된 사업장 일련 번호 ( )	상 호		사업장 소재지			종된 사업장 개설·폐업	개설일		폐업일
			층 호						
	구분	주업태	주종목	주업종코드	부업태	부종목	부업종코드	확정일자 신청	도면 첨부
	추가할 사항							여[ ]	여[ ]
	삭제할 사항							부[ ]	부[ ]
	자가 면적	타가 면적	사업장을 빌려준 사람 (임대인)			임대차명세			
			성명 (법인명)	사업자 등록번호	주민(법인) 등록번호	임대차 계약기간	(전세) 보증금	월세	
	㎡	㎡					원	원	

210mm×297mm[백상지(80g/㎡) 또는 중질지(80g/㎡)]

사업자 단위 과세 사업자의 종된 사업장 정정신고서 (법인사업자용)

(사업자등록번호 :   )

※ [ ]에는 해당되는 곳에 √표를 합니다.

종된 사업장 일련 번호 ( )	상 호	대표자 성명	대표자 주민등록번호	사업장 소재지	종된 사업장 개설·폐업	개설일	휴업기간	폐업일
				층 호				
	구분	주업태	주종목	주업종코드	부업태	부종목	부업종코드	확정일자 신청	도면 첨부
	추가할 사항								
	삭제할 사항							여[ ] 부[ ]	여[ ] 부[ ]
	자가 면적	타가 면적	사업장을 빌려준 사람 (임대인)			임대차명세		
			성명 (법인명)	사업자 등록번호	주민(법인) 등록번호	임대차 계약기간	(전세) 보증금	월세
	㎡	㎡					원	원

종된 사업장 일련 번호 ( )	상 호	대표자 성명	대표자 주민등록번호	사업장 소재지	종된 사업장 개설·폐업	개설일	폐업일
				층 호			
	구분	주업태	주종목	주업종코드	부업태	부종목	부업종코드	확정일자 신청	도면 첨부
	추가할사항								
	삭제할사항							여[ ] 부[ ]	여[ ] 부[ ]
	자가 면적	타가 면적	사업장을 빌려준 사람 (임대인)			임대차명세		
			성명 (법인명)	사업자 등록번호	주민(법인) 등록번호	임대차 계약기간	(전세) 보증금	월세
	㎡	㎡					원	원

종된 사업장 일련 번호 ( )	상 호	대표자 성명	대표자 주민등록번호	사업장 소재지	종된 사업장 개설·폐업	개설일	폐업일
				층 호			
	구분	주업태	주종목	주업종코드	부업태	부종목	부업종코드	확정일자 신청	도면 첨부
	추가할 사항								
	삭제할 사항							여[ ] 부[ ]	여[ ] 부[ ]
	자가 면적	타가 면적	사업장을 빌려준 사람 (임대인)			임대차명세		
			성명 (법인명)	사업자 등록번호	주민(법인) 등록번호	임대차 계약기간	(전세) 보증금	월세
	㎡	㎡					원	원

210mm×297mm[백상지(80g/㎡) 또는 중질지(80g/㎡)]

사업자 단위 과세 포기신고서

접수번호	접수일		처리기간	즉시

신고인 인적사항	상호(법인명)		사업자등록번호	
	성명(대표자)		전화번호	
	사업장(주된 사업장) 소재지			
	업태		종목	
사업자 단위 과세 적용 사업장 개수			사업자 단위 과세 포기 과세기간	. . 부터

신고내용					
구분	일련번호	사업의 종류		사업장 소재지	상호 (법인명)
		업태	종목		
본점 또는 주사무소	0000				
종된 사업장	0001				
	0002				
	0003				
	0004				
	0005				
포기사유					

「부가가치세법 시행령」 제17조 제1항에 따라 ([ ] 주사업장 총괄 납부, [ ] 각 사업장별 신고·납부)의 방법을 적용받기 위하여 사업자 단위 과세의 포기를 신고합니다.

년   월   일

신고인   (서명 또는 인)

세무서장   귀하

첨부서류	1. 주사업장 총괄 납부의 방법을 적용받으려는 경우 : 주사업장 총괄 납부 신청서 2. 각 사업장별 신고·납부의 방법을 적용받으려는 경우 : 첨부서류 없음	수수료 없 음

작 성 방 법
※ 해당되는 신고사항에 [√]표시하고 작성일을 적은 후 신고인란에 서명 또는 날인하여 제출합니다.

210mm×297mm[백상지 80g/㎡(재활용품)]

제3장

과세거래

제1절 과세대상 거래의 의의

　우리나라의 부가가치세는 공제법 중 전단계세액공제방식을 채택하고 있기 때문에 부가가치가 직접적으로 계산되지 않고 간접적으로 계산된다. 즉 재화의 공급가액·용역의 공급가액에 의하여 매출세액이 산출되고, 이 매출세액에서 매입세액을 공제함으로써 납부세액을 계산하도록 하고 있다.

　따라서 부가가치세법상 과세대상을 생산단계 또는 거래단계에서 창출한 부가가치로 하지 아니하고 재화의 공급·용역의 공급·재화의 수입으로 규정하면서 이를 총괄하여 과세거래라고 표현하고 있다(부법 4). 다시 말해 재화와 용역은 과세거래의 대상일 뿐 그것 자체가 과세대상이 아닌 것이다. 부가가치세의 과세대상은 실정법에서 과세거래라고 규정한 유통적(흐름) 상태인 재화의 공급·용역의 공급과 재화의 수입인 것이다.

　부가가치세의 과세대상인 재화 또는 용역의 공급은 우리나라의 주권이 미치는 국내에서의 공급만을 의미하는 것이 원칙이다. 그러나 예외적으로 영세율의 적용대상이 되는 국외제공용역과 같이 국외에서의 공급도 형식상 과세대상이 되는 경우도 있다.

> 과세거래 : ① 재화의 공급 ② 용역의 공급 ③ 재화의 수입 ⇒ 과세대상

　과세대상은 과세의 대상으로 정하고 있는 물건·행위 또는 사실을 말한다. 이러한 과세대상은 조세를 부담할 수 있는 경제적 능력을 나타내는 것으로 과세물건 또는 과세객체라고 하며, 조세의 종류마다 다르나 크게 소득·소비·재산으로 나눌 수 있다. 그 중 부가가치세는 소비를 과세대상으로 하는 일반소비세이다. 이외에 소비를 위한 지출을 과세대상으로 하는 세목은 개별소비세인 개별소비세·주세·관세 등이 있다.

【통칙 · 판례 · 예규 참조】

부 통 분철료의 과세대상

광업권자가 광업권을 대여하고 그 대가로 분철료를 받는 경우에는 과세대상이 된다(부통 4-0-5).

부 통 손해배상금 등

각종 원인에 의하여 사업자가 받는 다음 각호에 예시하는 손해배상금 등은 과세대상이 되지 아니한다(부통 4-0-1).

1. 소유재화의 파손 · 훼손 · 도난 등으로 인하여 가해자로부터 받는 손해배상금
2. 도급공사 및 납품 계약서상 그 기일의 지연으로 인하여 발주자가 받는 지체상금
3. 공급받을 자의 해약으로 인하여 공급할 자가 재화 또는 용역의 공급 없이 받는 위약금 또는 이와 유사한 손해배상금
4. 대여한 재화의 망실에 대하여 받는 변상금

부 통 특별회비 등

협회 등 단체가 재화의 공급 또는 용역의 제공에 따른 대가관계 없이 회원으로부터 받는 협회비 · 찬조비 및 특별회비 등은 과세대상이 아니다(부통 4-0-2).

부 통 유가증권 등

수표 · 어음 등의 화폐대용증권은 과세대상이 아니다(부통 4-0-3).

부 통 재화의 범위

재화란 재산 가치가 있는 물건 및 권리를 말하므로 물 · 흙 · 퇴비 등은 재화의 범위에 포함하며, 재산 가치가 없는 것은 재화의 범위에 포함하지 아니한다(부통 2-2-1).

부 통 면세재화를 운반 · 가공하는 등의 용역

사업자가 농산물 · 축산물 · 수산물 · 임산물 등의 면세재화를 운반 · 가공하거나 판매대행하는 등의 용역을 제공하고 그 대가를 받는 경우에는 과세대상으로 한다(부통 4-0-4).

부 통 골프장입회금 등

① 골프장 · 테니스장 경영자가 동 장소 이용자로부터 받는 입회금으로서 일정기간 거치 후 반환하지 아니하는 입회금은 과세대상이 된다. 다만, 일정기간 거치 후 반환하는 입회금은 그러하지 아니한다(부통 4-0-6).

② 사업자가 골프장 · 테니스장 시설이용권을 양도하는 경우에 부가가치세과세표준은 골프장 · 테니스장 시설이용권의 양도가액으로 한다.

부 통 조출료 · 체선료

① 선주와 하역회사간의 계약에 따라 하역회사가 조기선적을 하고 선주로부터 받는 조출료는 하역용역의 제공에 따른 대가이므로 하역용역대가에 포함하나, 지연선적으로 인하여 선주에게 지급하는 체선료는 과세대상이 아니다(부통 4-0-7).

② 선주와 화주와의 계약에 따라 화주가 조기선적을 하고 선주로부터 받는 조출료는 용역제공에 대한 대가가 아니므로 과세대상이 아니나, 선주가 지연선적으로 인하여 화주로부터 받는 체선료는 항행용역의 제공에 따른 대가이므로 항행용역 대가에 포함된다.

③ 화주와 선주간에 용선계약을 체결하고 화주와 하역회사간에는 본선하역에 대한 계약이 체결되어 있는 경우 화주가 선주로부터 받은 조출료의 일부 또는 전부를 하역회사에 지불하는 경우, 하역회사가 받는 동 조출료는 하역용역의 제공에 대한 대가에 포함된다.

제2절 재화의 공급

1. 재화의 의의

재화란 재산 가치가 있는 물건 및 권리를 말한다(부법 2). 물건은 재산가치가 있는 유체물과 무체물로서, 유체물은 상품·제품·원료·기계·물 등 모든 유형적 물건을 포함하고, 무체물에는 전기, 가스, 열 등 관리할 수 있는 자연력을 말한다. 권리는 광업권, 특허권, 저작권 등 물건 외에 재산적 가치가 있는 모든 것으로 한다(부령 2 ②).

부가가치세법상의 물건은 민법상의 물건의 범위와 같다고 할 수 있다. 즉, 민법상 물건이란 유체물 및 전기·그 밖의 관리할 수 있는 자연력을 말하며(민법 98), 부가가치세법에서는 이러한 것들 중에서 재산적 가치가 있는 것만을 재화의 범위로 정하고 있다. 권리 또한 특허권·면허권·상표권 등과 같은 재산적 가치가 있는 것을 재화에 포함하고 있다.

【재화의 구체적 범위】

구 분	구체적 범위
유 체 물	원료, 상품, 제품, 비품, 기계장치, 건축물 등 모든 유형적 물건
무 체 물	전기, 열, 빛, 에너지 그 밖의 관리할 수 있는 자연력
권 리	영업권, 산업재산권, 광업권 등 재산적 가치가 있는 권리

【통칙·판례·예규 참조】

예규 양도하는 사업용 자산에 대한 부가가치세 과세 여부
사업자가 사업용으로 취득한 건물임차권과 가입전화 사용권 및 가입전신 사용권을 양도하는 경우에는 부가가치세가 과세된다(부가 1265-2086, 1983. 9. 28).

예규 피해보상액을 재화로 주는 경우 과세 여부
사업자가 피해자에게 피해보상액에 상당하는 재화를 공급하는 경우에는 부가가치세가 과세된다(부가 22601-944, 1990. 7. 21).

2. 재화공급의 개념과 범위

가. 개 념

과세거래로서의 재화의 공급은 계약상 또는 법률상의 모든 원인에 따라 재화를 인도 또는 양도하는 것이며(부법 9 ①), 예외적으로 자가공급·개인적공급·사업상의 증여·폐업시 잔존재화 등과 같이 일반적인 거래가 아닌 경우에도 재화의 공급으로 본다(부법 10 ①).

이는 재화의 공급은 계약상·법률상의 모든 원인에 의하여 재화를 인도 또는 양도하는 것이 일반적이나, 자가공급·개인적공급 등 특정의 내부거래 또는 사업상의 증여 등 외부거래에 대하여는 과세의 공평과 조세의 중립성을 유지하기 위하여 과세거래로 간주하는 것이 있다.

따라서 과세거래로서의 재화의 공급은 영리성 유무나 대가 유무와는 관계가 없지만, 다만 사업자가 공급한 것만을 과세거래로 하기 때문에 사업자가 아닌 자가 재화를 공급하는 것은 과세거래에 해당하지 아니한다.

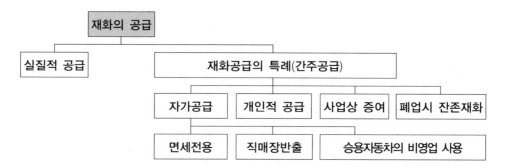

※ 단, 취득시 매입세액이 공제되지 아니한 재화가 간주공급에 해당하는 경우 직매장반출(판매목적)의 경우에만 과세한다.

나. 재화의 실질공급

(1) 재화의 실질공급의 의미

과세거래로서의 재화의 공급은 계약상 또는 법률상의 모든 원인에 의하여 대가를 받고 재화를 인도 또는 양도하는 것을 원칙으로 한다.

1) 계약상·법률상의 모든 원인

재화가 인도 또는 양도되는 계약상의 원인이란 일반 상거래에서와 같이 거래당사자간의 매매의사가 표시된 원인을 말하며 법률상의 모든 원인이란 당사자간의 의사표시에 관계없이도 수용·판결·경매 등과 같이 법률적으로 재화의 인도 또는 양도가 강제된 일체의 행위를 말한다.

2) 재화의 인도 또는 양도

인도 또는 양도에 대한 정의는 부가가치세법에서 별도로 규정하고 있지 않지만, 인도란 민법상의 개념으로 물건에 대한 사실상의 지배, 즉 점유를 이전하는 것을 말한다. 또한 양도란 민법상에서도 특별히 정의된 바는 없으나, 통상 재화에 관한 법률상의 지위를 이전하는 것으로 보아야 할 것이다. 따라서 부가가치세법에서의 인도는 일반적으로 동산의 점유를 이전하는 것으로 보아야 하고, 양도는 동산 이외의 부동산 등의 소유권을 이전하는 것으로 보아야 할 것이다.

(2) 재화의 실질공급의 범위

실질적인 거래에서 발생한 재화공급의 형태는 다음에 해당하는 것으로 한다(부령 18).

1) 매매계약에 따른 공급의 경우

현금판매·외상판매·할부판매·장기할부판매·조건부 및 기한부판매·위탁판매 그 밖의 매매계약에 의하여 재화를 인도 또는 양도하는 것.

2) 가공계약에 따른 공급의 경우

자기가 주요 자재의 전부 또는 일부를 부담하고 상대방으로부터 인도받은 재화에 공작을 가하여 새로운 재화를 만드는 가공계약에 의하여 재화를 인도하는 것. 그러나 자기가 주요 자재의 전부 또는 일부를 부담하지 아니하고 단순히 가공만 하여 주는 것은 용역의 공급에 해당한다.

3) 교환계약에 따른 공급의 경우

재화의 인도대가로서 다른 재화를 인도받거나 용역을 제공받는 교환계약에 의하여 재화를 인도 또는 양도하는 것

4) 그 밖의 계약상 또는 법률상에 따른 공급의 경우

경매·수용·현물출자·그 밖의 계약상 또는 법률상의 원인에 의하여 재화를 인도 또는 양도하는 것. 다만, 「도시 및 주거환경정비법」·「공익사업을 위한 토지 등의 취득 및 보상에 관한 법률」 등에 따른 수용절차에 있어서 수용대상인 재화의 소유자가 수용된 재화에 대한 대가를 받는 경우에는 재화의 공급으로 보지 아니한다.

5) 보세구역에 있는 창고의 임치물을 국내로 다시 반입하는 경우

국내로부터 보세구역에 있는 다음 창고에 임치된 임치물을 국내로 다시 반입하는 것
① 보세구역에 있는 조달청 창고
② 보세구역에 있는 런던금속거래소의 지정창고

【통칙·판례·예규 참조】

부 통 원료 등을 차용하여 사용·소비하고 반환하는 재화

사업자간에 상품·제품·원재료 등의 재화를 차용하여 사용하거나 소비하고 동종 또는 이종의 재화를 반환하는 소비대차의 경우에 해당 재화를 차용하거나 반환하는 것은 각각 재화의 공급에 해당한다(부통 9-18-1).

부 통 법인직영차량의 개인사업면허전환

법인이 자기명의로 등록하여 직영하던 차량(위장직영차량을 포함한다)을 개인사업면허로 전환함에 따라 개인차주별로 분할매도하는 경우에는 재화의 공급으로 본다(부통 9-18-3).

부 통 재고자산 등의 폐품처리시 과세

사업자가 고정자산 또는 재고자산을 폐품처리하여 장부가액을 소멸시키고 장부외 자산으로 소유하고 있는 경우에는 재화의 공급으로 보지 아니한다. 다만, 해당 재화가 법 제6조에 따른 재화의 공급에 해당되는 경우에는 그러하지 아니하다(부통 9-18-4).

(3) 위탁매매 및 대리인에 따른 매매

위탁매매 또는 대리인에 따른 매매를 할 때에는 위탁자 또는 본인이 직접 재화를 공급하거나 공급받은 것으로 본다(부법 10 ⑦). 다만, 위탁매매 또는 대리인에 의한 매매를 하는 해당 거래 또는 재화의 특성상 또는 보관·관리상 위탁자 또는 본인을 알 수 없는 경우에는 수탁자 또는 대리인이 재화를 공급하거나 공급받은 것으로 본다(부령 21).

여기서 위탁매매는 자기의 명의로 타인의 계산에 의하여 물품을 구입 또는 판매하고 보수를 받는 사업을 말하고, 대리는 비사용인이 일정한 상인을 위하여 상시 그 사업부류에 속하는 거래의 대리 또는 중개를 하고 보수를 받는 사업을 말한다.

【통칙·판례·예규 참조】

예 규 원료 등의 차용소비와 반환

법인이 임대차계약에 의거 한국석유개발공사가 부가가치세를 면제하여 수입한 비축용 원유를 임차하여 사용한 후 동량의 원유를 상환한 경우 동 원유의 임대차행위는 소비대차에 해당되어 부가가치세가 과세된다(부가 1265-166, 1983. 1. 6).

예 규 면세포기한 수산업자의 선박 매각

수산물을 원양에서 채취하여 수출하는 사업자가 부가가치세법 제12조 제4항의 규정에 따른 면세포기를 하여 과세사업을 영위하다가 동 과세사업에 사용되는 선박을 매각하는 경우에는 과세된다(부가 22601-1316, 1989. 9. 11).

예 규 매입한 반제품을 가공수출한 경우 관세환급금의 과세 여부

사업자가 '수출용원재료에대한환급에관한특례법' 제2조 제2항에 규정된 수출등을 이행하고 세관장으로부터 직접 환급받는 관세환급금에 대하여는 부가가치세가 과세되지 않는다(부가 46015-329, 1996. 2. 17).

예 규 채권 매매거래의 과세해당 여부

채권의 매매거래는 부가가치세 과세대상에 해당되지 아니한다(재소비 46015-17, 2003. 1. 14).

예 규 아프터서비스용 자재공급에 대한 부가가치세 과세 여부

판매회사가 서비스회사와 아프터서비스에 관한 대행계약을 체결한 후 동 서비스회사에 아프터서비스용 자재를 무상으로 공급하는 경우에는 부수재화에 해당되어 부가가치세가 과세되지 않는다(부가 22601-542, 1991. 5. 1).

(4) 신탁재산의 공급

「신탁법」에 따라 위탁자의 지위가 이전되는 경우에는 기존 위탁자가 새로운 위탁자에게 신탁재산을 공급한 것으로 본다(부법 10 ⑧). 이 경우에는 기존 위탁자가 해당 공급에 대한 부가가치세의 납세의무자가 된다(부령 5의2 ③).

다만, 신탁재산에 대한 실질적인 소유권의 변동이 있다고 보기 어려운 경우로서 다음의 경우에는 신탁재산의 공급으로 보지 아니한다(부령 21의2).
 ① 「자본시장과 금융투자업에 관한 법률」에 따른 집합투자기구의 집합투자업자가 다른 집합투자업자에게 위탁자의 지위를 이전하는 경우
 ② 신탁재산의 실질적인 소유권이 위탁자가 아닌 제3자에게 있는 경우 등 위탁자의 지위 이전에도 불구하고 신탁재산에 대한 실질적인 소유권의 변동이 있다고 보기 어려운 경우

다. 재화 공급의 특례

(1) 재화 공급의 특례의 의미

재화 공급의 특례는 재화의 실질공급이 되는 요건, 즉 일반적으로 계약상·법률상의 모든 원인에 의하여 재화를 인도 또는 양도하는 요건을 갖추고 있지 아니하지만 부가가치세법이 재화의 공급으로 간주하는 것이다. 이는 재화의 실질적인 공급은 아니나 조세의 공평성과 중립성을 유지하기 위하여 재화의 공급으로 의제하여 과세범위를 확장시키는 것이다. 재화의 공급의제에는 사업자의 자가공급·개인적공급·사업상증여·폐업시 잔존재화 등으로 나누어진다.

1) 자가공급

사업자가 자기의 과세사업과 관련하여 생산하거나 취득한 재화를 자기의 과세사업을 위하여 직접 사용하거나 소비하는 경우는 원칙적으로 재화의 공급에 해당하지 않는다. 여기서 자기의 사업을 위하여 직접 사용·소비하는 것이란 자기가 영위하는 사업의 내부목적을 위하여 재화를 사용·소비하는 것을 말한다. 다만, 다음의 경우에는 재화의 공급으로 본다(부법 10 ①).
 ① 면세전용 : 사업자가 자기의 과세사업과 관련하여 생산하거나 취득한 재화로서 다음 의 어느 하나에 해당하는 재화(이하 "자기생산·취득재화"라 함)를 자기의 면세사업 및 부가가치세가 과세되지 아니하는 재화 또는 용역을 공급하는 사업(이하 "면세사업등" 이라 한다)을 위하여 직접 사용하거나 소비하는 것은 재화의 공급으로 본다.
  ㉮ 매입세액이 공제된 재화
  ㉯ 사업의 포괄적 양도로 취득한 재화로서 사업양도자가 매입세액을 공제받은 재화
  ㉰ 수출에 해당하여 영세율을 적용받는 재화

가구판매업자(과세사업)가 판매용 가구(매입세액을 공제받음)로 구입한 책상·의자를 그가 경영하는 회계학원(면세사업)의 비품으로 사용하는 경우에 해당된다.

② **승용자동차(1,000cc 이하의 승용 자동차 제외)의 사용 등**

㉮ 사업자가 자기생산·취득재화를 매입세액이 공제되지 아니하는 승용자동차로 사용 또는 소비하거나 그 자동차의 유지를 위하여 사용 또는 소비하는 것

㉯ 운수업, 자동차 판매업 등 다음 업종의 사업을 경영하는 사업자가 자기생산·취득 재화 중 승용자동차와 그 자동차의 유지를 위한 재화를 해당 업종에 직접 영업으로 사용하지 아니하고 다른 용도로 사용하는 것

㉠ 운수업

㉡ 자동차 판매업

㉢ 자동차 임대업

㉣ 운전학원업

㉤ 경비업(출동차량에 한하여 적용)

1,000cc 초과 승용자동차와 그 유지를 위한 재화에 대하여 매입세액을 공제받을 수 있는 사업 (예 : 택시회사)을 영위하는 자가 자기사업의 직접적인 목적물이 되는 해당 승용자동차를 매입하여 매입세액을 공제받은 후 택시사업에 직접 사용하지 아니하고 업무연락용 등과 같은 비영업용으로 사용하는 1,000cc 초과 승용자동차의 구입 및 유지를 위하여 사용하는 경우를 말한다.

③ **직매장 반출** : 2 이상의 사업장이 있는 사업자가 자기사업과 관련하여 생산 또는 취득한 재화를 타인에게 직접 판매할 목적으로 다른 사업장에 반출하는 것은 재화의 공급으로 본다. 그러나 다음 중 어느 하나에 해당하는 경우는 재화의 공급으로 보지 아니한다(부법 10 ③).

㉮ 사업자 단위 과세 사업자로 적용을 받는 과세기간에 자기의 다른 사업장에 반출하는 경우

㉯ 주사업장 총괄 납부의 적용을 받는 과세기간에 자기의 다른 사업장에 반출하는 경우. 다만, 총괄납부승인을 얻은 사업자가 세금계산서를 발급하여 관할세무서장에게 신고한 경우에는 그러하지 아니하다.

【통칙·판례·예규 참조】

부통 재화의 자가공급에 해당되지 아니하는 경우

사업자가 자기의 사업과 관련하여 생산하거나 취득한 재화를 자기의 과세사업을 위하여 다음 각호의 예시와 같이 사용하거나 소비하는 경우에는 재화의 공급으로 보지 아니한다(부통 10-0-1).

1. 자기의 다른 사업장에서 원료·자재 등으로 사용하거나 소비하기 위하여 반출하는 경우
2. 자기사업상의 기술개발을 위하여 시험용으로 사용하거나 소비하는 경우
3. 수선비 등에 대체하여 사용하거나 소비하는 경우
4. 사후무료 서비스제공을 위하여 사용하거나 소비하는 경우
5. 불량품교환 또는 광고선전을 위한 상품진열 등의 목적으로 자기의 다른 사업장으로 반출하는 경우

부통 해외건설공사용 자재의 국외반출

건설업을 영위하는 사업자가 자기의 사업과 관련하여 생산 또는 취득한 재화를 자기의 해외건설공사에서 건설용 자재로 사용하거나 소비할 목적으로 국외로 반출하는 경우에는 재화의 공급으로 보지 아니한다(부통 10-0-2).

판례 다단계판매원이 신고한 수입금액이 자가소비분이므로 환급대상인지 여부

사업자가 자기의 사업과 관련하여 취득한 재화를 사업과 직접 관계없이 자기나 그 사용인의 개인적 목적 또는 그 밖의 목적으로 사용·소비하거나 자기의 고객이나 불특정다수인에게 그 대가를 받지 아니하거나 현저히 낮은 대가를 받는 경우에도 부가가치세와 소득세가 과세된다고 규정하고 있으므로 이건 청구인이 자가 소비한 수입금액에 대한 종합소득세를 환급하여 달라는 청구인의 주장은 받아들이기 어렵다고 판단됨(국심2000중1277, 2000. 7. 12).

예규 불량제품교환 또는 전시용으로 반출하는 재화

제조업을 영위하는 사업자가 해당 제조업자의 과실로 발생한 불량품교환의 목적이거나 광고선전을 위한 전시목적으로 제조장에서 자기의 다른 사업장으로 재화를 반출하는 것은 타인에게 직접 판매할 목적으로 다른 사업장에 재화를 반출하는 것으로 볼 수 없으므로 부가가치세가 과세되지 않는다(간세 1235-2614, 1977. 8. 18).

예규 사업장을 폐지하고 재고재화를 자기의 다른 사업장으로 이전하는 경우

3이상의 사업장이 있는 사업자가 그 중 한 사업장을 폐지하고 그 재고재화를 2이상의 자기사업장으로 분할하여 이동하는 경우, 폐지하는 사업장의 재고재화는 이전 신고한 사업장으로 이전된 것으로 본다(간세 1235-3654, 1977. 10. 10).

예규 본사에서 제조장에 반출한 원재료의 판매

본사와 제조장 등 2이상의 사업장이 있는 제조업을 영위하는 사업자가 자기사업과 관련하여 생산 또는 취득한 원자재를 제품 제조에 직접 사용할 목적으로 다른 사업장(제조장에 한함)에 반출한 경우에는 해당 원자재를 제조장에서 타인에게 판매하는 때에도 자가공급으로 보지 않는다(조법 1265-717, 1982. 6. 9).

2) 개인적공급

사업자가 자기생산·취득재화를 사업과 직접적인 관계없이 자기의 개인적인 목적이나 그 밖의 다른 목적을 위하여 사용·소비하거나 그 사용인 또는 그 밖의 자가 사용·소비하는 것으로서 사업자가 그 대가를 받지 아니하거나 시가보다 낮은 대가를 받는 경우는 재화의 공급으로 본다(부법 10 ④). 이 경우 사업자가 실비변상적이거나 복리후생적인 목적으로

그 사용인에게 대가를 받지 아니하거나 시가보다 낮은 대가를 받고 제공하는 것으로서 다음 중 어느 하나에 해당하는 경우는 재화의 공급으로 보지 아니한다(부령 19의2). 여기서 시가보다 낮은 대가를 받고 제공하는 것은 시가와 받은 대가의 차액에 한정한다.

① 사업을 위해 착용하는 작업복, 작업모 및 작업화를 제공하는 경우
② 직장 연예 및 직장 문화와 관련된 재화를 제공하는 경우
③ 경조사(설날·추석, 창립기념일 및 생일 등을 포함)와 관련된 재화로서 사용인 1명당 연간 10만원 이하의 재화를 제공하는 경우

3) 사업상증여

사업자가 자기생산·취득재화를 자기의 고객이나 불특정 다수에게 증여하는 경우(증여하는 재화의 대가가 주된 거래인 재화의 공급에 대한 대가에 포함되는 경우는 제외)는 재화의 공급으로 본다. 다만, 다음 중 어느 하나에 해당하는 경우에는 과세되는 재화의 공급으로 보지 아니한다(부령 20).

① 사업을 위하여 대가를 받지 아니하고 다른 사업자에게 인도 또는 양도하는 견본품
② 「재난 및 안전관리기본법」의 적용을 받아 특별재난지역에 공급하는 물품
③ 자기적립마일리지등으로만 전부를 결제받고 공급하는 재화

【통칙·판례·예규 참조】

부 통 광고선전물의 배포
사업자가 자기의 사업과 관련하여 생산하거나 취득한 재화를 자기사업의 광고선전 목적으로 불특정다수인에게 광고선전용 재화로서 무상으로 배포하는 경우(직매장·대리점을 통하여 배포하는 경우를 포함한다)에는 재화의 공급으로 보지 아니한다(부통 10-0-3).

부 통 판매장려금의 과세
사업자가 자기재화의 판매촉진을 위하여 거래상대자의 판매실적에 따라 일정률의 장려금품을 지급 또는 공급하는 경우 금전으로 지급하는 장려금은 과세표준에서 공제하지 아니하며 재화로 공급하는 것은 사업상 증여에 해당하므로 과세한다(부통 10-0-5).

부 통 기증품 및 경품의 과세
① 사업자가 자기의 제품 또는 상품을 구입하는 자에게 구입당시 그 구입액의 비율에 따라 증여하는 기증품 등은 주된 재화의 공급에 포함하므로 과세되는 재화의 공급으로 보지 아니한다. 다만, 당사자간의 약정에 따라 일정기간의 판매비율에 따라 장려금품으로 공급하는 재화는 그러하지 아니하다 (부통 10-0-6).
② 사업자가 자기의 고객 중 추첨을 통하여 당첨된 자에게 재화를 경품으로 제공하는 경우에는 과세되는 재화의 공급으로 본다. 다만, 해당 경품이 법 제10조 제1항에 따른 자기생산·취득재화에 해당하지 아니하는 것은 그러하지 아니하다.

판 례 폐업시 잔존재화를 폐기물로 보아 부가가치세과세대상에서 제외할 수 있는지의 여부
청구법인의 폐업시 잔존재화는 부도 이후 공장가동이 중단된 공백기간 동안 눈과 비에 따른 자연훼손 및 부패됨으로써 사용할 수 없게 된 물품이어서, 청구법인이 이를 폐기처분하려고 하였으나 환경·공

해상의 문제로 처리하기 곤란하여 상당기간 방치하였다고 하는 바, 화재·폐업 등의 정황에 비추어 볼 때 이러한 사실들이 인정되고 달리 유상양도된 증거는 나타나지 아니하는 점에서, 비록 청구법인의 대차대조표상 그 가액이 기재되어 있었다 하더라도 쟁점재고자산은 폐기대상 물품으로 폐업당시 사실상 자산가치 가 없었다고 보이므로, 동 재고자산에 해당하는 장부가액 상당액은 부가가치세가 과세되는 폐업시 잔존재화의 과세표준에서 제외하는 것이 타당하다고 판단됨(국심2000서2466, 2001. 4. 7).

예 규 증여물품에 대한 부가가치세액의 처리
사업자가 자기의 사업과 관련하여 취득하거나 생산한 재화를 사용인 또는 자기의 고객이나 불특정 다수인에게 무상으로 공급함에 있어서 부가가치세(매출세액)를 공급받는 자로부터 징수하지 아니하고 자기의 부담으로 자진 납부한 경우에는 부가가치세액을 포함한 가액으로 증여한 것으로 보아 해당 부가가치세액은 해당 계정의 손금으로 처리된다(직세 1234-2462, 1977. 8. 10).

예 규 사내 체육대회 운동복의 제공
회사내 체육대회시 선수들에게 운동복, 상품, 음식 등을 제공하거나 작업능률의 향상을 위하여 상호, 상표등이 인쇄된 작업복 등을 무상으로 제공하는 경우 자기의 사업을 위하여 직접 사용 소비하는 경우에는 재화의 공급에 해당되지 아니하나 부가가치세법시행령 제15조 제1항에 해당되는 경우에는 과세한다(부가 1265-1332, 1981. 5. 26).

예 규 종업원에게 주는 기념타올
근로자의 날 또는 회사 창립기념일을 맞이하여 종업원에게 기념타올을 무상 공급하는 경우에는 재화의 공급에 해당된다(부가 1265-1219, 1982. 5. 12).

예 규 법령상 매입세액 불공제 재화의 사업상 증여 및 개인적 공급
부가가치세가 과세되는 재화를 공급받아 매입세액을 공제하지 아니하고, 사업상 증여 또는 개인적인 공급에 해당되게 사용·소비하는 경우에는 사업상 증여 또는 개인적인 공급으로 볼 수 없다(조법 1265-839, 1982. 7. 9).

예 규 견본품으로 제공하는 재화의 부가가치세 과세 여부
게임물을 제작·판매하는 사업자가 새로운 게임물(제품)을 제작 또는 수입한 후 사업을 위하여 대가를 받지 아니하고 다른 사업자에게 인도하는 견본품과 음반·비디오물및게임물에관한법률 제18조의 규정에 따른 등급분류를 위하여 영상물등급위원회에 제출하는 견본품은 재화의 공급에 해당하지 않는다(부가 46015-300, 2000. 2. 3).

4) 폐업하는 경우 남아 있는 재화

사업자가 폐업할 때 자기생산·취득재화 중 남아 있는 재화는 자기에게 공급하는 것으로 본다. 사업개시일 전이라도 등록한 경우 사실상 사업을 시작하지 아니하게 되는 경우에도 또한 같다(부법 10 ⑥).

【통칙·판례·예규 참조】

부 통 폐업시 재고재화로서 과세하지 아니하는 경우
다음 예시의 경우에는 폐업시 재고재화로서 과세하지 아니한다(부통 6-0-1).
① 사업자가 사업의 종류를 변경한 경우 변경 전 사업에 대한 잔존재화

② 동일사업장 내에서 2 이상의 사업을 겸영하는 사업자가 그 중 일부사업을 폐지하는 경우 해당 폐지한 사업과 관련된 재고재화
③ 개인사업자 2인이 공동사업을 영위할 목적으로 한 사업자의 사업장을 다른 사업자의 사업장에 통합하여 공동명의로 사업을 영위하는 경우에 통합으로 인하여 폐지된 사업장의 재고재화
④ 폐업일 현재 수입신고(통관)되지 아니한 미착재화
⑤ 사업자가 직매장을 폐지하고 자기의 다른 사업장으로 이전하는 경우 해당 직매장의 재고재화

라. 재화의 공급으로 보지 아니하는 경우

(1) 담보제공

질권·저당권 또는 양도담보의 목적으로 동산·부동산 및 부동산상의 권리를 제공하는 것은 재화의 공급으로 보지 아니한다(부법 10 ⑨ (1), 부령 22). 여기서 담보의 제공을 재화의 공급으로 보지 않는 것은 과세사업자가 사업과 관련하여 생산·취득한 재화를 담보로 제공하는 것이 아님을 명백히 하는 의미가 있는 것에 불과하다. 이는 질권, 저당권, 양도담보설정 등이 모두 채권자의 우선변제를 받을 권리를 갖는 것일 뿐 재화 자체의 사용·수익권까지 채권자에게 부여하는 것은 아니기 때문이다(민법 325 ②·328·335·343).

【통칙·판례·예규 참조】

판례 부가가치세법 제6조 제5항 소정의 "위탁매매" 및 "대리인에 따른 매매"의 의미
[1] 부가가치세법 제6조 제5항 본문은, 위탁매매 또는 대리인에 따른 매매를 할 때에는 위탁자 또는 본인이 직접 재화를 공급하거나 공급받은 것으로 본다고 규정하고 있는바, 여기서 위탁매매란 자기의 명의로 타인의 계산에 의하여 물품을 구입 또는 판매하고 보수를 받는 것을 말하고, 대리인에 따른 매매란 사용인이 아닌 자가 일정한 상인을 위하여 상시 그 사업부류에 속하는 매매의 대리 또는 중개를 하고 보수를 받는 것을 말하며, 이것들은 모두 재화의 공급이 아니고 위탁자 또는 본인에 대한 용역의 공급에 해당할 뿐이므로, 이러한 경우 위탁자 또는 본인이 직접 재화를 공급하거나 공급받는 것으로 보게 되는 것이다(대법원97누20359, 1999. 4. 27).

예규 양도담보재화에 대한 부가가치세 입무처리
채무자가 융자금에 대한 양도담보의 목적으로 재화의 소유권을 채권자에게 이전하고 채무자의 채무불이행으로 해당 양도담보재화를 공매처분하는 경우의 부가가치세 과세는 다음과 같다.
채무자가 융자금에 대한 양도담보의 목적으로 재화의 소유권을 채권자에게 이전하는 경우 : 재화의 공급에 해당되지 않는다.
채무자의 채무불이행으로 채권자가 양도담보재화를 공매처분하는 경우
- 채무자와 채권자와의 관계 : 양도담보재화는 해당 재화의 경락일에 채무자가 채권자에게 재화를 공급한 것이므로 채무자가 사업자인 경우에는 부가가치세를 거래징수 한다.
- 채권자와 경락자와의 관계 : 양도담보재화는 해당 재화의 경락일에 채무자로부터 채권자가 공급받아 경락자에게 공급한 것이므로 채권자가 사업자인 경우에는 부가가치세를 거래징수 한다. 다만, 해당 재화가 금융보험용역의 공급에 필수적으로 부수되는 재화 및 면세재화인 경우에는 부가가치세가 면제된다(간세 1235-4716, 1977. 12. 26).

(2) 포괄적인 사업양도

재화의 공급으로 보지 않는 사업의 양도는 사업장별(「상법」에 따라 분할하거나 분할합병하는 경우에는 같은 사업장 안에서 사업부문별로 구분하는 경우를 포함한다)로 그 사업에 관한 모든 권리와 의무를 포괄적으로 승계시키는 것(「법인세법」 제46조 제2항 또는 제47조 제1항의 요건을 갖춘 분할의 경우 및 양수자가 승계받은 사업 외에 새로운 사업의 종류를 추가하거나 사업의 종류를 변경한 경우를 포함한다)을 말한다. 이 경우 그 사업에 관한 권리와 의무 중 다음의 것을 포함하지 아니하고 승계시킨 경우에도 해당 사업을 포괄적으로 승계시킨 것으로 본다(부법 10 ⑨, 부령 23).

① 미수금에 관한 것
② 미지급금에 관한 것
③ 해당 사업과 직접 관련이 없는 토지·건물에 관한 것. 여기서 해당 사업과 직접 관련이 없는 토지·건물 등은 다음의 것을 말한다(부칙 16).
　㉮ 사업양도자가 법인인 경우에는 업무와 관련 없는 자산
　㉯ 사업양도자가 법인이 아닌 사업자인 경우에는 '㉮'의 자산에 준하는 자산

다만, 사업의 양도(이에 해당하는지 여부가 분명하지 아니한 경우를 포함한다)에 따라 그 사업을 양수받는 자는 그 대가를 지급하는 때에 그 대가를 받은 자로부터 부가가치세를 징수하여 그 대가를 지급하는 날이 속하는 달의 다음 달 25일까지 사업장 관할 세무서장에게 납부할 수 있는데(사업양수자의 대리납부 특례), 이 경우에는 재화의 공급으로 본다(부법 10 ⑨ (2) 단서, 부법 52 ④).

【통칙·판례·예규 참조】

부 통　사업양도의 범위 또는 유형
다음 각 호에 예시하는 것은 법 제10조 제8항 제2호의 재화의 공급으로 보지 아니하는 "사업의 양도"로 본다(부통 10-23-1).
① 개인인 사업자가 법인설립을 위하여 사업장별로 그 사업에 관한 모든 권리와 의무를 포괄적으로 현물출자하는 경우
② 과세사업과 면세사업을 겸영하는 사업자가 사업장별로 과세사업에 관한 모든 권리와 의무를 포괄적으로 양도하는 경우
③ 과세사업에 사용할 목적으로 건설중인 독립된 제조장으로서 등록되지 아니한 사업장에 관한 모든 권리와 의무를 포괄적으로 양도하는 경우
④ 둘 이상의 사업장이 있는 사업자가 그 중 하나의 사업장에 관한 모든 권리(미수금에 관한 것을 제외한다)와 의무(미지급금에 관한 것을 제외한다)를 포괄적으로 양도하는 경우

부통 미수금 또는 미지급금의 범위

영 제23조에서 규정하는 "미수금" 또는 "미지급금"은 그 명칭여하에 불구하고 사업의 일반적인 거래 이외에서 발생한 미수채권·미지급채무를 말하는 것이며, 미수금 또는 미지급금의 포함여부는 사업양도의 요건에 해당하지 아니한다(부통 10-23-2).

예규 양도사업과 직접 관련 없는 특정 권리와 의무 제외 여부

사업에 관한 모든 권리와 의무를 포괄적으로 승계시키는 사업의 양도에 있어서 양도하는 사업과 직접 관련이 없는 일부 특정 권리 또는 의무를 제외하는 경우에도 포괄적인 승계의 경우에는 사업의 양도에 해당한다(부가 1235-3814, 1978. 10. 24).

예규 건설 중인 제조장의 양도

사업자가 과세사업에 공할 목적으로 등록되지 아니한 건설 중인 독립된 제조장을 다른 사업자에게 해당 제조장의 모든 권리(미수금에 관한 것 제외)와 의무(미지급금에 관한 것 제외)를 포괄적으로 승계시키는 경우에는 부가가치세법 제6조 제6항에 규정하는 사업양도에 해당한다(간세 1235-3855, 1978. 12. 28).

예규 과세사업과 면세사업 겸업자가 과세사업을 양도하는 경우

과세사업과 면세사업을 겸영하는 사업자가 사업장별로 과세사업에 관한 모든 권리(미수금에 관한 것 제외)와 의무(미지급금에 관한 것 제외)를 포괄적으로 승계시키는 경우는 사업양도에 해당한다(간세 1265-2380, 1979. 7. 20).

예규 사업양도시 미수금과 미지급금을 포함하는 경우

부가가치세법시행령 제17조 제2항에서 규정하는 "미수금 또는 미지급금에 관한 것을 제외한다"함은 사업양도시 사업에 관한 권리와 의무 중 미수금과 미지급금을 포함하여도 된다(간세 1265-1118, 1980. 6. 17).

예규 사업양도 양수자의 사업장 소재지가 다른 경우

개인사업자가 법인사업자로 전환(사업의 포괄적 승계)하는 과정에서 사업장의 이동이 동시에 발생한 경우에도 부가가치세법 제6조 제6항 및 같은 법시행령 제17조 제2항에 따른 사업의 양도로 본다(부가 1265-3260, 1981. 12. 12).

예규 법인 전환시 재고재화

2이상의 사업장이 있는 개인사업자가 해당 사업을 법인으로 전환함에 있어 개인 사업에 관한 모든 권리와 의무를 포괄적으로 신설법인에게 양도하는 경우 개인의 각 사업장이 신설법인의 각 사업장으로 승계되는과정에서 각 사업장별 재화를 합산하여 출자금을 확정하거나 결산을 하는 경우에는 재화의 공급에 해당되지 않는다(부가 1265-3386, 1981. 12. 26).

예규 사업양도에 해당하는 법인전환

중소기업을 영위하는 개인사업자가 자기사업장의 사업용 고정자산을 현물출자하고 이를 제외한 모든 자산 및 부채 전부를 신설되는 법인에 일괄 양도하여 법인전환을 하였을 경우 사업의 양도에 해당한다(부가 1265-1634, 1982. 6. 21).

예규 폐업일 이후의 사업양도

법인인 사업자가 사업을 실질적으로 폐업을 하고 해산등기를 한 후 자기의 사업일체를 개인에게 양도한 경우에 부가가치세법시행규칙 제6조 제1항 단서 규정에 따른 소관세무서장의 승인을 얻지 못한 경우에는 사실상 폐업일 이후의 양도양수는 같은 법 제6조 제6항의 규정에 따른 사업의 양도로 볼 수 없다(부가 1265-2485, 1982. 9. 21).

(3) 조세의 물납

사업용자산을 「상속세 및 증여세법」[7], 「지방세법」[8] 및 「종합부동산세법」[9]에 따라 물납하는 것을 말한다.

(4) 특정 창고증권의 양도

본래 창고증권의 양도는 해당 증권의 특성상 증권의 양도와 동시에 재화의 소유권이 이전됨으로 재화의 공급으로 본다. 다만, 다음에 해당하는 것은 재화의 공급으로 보지 않는다(부령 18 ②).

① 보세구역에 있는 조달청 창고(조달청장이 개설한 것으로서 「관세법」에 따라 세관장의 특허를 받은 보세창고를 말한다)에 보관된 물품에 대하여 조달청장이 발행하는 창고증권의 양도로서 임치물의 반환이 수반되지 아니하는 것. 여기에는 창고증권을 가진 사업자가 보세구역의 다른 사업자에게 인도하기 위하여 조달청 창고에서 임치물을 넘겨받는 경우를 포함한다.

② 보세구역에 있는 런던금속거래소의 지정창고에 보관된 물품에 대하여 같은 거래소의 지정창고가 발행하는 창고증권의 양도로서 임치물의 반환이 수반되지 아니하는 것(창고증권을 가진 사업자가 보세구역의 다른 사업자에게 인도하기 위하여 지정창고에서 임치물을 넘겨받는 경우를 포함한다)

(5) 위탁가공을 위한 원자재 국외 반출

사업자가 위탁가공을 위하여 원료를 대가없이 국외의 수탁가공사업자에게 반출하는 것은 재화의 공급으로 보지 아니한다.

---

7) 제73조【물납】① 납세지 관할세무서장은 상속받거나 증여받은 재산 중 부동산과 유가증권[한국거래소에 상장되어 있지 아니한 법인의 주식 또는 출자지분(이하 이 항에서 "비상장주식등"이라 한다)을 제외하되, 비상장주식등 외에는 상속재산이 없는 경우 등 대통령령으로 정하는 사유가 있는 경우에는 그러하지 아니하다. 이하 이 조에서 같다]의 가액이 해당 재산가액의 2분의 1을 초과하고 상속세 납부세액 또는 증여세 납부세액이 1천만원을 초과하는 경우에는 대통령령으로 정하는 바에 따라 납세의무자의 신청을 받아 그 부동산과 유가증권에 대해서만 물납을 허가할 수 있다. 다만, 물납을 신청한 재산의 관리·처분이 적당하지 아니하다고 인정되는 경우에는 물납허가를 하지 아니할 수 있다.
② 물납할 수 있는 유가증권의 범위, 관리·처분이 적당하지 아니하다고 인정되는 경우, 그 밖에 물납절차에 관하여 필요한 사항은 대통령령으로 정한다.
8) 제117조【물납】지방자치단체의 장은 재산세의 납부세액이 1천만원을 초과하는 경우에는 납세의무자의 신청을 받아 해당 지방자치단체의 관할구역에 있는 부동산에 대하여만 대통령령으로 정하는 바에 따라 물납을 허가할 수 있다.
9) 제19조【물납】관할세무서장은 종합부동산세로 납부하여야 할 세액이 1천만원을 초과하는 경우에는 대통령령이 정하는 바에 의하여 물납을 허가할 수 있다.

(6) 보세구역에 보관하는 비축석유의 소비대차

「한국석유공사법」에 따른 한국석유공사가 수입통관하지 아니하고 보세구역에 보관하는 「석유 및 석유대체연료사업법」에 따른 비축석유를 국내사업장이 없는 비거주자 또는 외국법인과 무위험차익거래 방식으로 소비대차하는 것은 재화의 공급으로 보지 아니한다.

(7) 공매·강제경매 한 재화

「국세징수법」에 따른 공매(수의계약에 따라 매각하는 것을 포함한다) 및 「민사집행법」에 따른 경매(같은 법에 따른 강제경매, 담보권실행을 위한 경매, 민법·상법 등 그 밖의 법률에 따른 경매를 포함한다)에 따라 재화를 인도 또는 양도하는 것은 재화의 공급으로 보지 아니한다(부령 18 ③ (1)·(2)).

(8) 수용된 재화의 소유자가 대가를 받은 경우

「도시 및 주거환경정비법」·「공익사업을 위한 토지 등의 취득 및 보상에 관한 법률」 등에 따른 수용절차에 있어서 수용대상인 재화의 소유자가 수용된 재화에 대한 대가를 받는 경우에는 재화의 공급으로 보지 아니한다(부령 18 ③ (3)).

(9) 사업시행자의 매도청구에 따라 재화를 인도하거나 양도하는 것

「도시 및 주거환경정비법」에 따른 사업시행자의 매도청구에 따라 재화를 인도하거나 양도하는 것은 재화의 공급으로 보지 않는다(부령 18 ③ (4)).

(10) 신탁재산의 소유권 이전

신탁재산의 소유권 이전으로서 다음 중 어느 하나에 해당하는 것은 재화의 공급으로 보지 아니한다.
① 위탁자로부터 수탁자에게 신탁재산을 이전하는 경우
② 신탁의 종료로 인하여 수탁자로부터 위탁자에게 신탁재산을 이전하는 경우
③ 수탁자가 변경되어 새로운 수탁자에게 신탁재산을 이전하는 경우

마. 부수재화 또는 용역

주된 거래인 재화의 공급에 필수적으로 부수되는 재화(예 : 포장지) 또는 용역(예 : 운송 배달)의 공급은 주된 거래인 재화의 공급에 포함되고, 주된 거래인 용역의 공급에 필수적으로 부수되는 재화 또는 용역의 공급은 주된 거래인 용역의 공급에 포함되는 것으로 본다(부법 14 ①). 이처럼 주된 거래인 재화 또는 용역의 공급에 필수적으로 부수되는 재화 또는 용역을 주된 거래에 포함시키는 이유는 불리하여 구분계산하는 것이 사실상 곤란하거나

경제적 가치가 없기 때문이다.

주된 거래인 재화 또는 용역의 공급에 포함되는 것으로 보는 재화 또는 용역의 사례는 다음과 같다.

① 해당 대가가 주된거래인 재화 또는 용역의 공급대가에 통상적으로 포함되어 공급되는 재화 또는 용역 : 공급하는 재화의 포장용기 및 운반용역, 조경공사용역을 공급하면서 제공하는 수목·화초

② 거래의 관행으로 보아 통상적으로 주된 거래인 재화 또는 용역의 공급에 부수하여 공급되는 것으로 인정되는 재화 또는 용역 : 항공기 내에서 무상으로 제공되는 식사, 가전제품 판매 후 일정기간 제공하는 사후무료서비스용역

하지만 주된 사업에 부수되는 다음 중 어느 하나에 해당하는 재화 또는 용역의 공급은 별도의 공급으로 보되, 과세 및 면세 여부 등은 주된 사업의 과세 및 면세 여부 등을 따른다.

① 주된 사업과 관련하여 우연히 또는 일시적으로 공급되는 재화 또는 용역 : 금융업자가 면세사업에 사용하던 건축물 양도

② 주된 사업과 관련하여 주된 재화의 생산 과정이나 용역의 제공 과정에서 필연적으로 생기는 재화 : 복숭아 통조림을 제조하는 사업자가 판매하는 복숭아 씨, 옥수수를 원료로 전분을 제조하는 과정에서 생산되는 옥피 등

【통칙·판례·예규 참조】

| 판 례 | 주된 사업과 관련하여 우연히 또는 일시적으로 재화가 공급된 경우 부가가치세의 과세대상이 되는지 여부(적극)

사업자가 계약상 또는 법률상의 원인에 의하여 재화를 인도 또는 양도하는 경우에는, 부가가치세를 면제하거나 부과하지 아니한다는 특별한 규정이 없는 한, 모두 부가가치세를 납부할 과세대상이 되는 것으로, 사업자가 주된 사업으로서 계속적으로 반복하여 재화 등을 공급하는 것이 아니라 주된 사업과 관련하여 우연히 또는 일시적으로 재화 등이 공급되는 경우에도 부가가치세의 과세대상이 된다(대법원2000두6961, 2001. 10. 9.).

| 예 규 | 수출하기 위하여 일정한 장소에 반출하는 재화

사업자가 재화를 직접 수출하기 위하여 수출품검사 및 콘테이너 적재를 위한 일정한 장소로 반출하는 것은 재화의 공급에 해당되지 않는다(간세 1235-3400, 1977. 9. 21).

| 예 규 | 폐기 처분하는 재화

식료품 제조업을 영위하는 사업자가 채무 등으로 인하여 재고자산을 압류 당하고 압류보관 중 일부가 부패하여 폐기하는 경우 재화의 공급에 해당되지 않는다(부가 1265. 2-1703, 1981. 6. 30).

| 예 규 | 할부판매가 취소되어 반환하는 재화

사업자가 할부 또는 연불판매계약에 의하여 재화를 인도 받고 부불금의 일부를 지급하던 중에 당초계약이 취소되어 동 재화를 반환하는 것은 재화의 공급에 해당하지 않는다(부가 1265-2767, 1981. 10. 23).

품질불량으로 반품된 재화의 대체 공급

사업자간에 계약에 의하여 재화를 공급하였으나 해당 재화가 품질규격 등의 불량으로 반품되어 다시 품목, 규격, 수량이 같은 다른 재화로 대체 공급하는 때에는 과세거래로 볼 수 없다(부가 1265−83, 1982. 1. 9).

면세사업자간의 사용대차

사업자간에 부가가치세 면제사업에 사용하던 재화를 일정 기간동안 상호교환 사용하고 동 재화를 반환하는 경우 해당 재화를 교환하거나 반환하는 것은 재화의 공급에 해당되지 아니하는 것으로 부가가치세가 면제된다(부가 1265−2321, 1982. 9. 3).

아프터서입스용 자재의 내부거래

가전제품 제조판매업자가 해당 회사제품을 사용하고 있는 소비자들의 불량제품을 교환 및 수리하기 위하여 수리센타를 개설하고 아프터 서비스용 자재를 해당 수리센타에 공급할 경우 부가가치세가 과세되지 않는다(부가 1265−1509, 1983. 7. 25).

사기 또는 횡령에 의해 편취된 재화의 과세 여부

수사기관의 수사결과 또는 그 밖의 증거에 의거 사기 또는 횡령에 의하여 재화가 편취된 사실이 객관적으로 확인되는 경우에는 재화의 공급으로 보지 않는다(부가 22601−716, 1986. 4. 17).

3. 재화의 공급시기

가. 공급시기의 개념

부가가치세의 과세대상은 재화의 공급 등의 과세거래이다. 재화의 공급시기는 어떤 과세거래를 어느 과세기간에 귀속시킬 것인가의 판단기준이 되는 것이다. 공급시기가 귀속하는 과세기간이 종료하는 때에 부가가치세의 납세의무는 성립하기 때문에 공급시기가 중요하다.

결국 부가가치세에 있어서의 거래시기는 재화 또는 용역의 공급의 귀속시기가 어느 과세기간 내에 포함되는지 여부를 가리는 시간적 기준이다. 따라서 과세되는 재화 또는 용역의 공급을 일정한 과세기간에 귀속시키는 데 있어서는 계약, 인도, 역무의 완료, 대금회수 등 거래관련과정 중 어느 과정을 그 거래시기로 할 것이냐가 문제가 된다.

그리고 이 거래시기는 부가가치세의 거래징수와 세금계산서발급시기와 맞물려 적용되기 때문에 부가가치세제 운영상 가장 기본이 되는 규정으로 거래시기를 잘못 판단할 경우에는 공급자 및 공급받는 자 모두에게 가산세 및 매입세액불공제 등의 불이익이 뒤따르게 된다.

부가가치세의 경우는 일반거래세로서의 특성을 지니고 있기 때문에 부가가치세법에서는 일반적으로 적용할 수 있는 기준과 거래형태에 따른 보충적인 기준을 별도로 규정하고 있다.

나. 일반적인 공급시기

재화가 공급되는 시기는 다음에 규정하는 때로 한다(부법 15 ①).

① 재화의 이동이 필요한 경우에는 재화가 인도되는 때

② 재화의 이동이 필요하지 아니한 경우에는 재화가 이용가능하게 되는 때

③ 위 '①'과 '②'를 적용할 수 없을 때에는 재화의 공급이 확정되는 때

【통칙 · 판례 · 예규 참조】

판 례 선급금을 계약금의 성질이 있는 것으로 보아 그 시기를 공급시기로 보고 세금계산서발급이시기를 판단한 처분의 당부

선급금을 계약금의 성질이 없어 쟁점 선급금의 지급시기를 공급시기로 할 수 없는 것이므로 처분청이 쟁점 선급금의 지급시기인 2001. 11. 12.을 공급시기로 보고 그 공급시기가 속하는 과세기간이 지난 2002. 1. 5. 쟁점 세금계산서를 발급받았다 하여 관련매입세액을 불공제한 처분은 잘못이라고 판단됨(국심2002구3072, 2002. 12. 9).

예 규 구매카드에 따른 상품공급

상품구매카드를 현금 또는 외상으로 판매하고 그 후 해당 구매카드에 의하여 현물과 교환하는 경우에는 해당 재화가 인도되는 때가 공급시기이다(간세 1235-1106, 1977. 5. 6).

예 규 선수금을 받고 보관하고 있는 재화

재화의 이동이 필요한 경우의 공급시기는 재화가 인도되는 때이므로 이동이 필요한 재화에 대하여 선수금을 받고 재고를 보관하고 있는 재화(법인세법상 수익금액계산시 간주매출재화)는 공급시기가 도래한 것으로 볼 수 없다(부가 1265-748, 1983. 4. 21).

예 규 대행수출시의 공급시기

대행수출을 하는 경우 수출재화의 공급시기는 선적일이 되며, 내국신용장에 의하여 수출품을 수출업자에게 공급하는 경우 공급시기는 재화의 인도시기이나 내국신용장에 의해 재화를 공급하는 자의 책임하에 수출품을 선적시키는 경우에는 선적일이 공급시기가 된다(부가 1265-2780, 1983. 12. 29).

예 규 소포우편에 따른 수출재화의 공급시기

소포우편에 의하여 재화를 수출한 경우의 공급시기는 해당 소포수령증 발급일이며, 인편에 의하여 수출한 경우에는 해당 재화의 선적일 또는 기적일이다(부가 22601-45, 1986. 1. 11).

다. 거래형태별 공급시기

(1) 현금판매 · 외상판매 또는 할부판매의 경우

현금판매 · 외상판매 또는 할부판매의 경우에는 재화가 인도되거나 이용가능하게 되는 때를 공급시기로 본다(부령 28 ①).

(2) 상품권 판매의 경우

상품권 등을 현금 또는 외상으로 판매하고 그 후 해당 상품권 등이 현물과 교환되는 경우

에는 재화가 실제로 인도되는 때를 공급시기로 본다.

(3) 장기할부판매의 경우

장기할부판매의 경우에는 대가의 각 부분을 받기로 한 때를 공급시기로 본다. 장기할부판매는 재화를 공급하고 그 대가를 월부·연부 그 밖의 부불방법에 따라 받는 것 중 다음의 요건을 모두 갖춘 것으로 한다(부령 28 ③, 부칙 17).

① 2회 이상으로 분할하여 대가를 받는 것

② 해당 재화의 인도일의 다음날부터 최종의 부불금의 지급기일까지의 기간이 1년 이상인 것

【통칙·판례·예규 참조】

`예 규` 중도에 계약을 해지하여 할부금 잔액을 일시불로 청구시 잔액분에 대한 세금계산서 발급시기

사업자가 할부조건(장기할부 판매조건 포함)으로 재화를 공급하고 할부금이 장기간 연체되어 할부판매 계약을 해지(파기)하고 미청구분 할부잔액 전부를 일시에 청구하는 경우 미청구분 할부잔액에 대한 세금계산서 발급시기는 할부판매계약을 파기하는 때가 된다(부가 46015 – 363, 1998. 2. 28).

---

(4) 반환조건부판매·동의조건부판매 그 밖의 조건부 및 기한판매의 경우

반환조건부판매·동의조건부판매 그 밖의 조건부 및 기한부판매의 경우에는 그 조건이 성취되거나 기한이 경과되어 판매가 확정되는 때를 공급시기로 본다.

① 반환조건부 판매는 사업자간의 약정에 의해 재화를 거래상대방에게 인도한 후 일정한 기한까지 반환하지 아니하면 그 상대방이 승락의사를 표시한 것으로 보아 매매계약이 체결되는 것으로 하는 판매방법이다.

② 동의조건부는 당사자간의 약정에 의해 재화를 거래상대방에게 인도한 후 그 상대방의 동의가 있을 때에 매매계약이 체결된 것으로 하는 판매방법이다.

③ 기한부판매는 당사자간의 약정에 의하여 거래상대방에게 재화를 인도한 후 일정한 기한까지 거래상대방이 반환하지 않거나 매입의 동의 또는 매입의 거절 등 의사표시를 하지 아니하면 그 기한이 지난 시점에 매매계약이 체결되는 것으로 하는 판매방법이다.

【통칙·판례·예규 참조】

`예 규` 검수조건부 재화의 공급

공급받는자의 검수(시험검사)를 필수적인 인도조건으로 하는 재화의 공급인 경우 이동되는 재화의 거래시기는 해당 인도조건이 성취되는 때이다(간세 1235 – 2998, 1977. 9. 8).

제조업자가 재화를 판매업자에게 인도한 후 판매업자가 동 재화를 매출한 때를 동 재화의 공급시기로
본다는 판매계약은 그 밖의 조건부 판매계약에 해당되지 않는다(부가 1265. 2-3044, 1979. 12. 8).

수출용완제품을 내국신용장에 의하여 수출업자에게 공급하는 경우 수출품 생산업자의 보세장치장에
수출재화가 보관되어 있는 상태에서 수출업자가 수출면허를 받았으나 내국신용장상의 인도조건이 수
출품생산업자의 책임하에 선적하기로 되어 있는 때에는 내국신용장에 의하여 공급하는 재화의 공급시
기는 선적일이다(부가 1265-574, 1983. 3. 30).

(5) 완성도기준지급 또는 중간지급조건부로 재화를 공급하거나 전력 등 공급단위를 구획할 수 없는 재화를 계속적으로 공급하는 경우

완성도기준지급 또는 중간지급조건부로 재화를 공급하거나 전력이나 그 밖에 공급단위
를 구획할 수 없는 재화를 계속적으로 공급하는 경우에는 대가의 각 부분을 받기로 한 때를
공급시기로 본다. 다만, 재화가 인도되거나 이용가능하게 되는 날 이후에 받기로 한 대가의
부분에 대해서는 재화가 인도되거나 이용가능하게 되는 날을 그 재화의 공급시기로 본다.

① 완성도기준지급조건부란 공급하는 목적물(재화)을 완성하는 작업진행률 또는 기성부
   분에 따라 대가를 지급하는 것을 말한다.

② 중간지급조건부로 재화를 공급하는 경우란 다음 중 어느 하나에 해당하는 경우를 말한
   다(부칙 18).

   ㉮ 계약금을 받기로 한 날의 다음 날부터 재화를 인도하는 날 또는 재화를 이용가능하게
      하는 날까지의 기간이 6개월 이상인 경우로서 그 기간 이내에 계약금 외의 대가를
      분할하여 받는 경우

   ㉯ 「국고금 관리법」 제26조에 따라 경비를 미리 지급받는 경우

   ㉰ 「지방재정법」 제73조에 따라 선금급(先金給)을 지급받는 경우

【통칙 · 판례 · 예규 참조】

당초의 계약조건을 재화가 인도되는 때 그 대가를 지급받기로 했으나 계약조건을 중간지급 조건부로
변경하지 아니하고 공급자가 공급받는 자로부터 대가의 일부를 수시로 지급받는 경우에는 중간지급
조건부의 재화공급에 해당되지 않는다(간세 1235-1091, 1978. 4. 12). 예산회계법 제65조의 규정에 따라
선금급을 지급받는 경우 재화의 공급시기는 대가의 각 부분을 받기로 한 때이므로 선금급지급에 대한
지출원인행위가 이루어져 그 대금지급이 결정되는 때가 거래시기이다(간세 1235-965, 1978. 4. 3).

중간지급 조건부 판매형태와 할부판매 형태가 혼합된 재화

사업자가 자기계산에 의하여 건물을 신축 공급함에 있어서 해당 건물 인도 전에 계약금 이외의 대가를 일부 분할하여 지급 받고 해당 건물인도 후에 나머지 대가를 분할하여 지급 받는 경우는 중간지급 조건부 판매형태와 할부판매형태가 혼합된 거래로서 해당 건물의 인도(등기포함) 여부에 관계없이 대가의 각 부분을 받기로 한 때를 해당 건물의 공급시기로 한다(조법 1265-236, 1982. 2. 19).

(6) 재화의 공급으로 보는 가공의 경우

재화의 공급으로 보는 가공의 경우에는 가공된 재화를 인도하는 때를 공급시기로 본다. 여기서 재화의 공급으로 보는 가공이란 자기가 주요 자재의 전부 또는 일부를 부담하고 상대방으로부터 인도받은 재화에 공작을 가하여 새로운 재화를 만드는 가공계약에 의하여 재화를 인도하는 것을 말한다.

(7) 수출재화의 경우

① 내국물품을 외국으로 반출하거나 대외무역법에 따른 중계무역방식으로 수출하는 경우에는 수출재화의 선적일
② 원양어업 및 대외무역법에 따른 위탁판매수출의 경우에는 수출재화의 공급가액이 확정되는 때
③ 대외무역법에 따른 위탁가공무역 방식으로 수출하거나 외국인도수출의 경우에는 외국에서 해당 재화가 인도되는 때

(8) 창고증권의 양도로서 임치물의 반환이 수반되는 경우

① 창고증권을 소지한 사업자가 조달청 창고 또는 지정창고에서 실물을 반입한 후 보세구역 안의 다른 사업자에게 해당 재화를 인도하는 때
② 실물반입에 따른 해당 재화가 수입재화에 해당하는 경우에는 그 수입신고수리일
③ 국내로부터 조달청 창고 또는 런던금속거래소의 지정창고에 임치된 임치물이 국내로 반입되는 경우에는 그 반입신고수리일

(9) 그 밖의 특수한 경우

① 자가공급, 개인적공급 및 사업상증여 등 간주공급의 경우에는 재화가 사용 또는 소비되는 때
② 사업폐지로 인해 잔존재화를 자기에게 공급하는 것으로 보는 경우에는 폐업하는 때
③ 무인판매기를 이용하여 재화를 공급하는 경우에는 해당 사업자가 무인판매기에서 현

금을 인취하는 때

④ 그 밖의 경우에는 재화가 인도되거나 인도 가능한 때

⑤ 사업자가 보세구역 내에서 보세구역 이외의 국내에 재화를 공급하는 경우에 해당 재화
가 수입재화에 해당하는 때에는 수입신고수리일

(10) 위탁판매 또는 대리인에 따른 매매의 경우

위탁판매 또는 대리인에 따른 매매의 경우에는 수탁자 또는 대리인의 공급을 기준으로
하여 '(1)''(8)'을 적용하고 다만, 위탁자 또는 본인을 알 수 없는 경우에는 위탁자와 수탁자
또는 본인과 대리인 사이에도 공급이 이루어진 것으로 보아 위 '(1)''(8)'에 게기하는 공급시
기를 적용한다.

(11) 납세의무있는 사업자가 여신전문금융업법에 따라 등록을 한 시설대여업자로부터 시설 등을 임차하고 해당 시설 등을 공급자 또는 세관장으로부터 직접 인도받는 경우

납세의무 있는 사업자가 여신전문금융업법에 따라 등록을 한 시설대여업자로부터 시설
등을 임차하고 해당 시설 등을 공급자 또는 세관장으로부터 직접 인도받는 경우에는 해당
사업자가 공급자로부터 재화를 직접 공급받거나 외국으로부터 재화를 직접 수입한 것으로
보아 각 거래형태별 공급시기('(1)''(8)')를 적용한다.

【통칙·판례·예규 참조】

부 통 현물출자재화의 공급시기

사업자가 재화를 법인에 현물출자하는 경우에는 현물출자로서의 이행이 완료되는 때를 그 공급시기로
본다. 이 경우 이행이 완료되는 때란 「상법」 제295조 제2항에 따라 출자의 목적인 재산을 인도하는
때이며, 등기·등록 그 밖의 권리의 설정 또는 이전을 요할 경우에는 이에 관한 서류를 완비하여 발급하
는 때를 말한다(부통 15-28-1).

부 통 상품권 등에 의하여 공급하는 재화의 공급시기

상품권 등을 현금 또는 외상으로 판매하고 그 후 해당 상품권 등에 의하여 현물과 교환하는 경우에는
재화가 실제로 인도되는 때를 그 공급시기로 본다(부통 15-28-2).

부 통 계약금의 공급시기

완성도기준지급 및 중간지급조건부로 재화를 공급하거나 용역을 제공함에 있어서 그 대가의 일부로
계약금을 거래상대자로부터 받는 경우에는 해당 계약조건에 따라 계약금을 받기로 한 때를 그 공급시
기로 본다. 이 경우 착수금 또는 선수금 등의 명칭으로 받는 경우에도 해당 착수금 또는 선수금이 계약
금의 성질로 인정되는 때에는 계약금으로 본다(부통 15-28-3).

부 통 중간지급조건부인 당초 계약변경시의 공급시기

사업자가 중간지급조건부에 따른 재화 또는 용역의 공급계약을 체결하였으나 그 내용이 변경된 경우의
공급시기는 다음과 같다(부통 15-28-4).

1. 당초 계약의 지급일자 변경
   당초 계약의 지급일을 변경한 경우에는 계약의 변경내용에 따라 대가의 각 부분을 받기로 한 때
2. 계약금 외의 대가를 일시에 지급하는 경우
   중간지급조건부에 따른 당초 계약내용을 변경하여 대가의 각 부분을 일시에 지급하기로 한 경우에는 재화의 인도 또는 용역의 제공이 완료된 때

부 통 내국신용장에 따른 재화의 공급시기
내국신용장에 의하여 공급하는 재화의 공급시기는 재화를 인도하는 때이다(부통 15-28-5).

라. 공급시기의 특례

(1) 폐업 후 공급시기 도래한 경우

공급시기는 각 거래의 형태에 따라 전술한 바와 같이 인식하는 것이 원칙이다. 그러나 폐업 전에 공급한 재화의 공급시기가 폐업일 이후에 도래하는 경우에는 그 폐업일을 공급시기로 본다.

(2) 세금계산서 등 발급에 따른 공급시기 특례

1) 공급시기 도래 전 대가의 전부 또는 일부를 받고 세금계산서등을 발급한 경우

사업자가 공급시기가 되기 전에 재화 또는 용역에 대한 대가의 전부 또는 일부를 받고, 그 받은 대가에 대하여 세금계산서 또는 영수증을 발급하는 경우에는 그 발급하는 때를 각각 그 재화 또는 용역의 공급시기로 본다(부법 17 ①).

2) 장기할부판매 등으로 공급시기 도래하기 전 세금계산서등을 발급한 경우

사업자가 다음과 같은 공급시기가 되기 전에 세금계산서 또는 영수증을 발급하는 경우에는 그 발급하는 때를 해당 재화 또는 용역의 공급시기로 본다(부법 17 ④).

① 장기할부판매로 재화를 공급하거나 장기할부조건부로 용역을 공급하는 경우의 공급시기
② 전력이나 그 밖에 공급단위를 구획할 수 없는 재화를 계속적으로 공급하는 경우의 공급시기
③ 공급단위를 구획할 수 없는 용역을 계속적으로 공급하는 경우의 공급시기
④ 외국항행용역의 공급으로서 「상법」에 따라 발행된 선하증권에 따라 거래사실이 확인되는 경우의 공급시기(용역의 공급시기가 선하증권 발행일로부터 90일 이내인 경우로 한정함)

3) 공급시기 도래하기 전 세금계산서등을 발급하고 7일 이내에 대가를 받은 경우

사업자가 재화 또는 용역의 공급시기가 되기 전에 세금계산서를 발급하고 그 세금계산서 발급일부터 7일 이내에 대가를 받으면 해당 세금계산서를 발급한 때를 재화 또는 용역의 공급시기로 본다(부법 17 ②). 다만, 다음 중 어느 하나에 해당하는 경우에는 재화 또는 용역을 공급하는 사업자가 그 재화 또는 용역의 공급시기가 되기 전에 세금계산서를 발급하고 그 세금계산서 발급일부터 7일이 지난 후 대가를 받더라도 해당 세금계산서를 발급한 때를 재화 또는 용역의 공급시기로 본다(부법 17 ③).

① 거래 당사자 간의 계약서·약정서 등에 대금 청구시기(세금계산서 발급일을 말함)와 지급시기를 따로 적고, 대금 청구시기와 지급시기 사이의 기간이 30일 이내인 경우

② 재화 또는 용역의 공급시기가 세금계산서 발급일이 속하는 과세기간 내(공급받는 자가 조기환급을 받은 경우에는 세금계산서 발급일부터 30일 이내)에 도래하는 경우

【통칙·판례·예규 참조】

예규 현물출자하는 재화의 공급시기

사업자가 재화를 법인에 현물 출자하는 경우 해당 재화의 공급시기는 현물출자로서의 이행이 완료되는 때이다(간세 1235-2162, 1978. 7. 21).

예규 해산등기 후 계속사업에 대한 폐업일과 공급시기

해산등기를 한 후에도 과세사업을 계속하는 경우에는 사업을 실질적으로 폐업하는 날을 폐업일로 보며, 폐업일 이전에 과세사업에 공하였던 부동산의 매매계약을 체결하고 폐업일 이후에 공급시기가 도래되는 경우에는 폐업일이 공급시기이다(부가 1265. 2-1812, 1981. 7. 10).

예규 현지 판매하는 원양어획물의 공급시기

우리나라 선박이 공해에서 채포한 수산물을 현지 판매한 경우 원양어획물 현지 판매분의 공급시기는 부가가치세법 제9조 제1항 제3호의 규정에 따라 한국원양어업협회에 수출실적 보고서가 제출되어 그 확인이 이루어지는 때이다(조법 1265-724, 1982. 6. 11.).

예규 면세전용 재화의 공급시기

사업자가 자기의 사업과 관련하여 생산 또는 취득한 재화를 자기의 면세사업을 위하여 직접사용 또는 소비하는 경우 그 공급시기는 해당 재화가 면세사업을 위하여 사용 또는 소비되는 때이다(부가 1265-2756, 1982. 10. 25).

예규 경락건물의 공급시기

법원이 사업자의 건물을 경매하는 경우에 해당 건물의 공급시기는 경락인이 경락대금을 해당 법원에 완납하는 때이다(부가 1265. 2-2448, 1983. 11. 18).

예규 건물의 공급시기가 되는 '이용가능하게 되는 때'의 의미

재화의 이동이 필요하지 않는 부동산의 공급시기는 해당 건물이 이용가능하게 되는 때이며, 이 경우 「이용가능하게 되는 때」란 원칙적으로 소유권이전등기일을 말하나, 매매잔금 미지급금등의 사유로 당사자간

특약에 의하여 해당 부동산에 대해 잔금지급이전까지 사용·수익 등 이용을 제한하고 있는 경우에는 실제로 사용·수익이 가능한 날을 공급시기로 본다(재소비 46015-259, 2000. 8. 19).

(3) 시설소유권을 이전받기 전까지 둘 이상의 과세기간에 걸쳐 계속적으로 그 시설을 이용하게 하는 경우

사업자가 「사회기반시설에 대한 민간투자법」 제4조 제3호[10]의 방식을 준용하여 시설소유권을 이전받기 전까지 둘 이상의 과세기간에 걸쳐 계속적으로 그 시설을 이용하게 하는 경우에는 예정신고기간 또는 과세기간의 종료일(부령 29 ② (4))

---

10) 사회기반시설에 대한 민간투자법 제4조 【민간투자사업의 추진방식】 민간투자사업은 다음 각 호의 어느 하나에 해당하는 방식으로 추진하여야 한다.
   1. 사회기반시설의 준공과 동시에 해당 시설의 소유권이 국가 또는 지방자치단체에 귀속되며, 사업시행자에게 일정기간의 시설관리운영권을 인정하는 방식(제2호에 해당하는 경우는 제외한다)
   2. 사회기반시설의 준공과 동시에 해당 시설의 소유권이 국가 또는 지방자치단체에 귀속되며, 사업시행자에게 일정기간의 시설관리운영권을 인정하되, 그 시설을 국가 또는 지방자치단체 등이 협약에서 정한 기간 동안 임차하여 사용·수익하는 방식
   3. 사회기반시설의 준공 후 일정기간 동안 사업시행자에게 해당 시설의 소유권이 인정되며 그 기간이 만료되면 시설소유권이 국가 또는 지방자치단체에 귀속되는 방식

제3절 용역의 공급

1. 용역의 의의

가. 용역의 정의

용역이란 재화 외에 재산 가치가 있는 모든 역무(役務)와 그 밖의 행위를 말한다(부법 2 (2)). 즉, 용역은 재화 이외의 생산과 소비에 필요한 재산가치가 있는 모든 역무(service) 및 그 밖의 행위를 말한다. 여기서 역무란 서비스라고도 하며 그 특성으로는 역무의 생산 또는 제공이 물적 형태를 취하지 않으나 인간의 욕망 또는 생산의 필요를 충족하며, 물적 형태를 갖추지 않는 특성 때문에 역무의 제공과정이 동시에 소비과정으로 나타난다.

【통칙·판례·예규 참조】

부 통 재화·시설물 또는 권리의 사용
테니스장·냉장창고·자동차정류장 등의 재화·시설물 또는 권리를 사용하게 하고 그 대가를 받는 것은 용역의 공급으로서 부가가치세를 과세한다(부통 11-0-1).

나. 용역의 범위

부가가치세법시행령에서는 다음의 사업에 해당하는 모든 역무 및 그 밖의 행위가 역무에 포함된다고 용역의 범위를 규정하고 있다(부령 3).

① 제조업 중 산업용 기계 및 장비 수리업

② 건설업

③ 숙박 및 음식점업

④ 운수 및 창고업

⑤ 정보통신업(출판업과 영상·오디오 기록물 제작 및 배급업은 제외)

⑥ 금융 및 보험업

⑦ 부동산업. 다만, 전·답·과수원·목장용지·임야 또는 염전 임대업 및 「공익사업을 위한 토지 등의 취득 및 보상에 관한 법률」에 따른 공익사업과 관련해 지역권·지상권

(지하 또는 공중에 설정된 권리를 포함)을 설정하거나 대여하는 사업을 제외함.

　※ 전·답·과수원·목장용지·임야 또는 염전은 지적공부상의 지목에 관계없이 실지로 경작하거나
　　해당 토지의 고유용도에 사용하는 것으로 한다(부칙 2 ①).

　⑧ 전문, 과학 및 기술서비스업

　⑨ 사업시설관리, 사업지원 및 임대서비스업

　⑨ 공공행정, 국방 및 사회보장행정

　⑩ 교육서비스업

　⑪ 보건업 및 사회복지서비스업

　⑫ 예술, 스포츠 및 여가관련 서비스업

　⑬ 협회 및 단체, 수리 및 그 밖의 개인서비스업

　⑭ 가구 내 고용활동 및 달리 분류되지 않은 자가생산활동

　⑮ 국제 및 외국기관의 사업

다. 건설업과 부동산업의 재화공급

위 건설업과 부동산업 중 부동산의 매매(주거용 또는 비거주용 및 그 밖의 건축물을 자영
건설하여 분양·판매하는 경우를 포함) 또는 그 중개를 사업목적으로 나타내어 부동산을
판매하거나, 사업상의 목적으로 1과세기간 중에 1회 이상 부동산을 취득하고 2회 이상 판매
하는 사업은 재화를 공급하는 사업으로 본다(부령 3 ②, 부칙 2 ②).

【통칙·판례·예규 참조】

예규　작업폐기물 처리보조금
제철회사의 작업폐기물(Slag)을 이용하여 골재를 생산하는 업체에게 폐기물의 수거량에 비례하여 보조
금을 지급할 경우 명목상 보조금이라 하더라도 실질적으로 폐기물 처리용역에 대한 대가로 보아 부가
가치세가 과세된다(부가 1265－1310, 1982. 5. 21).

예규　학교법인의 스쿨버스 운행
학교법인이 학생들의 통학을 위하여 등·하교 운송용역을 공급하고 대가를 받는 것은 부가가치세가
면제되는 것이나 학생통학용 버스를 학생교육과 직접 관련 없이 대여하거나 전세 운영하여 대가를
받는 것은 부가가치세가 과세된다(부가 1265－1648, 1982. 6. 22).

예규　자기종업원을 파견 타 사업자에 용역제공
제조업을 영위하는 사업자가 자기와 고용관계에 있는 종업원을 타 제조업자에게 파견하여 용역을 제공
하고 그 대가를 받는 경우에는 부가가치세가 과세된다(부가 22601－856, 1989. 6. 20).

예규　부동산임대업자가 징수하는 관리비
백화점업을 영위하는 사업자가 해당 백화점 내 일부 점포를 임대한 후 임대한 점포를 관리하여 주고
그 대가를 임차인으로부터 받는 경우에는 부가가치세가 과세된다(부가 22601－1243, 1990. 9. 20).

---

2. 용역공급의 개념과 범위

가. 용역공급의 개념

부가가치세 납세의무가 있는 사업자가 용역을 공급하는 것은 부가가치세가 과세되는 거래이다. 이 경우 용역의 공급이란 계약상 또는 법률상 모든 원인에 의하여 역무를 제공하거나 소유권을 이전하지 아니하고 재화·시설물 또는 권리를 사용하게 하는 것을 말한다(부법 11 ①). 이때 과세거래로서의 용역의 공급은 재화의 공급과 마찬가지로 영리성 유무와는 관계는 없으나, 다만 재화의 공급과는 달리 원칙적으로 대가를 받는 유상공급만 과세하고 있다.

용역의 공급은 계약상 또는 법률상의 모든 원인에 의하여 역무를 제공하거나 재화·시설물 또는 권리를 사용하게 하는 것으로 한다.

나. 용역공급의 범위

다음 경우의 거래는 용역의 공급으로 본다(부령 25).

① 건설업에 있어서는 건설업자가 건설자재의 전부 또는 일부를 부담하는 경우

② 상대방으로부터 인도받은 재화에 주요 자재를 전혀 부담하지 아니하고 단순히 가공만 하여주는 것

③ 산업상·상업상 또는 과학상의 지식·경험 또는 숙련에 관한 정보를 제공하는 것

【통칙·판례·예규 참조】

| 판례 | 사단법인이 회원들로부터 받은 식대 및 회비 등이 부가가치세과세대상이 되는 용역의 공급인지 여부

사단법인인 원고는 식당·운동시설 등을 갖추고 이를 회원 및 회원이 동반한 비회원들에게 사용하게 하는 용역을 제공한 것이고, 이 용역을 공급받는 상대방이 주로 회원들이라고 하더라도 원고는 자기계산과 책임하에 사업상 독립적으로 용역을 공급하는 자에 해당한다 할 것이고 원고의 설립목적이 이와 같은 용역의 공급에 있지 않다 하더라도 달리 볼 수 없어 이 용역의 공급은 부가가치세과세대상이고 그 과세표준은 식대뿐만 아니라 회비등도 포함됨(대법원97누14927, 1999. 7. 9).

| 예규 | 공동연구에 따른 비용부담

사업자(甲)가 연구기관(乙)과 공동으로 기술개발을 함에 있어 소요비용을 정부와 "甲"이 공동부담하고 개발결과에 대한 권리를 "甲"과 "乙"이 공동으로 소유하는 경우 "甲"이 부담한 비용은 자기 이연자산의 취득원가로서 재화나 용역의 공급에 해당되지 않으며 "甲"이 기술개발부문에 제공한 기자재를 정비·보수를 할 경우 정비·보수에 요하는 비용의 일부를 "乙"로부터 보상받는 경우 용역의 공급에 해당된다 (부가 1265-1892, 1982. 7. 14).

| 예규 | 기숙사 관리비의 과세 여부

부가가치세가 과세되는 재화 또는 용역을 공급하는 사업자가 기숙사를 설치하고 이용하는 종업원에게 해당 기숙사를 관리해 주는 대가로 받는 관리비는 부가가치세가 과세된다(부가 1265. 1-2314, 1983. 11. 1).

승강기 제작·설치를 주업으로 하는 사업자가 승강기 설치공사를 발주 받아 하도급업자와 하도급 계약을 체결하여 하도급업자가 승강기 설치공사용역을 제공하였으나 해당 설치공사에 대한 하자가 발생하여 당초 공사를 발주 받은 원도급업자가 하자보수를 직접 수행하고 해당 하자보수에 소요된 비용을 하도급업자에게 지급할 채무액에서 상계한 경우에 하도급업자가 부담하는 동 하자보수비에 대하여는 부가가치세 과세되지 아니한다(서삼 46015－10895, 2003. 6. 4).

3. 용역 공급의 특례

가. 용역의 자가공급

사업자가 자신의 용역을 자기의 사업을 위하여 대가를 받지 아니하고 공급함으로써 다른 사업자와의 과세형평이 침해되는 경우에는 자기에게 용역을 공급하는 것으로 본다(부법 12 ①). 따라서 용역의 자가공급은 원칙적으로 과세되지 않으나 해당 용역이 무상으로 자가공급되어 다른 동업자와의 과세형평이 침해되는 경우에만 과세된다. 하지만 이러한 용역에 대하여 따로 정해 놓은 바가 없으므로 현실적으로는 용역의 자가공급으로 과세하는 경우는 없다.

【통칙·판례·예규 참조】

| 부 통 | 용역의 자가공급에 해당되어 과세되지 않는 경우 |

다음의 예시와 유사한 경우에는 용역의 자가공급이므로 부가가치세를 과세하지 아니한다(부통 12－0－1).
① 사업자가 자기의 사업과 관련하여 사업장 내에서 그 사용인에게 음식용역을 무상으로 제공하는 경우
② 사업자가 사용인의 직무상 부상 또는 질병을 무상으로 치료하는 경우
③ 사업장이 각각 다른 여러 개의 사업을 겸영하는 사업자가 그 중 한 사업장의 재화 또는 용역의 공급에 필수적으로 부수되는 용역을 자기의 다른 사업장에서 공급하는 경우

| 예 규 | 자기사용인에게 용역을 공급할 경우 |

여객운송업, 숙박업 등 수종의 사업을 겸영하는 사업자가 자기사업을 위하여 출장한 그 사용인에게 여객운송용역 또는 숙박용역을 공급하는 경우에는 용역의 자가공급으로 부가가치세가 과세되지 않는다(간세 1235－4383, 1977. 12. 2).

| 예 규 | 구내 양호실의 의료보건용역공급 |

사업자가 그 사용인의 직무상 부상 또는 질병을 치료하기 위하여 의료인을 고용하여 근로기준법 제72조의 규정에 따라 의료보건용역을 무상으로 공급하는 경우에는 용역의 자가공급으로서 부가가치세가 과세되지 아니하며 해당용역의 공급과 관련된 재화의 매입세액은 해당사업의 매출세액에서 공제된다(간세 1235－4296, 1977. 11. 24).

| 예 규 | 사업부서간 용역공급의 과세대상 여부 |

사업자가 여러 종류의 사업을 영위하면서 사업의 종류별로 사업부서를 운영하고 사업부서간 용역의 공급에 대하여 내부관리 목적상 대가를 주고 받는 경우에는 부가가치세가 과세되지 않는다(부가 46015－2260 1998. 9).

나. 용역의 공급으로 보지 아니하는 경우

(1) 용역의 무상공급

사업자가 대가(對價)를 받지 아니하고 타인에게 용역을 공급하는 것은 용역의 공급으로 보지 아니한다. 다만, 사업자가 특수관계인에게 **사업용 부동산의 임대용역**을 공급하는 경우에는 그러하지 아니하다. 이는 재화는 그 자체가 시장성이 있을 뿐만 아니라 외견상으로도 그 가치를 평가하여 과세표준을 파악할 수 있으므로 재화의 무상공급에 대하여도 과세할 수 있으나 용역의 경우에는 대가가 없으면 그 자체가 시장가격이 형성되지 않기 때문에 용역의 무상공급에 대한 가액을 평가하여 세액을 계산하기가 사실상 곤란하기 때문이다.

여기서 특수관계인이란 소득세법 또는 법인세법에 규정된 부당행위계산부인 대상의 자를 말한다(부령 26①).

그리고 사업용 부동산의 다음 임대용역은 과세에서 제외한다.

① 「산업교육진흥 및 산학연협력촉진에 관한 법률」 제25조에 따라 설립된 산학협력단과 같은 법 제2조 제2호 다목의 대학 간 사업용 부동산의 임대용역

② 「공공주택 특별법」 제4조 제1항 제1호부터 제4호까지의 규정에 해당하는 자와 같은 항 제6호에 따른 부동산투자회사 간 사업용 부동산의 임대용역

【통칙 · 판례 · 예규 참조】

예규 음식용역의 무상공급
사업자가 대가를 받지 아니하고 타인에게 무상으로 음식용역을 공급하는 경우 용역의 무상공급으로 부가가치세가 과세되지 않는다(간세 1235-3519, 1977. 9. 26).

예규 운송용역의 무상공급
주류도매업자가 자기의 거래처(소득세법시행령 제111조 각호에 게기하는 자 제외)를 위하여 대가를 받지 아니하고 그 거래처가 매입한 공병과 상자를 수거하여 공병도매업자에게 운송하여 주는 운송용역에 대하여는 용역의 무상공급으로 과세되지 않는다(부가 1265-1838, 1981. 7. 13).

예규 임가공업자에게 무상으로 제공하는 기계시설
제조업을 영위하는 사업자가 특수기능이 요구되는 일부의 제조공정을 특수관계 없는 타인에게 도급을 주어 그 타인이 도급받은 공장에 설치되어 있는 사업자의 기계 및 시설을 무상으로 사용하는 것은 과세되는 용역의 공급으로 보지 않는다(부가 1265-1077, 1983. 6. 8).
사업자가 배우자에게 무상으로 부동산 임대용역을 제공하는 경우에는 용역의 공급으로 보지 않으나, 이때에는 임대사업을 폐지한 것으로 보지 않는다(부가 46015-214, 1995. 1. 27).

---

(2) 근로의 제공

고용관계에 의하여 근로를 제공하는 것은 용역의 공급으로 보지 아니한다(부법 12 ②). 원래 인적용역의 제공이 과세거래가 되려면 사업상 독립적으로 공급되어야 하는데 고용관

계에 의하여 근로를 제공하는 것은 사업상 독립적으로 공급하는 것이 아니기 때문에 고용관계에 의하여 제공하는 근로용역은 과세거래가 될 수 없다. 더욱이 고용관계에 의하여 제공되는 근로용역의 대가인 임금은 그 자체가 부가가치의 구성요소이므로 부가가치에 과세하는 부가가치세법의 이론상으로 보아도 과세거래인 용역의 공급이 될 수 없다.

4. 용역의 공급시기

가. 일반적인 공급시기

용역이 공급되는 시기는 역무의 제공이 완료되는 때와 재화·시설물 또는 권리가 사용되는 때를 말한다(부법 16 ①). 사업자가 공급시기가 되기 전에 세금계산서 또는 영수증을 발급하는 경우에는 그 발급하는 때를 해당 용역의 공급시기로 본다(부법 17 ②).

나. 장기할부 또는 조건부로 용역을 공급하는 경우 등의 용역의 공급시기

다음 중 어느 하나에 해당하는 경우에는 대가의 각 부분을 받기로 한 때를 할부 또는 조건부로 용역을 공급하는 경우 등의 용역의 공급시기로 본다. 다만, 제2호와 제3호의 경우 역무의 제공이 완료되는 날 이후 받기로 한 대가의 부분에 대해서는 역무의 제공이 완료되는 날을 그 용역의 공급시기로 본다. 다만, 폐업 전에 공급한 용역의 공급시기가 폐업일 이후에 도래하는 경우에는 그 폐업일을 공급시기로 본다(부령 29 ①).

① 장기할부조건부 또는 그 밖의 조건부로 용역을 공급하는 경우. 여기서 장기할부조건부로 용역을 공급하는 경우는 용역을 공급하고 그 대가를 월부, 연부 또는 그 밖의 할부의 방법에 따라 받는 것 중 다음의 요건을 모두 갖춘 것으로 한다.

㉮ 2회 이상으로 분할하여 대가를 받는 것

㉯ 해당 용역의 제공이 완료되는 날의 다음 날부터 최종 할부금 지급기일까지의 기간이 1년 이상인 것

② 완성도기준지급조건부로 용역을 공급하는 경우

③ 중간지급조건부로 용역을 공급하는 경우

④ 공급단위를 구획할 수 없는 용역을 계속적으로 공급하는 경우

다. 그 밖의 용역의 공급시기

① 할부 또는 조건부로 용역을 공급하는 경우 등의 용역의 공급시기는 다음의 구분에 따른다.

㉮ 역무의 제공이 완료되는 때 또는 대가를 받기로 한 때를 공급시기로 볼 수 없는 경우 : 역무의 제공이 완료되고 그 공급가액이 확정되는 때

㉮ 사업자가 부동산 임대용역을 공급하는 경우로서 다음 중 어느 하나에 해당하는 경우 : 예정신고기간 또는 과세기간의 종료일

　　㉠ 사업자가 부동산 임대용역을 공급하고 전세금 또는 임대보증금을 받는 경우
　　㉡ 사업자가 둘 이상의 과세기간에 걸쳐 부동산 임대용역을 공급하고 그 대가를 선불 또는 후불로 받는 경우
　　㉢ 사업자가 부동산을 임차하여 다시 임대용역을 제공하는 경우로서 과세표준을 계산하는 경우

② 다음 중 어느 하나에 해당하는 용역을 둘 이상의 과세기간에 걸쳐 계속적으로 제공하고 그 대가를 선불로 받는 경우에는 예정신고기간 또는 과세기간의 종료일

　㉮ 헬스클럽장 등 스포츠센터를 운영하는 사업자가 연회비를 미리 받고 회원들에게 시설을 이용하게 하는 것
　㉯ 사업자가 다른 사업자와 상표권 사용계약을 할 때 사용대가 전액을 일시불로 받고 상표권을 사용하게 하는 것
　㉰ 「노인복지법」에 따른 노인복지시설(유료인 경우에만 해당한다)을 설치·운영하는 사업자가 그 시설을 분양받은 자로부터 입주 후 수영장·헬스클럽장 등을 이용하는 대가를 입주 전에 미리 받고 시설 내 수영장·헬스클럽장 등을 이용하게 하는 것
　㉱ 그 밖에 '㉮'에서 '㉰'까지의 규정과 유사한 용역

③ 사업자가 「사회기반시설에 대한 민간투자법」 제4조 제3호의 방식을 준용하여 설치한 시설에 대하여 둘 이상의 과세기간에 걸쳐 계속적으로 시설을 이용하게 하고 그 대가를 받는 경우 : 예정신고기간 또는 과세기간의 종료일

【통칙·판례·예규 참조】

부 통 　물품매도확약서발급용역의 공급시기

물품매도확약서 발행용역의 공급시기는 계약조건에 따라 역무의 제공이 완료되는 때이나, 해당 역무의 제공이 완료되는 때에 그 대가가 확정되지 아니한 경우에는 대가가 확정된 때를 그 공급시기로 본다(부통 16-29-1).

부 통 　지급일을 명시하지 아니한 완성도기준지급조건부건설공사의 공급시기

건설공사 계약시에 완성도에 따라 기성대가를 수차에 걸쳐 지급받기로 했으나 그 지급일을 명시하지 아니한 경우에는 공사완성도가 결정되어 그 대금을 지급받을 수 있는 날을 그 공급시기로 본다(부통 16-29-2).

부 통 　지급시기를 정하지 아니한 통상적인 건설용역의 공급시기

건설용역을 공급함에 있어 건설공사기간에 대한 약정만 체결하고 대금지급기일에 관한 약정이 없는 경우의 공급시기는 다음 각호와 같다(부통 16-29-3).

1. 해당 건설공사에 대한 건설용역의 제공이 완료되는 때. 다만, 해당 건설용역 제공의 완료 여부가 불분명한 경우에는 준공검사일

2. 해당 건설공사의 일부분을 완성하여 사용하는 경우에는 해당 부분에 대한 건설용역의 제공이 완료되는 때. 다만, 해당 건설용역 제공의 완료 여부가 불분명한 경우에는 그 부분에 대한 준공검사일

부 통 완성도기준지급 또는 중간지급조건부 건설용역의 공급시기

사업자가 완성도기준지급 또는 중간지급조건부 건설용역의 공급계약서상 특정내용에 따라 해당 건설용역에 대하여 검사를 거쳐 대가의 각 부분의 지급이 확정되는 경우에는 검사 후 대가의 지급이 확정되는 때를 그 공급시기로 본다(부통 16-29-4).

판 례 선수금을 기성대금에 순차적으로 충당하기로 한 경우 동 선수금수령시를 공급시기로 볼 수 있는지 여부

건설용역을 공급함에 있어 도급인으로부터 공사자금의 지원목적으로 선수금을 받고 동 선수금 중 작업진행율에 상당하는 부분을 확정된 기성대금에 순차로 충당하기로 한 경우 동 선수금의 공급시기는 계약에 따라 확정된 기성고대금에 충당되는 때임(심사부가99-496, 1999. 10. 8).

☞ 완성도 및 중간지급조건부 용역의 공급시기

예 규 대금지급일자가 명시되지 아니한 건설용역의 공급시기

정부발주건설공사에서 공사진척도에 따라 기성고대금을 수차에 걸쳐 지급하기로 했으나 그 지급일을 정하지 않을 경우 용역의 공급시기는 공사기성고가 결정되어 그 기성부분에 따른 대금지급이 이루어지는 때이다(간세 1235-2311, 1977. 8. 1).

예 규 전자계산기 임대료의 공급시기

전자계산기의 임대료 중 매월 일정기준사용량에 대한 사용료는 월정액으로 해당 월에, 기본사용량 초과분에 대한 초과사용료는 별도로 정한 때에 받기로 한 경우 용역의 공급시기는 대가의 각 부분을 받기로 한 때이다(간세 1235-2917, 1977. 9. 2).

예 규 부동산 임대용역의 공급시기와 세금계산서 발급시기

계약상, 법률상의 모든 원인에 의하여 임대인의 임대용역이 계속 제공되고, 임차인이 임차물의 사용 수익을 계속하는 경우에는 임차료의 납부지연과는 관계없이 부가가치세법 제9조 및 같은 법시행령 제22조 제2호에서 규정하는 시기에 세금계산서를 발급하고 부가가치세를 신고 납부하여야 하는 것이다(부가 22601-851, 1992. 6. 23).

예 규 장기할부조건부 렌탈용역제공의 공급 시기

사업자가 렌탈(임대차)용역을 제공함에 있어 해당 렌탈물건의 렌탈료를 임차인으로부터 장기할부조건부로 받는 경우, 용역의 공급시기는 해당 대가의 각 부분을 받기로 한 때인 것이다(부가 46015-0073, 1994. 1. 11).

예 규 기성고 대금에 순차로 충당하기로 한 선수금의 공급시기

사업자가 완성도기준지급조건부로 예산회계법 제68조의 적용을 받지 아니하는 건설용역을 공급함에 있어 도급인으로부터 공사자금의 지원목적으로 선수금을 지급받고 동 선수금 중 작업진행률에 상당하는 부분을 확정된 기성고대금에 순차로 충당하기로 한 경우 동 선수금의 공급시기는 계약에 따라 확정된 기성고대금에 충당되는 때인 것이다(부가 46015-1088, 1995. 6. 15).

☞ 공급가액이 확정되는 때를 용역의 공급시기로 보는 경우

예 규 검수조건부의 공급시기

사업자가 광산업자와 채광도급계약을 체결하고 채광용역을 공급함에 있어 채굴한 광물의 건량(건조한 상태의 중량), 성분, 순도 등에 대한 검사 후 지급할 대가가 확정되는 경우 해당 채광용역의 공급시기는 채굴한 광물의 검사가 종료되어 지급할 대가가 확정되는 때이다(부가 1265. 1-1428, 1984. 7. 10).

예 규 장기임대용역의 공급시기
사업자가 둘 이상의 과세기간에 걸쳐 부동산 임대용역을 공급하고 그 대가를 선불 또는 후불로 받는
경우 공급시기는 예정신고기간 또는 과세기간의 종료일로 하는 것이다(부가 22601－1562, 1988. 9. 1).

제4절 재화의 수입

1. 의 의

부가가치세의 과세대상이 되는 재화나 용역의 공급은 그 공급의 주체가 반드시 사업자이어야 하나, 재화의 수입의 경우는 수입하는 자가 사업자 또는 소비자인지의 여부를 불문하고 과세대상이 된다. 즉 재화의 수입의 경우에는 수입재화가 세법에서 별도로 면세로 규정하지 아니하는 한 그 수입자가 사업자인지 여부에 불문하고 모두 과세대상이 되어 세관장이 관세징수예에 의하여 부가가치세를 징수토록 하고 있다.

이는 재화의 수입의 경우는 외국의 물품을 국내로 반입하는 과정에서 국내의 물품과 외국의 물품간의 과세형평을 통한 국내산업의 보호육성이라는 조세정책적인 목적과 소비지국 과세원칙에 입각하여 재화를 수입하는 자가 사업자인지 여부에 불문하고 재화를 수입하는 시점에서 세관장이 관세징수의 예에 의하여 부가가치세를 거래징수하고 세금계산서를 발급한다.

부가가치세법에서는 수입[11]을 관세법 제2조에서 규정하는 개념과 같이 하고 있으나 다만, 수출신고가 수리된 물품으로서 선적되지 아니한 물품을 보세구역에서 반입하는 경우는 재화의 수입으로 보지 아니하고 있다(부법 13 (2)). 또한 우리나라의 선박 등에 의하여 공해에서 채취되거나 잡힌 수산물은 관세법 제2조의 규정에 따른 내국물품에 해당하므로 재화의 수입에 포함하지 아니한다.

2. 재화의 수입에 해당하는 물품

재화의 수입은 다음에 해당하는 물품을 우리나라에 반입하는 것으로 하며, 보세구역을 거치는 것은 보세구역에서 반입하는 것으로 한다(부법 13).

① 외국으로부터 우리나라에 도착한 물품으로 하며, 외국의 선박에 의하여 공해에서 채취되거나 잡힌 수산물을 포함한다.

---

[11] "수입이란 외국으로부터 우리나라에 들어온 물품(외국의 선박 등에 의하여 공해에서 채취되거나 잡힌 수산물 등을 포함한다)과 수출신고가 수리된 물품을 우리나라에서 반입하는 것(보세구역을 거치는 것은 보세구역에서 반입하는 것)"이라고 정의하고 있다(관세법 제2조).

② 수출신고가 수리된 물품. 다만, 수출신고를 한 재화로서 선적되지 아니한 것을 보세구역에서 반입하는 것은 수입으로 보지 아니한다. 그 이유는 수출재화의 공급시기가 선적일이며 이때에 공급이 실현되어 그 수출재화에 대해 영세율을 적용받게 되고 따라서 부가가치세도 환급받을 수 있게 될 것이다. 수출신고만을 하고 선적되지 않았으면 아직 영세율적용을 받지 않는다.

3. 보세구역과 관련된 거래

부가가치세법상의 보세구역은 다음과 같은 것을 말한다(부령 27).
① 「관세법」에 따른 보세구역
② 「자유무역지역의지정 및 운영에관한법률」에 따른 자유무역지역

이때 보세구역은 관세를 부과함이 없이 외국물품[우리나라에 들어온 물품·외국선박에 의하여 공해에서 채취되거나 잡힌 물품으로서 수입신고가 수리되기 전의 것과 수출신고가 수리된 물품(관세 2 ③)]을 장치하거나 가공·제조·전시·건설·판매 등을 할 수 있는 장소로서 세관장이 지정하든가 허가하는 장소를 말한다.

보세구역(자유무역지역 및 관세자유지역 포함)에서 거래되는 재화 또는 용역에 대한 「부가가치세법」적용은 다음과 같이 한다.

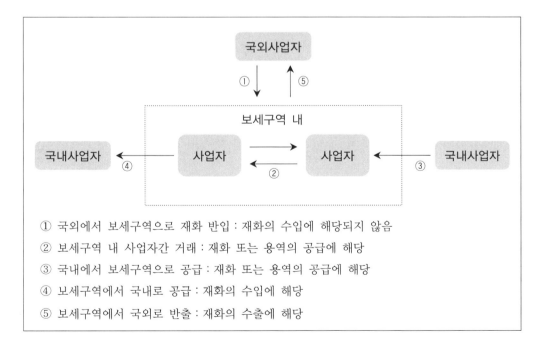

① 국외에서 보세구역으로 재화 반입 : 재화의 수입에 해당되지 않음
② 보세구역 내 사업자간 거래 : 재화 또는 용역의 공급에 해당
③ 국내에서 보세구역으로 공급 : 재화 또는 용역의 공급에 해당
④ 보세구역에서 국내로 공급 : 재화의 수입에 해당
⑤ 보세구역에서 국외로 반출 : 재화의 수출에 해당

【통칙·판례·예규 참조】

부 통 보세구역에 대한 부가가치세적용

① 보세구역(「관세법」에 따른 보세구역 및 「자유무역지역의 지정 및 운영에 관한 법률」에 따른 자유무역지역)에 관련된 부가가치세법 적용은 다음과 같이 한다.

1. 외국에서 보세구역으로 재화를 반입하는 것은 재화의 수입에 해당하지 아니한다(부통 9－18－7).

2. 같은 보세구역 내에서 재화를 공급하거나 용역을 제공하는 것은 재화의 공급 또는 용역의 제공에 해당한다.

3. 보세구역 외의 장소에서 보세구역으로 재화 또는 용역을 공급하는 것은 재화 또는 용역의 공급에 해당한다.

4. 사업자가 보세구역 내에서 보세구역 외의 국내에 재화를 공급하는 경우에 공급가액 중 관세가 과세되는 부분에 대하여는 세관장이 부가가치세를 거래징수하고 수입세금계산서를 발급하며 공급가액 중 관세의 과세가격과 관세·개별소비세·주세·교육세·교통·에너지·환경세 및 농어촌특별세의 합계액을 뺀 잔액에 대하여는 재화를 공급하는 사업자가 부가가치세를 거래징수하고 세금계산서를 발급하여야 한다. 다만 영 제61조 제1항 제5호 단서에 해당하는 때에는 그 선하증권의 공급가액 전체에 대하여 부가가치세를 거래징수하고 세금계산서를 발급할 수 있다.

5. 사업자가 보세구역 내에서 보세구역 외의 국내로 내국신용장에 의하여 재화를 공급하는 경우에 공급가액 중 관세가 과세되는 부분에 대하여는 세관장이 부가가치세를 거래징수하고 수입세금계산서를 발급하며 공급가액 중 관세의 과세가격과 관세·개별소비세·주세·교육세·교통·에너지·환경세 및 농어촌특별세의 합계액을 뺀 잔액에 대하여는 재화를 공급하는 사업자가 영의 세율이 적용되는 세금계산서를 발급하여야 한다. 다만 영 제61조 제1항 제5호 단서에 해당하는 때에는 그 선하증권의 공급가액 전체에 대하여 부가가치세를 거래징수하고 세금계산서를 발급할 수 있다.

② 「자유무역지역의 지정 및 운영에 관한 법률」에서 제1항과 달리 규정하고 있는 경우에는 그 법률에 따른다.

제5절 공급장소

1. 의 의

재화를 공급함에 있어서 재화의 장소적 이동이 수반되는 것과 그렇지 않은 것이 있고, 용역의 공급에 있어서 국제운송과 같이 그 장소가 국내외에 걸치는 것이 있다. 이러한 경우에 과세거래 여부의 판단은 어떻게 할 것인가? 그 판단은 재화 또는 용역이 공급되는 공급장소에 의하는데, 부가가치세법에서 공급장소를 규정하는 것은 우리나라의 과세권이 미치는 과세대상의 공간적 범위를 정하는 판단기준이 되기 때문이다.

다시 말해 공급장소는 소비지국과세원칙에 의거 어떤 재화 또는 용역의 공급이 우리나라의 과세고권이 미치는 과세거래인가를 판단하는 기준이 된다. 공급장소는 재화와 용역의 공급장소로 나눌 수 있다.

2. 재화의 공급장소

재화의 공급장소는 다음과 같으며(부법 19 ①), 그 장소가 국내이면 우리나라의 과세권이 미친다. 그러나 재화의 수입의 경우는 그 공급장소가 국외이지만 그 공급장소와는 관계없이 GATT(General Agreement on Tariffs and Trade; 관세와 무역에 관한 일반협정)의 소비지국과세원칙에 따라 별도로 과세대상으로 하고 있다.

① 재화의 이동이 필요한 경우에는 재화의 이동이 시작되는 장소
② 재화의 이동이 필요하지 아니한 경우에는 재화가 공급되는 시기에 재화가 있는 장소

3. 용역의 공급장소

용역이 공급되는 장소는 다음에 해당하는 곳으로 한다(부법 20 ①).
① 역무가 제공되거나 재화·시설물 또는 권리가 사용되는 장소
② 국내 및 국외에 걸쳐 용역이 제공되는 국제운송의 경우 사업자가 비거주자 또는 외국법인이면 여객이 탑승하거나 화물이 적재되는 장소

③ 전자적 용역의 경우 용역을 공급받는 자의 사업장 소재지, 주소지 또는 거소지

【통칙 · 판례 · 예규 참조】

부통 거래장소가 국외인 경우

다음 각 호의 용역은 해당 부동산 또는 광고매체가 사용되는 장소가 국외이므로 부가가치세가 과세되지 아니한다(부통 20-0-1).

1. 국외에 있는 부동산의 임대용역
2. 외국의 광고매체에 광고게재를 의뢰하고 지급하는 광고료

예규 공급장소가 외국인 경우의 과세 여부

외국매체에 광고게재를 의뢰하고 지급하는 광고료는 광고매체의 시설물이 사용되는 장소가 국외이므로 부가가치세가 과세되지 아니하며 동 광고의뢰에 따라 국내사업자에게 지급하는 수수료에 대하여는 부가가치세가 과세된다(간세 1235-2766, 1977. 8. 25).

부가가치세법 강의

제4장

영세율과 면세

제1절 영세율

1. 의 의

영세율(zero rate)은 사업자가 재화나 용역을 공급할 때에 거래상대방으로부터 징수하는 부가가치세의 세율이 '0'(영)이라는 뜻이다. 따라서 영세율 적용사업자가 재화 또는 용역을 공급할 때 과세표준에 적용하는 세율을 '0'(영)으로 하는 것이므로 매출세액은 항상 '0'(영)이 된다.

영세율이 적용되는 경우는 부가가치세 과세대상 매출에 '0%'의 세율을 적용하기 때문에 매출세액이 '0'이 되며, 결과적으로 사업자는 전단계에 거래징수당한 매입세액은 모두 공제 또는 환급받으므로 거래대상 재화의 부가가치세 부담을 완전히 없애는 완전면세제도이다.

$$\text{납부세액(환급세액)} = \text{공급가액} \times 0\% - \text{매입가액} \times 10\%$$
$$= \text{매출세액}(0) - \text{매입세액}$$

부가가치세법에 완전면세의 형태인 영세율제도를 둔 배경은 크게 다음과 같은 두 가지를 들 수 있다.

① 수출의 경우와 같이 생산수출국과 수입소비국간의 재화의 이동에 대하여 양국에서 조세를 각각 과세하는 경우에는 해당 재화에 대하여 이중과세가 되므로 이를 방지하기 위하여 '관세및무역에관한일반협정(GATT)'의 일반원칙인 소비지국과세원칙(destination principle of taxation)에 따라 원칙적으로 수입의 경우에는 과세를 하고 수출의 경우에는 영의 세율을 적용하도록 하는 것이고,

② 수출하는 재화에 대하여 영세율을 적용하여 부가가치세를 완전면세함으로써 가격의 국제경쟁력이 강화되어 수출을 촉진하게 되고, 수출업자의 매입세액을 조기에 환급해줌으로써 자금부담을 덜어주는 등 수출산업을 지원육성하려는 조세정책적인 목적에 있다.

2. 영세율 적용대상

가. 영세율 적용대상자와 상호주의

영세율을 적용받을 수 있는 사업자는 원칙적으로 내국법인과 거주자에 한정한다. 따라서 비거주자 또는 외국법인이 국내에서 수출 등의 공급을 하는 경우는 영세율이 적용될 수 없다. 다만, 사업자가 비거주자 또는 외국법인인 경우에는 그 해당국가에서 대한민국의 거주자 또는 내국법인에 대하여 동일하게 면세를 하는 경우에만 영세율을 적용한다(부법 25 ①). 이를 **영세율에 대한 상호주의 적용**이라 한다.

여기서 동일하게 면세를 하는 경우란 해당 외국의 조세로서 우리나라의 부가가치세 또는 이와 유사한 성질의 조세를 면제하는 때와 그 외국에 우리나라의 부가가치세 또는 이와 유사한 성질의 조세가 없는 때로 한다. 즉 외국에서 우리나라에 대해서 면세주의를 채택한 경우에 한하여 그 비거주자 또는 외국법인에게도 영의 세율을 적용한다.

그리고 사업자가 아닌 자가 재화를 국외로 반출한 경우에는 영세율이 적용될 여지가 없으며, 면세사업자는 부가가치세법상 납세의무가 없기 때문에 비록 재화를 수출한다고 하더라도 영세율을 적용받지 못한다. 면세사업자는 면세포기를 하여 부가가치세법상의 납세의무를 져야만 영세율 적용이 허용되는 것이다. 간이과세자는 부가가치세법상의 납세의무자이므로 영세율을 적용받을 수 있다. 간이과세제도는 부가가치세 과세방법의 특례적 취급을 하는 제도인 것이며 부가가치세를 면제하는 것이 아니기 때문이다.

【통칙·판례·예규 참조】

부 통 영세율에 관련한 용어의 정의
이 장에서 사용하는 용어의 정의는 법령 및 이 통칙에서 특별히 정한 경우를 제외하고 다음 각 호와 같다.
1. "수출품생산업자"란 실제로 수출품을 생산하여 자기계산하에 외국으로 반출하는 사를 말한다.
2. "수출업자"란 「대외무역법」에 따라 수출입업자로 신고되어 있는 자를 말한다.
3. "영세율규정"이란 국세청장이 영세율적용과 그 첨부서류에 관한 사항을 규정한 "부가가치세 영세율 적용에 관한 규정"을 말한다(부통 21-31-1).

나. 영세율이 적용되는 재화와 용역

영세율이 적용되는 재화 또는 용역은 첫째, 수출하는 재화 둘째, 국외에서 제공하는 용역 셋째, 선박 또는 항공기의 외국항행용역 넷째, 그 밖의 외화획득 재화 및 용역 등으로 분류한다. 다만, 이외에도 조세특례제한법 및 타법률·조약 등에서 별도로 영세율대상으로 규정하는 것이 있다.

(1) 재화의 수출

1) 수출의 의의

수출이란 내국물품을 외국으로 반출하는 것을 말한다. 이 경우에 내국물품은 우리나라에 있는 물품으로서 외국물품이 아닌 것과, 우리나라의 선박 등에 의하여 공해에서 채취되거나 잡힌 수산물과 입항 전 수입신고가 수리된 물품을 말한다(관세 2 ④).

부가가치세법에서 규정하는 수출의 범위는 다음과 같다(부법 21 ①·②).

① 내국물품(우리나라의 선박에 의하여 채취되거나 잡힌 수산물을 포함)을 외국으로 반출하는 것

② 중계무역 방식의 거래 등 국내의 사업장에서 계약과 대가수령 등 거래가 이루어지는 것으로서 다음 중 하나에 해당하는 것(부령 31 ①)

㉮ **중계무역 방식의 수출** : 수출할 것을 목적으로 물품 등을 수입하여 보세구역 및 보세구역 외 장치의 허가를 받은 장소 또는 자유무역지역 외의 국내에 반입하지 아니하는 방식의 수출을 말한다.

㉯ **위탁판매수출** : 물품 등을 무환으로 수출하여 해당 물품이 판매된 범위에서 대금을 결제하는 계약에 의한 수출을 말한다.

㉰ **외국인도수출** : 수출대금은 국내에서 영수하지만 국내에서 통관되지 아니한 수출물품등을 외국으로 인도하거나 제공하는 수출을 말한다.

㉱ **위탁가공무역 방식의 수출** : 가공임을 지급하는 조건으로 외국에서 가공(제조, 조립, 재성, 개조를 포함)할 원료의 전부 또는 일부를 거래 상대방에게 수출하거나 외국에서 조달하여 이를 가공한 후 가공물품등을 외국으로 인도하는 방식의 수출을 말한다.

㉲ 원료를 대가 없이 국외의 수탁가공 사업자에게 반출하여 가공한 재화를 양도하는 경우에 그 원료의 반출

㉳ 수입의 신고가 수리되기 전의 물품으로서 보세구역에 보관하는 물품을 외국으로 반출하는 것

③ 내국신용장 등 그 밖의 영세율 수출(부령 31 ②)

㉮ 사업자가 내국신용장 또는 구매확인서에 의하여 공급하는 재화[금지금(金地金)은 제외한다]. 여기서 내국신용장 또는 구매확인서란 다음의 것을 말한다.

㉠ 내국신용장 : 사업자가 국내에서 수출용 원자재, 수출용 완제품 또는 수출재화임가공용역을 공급받으려는 경우에 해당 사업자의 신청에 따라 외국환은행의 장이 재화나 용역의 공급시기가 속하는 과세기간이 끝난 후 25일(그 날이 공휴일 또는 토요일인 경우에는 바로 다음 영업일) 이내에 개설하는 신용장

ⓒ 구매확인서 :「대외무역법 시행령」 제31조 및 제91조 제11항에 따라 외국환은행의 장이나 전자무역기반사업자가 제1호의 내국신용장에 준하여 재화나 용역의 공급시기가 속하는 과세기간이 끝난 후 25일(그 날이 공휴일 또는 토요일인 경우에는 바로 다음 영업일) 이내에 발급하는 확인서

ⓓ 한국국제협력단법에 따른 한국국제협력단에 공급하는 재화(한국국제협력단이 같은 법 제7조의 규정에 따른 사업을 위하여 해당 재화를 외국에 무상으로 반출하는 경우에 한정한다)

> ☞ 한국국제협력단법 제1조
> 한국국제협력단은 대한민국과 개발도상국가와의 우호협력관계 및 상호교류를 증진시키고 이들 국가의 경제·사회발전을 지원하기 위하여 설립한 단체로 각종 협력사업 및 해외인력협력사업을 수행하게 함으로써 국제협력의 증진에 이바지함을 목적으로 한다.

ⓔ 사업자가 「한국국제보건의료재단법」에 따른 한국국제보건의료재단에 공급하는 재화(한국국제보건의료재단이 사업을 위하여 해당 재화를 외국에 무상으로 반출하는 경우만을 말한다)

ⓕ 사업자가 대한적십자사에 공급하는 재화(대한적십자사가 사업을 위하여 당해 재화를 외국에 무상으로 반출하는 경우만을 말한다)

ⓖ 사업자가 다음의 요건에 의하여 공급하는 재화
  ㉠ 국외의 비거주자 또는 외국법인과 직접 계약에 의하여 공급할 것
  ㉡ 대금을 외국환은행에서 원화로 받을 것
  ㉢ 비거주자 등이 지정하는 국내의 다른 사업자에게 인도할 것
  ㉣ 국내의 다른 사업자가 비거주자 등과 계약에 의하여 인도받은 재화를 그대로 반출하거나 제조·가공 후 반출할 것

2) 영세율이 적용되는 수출하는 재화의 범위

가) 직수출하는 재화

수출업자가 자기가 생산·취득한 내국물품을 자기명의로 외국으로 반출하는 경우를 말한다.

나) 대행수출하는 재화

① 개 념

대행수출이란 대외무역법에 따른 무역업으로 신고하지 아니하였거나 무역업으로 신고는 하였으나 수출지역 또는 수출품목에 따른 수출한도(쿼터)가 없는 수출품생산업자가 수출대행계약에 의하여 무역업으로 신고를 한 수출업자 또는 해당 수출지역 또는 수출품목에 대한 한도(쿼터)가 있는 타수출업자인 제3자의 명의를 빌려 수출하는 것을 말한다.

② 대행수출과 세금계산서

대행수출은 수출품생산업자가 수출업자의 명의로 외국으로 반출하는 것이므로 실질적으로 수출품생산업자가 자기계산하에 수출하는 것이고, 따라서 자기의 수출로 부가가치세 신고를 하고 영세율을 적용 받는다. 따라서 수출업자는 명의만 대여한 것이므로 수출대행에 따른 대행수수료에 대하여만 신고의무가 있고, 영세율 적용대상이 아니다. 다만, 대행수출의 경우에는 모든 서류가 수출업자명의로 나타나므로 실제로 수출업자가 자기계산하에 수출하였는지는 거래의 실질내용에 따라 판단하여야 한다.

[그림 4-1] 대행수출과 세금계산서발급(유형 Ⅰ)

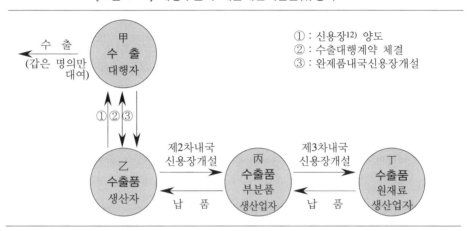

※ 세금계산서발급
  갑 : 수출대행수수료에 대하여서만 을에게 발급(일반세율 10%)
  을 : 세금계산서발급의무 없음(공급받는 자가 외국의 구매자이기 때문)
  병 : 을에게 발급(영세율세금계산서)
  정 : 병에게 발급(영세율세금계산서)

---

12) 신용장(letter of credit : L/C)이란 무역거래의 대금지불 및 상품 입수의 원활을 기하기 위하여 수입상의 거래 은행이 수입업자(신용장 개설의뢰인)의 요청으로 수출업자로 하여금 일정기간 및 일정조건하에서 운송서류(transport document)를 담보로 하여 수입업자, 신용장 개설은행 또는 개설은행이 지정하는 환거래 취급은행을 지급인으로 하는 화환어음을 발급하도록 하여 이 어음이 제시될 때에 지급 또는 인수할 것을 어음발급인(수출업자) 및 어음수취인 (어음매입은행)에 대하여 확약하는 증서(document)이다. 바꾸어 말하면 신용장이란 특정은행이 수입업자의 지불능력을 특정조건아래 보증하는, 즉 상업신용(trade credit, commercial credit)을 은행신용(bank credit)으로 전환시켜주는 금융수단이다

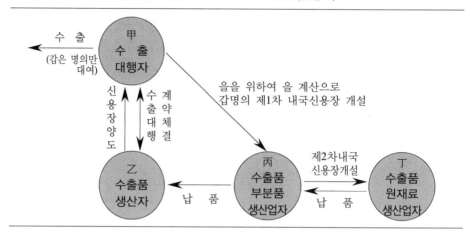

[그림 4-2] 대행수출과 세금계산서발급(유형 Ⅱ)

※ 세금계산서발급
　갑 : 수출대행수수료에 대하여서만 을에게 발급(일반세율 10%)
　을 : 세금계산서발급의무 없음(공급받는 자가 외국의 구매자이기 때문)
　병 : 갑명의로 발급된 내국신용장이지만 거래의 실질내용이 을과의 관계이므로 을에게 세금
　　　계산서발급(영세율세금계산서)
　정 : 병에게 세금계산서발급(영세율세금계산서)
※ 외국의 구매자와 을사업자간에 상품매매계약을 체결하고 신용장 양도절차를 없애기 위하여
　편의상 신용장을 갑에게 개설하도록 한 경우에는 신용장양도가 없는 경우도 있음.

【통칙·판례·예규 참조】

[부통] 수출품생산업자의 영세율 적용

수출품생산업자가 수출업자와 다음 각호와 같이 수출대행계약을 체결하여 수출업자의 명의로 수출하
는 경우에도 수출품생산업자가 외국으로 반출하는 재화는 영의 세율을 적용한다(부통 21-31-2).
① 수출품생산업자가 직접 수출신용장을 받아 수출업자에게 양도하고 수출대행계약을 체결한 경우
② 수출업자가 수출신용장을 받고 수출품 생산업자와 수출대행계약을 체결한 경우
③ 위 '①' 및 '②'에 해당하는 경우로서 수출품생사업자가 완제품내국신용장을 개설받는 경우를 포함
　한다.
④ 위의 경우를 적용함에 있어서 수출품생산업자가 실제로 수출을 하였는지는 거래의 실질내용에 따라
　판단한다.

[부통] 수출품제조장의 영세율적용

사업자가 본사와 제조장 등 2 이상의 사업장이 있는 경우에 자기가 제조한 수출재화에 대한 영세율
적용 사업장은 최종 제품을 완성하여 외국으로 반출하는 제조장으로 하고, 영세율 첨부서류는 수출실
적명세서(전자계산조직을 이용하여 처리된 테이프 또는 디스켓을 포함한다)이다(부통 21-31-3).

[부통] 재화의 무상수출

사업자가 재화를 국외로 무상으로 반출하는 경우에는 영의 세율을 적용한다. 다만, 자기사업을 위하여
대가를 받지 아니하고 국외의 사업자에게 견본품을 반출하는 경우에는 재화의 공급으로 보지 아니한다
(부통 21-31-4).

부 통 　보세구역 등에서 공급하는 재화

사업자가 국제공항보세구역 내의 외국인전용판매장에서 재화를 공급(위수탁계약에 따른 위탁자공급분을 포함한다)하거나 세관장으로부터 승선 또는 비행기 탑승 허가를 받아 외국을 항행하는 선박 또는 항공기 내에서 공급하는 재화는 수출하는 재화에 해당하는 것으로 본다(부통 21－31－5).

부 통 　무환수탁가공무역의 영세율

보세공장의 설영특허를 받아 무환수탁가공무역을 하는 사업자가 수탁보세가공한 물품을 국외로 반출하는 경우에는 수출하는 재화로서 영의 세율을 적용한다(부통 21－31－6).

부 통 　수출신용장의 금액과 실제수출금액이 서로 다른 경우

사업자가 재화를 수출하고 수출금액과 신용장상의 금액과의 차액을 별도로 지급받는 경우 그 금액에 대하여도 영의 세율을 적용한다(부통 21－31－7).

예 규 　대행수출과 관련된 사항

수출품 생산자가 신용장 양도조건에 따라 무역업자에게 신용장을 양도하고 무역업자가 자기의 명의로 상공부나 외국환은행으로부터 수출증명(허가)을 받아 수출을 대행하는 경우 수출품 생산자가 공급하는 재화는 부가가치세법 제11조 제1항 제1호의 규정에 따라 영세율이 적용되며, 무역업자가 공급하는 수출대행용역은 영세율이 적용되지 않는다(간세 1235－2129, 1977. 7. 21).

예 규 　수출신용장에 포함하지 아니하고 별도로 받는 금액

국내의 수출업자가 외국의 수입업자와의 계약에 의하여 재화를 수출하고 계약서상의 실제수출단위와 동 계약서에 의거 개설받은 신용장에 표시된 단가와의 차액을 외국환으로 송금받은 경우 비록 신용장에 표시되지 않는 금액이라도 그 금액이 수출재화에 대한 대가임이 확인되면 수출하는 재화에 해당되어 영세율이 적용된다(부가 1265－2363, 1979. 9. 8).

다) 내국신용장에 의하여 공급하는 재화

① 개　념

　내국신용장(Local Letter of Credit)이란, 수출업자가 수출이행에 필요한 완제품 또는 원자재를 국내에서 원활하게 조달하기 위하여 해외로부터 받은 원신용장(Master L/C)을 담보로 원신용장개설의 통지은행이 개설의뢰인을 매수인으로 하고 국내의 공급업자를 수혜자로 하여 개설하는 제2의 신용장을 말한다.

[그림 4－3] 내국신용장 개설절차

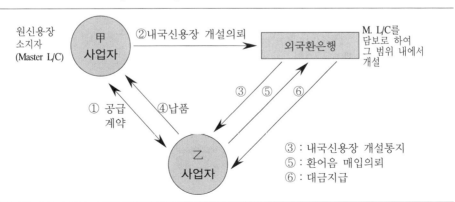

② 내국신용장과 세금계산서

내국신용장에 의하여 공급하는 재화의 공급시기는 재화를 인도하는 때로서 그 때에 세금
계산서를 발급하여야 한다. 여기서 내국신용장이란 사업자가 국내에서 수출용원자재·수
출용완제품 또는 수출재화임가공용역을 공급받고자 하는 경우에 해당 사업자의 신청에
의하여 외국환은행의 장이 재화 또는 용역의 공급시기가 속하는 과세기간종료 후 20일
이내에 개설하는 신용장을 말한다.

【통칙 · 판례 · 예규 참조】

[부 통] 내국신용장에 포함하지 아니한 공급가액

내국신용장에 의하여 재화를 공급하고 그 대가의 일부(관세환급금 등)를 내국신용장에 포함하지 아니하
고 별도로 받는 경우 해당 금액이 대가의 일부로 확인되는 때에는 영의 세율을 적용한다(부통 21-31-8).

[부 통] 내국신용장과 관세환급금

내국신용장에 의하여 재화를 수출업자 또는 수출품생산업자에게 공급하고 해당 수출업자 또는 수출품
생산업자로부터 그 대가의 일부로 받는 관세환급금은 영의 세율을 적용한다. 다만, 수출업자 또는 내국
신용장에 의하여 완제품을 수출업자에게 공급한 자가 세관장으로부터 직접 받는 관세환급금과 수출품
생산업자가 수출대행업자로부터 받는 관세환급금은 과세하지 아니한다(부통 21-31-9).

[부 통] 내국신용장에 의하여 공급하는 위탁판매재화

수탁자가 자기명의로 내국신용장을 개설받아 위탁자의 재화를 공급하는 경우에는 위탁자가 영의 세율
을 적용받으며, 이 경우 영세율 첨부서류는 수탁자명의의 내국신용장 사본과 위수탁매매임을 입증할
수 있는 서류로 한다(부통 21-31-10).

[부 통] 주요자재를 부담하는 임가공용역의 영세율적용

사업자가 주요 자재의 전부 또는 일부를 부담하고 일부 자재는 상대방으로부터 인도받아 공작을 가하
여 생산한 재화를 거래상대방이 수출하는 경우에 해당 사업자간의 거래는 재화의 공급에 해당하므로
내국신용장 또는 「대외무역법」에서 정하는 구매확인서에 의하여 공급하는 경우(금지금은 제외한다)
영의 세율을 적용한다(부통 21-31-11).

[부 통] 영의 세율을 적용하지 아니하는 내국신용장

외국으로 반출되지 아니한 재화의 공급과 관련하여 개설된 내국신용장(주한미국군 군납계약서 등)에
따른 재화 또는 용역의 공급은 영의 세율을 적용하지 아니한다(부통 21-31-12).

[부 통] 내국신용장 유효기간 경과 후 재화공급시 영세율적용

사업자가 내국신용장의 유효기간 경과 후에 재화를 공급한 것으로서 해당 신용장의 효력이 소멸되지
아니하여 그 대가를 외국환은행에서 원화로 받는 때에는 영의 세율을 적용한다(부통 21-31-13).

[부 통] 수출품 제조용 수입원자재의 전용

사업자가 수출품 제조용 수입원자재의 사후관리를 관장하는 은행장으로부터 전용승인을 받아 다른
수출품 생산업자에게 공급하는 경우에는 영의 세율을 적용하지 아니한다. 다만, 내국신용장 또는 「대외
무역법」에서 정하는 구매확인서에 의하여 전용하는 경우에는 그러하지 아니하다(부통 21-31-14).

[예 규] 내국신용장 유효기간경과 후 재화공급시 영세율 적용 여부

사업자가 내국신용장의 유효기간경과 후에 재화를 공급하는 경우 해당 신용장의 효력이 소멸되지 아니하고
그 대가를 외국환은행에서 외환증서 또는 원화로 받는 것은 영세율이 적용된다(간세 1235-3530, 1978. 11.
28).

내국신용장에 포함되지 아니한 개별소비세액

내국신용장에 의하여 공급하는 재화의 공급가액 중 내국신용장에 포함되지 아니한 개별소비세액도 영세율이 적용된다(부가 1265-2065, 1979. 8. 2).

라) 구매확인서에 의하여 공급하는 재화

부가가치세법상 구매확인서란 외국환은행의 장이나 전자무역기반사업자가 내국신용장에 준하여 재화나 용역의 공급시기가 속하는 과세기간이 끝난 후 25일(그 날이 공휴일 또는 토요일인 경우에는 바로 다음 영업일을 말한다) 이내에 발급하는 확인서로서 수출용 재화 또는 용역에 관한 수출신용장 등 근거서류 및 그 번호와 선적기일 등이 기재된 것을 말한다.

이러한 구매확인서의 목적은 내국신용장을 개설하기 어려운 상황, 예를 들면 송금방식의 수출·무역금융한도 부족·비금융대상 수출신용장 등으로 원자재의 공급을 받기 어려운 수출업자에게 외화획득용 원료 등의 구매를 원활히 할 수 있도록 하기 위한 제도이다.

구매확인서제도는 내국신용장과는 달리 무역금융의 융자대상 증명 서류로는 인정되지 않으나 국내에서 외화획득용 원료 또는 물품을 원활히 구매할 수 있는 것 이외에도 구매확인서에 따른 공급실적은 수출실적으로 인정받을 수 있고 구매확인서에 따른 공급은 외화획득용 사후관리에서의 공급이행으로 인정받을 수 있어 부가가치세영세율이 적용된다. 구매확인서에 의하여 재화를 공급할 경우 세금계산서를 발급하여야 한다.

[그림 4-4] **구매확인서 개설절차**

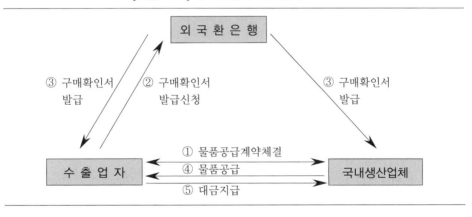

마) 관세환급과 부가가치세영세율적용

① 관세환급의 개념

관세환급이란 자국상품의 국제경쟁력강화를 위하여 수출용 원자재수입시 관세부담을 주지 않기 위한 무역정책적 지원제도로서 수출용원재료를 수입하는 때에 납부하였거나 납부할 관세 등을 수출자 또는 수출품생산업자에게 되돌려 주는 것을 말한다(수출용원재료에대한관세등환급에관한특례법 2).

[그림 4-5] 관세환급금 흐름

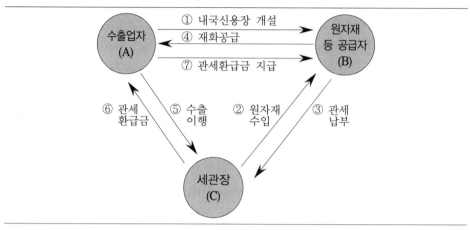

⑥의 관세환급금(C → A)은 과세하지 아니함.
⑦의 관세환급금(A → B)은 대가의 일부이므로 영세율 적용대상임.

② 관세환급금의 부가가치세영세율적용

수출품생산자가 내국신용장에 의하여 재화를 공급하는 경우에 그 대가의 일부로 받는 관세환급금에 대하여는 영의 세율을 적용하며 세금계산서도 발급하여야 하나 사업자가 '수출용원재료에대한관세등환급에관한특례법' 제2조 제2항에 규정된 수출 등을 이행하고 세관장으로부터 직접 환급받는 환급금에 대하여는 부가가치세가 과세되지 아니한다.

(2) 용역의 국외공급

재화나 용역이 국외에서 공급되는 경우에는 속지주의 원칙에 의해서 원칙적으로 부가가치세 납세의무가 없다. 다시 말해 구외는 우리나라의 영토 · 영해 및 그 밖의 우리나라의 주권이 미치지 않는 장소이므로 용역의 제공장소가 국외이면 속지주의 원칙에서는 그 용역 자체가 과세거래가 될 수 없다.

하지만 우리나라의 부가가치세법상 사업자(거주자 또는 내국법인)가 국외에서 제공하는 용역에 대하여는 속인주의의 원칙에 따라 과세거래로서 영의 세율을 적용한다(부법 22).

이는 국외에서 제공하는 용역에 대하여도 영의 세율을 적용하도록 하여 용역의 수출에 대하여도 완전면세를 하여줌으로써 수출산업을 지원하려는 조세의 정책적인 배려에서 기인한 것이다. 그 대표적인 것이 해외건설용역이다.

(3) 외국항행용역의 공급

외국항행용역은 선박 또는 항공기에 의하여 여객이나 화물을 ① 국내에서 국외로, ② 국외에서 국내로 또는, ③ 국외에서 국외로 수송하는 것을 말한다. 이러한 용역의 제공장소는 이를 엄격히 따지면 국내와 국외가 밀접하게 연결되어 있으며, 그 용역의 국내제공분과 국외제공분의 구분이 가능하다면 국외제공 부분만을 영세율적용대상으로 해야 할 것이다. 그러나 그 계산은 비경제적이며 과세행정도 복잡해진다. 그리하여 국내외에 걸치는 수송용역 전체를 영세율 적용대상으로 하고 있다.

따라서 우리나라 선박 또는 항공기에 의하여 여객이나 화물을 국내에서 국외까지는 물론, 국외에서 국외로 수송하는 용역까지 이를 영세율의 적용대상으로 규정하고 있다(부법 23). 이는 용역의 제공장소가 국외이므로 그 수송용역은, 영세율의 적용대상이 되는 거주자 또는 내국법인이 국외에서 제공하는 용역과 같은 것이므로, 외국항행용역으로서 영세율의 적용대상이 되는 것은 당연하다고 할 것이다.

이러한 외국항행용역에는 외국항행사업자가 자기의 사업에 부수하여 행하는 재화 또는 용역의 공급으로서 다음에 게기하는 것을 포함한다(부령 32 ①).

① 다른 외국항행사업자가 운용하는 선박 또는 항공기의 탑승권을 판매하거나 화물운송계약을 체결하는 것
② 외국을 항행하는 선박 내 또는 항공기 내에서 승객에게 공급하는 것
③ 자기의 승객만이 전용하는 버스를 탑승하게 하는 것
④ 자기의 승객만이 전용하는 호텔에 투숙하게 하는 것

그리고 운송주선업자가 국제복합운송계약에 의하여 화주로부터 화물을 인수하고 자기책임과 계산하에 타인의 선박 또는 항공기 등의 운송수단을 이용하여 화물을 운송하고 화주로

부터 운임을 받는 국제운송용역과 항공법에 따른 상업서류송달용역은 외국항행용역에 포함된다(부령 32 ②).

【통칙·판례·예규 참조】

부 통 용선과 이용운송
① 다음 각호의 용역은 외국항행용역에 해당하므로 영의 세율을 적용한다(부통 23-32-1).
1. 사업자가 외국항행선박으로 면허를 받은 선박을 선원부용선계약에 의하여 타인에게 임대하여 자기 책임하에 자기의 선원이 그 선박을 국제간에 운항하도록 하고 용선자로부터 용선료를 받는 경우의 선원부선박임대용역
2. 사업자가 선원부용선계약에 의하여 임차한 선박으로 자기계산하에 여객이나 화물을 국제간에 수송해 주고 여객 또는 화주로부터 운임을 받는 경우의 운송용역
3. 운송주선업을 영위하는 사업자가 국제복합운송계약에 의하여 화주로부터 화물을 인수하고 타인의 운송수단을 이용하여 화주에 대하여는 자기책임과 계산하에 외국으로 화물을 수송해 주고 화주로부터 운임을 받는 경우의 국제간이용운송용역
② 외국항행사업자가 국내의 외국항행사업자에게 나용선으로 선박을 대여하고 그 대가를 받는 경우에는 영의 세율을 적용하지 아니한다.

부 통 국내사업장이 있는 외국법인이 제공하는 외항용역의 영세율
국내사업장이 있는 외국법인이 제공하는 외국항행용역에 대한 영의 세율은 해당 외국법인이 상호면세국의 사업자에 해당하는지 여부에 따라 다음 각 호와 같이 적용한다(부통 23-32-2).
① 상호면세국일 경우에는 우리나라에서 여객이나 화물이 탑승 또는 적재되는 것에 한하여 영의 세율을 적용한다.
② 상호면세국이 아닐 경우에는 우리나라에서 여객이나 화물이 탑승 또는 적재되는 것에 한하여 과세하며 영의 세율을 적용하지 아니한다.

예 규 상호면세국가의 외국법인 항공기 외국항행용역
비거주자 또는 외국법인인 사업자가 선박 또는 항공기의 외국항행용역 공급시 선박 또는 항공기의 국적에 관계없이 해당 외국항행용역을 공급하는 사업자의 그 외국의 조세로서 우리나라의 부가가치세 또는 이와 유사한 성질의 조세를 면제하는 때와 그 외국에 우리나라의 조세 또는 이와 유사한 성질의 조세가 없는 때에 영세율이 적용되며, 외국항행용역을 공급하고 영세율이 적용되는 경우에는 부가가치세를 거래징수하지 아니하며, 선박에 따른 외국항행용역을 공급하는 경우 해당 용역을 공급받는 자가 국내사업장이 없는 비거주자 또는 외국법인인 경우에는 세금계산서 발급 의무가 면제된다(항공기에 따른 외국항행용역은 모두 세금계산서 발급 의무가 면제됨) (간세 1235-2265, 1977. 7. 25).

예 규 국제통운송용역
거주자 또는 내국법인 사업자가 선박 또는 항공기의 외국항행 용역의 공급에 있어서 국내 지정장소에서 외국 지정장소까지 또는 외국 지정장소에서 국내 지정장소까지의 국제통운송 조건으로 해당 외국항행용역을 공급하는 경우에는 영세율이 적용된다(간세 1235-2697, 1977. 8. 24).

(4) 그 밖의 외화획득 재화 및 용역

1) 국내에 주재하는 외국정부기관 등에 공급하는 재화 또는 용역

우리나라에 상주하는 외교공관, 영사기관(명예영사관원을 장으로 하는 영사기관은 제외한다), 국제연합과 이에 준하는 국제기구(우리나라가 당사국인 조약과 그 밖의 국내법령에 따라 특권과 면제를 부여받을 수 있는 경우만 해당한다)에 공급하는 재화 또는 용역(부법 24 ① (1)).

【통칙·판례·예규 참조】

예 규 수출(군납)대금입금증명서 발급절차

부가가치세법시행령 제64조 제3항 제6호에 규정한 수출(군납) 대금입금증명서는 재화 또는 용역을 공급한 수출(또는 군납)업자의 외국환은행 예금구좌에 수출 또는 군납대금이 입금되었음을 사업자의 신청에 의거 외국환은행장이 확인하여 발급하는 증명서를 말한다(부가 1265. 1−2574, 1979. 10. 6).

예 규 영세율첨부서류 미제출시 영세율적용 여부

국내에 주재하는 외국정부기관, 국제기구, 국제연합군 또는 미국군에게 공급하는 재화 또는 용역은 영세율이 적용되며, 영세율 적용대상인 과세표준을 예정 또는 확정신고함에 있어 영세율 첨부서류를 제출하지 아니한 경우에도 해당 과세표준이 영세율 적용대상임이 확인되는 때에는 영세율을 적용하며, 이 경우 같은 법 제22조 제6항의 규정에 따른 영세율과세표준 신고불성실가산세를 적용한다(부가 22601−33, 1988. 1. 11).

---

2) 외교관면세점에서 외교관면세카드를 제시하여 공급받는 재화 또는 용역

우리나라에 상주하는 외교공관, 영사기관(명예영사관원을 장으로 하는 영사기관은 제외한다), 국제연합과 이에 준하는 국제기구(우리나라가 당사국인 조약과 그 밖의 국내법령에 따라 특권과 면제를 부여받을 수 있는 경우만 해당한다)의 소속 직원으로서 해당 국가로부터 공무원 신분을 부여받은 자 또는 외교통상부장관으로부터 이에 준하는 신분임을 확인받은 자 중 내국인이 아닌 외교관등이 국세청장이 정하는 바에 따라 관할세무서장의 지정을 받은 사업장(「개별소비세법 시행령」 제28조[13])에 따라 지정을 받은 판매장을 포함한다)에서 외교통상부장관이 발행하는 외교관면세카드를 제시하여 공급받는 다음에 규정하는 재화 또는 용역으로서 해당 외교관등의 성명·국적·외교관면세카드번호·품명·수량·공급가

---

13) 제28조 【외국인전용판매장의 지정 및 지정취소】 ① 법 제17조 제1항에 따라 외국인전용판매장의 지정을 받으려는 자는 다음 각 호의 사항을 적은 신청서를 판매장 관할 세무서장에게 제출하여야 한다. 이 경우 외국인만 이용하는 판매장으로서 법령에 따라 정부의 허가 또는 등록을 받아야 하는 것에 대해서는 해당 허가증 또는 등록증 사본을 첨부하여 제출(국세정보통신망을 통한 제출을 포함한다)하여야 한다.
   1. 신청인의 인적사항
   2. 판매장의 소재지 및 상호
   3. 면세판매하려는 물품명

액등이 기재된 외교관면세판매기록표에 의하여 외교관등과의 거래임이 표시되는 것. 다만, 이 경우 상호주의를 적용하여 해당 외국에서 대한민국의 외교공관 및 영사기관 등의 직원에게 공급하는 재화 또는 용역에 대하여 동일하게 면세하는 경우에만 영세율을 적용한다(부법 25 ②).

① 음식·숙박용역

② 「개별소비세법 시행령」 제24조 제1항 및 같은 시행령 제27조에 따른 물품,

③ 「교통·에너지·환경세법 시행령」 제20조 제1항에 따른 석유류

④ 「주세법」에 따른 주류

⑤ 전력과 외교통상부장관의 승인을 얻어 구입하는 자동차

3) 국내에서 비거주자 등에게 공급하는 재화와 용역

가) 비거주자 등이 국내사업장이 없는 경우

국내에서 국내사업장이 없는 비거주자 또는 외국법인에게 공급되는 다음 중 하나에 해당하는 재화 또는 사업에 해당하는 용역으로서 그 대금을 외국환은행에서 원화로 받는 방법, 국외의 비거주자 또는 외국법인으로부터 외화를 직접 송금받아 외국환은행에 매각하는 방법, 국내사업장이 없는 비거주자 또는 외국법인에게 재화 또는 용역을 공급하고 그 대가를 해당 비거주자 또는 외국법인에게 지급할 금액에서 빼는 방법, 국내사업장이 없는 비거주자 또는 외국법인에게 재화 또는 용역을 공급하고 그 대가를 국외에서 발급된 신용카드로 결제하는 방법, 국내사업장이 없는 비거주자 또는 외국법인에게 재화 또는 용역을 공급하고 그 대가를 국외 금융기관이 발행한 개인수표를 받아 외국환은행에 매각하는 방법, 국내사업장이 없는 비거주자 또는 외국법인에게 재화 또는 용역을 공급하고 그 대가를 외국환은행을 통하여 외화를 직접 송금받아 외화예금 계좌로 예치하는 방법(외화 입금사실이 외국환은행이 발급한 외화입금증명서에 의하여 확인되는 경우에 한정함)으로 받는 것은 영의 세율이 적용된다(부령 33 ② (1)). 다만, ② 중 전문서비스업과 ⑧에 해당하는 용역의 경우에는 해당 국가에서 우리나라의 거주자 또는 내국법인에 대하여 동일하게 면세하는 경우(우리나라의 부가가치세 또는 이와 유사한 성질의 조세가 없거나 면세하는 경우를 말한다.)에 한정한다.

① 비거주자 또는 외국법인이 지정하는 국내사업자에게 인도되는 재화로서 해당 사업자의 과세사업에 사용되는 재화

② 전문, 과학 및 기술서비스업[수의업(獸醫業), 제조업 회사본부 및 그 밖의 산업회사본부는 제외한다]

③ 사업지원 및 임대서비스업 중 무형재산권임대업

④ 통신업(소포송달업을 제외한다)

⑤ 컨테이너수리업, 보세구역의 창고업, 해운대리점업, 해운중개업 및 선박관리업

⑥ 정보통신업 중 뉴스제공업, 영상·오디오 기록물 제작 및 배급업(영화관 운영업과 비디오물감상실 운영업은 제외한다), 소프트웨어개발업, 컴퓨터프로그래밍, 시스템통합관리업, 자료처리, 호스팅, 포털 및 그 밖의 인터넷 정보매개서비스업, 그 밖의 정보서비스업

⑦ 상품 중개업 및 전자상거래 소매 중개업

⑧ 사업시설관리 및 사업지원서비스업(조경관리 및 유지서비스업, 여행사 및 그 밖의 여행보조 서비스업은 제외한다)

⑨ 「자본시장과 금융투자업에 관한 법률」 제6조 제1항 제4호에 따른 투자자문업

⑩ 교육서비스업(교육지원 서비스업만 해당한다)

⑪ 관세법에 따른 보세운송업자가 제공하는 보세운송용역

⑫ 보건업(임상시험용역을 공급하는 경우로 한정한다)

나) 비거주자 등이 국내사업장이 있는 경우

비거주자 또는 외국법인의 국내사업장이 있는 경우에 국내에서 국외의 비거주자 또는 외국법인과 직접 계약에 의하여 공급되는 재화 또는 용역중 위 '가)'에 해당하는 재화 또는 사업(② 중 전문서비스업과 ⑧에 해당하는 용역의 경우에는 해당 국가에서 우리나라의 거주자 또는 내국법인에 대하여 동일하게 면세하는 경우에 한정한다)에 해당하는 용역으로서 그 대금을 해당 국외의 비거주자 또는 외국법인으로부터 외국환은행을 통하여 원화로 받는 방법, 국외의 비거주자 또는 외국법인으로부터 외화를 직접 송금받아 외국환은행에 매각하는 방법, 국내사업장이 없는 비거주자 또는 외국법인에게 재화 또는 용역을 공급하고 그 대가를 해당 비거주자 또는 외국법인에게 지급할 금액에서 빼는 방법, 국내사업장이 없는 비거주자 또는 외국법인에게 재화 또는 용역을 공급하고 그 대가를 국외에서 발급된 신용카드로 결제하는 방법, 국내사업장이 없는 비거주자 또는 외국법인에게 재화 또는 용역을 공급하고 그 대가를 국외 금융기관이 발행한 개인수표를 받아 외국환은행에 매각하는 방법, 국내사업장이 없는 비거주자 또는 외국법인에게 재화 또는 용역을 공급하고 그 대가를 외국환은행을 통하여 외화를 직접 송금받아 외화예금 계좌로 예치하는 방법(외화 입금사실이 외국환은행이 발급한 외화입금증명서에 의하여 확인되는 경우에 한정함)의 경우에는 영의 세율을 적용한다(부령 33 ② (2)).

4) 수출재화임가공용역

가) 수출업자와 직접 도급계약에 따른 수출재화임가공용역

수출업자와 직접 도급계약에 의하여 수출재화를 임가공하는 수출재화임가공용역(수출재화
염색임가공을 포함한다)에 대하여는 영의 세율을 적용한다. 다만, 사업자가 부가가치세를 별
도로 적은 세금계산서를 발급한 경우에는 그러하지 아니하다(부령 33 ② (3)).

나) 내국신용장 · 구매확인서에 의하여 공급하는 수출재화임가공용역

내국신용장 또는 구매확인서에 의하여 공급하는 수출재화임가공용역에 대하여는 영의
세율을 적용한다(부령 33 ② (4)). 즉 재화의 경우는 내국신용장에 따른 재하도급분(2차 또는
3차 내국신용장)에 대하여도 영세율을 적용하기 때문에 용역의 경우도 재화의 경우와 과세
형평을 유지하고 수출지원효과를 상화한나는 측면에서 수출재화의 재임가공용역의 경우도
내국신용장에 의하여 공급되는 경우에는 영세율을 적용한다.

5) 외항선박 및 항공기 또는 원양어선에 공급하는 재화 또는 용역

외국을 항행하는 선박 및 항공기 또는 원양어선에 공급하는 재화 또는 용역은 영의 세율이 적용된다. 다만, 사업자가 부가가치세를 별도로 적은 세금계산서를 발급한 경우에는 그러하지 아니하다(부령 33 ② (5)).

외항선박 또는 항공기에 제공하는 하역용역

사업자가 외국을 항행하는 선박 또는 항공기에 직접 하역용역을 공급하는 경우에는 영세율이 적용된다(간세 1235－2697, 1977. 8. 24).

외항선박의 양도

외국항행용역을 공급하는 사업자가 선박을 국내의 다른 사업자에게 양도하는 경우에는 부가가치세가 과세된다(간세 1235－250, 1978. 1. 25).

외항선박 선용품의 양도

선박에 따른 외국항행용역을 공급하는 사업자가 외국항행용 선박 및 그 선박의 관리 유지를 위하여 선상에 보유하고 있던 선용품인 선원의 주부식 등을 국내의 다른 사업자에게 양도하는 경우의 거래는 영세율 적용대상이 되지 않는다(부가 1235－660, 1978. 2. 20).

선적완료증명서 명의에 따른 영세율적용 범위

사업자가 외국을 항행하는 선박 및 항공기 또는 원양어선에 재화 또는 용역을 공급한 경우 영세율 적용에 대한 증명 서류로서의 선(기)적완료증명서는 신청인 명의에 관계없이 공급한 재화 또는 용역이 해당 선박 및 항공기 또는 원양어선에 공급된 것이 증명되는 경우에는 영세율이 적용된다(간세 1235－1769, 1978. 6. 13).

외항선에 승선하여 판매하는 재화

보세구역 내에서 재화 또는 용역을 공급하는 사업자가 세관장으로부터 승선허가를 받아 외국을 항행하는 외국선박에 승선하여 동 선박의 외국인 선원에게 공급하는 재화는 수출하는 재화에 해당되어 영세율이 적용된다(간세 1265－525, 1980. 2. 27).

원양어선의 정의

원양어선이란 수산업법의 규정에 따라 원양어선으로 허가를 받아 주로 해외어장에서 조업을 하는 어선을 말한다(간세 1235－1720, 1977. 7. 6).

6) 우리나라에 상주(常住)하는 국제연합군 또는 미합중국군대(공인 조달기관 포함)에 공급하는 재화 또는 용역

7) 외국인관광객에게 공급하는 관광알선용역

관광진흥법에 따른 일반여행업자가 외국인관광객에게 공급하는 관광알선용역으로서 그 대가를 다음 중 어느 하나의 방법에 따라 받는 것에 한정한다.
① 외국환은행에서 원화로 받은 것
② 외화 현금으로 받아 외국인관광객과의 거래임이 확인된 것(국세청장이 정하는 관광알선수수료명세표와 외화매입증명서에 의하여 확인되는 것만 해당한다)

【통칙 · 판례 · 예규 참조】

카지노의 외화수입
관광호텔의 카지노 외화수입은 영세율이 적용되지 않는다(간세 1235－4606, 1977. 12. 19).

8) 외국인전용판매장을 영위하는 자 등이 공급하는 재화·용역

다음에 해당하는 사업자가 국내에서 공급하는 재화 또는 용역으로서 그 대가를 외화로 받고 그 외화를 외국환은행에서 원화로 환전하는 경우에는 영의 세율을 적용한다(부령 33 ② (9)).

① 개별소비세법에 따른 지정을 받아 외국인전용판매장을 영위하는 자

② 조세특례제한법에 따른 주한외국군인 및 외국인선원 전용의 유흥음식점업을 영위하는 자

(5) 조세특례제한법상의 영세율 적용

1) 방위산업물자

방위산업에관한특별조치법에 따라 지정을 받은 방위산업체가 공급하는 같은 법의 규정에 따른 방위산업물자(경찰이 작전용으로 사용하는 것을 포함한다)와 비상대비자원관리법에 따라 중점관리대상으로 지정된 자가 생산공급하는 시제품 및 자원동원으로 공급하는 용역은 영의 세율을 적용한다(조특법 105 ① 1호).

2) 군납석유류

「국군조직법」에 따라 설치된 부대 또는 기관에 공급(「군인복지기금법」 군인복지기본법」 제2조 제4호에 따른 체육시설 중 군 골프장과 그밖에 이와 유사한 시설로서 대통령령으로 정하는 것에 공급하는 경우는 제외한다)하는 석유류(조특법 105 ① 2호).

【통칙 · 판례 · 예규 참조】

부 통 국군부대납품 석유류의 범위
석유류는 원유, 천연가스 및 석유제품을 말한다(조특통 105−0…2).

3) 도시철도건설용역

다음에 해당하는 자에게 직접 공급하는 도시철도건설용역은 영의 세율을 적용한다(조특법 105 ① 3호).

① 국가 및 지방자치단체
② 도시철도법의 적용을 받는 도시철도공사(지방자치단체의 조례에 의하여 도시철도를 건설할 수 있는 경우에 한정한다)
③ 부산교통공단법에 따른 부산교통공단
④ 한국철도시설공단법에 따른 한국철도시설공단
⑤ 사회간접자본시설에대한민간투자법 제2조 제7호에 따른 사업시행자

【통칙 · 판례 · 예규 참조】

부 통 도시철도건설용역의 범위
사업자가 도시철도 건설용 재화를 공급하는 경우라든지 국가·지방자치단체 또는 도시철도공사에 직접 도시철도 건설용역을 공급하는 사업자로부터 하도급받아 도시철도 건설용역을 공급하는 경우에는 영의 세율을 적용하지 아니한다(조특통 105−0…3).

4) 농민 및 임업에 종사하는 자에게 공급하는 농·임업용기자재 등

가) 대상항목

농민 또는 임업에 종사하는 자에게 공급(농업협동조합법·엽연초생산협동조합법·인삼협동조합법 또는 산림조합법에 의해 설립된 각 조합 및 이들의 중앙회를 통하여 공급하는 것 포함)하는 농업용·축산업용 또는 임업용기자재로서 다음에 해당하는 것은 영의 세율을 적용한다(조특법 105 ① 5호). 농·축산·임·어업용기자재의 범위는 농·축산·임·어업용기자재에대한부가가치세영세율적용에관한특례규정에 규정하고 있다.

① 비료관리법에 따른 비료

② 농약관리법에 따른 농약

③ 농업용 기계

④ 축산업용기자재

⑤ 사료관리법에 따른 사료(부가가치세가 면제되는 것을 제외)

⑥ 임업용기자재

나) 가산세

농민에 해당되지 아니하는 자가 위 '④'와 '⑤'에 해당하는 축산업용기자재 및 사료를 부정하게 부가가치세 영의 세율을 적용하여 공급받은 경우에는 그 축산업용기자재 등을 공급받은 자로부터 그 축산업용기자재 등의 공급가액의 10%에 해당하는 부가가치세액과 그 세액의 10%에 해당하는 금액의 가산세를 추징한다.

5) 어민에게 공급하는 어업용기자재

연근해 및 내수면어업용으로 사용할 목적으로 어민에게 공급(수산업협동조합법에 따라 설립된 수산업협동조합과 어촌계와 농업협동조합법에 따라 설립된 각 조합 및 이들의 중앙회를 통하여 공급하는 것 포함)하는 사료관리법에 따른 사료(부가가치세가 면제되는 것을 제외)와 어업용기자재는 영의 세율을 적용한다(조특법 105 ① 6호).

6) 장애인용 보장구 등

장애인용보장구, 장애인용 특수정보통신기기 및 장애인의 정보통신기기 이용에 필요한 특수소프트웨어 등 다음에 해당하는 것(조특법 105 ① 4호, 동령 105, 동칙 47).

① 의수족

② 휠체어

③ 보청기

④ 점자판과 점필

⑤ 시각장애인용 점자정보단말기

⑥ 시각장애인용 점자프린터

⑦ 청각장애인용 골도전화기

⑧ 시각장애인용으로 특수제작된 화면낭독소프트웨어

⑨ 지체장애인용으로 특수제작된 키보드 및 마우스

⑩ 보조기(팔·다리·척추 및 골반보조기에 한정한다)

⑪ 지체장애인용 지팡이

⑫ 시각장애인용 흰지팡이

⑬ 청각장애인용 인공달팽이관시스템

⑭ 목발

⑮ 성인용 보행기

⑯ 욕창예방물품(매트리스·쿠션 및 침대에 한정한다)

⑰ 인공후두

⑱ 장애인용 기저귀

⑲ 텔레비전 자막수신기(국가·지방자치단체 또는 사단법인 한국농아인협회가 청각장애인에게 무료로 공급하기 위하여 구매하는 것에 한정한다)

⑳ 청각장애인용 음향표시장치

7) 사회기반시설 또는 동 시설의 건설용역

사업시행자가 부가가치세가 과세되는 사업을 영위하는 목적으로 사회기반시설에대한민간투자법에 규정한 다음 방식으로 국가 또는 지방자치단체에 공급하는 사회간접자본시설 또는 동 시설의 건설용역(조특법 105 ① 3의2호)

① 사회간접자본시설의 준공과 동시에 해당 시설의 소유권이 국가 또는 지방자치단체에 귀속되며 사업시행자에게 일정기간의 시설관리운영권을 인정하는 방식

② 사회간접자본시설의 준공 후 일정기간 동안 사업시행자에게 해당 시설의 소유권이 인정되며 그 기간의 만료시 시설소유권이 국가 또는 지방자치단체에 귀속되는 방식

③ 민간부문이 사회기반시설에대한민간투자법에 의하여 사업을 제안하거나 변경제안을 하는 경우, 해당 사업의 추진을 위하여 위 ①과 ② 이외의 방식을 제시하여 주무관청이 불가피하다고 인정하여 채택한 방식

8) 그 밖의 조세특례제한법상의 특례

가) 제주도 제주도여행객면세점에 대한 특례

대통령령으로 정하는 제주도여행객이 면세품판매장에서 대통령령으로 정하는 면세물품을 구입하여 제주도 외의 다른 지역으로 휴대하여 반출하는 경우에는 해당 물품에 대한 부가가치세의 경우에는 영세율을 적용한다(조특법 121의13 ①).

나) 해저광물의 탐사 및 채취사업과 관련한 부가가치세 면제

① 해저조광권을 가진 자가 해저광물의 탐사 및 채취사업에 사용하기 위하여 수입하는 기계·장비 및 자재에 대한 부가가치세를 면제한다.

② 해저조광권자의 대리인 또는 도급업자로서 해저광물의 탐사 및 채취사업에 종사하는 자가 탐사 및 채취사업에 직접 사용하기 위하여 해당 해저조광권자의 명의로 수입하는

기계장비 및 자재에 대하여는 부가가치세를 면제한다.

다) 친환경농업육성법에 따른 친환경농산물의 생산을 위한 자재

친환경농업육성법에 따른 친환경농산물의 생산을 위한 자재로서 대통령령으로 정하는 것

(6) 남북교류협력의 경우 해당 재화·용역의 부가가치세법 적용

1) 북한으로부터 반입되는 물품 또는 제공받는 용역

북한으로부터 반입되는 물품 또는 북한으로부터 제공받는 용역은 각각 재화 또는 용역의 공급으로 보아 부가가치세법을 준용한다. 이 경우 물품에 대하여는 세관장이 관세징수의 예에 의하여 부가가치세법을 준용하며, 용역에 대하여는 부가가치세법의 대리납부 규정을 준용한다(남북교류협력에관한법률시행령 51 ①).

2) 북한으로 반출되는 물품 또는 제공되는 용역 및 선박·항공기의 북한항행용역

북한으로 반출되는 물품과 북한에 제공되는 용역 및 선박·항공기의 북한항행용역에 대하여는 이를 각각 수출품목, 국외제공용역 또는 외국항행용역으로 보아 지방세법·부가가치세법·개별소비세법·주세법 및 교통·에너지·환경세법을 준용한다. 다만, 해당 선박 또는 항공기 안에서 판매되는 물품과 운행요금 외에 별도로 대가를 받고 제공되는 용역에 대하여는 그러하지 아니하다(남북교류협력에관한법률시행령 51 ③).

3. 영세율 첨부서류

가. 부가가치세 신고시 영세율 첨부서류

(1) 개념

사업자에게 영세율이 적용되는 경우에는 부가가치세 예정·확정신고서에 법령이 정한 영세율첨부서류를 제출하여야 한다(부령 90 ③ (9)). 다만, 부득이한 사유로 인하여 해당 서류를 첨부할 수 없는 때에는 국세청장이 정하는 서류로써 이에 갈음할 수 있다(부령 101 ①). 또한 사업자가 국세청장이 정하는 바에 따라 소포수령증 및 영세율첨부 서류를 복사하여 저장한 테이프 또는 디스켓을 영세율첨부서류제출명세서(전자계산조직에 의하여 처리된 테이프 또는 디스켓을 포함한다)와 함께 제출하는 경우에는 서류를 제출한 것으로 본다.

만일 영세율이 적용되는 과세표준에 관하여 영세율첨부서류를 부가가치세예정·확정신고서에 첨부하지 아니한 부분에 대하여는 신고로 보지 아니한다(부령 101 ④).

(2) 영세율적용대상 유형별 첨부서류

1) 수출재화

가) 직접수출·대행수출

내국물품을 외국으로 반출하는 경우에는 수출실적명세서(전자계산조직에 의하여 처리된 테이프 또는 디스켓을 포함). 다만, 소포우편에 의하여 수출한 경우에는 해당 우체국장이 발급하는 소포수령증으로 한다(부령 101 ① (1)).

나) 중계무역수출·위탁판매수출·외국인도수출·위탁가공무역수출

국내사업장에서 계약과 대가수령 등 거래가 이루어지는 다음의 경우에는 수출계약서사본 또는 외국환은행이 발급하는 외화입금증명서(부령 101 ① (2))(제24조 제1항 제2호 다목을 적용받는 사업자가 같은 호 라목을 적용받는 사업자로부터 매입하는 경우는 매입계약서를 추가로 첨부한다).

① 대외무역법에 따른 중계무역 방식의 수출
② 대외무역법에 따른 위탁판매수출
③ 대외무역법에 따른 외국인도수출
④ 대외무역법에 따른 위탁가공무역 방식의 수출

다) 내국신용장 또는 구매확인서에 따른 수출 또는 수출재화임가공용역

내국신용장 또는 구매확인서(구매확인서에 의하여 공급하는 금지금은 제외)에 따른 수출 또는 수출재화임가공용역의 경우 다음에 해당하는 서류(부령 101 ① (3)).

① 내국신용장 또는 구매확인서가 「전자무역촉진에 관한 법률」 제12조 제1항 제3호 및 제5호에 따라 전자무역기반시설을 통하여 개설되거나 발급된 경우 : 기획재정부령으로 정하는 내국신용장·구매확인서 전자발급명세서
② 위'①' 외의 경우 : 내국신용장 사본

라) 한국국제협력단에 공급하는 재화

한국국제협력단에 공급하는 재화의 경우에는 한국국제협력단이 발급한 공급사실을 증명할 수 있는 서류(부령 101 ① (4)).

2) 국외에서 제공하는 용역

국외에서 제공하는 용역의 경우에는 외국환은행이 발급하는 외화입금증명서 또는 국외에서 제공하는 용역에 관한 계약서(부령 101 ① (8))

3) 선박 또는 항공기의 외국항행용역

선박 또는 항공기의 외국항행용역의 경우에는 외국환은행이 발급하는 외화입금증명서. 다만, 항공기의 외국항행용역에 관하여는 공급가액확정명세서(부령 101 ① (9))

4) 그 밖의 외화를 취득하는 재화 또는 용역

가) 국내에서 국내사업장이 없는 비거주자 또는 외국법인에 공급되는 경우

국내의 사업장에서 계약과 대가수령 등 거래가 이루어지는 경우에는 외국환은행이 발급하는 외화입금증명서(부령 101 ① (10))

나) 비거주자 또는 외국법인의 국내사업장이 있는 경우에 국내에서 국외의 비거주자 또는 외국법인과 직접 계약하여 공급하는 재화 또는 용역의 경우

비거주자 또는 외국법인에게 공급되는 재화 또는 용역으로서 그 대금을 외국환은행에서 원화로 받는 외국환은행이 발급하는 외화입금증명서

다) 도급계약에 따른 수출재화임가공용역

수출업자와 직접 도급계약에 의하여 수출재화를 임가공하는 수출재화임가공용역(수출재화염색임가공을 포함)의 경우에는 다음의 서류(부령 101 ① (11))

① 임가공계약서사본(수출재화임가공용역을 해당 수출업자와 같은 장소에서 제공하는 경우를 제외한다)
② 해당 수출업자가 발급한 납품사실을 증명할 수 있는 서류(수출업자와 직접 도급계약을 한 부분만 해당한다.) 또는 수출대금입금증명서

라) 외국을 항행하는 선박 및 항공기 또는 원양어선에 공급하는 재화 또는 용역

① 관할세관장이 발급하는 선(기)적완료증명서(부령 101 ① (12))
② 전기통신사업법에 따른 전기통신사업에 있어서는 용역공급기록표
③ 「개별소비세법」 및 「교통·에너지·환경세법」에 따라 석유류를 면세받으려는 경우에는 유류공급명세서

마) 국내에 주재하는 외국정부기관·국제기구·국제연합군 또는 미국군에게 공급하는 재화 또는 용역

국내에 주재하는 외국정부기관·국제기구·국제연합군 또는 미국군에게 공급하는 재화 또는 용역의 경우에는 외국환은행이 발급하는 수출(군납)대금입금증명서 또는 해당 외교공관등이 발급한 납품 또는 용역 공급사실을 증명할 수 있는 서류. 다만, 전력·가스 그 밖의 공급단위를 구획할 수 없는 재화를 계속적으로 공급하는 사업에 있어서는 재화공급기록표, 전기통신사업법에 따른 전기통신 사업에 있어서는 용역공급기록표(부령 101 ① (13))

바) 외국인관광객에게 공급하는 관광알선용역 또는 관광기념품

「관광진흥법 시행령」에 따른 일반여행업자가 외국인 관광객에게 공급하는 관광알선용역은 외국환은행이 발급하는 외화입금증명서. 다만, 외화 현금으로 받는 경우에는 관광알선수수료명세표 및 외화매입증명서로 한다(부령 101 ① (14)).

사) 외국인전용판매장 및 주한외국군인·외국인선원 전용의 유흥음식점업을 영위하는 사업자

다음에 해당하는 자의 경우에는 외국환은행이 발급하는 외화입금증명서 또는 외화매입증명서(부령 101 ① (16))

① 개별소비세법의 규정에 따른 지정을 받아 외국인전용판매장을 영위하는 사업자와 조세특례제한법의 규정에 따른 주한외국군인 및 외국인선원 전용의 유흥음식점업을 영위하는 사업자가 국내에서 공급하는 재화 또는 용역으로서 그 대가를 외화로 받고 그 외화를 외국환은행에서 원화로 환전하는 것
② 주한국제연합군 또는 미국군이 주둔하는 지역 중 관광진흥법에 따른 관광특구 안에서 소매업·양복점업·양장점업 및 양화점업을 영위하는 사업자로서 관할세무서장의 지정을 받은 사업자가 국내에서 국내사업장이 없는 비거주자에게 공급하는 재화로서 그 대가를 외화로 받고 그 외화를 외국환은행에서 원화로 환전하는 것

아) 외교관면세점

외교관면세점의 경우에는 외교관면세판매기록표(부령 101 ① (17))

5) 조세특례제한법상의 영세율 적용시 영세율첨부서류

① 방위산업·비상대비물자, 국군부대 공급석유류, 도시철도건설용역의 경우 : 조세특례제한법에 따라 영세율이 적용되는 방위산업·비상대비물자, 국군부대 등에 공급하는 석유류, 도시철도건설용역에 대하여는 이를 공급받은 기관의 장이 발급하는 납품증명서 또는 용역공급사실을 증명할 수 있는 서류(조특령 106 ⑫ 1호)
② 장애인용보장구를 공급하는 경우에는 월별판매액합계표
③ 농·축산·임·어업용기자재 등 : 조세특례제한법에 따라 영세율이 적용되는 경우에 부가가치세법에 따라 예정신고·확정신고 또는 영세율 등 조기환급신고를 함에 있어서는 해당 신고서에 다음의 서류를 첨부하여 제출하여야 한다(농·축·어업용기자재영세율특례규정 4).
   ㉮ 농·축산·임·어업용기자재를 농민·임업에 종사하는 자 또는 어민에게 직접 공급하는 경우에는 월별판매액합계표(농·축·어업용기자재영세율특례규정시행규칙 별지 제1호 서식). 다만, 임업용기자재를 임업에 종사하는 자에게 공급하는 경우에는 산림협동조합법에 따라 설립된 조합 또는 중앙회의 장의 임업용기자재구매

확인서(별지 제4호 서식)를 함께 제출하여야 한다.

㉴ 농·축산·임·어업용기자재를 농업협동조합법·엽연초생산협동조합법·인삼협동조합법·산림협동조합법에 따라 설립된 조합 및 중앙회 또는 수산업협동조합법에 따라 설립된 수산업협동조합과 어촌계를 통하여 공급하는 경우에는 해당 기관장의 납품확인서

④ 판매기록표의 작성·비치 : 조세특례제한법에 따라 부가가치세영세율이 적용되는 농·축산·임·어업용기자재를 농민 또는 어민 등에게 직접 공급하는 자는 판매기록표를 작성·비치하여야 한다.

【통칙·판례·예규 참조】

부 통 영세율 및 면세첨부서류
① 조세특례제한법에 따라 영의 세율을 적용받는 사업자가 부득이한 사유로 인하여 영 제106조 제12항 제1호에 따른 납품증명서를 제출할 수 없는 경우에는 부가가치세 영세율 적용에 관한 규정에 따른 외화획득명세서에 영세율이 확인되는 증빙서류를 붙여 제출할 수 있다(조특통 106-106…1).
② 법에 따른 영세율 적용대상 과세표준을 예정신고 또는 확정신고서에 신고를 하지 아니한 경우, 신고한 과세표준이 신고하여야 할 과세표준에 미달한 경우 또는 영세율 첨부서류를 제출하지 아니한 경우에도 해당 과세표준이 영세율 적용대상임이 확인되는 때에는 영의 세율을 적용한다. 이 경우 「부가가치세법」 제22조 제8항에 따른 영세율 과세표준신고불성실가산세는 적용한다.
③ 법에 따라 부가가치세가 면제되는 재화 또는 용역의 공급에 대하여 영 제106조 제12항 제3호에 따른 면세공급증명서를 제출하지 아니한 경우에도 해당 공급가액이 면제대상임이 확인되는 때에는 부가가치세가 면제된다.

나. 부가가치세 신고시 영세율 지정서류

영세율적용사업자가 제출할 영세율적용첨부서류 지정고시(국세청고시 제2014-42호(2014.12.18.)

[별표] 지정서류

구 분	영세율대상	지 정 서 류	첨부서류 규정
1. 수출하는 재화 : 부가가치세법(이하 법이라 함) 제11조 제1항 제1호 및 같은 법시행령(이하 영이라 함) 제24조	① 무역업자와 대행계약에 의거 대행수출을 한 때	• 수출대행계약서 사본과 수출실적명세서	영 제101조 제1항제1호
	② 내국신용장에 포함 되지 않은 관세환급금	• 관세환급금 등 명세서(별지 제1호 서식)	영 제101조 제1항제3호

구　분	영 세 율 대 상	지 정 서 류	첨부서류 규정
2. 선박의 외국항 행용역 : 법 제 11조 제1항 제 3호, 영 제25조	① 선박에 의하여 화물 또는 여객 운송을 제공하고 그 대가를 원 화로 받거나, 해외에서 받은 수 입금액	• 선박에 의한 운송용역공급가액일 람표(별지 제2호 서식)(외화입금 증명서로 제출한 공급가액을 포함 하여 작성)	영 제101조 제1항제9호
	② 항공기에 의하여 화물 또는 여 객운송을 제공하고 그 대가를 원화로 받거나, 해외에서 받은 수입금액	• 공급가액확정명세서(별지 제3호 서식)	
	③ 다른 외항사업자가 운용하는 선 박 또는 항공기의 승선(탑승)권 을 판매하거나 화물운송계약을 체결하여 주고 받는 대가	• 공급자와 공급받는 자간의 송장 집계표 또는 대금청구서	
3. 그 밖의 외화 획득 : 법 제 11조 제1항 제4호, 영 제 26조	① 비거주자 또는 외국법인에게 공 급되는 용역	• 용역공급계약서 사본 또는 대금 청구서	영 제101조 제1항제10호
	② 외국항행선박 등에 공급하는 재 화·용역	• 세관장이 발급하는 물품·선(기) 용품적재허가서(선적이 확인된 것) • 다만, 물품선(기)용품적재허가서 상에 물품수량 및 금액 등이 합계 로 기재되고 물품명세서는 별첨 된 경우로서 사업자가 해당 물품 명세서를 보관하여 확인이 가능 한 경우에는 해당 물품명세의 제 출을 생략할 수 있음	영 제101조 제1항제12호
	③ 외항선박 또는 항공기에 공급하 는 하역용역	• 외항 선박 등에 제공한 재화·용 역일람표(별지 제4호 서식) • 세관장이 발행하는 선(기)용품 등 적재허가서(선적이 확인된 것에 한함). 다만, 선(기)용품 등 적재 허가서상에 물품 수량 및 금액 등 이 합계로 기재되고 물품명세서 는 별첨된 경우로서 사업자가 당 해 물품명세서를 보관하여 확인 이 가능한 경우에는 당해물품명 세의 제출을 생략할 수 있음	〃
	④ 외항선박 또는 항공기에 공급 하는 하역용역 이외의 용역	• 외항 선박 등에 제공한 재화·용 역일람표(별지 제4호 서식)와 • 세관장이 발급한 승선(탑승)수 리신고서 또는 선장이 발행하는 확인서나 대금청구서	〃
	⑤ 원양어선에 공급하는 재화· 용역	• 외항 선박 등에 제공한 재화·용 역일람표(별지 제4호 서식) • 세관장이 발급한 승선수리신고 서 또는 선장이 발행하는 확인서 나 대금청구서	〃
	⑥ 외국항행 선박·항공기 또는 원 양어선에 공급한 용역에 대한	• 외항 선박 등에 제공한 재화·용 역일람표(별지 제4호 서식)	〃

구　분	영세율대상	지정서류	첨부서류 규정
3. 그 밖의 외화 획득 : 법 제 11조 제1항 제4호, 영 제 26조	지정서류를 제출할 수 없는 경우	• 용역공급계약서 사본 또는 대금 청구서	
	⑦ 외교공관 등에 공급하는 재화 · 용역	• 재화 · 용역공급기록표(별지 제5 호 서식)	영 제101조 제1항제13호
	⑧ 외국인전용관광기념품판매업 자 등이 공급하는 재화 및 용역	• 외국인　물품판매 · 외교관면세 판매 기록표(별지 제6호 서식)	영 제101조 제1항제15호
	⑨ 외교관 등에 공급하는 재화 · 용역	• 외국인　물품판매 · 외교관면세 판매 기록표(별지 제6호 서식)	영 제101조 제1항제17호
	⑩ 영세율적용사업자가 위 지정서 류를 제출할 수 없는 경우	• 외화획득명세서(별지 제7호 서식) • 영세율이 확인되는 증빙서류	
4. 재화 · 용역공 급이 2과세기 간 이상 소요 되는 경우	영세율대상이 되는 제조 · 가공 · 역무의 제공이 2과세기간 이상 소 요되어 외화입금증명서 또는 수출 신고필증을 발급받을 수 없을 때	제조 · 가공 · 역무제공계약서 사본	

[영세율적용 첨부서류 일람표]

구 분		시행령서류	국세청장지침서류	
수출	직 수 출	수출대금입금증명서 또는 수출신고필증, 소포수출은 소포수령증		
	대 행 수 출		수출대행계약서 사본과 수출신고필증사본	
	내국 L / C 수 출	내국신용장 사본 구매승인서 사본	관세환급금 등 – 관세환급금 등 명세서	
국 외 제 공 용 역		외화입금증명서 또는 용역공급계약서		
외 국 항 행 용 역		외화입금증명서 항공기는 공급가액확정명세서	선박의 원화 수입 : 선박에 따른 운송용역공급가액일람표	
			화물운송계약대행 등 : 공급자와 공급받는 자간의 송장집계표	
그 밖의 외화 획득	비거주자에게 공 급	외화입금증명서 또는 수출면장	용역공급계약서 사본	외화획득을 증명하는 서류
	수 출 재 화 임 가 공 용 역	임가공계약서 사본 및 납품사실증명서 또는 수출대금입금증명서		
	외 국 항 행 선 박 과 항 공 기 원양어선에의 공 급	선(기)적완료증명서	재화	물품, 선(기)용품 적재허가서
			하역용역	수(출)입, 품목적재(하선)에 관한 작업신고서(선박회사대금청구서) 및 교통허가서 또는 작업보고필증
			승선허가증 사본	
			원양어선에 공급하는 재화, 용역	입출항신고필증사본, 선정확인서
			위 각간의 지정서류 제출불능시	용역공급계약서 사본
	외국정부기관 등 에 공 급 하 는 재 화 용 역	수출(군납)대금입금증명서. 군납완료증명서 또는 납품증명서	용역	외화입금증명서
		공급단위 구획불능재화는 재화공급기록표		
	관 광 사 업 자	관광숙박업자 / 관광기념품판매업자 : 외국인 숙박 및 물품판매기록표		
		국제여행알선업자 : 외화입금증명서		
	미 국 군 주 둔 지 역 지 정 사 업 자	외화입금증명서 또는 외화매입증명서		
	주 한 외 교 관 판 매	외교관 면세판매 및 음식숙박기록표		
	외신기자클럽	재화 또는 용역공급기록표		
장기공급으로 외화입금증명서 또는 수출면장을 발급 받을 수 없을 때			제조, 가공, 역무제공계약서 사본	

관세환급금 등 명세서

(년 제 기)

1. 인적사항

(1) 성 명		(2) 사업자등록번호	
(3) 상 호		(4) 사업장소재지	
(5) 거 래 기 간	년 월 일 월 일	(6) 작 성 일	

2. 환급금 내용

(7) 공급일자	(8) 금 액	공급받는자		(11) 내국신용장번호	비 고
		(9) 상 호	(10)사업자등록번호		

「영세율적용사업자가 제출할 영세율적용첨부서류 지정 고시」에 따라 관세환급금 등 명세서를 제출합니다.

년 월 일

제출인 (서명 또는 인)

세 무 서 장 귀하

작성방법

(1)(4) : 제출자(공급자)의 사업자등록증에 기재된 내용을 적습니다.

(5), (6) : 제출대상기간과 이 명세서의 작성일을 적습니다.

(7)(11) : 내국신용장에 포함되지 않은 관세환급금 등에 대해 적습니다.

[별지 제2호 서식] 선박에 따른 운송용역공급가액일람표

0303-80 A	선박에 따른 운송용역공급가액일람표	20

근거 : 부가가치세영세율적용에 관한 규정

사업자	①성 명	<인>	④사 업 자 등 록 번 호	
	②상 호		⑤업 태	
	③사 업 장 소 재 지		⑥종 목	

공 급 내 용

구 분		운 송 수 입(기간 년 월~ 일)						⑮비고(운항 기간 등)
⑦ 선박명	⑧ 운항 기간	원화수입분		해외수입분		계		
		⑨외화	⑩원화	⑪외화	⑫원화	⑬외화	⑭원화	
<16>소 계(A)								
<17>외 화 입 금 증 명 서 제 출 분(B)								
<18>차 감(A-B)								

* 대선수입분은 비고란에 기간용선·항해용선으로 구분하고 대선기간을 표시함.

[별지 제3호 서식] 수출실적입금명세서

0303－79 A	수 출 실 적 입 금 명 세 서						20
근거 : 부가가치세영세율적용에 관한 규정							

사업자	①성　　　　　명				④사 업 자 등 록 번 호		
	②상　　　　　호				⑤업　　　　　태		
	③사 업 장 소 재 지				⑥종　　　　　목		

⑦구분	입금일자			수 출 금 액		수 출 면 장		비고
	년	월	일	⑧외 화	⑨원 화	⑩면장번호	⑪면허일자	
신고해당분	/	/	/					
	소계	/	/			/	/	
미해당분	⑫대　　　행　　　분					/	/	
	⑬타 사 업 장 분					/	/	
	⑭기　신　고　분					/	/	
	⑮신 고 기 간 미 도 래 분					/	/	
	<16>기　　　타　　　분					/	/	
	소　　　　　　　계					/	/	

[별지 제4호 서식] 공급가액확정명세서

0303－69 A	공급가액확정명세서										20
근거 : 부가가치세영세율적용에 관한 규정											

사업자	①성　　　　　명						④사 업 자 등 록 번 호				
	②상　　　　　호						⑤업　　　　　태				
	③사 업 장 소 재 지						⑥종　　　　　목				

⑨ 노 선 별	공　　급　　내　　용										비고
	여 객 수 입		화 물 수 입		수화물 수 입		우편물 수 입		기 타 수 입		합 계	
	⑩ 외화	⑪ 원화	⑫ 외화	⑬ 원화	⑭ 외화	⑮ 원화	<16> 외화	<17> 원화	<18> 외화	<19> 원화	<20> 외화	<21> 원화

[별지 제5호 서식] 외항선박 등에 제공한 재화용역일람표

0303-126 A	외항선박 등에 제공한 재화용역 일람표		20
근거 : 부가가치세영세율적용에 관한 규정			

사업자	①성　　　　　명		④사 업 자 등 록 번 호	
	②상　　　　　호		⑤업　　　　　태	
	③사 업 장 소 재 지		⑥종　　　　　목	

⑦ 구　　　　분	금　　　액		⑩ 제출서류	⑪ 비고
	⑧ 외 화	⑨ 원 화		
⑫ 선적완료증명서 　제　　출　　분				
⑬ 합　　　　계				

・구분란에는 재화용역 및 원양어선 등
・제출서류란에는 제출하는 물품・선용품 적재허가서 등을 기재함.

[별지 제6호 서식] 외국인물품판매・외교관면세판매・외신기자 재화 또는 용역공급기록표

0303-70A	┌외국인 물품판매 ├외교관 면세판매　　　┐기록표 └외신기자 재화 또는 용역공급　┘		20
근거 : 부가가치세영세율적용에 관한 규정			

사업자	①성　　　　　명		⑤사 업 자 등 록 번 호	
	②상　　　　　호		⑥주 민 등 록 번 호	
	③사 업 장 소 재 지		⑦업　　　　　태	
	④사 업 자 주 소		⑧종　　　　　목	

공　　급　　내　　용									
⑨공급일자 (숙박기간)	⑩성명	⑪국적	⑫근무처	⑬여권(외교관 면세카드, 주민등록)번호	⑭품목 (객실 번호)	⑮ 수량	<16> 단가	<17> 금액	<18> 비고

[별지 제7호 서식] 외화획득명세서

0303-126 A	외 화 획 득 명 세 서	20

근거 : 부가가치세영세율적용에 관한 규정

사 업 자	①성 명		④사 업 자 등 록 번 호	
	②상 호		⑤업 태	
	③사 업 장 소 재 지		⑥종 목	
⑦영 세 율 적 용 근 거			⑨법 정 서 식 제 출 불 능 사 유	
⑧법 정 제 출 서 류 명			⑩법 정 서 식 제 출 가 능 여 부 및 일 자	

외 화 획 득 내 용

⑪공급일자			공급받는 자		공 급 내 용						⑲ 비고
년	월	일	⑫ 상호 및 성명	⑬ 국적	⑭구 분		⑮ 명칭	⑯ 수량	⑰ 단가	⑱ 공급 가액	
					재화	용역					

위와 같이 부가가치세법 제11조 및 같은 법시행령 제24조 내지 제26조에 규정하는 영세율적용 재화 및 용역을 공급하였기 외화획득명세서 외 관계증명 서류를 별첨과 같이 제출합니다.

첨   부 : 1.
2.
3.

4. 영세율사업자의 권리와 의무

영세율의 적용대상이 되는 과세거래만을 영위하는 자도 과세사업자이다. 영세율이 적용되는 재화 또는 용역의 공급은 과세거래이며 영세율이라는 세율의 적용은 과세하는 것과 같기 때문이다. 따라서 영세율을 적용받는 사업자도 부가가치세 납세의무자이다.[14]

① 영세율의 적용을 받는 경우에도 사업과 관련하여 거래징수당한 부가가치세 매입세액은 공제받거나 환급받을 권리를 상실하지 아니한다. 따라서 조기환급 받을 권리가 있다(부법 59 ② (1)).

② 매입세액의 공제 또는 환급을 받기 위하여 발급받은 세금계산서에 대한 매입처별세금계산서 합계표를 제출해야 한다. 이의 불성실한 이행에 대하여는 세금계산서 합계표 제출불성실가산세의 적용을 받는다(부법 60 ⑦).

③ 영세율적용대상 과세거래 중 수출하는 재화·국외에서 제공하는 용역·외국항행용역의 공급에 있어서와 같이 법령이 특히 발급의무를 면제한 경우를 제외하고는 영세율이 적용되는 과세거래에서도 세금계산서를 발급해야 하고, 또한 예정신고 또는 확정신고와 함께 발급한 세금계산서에 대한 매출처별세금계산서합계표를 제출해야 한다. 이 의무를 해태하면 세금계산서 불성실가산세의 적용을 받게 된다(부법 60 ⑥).

④ 영세율사업자도 예정신고와 확정신고를 해야 한다.

⑤ 영세율사업자도 사업자등록의 의무가 있다. 이 의무를 불이행하면 사업자미등록가산세의 제재를 받는 것이다(부법 60 ①). 위와 같이 볼 때 영세율사업자도 과세사업자이며 영의 세율도 세율의 일종이고, 신고·협력의무 등이 일반과세사업자와 같다. 다만, 재화 또는 용역의 공급에다 영세율을 적용함으로써 매출세액이 발생하지 않고 영세율거래의 특수성 때문에 세금계산서 발급의무가 일부 면제되는 예외 등이 있을 뿐인 것이다.

【통칙·판례·예규 참조】

> **부 통** 영세율과세표준신고누락 및 첨부서류미제출시 영세율적용
>
> 영세율적용대상 과세표준을 예정신고 또는 확정신고를 할 때 신고를 하지 아니한 경우, 신고한 과세표준이 신고하여야 할 과세표준에 미달한 경우 또는 영세율첨부서류를 제출하지 아니한 경우(제출하여야 할 2가지 서류 중 1가지 서류를 제출하지 아니한 경우를 포함한다)에도 해당 과세표준이 영세율적용대상임이 확인되는 때에는 영의 세율을 적용한다. 이 경우 영세율과세표준신고 불성실가산세를 적용한다(부통 11－64－13).

---

14) 최명근, 전게서, pp.209210

영세율 첨부서류 제출명세서

년 제 기 (월   일 ~   월   일)

※ [ ]에는 해당하는 곳에 √ 표시를 합니다. 뒤쪽의 작성방법을 읽고 작성하시기 바랍니다.

(앞쪽)

제출자 인적사항	① 사업자등록번호			② 상호(법인명)						
	③ 성명(대표자)			④ 사업장 소재지 및 연락처						
	⑤ 업태(종목)									

⑥ 거래기간	⑦ 작성일자

⑧ 제출사유

⑨ 일련번호	⑩ 서류명	⑪ 발급자	⑫ 발급일자	⑬ 선적일자	⑭ 통화코드	⑮ 환율	당기제출금액		당기신고해당분		⑳ 비고
							⑯ 외화	⑰ 원화	⑱ 외화	⑲ 원화	

210㎜×297㎜[백상지 80g/㎡(재활용품)]

작 성 방 법

이 명세서는 개별소비세 수출면세의 적용을 받기 위하여 수출신고필증, 우체국장이 발행한 소포수령증 (우편수출의 경우로 한정함) 등을 개별소비세 과세표준신고서와 함께 이미 제출한 사업자가 부가가치세 신고를 할 때 해당 서류를 별도로 제출하지 아니하려는 경우 또는 영세율 첨부서류를 전산테이프 또는 디스켓으로 제출하려는 사업자의 경우에 작성합니다.

이 명세서는 아래의 작성요령에 따라 한글, 아라비아숫자 및 영문자로 정확하고 선명하게 기입하여야 합니다.

①~⑤ : 제출자(수출자)의 사업자등록증에 적힌 내용을 적습니다.

⑥ : 신고대상기간을 적습니다.

⑦ : 이 신고서의 작성일자를 적습니다.

⑧ : 이 신고서는 제출이유를 다음과 같이 간략하게 적습니다.
   - 개별소비세 과세표준신고서와 함께 제출
   - 전산디스켓 또는 테이프로 제출
   ※ 위 두 가지 사유에 모두 해당하는 사업자는 각각 별지로 작성하여 제출하여야 합니다.

⑨ : 이미 제출한 서류 및 전산테이프 또는 디스켓에 수록된 내용을 건별로 1번부터 번호를 부여하여 마지막까지 순서대로 적습니다.

⑩ : 개별소비세신고를 할 때에 이미 제출한 서류와 전산테이프 또는 디스켓에 수록된 서류의 명칭을 적습니다.

⑪~⑫ : 이미 제출한 서류 및 전산테이프 또는 디스켓에 수록된 서류의 발급자(발급기관)와 해당 서류의 발급일자를 적습니다.

⑬ : 수출재화(물품)를 실질적으로 선적한 일자를 적습니다.

⑭ : 수출대금을 결제받기로 한 외국통화의 코드를 영문자 3자로 적습니다(수출신고필증상의 33번 항목 의 중간에 표시되며, 미국 달러화인 경우 USD로 표기합니다).

⑮ : 수출재화 선적일자의 외국환 거래시점에 의한 기준환율 또는 재정환율을 적습니다.

⑯~⑰ : 개별소비세신고를 할 때에 제출한 것과 전산테이프 또는 디스켓에 수록된 것을 적습니다.

   ⑯ : 수출재화의 인도조건에 따라 지급받기로 한 전체 수출금액으로 수출신고필증상의 33번 항목의 금액이며 소수점 2자리까지 적습니다.

   ⑰ : ⑯란의 금액을 ⑮란의 환율로 환산한 금액을 적습니다. 다만, 선적일 전에 수출대금을 원화로 환가한 경우(수출선수금, 사전송금방식수출 등)에는 그 금액을 원단위 미만을 절사하고 적습니다.

⑱~⑲ : 부가가치세 영세율신고와 관련된 것을 적습니다. 작성요령은 ⑯란 및 ⑰란과 동일합니다.

제2절 면 세

1. 의 의

가. 면세제도의 개념

부가가치세법상 면세란 특정한 재화 또는 용역의 공급 및 재화의 수입에 대하여 부가가치세를 면제하는 것을 말한다. 이 면세제도는 재화 또는 용역의 공급에 대한 매출세액은 없으나, 면세사업자가 부담한 매입세액은 환급되지 아니하여 앞에서 살펴본 영세율과는 달리 부분면세제도이다. 즉 면세는 면세대상의 재화 또는 용역의 공급에 대해서만 부가가치세가 면제될 뿐이고 면세사업자가 과세재화 또는 용역을 공급받을 때에는 부가가치세를 면제하지 아니하므로 면세단계에서 창출된 부가가치세에 대해서만 부가가치세 부담을 지우지 아니하는 부분면세제도인 것이다.

나. 면세효과

면세제도는 소비세인 부가가치세의 역진부담의 완화를 위하고, 여러 가지 사회·문화·공익상의 정책적 목적을 달성하기 위한 것이다. 따라서 면세는 소비자의 부가가치세 부담을 경감시키는 데 그 취지가 있는 것이며 사업자의 부담을 덜어주는 제도가 아니다.

다. 환수효과와 누적효과

면세효과는 면세되는 재화 또는 용역을 최종소비자에게 공급하는 단계에서만 그 실효를 거둘 수 있다. 왜냐하면 사업자가 면세재화 또는 용역을 거래중간단계인 과세사업자에게 공급하고, 과세사업자가 이를 과세재화 또는 용역으로 최종소비자에게 공급할 때에는 과세사업자는 면세사업자가 구입시 부담하여 전가시킨 부가가치세액을 공제받지 못한다. 때문에 전가된 부가가치세액만큼 원가를 구성하게 되어 면세사업자로부터 공급받은 재화·용역에 대한 면세효과는 사실상 상쇄될 뿐 아니라 누적과세되게 되며, 이러한 경우는 면세제도를 두지 않는 부가가치세제하에서 보다 조세부담이 가중된다.

면세효과는 환수효과와 누적효과로 나누어 살펴볼 수 있다.

환수효과는 취소효과라고도 하는데 특정 거래단계에서 적용된 세액의 경감이 그 다음 단계에서 다시 징수되어 국고에 환수됨에 따라 세액의 경감이 취소되는 효과를 말한다.

누적효과는 가산효과라고도 하는데 특정 거래단계에서 이미 징수된 세액이 후속거래단계에서 면세 등이 적용됨에 따라 공제되지 아니하고, 해당 후속거래의 후속거래단계에서 과세되는 경우 해당 징수세액 상당액이 다시한번 더 징수됨에 따라 중복과세되는 현상을 말한다.

이처럼 중간단계의 면세제도는 부가가치세의 경제적 중립성을 저해하는 요인이 되기 때문에 세부담의 역진성 측면을 중시한 나머지 면세범위를 확대하는 것은 바람직하지 못하다. 따라서 우리나라 부가가치세법에서도 면세대상을 주로 기초생활필수품, 국민후생적 용역, 생산요소용역, 문화・금융・인적용역 등으로 그 범위를 최소화하고 있으며, 의제매입세액공제・재활용폐자원공제・면세포기제도에 의하여 환수 또는 누적효과를 제거하고 있다.

다음은 면세의 누적과세를 비교하는 것이다. 〈사례 1〉은 전단계 과세사업자로 이루어져 있으며, 〈사례 2〉는 중간단계인 제조업자가 면세사업자이다. 그리고 〈사례 3〉은 최종단계인 소매업자가 면세사업자인 경우이다.

〈사례 1〉

거래단계		원료생산업자→	제조업자→	소매업자→	소비자
과세구분		과 세	과 세	과 세	소비자 가격 : 10,000＋5,000 ＋2,000＋1,700 ＝18,700원
매입 세액	매입액	－	10,000	15,000	
	세 율	－	10%	10%	
	세 액	－	1,000	1,500	
부가가치		10,000	5,000	2,000	
매출 세액	매출액	10,000	15,000	17,000	
	세 율	10%	10%	10%	
	세 액	1,000	1,500	1,700	
납부세액		1,000	500	200	

〈사례 2〉

거래단계		원료생산업자→	제조업자→	소매업자→	소비자
과세구분		과 세	면 세	과 세	소비자 가격 : 10,000＋1,000 ＋5,000＋2,000 ＋1,800 ＝19,800원
매입 세액	매입액	－	10,000＋1,000*	16,000	
	세 율	－	10%	－	
	세 액	－	－	－	
부가가치		10,000	5,000	2,000	
매출 세액	매출액	10,000	16,000	18,000	
	세 율	10%	－	10%	
	세 액	1,000	－	1,800	
납부세액		1,000		1,800	

* 제조업자(면세)의 매입세액은 매입세액공제를 받을 수 없으므로 원가에 산입된다.

** 소매업자가 납부한 세액의 내역 : 누적효과(1,100원)＋환수효과(500원)＋소매업자의 부가가치에
  대한 세액(200원) ＝ 1,800원

　① 누적효과 : 2,800(총납부세액) - 17,000(총부가가치)×10% ＝ 1,100원

　② 환수효과(제조단계 면세분 소매단계취소) : 5,000 ×10% ＝ 500원

　③ 소매업자의 부가가치에 대한 세액 : 2,000×10% ＝ 200원

〈사례 3〉

거래단계		원료생산업자→	제조업자→	소매업자→	소비자
과세구분		과 세	과 세	면 세	소비자 가격 : 10,000＋5,000 ＋2,000＋1,500 ＝18,500원
매입 세액	매입액	－	10,000	15,000	
	세 율	－	10%	10%	
	세 액	－	1,000	1,500*	
부가가치		10,000	5,000	2,000	
매출 세액	매출액	10,000	15,000	18,500	
	세 율	10%	10%	－	
	세 액	1,000	1,500	－	
납부세액		1,000	500	－	

* 소매업자(면세)의 매입세액은 매입세액공제를 받을 수 없으므로 원가에 산입된다.

라. 면세사업자의 권리와 의무

부가가치세가 면제되는 재화 또는 용역만을 공급하는 면세사업자의 경우에는 부가가치
세의 납세의무 그 자체도 없으므로 부가가치세 과세표준 및 세액의 신고·납부·사업자의
등록·세금계산서의 발급의무 등도 배제되나 일반과세자로부터 부가가치세의 과세되는 재화
또는 용역을 공급받거나 재화를 수입하는 때에 부가가치세를 거래징수당할 의무마저 배제
되는 것은 아니다.

2. 면세대상

가. 국내거래의 면세대상

(1) 기초생활 필수재화

1) 미가공식료품

가공되지 아니한 식료품에 해당하는 것은 부가가치세를 면제한다(부법 26 ① (1)). 여기서
미가공식료품이란 농산물·축산물·수산물과 임산물로서 다음에 게기하는 것으로서 가공
되지 아니하거나 탈곡·정미·정맥·제분·정육·건조·냉동·염장·포장 그 밖의 원생

산물의 본래의 성질이 변하지 아니하는 정도의 1차 가공을 거쳐 식용에 제공되는 것으로 한다(부령 34 ①).

① 곡류

② 서류

③ 특용작물류

④ 과실류

⑤ 채소류

⑥ 수축류

⑦ 수육류

⑧ 유난류(우유 및 분유를 포함)

⑨ 생선류(고래를 포함)

⑩ 패류

⑪ 해조류

⑫ '①'부터 '⑪'까지 외의 그 밖의 식용에 제공되는 농산물·축산물·수산물·임산물

⑬ 소금{「식품위생법」제7조 제1항에 따라 식품의약품안전청장이 정한 식품의 기준 및 규격에 따른 천일염(天日鹽) 및 재제(再製)소금을 말한다}

부가가치세법상 면세되는 미가공식료품[15])에는 다음의 것을 포함한다(부령 28 ②).

① 김치·두부 등 단순 가공식료품. 이 경우 미가공식료품의 범위는 부가가치세법시행규칙 별표 1 미가공식료품분류표에 의한다. 그리고 미가공식료품분류표의 적용에 있어서는 「관세법」 별표 관세율표를 기준으로 한다.

② 원생산물의 본래의 성질이 변하지 아니하는 정도로 1차가공하는 과정에서 필수적으로 발생하는 부산물

③ 미가공식료품을 단순히 혼합한 것

④ 쌀에 식품첨가물 등을 첨가 또는 코팅하거나 버섯균 등을 배양시킨 것으로서 기획재정부령으로 정하는 것

⑤ 데친 채소류 : 저장을 위해 식품의 색깔이나 맛, 영양가가 변하지 않는 정도로 끓는 물에 2~3분 정도 담가 열처리한 것(다만, 독립된 단위로 포장판매하는 경우 과세)

---

15) ① 미가공식료품의 범위는 부가가치세법시행규칙 [별표 1] 미가공식료품분류표에 따른다(부록참조).
② 미가공식료품분류표의 적용에 있어서는 [관세법 별표 관세율표]를 기준으로 한다(부칙 10).

【통칙·판례·예규 참조】

부 통 냉동처리한 어류의 면세

신선한 어류의 껍질·머리·뼈·내장 등을 제거하고 냉동한 순살코기와 조미하지 아니하고 단순히 분쇄냉동한 어육으로서 식용으로 제공되는 것은 면세한다(부통 26-34-1).

부 통 도살·해체한 축산물의 면세

축산물인 돼지·소·닭 등을 도살·해체하여 정육·건조·냉장 등 본래의 성질이 변하지 아니하는 정도의 1차가공을 거쳐 식용으로 제공되는 것은 면세한다(부통 26-34-2).

부 통 조미·가공한 식료품

조미료·향신료(고추·후추 등) 등을 가미하여 가공처리한 것으로서 다음에 게기하는 식료품에 대하여는 면세하지 아니한다. 다만, 어류 등의 신선도 유지·저장·운반 등을 위하여 화학물질 등을 첨가하는 때에는 그러하지 아니하다(부통 26-34-3).

1. 맛 김
2. 볶거나 조미한 멸치
3. 조미하여 건조한 쥐치포 등의 어포류

부 통 면세하지 아니하는 가공된 식료품

본래의 성질이 변한 정도의 가공을 거친 다음 게기하는 식료품은 면세하지 아니한다(부통 26-34-4).

1. 전 분
2. 면 류
3. 팥·콩 등의 앙금
4. 떡
5. 한 천
6. 묵
7. 인삼차
8. 엿기름

부 통 면세하지 아니하는 포장된 김치·젓갈류 등

김치·젓갈류·간장 또는 된장 등을 거래단위로서 포장하여 최종소비자에게 그 포장의 상태로 직접 공급하는 것에 대하여는 면세하지 아니한다(부통 26-34-5).

부 통 새·열대어 등의 면세

우리나라에서 생산되어 식용으로 제공되지 아니하는 관상용의 새·열대어·금붕어 및 갯지렁이에 대하여는 면세한다(부통 26-34-6).

부 통 화초·수목의 면세와 조경공사

우리나라에서 생산된 화초·수목 등의 공급에 대하여는 면세하나, 조경공사용역의 공급가액에 포함된 화초·수목 등에 대하여는 법 제14조에 따라 과세한다(부통 26-34-7).

부 통 클로레라의 면세

우리나라에서 생산되어 단순히 건조한 크로레라(이끼)의 공급에 대하여는 면세한다. 다만, 해당 크로레라에 벌꿀 등을 가미하거나 정제로 제조한 크로레라제품의 공급에 대하여는 과세한다(부통 26-34-8).

부 통 조개껍질의 면세

우리 나라에서 생산된 조개껍질(패각)의 공급에 대하여는 면세하나, 조개껍질(패각)을 분쇄하여 패분의 상태로 공급하는 것에 대하여는 과세한다(부통 26-34-9).

부 통 누에고치 등의 면세

상묘·잠종·잠아·치잠 등 잠견류와 누에고치(생견)를 열처리하여 건조시킨 마른 누에고치(건견) 및 누에가루(식용에 적합한 것에 한한다)의 공급에 대하여는 면세하나, 제사공정에서 부산물로 산출되는 번데기의 공급에 대하여는 과세한다(부통 26-34-10).

부 통 볏짚 등의 면세

우리 나라에서 생산된 볏짚·왕골·청올치(갈저)의 공급에 대하여는 면세하나, 이를 재료로 하여 제조한 돗자리·공예품 등의 공급에 대하여는 과세한다(부통 26-34-11).

☞ 면세되는 식용 농산물

판 례 곡물가공업체로부터 밀기울을 면세로 공급받아 이를 다시 제3자에게 전매하는 중간수집판매상의 부가가치세면제대상 여부

곡물가공업체인 사업자가 외국산 밀 등을 제분하는 과정에서 밀기울 등을 부수하여 생산공급하는 경우 주된 재화인 밀가루가 면세대상재화이므로 그 사업자의 그 밀가루공급과 관련한 부수생산물인 밀기울의 공급도 그 사업자의 공급단계에서만 면세대상으로 되는 것 일뿐, 그 사업자인 곡물가공업체로부터 밀기울을 면세로 공급받아 이를 다시 제3자에게 전매하는 중간수집판매상의 공급단계에서까지 그 밀기울의 공급에 관한 부가가치세가 면세된다고 볼 수는 없다(대법원2000두7131, 2001.3.15).

예 규 열풍 건조한 후 분쇄·포장하여 판매하는 마늘·고추·생강 가루의 면세 여부

사업자가 마늘, 고추, 생강을 세척하여 건조한 후 분쇄한 것을 포장하여 공급하는 경우에는 부가가치세법 제12조 제1항 제1호의 미가공식료품에 해당되어 부가가치세가 면제되나, 양파가루 또는 마늘가루에 재제염과 그 밖의 응고방지첨가제 등으로 조제하여 만든 혼합조미료(양파소금, 마늘소금)를 공급하는 경우에는 부가가치세가 과세된다(부가 22601-1485, 1992. 9. 29).

☞ 면세되지 아니하는 식용농산물

예 규 양배추즙의 부가가치세 과세 여부

양배추즙은 부가가치세가 과세되는 재화이다(부가 1265. 1-1889, 1981. 7. 16).

예 규 증기로 삶은 찰옥수수를 판매하는 경우 면세 여부

증기로 삶은 찰옥수수는 본래의 성질이 변한 것이므로 이는 미가공식료품에 해당되지 아니하여 부가가치세가 과세된다(부가 22061-1172, 1992. 7. 27).

예 규 군밤 판매시 면세 여부

사업자가 소비자에게 밤을 구워 파는 경우에, 농 군밤은 미가공식료품에 해당되지 아니하므로 부가가치세가 면제되지 않는다(부가 22601-1546, 1992. 10. 13).

예 규 "죽염"이 부가가치세 면세재화에 해당 여부

"죽염"은 부가가치세가 면제되는 미가공식료품의 범위에 해당하지 않는다(부가 46015-1517, 1994. 7. 22).

예 규 수종의 곡분 등을 혼합·포장하여 판매시 부가가치세 과세 여부

곡류(현미, 찰현미, 옥수수, 조 등) 및 채두류(팥, 검정콩, 녹두)를 선별·세척·건조·분쇄한 수종의 곡분 등에 소량의 식염을 첨가하여 일정비율로 혼합한 재화(일명 즉석 건조식품)는 부가가치세법 시행령 제28조 제1항의 규정에 따른 미가공식료품에 해당되지 아니하여 부가가치세가 면제되지 않는다(부가 46015- 2579, 1999. 8. 25).

예 규 양념류를 제조하여 판매하는 경우 부가가치세 과세 여부

고추가루, 마늘, 양파, 새우젓, 멸치액젓, 전분풀, 설탕 등을 배합하여 만든 김치제조에 필요한 양념을 제조하여 판매하는 경우는 부가가치세가 과세된다(부가 46015-863, 2000. 4. 20).

예 규 끓는 물에 5분간 데친 '염장두릅'의 미가공식료품 해당여부

신선할 두릅을 채취하여 2개월 정도 염장과정을 거친 후 해당 염장두릅을 끓는 물에 5분간 데치고 다시85도의 물속에서 50분간 살균과정 등의 제조공정을 거쳐 생산하는 염장두릅은 부가가치세법시행령 제28조 및 제40조 제1항에 규정된 부가가치세가 면제되는 미가공식료품의 범위에 해당되지 아니한다(재경부 소비 46016 – 225, 2001. 8. 28).

☞ 면세되는 식용축산물

예 규 과세재화의 부산물인 미가공식료품

부가가치세가 과세되는 재화인 소시지를 제조하는 자가 돈육은 소시지의 원재료로 사용하고, 식용의 내장, 두골, 족 등 관세율표 번호 제0201호에 해당하는 식용 설육을 공급하는 경우에는 미가공식료품으로서 부가가치세가 면제된다(간세 1235 – 1913, 1979. 6. 12).

예 규 고지방우유가 부가가치세 면제재화에 해당되는지 여부

원유에 유크림(유지방 약 35% 함유)을 약 2.5% 첨가하여 유지방 함량이 4.3%정도로 고지방화 한 "고지방우유"는 관세율표 제0401호의 밀크에 분류되므로 부가가치세법시행령 제28조 제1항 및 같은법시행규칙 제10조 제1항 [별표 1]의 규정에 따라 미가공식료품에 해당되어 부가가치세가 면제된다(부가 46015 – 1030, 1994. 5. 21).

예 규 외국에서 수입하는 '타조'의 미가공식료품 해당 여부

외국에서 수입하는 타조는 부가가치세법시행규칙 제10조(별표 1) 6. 수축류(관세율표번호 0106)에서 규정하는 식용에 적합한 산동물에 해당하므로 부가가치세가 면제된다(재경부 소비 46015 – 195, 2000. 6. 30).

예 규 대추, 인삼 등이 포함된 삼계탕용 닭의 면세 여부

부가가치세가 면제되는 삼계탕용 닭을 판매하는 자가 삼계탕용 재료인 대추, 인삼, 찹쌀, 마늘 등을 각기 본래의 성질을 그대로 유지한 상태로 비닐에 포장하여 공급하는 경우에는 부가가치세가 면제된다(부가 46015 – 1741, 2000. 7. 21).

☞ 면세되지 아니하는 식용축산물

예 규 부가가치세가 면세되지 아니하는 축산물

누에번데기(관세율표 0515)는 과세 (간세 1235 – 2603, 1977. 8. 19) 삶은 계란은 과세(간세 1235 – 55, 1978. 1. 10)

예 규 초코우유의 면세 여부

신선한 우유를 가공하여 만든 초코우유는 부가가치세가 과세된다(부가 1265. 1 – 2839, 1981. 10. 29).

예 규 꿀벌새끼 식품 생산판매시 과세 여부

꿀벌새끼에 꿀, 로얄제리, 소금, 마늘, 계피 등을 혼합하여 제조한 장아찌는 부가가치세법 시행령 제28조에 규정하는 미가공식료품의 범위에 해당하지 아니하는 것이므로 부가가치세가 과세된다(부가 1265 – 1540, 1982. 6. 14).

예 규 양념육의 부가가치세 면제 여부

부가가치세법 시행규칙 [별표1]의 미가공식료품 분류표에 열거된 쇠고기・돼지고기는 신선・냉장 또는 냉동한 것에 한하므로 쇠고기・돼지고기에 마늘, 생강, 간장, 후추, 참기름 등을 혼합한 양념육은 부가가치세 가 과세된다(부가 22601 – 494, 1989. 4. 12).

예규 자동판매기를 통하여 컵꿀을 판매하는 경우 면세 여부

가공되지 아니한 천연꿀을 일회용 종이컵에 담아 간단히 포장(일회용 컵꿀이라고 함)하여 그대로 판매(도·소매업)하는 경우에는 부가가치세가 면제되나, 사업자가 일회용 컵꿀에 물을 부어서 꿀차로서 판매하는 경우(무인판매기에 의하여 판매하는 경우 포함)에는 부가가치세가 과세된다(부가 22601-96, 1992. 1. 24).

예규 인삼한우 쇠고기 면세여부

뼈를 제거하고 기름을 바른 쇠고기에 수삼덩어리 및 수삼엑기스를 주입하여 진공포장한 후에 숙성시킨 상태의 쇠고기(일명 인삼한우 쇠고기)는 부가가치세가 면제되는 미가공식료품에 해당되지 아니하는 것이므로 해당 쇠고기를 공급하는 경우에는 부가가치세가 과세된다(부가 46015-2163, 2000. 9. 5).

☞ 면세되는 식용수산물

예규 신선도를 유지하기 위한 가공재화

선어의 순수한 어육을 조미하지 아니하고 단순히 분쇄된 어육을 보관 중 변질되는 것을 막거나 신선도를 유지하기 위하여 화학물질(인산염 및 솔비톨 등)을 첨가하여 냉동한 것으로서 원생산물의 본래의 성질이 변하지 아니하는 것은 부가가치세가 면제되는 미가공식료품이다. 다만, 이를 첨가하는 것이 본래의 성질이 변하지 않도록 보관하기 위한 것인지 여부는 사실에 따라 판단할 사항이다(부가 1265. 1-205, 1981. 1. 28).

예규 어류의 어두, 어미, 복육 등의 면세 여부

분리된 어류의 어두, 어미, 복육(배부분)등을 별도로 가공하지 아니하고 식용에 제공되는 것은 부가가치세법 시행령 제28조 제1항에 의하여 부가가치세가 면제되는 미가공식료품에 해당된다(부가 1265. 1-1849, 1981. 7. 13).

예규 명태포, 쥐치포

어류를 단순히 건조하여 탈피한 명태포, 쥐치포는 관세율표 번호 0302에 해당하여 부가가치세가 면제되는 미가공식료품에 해당하나 삶거나 조미한 것은 부가가치세가 과세된다(부가 1265-72, 1983. 1. 5).

예규 건어물의 부가가치세 면제 여부

어민으로부터 구입한 잡어를 단순히 습기를 제거하기 위하여 본래의 성상이 변하지 아니하는 정도로 건조하여 원형 그대로 판매하였을 경우에는 부가가치세가 면제되나, 동 잡어를 삶아서 건조한 후에 판매하는 경우에는 부가가치세가 과세된다(재무부 부가 22601-1457, 1989. 10. 11).

☞ 면세되지 아니하는 식용수산물

예규 한천의 면세 여부

한천은 부가가치세가 면제되는 미가공 식료품의 범위에 포함되지 아니하므로 이를 공급하는 경우는 부가가치세가 과세된다(부가 1265. 1-245, 1981. 2. 3).

예규 과세되는 포장용기의 판단기준

젓갈류를 공급함에 있어 단순히 운반의 편의를 위해 용기를 사용하여 판매하는 경우는 부가가치세가 면제되는 것이나 거래단위로서 포장하여 최종 소비자에게 그 포장의 상태로 직접 공급하는 것은 과세된다(부가 1265-2950, 1982. 11. 19).

예규 즉석에서 김을 구워 판매시 면세 여부

소비자의 요구에 의하여 기름·소금 등을 가미하여 구워 파는 즉석구이 김은 본래의 성질이 변한 정도의 가공을 거친 식료품에 해당되므로 부가가치세가 면제되지 않는다(부가 22601-1543, 1992. 10. 12).

부가가치세가 면세되는 오징어는 부가가치세법시행규칙 제10조 [별표1]에 의하여 산 것과 신선·냉장·냉동·건조·염장 또는 염수장한 것에 한하므로 고속도로 휴게소 등에서 불에 구워 판매하는 것에 대하여는 부가가치세가 과세된다(재경부 소비 46015-44, 2001. 2. 22).

☞ 미가공식료품 등에 관련된 부산물

밀가루의 제조과정에서 발생되는 밀의 포장물인 공가마니와 밀가루 포장지 등 밀가루 제조과정에서 필연적으로 발생하는 파지대 등은 면세되는 재화에 포함된다(부가 1265-1638, 1982. 6. 21).

천일염 생산업자가 천일염을 생산함에 있어서 천일염이 생산되는 최종의 생산과정 이후에 남아있는 함수(고즙이라 함)는 천일염에 대한 부수재화로서 면세재화에 해당한다(부가 1265. 1-125, 1983. 1. 24).

2) 국산 비식용 농·축·수·임산물

우리나라에서 생산되어 식용에 공하지 아니하는 농산물·축산물·수산물과 임산물은 부가가치세를 면제한다(부법 26 ① (1)). 여기서 우리나라에서 생산되어 식용으로 제공되지 아니하는 농산물·축산물·수산물과 임산물로서 부가가치세가 면제되는 것은 다음에 게기하는 것으로 한다(부령 34 ③). 여기서 원생산물 또는 원생산물의 본래의 성상이 변하지 아니하는 정도의 원시가공을 거친 것으로 한다. 비식용 농·축·수·임산물을 수입하는 것은 면세하지 아니한다.

① 원생산물

② 원생산물의 본래의 성상이 변하지 아니하는 정도의 원시가공을 거친 것

③ 위 '②'에 따른 원시가공 과정에서 필수적으로 발생하는 부산물

1235－2469, 1977. 8. 11).

예 규 계분의 부가가치세 면제 여부

천연비료인 계분을 모집하여 판매하는 경우 부가가치세가 과세된다(간세 1235－4247, 1977. 11. 22).

예 규 국내산 녹용을 공급하는 경우 면세여부

국내산 녹용을 부패방지 및 보관목적으로 냉동한 후 이를 판매목적으로 절단하여 공급하는 경우 해당 녹용은 부가가치세가 면제된다(서삼 46015－11224, 2002. 7. 25).

☞ 식용에 공하지 아니하는 면세수산물

예 규 관상용의 새, 열대어, 금붕어 등의 면세 여부

관상용의 새, 열대어, 금붕어 및 갯지렁이는 부가가치세가 면제되는 축산물 또는 수산물에 해당된다(간세 1265－1899, 1980. 6. 25).

예 규 '물벼룩' 배양·생산하여 양식장에 공급하는 경우 면세 여부

우리나라에서 물고기의 먹이가 되는 물벼룩(물벼룩과의 절지동물)을 배양·생산하여 급속 냉동한 후 물고기 양식장에 공급하는 경우에는 부가가치세를 면제한다(부가 46015－4001, 2000. 12. 12).

예 규 자작나무 수액의 부가가치세 면제 여부

자작나무에 천공 후 호스를 통하여 채취한 수액을 단순히 여과과정만을 거쳐 포장하여 판매하는 경우에 있어 해당 수액은 임산물에 해당하는 것으로서 포장하여 판매하는 경우에도 수액 본래의 성상이 변하지 아니한 때에는 부가가치세가 면제된다(부가 46015－233, 2001. 2. 6).

☞ 식용에 공하지 아니하는 면세임산물

예 규 식용에 공하지 아니하는 면세 임산물

닥나무 껍질로 만든 백저피는 면세(간세 1265. 1－2473, 1980. 5. 29) 칡의 껍질로 만든 청올치는 면세(간세 1265. 1－2473, 1980. 8. 14) 귀약나물의 뿌리를 분쇄하여 만든 귀약물은 과세 (부가 1235－483, 1978. 2. 7) 겨자와 계피를 분쇄하여 공급하는 것은 과세 (부가 1235－2885, 1977. 8. 1)

예 규 수입한 소철 줄기를 국내에서 재배과정을 거쳐 판매하는 경우

소철(cycad)줄기의 일부분만을 외국에서 수입하여 약 1년간의 재배과정을 거쳐 잎과 뿌리가 난 소철을 판매하는 경우에는 부가가치세가 면제된다(부가 1265－2214, 1983. 10. 18).

예 규 목탄(炭)의 부가가치세 과세 여부

목탄(炭)은 부가가치세가 과세되는 재화이다(부가 1265. 1－1037, 1984. 5. 29).

3) 수돗물

수돗물은 부가가치세가 면제된다(부법 26 ① (2)). 수도법상 수도사업자 아닌 자가 공급하는 것은 부가가치세가 과세된다.

【통칙·판례·예규 참조】

부 통 수돗물의 정의

부가가치세법 제26조 제1항 제2호에 규정하는 "수돗물"은 「수도법」상의 수도사업자가 도관에 의하여

공급하는 물과 「수도법」상의 수도사업자에게 직접 공급하는 수도사업(공업용 수도사업 및 전용수도를 포함한다)용 물(원수)을 말한다(부통 26－0－1).

> **부 통** 선박 급수업
>
> 항계 내에서 선박 등에 물을 공급하는 것에 대하여는 면세하지 아니한다(부통 26－0－2).
>
> **예 규** 양수사업 과세 여부
>
> 개인이 사업상 농업용수를 공급하고 받는 대가에 대하여는 부가가치세가 과세된다(부가 1265. 1－2440, 1979. 9. 17).
>
> **예 규** 원수의 부가가치세 면제 여부
>
> 사업자가 수도법상 수도사업자에게 직접 공급하는 수도사업(공업용 수도사업 및 전용수도를 포함한다)용 물(원수)은 부가가치세법 제12조 제1항 제2호에 규정하는 수돗물에 포함된다(조법 1265. 2－1029, 1983. 9. 23).

4) 연탄과 무연탄

연탄과 무연탄에 대하여는 부가가치세를 면제한다(부법 26 ① (3)).

> **【통칙 · 판례 · 예규 참조】**
>
> **부 통** 면세 연탄의 범위
>
> 무연탄층과 착화를 용이하게 하기 위한 점화층으로 되어 있는 하향식 연속점화연탄 및 조개탄(마세크탄)의 공급에 대하여는 부가가치세를 면제하는 것이나, 유연탄·갈탄 및 착화탄(연탄용 불쏘시개) 공급에 대하여는 면세하지 아니한다(부통 26－0－3).
>
> **예 규** 마세크탄 "조개탄"이 연탄에 포함 여부
>
> 유연탄 및 갈탄은 부가가치세가 면제되는 "연탄과 무연탄"에 해당되지 아니하나 마세크탄(조개탄)는 연탄에 포함된다(간세 1235－2316, 1977. 8. 1, 간세 1235－1014, 1979. 3. 31, 간세 1265. 1－4211, 1979. 11. 21).
>
> **예 규** 하향식 점화연탄의 면세 여부
>
> 부가가치세법 제12조 제1항 제3호의 연탄은 무연탄을 주원료로 하여 제조된 연료로서 구멍탄(좁은 의미의 연탄) 마세크탄 등을 말하는 것이므로 무연탄층과 이의 착화를 용이하게 하기 위한 점화층으로 되어있는 하향식연속 점화 연탄은 이에 해당한다(조법 1265－92, 1983. 1. 28).
>
> **예 규** 코크스 연탄의 면세 여부
>
> 가정용 코크스 연탄은 부가가치세가 과세된다(부가 1265－1381, 1983. 7. 12).

5) 여성용 생리처리 위생용품

여성의 복리후생을 증진하기 위해 여성의 기초생활용품이라고 할 수 있는 여성용 생리처리 위생용품에 대한 부가가치세를 면제한다(부법 26 ① (4)).

(2) 국민후생용역

1) 의료보건용역과 혈액

의료보건용역으로서 다음과 같은 것과 혈액(치료·예방·진단 목적으로 조제한 동물의 혈액을 포함)에 대하여는 부가가치세를 면제한다. 여기에는 수의사법에 따라 의료기관 또는 동물병원을 개설한 자가 제공하는 것을 포함한다(부법 26 ① (5), 부령 35).

① 「의료법」에 따른 의사·치과의사·한의사·조산사 또는 간호사가 제공하는 용역. 다만, 「국민건강보험법」 제41조 제4항[16)에 따라 요양급여의 대상에서 제외되는 다음의 진료용역은 제외한다.

   ㉠ 쌍꺼풀수술, 코성형수술, 유방확대·축소술(유방암 수술에 따른 유방 재건술은 제외한다), 지방흡인술, 주름살제거술, 안면윤곽술, 치아성형(치아미백, 라미네이트와 잇몸성형술을 말한다) 등 성형수술(성형수술로 인한 후유증 치료, 선천성 기형의 재건수술과 종양 제거에 따른 재건수술은 제외한다)과 악안면 교정술(치아교정치료가 선행되는 악안면 교정술은 제외한다)

   ㉡ 색소모반·주근깨·흑색점·기미 치료술, 여드름 치료술, 제모술, 탈모치료술, 모발이식술, 문신술 및 문신제거술, 피어싱, 지방융해술, 피부재생술, 피부미백술, 항노화치료술 및 모공축소술

② 「의료법」에 따른 접골사, 침사, 구사 또는 안마사가 제공하는 용역

③ 「의료기사 등에 관한 법률」에 따른 임상병리사, 방사선사, 물리치료사, 작업치료사, 치과기공사 또는 치과위생사가 제공하는 용역

④ 「약사법」에 따른 약사가 제공하는 의약품의 조제용역(조제 이외의 의약품은 과세)

⑤ 「수의사법」에 규정하는 수의사가 제공하는 용역. 다만, 동물의 진료용역은 다음 중 어느 하나에 해당하는 진료용역으로 한정한다.

---

16) 제41조【요양급여】① 가입자 및 피부양자의 질병·부상·출산 등에 대하여 다음 각호의 요양급여를 실시한다.
   1. 진찰·검사
   2. 약제·치료재료의 지급
   3. 처치·수술 그 밖의의 치료
   4. 예방·재활
   5. 입원
   6. 간호
   7. 이송
   ② 제1항의 규정에 의한 요양급여(이하 "요양급여"라 한다)의 방법·절차·범위·상한 등 요양급여의 기준은 보건복지가족부령으로 정한다.
   ③ 보건복지가족부장관은 제2항의 규정에 의하여 요양급여의 기준을 정함에 있어 업무 또는 일상생활에 지장이 없는 질환 그 밖의 보건복지가족부령이 정하는 사항은 요양급여의 대상에서 제외할 수 있다.
   ④ 보건복지부장관은 제3항에 따라 요양급여의 기준을 정할 때 업무나 일상생활에 지장이 없는 질환에 대한 치료 등 보건복지부령으로 정하는 사항은 요양급여대상에서 제외되는 사항(이하 "비급여대상"이라 한다)으로 정할 수 있다

㉮「축산물위생관리법」에 따른 가축에 대한 진료용역

㉯「수산생물질병 관리법」에 따른 수산동물에 대한 진료용역

㉰ 장애인 보조견표지를 발급받은 장애인 보조견에 대한 진료용역

㉱「국민기초생활 보장법」에 따른 수급자가 기르는 동물의 진료용역

㉲ '㉮~㉱'까지의 규정에 따른 진료용역 외에 질병의 예방을 목적으로 하는 동물의
진료용역으로서 농림수산식품부장관이 기획재정부장관과 협의하여 고시하는 용역

⑥ 장의업자가 제공하는 장의용역

⑦「장사 등에 관한 법률」에 따라 사설묘지, 사설화장시설, 사설봉안시설 또는 사설자연
장지를 설치·관리 또는 조성하는 자가 제공하는 묘지분양, 화장, 유골 안치, 자연장지
분양 및 관리업 관련 용역

⑧ 지방자치단체로부터「장사 등에 관한 법률」에 따른 공설묘지, 공설화장시설, 공설봉안
시설 또는 공설자연장지의 관리를 위탁받은 자가 제공하는 묘지분양, 화장, 유골 안치,
자연장지분양 및 관리업 관련 용역

⑨「응급의료에 관한 법률」에 따른 응급환자이송업자가 제공하는 응급환자이송용역

⑩「하수도법」에 따른 분뇨수집·운반업의 허가를 받은 사업자와「가축분뇨의 관리 및
이용에 관한 법률」에 따른 가축분뇨수집·운반업 또는 가축분뇨처리업의 허가를 받은
사업자가 공급하는 용역

⑪「감염병의 예방 및 관리에 관한 법률」에 따라 소독업의 신고를 한 사업자가 공급하는
소독용역

⑫「폐기물관리법」에 따라 생활폐기물 또는 의료폐기물의 폐기물처리업 허가를 받은 사
업자가 공급하는 생활폐기물 또는 의료폐기물의 수집·운반 및 처리용역과 같은 법에
따라 폐기물처리시설의 설치승인을 받거나 그 설치의 신고를 한 사업자가 공급하는
생활폐기물의 재활용용역

⑬「산업안전보건법」에 따라 보건관리전문기관으로 지정된 자가 공급하는 보건관리용역
및 같은 법에 따른 작업환경측정기관이 공급하는 작업환경측정용역

⑭「노인장기요양보험법」에 따른 장기요양기관이 같은 법에 따라 장기요양인정을 받은
자에게 제공하는 신체활동·가사활동의 지원 또는 간병 등의 용역

⑮「사회복지사업법」에 따라 보호대상자에게 지급되는 사회복지서비스이용권을 대가로
국가·지방자치단체 외의 자가 공급하는 용역

⑯「모자보건법」에 따른 산후조리원에서 분만 직후의 임산부나 영유아에게 제공하는 급
식·요양 등의 용역

⑰「사회적기업 육성법」에 따라 인증받은 사회적 기업 또는「협동조합기본법」에 따라
설립인가를 받은 사회적 협동조합이 직접 제공하는 간병, 산후조리, 보육용역

⑱ 법률에 따라 국가 및 지방자치단체로부터 위탁받은 자가 제공하는 의료보건 용역

【통칙·판례·예규 참조】

부 통 **면세하지 아니하는 그 밖의 의료보건위생용역**

다음 각 호의 어느 하나에 해당하는 것은 면세하는 그 밖의 의료보건위생용역에 해당하지 아니한다(부통 26-35-1).

1. 「폐기물관리법」, 「하수도법」 및 「가축분뇨의 관리 및 이용에 관한 법률」에 따라 허가를 얻은 사업자가 수거한 폐기물, 분뇨 등으로 과세되는 재화를 제조하여 공급하는 경우

2. 「폐기물관리법」 제29조에 따라 폐기물처리시설을 설치·운영하는 사업자 및 「하수도법」 제45조 및 「가축분뇨의 관리 및 이용에 관한 법률」 제28조에 따라 등록한 사업자가 폐기물처리시설이나 분뇨처리시설, 오수정화시설, 정화조 또는 축산폐수정화시설의 설계·시공용역을 공급하거나 정화조를 공급하는 경우

3. 사업자가 타인에게 임대하거나 사용하게 한 공장 또는 사업장에 폐기물 또는 분뇨 등의 수거와 청소용역을 제공하는 경우

부 통 **의약품조제용역의 정의**

영 제35조 제4호에서 규정하는 "의약품조제용역" 중 "조제"란 일정한 처방에 따라서 두 가지 이상의 의약품을 배합하거나 한가지의 의약품을 그대로 일정한 분량으로 나누어서 특정한 용법에 따라 특정인의 특정된 질병을 치료하거나 예방하는 등의 목적으로 사용하도록 약제를 만드는 것을 말한다(부통 26-35-2).

예 규 **한약취급에 있어서 부가가치세의 적용범위**

한의사가 제공하는 용역은 부가가치세법 제12조 제1항 제4호의 규정에 따라 면세되나 한약방(도·소매)은 과세대상이다(간세 1235-1972, 1977. 7. 16).

예 규 **음식물쓰레기 처리용역의 부가가치세 면제 여부**

폐기물관리법 제30조 제2항의 규정에 따라 폐기물처리시설의 설치신고를 한 사업자가 지방자치단체로부터 생활폐기물에 해당하는 음식물쓰레기의 처리를 위탁받아 음식물쓰레기 처리용역을 공급하는 경우에는 부가가치세법시행규칙 제11조의 2 제4호의 규정에 따라 부가가치세가 면제된다(부가 46015-4359, 1999. 10. 27).

예 규 **장례식장에서 제공하는 음식용역에 대한 부가가치세 과세 여부**

가정의례에관한법률 제5조의 규정에 따라 신고한 장례식장업자가 장례식장을 방문한 문상객에게 음식용역을 제공하는 경우에는 부가가치세법시행령 제9조 제6호에 규정하는 장의용역에 해당되지 아니하여 부가가치세법 제1조 제1항의 규정에 따라 부가가치세가 과세된다(재경부·소비 46015-80, 1999. 10. 28).

---

2) 교육용역

교육용역은 부가가치세를 면제한다(부법 26 ① (6)). 여기서 교육용역이란 다음 중 어느 하나에 해당하는 시설 등에서 학생, 수강생, 훈련생, 교습생 또는 청강생에게 지식, 기술 등을 가르치는 것으로 한다. 이 경우에 어떤 지식 또는 기술을 가르치는지는 불문한다.

① 주무관청의 허가 또는 인가를 받거나 주무관청에 등록되거나 신고된 학교, 학원, 강습소, 훈련원, 교습소 또는 그 밖의 비영리단체

② 「청소년활동진흥법」에 따른 청소년수련시설

③ 「산업교육진흥 및 산학연협력촉진에 관한 법률」에 따른 산학협력단

④ 「사회적기업 육성법」에 따라 인증받은 사회적기업

⑤ 「과학관의 설립·운영 및 육성에 관한 법률」에 따라 등록한 과학관

⑥ 「박물관 및 미술관 진흥법」에 따라 등록한 박물관 및 미술관

⑦ 「협동조합기본법」에 따라 설립인가를 받은 사회적 협동조합

⑧ 「영유아보육법」에 따른 어린이집(국공립어린이집이나 직장어린이집이 위탁하여 운영
하는 경우를 포함)

다만, 다음의 학원에서 가르치는 것은 제외한다.

① 「체육시설의 설치·이용에 관한 법률」 제10조 제1항 제2호[17])의 무도학원

② 「도로교통법」 제2조 제30호[18])의 자동차운전학원

【통칙·판례·예규 참조】

부 통 교육용역의 면세범위

① 면세하는 교육용역은 주무관청의 허가·인가 또는 승인을 얻어 설립하거나 주무관청에 등록 또는
신고한 학원·강습소 등 및 「청소년활동진흥법」 제10조 제1호에 따른 청소년수련시설에서 지식·
기술 등을 가르치는 것을 말하며, 그 지식 또는 기술의 내용은 관계없다. 이 경우 부가가치세가
면제되는 교육용역의 공급에 필수적으로 부수되는 용역의 공급은 면세용역의 공급에 포함된다(부
통 26-36-1).

② 교육용역 제공시 필요한 교재·실습자재 그 밖의 교육용구의 대가를 수강료 등에 포함하여 받거나,
별도로 받는 때에는 주된 용역인 교육용역에 부수되는 재화 또는 용역으로서 면세한다.

③ 「청소년활동진흥법」 제10조 제1호에 따른 청소년 수련시설에서 학생·수강생·훈련생 등이 아닌
일반 이용자에게 해당 교육용역과 관계없이 음식·숙박용역만을 제공하거나 실내수영장 등의 체육
활동 시설을 이용하게 하고 대가를 받는 때에는 면세되지 아니한다.

---

17) 제10조【체육시설업의 구분·종류】① 체육시설업은 다음과 같이 구분한다.
  1. 등록 체육시설업 : 골프장업, 스키장업, 자동차 경주장업
  2. 신고 체육시설업 : 요트장업, 조정장업, 카누장업, 빙상장업, 승마장업, 종합 체육시설업, 수영장업, 체육도
    장업, 골프 연습장업, 체력단련장업, 당구장업, 썰매장업, 무도학원업, 무도장업
18) 제2조【정의】이 법에서 사용하는 용어의 정의는 다음과 같다.(생략)
  30. "자동차운전학원"이란 자동차등의 운전에 관한 지식·기능을 교육하는 시설로서 다음 각 목의 시설 외
    의 시설을 말한다.
  가. 교육관계법령에 의한 학교에서 소속 학생 및 교직원의 연수를 위하여 설치한 시설
  나. 사업장 등의 시설로서 소속 직원의 연수를 위한 시설
  다. 전산장치에 의한 모의운전연습시설
  라. 지방자치단체 등이 신체장애인의 운전교육을 위하여 설치하는 시설 가운데 지방경찰청장이 인정하는 시설
  마. 대가를 받지 아니하고 운전교육을 실시하는 시설
  바. 운전면허를 받은 사람을 대상으로 다양한 운전경험을 체험할 수 있도록 하기 위하여 도로가 아닌 장소에서
    운전교육을 실시하는 시설

교육용 기재 폐품 매각시 면세 여부

부가가치세가 면제되는 교육용역을 공급하는 자가 해당 용역의 공급과 관련하여 사용하던 교육용 기재를 폐품으로 매각 처분할 경우에는 부가가치세가 면제되는 교육용역의 공급에 포함된다(간세 1235-1765, 1979. 5. 29).

체육도장의 교습용역에 대한 과세 여부

종전 사설강습소에 관한 법률의 적용을 받던 체육도장이 1989. 7. 1부터 시행된 체육시설의 설치·이용에 관한 법률에 의하여 같은 법의 적용을 받게된 경우에도 해당 체육도장이 종전과 같이 교습생·훈련생에게 지식이나 기술을 가르치는 것을 주된 목적으로 하는 때에는 부가가치세를 면제한다(재무부 부가 22601-1182, 1990. 11. 27).

미용체조장(체조, 에어로빅)의 면세 여부

체육시설의 설치이용에 관한 법률에 의거 정부에 신고한 미용체조장에서 미용체조 교육용역을 제공하는 경우에는 부가가치세법시행령 제30조 규정의 교육용역에 포함되어 부가가치세가 과세되지 않는다(부가 22601-566, 1992. 4. 28).

방문교육의 부가가치세 면세 여부

관련법령에 의하여 시설·교습과정 및 정원 등에 관한 일정한 요건을 갖추어 주무관청으로부터 허가 또는 인가를 받지 아니한 사업자가 각 가정을 방문하여 아동을 교육하는 사업은 부가가치세법 제12조 제1항 제5호의 규정에 따른 교육용역에 해당되지 아니하여 부가가치세가 과세된다(부가 46015-2398, 1999. 8. 10).

학원의 운영자가 기업체에 출장하여 일시적으로 교육하는 경우 면세 여부

학원의설립·운영에관한법률 제8조의 규정에 따른 시설 및 설비를 갖추어 같은 법 제6조의 규정에 따라 교육감에게 등록한 후 수강생을 모집하여 개인의 이미지 향상을 위한 자세, 대화술, 표정관리 등을 가르치는 사업자가 기업체와의 계약에 의하여 해당 기업체에 출장하여 단기간 해당 학원에서 가르치는 용역과 같은 용역을 임직원 등에게 가르치는 경우에는 부가가치세가 면제된다(부가 46015-131, 2000. 1. 18).

허가 또는 인가받은 학원을 임차한 자가 학생 등에게 교육용역을 제공하는 경우 면세 여부 판단기준

학원의 설립·운영에 관한 법률 제6조의 규정에 따라 등록된 학원을 임차하여 교육용역을 제공하는 경우 해당 용역이 부가가치세법 제12조 제1항 제5호 및 같은 법시행령 제30조의 규정에 따라 부가가치세가 면세되는 용역에 해당하는 지 여부는 임차인이 별도의 인가를 득하지 않는 행위가 관계법령에 의해 학원의 인·허가 또는 등록에 미치는 영향에 따라 판단한다(재경부 소비 46015-14, 2000. 1. 10).

3) 여객운송용역

여객운송용역은 부가가치세가 면제된다. 다만, 항공기, 고속버스, 전세버스, 택시, 특수자동차, 특종선박 또는 고속철도에 의한 여객운송 용역과 삭도, 유람선 등 관광 또는 유흥 목적의 운송수단에 의한 여객운송 용역으로서 다음과 같은 것은 과세된다(부법 26 ① (7), 부령 37).

① 항공기에 의한 여객운송 용역

② 여객자동차 운수사업 중 다음의 여객자동차 운수사업에 제공되는 자동차에 의한 여객

운송 용역

  ㉮ 시외우등고속버스 및 시외고급고속버스를 사용하는 시외버스운송사업

  ㉯ 전세버스운송사업

  ㉰ 일반택시운송사업 및 개인택시운송사업

  ㉱ 자동차대여사업

③ 다음에 정하는 선박에 따른 여객운송용역. 다만, 차도선형여객선에 따른 여객운송용역을 제외한다. 여기서 차도선여객선이란 차량탑재구역이 상시 개방되어 있고 주로 선수문을 통하여 여객이 승선 또는 하선을 하거나 차량을 싣고 내리게 되어 있는 여객선을 말한다.

  ㉮ 수중익선

  ㉯ 에어쿠션선

  ㉰ 자동차운송 겸용 여객선

  ㉱ 항해시속 20노트 이상의 여객선

④ 고속철도에 의한 여객운송 용역

⑤ 삭도(예 : 스키장, 관광지 등의 케이블카)에 의한 여객운송 용역

⑥ 관광유람선업, 관광순환버스업 또는 관광궤도업(예 : 관광용 모노레일)에 제공되는 운송수단에 의한 여객운송 용역

⑦ 관광 사업을 목적으로 운영하는 일반철도(예 : 바다열차)에 의한 여객운송 용역

【통칙 · 판례 · 예규 참조】

부 통 버스표의 위탁판매

여객운송사업자를 위하여 버스표를 위탁판매하여 주고 받는 판매수수료에 대하여는 면세하지 아니한다(부통 26−37−3).

예 규 여객운송용역에 공하던 버스를 양도하는 경우 과세 여부

부가가치세법 제12조 제1항 제6호(단서규정 제외)에 규정하는 여객운송용역사업에 공하던 버스를 양도하는 경우는 면세사업에 관련된 재화의 공급으로서 부가가치세가 면제된다(부가 1265−2288, 1982. 9. 1).

예 규 도선업자가 제공하는 여객운송용역

유선 및 도선업법 제2조 제2항의 규정에 따른 도선업을 영위하는 자가 바다목에서 여객을 운송하는 용역을 제공하는 경우에는 부가가치세법 제12조 제6호의 규정에 의거 부가가치세가 면제된다(부가 22601−857, 1989. 6. 20).

4) 주택과 부수토지의 임대용역

가) 일반적인 경우

주택과 이에 부수되는 토지의 임대용역은 부가가치세를 면제한다(부법 26 ① (12)). 여기서 주택과 이에 부수되는 토지의 임대는 상시 주거용(사업을 위한 주거용의 경우를 제외한다)으로 사용하는 건물과 이에 부수되는 토지로서 다음의 면적 중 넓은 면적을 초과하지 아니하는 토지의 임대를 말하며, 이를 초과하는 부분은 토지의 임대로 본다.

① 주택의 연면적(지하층의 면적, 지상층의 주차용으로 사용되는 면적 및 주민공동시설의 면적을 제외함)

② 건물이 정착된 면적에 5배(도시지역 밖의 토지의 경우에는 10배)를 곱하여 산정한 면적

[표 4-6] 주택과 부수토지의 임대용역 면세범위

구 분	건 물		토지(도시지역 내)			
	정착면적	과세 여부	(사례Ⅰ) 부수토지가 주택 연면적과 건물 정착면적의 5배 중 넓은 면적 이내		(사례Ⅱ) 주택 연면적과 건물 정착면적의 5배 중 넓은 면적 초과	
			면 적	과세 여부	면 적	과세 여부
주택	100㎡	면세	300㎡	면세	600㎡	5배초과분 100㎡만 과세

나) 겸용주택의 경우

임대주택에 부가가치세가 과세되는 사업용 건물이 함께 설치되어 있는 경우에는 주택과 이에 부수되는 토지의 임대의 범위는 다음에 따른다(부령 41 ②).

① 주택 면적 〉 사업용 건물 면적

주택 부분의 면적이 사업용 건물 부분의 면적보다 큰 경우에는 그 전부를 주택의 임대로 본다. 이 경우 그 주택에 부수되는 토지임대의 범위는 주택 연면적과 건물 정착면적의 5배(도시지역 밖의 토지의 경우에는 10배) 중 넓은 면적을 초과하지 아니하는 것으로 한다.

[표 4-7] 주택부분의 면적이 사업용건물부분의 면적보다 클 때 면세범위

구 분	건 물		토지(도시지역 내)			
	연면적 (총120㎡) 정착면적 (60㎡)	과세 여부	(사례Ⅰ) 부수토지가 주택 연면적과 건물 정착면적의 5배 중 넓은 면적 이내		(사례Ⅱ) 부수토지가 주택 연면적과 건물 정착면적의 5배 중 넓은 면적 초과	
			면 적(총300㎡)	과세 여부	면 적(총600㎡)	과세 여부
주택	80㎡	면세	60(정착면적)×5= 300㎡과 연면적 80㎡ 중 넓은 면적	300㎡ 전부면세	300㎡	면세
점포	40㎡	면세			300㎡	과세

② 주택 면적 ≤ 사업용 건물 면적

주택 부분의 면적이 사업용 건물 부분의 면적과 같거나 그보다 작은 때에는 주택 부분 외의 사업용 건물 부분은 주택의 임대로 보지 아니한다. 이 경우 그 주택에 부수되는 토지의 면적은 총토지면적에 주택 부분의 면적이 총건물면적에서 차지하는 비율을 곱하여 계산하며, 그 범위는 주택의 연면적과 주택의 정착 면적의 5배(도시지역 밖의 토지의 경우에는 10배) 중 넓은 면적을 초과하지 아니하는 것으로 한다.

[표 4-8] **주택부분의 면적이 사업용건물부분의 면적과 같은 경우 면세범위**

구 분	건 물		토지(도시지역 내)			
	연면적 (총100㎡) 정착면적 (50㎡)	과세 여부	(사례Ⅰ) 부수토지가 주택 연면적과 건물 정착면적의 5배 중 넓은 면적 이내		(사례Ⅱ) 부수토지가 주택 연면적과 건물 정착면적의 5배 중 넓은 면적 초과	
			면 적	과세 여부	면 적	과세 여부
주택	50㎡	면세	총300㎡	300×(50/100) =150㎡ 면세	총600㎡	600×(50/100)=300㎡ 중 250(50×5)㎡만 면세
점포	50㎡	과세		300-150=150㎡ 과세		600-250=350㎡ 과세

[표 4-9] **주택부분의 면적이 사업용건물부분의 면적보다 작은 때 면세범위**

구 분	건 물		토지(도시지역 내)			
	연면적 (총100㎡) 정착면적 (50㎡)	과세 여부	(사례Ⅰ) 부수토지가 주택 연면적과 건물 정착면적의 5배 중 넓은 면적 이내		(사례Ⅱ) 부수토지가 주택 연면적과 건물 정착면적의 5배 중 넓은 면적 초과	
			면 적	과세 여부	면 적	과세 여부
주택	40㎡	면세	총300㎡	300×(40/100) =120㎡ 면세	총600㎡	600×(40/100)=240㎡ 면세(50㎡×5 이내)
점포	60㎡	과세		300-120=180㎡ 과세		600-240=360㎡ 과세

다) 토지임대부 분양주택의 경우

「주택법」에 따라 토지소유자가 토지임대부 분양주택(국민주택규모로 한정함)을 공급받은 자에게 토지임대부 분양주택의 토지를 임대하는 경우 주택과 이에 부수되는 토지의 임대로 본다. 이 경우 토지 임대의 범위는 가) 및 나)에 따른다(부령 41 ③).

【통칙 · 판례 · 예규 참조】

부 통 주택임대면적에 따른 면세여부판단기준

① 부동산을 2인 이상의 임차인에게 임대한 경우에는 임차인별로 주택부분의 면적(사업을 위한 거주용 인 경우 제외)이 사업용 건물부분의 면적보다 큰 때에는 그 전부를 주택의 임대로 본다(부통 26-41 -1).

② 면세되는 주택용 건물에 부수되는 토지의 면적은 해당 주택용 건물부분의 정착(바닥)면적을 기준으로 판단한다.

부 통 부동산임대에 따른 전세금 등에 대한 세부담

영 제65조에 따른 전세금 또는 임대보증금에 대한 공급가액은 임차인이 해당 부동산을 사용하거나 사용하기로 한 때를 기준으로 하여 계산한다(부통 29-65-1).

예 규 건물의 주택부분면적이 사업용건물부분보다 큰 경우 주택의 부수토지면적 계산방법

부가가치세가 면제되는 주택과 부가가치세가 과세되는 사업용건물이 함께 설치된 건물을 임대함에 있어서 주택부분의 면적이 사업용건물부분의 면적보다 큰 경우 면제되는 주택부수토지의 면적은 부가 가치세법시행령 제34조의 규정에 따라 주택부분의 면적과 사업용건물부분의 정착(바닥)면적을 합하여 계산함(재경부소비46015-259, 2003.8.18.).

예 규 회사가 사원용으로 임차하는 주택의 면세 여부

사업자가 사원용 사택으로 이용하기 위하여 주택임대업자로부터 아파트를 임차한 경우 임대하는 건물 이상시주거용(사업을 위한 주거용의 경우 제외)으로 사용하는 경우에는 부가가치세가 면제되며 부가가 치세법시행령 제34조 제1항에 규정하는 "사업을 위한 주거용건물"이란 사업장에 부대적으로 설치되어 있는 주거시설을 말한다(부가 1265-1472, 1982. 6. 8).

예 규 2인 이상에게 임대하는 부동산의 주택부분면적 계산방법

부동산을 2인 이상의 임차인에게 임대한 경우에는 임차인별로 주택부분의 면적과 사업용 건물부분의 면적을 계산하여 적용한다. 이 경우 주택부분의 면적에는 사업을 위한 주거용인 경우를 제외한다(부가 1265-1566, 1982. 6. 17).

예 규 종업원 복지후생을 위한 임대주택

사업자가 종업원의 복지후생을 위하여 국민주택규모 이하의 아파트를 신축하여 임대하는 경우 동 주택 의 임대용역은 부가가치세가 면제된다(부가 1265-762, 1983. 4. 22).

▶ 사례 1

다음의 자료에 의하면 건물에 부수되는 토지로서 부가가치세가 과세되는 토지의 임대면적은 얼마나 되는가?

〈자 료〉
① 주택과 점포를 동시에 임대(도시지역외의 지역에 소재)
② 주택의 면적 : 100㎡
③ 점포의 면적 : 100㎡
④ 토지의 면적 : 3,000㎡
⑤ 건물 정착면적 : 100㎡

① 주택에 부수된 토지 : $3,000 \times \dfrac{100}{200} = 1,500\,\text{m}^2$

② 주택에 부수된 토지 중 과세되는 토지 : 1,500−(정착면적 100㎡×10배)=500㎡

③ 점포에 부수된 토지(과세되는 토지) : 3,000−1,500=1,500㎡

④ 총과세되는 토지의 임대면적(③＋④) : 500＋1,500=2,000㎡

▶ 사례 **2**

다음의 자료에 의하면 과세되는 토지의 임대면적은 얼마인가?

≪자 료≫ ① 주택과 점포를 동시에 임대(도시지역 안에 소재)

② 주택의 면적 : 70㎡

③ 점포의 면적 : 30㎡

④ 토지의 면적 : 1,200㎡

⑤ 건물 정착면적 : 50㎡

① 주택의 부수된 토지 : 50×5=250㎡

② 총과세되는 토지의 임대면적 : 1,200−250=950㎡

5) 공동주택 어린이집의 임대용역

공동주택관리법에 따른 관리규약에 따라 같은 법 제2조 제1항 제10호에 따른 관리주체 또는 같은 법 제2조 제1항 제8호에 따른 입주자대표회의가 제공하는 「주택법」제2조 제9호에 따른 복리시설인 공동주택 어린이집의 임대용역

(3) 문화관련용역

1) 도서 · 신문 · 잡지 · 뉴스통신 및 방송

도서 · 신문 · 잡지 · 관보 · 뉴스통신 및 방송으로서 다음의 범위에 해당하는 것은 부가가치세를 면제한다. 그러나 광고는 제외한다(부법 26 ① (8), 부령 38).

가) 도 서

도서(도서대여 및 실내 도서열람 용역을 포함)는 도서에 부수하여 그 도서의 내용을 담은

음반·녹음테이프 또는 비디오테이프를 첨부하여 통상 하나의 공급단위로 하는 것을 포함하는 것으로 하며, 또한 도서에는 전자출판물을 포함한다. 여기서 **전자출판물이란** 도서 또는 다음 '나'에서 규정하는 간행물의 내용을 음향이나 영상과 함께 전자적 매체에 수록하여 컴퓨터 등 전자장치를 이용하여 그 내용을 보고 듣고 읽을 수 있는 것으로서 문화체육관광부장관이 정하는 다음 기준에 적합한 전자출판물을 말한다. 다만, 「음악산업진흥에 관한 법률」, 「영화 및 비디오물의 진흥에 관한 법률」 및 「게임산업진흥에 관한 법률」의 적용을 받는 것을 제외한다(부칙 26).

※ 전자출판물에 대한 부가가치세 면세 대상 기준 고시

(2015년 7월 29일, 문화체육관광부고시 제2015 - 0021호)

전자출판물의 기준(외국 전자출판물 포함)

: 아래 가 ~ 마 항목의 기준을 충족시키는 출판물

구 분	내 용
가. 형태 및 내용	「출판문화산업 진흥법」 제2조 제4호(단, 외국 전자출판물은 「출판문화산업진흥법」에 따라 신고한 출판사가 아닌 출판사도 허용) 및 「부가가치세법 시행규칙」 제26조, 제38조의 규정에 의한 전자출판물 ※ 다만, 「음악산업진흥에 관한 법률」, 「영화 및 비디오물의 진흥에 관한 법률」 및 「게임산업진흥에 관한 법률」의 적용을 받는 것은 제외함
나. 기록사항	「출판문화산업진흥법」 제2조 제3호, 제22조 제3항(외국 전자출판물은 제외), 동법 시행령 제3조의 기록사항(저자, 발행인, 발행일, 정가, 출판사, 자료번호)
다. 자료번호	「콘텐츠산업진흥법」 제23조의 "콘텐츠 식별체계"의 식별번호(사단법인 한국전자출판협회가 인증시 부여) 또는 「도서관법」 제21조의 "국제표준자료번호" ※ 다만, 외국 전자출판물은 국립중앙도서관이 아닌 기관으로부터 부여받은 국제표준자료번호도 허용

나) 신문 · 잡지 · 통신

신문·잡지는 「신문 등의 진흥에 관한 법률」에 따른 신문 및 인터넷과 「잡지 등 정기간행물이 진흥에 관한 법률」에 따른 정기간행물로 한다.

뉴스통신은 뉴스통신진흥에 관한 법률이 규정하는 뉴스통신(뉴스통신사업을 경영하는 법인이 특정회원을 대상으로 하는 금융정보 등 특정한 정보를 제공하는 경우를 제외한다)과 외국의 뉴스통신사가 제공하는 뉴스통신용역으로서 「뉴스통신진흥에 관한 법률」에 규정하는 뉴스통신과 유사한 것을 포함한다.

다) 관 보

관보는 관보규정의 적용을 받는 것으로 한다.

라) 방 송

다만, 위성방송·종합유선방송 및 중계유선방송은 과세한다.

【통칙·판례·예규 참조】

부 통　도서·신문 등의 인쇄제작용역

면세되는 도서·신문·잡지 등의 인쇄·제본 등을 위탁받아 인쇄·제본 등의 용역을 제공하는 것과 특정인과의 계약에 의하여 수집한 정보 및 자료를 도서의 형태로 공급하는 것에 대하여는 면세하지 아니한다(부통 26-38-1).

예 규　학습용카드와 퍼즐이 면세하는 도서 해당 여부

사업자가 어린이 학습용 플래시 단어카드(앞면에는 그림이 뒷면에는 단어가 적힌 학습용 카드임)와 직소퍼즐(그림이나 단어를 조각내어 맞춘 학습도구)을 제작하여 판매하는 경우 해당 재화는 면세하는 도서에 해당하지 아니하여 부가가치세가 과세된다(부가 46015-1860, 1997. 8. 11).

예 규　조립할 수 있도록 제작된 종이모형의 부가가치세 면제여부

특정문화재 또는 기념물의 모형을 조립할 수 있도록 제작한 종이모형은 부가가치세가 면제되는 도서에 해당하지 않는다(부가 46015-661, 1999. 3. 12).

예 규　연하장, 청첩장이 면세되는 도서에 해당하는지 여부

사업자가 연하장·청첩장을 제작하여 판매하는 경우 해당 재화는 부가가치세법 제12조 제1항 제7호 및 같은 법시행령 제32조 제1항의 도서에 해당하지 아니하여 부가가치세가 과세된다(서삼 46015-10822, 2003. 5. 19).

예 규　족보가 도서에 해당되는지 여부

종중이 족보를 종인들에게 공급하는 것은 면세된다(부가 1265-1813, 1983. 8. 29).

예 규　정기간행물인 특수주간지의 면세 해당 여부

정기간행물의 등록에 관한 법률에 의하여 등록된 자가 같은 법에 관한 법률에 규정하는 일간신문, 특수일간신문, 외국일간신문, 특수주간신문, 통신 등 정기간행물과 그 밖의 간행물을 발간하여 공급하는 것은 부가가치세가 면제된다(부가 22601-798, 1991. 6. 26).

---

2) 도서관 등의 입장 용역

도서관·과학관·박물관·미술관·동물원 또는 식물원에의 입장에 대하여는 부가가치세를 면제한다(부법 26 ① (17)). 여기서 말하는 박물관에는 민속문화자원을 소개하는 장소 및 전쟁기념사업회법에 따른 전쟁기념관을 포함한다(부령 44).

【통칙·판례·예규 참조】

부 통　박물관·동물원의 범위

① 법 제26조 제1항 제17호에 규정하는 박물관에는 「문화재보호법」에 따라 지정을 받은 문화재로서 민속문화자원에 해당하는 것을 소개하는 장소·고분·사찰 및 「전쟁기념사업회법」에 따른 전쟁기념관을 포함한다(부통 26-0-5).

② 법 제26조 제1항 제17호에 규정하는 동물원·식물원에는 지식의 보급 및 연구에 그 목적이 있는 해양수족관 등을 포함하나, 오락 및 유흥시설과 함께 있는 동물원·식물원 및 해양수족관을 포함하지 아니한다.

예 규 독서실의 면세 여부

사설강습소설치법 규정에 따라 인가받은 독서실은 부가가치세가 면제되는 도서관에 포함된다(간세 1235-4693, 1977. 12. 24).

예 규 해양수족관 운영의 과세 여부

지식의 보급 및 연구에 그 목적이 있는 해양수족관은 부가가치세가 면제되는 동물원 또는 식물원에 포함되나 오락 및 유흥에 그 목적이 있는 유희시설과 함께 있는 동물원·식물원 및 해양수족관은 유희시설의 일종으로서 부가가치세가 과세된다(간세 1235-4869, 1977. 12. 27).

3) 예술창작품 및 예술행사·문화행사

예술창작품, 예술행사·문화행사와 아마추어 운동경기로서 다음의 범위에 해당하는 것은 부가가치세를 면제한다(부법 26 ① (16), 부령 43).

가) 예술창작품

예술창작품은 미술·음악, 사진, 연극 또는 무용에 속하는 창작품으로 한다. 다만, 골동품은 제외한다. 여기서의 골동품이란 제작 후 100년을 초과하는 관세율표 번호 제9706호의 것을 말하며(부령 43 (1)), 고대가구·틀과 판벽널, 고판본 및 그 밖의 책·악보·지도·판화(오리지널 판화·인쇄화와 석판화 등 관세율표 번호 제9702호의 것을 제외) 등 인쇄물, 꽃병 및 그 밖의 도자제품, 방직용 섬유제품인 양탄자·태피스트리·자수포·레이스 및 그 밖의 직물류, 신변장식용품, 금은세공품(물병·컵·촛대·접시 등), 착색된 유리제의 창문, 샹들리에와 램프, 철기류와 자물쇠류, 유리제 캐비닛용의 소형장식품(상자·설탕과자상자·코담배상자·담배상자·패물함·부채 등), 악기, 시계, 보석조각사의 제품(마노·조각된 석)과 인쇄조각사의 제내(도장 등) 등이 어기에 포함되고, 이러한 것은 본래의 특징을 유지하고 있는 한 수선 또는 복원된 것도 포함된다.

나) 예술행사와 문화행사

예술행사는 영리를 목적으로 하지 아니하는 순수예술에 관한 발표회·연구회·경연대회 또는 그 밖에 이와 유사한 행사로 한다(부령 43 (2)). 문화행사는 영리를 목적으로 하지 아니하는 전시회·박람회·공공행사 그 밖의 이와 유사한 행사로 한다.

부 통 모방제작한 미술품 등
사업자가 미술품 등의 창작품을 모방하여 대량으로 제작하는 작품은 예술창작품으로 보지 아니한다(부통 26-43-1).

부 통 예술행사 · 문화행사의 범위
① 영 제43조 제2호 및 제3호에 규정하는 예술행사 및 문화행사는 행사주최에 관계없이 영리를 목적으로 하지 아니하는 문학 · 미술 · 음악 · 연극 및 문화 등의 발표회 · 연주회 · 연구회 · 경연대회 등을 말한다.
② 제1항에 따른 영리를 목적으로 하지 않은 행사는 다음 각 호의 어느 하나에 해당하는 행사를 말한다(부통 26-43-2).
　　㉮ 사전 행사계획서에 의해 이익금을 이익배당 또는 잔여재산의 분배 등의 형식을 통해 주체자에게 귀속시키는 것이 아닐 것
　　㉯ 정부 또는 지방자치단체 등 공공단체가 공식 후원하거나 협찬하는 행사
　　㉰ 사전 행사계획서에 의해 입장료 수입이 실비변상적이거나 부족한 경비를 협찬에 의존하는 행사
　　㉱ 자선목적의 예술행사로서 사전계획서에 의해 이익금의 전액을 공익단체에 기부하는 행사
　　㉲ 비영리단체가 공익목적으로 개최하는 행사
　　㉳ 그 밖의 이와 유사한 행사로서 영리성이 없는 행사

예 규 순수예술행사 등의 범위
부가가치세가 면제되는 순수예술행사 및 문화행사의 범위는 문화예술진흥법 규정에 따른 문학, 미술, 음악, 연예 등이 포함되는 것이며, 동 문화 및 예술행사가 영리를 목적으로 하지 아니하고 문화 및 예술의 창작 및 발표에 그 목적이 있는 경우에는 동 행사의 주체에 관계없이 부가가치세가 면제된다(간세 1235-4866, 1977. 12. 27).

예 규 발표회 · 연구회 · 경연대회
영리를 목적으로 하지 아니하는 순수예술에 관한 발표회, 연구회, 경연대회, 그 밖의 이와 유사한 행사는 부가가치세가 면제된다. 다만, 영리목적 여부에 대하여는 행사에 따라 판단할 사항이다(부가 1265.1-1186, 1979. 5. 1).

다) 아마추어 운동경기

아마추어 운동경기는 대한체육회 및 그 산하단체와 「태권도 진흥 및 태권도공원 조성 등에 관한 법률」에 따른 국기원이 주최 · 주관 또는 후원하는 운동경기나 승단 · 승급 · 승품 심사로서 영리를 목적으로 하지 아니하는 것으로 한다.

부 통 직업운동가 · 가수 등의 인적용역
① 직업운동가 · 가수 등 스포츠 · 연예의 기능을 가진 자와 이들의 감독 · 매니저 등 해당 직업운동가 등의 기능발휘를 지도 · 주선하는 자가 물적시설없이 근로자를 고용하지 아니하고 개인의 독립된 자격으로 제공하는 용역에 대하여는 면세한다(부통 26-42-1).
② 예술행사나 문화행사에 해당하지 아니하는 행사 또는 직업운동경기를 주최 · 주관하는 자(프로모터를 포함한다)와 흥행단체 등이 흥행 또는 운동경기 등과 관련하여 받는 입장료 · 광고료 · 방송중계

권료 및 그 밖에 이와 유사한 수수료는 면세하지 아니한다.

(4) 부가가치생산요소의 용역

1) 금융 · 보험용역

가) 일반적인 제공

금융 · 보험용역으로서 다음과 같은 용역, 사업 및 업무에 해당하는 역무는 부가가치세를 면제한다(부법 26 ① (11), 부령 40).

① 「은행법」에 따른 은행업무 및 부수업무로서 다음에 해당하는 용역

㉮ 예금 · 적금의 수입 또는 유가증권, 그 밖의 채무증서의 발행

㉯ 자금의 대출 또는 어음의 할인

㉰ 내국환 · 외국환

㉱ 채무의 보증 또는 어음의 인수

㉲ 상호부금

㉳ 팩토링(기업의 판매대금 채권의 매수 · 회수 및 이와 관련된 업무)

㉴ 수납 및 지급대행

㉵ 지방자치단체의 금고대행

㉶ 전자상거래와 관련한 지급대행

② 「자본시장과 금융투자업에 관한 법률」에 따른 다음의 사업

㉮ 집합투자업. 다만, 집합투자업자가 투자자로부터 자금 등을 모아서 부동산, 실물자산 및 그 밖의 다음의 자산에 운용하는 경우는 제외한다.

㉠ 지상권 · 전세권 · 임차권 등 부동산의 사용에 관한 권리

㉡ 어업권

㉢ 광업권

㉣ 그밖에 위 '㉠'부터 '㉢'까지의 자산과 유사한 재산적 가치가 있는 것

㉯ 신탁업. 다만, 다음의 구분에 따른 역무로 한정한다.

㉠ 신탁업자가 위탁자로부터 「자본시장과 금융투자업에 관한 법률」 제103조 제1호부터 제4호 및 제7호[19]의 재산을 수탁받아 운용하는 경우. 다만, 같은 조 제1호

---

19) 제103조 【신탁재산의 제한 등】 ① 신탁업자는 다음 각 호의 재산 외의 재산을 수탁할 수 없다.
　1. 금전　　　　　2. 증권　　　　　3. 금전채권　　　　　4. 동산　　　　　5. 부동산
　6. 지상권, 전세권, 부동산임차권, 부동산소유권 이전등기청구권, 그 밖의 부동산 관련 권리
　7. 무체재산권(지식재산권을 포함한다)

의 재산을 수탁받아 부동산, 실물자산 및 그 밖에 기획재정부령으로 정하는 자산에 운용하는 경우는 제외한다.

   ⓛ 신탁업자가 위탁자로부터 「자본시장과 금융투자업에 관한 법률」 제103조 제5호 및 제6호의 재산 중 위탁자의 수익자에 대한 채무이행을 담보하기 위한 담보 목적의 재산을 수탁받아 운용하는 경우

   ⓒ 신탁업자가 위탁자로부터 「자본시장과 금융투자업에 관한 법률」 제103조 제5호 및 제6호 재산을 수탁받아 같은 조 제4항에 따른 부동산개발사업을 하는 경우

  ㉱ 투자매매업 및 투자중개업과 이와 관련된 다음의 구분에 따른 업무

   ㉠ 「자본시장과 금융투자업에 관한 법률」 제8조의2 제5항의 다자간매매체결회사의 업무

   ⓛ 「자본시장과 금융투자업에 관한 법률」 제283조에 따라 설립된 한국금융투자협회의 같은 법 제286조 제1항 제5호에 따른 증권시장에 상장되지 아니한 주권의 장외매매거래에 관한 업무

   ⓒ 「자본시장과 금융투자업에 관한 법률」 제294조에 따라 설립된 한국예탁결제원의 업무

   ㉣ 「자본시장과 금융투자업에 관한 법률」 제373조의2 제1항에 따라 허가를 받은 한국거래소의 업무

  ㉲ 일반사무관리회사업(집합투자기구 또는 집합투자업자에게 제공하는 용역으로 한정한다)

  ㉳ 투자일임업. 다만, 투자일임업자가 투자자로부터 자금 등을 모아서 부동산, 실물자산 및 그밖에 기획재정부령으로 정하는 자산에 운용하는 경우는 제외한다.

  ㉴ 기관전용 사모집합투자기구에 기관전용 사모집합투자기구 집합투자재산의 운용 및 보관·관리, 기관전용 사모집합투자기구 지분의 판매 또는 환매 등 용역을 공급하는 업무(기관전용 사모집합투자기구의 업무집행사원이 제공하는 용역으로 한정함)

③ 「외국환거래법」에 따른 전문외국환업무취급업자의 외국환 업무용역

④ 「상호저축은행법」에 따른 상호저축은행업

⑤ 「신용보증기금법」에 따른 신용보증기금업

⑥ 「기술보증기금법」에 따른 기술보증기금이 수행하는 보증 업무

⑦ 「주택도시기금법」에 따른 주택도시보증공사의 보증업무 및 주택도시기금의 운용·관리 업무

⑧ 보험업(보험중개·대리와 보험회사에 제공하는 손해사정용역·보험조사 및 보고용역

을 포함하되, 보험계리용역 및 「근로자 퇴직급여 보장법」에 따른 연금계리용역은 제외한다.)

⑨ 「여신전문금융업법」에 따른 여신전문금융업(여신전문금융업을 공동으로 수행하는 사업자 간에 상대방 사업자의 여신전문금융업무를 위임받아 수행하는 경우를 포함한다)

⑩ 「자산유동화에 관한 법률」 제2조 제1호 가목에 따른 유동화전문회사가 하는 자산유동화사업

⑪ 「자산유동화에 관한 법률」 제10조 제1항에 따른 자산관리자가 하는 자산관리사업

⑫ 「주택저당채권유동화회사법」에 따른 주택저당채권유동화회사 및 채권관리자가 행하는 채권유동화와 관련한 사업과 주택저당채권의 관리·운용 및 처분사업

⑬ 「한국주택금융공사법」에 따른 채권관리자가 하는 주택저당채권·학자금대출채권의 관리·운용 및 처분 사업

⑭ 다음의 어느 하나에 해당하는 자산 관리·운용 용역(다만, 다음의 용역을 제공하는 자가 자금을 부동산, 실물자산 및 그 밖에 기획재정부령으로 정하는 자산에 운용하는 경우는 제외함).
　㉮ 「벤처투자 촉진에 관한 법률」에 따른 창업기획자가 개인투자조합에 제공하는 자산 관리·운용 용역
　㉯ 「벤처투자 촉진에 관한 법률」에 따른 창업기획자 등이 벤처투자조합에 제공하는 자산 관리·운용 용역
　㉰ 「벤처투자 촉진에 관한 법률」에 따른 한국벤처투자가 벤처투자모태조합에 제공하는 자산 관리·운용 용역

⑮ 「한국투자공사법」에 따른 한국투자공사가 같은 법에 따라 제공하는 위탁자산 관리·운용 용역

⑯ 「농림수산식품투자조합 결성 및 운용에 관한 법률」에 따른 투자관리전문기관 또는 업무집행조합원이 같은 법에 따른 농식품투자모태조합, 농식품투자조합에 제공하는 자산관리·운용용역. 다만, 투자관리전문기관 또는 업무집행조합원이 자금을 부동산·실물자산, 그밖에 기획재정부령으로 정하는 자산에 운용하는 경우는 제외한다.

⑰ 「민법」 제32조에 따라 설립된 금융결제원이 「한국은행법」 제81조 제2항에 따른 지급결제제도의 운영기관으로서 수행하는 지급결제제도 운영업무

⑱ 금전대부업(어음 할인, 양도담보, 그 밖에 비슷한 방법을 통한 금전의 교부를 업으로 하는 경우 포함)

⑲ 「중소기업협동조합법」에 따른 중소기업중앙회의 공제사업 계약 체결을 대리하는 용역

나) 부수적인 제공

상기 사업 이외의 사업을 하는 자가 주된 사업에 부수하여 금융·보험용역과 동일 또는 유사한 용역을 제공하는 경우에도 금융·보험용역에 포함되는 것으로 보며(부령 40 ②), 은행법 외의 다른 법률에 의하여 설립된 은행, 한국자산관리공사, 예금보험공사 및 정리금융회사, 농업협동조합자산관리회사 및 상호금융예금자보호기금의 사업은 은행업에 포함되는 것으로 본다(부령 40 ③).

다) 금융·보험용역으로 보지 않는 것

다음에 해당하는 용역은 금융·보험용역으로 보지 아니한다(부령 40 ④).

① 복권·입장권·상품권·지금형주화 또는 금지금에 관한 대행용역. 다만, 수익증권 등 금융업자의 금융상품 판매대행용역, 유가증권의 명의개서대행용역, 수납·지급대행 용역 및 국가·지방자치단체의 금고대행용역은 제외한다.

【상품권 관련 부가가치세 납세의무】

구 분	적 용 방 법
상품권의 판매	과세대상 거래가 아님
상품권의 판매대리 및 발행대행	대행수수료 과세(사업서비스업)
상품권 판매 관련 공급시기	상품권에 의하여 재화를 공급하는 때
상품권 판매시 세금계산서 등 발급	세금계산서·계산서 발급의무 없음

② 기업합병 또는 기업매수의 중개·주선·대리, 신용정보서비스 및 은행업에 관련된 전산 시스템과 소프트웨어의 판매·대여용역

③ 부동산의 임대용역

④ 위 '①'과 '②'와 유사한 용역 및 소득세법과 법인세법상 감가상각자산의 대여용역(여신전문금융업법에 따른 시설대여업자가 제공하는 시설대여용역을 제외하되, 동 시설대여업자가 자동차관리법에 따른 자동차를 대여하고 정비용역을 함께 제공하는 경우를 포함한다)(부칙 28).

【통칙·판례·예규 참조】

부 통 면세되는 금융·보험업의 부수용역의 범위

금융·보험용역을 제공하는 사업자가 다음 각 호의 어느 하나에 해당하는 재화 또는 용역을 금융·보험용역에 필수적으로 부수하여 제공하는 때에는 면세한다(부통 26-40-1).

① 담보재화 등 자산평가용역
② 투자조사 및 상담용역
③ 면세용역제공에 사용하는 유가증권 용지 등 업무용 재화
④ 금융·보험업무에서 취득한 재화
⑤ 유가증권의 대체결제업무·명의개서대행업무 등
⑥ 보험의 보상금결정에 관련된 업무

부 통 신용카드와 관련된 용역

신용카드업자가 가맹점과 체결한 지급보증계약에 따라 자기책임하에 가입회원의 물품대금을 일정기간 단위로 가맹점에 일괄지급하고(수금 여부에 관계없이 가입회원을 대신하여 지급) 가맹점과 가입회원으로부터 받는 일정률의 수수료는 금융보험용역에 해당하므로 면세한다(부통 26-40-3).

예 규 담보재화 등의 평가용역

금융용역을 공급하는 자가 해당 금융용역의 공급을 위하여 필수적으로 수행하는 담보재화 등의 평가용역은 주된 금융용역의 범위에 포함된다(간세 1235-2379, 1977. 8. 5).

예 규 렌탈업의 부가가치세 면제여부

여신전문금융업법에 따라 등록을 한 시설대여업자가 "여신전문금융업법에 따른 시설대여업"과 다르게 계속적·반복적으로 기계장치 등을 짧은기간 동안 빌려주고 그 대가를 받는 경우에는 부가가치세가 과세된다(부가 46015-2637 1998. 11. 27).

2) 토 지

부동산 중 토지를 공급하는 것은 부가가치세가 면제된다(부법 26 ① (14)). 따라서 토지와 그 토지에 정착된 건물 및 그 밖의 구축물을 함께 공급하는 경우의 토지도 부가가치세가 면제되는 토지에 포함된다. 그러나 토·사·석의 매매는 제외된다.

3) 인적용역

저술가·작곡가나 그 밖의 자가 직업상 제공하는 인적용역은 부가가치세를 면제한다(부법 26 ① (15)). 이때 인적용역이란 독립된 사업으로 공급하는 다음과 같은 용역을 말하며, 여러 개의 사업을 겸영하는 사업자가 과세사업에 필수적으로 부수되지 아니하는 용역을 독립하여 공급하는 경우를 포함한다(부령 42).

【통칙·판례·예규 참조】

부 통 직업운동가·가수 등의 인적용역

① 직업운동가·가수 등 스포츠·연예의 기능을 가진 자와 이들의 감독·매니저 등 해당 직업운동가 등의 기능발휘를 지도·주선하는 자가 물적시설없이 근로자를 고용하지 아니하고 개인의 독립된 자격으로 제공하는 용역에 대하여는 면세한다(부통 26-42-1).

② 예술행사나 문화행사에 해당하지 아니하는 행사 또는 직업운동경기를 주최·주관하는 자(프로모터를 포함한다)와 흥행단체 등이 흥행 또는 운동경기 등과 관련하여 받는 입장료·광고료·방송중계권료 및 그 밖에 이와 유사한 수수료는 면세하지 아니한다.

> **부 통** 학술·기술연구용역의 면세범위
> 영 제35조 제2호 ㉣의 독립된 사업으로 제공되는 학술 또는 기술연구용역은 새로운 학술이나 기술을 개발하기 위하여 새로운 이론·방법·공법 또는 공식 등을 연구하는 것이므로 신제품을 개발하거나 제품의 성능이나 질·용도 등을 개선시키는 연구용역에 대하여는 면세한다(부통 12-35-4).

가) 개인이 물적 시설이 없이 고용계약이나 도급계약, 위임계약 등 그 명칭이나 형식에 관계없이 근로자 등을 고용하지 아니하고 독립된 자격으로 용역을 공급하고 대가를 받는 다음의 인적용역. 여기서 물적 시설이란 계속적·반복적으로 사업에만 이용되는 건축물·기계장치 등의 사업설비(임차한 것을 포함)를 말한다.

① 저술·서화·도안·조각·작곡·음악·무용·만화·삽화·만담·배우·가수와 이와 유사한 용역

② 연예에 관한 감독·각색·연출·촬영·녹음·장치·조명과 이와 유사한 용역

③ 건축감독·학술용역과 이와 유사한 용역

④ 음악·재단·무용(사교무용 포함)·요리·바둑의 교수와 이와 유사한 용역

⑤ 직업운동가·역사·기수·운동지도가(심판 포함)와 이와 유사한 용역

⑥ 접대부·댄서와 이와 유사한 용역

⑦ 보험가입자의 모집, 저축의 장려 또는 집금 등을 하고 실적에 따라 보험회사 또는 금융회사로부터 모집수당·장려수당·집금수당 또는 이와 유사한 성질의 대가를 받는 용역과 서적·음반 등의 외판원이 판매실적에 따라 대가를 받는 용역. 여기서 외판원이 판매실적에 따라 대가를 받는 용역은 「방문판매 등에 관한 법률」에 규정된 다음에 해당하는 자가 판매실적에 따라 대가를 받는 용역으로 한다. 다만, 제3호의 경우에는 후원수당을 지급받는 부분만 해당한다(부칙 30).

㉠ 방문판매원 또는 후원방문판매원

㉡ 방문판매업자 또는 후원방문판매업자로부터 사업장의 관리·운영의 위탁을 받은 자

㉢ 다단계판매원

⑧ 저작자가 저작권에 의하여 사용료를 받는 용역

⑨ 교정·번역·고증·속기·필경·타자·음반 취입과 이와 유사한 용역

⑩ 고용관계 없는 자가 다수인에게 강연을 하고 강연료·강사료 등의 대가를 받는 용역

⑪ 라디오·텔레비전방송 등을 통하여 해설·계몽 또는 연기를 하거나 심사를 하고 사례금 또는 이와 유사한 성질의 대가를 받는 용역

⑫ 작명・관상・점술 또는 이와 유사한 용역

⑬ 개인이 일의 성과에 따라 수당 또는 이와 유사한 성질의 대가를 받는 용역

【통칙・판례・예규 참조】

예 규 물가조사용역의 면세 여부

물가조사(시가조사 및 원가조사) 업무를 위탁받아 대행하고 있는 물가조사용역단체로서의 물가조사(시가조사 및 원가조사) 용역은 부가가치세가 면제되는 인적용역에 포함되지 않는다(간세 1235-2313, 1977. 8. 1).

예 규 법인사업자가 제공하는 통역의 부가가치세 과세 여부

법인이 국제회의개최용역(통역・번역 등)을 제공하고 그 대가를 받는 경우에는 부가가치세가 과세된다 (부가 22601-357, 1989. 3. 15).

예 규 법인 등이 받는 저작권 사용료의 면세 여부

법인, 법인격 없는 사단, 재단 그 밖의 단체가 저작권 사용에 대한 사용료를 받는 용역은 부가가치세법 제12조 제1항 제13호 및 같은 법시행령 제35조의 규정에 따른 부가가치세가 면제되는 인적용역의 범위에 해당하지 아니하므로 같은 법 제1조에 의해 부가가치세가 과세된다(부가 22601-98, 1991. 1. 24).

예 규 테니스장을 임차하여 제공하는 테니스강습료의 부가가치세 과세 여부

테니스강습자가 기존 테니스장을 운영하는 사업자와 테니스장 사용계약을 체결하여 매월 코트사용료를 지불하고 테니스 강습을 하는 경우, 해당 테니스강습은 부가가치세가 면제되는 인적용역에 해당하지 않는다(재경원 소비 46015-215, 1996. 7. 26).

예 규 다단계판매원이 지급받는 후원수당의 부가가치세 과세 여부

『방문판매등에관한법률』제2조 제13호의 규정에 따른 다단계판매원이 같은 법 제2조 제11호의 규정에 따른 다단계판매업자로부터 사전약정에 의해 해당 판매원에게 속하는 하위판매원들의 상품판매실적에 따라 지급받는 금품은 장려금에 해당되어 부가가치세가 과세되지 않는다(재경원 소비 46015-228, 1996. 8. 5).

예 규 검침원이 제공하는 전기검침 용역 등의 면세 여부

인적・물적 사업설비를 갖추지 아니한 개인이 다른 사업자와 전기계기의 검침, 청구서의 송달 등과 관련된 용역제공계약에 의하여 독립적으로 검침 등 관련용역을 제공하고 그 실적에 따라 일정 수수료를 지급 받는 경우에는 부가가치세법시행령 제35조 제1호 타목의 규정에 따라 부가가치세가 면제된다 (부가 46015-288, 2002. 4. 23).

나) 개인・법인 또는 법인격없는 사단・재단 그 밖의 단체가 독립된 자격으로 용역을 공급하고 대가를 받는 다음의 인적용역

① 형사소송법 및 군사법원 등의 규정에 따른 국선변호인의 국선변호, 국세기본법에 따른 국선대리인의 국선대리 및 기획재정부령으로 정하는 법률구조. 여기서 기획재정부령으로 정하는 법률구조란 법률구조법에 따른 법률구조 및 변호사법에 따른 법률구조사업을 말한다(부칙 31).

② 새로운 학술 또는 기술을 개발하기 위하여 행하는 새로운 이론·방법·공법 또는 공식 등에 관한 학술연구용역과 기술연구용역

③ 직업소개소, 인생상담·직업재활상담과 그 밖의 이와 유사한 상담용역과 중소기업창업지원법에 따른 중소기업상담회사가 제공하는 창업상담용역(부칙 33).

④ 장애인보조견 훈련 용역

⑤ 외국공공기관 또는 「국제금융기구에의 가입조치에 관한 법률」 제2조[20]에 따른 농 국제금융기구로부터 받은 차관자금으로 국가 또는 지방자치단체가 시행하는 국내사업을 위하여 공급하는 용역(국내사업장이 없는 외국법인 또는 비거주자가 공급하는 것을 포함한다)

⑥ 「민법」에 따른 후견인과 후견감독인이 제공하는 후견사무 용역

⑦ 「가사근로자의 고용개선 등에 관한 법률」에 따른 가사서비스 제공기관이 가사서비스 이용자에게 제공하는 가사서비스

⑧ 「파견근로자 보호 등에 관한 법률」에 따른 근로자파견 용역 및 「직업안정법」에 따른 근로자공급 용역

⑨ 물건의 제조·건설·수리 또는 이와 유사한 것으로서 기획재정부령으로 정하는 용역을 계약에 의하여 다른 사업자의 사업장(다른 사업자가 제공하거나 지정한 경우로서 그 사업자가 지배·관리하는 장소를 포함)에서 그 사업자의 생산시설을 이용하여 제공하는 용역

【통칙 · 판례 · 예규 참조】

예규 전산망구축을 위한 컨설팅용역의 부가가치세 과세 여부
사업자가 전자계산조직을 이용한 프로그램 개발은 하지 않으면서 전산화 전단계인 전산망 구축에 관한 컨설팅 용역만을 제공하고 대가를 받는 경우에는 부가가치세법 제7조의 규정에 따른 용역의 공급에 해당하여 부가가치세가 과세된다(재경원 소비 46015－37, 1996. 2. 21).

예규 '신용정보업자'가 신용조사업무와 무관한 민원서류 발급대행업무 수행시 면세 여부
신용정보의 이용 및 보호에 관한 법률 제4조의 규정에 따라 허가를 받은 신용정보업자가 신용조사업무와는 무관하게 민원서류 발급대행업무만을 수행하고 그 대가도 별도로 받는 경우에는 부가가치세법 제7조의 규정에 따라 부가가치세가 과세된다(재경부 소비 46015－53, 2000. 1. 31).

---

20) 제2조 (출자대상기구 및 출자금) ①정부는 다음 각호의 국제금융기구에 대통령령이 정하는 금액을 출자(출연을 포함한다. 이하 같다)한다.
  1. 국제통화기금   2. 국제부흥개발은행   3. 국제개발협회   4. 국제금융공사
  5. 아시아개발은행   6. 아프리카개발기금   7. 아프리카개발은행   8. 상품공동기금
  9. 국제투자보증기구   10. 유럽부흥개발은행   11. 국제결제은행   12. 미주개발은행(미주개발은행)
  13. 미주투자공사(미주투자공사)   14. 다자투자기금(다자투자기금)

인터넷홈페이지를 통해 구인·구직정보 제공시 면세 여부

사업자가 수수료 또는 계약에 의거 고용자 또는 일자리를 찾고 있는 실업자를 대리하여 인력고용에 관련된 인력조사, 선발, 조회, 알선 등의 서비스를 제공하는 것은 부가가치세법 제12조 제1항 및 같은 법시행령 제35조 제2호 마목의 직업소개소에 해당되어 부가가치세가 면제되는 것이나, 사업자가 운영하는 인터넷홈페이지에 가입된 회원들에게 구인·구직정보를 제공하고 회비명목으로 수수료를 받는 경우는 부가가치세가 면제되지 않는다(부가 46015-3582, 2000. 10. 23).

다) 과세되는 인적용역

① 변호사업(국선변호, 국선대리 및 기획재정부령으로 정하는 법률구조는 제외)·해사보좌인업·공증인업·변리사업·법무사업·행정사업 등을 영위하는 자가 공급하는 용역
   ※ 집행관 및 공증인업무를 수행하는 자는 조세특례제한법에 따른 정부업무대행단체로서 면세함.

② 공인회계사업·세무사업·경영지도사업·기술지도사업·평가인업·통관업 및 이와 유사한 업 등을 영위하는 자가 공급하는 용역

③ 기술사업·건축사업·도선사업·설계제도사업·측량사업 및 이와 유사한 업 등을 영위하는 자가 공급하는 용역

④ 개인·법인 등이 독립적으로 제공하는 결혼상담, 신용조사업, 작명·관상·점술 또는 이와 유사한 용역, 동물훈련용역

(5) 종교·학술 등 공익단체가 제공하는 재화·용역

주무관청에 등록된 종교·자선·학술·구호, 그 밖의 공익을 목적으로 하는 단체가 공급하는 재화 또는 용역으로서 다음과 같은 것에 대하여는 부가가치세를 면제한다.

① 주무관청의 허가 또는 인가를 받거나 주무관청에 등록된 단체(종교단체의 경우에는 그 소속단체를 포함)로서 공익사업(상속세및증여세법 시행령 12) 또는 비영리법인의 사업으로서 종교·자선·학술·구호·사회복지·교육·문화·예술 등 공익을 목적으로 하는 사업을 하는 단체가 그 고유의 사업목적을 위하여 일시적으로 공급하거나 실비 또는 무상으로 공급하는 재화 및 용역

② 학술 및 기술의 발전을 위하여 학술 및 기술의 연구와 발표를 주된 목적으로 하는 단체가 학술연구 또는 기술연구와 관련하여 실비 또는 무상으로 공급하는 재화 또는 용역

③ 문화재보호법의 규정에 따른 지정문화재(지방문화재를 포함하며, 무형문화재를 제외한다)를 소유 또는 관리하고 있는 종교단체(주무관청에 등록된 종교단체에 한정하되, 그 소속단체를 포함)의 경내지 및 경내지 내의 건물과 공작물의 임대용역

④ 공익을 목적으로 교육과학기술부장관 또는 교육과학기술부장관이 지정하는 자의 추

천을 받거나 고용노동부장관 또는 고용노동부장관이 지정하는 자의 추천을 받아 **기숙사를 운영하는** 자가 학생 또는 근로자를 위하여 실비 또는 무상으로 공급하는 용역(음식 및 숙박용역에 한정한다)

⑤ 저작권법에 따라 문화관광부장관의 허가를 받아 설립된 저작권 위탁관리업자로서 다음의 사업자가 저작권자를 위하여 실비 또는 무상으로 공급하는 신탁관리용역

 ㉮ 사단법인 한국음악저작권협회
 ㉯ 사단법인 한국문예학술저작권협회
 ㉰ 사단법인 한국방송작가협회
 ㉱ 사단법인 한국음악실연자연합회
 ㉲ 사단법인 한국음반산업협회
 ㉳ 사단법인 한국복제전송저작권협회
 ㉴ 사단법인 한국시나리오작가협회
 ㉵ 사단법인 한국방송실연자협
 ㉶ 재단법인 한국문화정보원
 ㉷ 사단법인 한국영상산업협회
 ㉸ 재단법인 한국언론진흥재단
 ㉹ 사단법인 함께하는음악저작인협회
 ㉺ 사단법인 한국영화제작가협회

⑥ 「저작권법」에 따라 문화체육관광부장관이 지정한 보상금수령단체로서 기획재정부령으로 정하는 단체인 사업자가 저작권자를 위하여 실비 또는 무상으로 공급하는 보상금 수령 관련 용역

⑦ 비영리교육재단이 「초·중등교육법」에 따른 외국인학교의 설립·경영사업을 영위하는 자에게 제공하는 학교시설 이용 등 교육환경 개선과 관련된 용역

【통칙·판례·예규 참조】

[부통] 공익단체 등이 일시적으로 공급하는 재화 또는 용역의 범위
주무관청에 등록된 종교·자선·학술·구호, 그 밖의 공익을 목적으로 하는 단체가 그 고유의 사업목적을 위하여 일시적으로 공급하거나 실비 또는 무상으로 공급하는 것으로서 다음에 예시하는 재화 또는 용역에 대하여는 면세한다(부통 26－45－1).
1. 한국반공연맹 등이 주관하는 바자(Bazaar)회 또는 의연금모집자선회에서 공급하는 재화
2. 마을문고 본부에서 실비로 공급하는 책장 등 재화

[부통] 공익단체의 계속적 수익사업
주무관청에 등록된 영 제45조에 따른 종교 등 공익단체의 경우에도 다음 예시하는 경우와 같이 계속적

으로 운영관리하는 수익사업과 관련하여 공급하는 재화 또는 용역에 대하여는 면세하지 아니한다(부통 26−45−2).

1. 소유부동산의 임대 및 관리사업. 다만, 영 제37조 제2호에 해당하는 경우를 제외한다.
2. 자체기금조성을 위하여 생활필수품·고철 등을 공급하는 사업

예규 공익단체가 제공하는 부동산 임대용역

주무관청에 등록된 공익을 목적으로 하는 단체가 그 고유의 사업목적을 위하여 일시적으로 공급하거나 실비 또는 무상으로 공급하는 재화 및 용역은 부가가치세가 면제되나, 계속적으로 운영관리하는 수익사업 또는 수익및 관리비에 대하여는 부가가치세가 과세된다(부가 1265−354, 1981. 2. 13). 관리비에 대하여는 부가가치세가 과세된다(부가 1265−354, 1981. 2. 13).

예규 종교단체가 신도에게 공급하는 재화

주무관청에 등록된 종교단체가 직접 그 고유의 사업목적을 위하여 일시적으로 공급하거나 실비로 공급하는 재화 또는 용역에 대하여는 부가가치세가 면제되나, 동 종교단체 또는 특정인이 사업상 독립적으로 종교집회에 참석하는 신도들에게 재화 또는 용역을 공급하는 경우에는 그러하지 않는다(부가 22601−9, 1989. 1. 7).

(6) 국가·지방자치단체 등이 공급하는 재화 또는 용역

부가가치세는 '재화의 공급'이나 '용역의 공급'을 과세대상으로 하는 대물세이므로 면세 여부는 재화나 용역의 특성에 따라 결정하여야 하는 것이지, 납세자의 개별적인 특성이나 영리성 유무를 기준으로 면세를 결정하는 이른바 주체별 면세는 원칙적으로 곤란하다. 그러나 국가나 지방자치단체 또는 지방자치단체조합에 대하여 부가가치세 납세의무를 지우게 되면 모든 공공행정서비스에 대하여도 부가가치세를 과세하여야 한다는 문제점이 뒤따르게 된다. 따라서 예외적으로 국가나 지방자치단체 또는 지방자치단체조합이 공급하는 재화 또는 용역에 대하여는 부가가치세를 면제하는 것이다.

하지만 국가·지방자치단체·지방자치단체조합이 공급하는 다음의 재화 또는 용역은 **부가가치세를 과세**한다(부령 46).

① 우정사업조직이 제공하는 다음의 용역
    ㉮ 소포우편물을 방문접수하여 배달하는 용역
    ㉯ 선택적 우편역무 중 우편주문판매를 대행하는 용역
② 철도건설법에 규정하는 고속철도에 따른 여객운송용역
③ 부동산 임대, 도·소매업, 음식점업·숙박업, 골프장·스키장운영업, 그 밖의 운동시설 운영업. 다만, 다음의 경우에는 제외한다.
    ㉮ 국방부 또는 국군이 군인, 군무원 그 밖에 이들의 배우자·직계존비속 등에게 제공하는 소매업, 음식점업·숙박업, 기타 스포츠시설 운영업(골프 연습장 운영업은 제외한다) 관련 재화 또는 용역

ⓝ 국가·지방자치단체 또는 지방자치단체조합이 그 소속 직원의 복리후생을 목적으로 구내에서 식당을 직접 경영하여 공급하는 음식용역
ⓓ 국가 또는 지방자치단체가「사회기반시설에 대한 민간투자법」에 따른 사업시행자로부터 같은 법에 따라 사회기반시설 또는 사회기반시설의 건설용역을 기부채납받고 그 대가로 부여하는 시설관리운영권
④ 과세되는 진료용역 및 동물의 진료용역

【통칙·판례·예규 참조】

부 통 지방자치단체 등으로부터 위탁을 받은 시설의 관리운영
국가·지방자치단체가 직접 관리 또는 운영하는 공원의 이용자로부터 받는 입장료에 대하여는 면세하나, 동 공원 안의 시설물인 유희기장이나 수영장 등의 관리를 위임받은 사업자가 그 시설의 이용자로부터 받는 입장료 및 사용료에 대하여는 면세하지 아니한다(부통 26-0-6).

예 규 국가사업의 위탁관리
지방자치단체인 서울특별시에서 직접관리 및 운영하는 공원의 입장료는 부가가치세가 면제되나 동 공원안의 시설물인 유희장이나 수영장 등을 특정인에게 관리를 위임하는 경우의 입장 및 사용료에 대하여는 부가가치세가 과세된다(간세 1235-2751, 1977. 8. 25).

예 규 지방자치단체가 징수하는 하수도료
지방자치단체가 징수하는 하수도료는 부가가치세가 면제되나 부동산 임대업자가 해당 부동산의 임차인에게 임대료와 관리비 등에 하수도료를 포함하여 징수하므로서 이를 구분할 수 없는 경우에는 부가가치세가 과세된다(부가 1265. 1-2203, 1983. 10. 17).

---

(7) 국가·지방자치단체 또는 공익단체에 무상공급하는 재화 또는 용역

국가·지방자치단체·지방자치단체조합 또는 공익단체에 무상으로 공급하는 재화 또는 용역은 부가가치세를 면제한다(부법 26 ① (20)). 여기서 공익단체란 주무관청의 인가를 받고 설립한 단체로서「상속세및증여세법시행령」제12조에 규정하는 다음의 사업을 하는 단체를 말하며, 공익사업을 위하여 주무관청의 승인을 얻어 금품을 모집하는 단체는 주무관청의 허가 또는 인가를 받거나 주무관청에 등록된 단체나「상속세및증여세법시행령」제12조에 규정하는 다음의 공익사업을 하는 단체에 해당하지 아니한 경우에도 공익단체로 본다(부령 47 ②).

① 종교의 보급, 그 밖의 교화에 현저히 기여하는 사업
② 초·중등교육법 및 고등교육법에 따른 학교를 설립·경영하는 사업
③ 사회복지사업법의 규정에 따른 사회복지법인이 운영하는 사업
④ 의료법 또는 정신보건법의 규정에 따른 의료법인 또는 정신의료법인이 운영
⑤ 공익법인의설립·운영에관한법률의 적용을 받는 공익법인이 운영하는 사업

⑥ 예술 및 문화에 현저히 기여하는 사업으로서 영리를 목적으로 하지 아니하는 사업

⑦ 공중위생 및 환경보호에 현저히 기여하는 사업으로서 영리를 목적으로 하는 사업

⑧ 공원, 그 밖의 공중이 무료로 이용하는 시설을 운영하는 사업 그 밖의

⑨ 지정기부금단체 등이 운영하는 고유목적사업. 다만, 회원의 친목 또는 이익을 증진시 키거나 영리를 목적으로 대가를 수수하는 등 공익성이 있다고 보기 어려운 고유목적 사업을 제외한다.

⑩ 위 '①'부터 '⑤'까지·'⑦' 또는 '⑧'과 유사한 사업으로서 기획재정부령으로 정하는 사업

【통칙·판례·예규 참조】

예 규 국가에 무상공급한 재화의 면세 여부

국립생사검사소에 검사용으로 무상 공급한 생사가 국고에 귀속된 때에는 국가기관에 무상으로 공급하는 재화에 해당되므로 부가가치세가 면제된다(간세 1235-2156, 1977. 7. 21).

예 규 비영리단체의 광고 협찬금 및 일시적 임대용역의 면세 과세 여부

민법 제32조의 규정에 따라 구 문화공보부장관의 허가를 받아 설립된 (사)춘향문화선양회가 고유목적 사업의 일환으로 춘향제 행사를 개최하면서 이에 필요한 광고선전탑 설치를 위하여 사업자로부터 받은 광고협찬금과 서커스공연을 위한 부지임대료는 부가가치세법시행령 제37조 제1호에서 규정하는 공익을 목적으로 하는 단체가 그 고유의 사업목적을 위하여 일시적으로 공급하거나 실비 또는 무상으로 공급하는 재화 또는 용역에 해당되므로 부가가치세가 면세된다(부가 46015-80, 2000. 1. 17).

---

(8) 그 밖의 면세되는 재화 또는 용역

1) 복권 등에 관련된 면세

우표(수집용 우표를 제외)·인지·증지·복권과 공중전화에 대하여는 부가가치세를 면제한다(부법 26 ① (9)).

【통칙·판례·예규 참조】

부 통 복권 등과 관련된 용역

면세되는 복권과 승마투표권을 위탁판매하고 받는 수수료에 대하여는 면세하지 아니한다(부통 26-0-4).

예 규 Lotto 개인판매인 부가가치세 과세 여부

부가가치세 과세대상인 '용역'이란 재화 이외의 재산적 가치가 있는 모든 역무 및 그 밖의 행위를 말하는 것으로서 복권판매인이 복권발급자 등으로부터 복권을 제공받아 액면금액으로 판매하고 판매수수료를 차감·정산하는 것은 재화인 복권 그 자체를 공급하는 것이 아니라 계약에 의해 복권의 판매행위를 수행하는 것으로서 부가가치세법 제7조 제1항의 규정에 따른 용역의 공급에 해당하고 별도 면세로 규정되어 있지 아니하므로 부가가치세가 과세된다(부가 46015-349, 2003. 5. 1).

---

2) 제조담배 중 특정의 것

담배사업법에 따른 제조담배로서 다음에 해당하는 것은 부가가치세를 면제한다(부법 26 ① (10), 부령 39). 여기서 제조담배란 잎담배를 주원료로 하여 피우거나 씹거나 또는 냄새맡기에 적합한 상태로 제조한 것을 말한다.

① 판매가격이 200원(20개비를 기준으로 한다) 이하인 것
② 특수용담배 중 영세율이 적용되는 것을 제외한 것. 여기서 담배사업법에 따른 특수용담배란 다음의 것을 말한다.

    ㉮ 국가원수가 외교사절 그 밖의 자에게 제공하기 위하여 사용하는 제조담배

    ㉯ 국군·전투경찰대원, 교정시설 경비교도대원, 국립보훈원 또는 한국호복지공단법에 따라 설립된 보훈병원에 수용 또는 입원중인 상이군경이나 전몰군경유족에게 공급하는 제조담배

    ㉰ 해외함상훈련에 참가하는 해군사관생도 및 승선장병에게 공급하는 제조담배

    ㉱ 해외에서 취업중인 근로자 및 재외공관직원에게 공급하는 제조담배

    ㉲ 보세구역에서 판매하는 제조담배

    ㉳ 외항선 또는 원양어선의 선원에게 판매하는 제조담배

    ㉴ 국제항로에 취항하는 항공기 또는 여객선의 승객에게 판매하는 제조담배

    ㉵ 주한 외국군 및 그 종사자 등에게 판매하는 제조담배

(9) 조세특례제한법에 따른 면세

1) 공장 등 구내식당에서 공급하는 음식용역

가) 공장 등 구내식당 범위

공장·광산·건설사업현장 및 여객자동차운수사업법에 따른 노선여객자동차운송사업자의 사업장과 각급 학교의 경영자가 그 종업원 또는 학생의 복리후생을 목적으로 해당 사업장 등의 구내에서 식당을 직접 경영하여 공급하거나 학교급식법에 해당하는 학교의장의 위탁을 받은 학교급식공급업자가 위탁급식의 방법으로 해당 학교에 직접 공급하는 음식용역(식사류에 한정한다)은 면세한다(조특법 106 ① 2호).

【통칙·판례·예규 참조】

[부 통] 공장 등 구내식당의 부가가치세 면제
"경영자"란 공장 등 사업장과 각급 학교의 경영자들이 비용을 공동으로 부담하여 하나의 구내식당을 직접 경영하거나 종업원단체 또는 학생단체가 직접 경영하는 경우의 해당 사업자가 포함하며, "사업장 등의 구내"란 사업장 등과 떨어져 있더라도 해당 사업과 관련되는 기숙사·하치장 등 시설의 구내가

포함된다(조특통 106－0…4).

나) 위탁급식공급가액증명서 제출

부가가치세가 면세되는 위탁급식의 방법으로 음식용역을 공급하는 학교급식공급업자는 소득세법 제78조의 규정에 따른 사업장현황신고(부가가치세 과세사업을 겸영하는 학교급식공급업자인 경우에는 부가가치세예정신고 및 확정신고)를 할 때에 위탁급식을 공급받는 학교의 장이 확인한 위탁급식공급가액증명서를 사업장관할세무서장에게 제출하여야 한다(조특령 106 ⑬).

2) 국민주택과 해당 주택의 건설용역

가) 국민주택

국민주택이란 세대당 주거전용면적이 85㎡(약 25.7평) 이하인 상시주거용 주택을 말하며 (조특령 75 ② · 106 ④), 별장 · 콘도미니엄 · 주말농장주택 등 임시주거주택은 포함하지 아니한다(조특통 66－0…1). 그러나 여러 가구가 한 건물에 거주할 수 있도록 국토해양부장관이 정한 다가구용 단독주택의 건축기준에 의하여 건축허가를 받아 건축한 다가구주택은 가구당 전용면적을 기준으로 한 면적에 따른다.

나) 국민주택건설용역

국민주택건설용역은 다음에 해당하는 용역을 말한다(조특령 106 ④).

① 국민주택주택의 건설용역으로서 「건설산업기본법」·「전기공사업법」·「소방법」·「정보통신공사업법」·「주택법」·「하수도법」 및 「가축분뇨의 관리 및 이용에 관한 법률」에 의하여 등록을 한 자가 공급하는 것

② 국민주택주택의 설계용역으로서 「건축사법」, 「전력기술관리법」, 「소방시설공사업법」, 「기술사법」 및 「엔지니어링산업 진흥법」에 따라 등록 또는 신고를 한 자가 공급하는 것

【통칙 · 판례 · 예규 참조】

부 통 국민주택부대시설의 부가가치세 면제

국민주택에 해당하는 집단주택의 부대설비 및 복리시설을 주택공급과 별도로 공급하는 경우에는 부가가치세를 면제하지 아니하나, 동 설비시설을 주택의 공급에 부수하여 공급하고 그 대가를 주택의 분양가격에 포함하여 받는 경우에는 동 부가가치세를 면제한다(조특통 106－0…1).

부 통 건설중인 국민주택의 부가가치세 면제

사업자가 건설중에 있는 국민주택을 양도하는 경우에는 면세사업에 관련된 재화의 공급으로서 부가가치세를 면제한다(조특통 106－0…2).

---

3) 주택의 일반관리용역·경비용역 및 청소용역

가) 대상 주택

① 「주택법」에 따른 관리주체, 「경비업법」에 따라 경비업의 허가를 받은 법인 또는 「공중위생관리법」에 따라 위생관리용역업의 신고를 한 자가 「주택법」에 따른 공동주택 중 국민주택을 제외한 주택에 공급하는 일반관리용역·경비용역 및 청소용역

② 관리주체, 경비업자 또는 청소업자가 「주택법」에 따른 공동주택 중 국민주택에 공급하는 대통령령으로 정하는 일반관리용역·경비용역 및 청소용역

나) 일반관리용역·경비용역 및 청소용역의 범위

여기서 일반관리용역·경비용역 및 청소용역이란 다음에 해당하는 용역을 말한다.

① 관리주체가 공동주택에 공급하는 경비용역 및 청소용역과 다음에 해당하는 비용을 받고 제공하는 **일반관리용역**을 말한다.

㉮ 「주택법 시행령」의 규정을 적용받는 공동주택의 경우 : 같은 시행령 별표 5 제1호에 따른 일반관리비(그 관리비에 위탁관리수수료와 같은 시행령 별표 5 제2호부터 제8호까지에 따른 관리비 및 이와 유사한 비용이 포함되어 있는 경우에는 이를 제외한다)

㉯ 「주택법 시행령」 제58조의 규정을 적용받지 아니하는 공동주택의 경우 : 제1호에 따른 일반관리비에 상당하는 비용

② 경비업자가 공동주택에 공급하거나 관리주체의 위탁을 받아 공동주택에 공급하는 경비용역

③ 청소업자가 공동주택에 공급하거나 관리주체의 위탁을 받아 공동주택에 공급하는 청소용역

☞ 공동주택과 관리주체의 정의

① 공동주택이란 대지 및 건물의 벽·복도·계단 그 밖의 설비 등의 전부 또는 일부를 공동으로 사용하는 각 세대가 하나의 건축물 안에서 각각 독립된 주거생활을 영위할 수 있는 구조로 된 주택을 말한다.

② 관리주체란 공동주택을 관리하기 위하여 입주자에 의하여 구성된 자치관리기구·주택관리업자 및 사업주체를 말한다.

4) 정부업무 대행단체가 공급하는 재화 또는 용역

가) 개 념

정부업무를 대행하는 단체가 그 고유의 목적사업을 위하여 공급하는 재화 또는 용역은 부가가치세를 면제한다. 다만, 다음의 어느 하나에 해당하는 사업을 제외하며, '㉮'의 규정

은 부가가치세법에 우선하여 제외한다(조특법 106 ① 본문 6호, 동령 106 ⑦). 이는 정부의 업무를 대행하는 단체가 그 고유의 목적사업을 위하여 공급하는 재화 또는 용역에 대해서만 부가가치세를 면제하는 것이지, 순수한 정부대행업무 외에 일반기업과 경쟁관계에 있는 사업까지 면세하지 않는다.

① 소매업·음식점업·숙박업·욕탕업 및 예식장업

② 건설업과 부동산의 매매·중개업

③ 부동산임대업

④ 골프장·스키장 및 그 밖의 운동시설 운영업

⑤ 수상오락서비스업

⑥ 유원지·테마파크운영업

⑦ 주차장운영업 및 자동차견인업

나) 정부업무를 대행하는 단체

정부업무를 대행하는 단체란 다음에 해당하는 자를 말한다(조특령 106 ⑦).

① 별정우체국법에 따른 별정우체국

② 우체국창구업무의 위탁에 관한 법률에 의하여 우체국창구업무를 위탁받은 자

③ 한국농촌공사 및 농지관리기금법에 따른 한국농촌공사

④ 농업협동조합법에 따른 조합, 조합공동사업법인 및 중앙회

⑤ 수산업협동조합법에 따른 수산업협동조합·중앙회 및 어촌계

⑥ 엽연초생산협동조합법에 따른 엽연초생산협동조합 및 중앙회

⑦ 인삼산업법에 따른 백삼 및 태극삼의 지정검사기관

⑧ 한국토지주택공사법에 따른 한국토지주택공사

⑨ 한국도로공사법에 따른 한국도로공사

⑩ 한국산업인력공단법에 따른 한국산업인력공단

⑪ 한국조폐공사법에 따른 한국조폐공사

⑫ 산림조합법에 따른 조합·중앙회 및 산림계

⑬ 농수산물유통 및 가격안정에 관한 법률에 의하여 지정을 받은 도매시장법인, 시장도매인, 비상장품목 취급 중도매인 및 대금정산조직

⑭ 지방공기업법에 따라 농수산물도매시장사업을 수행하기 위하여 지방자치단체가 설립한 지방공사

⑮ 지방공기업법에 따라 설립된 지방공단

⑯ 농수산물유통공사법에 따른 농수산물유통공사

⑰ 한국해양교통안전공단법에 따라 설립된 한국해양교통안전공단

⑱ 전파법에 따른 한국방송통신전파진흥원

⑲ 한국산업안전공단법에 따른 한국산업안전공단

⑳ 집행관법에 따라 집행관의 업무를 수행하는 자

㉑ 상공회의소법에 따른 대한상공회의소

㉒ 한국수자원공사법에 따른 한국수자원공사

㉓ 항만공사법의 규정에 따라 설립된 항만공사

㉔ 사회기반시설에 대한 민간투자법 제2조 제10호의 규정에 따른 공공부문 중 도로의 건설이나 운영에 대한 전문성을 보유한 법인과 장기적 투자자금을 제공하는 재무적 투자자가 각각 40% 이상을 공동으로 출자하여 설립된 동조 제7호의 사업시행자

㉕ 중소기업협동조합법에 따른 중소기업중앙회

㉖ 국세징수법 제12조 제1항 제3호 각 목 외의 부분에 따른 국세납부대행기관

㉗ 국제경기대회 지원법에 따라 설립된 조직위원회로서 기획재정부장관이 효율적인 준비와 운영을 위하여 필요하다고 인정하여 고시하는 조직위원회

㉘ 건설산업기본법에 따라 설립된 건설사업자단체인 대한건설협회

㉙ 한국환경공단법에 따른 한국환경공단

㉚ 한국도로교통공단법에 따른 한국도로교통공단

㉛ 지방회계법 시행령 제62조 제3호에 해당하는 자

6) 농·임·어업용석유류 면세

가) 감면대상

다음의 농업·임업 또는 어업용 석유류에 대하여는 부가가치세를 면제한다(조특법 106의 2 ① 1호).

① 농·임·어민이 농업·임업 또는 어업에 사용하기 위한 석유류

  ㉮ 다음에 해당하는 시설에 사용할 목적으로 수산업협동조합중앙회를 통하여 공급하는 석유류

    ㉠ 연근해 및 연안구역 어업용 선박

    ㉡ 나잠어업(裸潛漁業) 종사자의 탈의실용 난방시설 및 수송용 선박

    ㉢ 어민이 직접 운영하는 수산물생산기초시설·양식어업용 시설 및 수산종묘생산시설

    ㉣ 어민이 직접 포획·채취한 어획물을 어업장으로부터 양육지까지 운반하는 용도로 사용하는 당해 어민 소유의 선박

    ㉤ 신고한 낚시어선업용 선박

  ㉯ 농업기계, 임업기계, 내수면어업용 선박 및 내수면육상양식어업용 시설(수온유지

용 및 양수용에 한한다)로서 「농업협동조합법」에 의한 조합·중앙회, 「산림조합법」에 의한 조합·중앙회 또는 「수산업협동조합법」에 의한 수산업협동조합에 신고된 것에 사용할 목적으로 공급하는 석유류

② 연안을 운항하는 여객선박(관광사업 목적으로 사용되는 여객선박은 제외)에 사용할 목적으로 한국해운조합법에 따라 설립된 한국해운조합에 직접 공급하는 석유류

나) 면세유 공급 절차

① 농·어민 등이 면세유를 공급받기 위하여는 「농업협동조합법」에 따른 조합, 「산림조합법」에 따른 조합 및 「수산업협동조합법」에 따른 조합에 농업기계, 임업기계 또는 선박 및 시설의 보유현황과 영농·영림 또는 영어사실을 신고하여야 하며, 농기계 등의 취득·양도 또는 농·어민 등의 사망, 이농 등으로 그 신고내용에 달라진 사항이 있으면 그 사유발생일부터 30일 이내에 그 변동내용을 신고하여야 한다.

② 농·어민 등이 면세유를 공급받으려면 면세유류관리기관인 조합으로부터 면세유류구입카드 또는 출고지시서를 발급받아야 한다. 여기서 면세유류구입카드 또는 출고지시서란 중 어느 하나에 해당하는 것을 말한다.

　　㉠ 다음 중 어느 하나에 해당하는 자가 면세유류관리기관이 배정하는 한도 내에서 면세유를 공급받을 수 있도록 면세유류관리기관으로부터 「여신전문금융업법」에 따라 발급받은 직불카드 또는 신용카드

　　　　ⓐ 농 민

　　　　ⓑ 「농업협동조합법」에 따른 조합에 내수면어업용 선박 및 내수면육상양식어업용 시설을 신고한 어민

　　　　ⓒ 직전 연도에 면세유(「수산업협동조합법」에 따른 조합이 직영하는 주유소 또는 그 조합과 공급대행계약이 체결된 주유소가 공급한 면세유에 한정한다)를 40킬로리터(휘발유의 경우에는 20킬로리터) 이상 공급받은 어민. 다만, 「신용정보의 이용 및 보호에 관한 법률」 제25조 제2항 제1호에 따른 종합신용정보집중기관에 약정한 기일 내에 채무를 변제하지 아니한 자로 관리되고 있거나 이와 비슷한 경우에 해당하여 농림수산식품부장관이 정하여 고시하는 자는 제외한다.

　　㉡ 어민(위 '㉠'에 해당하는 자는 제외한다) 및 임업인이 면세유를 공급받을 수 있도록 면세유류관리기관이 발급하는 출고지시서 또는 구입권으로서 국세청장이 그 서식 등을 정한 것

③ 면세유류관리기관인 조합은 농·어민 등의 농기계 등의 보유현황, 영농·영림 또는 영어규모 등을 고려하여 면세유류구입카드 등을 발급하여야 한다.

④ 「농업협동조합법」에 따른 농업협동조합중앙회, 「산림조합법」에 따른 산림조합중앙회

및 「수산업협동조합법」에 따른 수산업협동조합중앙회 등 면세유류관리기관인 중앙회는 면세유 관리업무의 효율화 및 부정유통 방지를 위하여 필요한 경우에는 석유판매업자의 신청을 받아 농·어민등에게 면세유를 판매할 수 있는 석유판매업자를 지정할 수 있다.

다) 면세유 사용 준수 사항

농·어민 등이 면세유를 농기계 등에 사용하려는 경우에는 다음의 사항을 준수하여야 한다.

① 농업기계 및 선박의 경우에는 사용실적 등을 확인할 수 있는 장치를 부착하고, 사용실적 등을 확인할 수 있는 서류를 제출할 것

② 농업기계 및 농·어업용 시설의 경우에는 생산실적 등을 확인할 수 있는 서류를 제출할 것

라) 불법면세유 사용에 따른 추징세액

① 관할세무서장은 농·어민 등이 발급받은 면세유류구입카드 등으로 공급받은 석유류를 농·임·어업용 외의 용도로 사용한 경우에는 다음에 따라 계산한 금액의 합한 금액을 추징한다.

  ㉮ 해당 석유류에 대한 부가가치세, 개별소비세, 교통·에너지·환경세, 교육세 및 주행세의 감면세액

  ㉯ 위 ㉮에 따른 감면세액의 100분의 40에 해당하는 금액의 가산세

② 관할세무서장은 면세유류관리기관인 조합이 ㉮에 해당하는 경우에는 해당 석유류에 대한 부가가치세, 개별소비세, 교통·에너지·환경세, 교육세 및 주행세의 감면세액의 100분의 40에 해당하는 금액을, ㉯에 해당하는 경우에는 해당 석유류에 대한 부가가치세, 개별소비세, 교통·에너지·환경세, 교육세 및 주행세의 감면세액의 100분의 20에 해당하는 금액을 가산세로 징수한다.

  ㉮ 거짓이나 그 밖의 부정한 방법으로 면세유류구입카드 등을 발급하는 경우

  ㉯ 관련증거서류를 확인하지 아니하는 등 관리부실로 인하여 농·어민 등에게 면세유류구입카드 등을 잘못 발급하거나 농·어민 등 외의 자에게 면세유류구입카드 등을 발급하는 경우

③ 관할세무서장은 농·어민 등이 아닌 자가 면세유류구입카드 등을 발급받거나 농·어민 등 또는 농·어민 등이 아닌 자가 농·어민 등으로부터 면세유류구입카드 등 또는 그 면세유류구입카드 등으로 공급받은 석유류를 양수받은 경우에는 다음에 따라 계산한 금액을 추징한다.

㉮ 면세유류관리기관인 조합으로부터 면세유류구입카드 등을 발급받거나 농·어민 등으로부터 면세유류구입카드 등을 양수받은 경우에는 다음에 따라 계산한 금액의 합한 금액

　㉠ 발급 또는 양수당시 면세유류구입카드 등으로 석유류를 공급받을 경우의 부가가치세, 개별소비세, 교통·에너지·환경세, 교육세 및 주행세의 감면세액상당액

　㉡ 가목에 따른 감면세액상당액의 100분의 40에 해당하는 금액의 가산세

㉯ 농·어민 등으로부터 면세유류구입카드 등으로 공급받은 석유류를 양수받은 경우에는 다음에 따라 계산한 금액의 합한 금액

　㉠ 해당 석유류에 대한 부가가치세, 개별소비세, 교통·에너지·환경세, 교육세 및 주행세의 감면세액

　㉡ ㉠에 따른 감면세액의 100분의 40에 해당하는 금액의 가산세

마) 면세유 불법 사용자의 제한

농·어민 등이 다음 중 어느 하나에 해당하는 경우에는 그 농·어민 등(그 농·어민 등과 공동으로 생산활동을 하는 배우자 및 직계 존·비속으로서 생계를 같이하는 자를 포함한다)은 면세유류관리기관이 그 사실을 안 날부터 2년간 면세유를 사용할 수 없다.

① 신고를 거짓이나 그 밖의 부정한 방법으로 하거나 변동신고를 하지 아니한 경우

② 발급받은 면세유류구입카드 등과 그 면세유류구입카드 등으로 공급받은 석유류를 타인에게 양도한 경우

③ 다른 용도로 사용하여 감면세액의 추징사유가 발생한 경우

바) 석유판매업자의 환급 신청

주유소 등 석유판매업자가 부가가치세, 개별소비세, 교통·에너지·환경세, 교육세 및 주행세가 과세된 석유류를 공급받아 농·어민 등에게 공급한 석유류가 면세에 해당하는 경우에는 석유판매업자는 신청하여 그 면세되는 세액을 환급받거나 납부 또는 징수할 세액에서 공제받을 수 있다.

7) 그 밖의 조세특례제한법에 따른 면세 항목

가) 도서지방의 자가발전용 석유류

일반전기사업자가 전기를 공급할 수 없거나 상당한 기간 전기공급이 곤란한 도서로서 지식경제부장관(그 위임을 받은 기관을 포함)이 증명하는 도서지방의 자가 발전에 사용할 목적으로 수산업협동조합법에 따라 설립된 수산업협동조합중앙회에 직접 공급하는 석유류에 대하여는 부가가치세를 면제한다(조특법 106 ① 1호).

나) 농업경영 및 농작업의 대행용역

영농조합법인과 농업회사법인이 공급하는 농업경영 및 농작업의 대행용역과 영어조합법인이 공급하는 어업경영 및 어작업 대행용역은 부가가치세를 면제한다.

다) 천연가스 사용 시내버스

여객자동차운수사업법에 따른 시내버스운송사업용 및 마을버스운송사업용으로 공급하는 버스로서 천연가스를 연료로 사용하는 것.

라) 희귀병 치료제

희귀병치료를 위한 것으로서 다음에 해당하는 것(조특법 106 ① 10호, 조특령 106 ⑭)
① 세레자임 등 고셔병환자가 사용할 치료제 및 로렌조오일 등 부신이영양증환자가 사용할 치료제
② 혈우병으로 인한 심신장애자가 사용할 열처리된 혈액응고인자농축제

마) 국가에 공급하는 철도시설

한국철도시설공단법에 따른 한국철도시설공단이 철도산업발전기본법 제3조 제2호의 규정에 따른 철도시설을 국가에 귀속시키고 같은 법 제26조에 의하여 철도시설관리권을 설정받는 방식으로 국가에 공급하는 철도시설

바) 학교시설을 이용하여 제공하는 재화 또는 용역

교육과학기술부장관 또는 교육과학기술부장관이 지정하는 자의 추천을 받은 자가 「사회기반시설에 대한 민간투자법」의 방식을 준용하여 건설된 학교시설(「고등교육법」에 따른 학교시설에 한정한다)에 대하여 학교가 제공하는 시설관리운영권 및 그 추천을 받은 자가 그 학교시설을 이용하여 제공하는 용역

사) 영유아용 기저귀와 분유(액상 형태의 분유를 포함하되, 부가가치세법에 따라 면제되는 것을 제외한다)

아) 노인복지주택에 공급하는 일반관리용역·경비용역 및 청소용역

「노인복지법」 제32조 제1항 제3호에 따른 노인복지주택의 관리·운영자, 경비업자 및 청소업자가 「주택법」에 따른 국민주택 규모 이하의 노인복지주택에 공급하는 대통령령으로 정하는 일반관리용역·경비용역 및 청소용역

자) 농민 또는 임업에 종사하는 자에게 난방용 또는 농업용·임업용으로 공급하는 목재펠릿

차) 전기버스

다음 각 목의 요건을 모두 갖춘 전기버스

① 「환경친화적 자동차의 개발 및 보급 촉진에 관한 법률」 제2조 제3호에 따른 전기자동
차 또는 같은 조 제6호에 따른 연료전지자동차로서 같은 조 제2호 각 목의 요건을
갖춘 자동차

② 「여객자동차 운수사업법」 및 같은 법 시행령에 따른 시내버스 및 마을버스 운송사업용
으로 공급하는 버스

나. 재화의 수입에 대한 면세

(1) 수입미가공식료품

가공되지 아니한 식료품, 식용에 제공되는 농산물·축산물·수산물과 임산물 과 미가공
식료품에 해당하는 것(면세대상의 미가공식료품의 범위와 같다)을 수입하는 경우에는 부가
가치세를 면제한다. 다만, 관세가 감면되지 아니하는 다음 식료품[21]은 부가가치세를 과세한
다(부령 49 ①, 부칙 37).

① 커피두 및 커피두의 각·피와 웨이스트

② 코코아두(원상 또는 분쇄한 것으로서 볶은 것을 포함한다)·코코아두의 각·피와 웨
이스트

【통칙·판례·예규 참조】

부 통 수입 시 과세된 미가공식료품의 국내공급 시 면세
규칙 별표 1에 열거하는 미가공식료품의 수입에 대하여는 면세하나, 규칙 별표 2에 열거하는 커피두·
코코아두 등의 수입에 대하여는 면세하지 아니한다. 다만, 부가가치세를 과세한 커피두 등이 영 제34조
에 따른 미가공의 상태로 국내에서 공급하는 때에는 면세한다(부통 27-49-1).

부 통 수입하는 종축용 닭·돼지 능의 면세
규칙 별표 1에 열거하는 미가공식료품의 수입에 대하여는 면세하나, 규칙 별표 2에 열거하는 커피두·
코코아두 등의 수입에 대하여는 면세하지 아니한다. 다만, 부가가치세를 과세한 커피두 등이 영 제34조
에 따른 미가공의 상태로 국내에서 공급하는 때에는 면세한다(부통 27-49-1).

예 규 메밀껍질 수입시 부가가치세 면제 여부
관세율표 번호1213호에 속하는 메밀껍질 수입시에는 부가가치세가 과세된다(부가 22601-1776, 1989.
12. 1).

---

21) 과세되는 수입미가공식료품의 범위
  ① 관세가 감면되지 아니하는 식료품으로서 과세되는 수입미가공식료품의 범위는 [별표 2] 과세되는 수입미
  가공식료품분류표에 따른다(부록참조).
  ② 수입미가공식료품분류표의 적용에 있어서는 [관세법 별표 관세율표]를 기준으로 한다(부칙 12).

(2) 도서·신문 및 잡지

도서·신문 및 잡지의 수입시에는 부가가치세를 면제한다(부법 27 (2)). 여기서 도서·신문과 잡지는 [관세법 별표 관세율표] 제49류의 인쇄한 서적·신문·잡지 그 밖의 정기간행물·수제문서 및 타이프 문서와 전자출판물로 한다(부령 50).

여기서 전자출판물이란 도서 또는 간행물의 형태로 출간된 내용 또는 출간될 수 있는 내용이 음향이나 영상과 함께 전자적 기록매체에 수록되어 컴퓨터 등 전자장치를 이용하여 그 내용을 보고 듣고 읽을 수 있는 것으로서 문화관광부장관이 정하는 기준에 적합한 전자출판물을 말한다. 다만, 음반·비디오물및게임물에관한법률의 적용을 받는 것을 제외한다(부칙 38).

(3) 학술연구단체 등이 과학용 등으로 수입하는 재화

학술연구단체(산학협력단 포함)·교육기관 또는 문화단체가 과학·교육·문화용으로 수입하는 재화로서 부가가치세가 면제되는 것은 다음에 해당되는 재화로 한다. 이 경우 '①'∼'⑤'의 재화는 관세가 감면되는 경우에 한하여 적용하되, 관세가 경감되는 경우에는 경감되는 분에 한하여 적용한다(부법 27 (3), 부령 51).

① 학교(서울대학교병원과 국립대학병원, 서울대학교치과병원 및 국립대학치과병원을 포함한다)·박물관 또는 다음의 시설에서 진열하는 표본 및 참고품, 교육용의 촬영된 필름·슬라이드·레코드·테이프 그 밖의 이와 유사한 매개체와 이러한 시설에서 사용되는 물품(부칙 39).

   ㉮ 정부조직법 제4조 또는 지방자치단체의 조례에 의하여 설치된 기관이 운영하는 시험소·연구소·공공직업훈련원·공공도서관·동물원·식물원 및 전시관

   ㉯ 대한무역투자진흥공사 전시관

   ㉰ 산업단지관리공단의 전시관

   ㉱ 「정부출연연구기관 등의 설립·운영 및 육성에 관한 법률」에 의하여 설립된 산업연구원 및 「과학기술분야 정부출연연구기관 등의 설립·운영 및 육성에 관한 법률」에 의하여 설립된 한국생산기술연구원·한국과학기술정보연구원

   ㉲ 수출조합전시관(통상산업부장관이 면세추천한 부분만 해당한다.)

   ㉳ 중소기업진흥및제품구매촉진에관한법률에 의하여 설립된 중소기업진흥공단이 개

설한 전시관 및 연수원

㉐ 디자인 및 포장에 관한 연구개발사업을 추진하기 위하여 비영리법인이 개설한 전시관

㉑ 과학관육성법의 규정에 따른 과학관(사립과학관 및 기업 등 부설과학관의 경우에는 같은 법의 규정에 따라 등록한 것에 한정한다)

㉒ 「소비자기본법」에 따른 한국소비자원

② 다음 연구원·연구기관 등 과학기술연구개발시설에서 과학기술의 연구개발에 제공하기 위하여 수입하는 물품

㉮ 다음의 기관과 산업기술연구조합

㉠ 「특정연구기관 육성법」 제2조의 규정에 따른 연구기관

㉡ 산업기술연구를 목적으로 비영리법인으로서 독립된 연구시설을 갖추고 있는 법인임을 산업자원부장관 또는 과학기술부장관이 확인·추천하는 기관

㉢ 산업자원부장관의 허가를 받아 설립된 연구소

㉣ 산학협력단

㉯ 한국생산기술연구원·한국건설기술연구원·한국철도기술연구원·한국한의학연구원 및 한국식품연구원

㉰ 국방과학연구소

③ 과학기술연구개발지원단체에서 수입하는 과학기술의 연구개발에 사용되는 시약류

④ 한국교육개발원육성법에 따라 설립된 한국교육개발원이 학술연구를 위하여 수입하는 물품

⑤ 한국교육방송원법에 따른 한국교육방송원이 교육방송을 위하여 수입하는 물품

⑥ 외국으로부터 다음의 영상관련 공익단체에 기증되는 재화로서 동 단체가 직접 사용하는 것(부칙 41)

㉮ 방송통신위원회

㉯ 영화진흥위원회

㉰ 영상물등급위원회

㉱ 한국영상자료원, 한국방송진흥원 및 한국영상미디어협회

(4) 종교단체 등에 기증되는 재화

종교의식·자선·구호 그 밖의 공익을 목적으로 외국으로부터 종교단체·자선단체 또는 구호단체에 기증되는 재화로서 다음과 같은 것은 수입시 부가가치세를 면제한다(부법 27(4), 부령 52).

① 사원 그 밖의 종교단체에 기증되는 물품으로서 관세가 면제되는 것

② 자선 또는 구호의 목적으로 기증되는 급여품으로서 관세가 면제되는 것

③ 구호시설 및 사회복리시설에 기증되는 구호 또는 사회복리용에 직접 제공하는 물품으로서 관세가 면제되는 것

(5) 국가 · 지방자치단체 등에 기증되는 재화

외국으로부터 국가 · 지방자치단체 또는 지방자치단체조합에 기증되는 재화의 수입시에는 부가가치세를 면제한다(부법 27 (5)).

(6) 거주자에게 기증되는 소액물품

거주자가 받는 소액물품으로서 관세가 면제되는 재화(부법 27 (6)). 10만원 이하인 경우 자가사용 여부와 관계없이 부가가치세를 면제한다.

【통칙 · 판례 · 예규 참조】

예규 수입묘목의 국내판매시 과세 여부

사업자가 외국으로부터 수입한 묘목을 보관목적으로 일정기간(수입일부터 묘목인도일까지) 가식(假植)하였다가 실수요자 등에게 공급하는 경우에는 부가가치세가 과세된다(부가 22601-931, 1985. 5. 20).

예규 의과대학부속병원의 수입재화에 대한 부가가치세 경감 여부

의과대학부속병원은 대학부속시설의 일종이므로 동 병원은 부가가치세법 시행령 제41조 제1호에서 규정하는 "학교"에 해당된다(소비 22601-1029, 1985. 9. 30).

예규 후천성면역결핍증 치료제 및 진단용 시약의 수입

후천성면역결핍증에 사용할 치료제 및 진단용 시약은 부가가치세법 시행령 제46조 제17의2호에 규정하는 "심신장애자용으로 제작 또는 제조된 물품"에 포함된다(재무부 소비 22601-277, 1988. 3. 29).

예규 야생란을 수입하여 국내에서 판매시 부가가치세 면제여부

야생 난초(관세율표번호 0602-99-1010)를 수입하는 경우와 이를 국내에서 그대로 판매하는 경우에는 부가가치세가 과세되며, 수입한 야생 난초를 국내에서 일정기간(7~8개월) 재배하여 꽃을 피워 판매하는 경우에는 부가가치세법 제12조 제1항 제1호의 규정에 따라 부가가치세가 면제된다(부가 46015-14, 1995. 1. 5).

예규 식용유 제조용으로 수입, 판매하는 유채씨의 면세 여부

사업자가 관세율표번호 제1205호에 해당하는 외국에서 생산된 유채(채종 또는 콜자)를 식용유제조용으로 수입하여 국내에서 판매하는 경우에는 수입 및 국내판매시 각각 부가가치세가 과세된다(부가 46015-397, 1996. 3. 2).

예규 수출된 후 재수입하는 재화의 부가가치세 면제여부

국외 건설현장으로 공사용 기계 · 기구를 수출(반출)한 후 다시 국내로 수입(반입)하는 경우로서 수출할 때의 성질과 형상이 변하지 아니하고 관세법 제34조의 규정에 따라 관세의 면제대상에 해당하는 때에는 해당 재화의 관세 협정세율이 무세인 경우에도 해당 재화의 수입에 대하여는 부가가치세가 면제된다(부가 46015-2515, 1999. 8. 23).

(7) 이주·이민·상속으로 인한 수입재화

이주·이민 또는 상속으로 인하여 수입하는 재화로서 관세가 면제되거나 관세법 제8조 제1항의 규정에 따른 간이세율이 적용되는 재화는 부가가치세를 면제한다(부법 27 (7)).

(8) 여행자휴대품·별송품 등

여행자의 휴대품·별송 물품과 우송 물품으로서 관세가 면제되거나 해당 간이세율이 적용되는 재화의 수입시에는 부가가치세를 면제한다(부법 27 (8)).

여기서 간이세율이란 여행자휴대품, 국제우편물, 탁송품 등의 신속통관을 위하여 수입물품에 부과되는 관세율, 내국세율, 목적세율 등을 각각 적용하여 과세하는 대신 해당 물품에 부과되는 각종 세율을 합산하여 단일화한 세율을 말한다.

(9) 수입하는 상품 견본품 등

수입하는 상품 견본과 광고용 물품으로서 관세가 면제되는 재화의 수입시에는 부가가치세를 면제한다(부법 27 (9)).

(10) 우리나라개최 전람회 등 출품재화

우리나라에서 개최되는 박람회·전시회·품평회·영화제 또는 이와 유사한 행사에 출품하기 위하여 무상으로 수입하는 물품으로서 관세가 면제되는 재화는 부가가치세를 면제한다(부법 27 (10)).

(11) 조약 등에 의하여 관세가 면제되는 재화

조약·국제법규 또는 국제관습에 따라 관세가 면제되는 재화로서 다음과 같은 것에 대하여는 부가가치세를 면제한다(부법 27 (11), 부령 53).

① 우리나라에 내방하는 외국의 원수와 그 가족 및 수행원이 사용하는 물품
② 우리나라에 있는 외국의 대사관·공사관 그 밖의 이에 준하는 기관의 업무용품
③ 우리나라에 주재하는 외국의 대사·공사 그 밖의 이에 준하는 사절 및 그 가족이 사용하는 물품
④ 우리나라에 있는 외국의 영사관 그 밖의 이에 준하는 기관의 업무용품
⑤ 우리나라에 있는 외국의 대사관·공사관·영사관 그 밖의 이에 준하는 기관의 직원과 그 가족이 사용하는 물품
⑥ 정부와의 사업계약을 수행하기 위하여 외국계약자가 계약조건에 따라 수입하는 업무용품
⑦ 국제기구 또는 외국정부로부터 정부에 파견된 고문관·기술단원 그 밖의 이에 준하는 자가 직접 사용할 물품

(12) 수출 후의 재수입재화

수출된 후 다시 수입하는 재화로서 관세가 감면되는 것 중 사업자가 재화를 사용하거나 소비할 권한을 이전하지 않고 외국으로 반출하였다가 다시 수입하는 재화로서 「관세법」 제99조[22])에 따라 관세가 면제되거나 「관세법」 제101조[23])에 따라 관세가 경감되는 재화를 말한다. 다만, 관세가 경감(輕減)되는 경우에는 경감되는 부분만 해당한다(부법 27 (12), 부령 54).

(13) 다시 수출하는 조건으로 일시 수입하는 재화

다시 수출하는 조건으로 일시 수입하는 재화로서 관세가 감면되는 것. 다만, 관세가 경감되는 경우에는 경감되는 부분만 해당한다.

(14) 제조담배

제조담배로서 다음에 해당하는 것은 부가가치세를 면제한다(부법 27 (14)).

① 담배사업법 제18조 제1항의 규정에 따른 판매가격이 200원(20개비를 기준으로 한다) 이하인 것

② 담배사업법 제19조의 규정에 따른 특수용담배로서 영세율이 적용되는 것을 제외한 것

【통칙 · 판례 · 예규 참조】

예규 제조담배를 수입후 보세구역에서 공급시 부가가치세 과세 여부

사업자가 외국으로부터 담배사업법 제18조 제1항의 규정에 따른 판매가격이 200원(20개비를 기준으로

---

22) 제99조【재수입면세】 다음 각 호의 어느 하나에 해당하는 물품이 수입될 때에는 대통령령으로 정하는 바에 따라 그 관세를 면제할 수 있다.
 1. 우리나라에서 수출(보세가공수출을 포함한다)된 물품으로서 해외에서 제조·가공·수리 또는 사용(장기간에 걸쳐 사용할 수 있는 물품으로서 임대차계약 또는 도급계약 등에 따라 해외에서 일시적으로 사용하기 위하여 수출된 물품 중 기획재정부령으로 정하는 물품이 사용된 경우와 박람회, 전시회, 품평회, 그 밖에 이에 준하는 행사에 출품 또는 사용된 경우는 제외한다)되지 아니하고 수출신고 수리일부터 2년 내에 다시 수입되는 물품. 다만, 다음 각 목의 어느 하나에 해당하는 경우에는 관세를 면제하지 아니한다.
  가. 해당 물품 또는 원자재에 대하여 관세를 감면받은 경우
  나. 이 법 또는 「수출용원재료에 대한 관세 등 환급에 관한 특례법」에 따른 환급을 받은 경우
  다. 보세가공 또는 장치기간경과물품을 재수출조건으로 매각함에 따라 관세가 부과되지 아니한 경우
 2. 수출물품의 용기로서 다시 수입하는 물품
 3. 해외시험 및 연구를 목적으로 수출된 후 다시 수입되는 물품
23) 제101조【해외임가공물품 등의 감세】 ① 다음 각 호의 어느 하나에 해당하는 물품이 수입될 때에는 대통령령으로 정하는 바에 따라 그 관세를 경감할 수 있다.
 1. 원재료 또는 부분품을 수출하여 기획재정부령으로 정하는 물품으로 제조하거나 가공한 물품
 2. 가공 또는 수리할 목적으로 수출한 물품으로서 기획재정부령으로 정하는 기준에 적합한 물품
 ② 제1항의 물품이 다음 각 호의 어느 하나에 해당하는 경우에는 그 관세를 경감하지 아니한다.
 1. 해당 물품 또는 원자재에 대하여 관세를 감면받은 경우. 다만, 제1항제2호의 경우는 제외한다.
 2. 이 법 또는 「수출용원재료에 대한 관세 등 환급에 관한 특례법」에 따른 환급을 받은 경우
 3. 보세가공 또는 장치기간경과물품을 재수출조건으로 매각함에 따라 관세가 부과되지 아니한 경우

함)을 초과하는 제조 담배를 수입하여 보세구역내에서 공급하는 경우에 해당 수입제조 담배는 특수용
제조담배에 해당하지 아니하는 것으로 부가가치세법 제12조 제1항 제9호의 규정에 따라 부가가치세가
면제되지 아니하며, 같은 법 제6조 제1항의 규정에 따른 재화의 공급에 해당하여 부가가치세가 과세된
다(부가 46015-1187, 1999. 4. 22).

(15) 그밖에 관세가 무세이거나 감면되는 수입재화

위에서 설명한 재화의 수입시 부가가치세가 면제되는 경우 중 '(6)''(13)' 이외에 관세가
무세이거나 감면되는 재화로서 다음에 게기하는 것은 부가가치세를 면제한다. 다만, 경감의
경우에는 경감되는 부분만 해당한다(부법 27 (15), 부령 56).

① 정부에서 직접 수입하는 군수품(정부의 위탁을 받아 정부 외의 자가 수입하는 경우
포함)

② 국가원수의 경호용으로 사용할 물품

③ 우리나라 거주자에게 수여된 훈장·기장 또는 이에 준하는 표창장과 상패

④ 기록문서 그 밖의 서류

⑤ 외국에 주둔 또는 주재하는 국군 또는 재외공관으로부터 반환된 공용품

⑥ 우리나라의 선박 그 밖의 운수기관이 조난으로 인하여 해체된 경우의 해체재 및 장
비품

⑦ 우리나라 수출물품의 품질·규격·안전도 등이 수입국의 권한 있는 기관이 정하는
조건에 적합한 것임을 표시하는 수출물품 첨부용 라벨

⑧ 항공기의 부분품

⑨ 항공기의 제작·수리 또는 정비에 필요한 원재료로서 소관 중앙행정기관의 장이 국내
생산이 곤란한 것으로 확인하는 것

⑩ 국제올림픽 및 아시아운동경기 종목에 해당하는 운동용구(부분품을 포함한다)로서 대
회참가선수의 훈련에 직접 사용되는 물품

⑪ 우리나라와 외국간의 교량·통신시설·해저통로 그 밖의 이에 준하는 시설의 건설
또는 수리에 소요되는 물품

⑫ 국제적십자사 그 밖의 국제기구 및 외국적십자사가 국제평화봉사활동 또는 국제친선
활동을 위하여 기증하는 물품

⑬ 박람회, 국제경기대회 그 밖의 이에 준하는 행사에 사용하기 위하여 그 행사참가자가
수입하는 물품

⑭ 정보통신부장관이 국가안전보장상 긴요하다고 인정하여 수입하는 비상 통신용 및 전
파관리용 물품

⑮ 수입신고한 물품으로서 수입면허 전에 변질 또는 손상된 것

⑯ 관세법 이외의 법령(조세특례제한법을 제외한다)에 의하여 관세가 감면되는 물품

⑰ 지도・설계도・도안・우표・수입인지・화폐・유가증권・서화・판화・조각・구상・수집품・표본 그 밖의 이와 유사한 물품

⑱ 국가안전기획부장 또는 그 위임을 받은 자가 국가안전보장 목적 수행상 긴요하다고 인정하여 수입하는 물품

⑲ 시각・청각 및 언어의 장애인・지체장애인・만성신부전증환자・희귀난치성질환자 등을 위한 용도로 특수하게 제작 또는 제조된 물품 중 관세의 기본세율이 무세(無稅)이거나 협정세율이 0인 것(기본세율 또는 협정세율이 관세법 등에 따라 감면되는 것 포함)으로서 기획재정부령으로 정하는 물품

⑳ 그 밖에 관세의 기본세율이 무세인 물품으로서 부가가치세가 면세되는 품목[24]의 분류표에 게기하는 물품과 관세의 협정세율이 무세인 철도용 내연기관・디젤기관차 및 이식용 각막

(16) 조세특례제한법상 면세수입재화

다음 재화의 수입에 대하여는 부가가치세를 면제한다(조특법 106 ②).

① 무연탄

② 과세사업에 사용하기 위한 선박(제3자에게 판매하기 위하여 선박을 수입하는 경우는 제외)

③ 과세사업에 사용하기 위한 「관세법」에 따른 보세건설물품

④ 농민이 직접 수입하는 농업용 또는 축산업용기자재와 어민이 직접 수입하는 어업용기자재로서 농・축산・임・어업용기자재에대한부가가치세영세율적용에관한특례규정 제3조 제3항 및 제6항에서 규정하는 농업용기자재 또는 축산업용기자재로서 「농업협동조합법」에 따라 설립된 각 조합으로부터 농민임을 확인받은 자가 수입하는 것과 동 규정 제3조 제7항에서 규정하는 어업용기자재로서 수산업협동조합법에 따라 설립된 각 조합으로부터 어민임을 확인받은 자가 수입하는 것(조특령 106 ⑮). 이때의 농민 또는 어민의 확인은 농업협동조합장・축산업협동조합장 또는 수산업협동조합장이 발급하는 농어민확인서에 따른다(조특칙 48 ④).

다. 부수재화・용역의 면세

부가가치세가 면세되는 재화 또는 용역의 공급에 필수적으로 부수되는 재화 또는 용역의

---

24) 관세의 기본세율이 무세인 물품으로서 부가가치세가 면세되는 품목 : [별표 3]에 규정된 물품을 말한다(부칙 43, 부록참조).

공급은 면세되는 재화 또는 용역의 공급에 포함되는 것으로 본다(부법 26 ②).

【통칙·판례·예규 참조】

예 규 도서출판 부산물의 면세 여부

도서는 부가가치세가 면제되는 재화이지만 도서의 인쇄과정에서 생긴 잔유물인 지설 및 파지를 공급하는 때에는 부가가치세가 과세되나, 도서의 출판업자가 도서의 출판과정에서 필연적으로 부수하여 생산된 부산물을 해당 출판업자가 공급하는 경우에는 부가가치세가 면제된다(간세 1235-3147, 1977. 9. 15).

예 규 출판업자가 지형을 빌려주는 경우 면세 여부

출판업자가 일시적으로 지형을 빌려주고 그 대가를 받는 것은 부가가치세법 제12조 제3항의 규정에 따라 부가가치세가 면제된다(부가 1265.1-3245, 1981. 12. 11).

예 규 면세되는 건설용역의 공급에 부수되는 재화

국민주택 규모 이하의 면세되는 건설용역을 공급함에 있어 발생하는 시멘트공지대·고철·화목 등이 면세되는 건설용역의 공급에 필수적으로 부수되는 재화 또는 용역의 공급에 해당되는 경우에는 부가가치세법 시행령 제3조의 범위 내에서 면세되는 건설용역의 공급에 포함되는 것으로 본다(부가 1265.1-1832, 1982. 7. 7).

예 규 시내버스 차체의 광고물 부착용역에 대한 과세 여부

시내버스운영사업자가 여객운송용역을 제공하는 경우에는 부가가치세법 제12조 제1항 제6호의 규정에 따라 부가가치세가 면제되나, 시내버스차체에 광고물을 부착하여 주고 그 대가를 받는 경우에는 여객용역의 부수용역으로 보지 아니하는 것으로 과세된다(부가 46015-567, 1994. 3. 24).

예 규 시내버스 차체의 광고물 부착용역에 대한 과세 여부

시내버스운영사업자가 여객운송용역을 제공하는 경우에는 부가가치세법 제12조 제1항 제6호의 규정에 따라 부가가치세가 면제되나, 시내버스차체에 광고물을 부착하여 주고 그 대가를 받는 경우에는 여객용역의 부수용역으로 보지 아니하는 것으로 과세된다(부가 46015-567, 1994. 3. 24).

---

3. 면세의 포기

가. 의   의

본래 면세제도는 사업자에 대한 과세상 우대조치라기보다는 면세대상이 되는 재화·용역의 소비자의 부담을 경감시키는 제도이다. 그러나 면세사업자가 수출을 하는 경우에는 수출 자체에 대하여는 부가가치세가 과세되지 않으나 수출재화 또는 그것의 생산과정에서 발생된 매입세액은 공제받지 못하기 때문에 그 매입세액이 비용화되어 최종소비자에게 전가하게 되고, 이에 따라 수출품은 가격경쟁력면에서 그만큼 불리하게 된다. 이는 곧 면세사업자나 최종소비자 모두가 면세를 적용받음으로써 사실상 판매경쟁력 및 세부담측면에서 오히려 불이익을 받는 결과가 되는 것이다.

따라서 부가가치세가 면세되는 재화 또는 용역을 공급하는 사업자가 면세재화를 수출하

고자할 때 그의 의사에 따라 면세를 포기할 수 있도록 하고 있다. 이것이 부가가치세의 면세포기이다.

예를 들면 농산물을 수출하는 경우 그 농산물의 공급은 면세에 해당되나 그 농산물을 수출하는 것은 영세율 적용대상이 된다. 이 경우 농산물을 수출하는 사업자가 이를 면세대상으로 할 경우에는 매입세액을 환급받지 못하게 되나, 영세율을 적용받게 되면 매입세액을 환급받을 수 있어 더 유리하므로 면세를 포기한다.

나. 면세포기대상

면세포기를 사업자의 의사에 의하여 할 수 있도록 한다고 해서 면세사업자가 모든 면세대상에 대하여 포기할 수 있는 것은 아니다. 부가가치세법시행령 제57조 제1항에서는 면세포기신고를 할 수 있는 것으로 "영세율적용의 대상이 되는 경우"와 "학술연구단체 또는 기술연구단체가 공급하는 재화 및 용역만"을 규정하고 있으므로, 동 시행령에서 별도로 면세포기절차를 규정하지 아니하는 재화 또는 용역에 대해서는 실제로 면세포기를 할 수 없다고 보아야 할 것이다.

부가가치세의 면세규정은 세부담의 역진성을 완화하여 저소득계층을 보호하려는 데 그 목적이 있는 만큼 면세포기의 대상도 이러한 면세의 입법취지를 저해하지 않는 다음의 범위 내로 그 대상을 제한하고 있다(부법 28 ①, 부령 57 ①).
① 영세율이 적용되는 재화·용역
② 주택과 이에 부수되는 토지의 임대용역
③ 저술가·작곡가 그 밖의 자가 직업상 제공하는 인적용역
④ 종교 학술 등 공익단체가 공급하는 재화 또는 용역

다. 면세포기의 신고

면세포기가 가능한 재화 또는 용역을 공급하는 사업자는 면세를 받지 아니하려는 경우에는 면세포기신고서에 의하여 관할세무서장에게 신고(국세정보통신망에 따른 제출 포함)하고 지체없이 사업자등록을 하여야 한다. 그러나 신규로 사업을 시작하는 사업자인 경우에는 사업자등록신청서와 함께 면세포기신고서를 제출할 수 있다(부칙 44 ②).

【통칙·판례·예규 참조】

부통 면세포기의 범위
면세되는 2 이상의 사업 또는 종목을 영위하는 사업자는 면세포기대상이 되는 재화 또는 용역의 공급 중에서 면세포기하려는 재화 또는 용역의 공급만을 구분하여 면세포기할 수 있다(부통 28-57-1).

부 통 면세포기한 사업자가 국내에 공급하는 재화 또는 용역

영세율 적용의 대상이 되는 것만을 면세포기한 사업자가 면세되는 재화 또는 용역을 국내에 공급하는 때에는 면세포기의 효력이 없다(부통 28-57-2).

부 통 정부업무대행단체의 면세포기

법 제28조 제1항에 따라 면세포기할 수 있는 사업자에는 「조세특례제한법 시행령」 제106조 제7항에서 규정하는 정부업무대행단체를 포함한다(부통 28-57-3).

부 통 영세율과 면세가 중복되는 경우의 면세포기신고

법 제21조부터 제24조까지의 규정에 따라 영세율이 적용되는 재화 또는 용역의 공급이 「조세특례제한법」 제106조에 따라 면세되는 경우 해당 재화 또는 용역의 공급에 대하여 영 제57조에 따라 면세포기신고를 하는 때에는 영의 세율을 적용한다(부통 28-57-5).

<table>
<tr><td colspan="5" align="center">면세　[ ] 포기
[ ] 적용　신고서</td></tr>
</table>

※ [ ]에는 해당하는 곳에 √ 표시를 합니다.

접수번호	접수일		처리 기간	즉시

신고인 인적사항	상호(법인명)		사업자등록번호	
	성명(대표자)		전화번호	
	사업장(주된 사업장) 소재지			
	업태		종목	

<table>
<tr><td colspan="5" align="center">신고내용</td></tr>
</table>

[ ]면세 포기신고	「부가가치세법 시행령」 제57조에 따라 아래 재화 또는 용역에 대한 면세를 포기할 것을 신고합니다.			
	면세 포기를 하려는 재화 또는 용역의 종류		면세 포기 사유	

[ ]면세 적용신고	「부가가치세법 시행령」 제58조에 따라 아래 재화 또는 용역에 대한 면세를 적용받을 것을 신고합니다.			
	면세를 포기한 재화 또는 용역의 종류	면세 포기 연월일	면세를 적용받으려는 재화 또는 용역의 종류	면세를 적용 받으려는 사유

년　　　월　　　일
(서명 또는 인)

신고인

세무서장　　　귀하

첨부서류	없음	수수료 없음

<table>
<tr><td colspan="3" align="center">작 성 방 법</td></tr>
</table>

※ 해당되는 신고사항에 [√]표시하고 해당 사항과 작성일을 적은 후 신고인란에 서명 또는 날인하여 제출합니다.

210mm×297mm[백상지 80g/㎡(재활용품)]

라. 면세포기의 효력

(1) 효력발생시기

면세포기신고의 효력발생시기는 사업자등록을 한 이후 거래분부터 적용된다.

(2) 포기 후 3년간의 면세제한 등

면세포기를 하는 자는 면세포기신고일로부터 3년간은 부가가치세의 면제를 받지 못한다. 즉 3년간은 과세사업자로서 부가가치세의 납세의무를 져야 하는 것이다.

【통칙·판례·예규 참조】

부 통 　사업양도시의 면세포기효력
① 면세포기신고를 한 사업자가 영 제23조에 따라 사업을 양도하는 경우에 면세포기의 효력은 사업을 양수한 사업자에게 승계된다(부통 28－57－4).
② 면세포기신고를 한 사업자가 사업장을 이전한 경우 등 사업자등록정정사유가 발생한 때에는 해당 사유의 정정신고 여부에 관계없이 면세포기의 효력이 있다.

예 규 　신규사업자의 면세포기신고의 효력발생 시기
1982. 8. 25 신규로 부가가치세 과세사업자 등록신청과 함께 면세포기신청서를 제출하고 사업을 시작한 경우의 면세포기효력발생 시기는 사업개시일이다(부가 1265－1643, 1983. 8. 17).

---

(3) 과세사업자로서의 권리·의무

① 재화 또는 용역을 공급할 때 공급받는 자로부터 부가가치세를 거래징수하여야 한다. 그 재화 등의 공급이 영세율적용의 대상인 경우에는 영세율을 적용 받을 수 있다.
② 재화 또는 용역을 공급받을 때 거래징수당한 매입세액을 공제받거나 환급받을 수 있다. 공급하는 재화에 영세율이 적용될 때 또는 면세포기된 사업에 관련하여 사업설비를 신설·취득한 때에는 조기환급을 받을 수 있다.
③ 재화·용역을 공급할 때 세금계산서를 발급해야 하고 발급받은 세금계산서를 근거로 매입세액을 공제·환급받는다.
④ 과세표준과 세액을 예정신고 납부·확정신고납부를 해야 하며 발급한 세금계산서와 수취한 세금계산서에 대하여 매입처·매출처별세금계산서합계표를 관할세무서 장에게 제출하여야 한다.
⑤ 기장의무가 발생한다.

(4) 면세적용신고

면세포기신고를 한 사업자가 면세포기신고를 한 날로부터 3년이 지난 후 다시 부가가치세의 면제를 받고자 하는 때에는 면세적용신고서와 함께 부가가치세과세사업자로 발급받은 사업자등록증을 제출하여야 하며, 면세적용신고서를 제출하지 아니한 경우에는 계속하여 면세를 포기한 것으로 본다(부법 28 ③).

제3절 영세율과 면세의 비교

영세율은 과세대상거래(매출)의 과세표준에 세율을 '0%'로 적용하여 매출세액을 없게 할 뿐만 아니라 그 전단계(매입)의 과세거래에서 부담한 부가가치세를 모두 공제 또는 환급하여 거래대상 재화의 부가가치세 부담을 완전히 없애는 완전면세제도이다. 그러나 면세는 그 적용대상이 되는 단계의 과세거래(매출)에서 창출되는 부가가치에 대한 세액만을 면제하고 그 전단계의 과세거래(매입)에서 부담한 부가가치세는 공제·환급하지 않는 부분면세제도이다.

[표 4-10] 영세율과 면세의 납부세액 비교

구 분	세액계산식	납부세액(환급세액)
영세율	납부세액(환급세액)=1억원×0%-8,000만원×10% =매출세액(0)-매입세액(800만원)	800만원 (환급세액)
면 세	납부세액(환급세액)=1억×0%-8,000만원×0% =매출세액(0)-매입세액(0)	없음

이러한 영세율과 면세를 부가가치세법상의 제반의무를 기준하여 비교하면 다음과 같다.

[표 4-11] 영세율과 면세의 차이점

구 분	영세율사업자	면세사업자
① 사업자등록의무	있음	없음 (영세율적용대상으로 면세포기한 경우에는 사업자등록을 하여야 함)
② 과세표준과 세액의 신고납부의무	있음	없음
③ 세금계산서발급 의무	있음 (미발급시 가산세 부과)	없음
④ 세금계산서합계표 제출의무	있음 (미제출시 매입세액불공제와 함께 가산세 부과)	있음 (미제출시 불이익은 없음)

부가가치세법 강의

제5장

과세표준과 세율

제1절 과세표준

1. 의 의

과세표준이란 세법에 따라 직접적으로 세액산출의 기초가 되는 과세대상의 수량 또는 가액을 말한다(기법 2). 따라서 일반적으로 부가가치세의 과세대상은 부가가치의 구성요소인 임금·지대·이자·이윤의 합한 금액인 부가가치이고, 과세표준은 부가가치액이다.

그러나 실정법상 부가가치세의 과세대상은 재화의 공급과 용역의 공급 및 재화의 수입이며, 과세표준은 재화 또는 용역의 공급가액이다. 이처럼 일반적인 과세표준과 실정법적인 과세표준이 다른 것은 부가가치의 계산방법 때문이다. 즉 부가가치세액을 계산하는 방법에는 일반적 개념의 가산법(additive method), 전단계거래액공제법(account method), 전단계세액공제방법(invoice method)이 있으며, 우리나라의 경우에는 전단계세액공제방법(invoice method)을 채택하고 있기 때문에 부가가치세액은 공급가액(매출가액)에 세율을 적용한 매출세액에서 전단계로부터의 매입시에 부담한 매입세액을 공제하는 방법으로 산출한다. 따라서 실정법상 부가가치세의 과세표준은 매출세액 계산기준이 되는 공급가액이다. 이때 공급가액에는 부가가치세가 포함되지 않는다.

부가가치세의 납부세액을 매출세액에서 매입세액을 공제하여 계산하는데 실정법에서는 재화 등의 매입액에 세율을 곱하여 계산한 매입세액을 공제하는 것이 아니고, 사업자가 과세사업과 관련하여 재화·용역을 공급받을 때 받은 세금계산서상의 세액을 기준으로 공제한다. 이는 세금계산서의 발급과 발급을 통하여 근거과세를 실현하려는데 그 취지가 있다.

[표 5-1] 일반적인 과세표준과 실정법상의 과세표준

구분	일반적인 부가가치세 개념	실정법상 부가가치세 개념
과세대상	부가가치 (임금·지대·이윤·이자 등)	• 재화의 공급　　• 용역의 공급　　• 재화의 수입
과세표준	부가가치액 (임금·지대·이윤·이자 등)	공급가액
납부세액	부가가치금액×세율	(공급가액×세율)－(매입가액×세율)＝매출세액－매입세액 단, 매입세액은 세금계산서 제출분에 한함.

2. 과세표준의 범위

가. 공급한 재화·용역의 과세표준

(1) 일반적인 경우의 과세표준

재화 또는 용역의 공급에 대한 부가가치세의 과세표준은 해당 공급에 대한 대가 또는 시가의 합한 금액인 공급가액으로 하며, 부가가치세 그 자체는 포함하지 아니한다(부법 29 ①). 이때 과세표준에는 거래상대자로부터 받은 대금·요금·수수료 그 밖의 명목 여하에 불구하고 대가관계가 있는 모든 금전적 가치 있는 것을 포함한다(부법 29 ③).

> ▶ 사례

올해 제1기 과세기간 중 확정신고기간의 영업실적이 다음과 같다. 부가가치세 과세표준을 계산하시오(단, 제시된 금액에는 부가가치세가 포함되어 있지 않으며, 해당 과세기간 이전에 구입한 과세대상 재화에 대한 매입세액은 공제됨).

① 일반매출액 : 82,000,000원(주세 24,000,000원 포함)
② 대가의 일부로 받은 운송비 : 200,000원
③ 회사창립일 기념을 위한 소비액 : 2,500,000원
④ 사업자에게 견본품 제공액 : 1,200,000원
⑤ 특정고객에게 증여 : 1,500,000원
⑥ 담보제공 : 4,000,000원

해답

과세표준 : 82,000,000＋200,000＋2,500,000＋1,500,000＝86,200,000원
① 회사창립일 기념을 위한 소비액은 개인적공급이고, 고객에게 증여한 것은 사업상증여로 과세표준에 포함한다.
② 견본품 제공과 담보제공은 재화의 공급이 아니다.

☞ 부가가치세 과세표준＝재화·용역의 공급에 대한 대가 또는 시가

① 대가 : 대금·요금·수수료 그 밖의 명목 여하에 불구하고 대가관계가 있는 모든 금전적가치있는 것
② 시가 : 특수관계없는 자와의 정상적인 거래에 있어서 형성된 가격

☞ 부가가치세의 포함 여부가 불분명한 경우 과세표준

$$＝거래금액 \ 또는 \ 영수할 \ 금액 \times \frac{100}{110}$$

▶ 사례

다음 자료에 의하여 식료품점을 하는 영수상사(주)의 예정신고기간의 부가가치세 과세표준을 계산하시오.

≪자 료≫
① 생선공급가액 : 35,000,000원
② 과일공급가액 : 15,000,000원
③ 통조림공급가액 : 20,000,000원
④ 2024.1.13. 매입한 통조림 진열대 매각수입 : 4,000,000원
　(부가세포함 여부 불분명)
⑤ 과세기간 : 2025.1.1. ~ 3.31.

해답

① 생선과 과일의 공급은 면세

② 과세표준 : $20,000,000 + 4,000,000 \times \dfrac{100}{110} = 23,636,363$원

【통칙 · 판례 · 예규 참조】

[부 통]　**세액이 별도표시되지 아니한 경우의 과세표준 및 세액계산**

사업자가 재화 또는 용역을 공급하고 그 대가로 받은 금액에 공급가액과 세액이 별도 표시되어 있지 아니한 경우와 부가가치세가 포함되어 있는지 불분명한 경우에는 거래금액 또는 영수할 금액의 110분의 100에 해당하는 금액이 공급가액이 된다(부통 29－61－1).

[부 통]　**과세표준에 포함하는 금액**

과세표준에는 거래상대자로부터 받는 대금 · 요금 · 수수료 그 밖의 명목여하에 불구하고 실질적 대가관계에 있는 모든 금전적 가치있는 것으로서 다음 각 호의 어느 하나에 해당하는 것을 포함한다(부통 29－61－2).
① 현물로 받는 경우에는 자기가 공급한 재화 또는 용역의 시가
② 장기할부판매 또는 할부판매 경우의 이자상당액
③ 대가의 일부로 받는 운송보험료 · 산재보험료 등
④ 대가의 일부로 받는 운송비 · 포장비 · 하역비 등
⑤ 개별소비세와 교통 · 에너지 · 환경세 및 주세가 과세되는 재화 또는 용역에 대하여는 해당 개별소비세와 교통 · 에너지 · 환경세 및 주세와 그 교육세 및 농어촌특별세상당액

[부 통]　**개별소비세를 환급받는 경우 과세표준계산**

석유류판매업자가 석유류제조업자로부터 개별소비세 및 교통 · 에너지 · 환경세가 과세된 석유류를 구입하여 외국공관에 판매하고 「개별소비세법」 제16조 및 「교통 · 에너지 · 환경세법」 제14조에 따라 개별소비세 및 교통 · 에너지 · 환경세를 환급받은 경우 해당 환급세액은 제조업자의 과세표준에서 공제하고, 해당 제조업자는 판매업자에게 영 제70조에 따라 공급가액을 수정하여 세금계산서를 발급하여야 한다(부통 29－61－5).

부 통 사업양수자산의 자가공급 등에 대한 공급가액 계산

사업자가 법 제10조 제8항 제2호에 따라 양수한 감가상각대상자산이 법 제10조 제1항·제2항 및 제4항부터 제6항까지의 규정에 해당하여 영 제66조 제2항에 따라 공급가액을 계산하는 경우 해당 재화의 경과된 과세기간의 수는 해당 사업의 양도자가 당초 취득한 날을 기준으로 하여 산정하는 것이며, 이 경우 '취득한 날'이란 재화가 실제로 사업에 사용된 날을 말한다(부통 29-66-1).

예 규 부가가치세 과세표준 및 세액의 "원"미만의 단수처리

공급가액 및 매출세액 계산시 "원"미만의 단수처리는 다음과 같이 한다.

- 예정신고 또는 확정신고시 과세표준 및 매출세액 계산시 단수는 국고금 단수계산법 제2조의 규정에 따라 계산하지 아니한다.
- 거래징수시·관납의 경우에는 국고금단수계산법 제1조의 규정에 따라 공급가액과 부가가치세액 계산시 "원"미만의 단수는 계상하지 아니함. 관납 이외의 경우 공급가액과 부가가치세액 계산시 "원" 미만의 단수는 사사오입하도록 권장 - 거래징수세액과 매출세액과의 차액이 발생하는 경우·과소징수의 경우에는 해당 과세기간 또는 사업년도의 소득금액 계산시 필요경비 또는 손금으로 처리한다. 과다징수의 경우에는 해당 과세기간 또는 사업연도의 소득금액 계산시 총수입금액 또는 익금으로 처리한다(부가 1235-4254, 1977. 11. 22).

예 규 상품권을 할인발급하여 재화를 공급하는 경우 부가가치세 과세표준

사업자가 액면금액이 10만원인 상품권을 8만원에 판매(이 경우 회계이론상 선수금을 받은 것임)한 후, 차후에 상품권소지자에게 소비자권장가격(표시가격) 10만원인 재화를 인도하고 그 대가를 위 상품권으로 받는 경우에는 부가가치세법 제13조 제1항 제1호 및 같은법시행령 제52조 제2항의 규정에 따라 계산된 8만원을 과세표준으로 한다(부가 46015-1493, 1994. 7. 19).

예 규 경비용역 제공시 인건비 등의 부가가치세 과세표준 포함여부

경비용역업을 영위하는 사업자가 자기가 고용한 인력을 거래상대방에게 파견하여 경비용역을 제공하고 그 대가를 금전으로 지급 받는 경우에 부가가치세 과세표준은 부가가치세법시행령 제48조 제1항의 규정에 따라 거래상대방으로부터 받은 대금·요금·수수료 그 밖의 명목 여하에 불구하고 대가관계에 있는 모든 금전적 가치 있는 것을 포함한다(부가 46015-874, 2000. 4. 20).

(2) 대가의 형태에 따른 과세표준

1) 대가가 금전인 경우

재화 또는 용역을 공급하고 상대방으로부터 금전으로 대가를 받는 경우에는 그 대가를 과세표준으로 한다. 즉 거래당사간에 받기로 한 금액자체가 과세표준이 되는 것이다.

2) 대가가 금전 이외의 것인 경우

금전 이외의 대가를 받는 경우에는 자기가 공급한 재화 또는 용역의 시가를 과세표준으로 한다. 여기서 시가는 다음에 정하는 가격으로 한다(부령 62).

① 사업자가 특수관계인 외의 자와 해당 거래와 유사한 상황에서 계속적으로 거래한 가격 또는 제3자간에 일반적으로 거래된 가격

② 위 '①'의 가격이 없는 경우에는 사업자가 그 대가로 받은 재화 또는 용역의 가격(공급 받은 사업자가 그와 특수관계인 외의 자와 해당 거래와 유사한 상황에서 계속적으로

거래한 재화 및 용역의 가격 또는 제3자 간에 일반적으로 거래된 가격을 말한다)

③ 위 '①·②'을 적용할 수 없는 경우에는 다음의 규정에 따라 계산한 금액을 시가로 한다(법령 89 ④).

㉮ 유형 또는 무형의 자산을 제공하거나 제공받는 경우에는 해당 자산 시가의 100분의 50에 상당하는 금액에서 그 자산의 제공과 관련하여 받은 전세금 또는 보증금을 차감한 금액에 정기예금이자율을 곱하여 산출한 금액

㉯ 건설 그 밖의 용역을 제공하거나 제공받는 경우에는 해당 용역의 제공에 소요된 금액(직접비 및 간접비를 포함)과 원가에 해당 사업연도중 특수관계자 외의 자에게 제공한 유사한 용역제공거래에 있어서의 수익률(기업회계기준에 의하여 계산한 매출액에서 원가를 차감한 금액을 원가로 나눈 율을 말한다)을 곱하여 계산한 금액을 합한 금액

▶ 사례

다음과 같은 갑의 절삭기와 을의 차량을 교환한 경우 각자의 입장에서 부가가치세과세표준을 계산하시오.
• 갑의 절삭기 : 2,000,000원(시가)
• 을의 승용차 : 2,300,000원(시가)

해답

① 갑의 과세표준 : 2,000,000원
② 을의 과세표준 : 2,3000,000원

3) 부당대가를 받은 경우

특수관계인에 대한 재화 또는 용역(수탁자가 위탁자의 특수관계인에게 공급하는 신탁재산과 관련된 재화 또는 용역을 포함)의 공급이 다음 중 어느 하나에 해당하는 경우로서 조세의 부담을 부당하게 감소시킬 것으로 인정되는 경우에는 공급한 재화 또는 용역의 시가를 공급가액으로 본다(부법 29 ④).

① 재화의 공급에 대하여 부당하게 낮은 대가를 받거나 아무런 대가를 받지 아니한 경우
② 용역의 공급에 대하여 부당하게 낮은 대가를 받는 경우
③ 용역의 공급에 대하여 대가를 받지 아니하는 경우로서 사업자가 특수관계인에게 사업용 부동산의 임대용역 등을 공급하는 경우

여기서 부당하게 낮은 대가란 사업자가 그와 특수관계인과의 거래에 있어서 재화와 용역의 공급가액에 대한 조세의 부담을 부당하게 감소시킬 것으로 인정되는 시가보다 낮은 대가를 말한다. 그러나 여기서 현저하게 낮은 대가에 대하여는 구체적으로 법에 명시하지 아니하고 있으며, 판례에서도 "부당하다든지 또는 현저하게 낮다는 뜻은 구체적 사례에 따라 조세부담의 형평을 잃지 않는 정상거래를 기준으로 객관적으로 정할 수밖에 없다"고 판시하고 있다(대법원 87누718, 1987.11.10).

[표 5-2] **부당대가를 받은 경우 과세표준**

구 분	부당하게 낮은 대가를 받은 경우		대가를 받지 않은 경우(의제공급 포함)	
	특수관계자와의 거래	특수관계자 이외의 거래	특수관계자와의 거래	특수관계자 이외의 거래
재화의 공급	시가	거래가액	시가	시가
용역의 공급	시가	거래가액	시가	과세안함.

4) 자가공급 · 개인적공급 · 사업상증여시의 경우

① 자가공급, 개인적공급, 사업상증여로 인하여 공급으로 보는 재화의 과세표준은 사업자와 특수관계가 없는 자와의 정상적인 거래에 있어서 형성되는 가격, 즉 시가로 한다(부법 29 ③ (4)).

② 2 이상의 사업장이 있는 사업자가 자기사업과 관련하여 생산 또는 취득한 재화를 타인에게 직접 판매할 목적으로 다른 사업장에 반출함으로써 재화의 공급으로 보는 경우에는 **취득가액**(「소득세법 시행령」 제89조[25]) 또는 「법인세법 시행령」 제72조 제2항 및 제4항에 규정하는 취득가액)을 과세표준으로 하되, 취득가액에 일정액을 가산하여 공급하는 때에는 그 공급가액을 과세표준으로 하며(부법 29 ③ (5)), 개별소비세 · 주세 및 교통 · 에너지 · 환경세가 부과되는 재화에 대하여는 개별소비세 · 주세 및 교통 · 에너지 · 환경세의 과세표준에 해당 개별소비세 · 주세 · 교통 · 에너지 · 환경세 · 교육세 및 농어촌특별세상당액을 합계한 금액을 과세표준으로 한다(부령 60 ②).

---

25) 소득세법시행령 제89조【자산의 취득가액등】
　① 법 제39조 제2항의 규정에 의한 자산의 취득가액은 다음 각호의 금액에 의한다.
　1. 타인으로부터 매입한 자산은 매입가액에 취득세 · 등록세 그 밖의 부대비용을 가산한 금액
　2. 자기가 행한 제조 · 생산 또는 건설등에 의하여 취득한 자산은 원재료비 · 노무비 · 운임 · 하역비 · 보험료 · 수수료 · 공과금(취득세와 등록세를 포함한다) · 설치비 그 밖의 부대비용의 합계액
　3. 제1호 및 제2호의 자산으로서 그 취득가액이 불분명한 자산과 제1호 및 제2호의 자산외의 자산은 당해 자산의 취득당시의 기획재정부령이 정하는 시가에 취득세 · 등록세 그 밖의 부대비용을 가산한 금액

5) 폐업시 남아 있는 재화의 경우

폐업하는 경우의 재고재화에 대하여는 그 시가를 과세표준으로 한다. 다만, 폐업시 남아 있는 재화가 감가상각자산인 경우에는 해당 재화의 취득가액에 경과된 과세기간에 따른 잔가율을 적용하여 계산한 금액을 시가로 한다.

【통칙·판례·예규 참조】

부통 폐업 시 남아 있는 재화의 시가

사업자가 사업을 폐업할 때 남아 있는 재화의 시가는 사업자와 특수관계가 없는 자와의 정상적인 거래에 있어서 형성되는 가격으로서 사업자의 업태별 시가(제조업자의 제조장가격, 도매업자의 도매가격, 소매업자의 소매가격 등)를 말하며, 겸업자의 경우에는 업태별 과세표준의 비율에 따라 각각 업태별 시가를 적용한다(부통 29-62-1).

6) 외화의 환산

재화 또는 용역을 공급하고 대가를 외국통화 그 밖의 외국환으로 받은 때에는 다음 금액을 그 대가로 한다(부령 59).

① 재화 또는 용역의 공급시기 도래 전에 원화로 환가한 경우에는 그 환가한 금액

② 재화 또는 용역의 공급시기 이후에 그 대가를 외국통화 그 밖의 외국환의 상태로 보유하거나 지급받는 경우에는 해당 공급시기의 외국환거래법에 따른 기준환율[26] 또는 재정환율에 따라 계산한 금액. 따라서 공급시기 이후에 환율변동으로 인해 증감되는 금액은 부가가치세의 과세표준에 아무런 영향을 주지 아니하게 되는 것이다.

【통칙·판례·예규 참조】

부통 외환차액의 공급가액 계산

재화 또는 용역의 공급시기 이후에 그 대가를 외국통화 또는 외국환으로 지급받는 경우 공급가액은 영 제59조 제2호에 따라 계산한 금액이므로 공급시기 이후에 환율변동으로 인하여 증감되는 금액은 해당 공급가액에 영향이 없다(부통 29-59-1).

예규 LOCAL L/C에 의하여 재화 공급시 받을 외화대가에 대한 환율을 당사자간 사전약정하는 경우 과세표준

내국신용장에 의하여 수출용 원자재 등을 공급하는 사업자가 해당 재화를 공급하기 전에 공급받는 사업자와 사전약정에 의하여 한시적으로 해당 재화의 공급가액을 환율상승 또는 하락과 관계없이 고정된 환율을 적용한 원화가액으로 확정하고, 해당 재화공급 후 외화대금에 대한 추심 및 결제시 실제

---

26) 기준환율이란 미화의 외국환은행간 매매율을 거래량으로 가중평균하여 산출되는 율(시장평균환율)을 말하고, 재정환율이란 최근 주요국제시장에서 형성된 미화 이외의 통화와 미화와의 매매중간율을 기준환율로 재정한 율을 말한다(외환관리규정 1-8·1-9).

환율과의 차액을 정산하여 수수하기로 한 경우에는 당초 원화로 확정된 금액을 공급가액으로 하여 세금계산서를 발급한다(부가 46015-456, 1998. 3. 16).

예 규 국내사업자 간 외화로 약정된 공급대가를 원화로 받은 경우의 과세표준

사업자가 공급단위를 구획할 수 없는 용역을 계속적으로 공급함에 있어 그 대가를 외화로 약정하였으나 원화로 환산하여 지급받는 경우 부가가치세 과세표준은 부가가치세법시행령 제48조 제4항의 규정에 따라 계약에 따라 받기로 한 각 부분의 대가이다(부가 46015-2703, 1998. 12. 8).

예 규 토요일 및 공휴일의 경우 외화환산 기준일

부가가치세법시행령 제51조 제2호의 규정을 적용함에 있어서 그 공급시기가 토요일인 경우에는 외국환거래법에 따른 외국환중개회사가 토요일에 고시한 기준환율 또는 재정환율에 의하여 계산한 금액을 과세표준으로 하며, 그 시기가 공휴일인 경우에는 그 전날의 기준환율 또는 재정환율에 의하여 계산한 금액을 과세표준으로 한다(서삼 46015-11986, 2002.11.19).

▶ **사례**

다음 2025년 자료에서 부가가치세법상 재화의 과세표준은 얼마인가?

〈자 료〉
① 재화의 공급가액 : $100,000
② 수출면허일자 : 1월 10일(기준환율 $1 : 1,200원)
③ 수출품 선적일 : 3월 12일(기준환율 $1 : 1,100원)
④ 선수금(2월 10일, 수령일에 환가함) : $20,000(환율 $1 : 1,150원)
⑤ 잔금 결제일 : 4월 12일(기준환율 $1 : 1,180원)

해답

① 과세표준 : $20,000×1,150원＋$80,000×1,100원＝111,000,000원
　　　　　　　(23,000,000원)　　　(88,000,000원)
② 공급시기 : 수출재화의 선적일, 공급시기전 환가한 경우 해당금액

(3) 거래유형별 과세표준

다음의 경우에 있어서는 각각의 금액을 과세표준으로 한다(부령 61 ②).

① 외상판매·할부판매의 경우에는 공급한 재화의 총가액
② 장기할부판매의 경우에는 계약에 따라 받기로 한 대가의 각 부분
③ 완성도기준지급 및 중간지급조건부 또는 계속적으로 재화 또는 용역을 공급하는 경우에는 계약에 따라 받기로 한 대가의 각 부분
④ 기부채납의 경우에는 해당 기부채납의 근거가 되는 법률에 의하여 기부채납된 가액(부가가치세가 포함된 경우에는 이를 제외)
⑤ 「공유수면 관리 및 매립에 관한 법률」에 따라 매립용역을 제공하는 경우에는 같은

법에 따라 산정한 해당 매립공사에 소요된 총사업비

⑥ 위탁가공무역 방식으로 수출하는 경우에는 완성된 제품의 인도가액

⑦ 사업자가 **둘 이상의 과세기간에 걸쳐 용역을 제공**하고 그 대가를 선불로 받는 경우에는 해당 금액을 계약기간의 월수로 나눈 금액의 각 과세대상기간의 합계액. 이 경우 월수의 계산에 관하여는 해당 계약기간의 개시일이 속하는 달이 1개월 미만인 경우에는 1개월로 하고, 해당 계약기간의 종료일이 속하는 달이 1개월 미만인 경우에는 산입하지 아니한다.

⑧ 사업자가 둘 이상의 과세기간에 걸쳐 용역을 제공하는 경우 : 그 용역을 제공하는 기간 동안 지급받는 대가와 그 시설의 설치가액을 그 용역제공 기간의 개월 수로 나눈 금액의 각 과세대상기간의 합계액. 이 경우 개월 수의 계산에 관하여는 해당 용역제공 기간의 개시일이 속하는 달이 1개월 미만이면 1개월로 하고, 해당 용역제공 기간의 종료일이 속하는 달이 1개월 미만이면 산입하지 아니한다.

⑨ 사업자가 보세구역 내에 보관된 재화를 다른 사업자에게 공급하고, 그 재화를 공급받은 자가 그 재화를 보세구역으로부터 반입하는 경우 : 그 재화의 공급가액에서 세관장이 부가가치세를 징수하고 발급한 수입세금계산서에 적힌 공급가액을 뺀 금액. 다만, 세관장이 부가가치세를 징수하기 전에 같은 재화에 대한 선하증권이 양도되는 경우에는 선하증권의 양수인으로부터 받은 대가를 공급가액으로 할 수 있다.

⑩ 재화 또는 용역의 구입실적에 따라 마일리지, 포인트 또는 그밖에 이와 유사한 형태로 별도의 대가 없이 적립받은 후 다른 재화 또는 용역 구입 시 결제수단으로 사용할 수 있는 것과 재화 또는 용역의 구입실적에 따라 별도의 대가 없이 교부받으며 전산시스템 등을 통하여 그 밖의 상품권과 구분 관리되는 상품권으로 대금의 전부 또는 일부를 결제받은 경우(다음 ⑪에 해당하는 경우는 제외한다) : 다음의 금액을 합한 금액

㉮ 마일리지등 외의 수단으로 결제받은 금액

㉯ 자기적립마일리지등[당초 재화 또는 용역을 공급하고 마일리지등을 적립(다른 사업자를 통하여 적립하여 준 경우를 포함한다)하여 준 사업자에게 사용한 마일리지등(여러 사업자가 적립하여 줄 수 있거나 여러 사업자를 대상으로 사용할 수 있는 마일리지등의 경우 다음의 요건을 모두 충족한 경우로 한정한다)을 말한다. 이하 이 항에서 같다] 외의 마일리지등으로 결제받은 부분에 대하여 재화 또는 용역을 공급받는 자 외의 자로부터 보전(補塡)받았거나 보전받을 금액

　1) 고객별·사업자별로 마일리지등의 적립 및 사용 실적을 구분하여 관리하는 등의 방법으로 당초 공급자와 이후 공급자가 같다는 사실이 확인될 것

　2) 사업자가 마일리지등으로 결제받은 부분에 대하여 재화 또는 용역을 공급받는 자 외의 자로부터 보전받지 아니할 것

⑪ 자기적립마일리지등 외의 마일리지등으로 대금의 전부 또는 일부를 결제받은 경우로서
다음 중 어느 하나에 해당하는 경우 : 공급한 재화 또는 용역의 시가
㉮ 위 '⑩의 ㉯'에 따른 금액을 보전받지 아니하고 자기생산·취득재화를 공급한 경우
㉯ 특수관계인으로부터 부당하게 낮은 금액을 보전받거나 아무런 금액을 받지 아니하여
조세의 부담을 부당하게 감소시킬 것으로 인정되는 경우

(4) 과세표준에 포함하는 금액

다음과 같은 경우는 과세표준에 포함한다.

① 현물로 받는 경우에는 자기가 공급한 재화 또는 용역의 시가(부기통 13-48-2)
② 장기할부판매 또는 할부판매의 이자상당액
③ 대가의 일부로 받는 운송보험료·산재보험료 등
④ 대가의 일부로 받은 운송비·포장비·하역비 등

(5) 과세표준에 포함하지 않는 금액

다음의 금액은 과세표준에 포함하지 아니한다.

1) 에누리액

에누리액은 부가가치세 과세표준에 포함하지 아니한다(부법 29 ⑤ (1)). 여기서 에누리액
은 재화 또는 용역의 공급에 있어서 그 품질·수량 및 인도·공급대가의 결제 그 밖의 공급
조건에 따라 그 재화 또는 용역의 공급당시의 통상 공급가액에서 일정액을 직접 공제하는
금액을 말한다.

2) 환입된 재화의 가액

환입된 재화는 과세표준에 포함된 당초의 공급행위 자체가 취소되는 것이므로 환입된
재화의 가액은 과세표준에서 공제한다(부법 29 ⑤ (2)). 그러나 해당 재화의 환입시기가 당초
공급한 과세기간과 같은 과세기간일 수도 있고, 과세기간을 달리할 수도 있으므로 환입된
재화가액을 과세표준에서 언제 공제할 것인지가 문제가 되는데, 이에 대하여 당초 공급가액
에 차감되는 금액이 발생한 경우에는 그 발생한 때에 수정세금계산서를 발급할 수 있도록
규정하고 있다. 이는 환입이 확정된 날이 속하는 과세기간의 공급가액에서 감액하여야 한다
는 것이다.

3) 공급받는 자에게 도달하기 전에 파손·훼손 또는 멸실된 재화의 가액

공급받는 자에게 도달하기 전에 파손 훼손·멸실된 재화의 가액은 공급가액에 포함하지
않는다(부법 29 ⑤ (3)). 이는 재화의 사용 소비라는 목적이 달성되기 전에 멸실되었기 때문

이다. 이 경우 공급시에 발급된 세금계산서는 수정 발급되어야 하고, 신고납부가 이행되었다면 수정신고 하여야 할 것이다. 그러나 파손, 훼손이 일부에 그치고 그 일부를 사용 소비하였다면 그 파손이나 훼손된 부분에만 감액 수정하여야 할 것이다.

4) 국고보조금과 공공보조금

국가 또는 공공단체로부터 받는 보조금을 무상으로 받는 경우에는 공급가액에 포함하지 않는다(부법 29 ⑤ (4)). 이때 국고보조금과 공공보조금은 재화 또는 용역의 공급과 직접 관련되지 아니하는 국고보조금과 공공보조금으로 한다. 이는 재화의 공급이 없이 받는 금액으로써 대가성이 없으므로 당연히 공급가액이 될 수 없는 것으로서 선언적 규정 또는 주의규정에 불과하다.

5) 대가지연지급으로 인하여 지급받는 연체이자

공급 대가의 지급이 지연되어 받는 이자로서 계약 등에 따라 확정된 대가의 지급지연으로 인하여 지급받는 연체이자(延滯利子)는 과세표준에 포함하지 아니한다(부법 29 ⑤ (5).

6) 할인액

재화 또는 용역을 공급한 후의 그 공급가액에 대한 할인액. 할인액은 외상판매에 대한 공급대가의 미수금을 결제하거나 공급대가의 미수금을 그 약정기일 전에 영수하는 경우에 일정액을 할인하는 금액을 말한다(부법 29 ⑤ (5)).

7) 반환조건의 포장용기

통상적으로 용기 또는 포장을 해당 사업자에게 반환할 것을 조건으로 그 용기대금과 포장비용을 공제한 금액으로 공급하는 경우에는 그 용기대금과 포장비용은 과세표준에 포함하지 아니한다(부령 61 ③).

【통칙 · 판례 · 예규 참조】

부 통 반환하기로 한 포장용기 등의 과세표준 계산
① 사업자가 용기 또는 포장의 회수를 보장하기 위하여 받는 보증금 등은 과세표준에 포함하지 아니한다(부통 29-61-6).
② 반환조건으로 공급한 용기 및 포장을 회수할 수 없어 그 용기대금과 포장비용을 변상금형식으로 변제받을 때에는 과세표준에 포함한다.

예 규 대리인이 포장용기 회수 반환시 재화공급 해당 여부
사업자가 재화의 공급에 있어서 해당 재화의 용기 또는 포장을 반환할 것을 조건으로 보증금을 영수하는 경우 부가가치세법시행령 제48조 제5항의 규정에 따라 그 보증금은 과세표준에 포함하지 아니하며, 이 경우 해당 용기 또는 포장의 반환의무있는 자가 해당 용기를 회수하여 반환하는 경우와 해당 반환의무 있는 자의 대리인이 해당 용기 또는 포장을 회수하여 반환하는 경우에는 부가가치세가 과세되지

아니한다(간세 1235-3440, 1978. 11. 17).

> **예 규** 미회수된 포장용기대금의 과세표준 포함 여부
>
> 통상적으로 용기 또는 포장을 해당 사업자에게 반환할 것을 조건으로 그 용기대금과 포장비용을 공제한 금액으로 공급하는 경우에는 반환조건으로 공급한 용기 및 포장이 회수불능으로 인하여 그 용기대금과 포장비용을 변상금 형식으로 변제받을 때에는 부가가치세 과세표준에 포함되며 세금계산서를 발급한다(부가 1265. 2-2842, 1979. 11. 13).

8) 용역의 대가와 구분하여 받는 봉사료

사업자가 음식·숙박용역이나 개인 서비스용역을 공급하고 그 대가와 함께 받는 종업원 (자유직업소득자를 포함)의 봉사료를 세금계산서·영수증 또는 신용카드매출전표에 그 대가와 구분하여 적은 경우로서 봉사료를 해당 종업원에 지급한 사실이 확인되는 경우에는 그 봉사료는 과세표준에 포함하지 아니한다. 다만, 사업자가 그 봉사료를 자기의 수입금액에 계상하는 경우에는 과세표준에 포함한다(부령 61 ④).

> ### 봉사료를 과세표준에서 제외하고자 하는 사업자가 지켜야 할 사항 고시
> #### (2001.6.1. 국세청고시 제2001-17호)
>
> 제1조【목적】이 고시는「부가가치세법」제29조 제12항, 같은 법 시행령 제61조 제3항에 근거하여 「부가가치세법」제74조 제2항, 같은 법 시행령 제119조에서 국세청장에게 위임한 바에 따라 봉사료를 구분 기재하여 공급가액에서 제외하려는 사업자가 지켜야 할 사항을 명확히 규정함을 그 목적으로 한다.
>
> 제2조【봉사료의 구분기재】「부가가치세법」시행령 제61조 제3항에 따라 봉사료를 매출액에서 제외하고자 하는 사업자는 공급받는 자에게 신용카드매출전표 등을 교부하는 시점에서 이미 봉사료가 구분 기재된 상태로 교부하여야 한다.
>
> 제3조【봉사료지급대장 작성 등】「소득세법」제127조 제1항 제8호 및 「소득세법시행령」제184조의2에 따라 봉사료에 대한 소득세를 원천징수하여야 하는 사업자는 붙임서식 1에 따른 봉사료지급대장을 작성하여야 하며,「소득세법」제164조 제1항 제7호에 따른 봉사료에 대한 사업소득 원천징수 영수증과 함께 5년간 보관하여야 한다.
>
> 제4조【수령사실의 확인 및 서명 등】위 봉사료지급대장에는 봉사료를 수령하는 자가 직접 수령사실을 확인하고 서명하여야 하며, 수령자 본인의 서명임을 확인할 수 있도록, 붙임서식 2의 예시와 같이 봉사료 수령인별로 주민등록증 또는 운전면허증 등 신분증 사본의 여백에 봉사료 수령자 본인이 성명, 생년월일, 연락처, 주소 등을 자필로 기재한 뒤 봉사료지급대장에 사용할 서명을 기재하여 5년간 보관하여야 한다.
>
> 제5조【수령사실확인의 서명거부 시 대체증명】봉사료를 수령하는 자가 봉사료지급대장에 서명을 거부하거나 제4조의 확인서 작성 등을 거부하는 경우에 사업자는 무통장입금영수증 등 지급사실을 직접 확인할 수 있는 다른 증빙을 대신 첨부하여야 한다.

친필서명확인서(예시)

> 주민등록증 또는 운전면허증 복사

지급업소 상호 :   사업자등록번호 :

수령인 성명 :   주민등록번호 :
주 소 :

위 본인   이(가) 봉사료지급대장에 봉사료 수령사실을 확인하는 데 사용하는 서명은 아래와 같습니다.

서 명	

20 년 월 일
성 명

※ 위 사항은 반드시 봉사료수령자가 자필로 기재해야만 합니다.

별첨서식 2

봉사료지급대장

사 업 자 인적사항	사업장소재지			
	상 호		사 업 자 등록번호	
	대 표 자		주민등록번호	

봉사료 수령사실 확인(수령인 기재)					
연월일	수령인성명	주민등록번호	봉사료 금액	원천징수액	수령확인

※ 봉사료금액 및 수령확인란은 반드시 수령자 본인이 기재하고 서명하여야 하며, 서명에 대한
   실명확인을 별첨서식 2와 같이 첨부하여야 함.

9) 공급받는 자로부터 제공받은 원자재

【통칙 · 판례 · 예규 참조】

부 통 공급받는 자가 부담하는 원자재 등의 과세표준 계산

거래상대방으로부터 인도받은 원자재 등을 사용하여 제조·가공한 재화를 공급하거나 용역을 제공하는 경우에 해당 원자재 등의 가액은 과세표준에 포함하지 아니한다. 다만, 재화 또는 용역을 공급하고 그 대가로 원자재 등을 받는 경우에는 그러하지 아니하다(부통 29-61-4).

▶ 사례

다음 자료에 의하여 과세표준을 계산하시오.

〈자 료〉 ① 총매출액 : 40,000,000원
② 공급받는 자로부터 제공받은 원재료 가액 : 8,000,000원

해답

40,000,000 - 8,000,000 = 32,000,000원
※ 공급받는 자로부터 제공받은 원재료 가액은 과세표준에 포함하지 않는다.

【통칙 · 판례 · 예규 참조】

☞ 과세표준에 포함하는 금액

판 례 부가가치세법 제13조 제2항 제1호 소정의 에누리액에 해당되기 위한 요건

[1] 부가가치세법 제13조 제2항은 "다음 각호의 금액은 과세표준에 포함하지 아니한다."고 규정하면서 제1호로 "에누리액"을 들고 있고, 같은법시행령 제52조 제2항은 "법 제13조 제2항 제1호에 규정하는 에누리액은 재화 또는 용역의 공급에 있어서 그 품질·수량 및 인도·공급대가의 결제 그 밖의 공급조건에 따라 그 재화 또는 용역의 공급당시의 통상의 공급가액에서 일정액을 직접 공제한 금액으로 한다."고 규정하고 있는바, 위 규정 소정의 에누리액은 그 품질·수량 및 인도·공급대가의 결제 그 밖의 공급조건에 따라 정하여지면 충분하고 그 발생시기가 재화 또는 용역의 공급시기 전에 한정되는 것은 아니다(대법원2001두6586, 2003.4.25.).

예 규 재화공급 후 일정율의 부패 또는 감모손 예상액을 공제하는 거래의 과세표준

부가가치세가 과세되는 재화를 공급하고 동 재화의 판매 중 부패 등을 예상하여 월판매금액의 일정률의 금액을 월판매금액에서 감액하기로 약정하였을 경우 동 감액된 금액은 과세표준에서 공제하지 아니한다(부가 1265. 2-1886, 1981. 7. 16).

예 규 지체보상금의 과세표준 공제 여부

부가가치세 과세사업을 영위하는 사업자가 납품계약을 체결하고 재화를 공급함에 있어 납품기일의 지연으로 인하여 일정율의 지체보상금을 납품대금에서 공제할 경우 동 지체보상금은 부가가치세 과세표준에서 공제되지 아니하며 공급받는 자가 받는 지체보상금은 과세대상이 아니다(부가 1265. 2-2824, 1981. 10. 28).

신용장에 포함하여 받는 알선수수료의 과세표준 포함 여부

외국의 수입업자를 위하여 수출알선용역을 제공한 사업자의 수출알선수수료를 수출상품가액에 포함한 수출신용장을 개설받은 수출업자가 재화를 수출하고 동 신용장 결재대금 중에서 수출알선업자에게 수출알선수수료를 지급하는 경우 수출업자의 영세율 과세표준은 동 수수료를 포함한 전체금액이 되며, 수출알선업자가 수출업자로부터 동 수수료를 지급받는 경우에는 부가가치세를 거래징수하는 세금계산 서를 발급하여야 한다(부가 1265. 2－710, 1983. 4. 17).

전월 수금실적에 따라 당월의 매출액에서 공제해 주는 금액의 과세표준 포함 여부

사업자가 사전약정에 의하여 전월의 외상판매에 대한 공급대가의 미수금을 결재하거나 공급대가의 미수금을 그 약정기일 전에 영수하는 경우에 일정액을 해당 거래처에 대한 당월의 공급가액에서 직접 공제하기로 한 경우에 있어서의 동 공제되는 금액은 부가가치세법 제13조 제3항의 규정에 따라 과세표 준에서 공제하지 아니한다(부가 22601－1556, 1988. 8. 31).

국고보조금 및 공공보조금을 재원으로 한 재화 또는 용역의 대가

시·군 등 지방자치단체가 직접 재화나 용역을 공급받고 국고보조금 또는 공공보조금을 재원으로 하여 대가를 지급하는 경우에는 부가가치세가 과세 된다(재무부 소비 22601－740, 1989. 7. 11).

할부구입 자동차의 양도시 할부금잔액의 과세표준 포함 여부

사업자가 자동차를 할부로 구입하고 부가가체세법 제9조 제3항의 규정에 따라 세금계산서를 발급받은 경우로서 할부조건을 포괄적으로 승계하는 조건으로 해당 자동차를 제3자에게 양도하는 경우 해당 자동차의 양도에 대한 과세표준은 같은법시행령 제48조 제1항의 규정에 따라 거래상대자로부터 받은 대금 및 할부잔액을 포함한다(재무부 소비 46015－309, 1994. 10. 27).

(6) 과세표준에서 공제하지 아니하는 금액

사업자가 재화 또는 용역을 공급받는 자에게 지급하는 장려금이나 이와 유사한 금액 및 대손금액(貸損金額)은 과세표준에서 공제하지 아니한다(부법 29 ⑥).

1) 대손금

대손금은 거래처의 파산·폐업·행방불명 등의 사유로 인하여 외상매출금·받을어음 등 채권의 회수가 불가능하게 된 미회수채권을 말하는 것으로서 이 경우에는 공급된 재화 등이 회수되지 아니한 것이므로 과세표준에서 공제하지 아니한다.

2) 장려금

장려금을 지급하는 사업자가 금전으로 지급하는 경우 지급하는 장려금상당액은 과세표 준에서 공제하지 아니한다.

따라서 장려금을 재화로 지급하는 경우에는 사업상증여에 해당하여 부가가치세가 과세 된다. 다만, 이 경우에는 세금계산서발급의무는 면제된다.

3) 하자보증금

▶ 사례

다음과 같은 조건으로 외상판매했을 때 과세표준은 얼마인가? (단, 제시된 금액에는 부가가치세가 포함되어 있지 않으며, 해당 과세기간 이전에 구입한 과세대상 재화에 대한 매입세액은 공제됨)

① 제품판매 : 80,000,000원 (100개 @800,000원)

② 위 '①'의 제품판매에 대한 매출에누리 : 10%

③ 위 '①'에서 '②'를 차감한 금액의 5% 할인(외상매출금 회수)

④ 판매장려금 지급 : 100,000원

⑤ 판매장려제품 지급 : 10개(@500,000원)

해답

과세표준 : (80,000,000+500,000×10개)−(80,000,000×10%)−(72,000,000×5%)=73,400,000원

① 매출에누리와 할인액은 과세표준에 포함하지 않음

② 장려금은 과세표준에서 공제하지 않고, 장려제품은 사업상의 증여로 과세표준에 포함한다

시행령 제48조 제8항의 규정에 따라 총 공급가액 중 관세의 과세가격과 관세, 개별소비세, 주세의 합한 금액을 포함하지 아니한 금액으로 한다(부가 1265-191, 1983. 1. 28).

> **예 규** 차량임대보증금 과세표준 산입 여부
> 사업자가 차량을 임대하고 받은 임대보증금은 부가가치세법 제13조의 규정에 따른 과세표준에 포함되지 아니한다(부가 1265-962, 1983. 5. 21).

나. 수입한 재화의 과세표준

(1) 통상적인 수입의 경우

우리나라 부가가치세는 소비지국과세원칙을 채택하고 있기 때문에 재화의 수입은 과세거래이며, 재화수입에 대한 부가가치세는 납세지를 관할하는 세관장이 과세하고(부법 7 ②), 세관장이 세금계산서를 수입자에게 발급하며(부법 35 ①), 또한 세관장은 발급한 세금계산서에 대하여 매출처별세금계산서합계표를 과세관청에 제출해야 한다(부법 35 ③).

그러므로 세관장이 부가가치세를 징수하려면 수입재화에 대하여 과세표준을 계산해야 하는 것이다. 즉 재화의 수입에 대한 부가가치세의 과세표준은 관세의 과세가격 및 관세·개별소비세·주세·교육세·교통·에너지·환경세 및 농어촌특별세의 합한 금액으로 한다(부법 29 ②).

【통칙·판례·예규 참조】

부 통 재화의 수입에 대한 세액계산
재화의 수입에 대한 부가가치세액은 다음 산식에 의하여 계산한다(부통 27-51-1).
1. 법 제12조 제2항 제12호·제13호·제14호의 단서 및 영 제41조 단서의 규정에 따라 관세가 경감되어 경감되는 분에 한하여 부가가치세를 면제하는 경우
   [(관세의 과세가격)+{관세율표상의 해당 관세율에 따른 관세액(경감 전의 관세액)}+(징수하는 개별소비세)+(징수하는 주세)+(징수하는 교육세·교통·에너지·환경세·농어촌특별세)]×(1-관세경감률)×(세율)=(부가가치세액)
2. 그 밖의 경우
   {(관세의 과세가격)+(징수하는 관세)+(징수하는 개별소비세)+(징수하는 주세)+(징수하는 교육세·교통·에너지·환경세·농어촌특별세)}×(세율)=(부가가치세액)
   ※ 주세와 교통·에너지·환경세가 부과되면 개별소비세는 과세되지 않는다.

사례

다음 자료에 의하여 수입한 재화에 대한 부가가치세 과세표준을 계산하시오.

〈자 료〉 ① 관세 과세가액 : 40,000,000원

② 관세 : 6,000,000원

③ 주세 : 7,500,000원

④ 교육세 : 2,500,000원

⑤ 개별소비세 : 1,000,000원

해답
40,000,000＋6,000,000＋7,500,000＋2,500,000＋1,000,000＝57,000,000원

(2) 보세구역에서 반출하는 수입재화의 경우

사업자가 보세구역 내에 보관된 재화를 다른 사업자에게 공급하고 해당 재화를 공급받은 자가 그 재화를 보세구역으로부터 반입하는 경우에 재화를 공급한 자의 과세표준은 그 재화의 공급가액에서 세관장이 부가가치세를 징수하고 발급한 수입세금계산서에 적힌 공급가액을 뺀 금액으로 한다. 다만, 세관장이 부가가치세를 징수하기 전에 같은 재화에 대한 선하증권이 양도되는 경우에는 해당 재화를 공급하는 자의 과세표준은 선하증권의 공급가액으로 할 수 있다(부령 61 ① (5)).

외국으로부터 물품이 보세구역으로 반입되었다고 하더라도 수입통관(세관장의 수입신고 수리)이 되기까지는 부가가치세법상의 과세거래인 재화의 수입에 해당하지 아니한다. 그런데 보세구역 내의 사업자가 수입재화를 과세지역에 있는 사업자에게 공급하게 되면 이는 과세거래에 해당하게 된다.

이러한 보세구역과 관련된 과세거래의 과세표준은 다음과 같이한다.

① 보세구역 내에 사업장을 둔 사업자가 보세구역 이외의 장소로 재화 또는 용역을 공급하는 경우에 공급가액 중 관세가 과세되는 부분에 대하여는 세관장이 부가가치세를 거래징수하고 수입세금계산서를 발급하며, 공급가액 중 관세의 과세가격과 관세·개별소비세·주세·교육세·교통·에너지·환경세 및 농어촌특별세의 합한 금액을 공제한 잔액에 대하여는 재화 또는 용역을 공급하는 사업자가 부가가치세를 거래징수하고 세금계산서를 발급하여야 한다.

> 보세구역 내에 사업장을 둔 사업자의 과세표준
> ＝공급가액－(관세과세가격＋관세＋개별소비세＋주세＋교육세＋교통·에너지·환경세
> ＋농어촌특별세)

보세구역 내에 사업장을 둔 사업자 갑이 외국으로부터 수입한 다음과 같은 재화를 보세구역 이외의 장소에 있는 을에게 공급하는 경우 과세표준을 계산하시오.

① 관세과세가격 : 200,000원
② 관세액 : 70,000원
③ 개별소비세액 : 20,000원
④ 개별소비세 교육세액 : 10,000원
⑤ 갑의 부가가치(임금·지급이자·이윤 등) : 100,000원
⑥ 가공비 : 50,000원
⑦ 공급가액 : 450,000원

① 세관장의 과세표준
200,000＋70,000＋20,000＋10,000＝300,000원
*세관장은 을에게 직접 수입세금계산서를 발급한다.
② 갑의 과세표준
450,000－(200,00＋70,000＋20,000＋10,000)＝150,000원
*갑은 을에게 세금계산서를 발급한다.

② 보세구역 내에 사업장을 둔 사업자가 보세구역 외의 사업자에게 내국신용장에 의하여 재화 또는 용역을 공급하는 경우에 공급가액 중 관세가 과세되는 부분에 대하여는 세관장이 부가가치세를 거래징수하고 수입세금계산서를 발급하며, 공급가액 중 관세의 과세가격과 관세·개별소비세·주세·교육세·교통·에너지·환경세 및 농어촌특별세의 합한 금액을 공제한 잔액에 대하여는 재화 또는 용역을 공급하는 사업자가 영의 세율이 적용되는 세금계산서를 발급하여야 한다.

③ 보세구역 내에 별도의 사업장을 두지 아니한 사업자가 외국물품을 수입함에 있어서 해당 물품을 수입통관 전에 양도한 경우 과세표준은 공급가액으로 하며, 이때 해당 물품을 양수받은 사업자는 자기가 부담한 매입세액을 매출세액에서 공제받을 수 있다.

【통칙·판례·예규 참조】

예규 수입원자재의 가액에 포함된 관세상당액의 과세표준 산입 여부
수입원자재의 가액에 포함된 관세상당액은 그 결제방법에 관계없이 대가관계가 있는 경우에는 부가가치세가 과세한다(간세 1235－3706, 1977. 12. 12).

예 규 연불수입재화의 과세표준

국내법인이 국내에 사업장이 없는 국외법인으로부터 연불조건으로 재화를 수입하는 경우에 동 수입재화의 부가가치세 과세표준은 부가가치세법 제13조 제4항에 의하여 관세의 과세가격과 개별소비세 및 주세의 합한 금액이며 수입되는 재화에 대한 부가가치세는 부가가치세법 제16조 제3항에 의하여 세관장이 수입세금계산서를 수입자에게 발급시에 징수한다(국조 1260. 1-578, 1980.2.29).

예 규 보세구역내에서 보세구역 밖으로 내국신용장에 의하여 재화 공급시 세금계산서 발급 방법

보세구역내 사업자가 외국으로부터 원자재를 수입한 후 가공하여 보세구역 밖에 있는 사업자에게 내국신용장에 의하여 공급하였으나 동 재화를 공급받는 보세구역 밖의 사업자는 세관장으로부터 관세를 부과받고 수입통관하는 경우 공급자는 세관장이 세금계산서를 발급하는 금액을 제외한 잔액에 대하여만 영세율로 세금계산서를 발급하고 세관장은 관세청장이 정하는 바에 따라 세금계산서 발급시 부가가치세를 거래징수한다(부가 46015-1270, 1994.6.24).

제2절 과세표준계산의 특례

1. 과세사업과 면세사업 공통사용 재화의 공급시 과세표준

가. 일반적인 경우

사업자가 과세사업과 면세사업등에 공통적으로 사용된 재화를 공급하는 경우에는 다음 산식에 따라 계산한 금액을 공급가액으로 한다. 다만, 휴업 등으로 인하여 직전 과세기간의 공급가액이 없는 경우에는 그 재화를 공급한 날에 가장 가까운 과세기간의 공급가액에 의하여 계산한다(부법 29 ⑧, 부령 63 ①).

$$과세표준 = 해당\ 재화의\ 공급가액 \times \frac{직전과세기간의\ 과세공급가액}{직전과세기간의\ 총공급가액}$$

부가가치세의 과세표준을 안분계산하는 것은 공통사용하던 재화를 매각한 경우 과세사업에 사용된 부분만큼은 과세표준을 발생시켜 매출세액을 발생시켜야 그 재화를 매입할 때의 공통매입세액을 안분계산하여 매입세액공제를 받은 것과 대응시키기 위해서이다.

> ▶ 사례

국가일보를 경영하는 신문사가 인쇄에 사용하던 공판기 1대를 20,000,000원에 매각한 경우 다음 자료에 의하여 공판기에 대한 과세표준을 계산하라.
① 매각일자 : 2025.1.10.
② 2024년 2기 : 신문 판매금액　　　300,000,000원

　　　　　　　　　광고료 수입금액　　200,000,000원
　　　　　　　　　　　　　　　　　　─────────────
　　　　　　　　　　　　계　　　　　　500,000,000원

$$20,000,000원 \times \frac{200,000,000원}{500,000,000원} = 8,000,000원$$

※ 신문은 면세이고, 광고는 과세이다.

나. 공통매입세액을 사용면적비율로 안분계산한 재화를 공급하는 경우

과세사업과 면세사업에 공통으로 사용한 다음 재화는 위 산식에 불구하고 사용면적기준을 적용하여 안분계산한다(부령 63 ②). 이 경우 휴업 등으로 인하여 직전과세기간의 사용면적비율이 없는 경우에는 그 재화를 공급한 날에 가장 가까운 과세기간의 사용면적 비율에 의하여 계산한다.

① 예정사용면적의 비율로 공통매입세액을 안분계산한 재화

② 확정사용면적의 비율로 공통매입세액을 안분계산한 재화

③ 정산 또는 증가된 면세사용면적비율로 재계산한 재화

$$과세표준 = 해당\ 재화의\ 공급가액 \times \frac{직전과세기간의\ 과세사용면적}{직전과세기간의\ 총사용면적}$$

다. 안분계산의 배제

다음의 경우에는 공통재화의 공급에 대한 과세표준을 안분계산하지 아니하고 해당 재화의 공급가액을 과세표준으로 한다(부령 63 ③).

① 재화를 공급하는 날이 속하는 과세기간의 직전과세기간의 총공급가액 중 면세공급가액이 5% 미만인 경우. 다만, 해당 재화의 공급가액이 5천만원 이상인 경우는 제외한다.

② 재화의 공급가액이 50만원 미만인 경우

③ 재화를 공급하는 날이 속하는 과세기간에 신규로 사업을 시작하여 직전과세기간이 없는 경우

【통칙·판례·예규 참조】

판 례 [1] 토지와 건물의 매매에 있어 그 토지와 건물의 매입가액의 구분이 분명한 경우에 해당한다고 할 수 없다

[2] 토지와 건물의 취득가액의 구분이 되어 있지 않은 경우, 부동산임대소득의 계산시 건물에 대한 간주임대료의 산정과 감가상각비의 계상에 있어서 그 건물의 매입가액의 산정방법(=토지와 건물의 기준시가에 따른 가액에 비례하여 안분계산)

[1] 세금계산서나 대차대조표상에 기재된 건물의 가액은 부가가치세신고를 위하여 관계법령에 따라 계산한 것에 지나지 아니하므로, 매매계약당시 작성된 매매계약서상 토지와 건물의 가액이 구분되지 아니한 채 총매매대금만이 기재되어 있는 이상 토지와 건물의 가액의 구분이 분명한 경우에 해당한다고 할 수 없다고 한 사례.

[2] 부동산임대소득의 계산시 건물에 대한 간주임대료의 산정과 감가상각비의 계상에 있어서, 토지와 건물에 대한 취득가액의 총액은 알 수 있으나 토지와 건물의 취득가액의 구분이 되어 있지 않은 경우에 그 구분은 그 비율이 현저하게 불합리하다고 볼 특별한 사정이 없는 이상 토지와 건물의 기준시가에 따른 가액에 비례하여 안분계산하는 방식으로 하는 것이 합리적이다(대법원2000두

10274, 2002.4.26.).

> **예규** 면세주택과 과세주택에 건설용역을 제공하는 경우 과세표준 계산방법
>
> 건설업법 또는 전기공사업법의 규정에 따라 면허를 받은 자와 주택건설촉진법의 규정에 따라 등록을 한 자가 조세특례제한법 제106조 제1항 제4호의 규정에 따른 국민주택 규모이하의 부가가치세가 면제되는 주택과 부가가치세가 과세되는 주택에 용역을 제공하는 경우에, 동 제공용역이 면세주택에 제공되는지 과세주택에 제공되는지 불분명한 때의 과세표준 계산방법은 공급받는 자의 면세예정 면적과 과세예정 면적의 총 예정면적의 비율에 따라 계산한다(조법 1265-1561, 1981. 12. 31).

> **예규** 면세포기한 수산업자의 어선매각시 과세표준
>
> 수산업을 영위하는 사업자가 해외어장에서 어획한 수산물 중 수출분은 면세포기 신고하여 영세율적용을 받고 있으며, 국내판매분은 면세적용을 받고 있을 때 해당 사업에 사용중인 어선을 국내에서 타인에게 매각할 경우는 어선의 판매가액에 직전과세기간의 총공급가액 중 과세공급가액이 차지하는 비율을 곱하여 계산한 금액을 과세표준으로 한다(부가 1265-980, 1982. 4. 19).

> **예규** 과세표준안분계산시 장부가액과 취득가액의 의미
>
> 부가가치세법시행령 제48조의2 제4항 제2호의 장부가액이라함은 세무회계상의 장부가액을 의미하며, 장부가액이 없는 경우에는 적용하는 취득가액이란 기장이 없는 사업자가 비치한 세금계산서나 그 밖의 취득가액을 증명할 수 있는 증명 서류에 의하여 확인되는 가액을 의미한다(부가 46015-929, 1994. 5. 7).

> **예규** 토지와 건축물을 함께 공급하는 경우 과세표준의 계산
>
> 사업자가 상속으로 인하여 취득한 토지와 그 토지에 정착된 건물을 함께 공급함에 있어 계약서상 토지의 가액과 건물의 가액을 구분하지 아니하고 공급한 후 상속세 과세가액에 비례하여 토지 및 건물가액을 계산한 경우 그 가액은 부가가치세법시행령 제48조의2 제3항에서 규정한 실지거래가액으로 볼 수 없다(부가 46015-1219, 1995. 7. 5).

2. 토지와 건물을 함께 공급하는 경우의 과세표준

가. 구분된 실지거래가액이 있는 경우

사업자가 토지와 그 토지에 정착된 건물 또는 구축물 등(이하 '건물 등'이라 함)을 함께 공급하는 경우에는 건물 등의 실지거래가액을 공급가액으로 한다(부법 29 ⑨).

나. 실지거래가액의 구분이 불분명한 경우

사업자가 토지와 그 토지에 정착된 건물 등을 함께 공급하는 경우에 있어 실지거래가액 중 토지의 가액과 건물 등의 가액의 구분이 불분명한 경우에는 다음과 같이 안분계산한 금액을 공급가액으로 한다(부법 29 ⑨ 단서, 부령 64 ①).

① **감정평가가액**이 있는 경우에는 감정평가가액에 비례하여 안분계산한다.

② **감정평가가액**이 없는 경우에는 토지와 건물 또는 구축물 등에 대한 기준시가가 모두

있는지 여부에 따라 안분계산방법이 달라진다. 우선 기준시가가 모두 있는 경우에는 공급계약일 현재의 기준시가에 따라 계산한 가액에 비례하여 안분계산한다. 다음으로 어느 하나 또는 모두의 **기준시가가 없는 경우**에는 장부가액(장부가액이 없는 경우에는 취득가액)에 비례하여 안분계산한 후 기준시가가 있는 자산에 대하여는 그 합한 금액을 다시 기준시가에 의하여 안분계산한다.

③ 위 '①' 및 '②'를 적용할 수 없거나 적용하기 곤란한 경우에는 국세청장이 정하는 바에 따라 안분계산한다.

여기서 감정평가가액은 공급시기(중간지급조건부 또는 장기할부판매의 경우는 최초공급시기)가 속하는 과세기간의 직전과세기간 개시일부터 공급시기가 속하는 과세기간의 종료일까지 「감정평가 및 감정평가사에 관한 법률」에 따른 감정평가업자가 평가한 감정평가가액을 말한다.

한편 사업자가 실지거래가액으로 구분한 토지와 건물 등의 가액이 위 방법에 따라 안분계산한 금액과 30% 이상 차이가 있는 경우에도 위 방법에 따라 안분계산한 금액을 공급가액으로 한다. 다만, 다른 법령에서 정하는 바에 따라 토지와 건물 등의 가액을 구분한 경우와 토지와 건물 등을 함께 공급받은 후 건물 등을 철거하고 토지만 사용하는 경우에는 건물 등의 실지거래가액을 공급가액으로 한다(부령 64 ②).

▶ 사례

다음 자료에 의하여 부가가치세 과세표준을 계산하시오.

〈자 료〉 ① 부동산 매각대금(토지·건물) : 80,000,000원
② 토지의 기준시가 : 45,000,000원
③ 건물의 기준시가 : 15,000,000원
④ 토지와 건물의 구분은 불분명하며 부동산매각대금 중 건물에 대한 부가가치세가 포함되어 있지 않음.

해답

$$80,000,000 \times \frac{15,000,000}{60,000,000} = 20,000,000원$$

※ 토지와 건물을 동시에 공급한 경우 각각의 실지거래가액으로 하되 구분이 불분명한 경우 공급계약일 현재 기준시가에 따라 안분계산한다.

3. 부동산 임대용역의 공급

가. 의 의

부동산을 임대한 경우에는 임대료와 관리비 그리고 간주임대료를 합한 금액을 부가가치세 과세표준으로 한다(부법 29 ⑩). 이때 관리비에는 보험료·수도료·공공요금은 포함하지 아니하며, 임대료의 월수는 달력에 따라 계산한다.

만일 사업자가 둘 이상의 과세기간에 걸쳐 부동산임대용역을 공급하고 그 대가를 선불 또는 후불로 받는 경우에는 해당 금액을 계약기간의 월수로 나눈 금액의 각 과세대상기간의 합한 금액을 그 과세표준으로 하며, 이 경우 월수계산은 해당 계약기간의 개시일이 속하는 달이 1월 미만인 경우에는 1월로 하고, 해당 과세기간종료일이 속하는 달이 1월 미만인 경우에는 이를 산입하지 아니한다(부령 65 ⑤).

【통칙·판례·예규 참조】

부 통 부동산임대시 월세 등과 함께 받는 공공요금

사업자가 부가가치세가 과세되는 부동산임대료와 해당 부동산을 관리해 주는 대가로 받는 관리비 등을 구분하지 아니하고 영수하는 때에는 전체 금액에 대하여 과세하는 것이나 임차인이 부담하여야 할 보험료·수도료 및 공공요금 등을 별도로 구분 징수하여 납입을 대행하는 경우 해당 금액은 부동산임 대관리에 따른 대가에 포함하지 아니한다(부통 13-48-3).

나. 전세보증금 등에 대한 간주임대료

(1) 간주임대료의 계산

사업자가 부동산임대용역을 공급하고 전세금 또는 임대보증금을 받는 경우에는 금전 이외의 대가를 받는 것으로 보아 다음 산식에 의하여 계산한 간주임대료를 과세표준으로 한다(부령 65 ①).

$$\text{과세표준} = \text{임대보증금(전세금)} \times \text{과세대상기간의 일수} \times \frac{\text{정기예금이자율}}{365(\text{윤년의 경우에는 } 366)}$$

【통칙·판례·예규 참조】

부 통 부동산임대에 따른 전세금 등에 대한 세부담

과세되는 부동산을 임대하고 받은 전세금 또는 임대보증금의 이자상당액(간주임대료)에 대한 부가가 치세는 원칙적으로 임대인이 부담하는 것이나, 임대인과 임차인간의 약정에 의하여 임차인이 부담하

는 것으로 할 수 있다. 이 경우 임차인이 부동산임차의 대가로서 월세 등의 형태로 지급하는 금액이 있는 때에는 임차인이 부담하는 간주임대료에 대한 부가가치세와 월세는 별도로 구분하여 지급하여야 한다(부통 12-34-2).

> **부 통** 전세금 또는 임대보증금에 대한 과세표준계산
> 전세금·임대보증금에 대한 과세표준은 임차자가 해당 부동산을 사용하거나 사용하기로 한 때를 기준으로 하여 계산한다(부통 13-49의2-1).

▶ 사례

임대사업자인 ㈜문수회사가 사무실 80㎡를 다음과 같이 임대하였을 경우 2025년 1기 확정신고시 신고하여야 할 과세표준을 계산하라.
① 임대계약기간 : 2025.1.1. ~ 12.31.
② 임대계약일자 : 2024.12.10.
③ 임대료 : 월 500,000원
④ 임대보증금 : 10,000,000원
⑤ 1년 만기 정기예금이자율은 3.4%, 1년은 365일로 가정한다.

① 월 임대료계산(4월~6월) : 500,000×3월＝1,500,000원
② 간주임대료계산

$$10,000,000 \times \frac{3.4\%}{365} \times 91일 = 84,767원$$

③ 과세표준(①＋②) : 1,584,767원

(2) 과세기간 중 보증금이 변동되는 경우 간주임대료계산

사업자가 계약에 따라 전세금 또는 임대보증금을 임대료에 충당한 경우에는 그 금액을 제외한 가액을 전세금 또는 임대보증금으로 한다. 부동산임대용역에 대한 간주임대료의 계산에 있어서 전세금 또는 임대보증금이 과세기간중에 변동이 있는 경우에는, 해당 기간에 해당하는 적수를 계산하여 과세 해당 일수로 나눈 금액을 전세금 또는 임대보증금으로 보아 계산한다(간세 1265-311, 1981. 3.14.).

▶ 사례

부동산임대법인인 수원주식회사는 2025년 6월 1일 해운상사에 점포 50㎡를 다음과 같이 임대하였으나 해운상사의 사정으로 8월 1일에 임대보증금을 5,000,000원 인하하였다. 이 경우 2025년 2기 부가가치세예정신고시 신고하여야 할 과세표준을 계산하라.
① 임대보증금 : 30,000,000원(6월 1일 계약일 현재)

② 월 임대료 : 500,000원

③ 1년 만기 정기예금이자율은 3.4%, 1년은 365일로 가정한다.

해답

① 적수의 계산
- 7.1.~7.31. : $30,000,000 \times 31 = 930,000,000$
- 8.1.~9.30. : $25,000,000 \times 61 = 1,525,000,000$

② 임대보증금의 계산

$$\frac{930,000,000 + 1,525,000,000}{92} = 26,684,782원$$

③ 간주임대료계산

$$26,684,782 \times \frac{3.4\%}{365} \times 92일 = 228,684원$$

④ (월) 임대료계산

$$500,000 \times 3 = 1,500,000원$$

⑤ 과세표준

$$228,684 + 1,500,000 = 1,728,684원$$

(3) 지하도의 기부채납에 따른 간주임대료 계산

국가 또는 지방자치단체의 소유로 귀속되는 지하도의 건설비를 전액 부담한 자가 지하도로 점용허가(1차무상점용기간에 한함)를 받아 대여하는 경우에, 다음 산식에 의하여 계산한 건설비상당액은 전세금 및 임대보증금으로 보지 아니한다(부령 65 ①, 부칙 46).

$$\text{건설비상당액} = \text{해당 기간종료일까지 국가 또는 지방자치단체건설비에 기부채납된 지하도의 건설비} \times \frac{\text{전세금 또는 임대보증금을 받고 임대한 면적}}{\text{임대가능면적}}$$

▶ 사례

다음 자료에 의하여 임대하였을 경우 2025년 2기 예정신고시 신고하여야 할 과세표준을 계산하라.

① 건설비 500,000,000원을 들여 지하도를 건설하여 서울특별시에 기부채납하였다.

② 무상점유허가를 받았는바 임대가능면적 : 1,000㎡

③ 100㎡을 임대보증금 70,000,000원을 받고 6월 1일부터 1년간 임대하였다.

④ 1년 만기 정기예금이자율은 3.4%, 1년은 365일로 가정한다.

① 임대부분의 전세금 등으로 보지 않은 금액

$$500,000,000 \times \frac{100}{1,000} = 50,000,000원$$

② 과세표준(간주임대료)계산

$$(70,000,000 - 50,000,000) \times 92일 \times 3.4\% \times \frac{1}{365} = 171,397원$$

(4) 부동산을 재임대한 경우 간주임대료 계산

사업자가 부동산을 임차하여 다시 임대용역을 제공하는 경우에 간주임대료는 다음 산식에 의하여 계산한다.

$$과세표준 = 임대보증금^* \times 과세대상기간의\ 일수 \times \frac{정기예금이자율}{365(윤년의\ 경우에는\ 366)}$$

※임대보증금 = 전세금 또는 임대보증금 − 임차시 지불한 전세금 또는 임차보증금

이 경우 임차한 부동산 중 직접 자기의 사업에 사용하는 부분이 있는 경우 임차시 지불한 전세금 또는 임차보증금은 다음 산식에 따른 금액을 제외한 금액으로 한다(부령 65 ②).

$$임차\ 시\ 지불한\ 전세금\ 또는\ 임차보증금 \times \frac{예정신고기간\ 또는\ 과세기간\ 종료일\ 현재\ 직접\ 자기의\ 사업에\ 사용하는\ 면적}{예정신고기간\ 또는\ 과세기간\ 종료일\ 현재\ 임차한\ 부동산의\ 총면적}$$

(5) 간주임대료에 대한 세금계산서발급의무 면제

간주임대료에 대하여는 임대인과 임차인간의 세금계산서의 발급과 거래징수가 이루어지지 않기 때문에 원칙적으로 임대인이 부가가치세를 부담하게 되고, 이 경우 임대인이 직접 부담하는 부가가치세는 법인세 및 소득세법에 따라 임대인의 소득금액 계산상 비용으로 인정받게 된다(부령 71 ① (6)). 따라서 간주임대료에 대한 세금계산서의 발급은 면제된다.

다. 과세되는 부동산 임대용역과 면세되는 주택 임대용역을 함께 공급한 경우

과세되는 부동산임대용역과 면세되는 주택임대용역을 함께 공급하여 그 임대구분과 임대료 등의 구분이 불분명한 경우에는 다음의 산식을 순차로 적용하여 과세표준을 계산한다(부령 65 ④). 여기서 토지가액 또는 건물가액은 예정신고기간 또는 과세기간종료일 현재의 소득세법상 기준시가에 의하고, 토지임대면적·건물임대면적 등의 면적이 예정신고기간 또

는 과세기간중에 변동된 경우에는 해당 예정신고기간 또는 과세기간중의 해당 면적의 적수에 의하여 계산한 면적으로 한다(부칙 48 ①·②).

① 토지분 임대료상당액(건물분 임대료상당액)

$$= 간주임대료를 포함한 임대료 총액 \times \frac{토지가액(건물가액)}{토지 및 건물가액의 합계액}$$

② 토지임대 과세표준

$$= 토지분 임대료상당액 \times \frac{과세되는 토지의 임대면적}{총토지의 임대면적}$$

③ 건물임대 과세표준

$$= 건물분 임대료상당액 \times \frac{과세되는 건물의 임대면적}{총건물의 임대면적}$$

▶ 사례

다음 자료에 의하여 임대업을 하는 이천년 씨의 2025년 2기 예정신고 과세표준금액을 계산하시오(건물은 도시지역 내에 위치함).

〈자 료〉 ① 건물 400㎡(상가 : 300㎡, 주택 : 100㎡), 대지 500㎡, 건물 정착면적 200㎡
② 임대기간 : 2025.1.1. ~ 12.31.
③ 월 임대료 : 1,000,000원(7월 ~ 9월까지 합계는 3,000,000원)
④ 간주임대료상당액 : 2,000,000원(7월 ~ 9월까지의 계산액)
⑤ 건물(400㎡)의 기준시가 : 50,000,000원, 토지(500㎡)의 기준시가 : 200,000,000원

1. 토지의 과세면적계산

① 주택의 부수토지 : $500㎡ \times \dfrac{100}{400} = 125㎡$(건물 정착면적 5배 이내 이다)

② 토지의 과세면적 : 500㎡ - 125㎡ = 375㎡

2. 토지·건물의 임대료 안분계산

① 건물분임대료상당액 : $5,000,000원 \times \dfrac{50,000,000}{50,000,000+200,000,000} = 1,000,000원$

② 토지분임대료상당액 : 5,000,000 - 1,000,000 = 4,000,000원

3. 과세되는 임대료 안분계산

① 토지임대과세표준 : $4,000,000원 \times \dfrac{375㎡}{500㎡} = 3,000,000원$

② 상가임대과세표준 : $1,000,000원 \times \dfrac{300\,\text{m}^2}{400\,\text{m}^2} = 750,000원$

　4. 부가가치세 과세표준 : 3,000,000 + 750,000 = 3,750,000원

【통칙 · 판례 · 예규 참조】

예규 전세금 등에 대한 부가가치세 부담

부가가치세가 과세되는 부동산을 임대하고 그 대가로 받는 전세금 또는 임대보증금의 이자상당액에 대한 부가가치세는 원칙적으로 임대인이 부담하나, 별도로 임대인과 임차인간의 약정에 의하여 임차인이 부담하는 것으로 할 수도 있다(부가 1265. 1－2249, 1981. 8. 25).

예규 예정신고기간과 확정신고기간의 이자율이 다를 경우 과세표준 계산

사업자가 부동산임대용역을 공급하고 전세금 또는 임대보증금을 받는 경우에 부가가치세법시행령 제49조의2 제1항에 규정하는 과세표준의 계산은 예정신고시에는 예정신고기간에 대하여, 확정신고시에는 확정신고기간(과세기간 중 예정신고기간분 제외)에 대하여 각각 계산한다(부가 1265－1075, 1983. 6. 8).

예규 공급시기 이전에 받는 임대보증계약금 등의 간주임대료 계산 여부

상가를 신축완료 전에 입주예정자와 임대계약을 체결하여 임대보증계약금 및 중도금을 받을 경우, 계약금 등의 수취 여부와 관계없이 계약에 따른 부동산임대용역의 제공이 시작되거나 시작될 날로부터 부가가치세법시행령 제49조의2의 규정에 따라 과세표준을 계산한다(부가 1265. 2－604, 1984. 3. 30).

예규 임대부동산의 원상회복비용에 사용한 임대보증금의 과세 여부

부가가치세 과세표준은 부가가치세법 제13조 및 같은 법시행령 제48조 제1항의 규정에 따라 거래상대자로부터 받은 대가관계에 있는 모든 금전적가치가 있는 것을 포함하므로 임차인이 임대차계약을 불이행하여 임대인이 해당 임대부동산의 원상회복을 위해 사용한 부동산임대보증금은 부가가치세과세표준에 포함된다(재무부 부가 22601－4, 1992. 1. 13).

예규 화재로 인한 내부수선 기간동안의 간주임대료 계산 여부

사업자가 부동산임대업을 영위하던 중 화재로 인하여 장기간에 걸쳐 내부수선이 요구되어 사실상 임대용역이 제공되지 아니하는 경우 동기간에는 부가가치세가 과세되지 않는다(부가 22601－634, 1992. 5. 15).

---

4. 감가상각자산의 공급의제시 과세표준

가. 간주공급시 과세표준

　과세사업에 공한 재화가 감가상각자산에 해당하는 경우에 해당 재화를 자가공급, 개인적공급, 사업상증여, 폐업 등으로 인하여 공급으로 보는 때에는 다음의 산식에 의하여 계산한 금액을 해당 재화의 시가로 본다(부법 29 ⑪, 부령 66). 유의할 것은 감가상각자산에 다음 식에 따른 시가의 재계산은 공급이 의제되는 경우에만 적용되는 것이며, 대가를 받고

매매하는 재화의 본래의 공급이 있을 때에는 이를 적용하지 아니하고 실지로 수수된 대가가 과세표준이 된다는 점이다.

[표 5-3] 간주공급시 과세표준

구 분	과 세 표 준
건물·구축물	취득가액×$\{1-(\dfrac{5}{100}×경과된\ 과세기간\ 수)\}$＝시가
기 타	취득가액×$\{1-(\dfrac{25}{100}×경과된\ 과세기간\ 수)\}$＝시가

(1) 경과된 과세기간 수

위 식에서 경과된 과세기간의 수는 과세기간단위로 계산하되, 건물 또는 구축물의 경과된 과세기간의 수가 20을 초과하는 경우에는 20으로, 그 밖의 감가상각자산의 경과된 과세기간의 수가 4를 초과하는 경우에는 4로 한다(부령 66 ②).

그리고 경과된 과세기간의 수를 계산함에 있어서 과세기간의 개시일 후에 감가상각자산을 취득하거나 해당 재화가 공급된 것으로 보게 되는 경우에는, 그 과세기간의 개시일에 해당 재화를 취득하거나 해당 재화가 공급된 것으로 본다(부령 66 ⑤). 다시 말하면, 감가상각자산을 취득한 날이 속하는 기간은 경과된 과세기간으로 계산하고 자가공급, 개인적공급, 사업상증여가 발생한 날 및 폐업일이 속하는 과세기간은 경과된 과세기간으로 계산하지 않는다는 의미이다.

(2) 취득가액

위 식에서 취득가액이란 다음과 같다. 여기서 재화의 취득가액은 매입세액을 공제받은 해당 재화의 가액으로 한다(부령 66 ④).
   ① 타인으로부터 매입한 자산은 매입가액에 취득세·등록면허세 그 밖의 부대비용을 가산한 금액
   ② 자기가 행한 제조·생산 또는 건물 등에 의하여 취득한 자산은 원재료비·노무비·운임·하역비·보험료·수수료·공과금(취득세와 등록면허세를 포함한다)·설치비 그 밖의 부대비용의 합한 금액
   ③ '①' 및 '②' 외의 자산은 취득당시의 정상가액

폐업시 잔존재화가 다음과 같을 경우 부가가치세 과세표준을 계산하시오(폐업일 2025.8.15.)
① 제품 및 원재료 재고금액(시가) : 40,000,000원
② 감가상각자산 내역
　• 건 물 (취득일 2024.7.2. 취득가액　200,000,000원)
　• A기계 (취득일 2025.3.10. 취득가액　5,000,000원)
　• B기계 (취득일 2025.7.10. 취득가액　8,000,000원)
　• 차량운반구 (취득일 2022.4.10. 취득가액　16,000,000원)

1. 자가공급가액 계산

　① 제품 및 원재료 : 40,000,000원(시가)

　② 건물 : $200,000,000 \times (1 - \dfrac{5}{100} \times 2) = 180,000,000$원

　※취득일이 속하는 과세기간은 경과된 과세기간으로 계산, 폐업일이 속한 과세기간은 경과된
　과세기간으로 보지 않음(이하 같음).

　③ A기계 : $5,000,000 \times (1 - \dfrac{25}{100} \times 1) = 3,750,000$원

　④ B기계 : $8,000,000 \times (1 - \dfrac{25}{100} \times 0) = 8,000,000$원

　※취득과 같은 과세기간에 폐업하였으므로 경과된 과세기간 없음.

　⑤ 차량운반구 : $16,000,000 \times (1 - \dfrac{25}{100} \times 4) = 0$원

　※경과된 과세기간수가 4를 초과하는 경우에는 4로 한다.

2. 부가가치세 과세표준

$40,000,000 + 180,000,000 + 3,750,000 + 8,000,000 = 231,750,000$원

【통칙 · 판례 · 예규 참조】

예 규　폐업시 잔존재화의 과세표준 및 폐업 후 매각처분에 대한 과세 여부
사업자가 사업을 폐지한 때에는 폐업일로부터 25일 이내에 해당 과세기간의 사업실적과 부가가치세법
시행령 제49조 및 제50조 제2항의 규정에 의거 재고재화를 시가로 환산하여 합계한 금액을 과세표준으
로 하여 부가가치세 신고를 하여야 하며 폐업시 확정신고한 재고재화를 매각 처분하는 것은 부가가치
세가 과세되지 아니한다(부가 1265－1040, 1983. 6. 3).

간주공급에 대한 과세표준 계산시 경과된 과세기간의 수 계산방법

부가가치세법시행령 제49조의 규정에 따라 자가공급 등에 대한 과세표준을 계산하는 경우에 경과된 과세기간의 수를 계산함에 있어 자가공급, 개인적공급, 사업상증여, 폐업시 잔존재화가 발생한 날이 속하는 과세기간은 경과된 과세기간으로 계산하지 아니한다(부가 22601－1330, 1991. 10. 10).

감가상각자산의 간주공급시 취득시기

부동산 임대업에 공한 재화가 소득세법 또는 법인세법상 감가상각자산에 해당하고 부가가치세법 제6조 제4항의 규정에 의해 폐업시 동 재화가 자가공급에 해당하는 경우 같은 법시행령 제49조 제1항의 규정에 따른 과세표준 계산시 경과된 과세기간의 수를 계산함에 있어서 취득한 날은 해당 재화가 실제로 사업에 사용되는 날을 말한다. 다만, 같은 법 제5조 제1항 단서의 규정에 따라 사업시작전 등록을 한 자가 사실상 사업을 시작하지 아니하는 경우에는 사실상 사업을 시작하지 아니하는 날을 폐업일로 보는 것이며, 이때 자가공급에 대한 과세표준 계산시 경과된 과세기간 수는 0으로 한다(부가 46015－4638. 1999. 11. 18).

나. 면세사업에 일부 사용시 과세표준의 계산

과세사업에 공한 감가상각자산을 면세사업에 일부 사용하는 경우에는 다음 산식에 의하여 계산한 금액을 과세표준으로 하되, 해당 면세사업에 따른 면세공급가액이 총공급가액 중 5% 미만인 경우에는 과세표준이 없는 것으로 본다(부령 66 ③).

어느 재화가 과세사업 또는 면세사업에 사용된 것이 분명한 경우에는 면세사업에 사용된 재화의 공급가액만을 자가공급의 과세표준으로 삼으면 된다. 그러나 재화를 과세사업과 면세사업에 함께 사용함으로써 각 사업의 사용도가 분명하지 않은 경우에는 사용도를 안분하는 방법으로서 해당 과세기간의 과세공급가액과 면세공급가액의 비율로 나누어 면세에 상당하는 재화의 가액만을 면세용에 자가공급된 재화의 시가로 하는 것이다.

[표 5-4] **면세사업에 일부 사용시 과세표준**

구 분	과 세 표 준
건물·구축물	취득가액 × {1－($\frac{5}{100}$ × 경과된 과세기간 수)} × $\frac{\text{면세전용한 과세기간의 면세공급가액}}{\text{면세전용한 과세기간의 총공급가액}}$
기 타	취득가액 × {1－($\frac{25}{100}$ × 경과된 과세기간 수)} × $\frac{\text{면세전용한 과세기간의 면세공급가액}}{\text{면세전용한 과세기간의 총공급가액}}$

▶ 사례

전세버스사업(과세)을 경영하는 경성운수주식회사가 자동차수리설비를 취득하여 사용하던 중 2025.1.10.부터 시내버스사업(면세)을 겸영하게 되어 동 수리설비를 전세버스와 시내버스수리에 공통으로 사용하게 된 경우, 다음 자료에 의하여 부가가치세과세표준을 계산하라.

① 자동차수리설비 : 2024.7.20. 취득, 취득가액 40,000,000원(매입세액 공제됨)
② 2025년 1기분 수입금액 내역

과　세	56,000,000원
면　세	44,000,000원
총수입금액	100,000,000원

과세표준 : $40,000,000 \times (1 - \dfrac{25}{100} \times 1) \times \dfrac{44,000,000원}{100,000,000원} = 13,200,000원$

※ 취득일이 속하는 과세기간은 경과된 과세기간으로 계산, 면세사업에 일부 사용한 날이 속하는 과세기간은 경과된 과세기간으로 보지 않음.

제3절 세 율

1. 의 의

세율은 과세대상을 수량이나 가액의 크기로 나타낸 과세표준에 대한 세액의 비율을 말한다. 즉 세율은 과세표준에 상응하여 산출되는 세액과의 비율로서 과세단위 1단위에 대해 부과되는 조세액의 비율을 말한다. 이러한 세율의 크기 또는 그 구조는 입법정책 내지 조세정책상의 목적에 따라 각각 다를 수 있다. 세율의 크기를 어떻게 설정할 것인가, 모든 재화 또는 용역의 공급을 과세범위로 하면서 단순비례세율구조를 취할 것인가, 아니면 재화와 용역을 선별하여 그 적용하는 비례세율에 차등을 두는 복수세율구조를 취할 것인가 하는 것은 입법정책 내지 조세정책상의 목적에 따라 결정된다.

여기서 단순비례세율이란 모든 거래단계 모든 품목에 대하여 같은 세율을 적용하는 것을 말한다. 따라서 부가가치세납부세액을 계산함에 있어서도 해당 기업의 매출액에 기본세율을 곱하여 매출세액을 산출한 후 발급받은 세금계산서에 기재된 전단계에서 부담한 매입세액을 공제하면 된다. 단일세율을 채택하는 경우는 세액계산과 징세가 편리하고 세제가 단순하여 납세의무자의 납세순응이 쉽다는 장점이 있는 반면에, 자원배분이나 소득분배의 형평성 측면과 조세의 정책적인 목적달성 측면에서는 미흡한 단점이 있다. 우리나라를 비롯한 대만과 일본 등은 단일세율구조를 취하고 있다.

그리고 복수세율이란 정상세율을 기본으로 낮은 세율과 높은 세율을 함께 적용하는 세율형태이다. 복수세율을 적용하는 근본적인 목적은 부가가치세의 역진성을 완화시키는 데 있으나, 복수세율을 적용할 경우에는 납세협력 및 세무행정이 복잡하게 되는 문제점이 발생하게 된다. 또한 복수세율의 적용은 최종거래단계에서 적용되어야 실효를 거둘 수 있으나, 낮은 세율이나 높은 세율이 중간거래단계에서 적용될 경우에는 복수세율의 효과도 상쇄되는 단점이 있다. EC제국 중에서도 프랑스·독일 등이 복수세율구조를 취하고 있다.

이러한 세율은 조세법률주의에 따라 법률로만 정하도록 되어 있다.

2. 우리나라의 부가가치세 세율

가. 개 념

우리나라가 1977년 7월 부가가치세를 도입함에 있어서 세율수준의 결정은 부가가치세도입으로 폐지되는 8개의 간접세 세수를 고려하여 이루어졌다.

세율수준의 결정당시는 영업세, 물품세, 직물류세, 석유류세, 전기가스세, 통행세, 입장세, 유흥음식세 등 8개 세목에 대한 세수 등을 고려하여, 그 기본세율을 13%의 수준으로 책정하고 경기조절명목으로 3%의 범위 내에서 세율을 조정할 수 있는 탄력세율제도를 두되, 그 실행세율로는 10%의 세율을 적용하였었다.

그러나 탄력세율제도를 둔 것은 세율의 조정을 통하여 총수요를 조절함으로써 경기변동에 대응할 목적이었으나, 간접세인 부가가치세를 통한 경기조절이 사실상 어려움을 고려하여 1988년 12월 26일 법 개정시(법률 제4023호) 탄력세율제도를 폐지하고 1989년 1월 1일부터는 기본세율을 10%로 규정하고 있다.

따라서 우리나라의 세율구조는 단일세율구조를 원칙으로 하면서 이에 연유하는 부담의 역진성은 별도의 세목인 개별소비세(개별소비세)의 차등비례세율로 그 완화를 시도하고 있다.

나. 기본세율

① 일반과세자에 적용하는 기본세율은 공급가액에 대하여 10%이다.

② 간이과세자의 경우는 해당 과세기간의 과세표준(부가가치세를 포함한 공급대가)에 부가가치율을 곱한 금액에 10%의 세율을 곱하여 납부할 부가가치세를 계산한다. 여기에서 부가가치율이란 직전 3년간 신고된 업종별 평균 부가가치율을 고려하여 10%부터 50%까지의 범위 내에서 대통령령으로 정한 부가가치율(부령 111 ②)을 말한다.

> 간이과세자 부가가치세＝공급대가×부가가치율×10%

구분	부가가치율
1. 소매업, 재생용 재료수집 및 판매업, 음식점업	15%
2. 제조업, 농업·임업 및 어업, 소화물 전문 운송업	20%
3. 숙박업	25%
4. 건설업, 운수 및 창고업(소화물 전문 운송업은 제외한다), 정보통신업	30%

구분	부가가치율
5. 금융 및 보험 관련 서비스업, 전문·과학 및 기술서비스업(인물사진 및 행사용 영상 촬영업은 제외한다), 사업시설관리·사업지원 및 임대서비스업, 부동산 관련 서비스업, 부동산임대업	40%
6. 그 밖의 서비스업	30%

다. 영세율

영세율은 과세표준에 대한 세액의 비율이 영(0)이 되게 하는 세율이며 그 세율이 영으로 표시된다. 이 영세율은 일반소비세에 대한 국경세조정방법으로 발달된 제도인데 부가가치 세제를 채택한 나라에서는 종종 무역거래가 아닌 국내거래에 도 이 영세율을 적용한다. 우리나라 조세특례제한법에서 방위산업물자·도시철도공사에 직접 공급하는 도시철도건설용역·비료·농약·농기계 등에 영세율을 적용(조특법 105 ①) 하는 것 등이 그것이다.

부가가치세법 강의

제6장

납부세액의 계산

제1절 납부세액의 계산구조

부가가치세법은 재화 또는 용역의 공급대가로 받은 총수입금액인 공급가액을 과세표준으로 하고, 여기에 세율을 적용하여 세액을 계산하는 것으로 하고 있다. 따라서 이렇게 계산된 세액이 매출세액임과 동시에 산출세액이 된다. 그리고 매입세액은 이 산출세액에서 세액공제를 하는 구조를 취하고 있다. 수출 등의 경우에는 과세표준은 있으나 그것에 적용하는 세율이 영(0)이기 때문에 매출세액이 영으로 되고, 매출세액이 비록 영이라고 하더라도 재화 등을 공급받을 때 거래징수당한 매입세액은 공제받을 수 있다.

결국 사업자가 납부하여야 할 납부세액은 자기가 공급한 재화 또는 용역에 대한 매출세액에서 공제 가능한 매입세액을 공제한 세액으로 한다. 이와 같이 사업자가 납부하여야 할 액을 자기가 공급한 재화 또는 용역에 대한 매출세액에서 자기의 사업을 위하여 사용되었거나 사용될 재화 또는 용역의 공급, 재화의 수입에 대한 매입세액을 공제한 금액으로 하는 것은 우리나라의 부가가치세 제도가 전단계세액공제법을 택하고 있기 때문이다.

부가가치세는 재화나 용역을 공급하는 자로부터 공급받는 자에게 전가되는 것을 전제로 하여 부과되는 조세이다. 때문에 공급받은 자는 그 재화나 용역을 자기가 최종적으로 소비하지 않고 다시 다른 소비자에게 공급을 하면서 매출세액을 받아오게 되면 그 매출세액 중 자기가 매입한 때 부담한 매입세액을 공제하고 나머지 금액만을 납부함으로써 자기가 부담했던 매입세액은 다음 거래자에게 전가되어 버리고 아무런 부담을 하지 않게 된다.

납부세액은 매출세액(대손세액을 뺀 금액)에서 매입세액, 그 밖에 이 법 및 다른 법률에 따라 공제되는 매입세액을 뺀 금액으로 한다. 이 경우 매출세액을 초과하는 부분의 매입세액은 환급세액으로 한다(부법 37 ②). 이러한 납부세액의 계산구조는 다음과 같다.

> **납부(환급)세액 계산**
> ① 납부세액＝매출세액－매입세액 : (매출세액＞매입세액)
> ② 환급세액＝매출세액－매입세액 : (매출세액＜매입세액)

그리고 사업자가 최종 납부하거나 환급받을 세액은 다음 계산식에 따라 계산한다(부법 37 ③).

> 최종 납부하거나 환급받을 세액 ＝ A － B ＋ C
> A : 납부세액 또는 환급세액   B : 각종 세액공제   C : 가산세

제2절 매출세액

1. 의 의

거래단계마다 공급가액에 부과되는 세액이 공급자의 측면에서는 매출세액이 되고 공급받는 자의 측면에서는 매입세액이 된다. 이러한 매출세액은 일정기간(예정신고기간 또는 과세기간)의 재화 또는 용역의 공급에 대한 가액의 합계액, 즉 그 기간의 과세표준에 세율을 적용하여 계산하는 것으로 이러한 매출세액은 반드시 거래전단계에서 거래징수한 세액의 합계액과 일치하지는 않으며 그 이유는 다음과 같은 것이 있다.[28]

① 매출세액은 공급이 의제되는 과세거래가 있으면 재화·용역을 공급할 때 상대방으로부터 거래징수한 세액의 과세기간단위의 합계액과 일치하지 않는다. 이유는 공급의제의 경우에는 그 의제공급가액이 과세표준에 산입되어 매출세액을 발생시키지만 거래징수한 세액은 없기 때문이다.

② 국고금관리법에 따라 공급가액의 1원 미만은 단수처리하여 절사하고 거래징수한다. 그리고 세액으로서 10원 미만의 단수가 있을 때에는 그 단수는 계산하지 않는 것이다.

부가가치세법상 매출세액은 다음 식과 같이 과세표준에 세율을 적용하여 계산한 금액에 대손세액을 가감한 금액으로 한다. 단, 확정신고시 매출세액은 예정신고누락분을 가산한 금액이 매출세액이 된다.

$$매출세액 = (과세표준 \times 세율) \pm 대손세액$$

▶ 사례

다음과 같은 경우에 부가가치세 납부시 회계처리를 하시오.
① 과세표준 : 10,000,000원(실제 거래징수한 세액 998,000원)
② 매입세액 : 600,000원

---

28) 거래징수액과 매출세액과의 차액에 대한 처리
  ① 거래징수액이 매출세액보다 적은 경우에는 해당 과세기간 또는 사업연도의 소득금액계산시 필요경비 또는 손금으로 처리한다.
  ② 거래징수액이 매출세액보다 많은 경우에는 해당 과세기간 또는 사업연도의 소득금액계산시 총수입금액 또는 익금으로 처리한다.

| (차변) 부가가치세예수금 998,000원 | (대변) 현 금 | 400,000원 |
| 영업외손실 2,000원 | 부가가치세대급금 | 600,000원 |

※ 매출세액은 1,000,000원이나 거래징수액과는 2,000원의 차이가 발생한다.

2. 대손세액의 공제 특례

가. 개 념

사업자가 공급한 재화 또는 용역의 대가는 부가가치세의 과세표준이 되며 그 대가는 명칭여하에 불구하고 거래상대방으로부터 받은 모든 금전적 가치가 있는 것을 포함한다. 그러나 사업자가 재화 또는 용역을 제공한 거래상대방의 부도·파산·강제집행 등의 사유로 외상매출금과 관련된 부가가치세를 받을 수 없어서 대손처리된 경우에는 그 부도 등으로 거래징수하지 못한 매출채권에 포함된 부가가치세를 해당 사업자의 매출세액에서 뺄 수 있도록 함으로써 기업의 자금부담을 완화하도록 마련한 것이 대손세액공제제도이다. 이는 외상매출금 등이 대손처리되는 경우 공급자는 거래징수하지 못한 부가가치세를 납부하여야 하고 공급받는 자는 그 거래징수 당하지 않은 부가가치세를 매입세액으로 공제받게 되는 불합리한 점을 개선하기 위한 제도이다.

부가가치세법은 사업자가 부가가치세가 과세되는 재화 또는 용역을 공급하는 경우 공급받는 자의 파산·강제집행 그 밖의 사유로 인하여 해당 재화 또는 용역의 공급에 대한 외상매출금 그 밖의 매출채권(부가가치세를 포함한 것을 말함)의 전부 또는 일부가 대손되어 회수할 수 없는 경우에는 그 대손세액을 그 대손이 확정된 날이 속하는 과세기간의 매출세액에서 뺄 수 있다고 규정하고 있다(부법 45 ①).

나. 대손세액공제의 요건

사업자가 부가가치세가 과세되는 재화 또는 용역을 공급하는 경우 공급을 받는 자가 파산·강제집행, 그 밖의사유로 외상매출금 그 밖의 매출채권(부가가치세 포함)의 전부 또는 일부가 대손되어 회수할 수 없는 경우에 대손세액공제를 할 수 있다. 이 때 **파산·강제집행, 그 밖의사유**란 다음에 해당하는 것만을 말한다.

① 채무자의 파산, 강제집행, 형의 집행, 사업의 폐지, 사망, 실종, 행방불명으로 인하여 회수할 수 없는 채권
② 민사집행법에 따라 채무자의 재산에 대한 경매가 취소된 압류채권

③ 상법상의 소멸시효가 완성된 경우, 어음법·수표법·민법상 소멸시효가 완성된 경우

④ 채무자 회생 및 파산에 관한 법률에 따른 회생계획인가의 결정 또는 법원의 면책결정에 따라 회수불능으로 확정된 채권

⑤ **수표 또는 어음의 부도발생일부터 6월이 된 경우.** 다만, 해당 사업자가 채무자의 재산에 대하여 저당권을 설정하고 있는 경우를 제외한다.

⑥ **회수기일이 6월 이상 지난 채권 중 20만원(채무자별 채권가액의 합계액을 기준) 이하의 채권**으로서 회수비용이 해당 채권가액을 초과하여 회수실익이 없다고 인정되는 경우

⑦ 민사소송법에 따른 화해 및 화해권고결정에 따라 회수불능으로 확정된 채권

⑧ 채무자 회생 및 파산에 관한 법률에 따른 법원의 회생계획인가 결정에 따라 채무를 출자전환하는 경우. 이 경우 대손되어 회수할 수 없는 금액은 출자전환하는 시점의 출자전환된 매출채권 장부가액과 출자전환으로 취득한 주식 또는 출자지분의 시가와의 차액으로 함.

☞ **상사채권의 소멸시효**

⑴ 상법에서는 상행위로 인한 채권은 상법상에 다른 규정이 없는 때에는 5년간 행사하지 아니하면 소멸시효가 완성한 것으로 규정하고 다만, 다른 법령에 이보다 단기의 시효의 규정이 있을 때에는 그 규정에 의하도록 하고 있음(상법 64).

⑵ 민법에서는 채권은 10년간 행사하지 아니하면 소멸시효가 완성한 것으로 규정하고 있으나(민법 162), 3년 또는 1년의 단기소멸시효도 별도 규정하고 있다.

  1) 3년의 단기소멸시효

    다음의 채권은 3년간 행사하지 아니하면 소멸시효가 완성한다(민법 163).

      ① 이자, 부양료, 급료, 사용료 그 밖의 1년 이내의 기간으로 정한 금전 또는 건물의 지급을 목적으로 한 채권

      ② 의사, 조산원, 간호사 및 약사의 치료, 근로 및 조제에 관한 채권

      ③ 도급받은 자, 기사 그 밖의 공사의 설계 또는 감독에 종사하는 자의 공사에 관한 채권

      ④ 변호사, 변리사, 공증인, 계리사 및 사법서사에 대한 직무상 보관한 서류의 반환을 청구하는 채권

      ⑤ 변호사, 변리사, 공증인, 계리사 및 사법서사의 직무에 관한 채권

      ⑥ 생산자 및 상인이 판매한 생산물 및 상품의 대가

      ⑦ 수공업자 및 제조자의 업무에 관한 채권

  2) 1년의 단기소멸시효

    다음의 채권은 1년간 행사하지 아니하면 소멸시효가 완성한다(민법 164).

      ① 여관, 음식점, 대석, 오락장의 숙박료, 음식료, 대석료, 입장료, 소비물의 대가 및 체당금의 채권

      ② 의복, 침구, 장구 그 밖의 동산의 사용료의 채권

      ③ 노역인, 예술인의 임금 및 그에 공급한 물건의 대금채권

      ④ 학생 및 수업자의 교육, 의식 및 유숙에 관한 교주, 숙주, 교사의 채권

【통칙·판례·예규 참조】

부 통 대손세액 공제대상 매출채권의 범위 등

법 제45조에 따라 대손세액공제의 대상이 되는 외상매출금 그 밖의 매출채권은 부가가치세가 과세되는 재화 또는 용역에 대한 것으로서 각 과세기간의 과세표준에 반영되어 있는 것을 말한다(부통 45-87-1).

부 통 사업양도자 매출채권에 대한 대손세액 공제

개인사업자가 자기의 과세사업을 법인으로 전환하기 위해 법인을 설립하고 개인사업에 관한 모든 권리와 의무를 해당 신설법인에 포괄적으로 양도함에 있어서 사업양도 전에 발생한 매출채권에 대한「상법」상의 소멸시효가 법인전환 후 완성됨으로 인해 해당 매출채권(부가가치세 포함)의 전부 또는 일부가 대손되어 회수할 수 없는 경우에는 그 대손이 확정된 날이 속하는 과세기간의 매출세액에서 대손세액을 뺄 수 있다(부통 45-87-2).

☞ 파산선고로 인한 대손세액 공제

예 규 파산법에 따른 파산선고시 대손세액공제의 시기

재화 또는 용역을 공급한 사업자는 그 공급을 받은 자에 대한 파산법에 따른 파산의 선고후 파산자에 대한 모든 재산의 배분결과 외상매출금 또는 그 밖의 매출채권의 전부 또는 일부가 대손되어 회수할 수 없는 경우 그 대손이 확정되는 과세기간의 확정신고시 대손세액을 공제받을 수 있다(부가 46015-2883, 1998. 12. 30).

☞ 강제집행으로 인한 대손세액 공제

예 규 대손세액 공제사유 규정의 민사소송법에 따른 강제집행의 범위

'민사소송법에 따른 강제집행'이란 같은 법에 따른 압류·가입류 등에 따른 강제경매, 담보권 실행 등을 위한 임의경매를 포함한다(부가 46015-52, 1998. 1. 10).

예 규 강제집행을 신청하였으나 무재산으로 강제집행이 불가능한 경우 대손세액공제 가능 여부

사업자가 부가가치세가 과세되는 재화 또는 용역을 공급한 후 매출채권을 회수하기 위하여 법원의 확정판결에 따른 강제집행을 신청하여 민사소송법의 규정에 따라 재산관계를 명시한 재산목록을 제출받았으나 무재산으로 강제집행이 불가능하여 해당 매출채권이 대손된 경우에는 부가가치세법시행령 제63조의2 제1항 제2호에 규정하는 사유로 대손세액을 매출세액에서 뺄 수 있다(부가 46015-57, 2000. 1. 6).

☞ 회사정리계획인가의 결정으로 인한 대손세액 공제

예 규 회사정리계획인가와 결정을 받은 경우 대손세액 공제 및 공제시기

사업자가 부가가치세가 과세되는 재화 또는 용역을 공급하였으나 공급받는 자의 회사정리법에 따른 회사정리계획인가의 결정으로 그 대가의 전부 또는 일부가 대손되어 회수할 수 없는 경우에는 회사정리계획인가의 결정이 있는 날이 속하는 과세기간의 확정신고시 부가가치세법 제17조의2 제1항의 규정에 따라 계산한 대손세액을 공제 받을 수 있다(부가 46015-159. 1999. 1. 20).

☞ 상법상 소멸시효 완성으로 인한 대손세액 공제

예 규 상법상 소멸시효 완성사유로 대손세액 공제시 소멸시효 기산점

부가가치세법 제17조의2 제1항 및 동 시행령 제63조의2 제1항 제5호에서 규정하는 과세재화 또는 용역의 공급에 대한 외상매출금 그 밖의 매출채권에 대한 '상법상의 소멸시효'의 기산점은 해당 외상매출채권을 행사할 수 있는 때로부터 진행하며, 이 경우 민법상의 소멸시효 중단사유가 발생한 때에는 그 사유가 종료한 때로부터 새로이 진행되며, 또한 민사소송법상의 강제집행을 위한 재판상의 청구로 인하여 중단한 시효는 재판이 확정된 때로부터 새로이 진행한다(부가 46015-104, 1998. 1. 17).

예 규 부가가치세 대손세액관련 매출채권 소멸시효의 기산점

사업자가 부가가치세가 과세되는 재화 또는 용역을 공급하고 그 대가로 어음을 받는 경우 부가가치세법시행령 제63조의2 제1항 제5호의 사유로 인한 대손세액공제를 적용함에 있어 해당 매출채권에 대한 소멸시효는 그 대가로 받은 어음의 지급기일의 익일부터 기산한다(부가 46015-2626, 1998. 11. 27).

예 규 매출채권의 상법상 소멸시효 기산점

부가가치세법 제17조의 2 제1항 및 같은 법시행령 제63조의 2 제1항 제5호에서 규정하는 과세재화 또는 용역의 공급에 대한 외상매출금 그 밖의 매출채권에 대한 상법상의 소멸시효의 기산점은 해당 외상매출금 그 밖의 매출채권을 행사할 수 있는 때로부터 진행한다. 이 경우에 민법상의 소멸시효 중단 사유가 발생할 때에는 그 사유가 종료한 때부터 새로이 진행한다(부가 46015-3244, 2000. 9. 19).

☞ 수표 또는 어음의 부도발생으로 인한 대손세액 공제

예 규 배서양도한 어음의 부도발생시 대손세액 공제가능 여부

부가가치세가 과세되는 재화나 용역을 공급하고 어음을 지급받은 사업자가 해당 어음을 타인에게 배서 양도하였으나, 동 어음이 부도발생되어 소구를 받아 어음채무를 상환하고 해당 부도어음을 회수하여 소지하고 있는 경우 부도어음을 소지하고 있는 해당 사업자는 어음의 부도발생일로부터 6월이 지난 날이 속하는 과세기간의 확정신고시 부가가치세법 제17조의2 규정에 따라 대손세액공제를 받을 수 있다(부가 46015-319, 1998. 2. 24).

예 규 법인의 대표이사가 배서한 어음의 대손세액공제 가능 여부

사업자가 부가가치세가 과세되는 재화 또는 용역을 법인사업자에게 공급하고 그 대가로 해당 법인이 발급하고 해당 법인의 대표이사가 배서한 어음을 발급받았으나 해당 어음이 부도처리되고 부도발생일로부터 6월이 지난 경우 해당 어음이 해당 법인에 대한 재화 또는 용역의 공급에 대한 대가로 받은 것이 확인된 경우에는 대손세액공제를 받을 수 있다(부가 46015-1045. 1999. 4. 10).

예 규 대체어음의 부도발생시 대손세액공제 가능 여부

사업자가 부가가치세가 과세되는 재화를 甲법인에게 공급하고 그 대가로 받은 어음이 부도발생하여 甲법인에게 부도어음을 반환하고 다른 채권자와 함께 공동으로 甲법인의 관계회사인 乙법인 명의의 어음에 甲법인이 배서하여 지급받았으나 해당 어음도 부도발생하고 부도발생일로부터 6월이 지난 경우, 해당 어음이 甲법인에 대한 재화의 공급대가로 받은 것이 확인된 경우에는 대손세액공제를 받을 수 있다(부가 46015-1757. 1999. 6. 22).

☞ 그 밖의 대손세액공제에 관련된 사항

예 규 대손세액공제로 인하여 발생한 환급세액의 환급가능 여부

사업자가 확정신고시 대손세액공제로 인하여 환급세액이 발생하는 경우 동 환급세액은 같은법 제24조의 규정에 따라 해당 사업자에게 환급한다(부가 46015-2294, 1995. 12. 4).

다. 대손세액공제의 범위와 계산

(1) 대손세액공제의 범위

대손세액공제의 범위는 사업자가 부가가치세가 과세되는 재화 또는 용역을 공급한 후 공급일로부터 10년이 경과된 날이 속하는 과세기간에 대한 확정신고기한까지 대손세액공제의 사유로 인하여 확정되는 대손세액(결정 또는 경정으로 증가된 과세표준에 대하여 부가

가치세액을 납부한 경우 해당 대손세액을 포함한다)으로 한다(부령87 ②).

(2) 대손세액공제의 계산

사업자가 대손이 확정된 날이 속하는 과세기간의 매출세액에서 뺄 수 있는 대손세액은 다음의 계산산식에 의하여 계산한 금액으로 한다.

$$대손세액\ 공제액=대손금액\times\frac{10}{110}$$

▶ 사례 1

다음에 의하여 부가가치세의 매출세액을 계산하시오.
① 공급가액 : 40,000,000원
② 매출에누리액 및 매출환입액 : 5,000,000원
③ 받을어음 중 6,600,000원은 거래처의 부도(부도발생일 2024.12.20.)로 회수가 불가능하여 대손처리함
④ 과세기간 : 2025년 제1기 확정신고기간

매출세액 : $(40,000,000-5,000,000)\times10\%-6,600,000\times\frac{10}{110}=2,900,000$원

▶ 사례 2

다음의 자료에 의하여 부가가치세의 매출세액을 계산하시오.
① 매출액 : 30,000,000원
② 매출환입액 : 1,000,000원
③ 대손금액 : 2,200,000원(외상매출금으로써 대손세액공제의 사유에 해당함)

① 공급가액 : $30,000,000-1,000,000=29,000,000$원

② 대손세액 : $2,200,000\times\frac{10}{110}=200,000$원

③ 매출세액 : $(29,000,000\times10\%)-200,000=2,700,000$원

라. 대손세액공제 절차

(1) 서류제출

대손세액을 공제받고자 하는 사업자는 **부가가치세확정신고서**에 대손세액공제신고서와 대손사실을 증명할 수 있는 서류를 첨부하여 관할세무서장에게 제출(국세정보통신망에 따른 제출 포함)하여야 하며, 해당 서류를 제출한 경우에만 대손세액을 공제한다(부법 45 ②).

> [대손사실증명서류]
> 대손사실을 증명할 수 있는 서류로서는 파산의 경우는 매출세금계산서(사본)와 채권배분계산명세서, 강제집행의 경우는 매출세금계산서(사본)와 채권배분계산서, 사망·실종선고의 경우는 매출세금계산서(사본)와 가정법원판결문사본, 채권배분계산서, 회사정리계획인가의 결정의 경우는 매출세금계산서(사본)와 법원이 인가한 회사정리인가안 등을 들 수 있다(부가 46015-765, 1995.4.25.).

(2) 통 지

공급자가 대손세액을 매출세액에서 뺀 경우 공급자의 관할세무서장은 대손세액 공제 사실을 공급받는 자와 관할세무서장에게 통지하여야 한다.

마. 대손세액공제의 사후관리

(1) 공급받은 자의 매입세액불공제

재화 또는 용역을 공급받은 사업자가 대손세액의 전부 또는 일부를 매입세액으로 공제받은 경우로서 공급자의 대손이 당해 공급을 받은 사업자의 폐업 전에 확정되는 때에는 관련 대손세액상당액을 대손이 확정된 날이 속하는 과세기간의 매입세액에서 뺀다. 다만, 그 사업자가 대손세액을 빼지 아니한 경우에는 공급을 받은 자의 관할세무서장이 결정 또는 경정(更正)하여야 한다(부법 45 ③).

이 때 관할세무서장이 결정 또는 경정하는 경우에는 무신고·무납부가산세를 적용하지 않는다(국기법 47조의 2 ④, 동법 47조의 4 ③).

(2) 대손세액 변제시의 매입세액공제

대손세액에 대하여 매입세액을 차감(관할세무서장이 경정한 경우를 포함)한 당해 사업자가 대손금액의 전부 또는 일부를 변제한 경우에는 변제한 대손금액에 관련된 대손세액을 변제한 날이 속하는 과세기간의 매입세액에 더한다(부법 45 ④). 이 경우 대손세액을 매입세액에 가산하려는 사업자는 부가가치세확정신고서에 대손세액변제신고서와 대손사실 또는 변제사실을 증명하는 서류를 첨부하여 관할세무서장에게 제출하여야 한다(부령 87 ④).

[표 6-1] 대손세액공제와 변제대손세액의 처리 비교

구 분	공급자의 처리	공급받은 자의 처리
매출채권 등 대손시	매출세액－대손세액	매입세액－대손세액
대손금 등 회수(변제)시	매출세액＋대손세액	매입세액＋대손세액

부가가치세법 시행규칙 [별지 제19호서식(1)] <개정 2022. 3. 18.>   홈택스(www.hometax.go.kr)에서도 신청할 수 있습니다.

대손세액 공제(변제)신고서(갑)

접수번호	접수일	처리기간	즉시

1. 신고인 인적사항

① 상호(법인명)	② 사업자등록번호
③ 성명	④ 사업장 소재지

2. 대손세액 계산신고 내용

⑤ 당초 공급연월일	⑥ 대손확정 연월일	⑦ 대손 금액	⑧ 공제율 (10/110)	⑨ 대손 세액	공급받는 자			⑬ 대손사유
					⑩ 상호	⑪ 성명	⑫ 사업자등록번호	

3. 변제세액 계산신고 내용

⑭ 당초 대손 확정연월일	⑮ 변제 연월일	⑯ 변제 금액	⑰ 공제율 (10/110)	⑱ 변제 세액	공급자			㉒ 변제사유
					⑲ 상호	⑳ 성명	㉑ 사업자등록번호	

「부가가치세법 시행령」 제87조 제4항에 따라 대손세액을 공제받기(매입세액에 가산하기) 위하여 신고합니다.

년   월   일

신고인   (서명 또는 인)

세무서장 귀하

첨부서류	1. 대손확정사실을 증명하는 서류 및 관련 세금계산서 2. 변제사실을 증명하는 서류	수수료 없음

작성방법

⑤ - ⑬ : 재화 또는 용역을 공급한 사업자가 「부가가치세법」 제45조 제1항에 따라 대손세액을 공제받으려는 경우에 작성하며, ⑤에는 대손(회수불가능) 채권과 관련된 재화 또는 용역의 당초 공급연월일을 적습니다.

⑭ - ㉒ : 재화 또는 용역을 공급받은 사업자가 당초 대손이 확정된 날이 속하는 과세기간에 대손세액을 매입세액에서 차감 후 대손금액의 전부 또는 일부를 변제한 경우 「부가가치세법」 제45조 제4항에 따라 변제 관련 대손세액을 매입세액에 가산하려는 경우에 작성하며, ⑭에는 당초 대손확정연월일을 적습니다.

※ 대손(변제)세액 계산신고 내용이 많은 경우에는 별지 제19호서식(2) 또는 별지 제19호서식(3)에 이어서 작성합니다.

210㎜×297㎜[백상지 80g/㎡(재활용품)]

부가가치세법 시행규칙 [별지 제19호서식(2)] <개정 2022. 3. 18.>   홈택스(www.hometax.go.kr)에서도
신청할 수 있습니다.

대손세액 공제(변제)신고서(을)

1. 신고인 인적사항

① 상호(법인명)	② 사업자등록번호
③ 성명	④ 사업장 소재지

2. 대손세액 계산신고 내용

⑤ 당초 공급 연월일	⑥ 대손확정 연월일	⑦ 대손 금액	⑧ 공제율 (10/110)	⑨ 대손 세액	공급받는 자			⑬ 대손 사유
					⑩ 상호	⑪ 성명	⑫ 사업자등록번호	

작성방법

※ 『대손세액 공제(변제)신고서(갑)』의 "2. 대손세액 계산신고 내용"이 많은 경우에 이어서 작성합니다.

210㎜×297㎜[백상지 80g/㎡(재활용품)]

부가가치세법 시행규칙 [별지 제19호서식(3)] <개정 2022. 3. 18.> 홈텍스(www.hometax.go.kr)에서도
신청할 수 있습니다.

대손세액 공제(변제)신고서(병)

1. 신고인 인적사항

① 상호(법인명)	② 사업자등록번호
③ 성명	④ 사업장 소재지

2. 변제세액 계산신고 내용

⑭ 당초 대손 확정연월일	⑮ 변제 연월일	⑯ 변제 금액	⑰ 공제율 (10/110)	⑱ 변제 세액	공급자			㉒ 변제 사유
					⑲ 상호	⑳ 성명	㉑ 사업자등록번호	

작성방법

※　『대손세액 공제(변제)신고서(갑)』의 "3. 변제세액 계산신고 내용"이 많은 경우에 이어서 작성합니다.

210㎜×297㎜[백상지 80g/㎡(재활용품)]

제3절 매입세액

1. 의 의

매입세액이란 재화 또는 용역을 공급받는 자(매입자)가 공급을 받을(매입) 때에 그 공급자에게 부담해 준 부가가치세액을 말한다. 이는 재화나 용역의 거래단계마다 공급가액에 부과되는 세액이 공급자의 측면에서는 매출세액이 되고 공급받는 자의 측면에서는 매입세액이된다. 이때 공급자는 공급받는 자로부터 그 세액을 징수하여 납부하는 납세자이며, 공급받는 자는 그 부담자는 된다. 그러나 공급받은 자는 그 재화나 용역을 자기가 최종적으로 소비하지 않고 다시 다른 소비자에게 공급을 하면서 매출세액을 받아오게 되면 그 매출세액중 자기가 매입한 때 부담한 매입세액을 공제하고 나머지 금액만을 납부함으로써 자기가 부담했던 매입세액은 다음 거래자에게 전가되어 버리고 아무런 부담을 하지 않게 된다. 그러나 이러한 매입세액 중에는 매출세액에서 공제하는 것을 배제함으로써 전가를 허용하지아니하고 최종소비자적 지위에서 그 부담이 귀착되어 버리는 경우가 있다.

공제받을 수 있는 매입세액 = 매입세액 − 공제받을 수 없는 매입세액	
공제받을 수 있는 매입세액	공제받을 수 없는 매입세액
① 세금계산서 수취분 ② 일정 신용카드매출전표 등을 수취한 매입세액 ③ 의제매입세액 ④ 재활용폐자원 등 매입세액 ⑤ 재고매입세액 ⑥ 변제대손세액	① 세금계산서 미제출 및 필요적 기재사항 누락 ② 사업과 관련없는 지출 ③ 배기량 1,000cc 초과 승용자동차 구입, 임대 및 유지 ④ 면세사업과 관련된 분 ⑤ 공통매입세액 안분계산에 따른 면세사업 분 ⑥ 등록전 매입세액 ⑦ 대손처분받은세액 ⑧ 납부(환급)세액 재계산분

이러한 매입세액은 부가가치를 창출하는 과세사업에 관련되었는지 또는 면세사업에 관련되었는지, 그리고 사업과 무관한 최종소비자의 지위에서 발생했는지 여부와 해당 거래징수한 매입세액을 증명 자료하는 세금계산서의 적법 여부 등에 따라 공제받을 수 있는 매입세액과 공제하지 아니한 매입세액으로 구분된다. 그리고 사업자가 납부세액을 계산하기 위해서 공제받을 수 있는 매입세액을 매출세액에서 차감하는 것을 매입세액공제라고 한다.

2. 공제하는 매입세액

가. 공제요건

사업자가 재화 또는 용역을 공급받을(매입할)시 거래징수당한 부가가치세액을 자기의 매출세액에서 공제받을 수 있는 요건은 다음과 같다(부법 38 ①).

① 자기의 사업을 위하여 사용되었거나 사용될 재화 또는 용역의 공급에 대한 세액(사업양도에 따른 대리납부한 부가가치세액 포함)

② 자기의 사업을 위하여 사용되었거나 사용될 재화의 수입에 대한 세액

첫째, 자기의 사업을 위한 사용이어야 한다.

여기서 자기를 위한다 함은 수지의 자기 계산을 말하므로 수탁매입 등은 자기의 사업이 아니고 위탁자 등의 사업으로 본다. 그리고 사업이란 과세대상이 되는 재화나 용역의 부가가치를 생산하는 사업을 말하며, 따라서 이러한 사업에 관련이 없는 재화나 용역을 매입할 때 부담한 매입세액은 공제받을 수 없다. 사업에 관련이 있는 매입은 그것이 부가가치를 생산하여 다시 공급될 때에 부가가치세를 징수하여 납부하게 되지만 사업에 관련이 없는 것은 최종소비자의 지위에서 소비되어 버림으로써 부가가치세를 징수하지 못하기 때문에 매입세액공제를 배제하여 자기의 부담으로 귀착시키는 것이다.

둘째, 사용되거나 사용될 재화나 용역이다.

부가가치 생산을 위하여 현실적으로 사용이 되었거나 앞으로 사용될 것으로 예상하는 것도 공제할 수 있다. 다시 말해 부가가치 창출과정에 이미 투입되어 그 사용이 완료된 재화 또는 용역과, 앞으로 사업에 사용하기 위하여 재고상태로 보관하고 있는 재화를 의미한다. 만일 매입세액공제를 한 후에 그 재화가 사업에 사용되지 아니한 경우, 즉 면세용이나 개인적 사용 등의 자가공급이 되었다면 이미 공제된 매입세액은 다시 계산하여 이를 납부하도록 하고 있다.

【통칙 · 판례 · 예규 참조】

판례 폐업자가 발급한 사실과 다른 세금계산서 여부

사업자가 사업을 실질적으로 폐업하는 때에는 사업자등록을 말소하는 것이고, 사업자등록이 말소된 경우에는 세금계산서를 발급할 수 없는 것이므로 사실상 폐업자가 발급한 세금계산서의 매입세액은 매출세액에서 공제할 수 없으나, 실제 거래사실이 확인되고, 공급받는 자가 세금계산서의 기재내용 중 명의상의 거래상대방이 실제로 폐업하였다는 사실을 알지 못한 때에는 알지 못하였음에 과실이 없는 경우에만 매입세액으로 공제할 수 있는 것임(심사부가2002-105, 2002. 7. 8.).

면세사업자로부터 수취한 세금계산서상의 매입세액을 공제할 수 있는지 여부

세금계산서의 발급권한이 없는 면세사업자가 세금계산서를 발급했다고 하더라도 발급상의 하자를 알지 못한 것에 대하여 세금계산서를 수취한 자의 귀책사유가 있다고 보기는 어려우므로 선의의 거래당사자로 보아 세금계산서상의 매입세액은 매출세액에서 공제함이 타당함(국심2003광1381, 2003. 10. 18.).

예 규 국가 등에 무상 공급하는 재화의 매입세액

사업자가 자기사업과 관련하여 생산하거나 취득한 재화를 국가 등에 무상으로 공급하는 경우 해당 재화의 매입세액은 매출세액에서 공제된다(간세 1235-2223, 1977. 7. 25).

예 규 화재로 손실된 재고상품에 대한 매입세액

화재로 손실된 재고상품에 대한 매입세액은 매출세액에서 공제된다(부가 1265-1337, 1979. 5. 17).

예 규 대가의 초과 지급분에 대한 매입세액

용역의 계속 공급에 있어서 용역제공이 완료된 부분을 초과하는 대가가 포함된 세금계산서를 발급하였으나, 해당 세금계산서를 공급자와 공급받는 자가 부가가치세법 제9조 제3항의 규정에 따라 해당 용역의 공급시기 전에 정당하게 발급한 세금계산서로 보고 그 세금계산서를 수정하지 아니한 경우 발급받은 세금계산서는 예정신고 또는 확정신고시 제출하여 매입세액으로 공제 받을 수 있다(간세 1235-1672, 1979. 5. 19).

예 규 수입세금계산서에 따른 매입세액

사업자가 자기의 사업과 관련된 재화의 수입으로 인하여 세관장으로부터 징수당한 매입세액은 부가가치세법 제17조 제1항의 규정에 따라 수입재화의 공급받는 시기가 속하는 예정신고 및 확정신고시 매출세액에서 공제하는 것이나 수입세금계산서는 관세청장이 정하는 바에 따라 세관장이 부가가치세를 실지로 징수하는 때에 발급하므로 수입일이 속하는 과세기간 지난 후에 발급받은 수입세금계산서의 매입세액은 발급받은 날이 속하는 과세기간에 공제 받을 수 있다(간세 1235-2050, 1979. 6. 25, 간세 1235-4652, 1977. 12. 23).

예 규 2이상의 사업장이 있는 경우 매입세액 공제사업장

사업자가 세금계산서를 발급하거나 발급받는 경우에는 재화나 용역을 공급하거나 공급받는 해당 사업장의 사업자등록번호를 사용하여야 하며, 부가가치세법 제17조 제1항 제1호에 의거 자기의 사업을 위하여 사용되었거나 사용될 재화 또는 용역의 공급에 대한 매입세액은 공제하나, 같은 법 제17조 제2항의 규정에 따른 매입세액은 공제하지 않는다(부가 1265-1223, 1982. 5. 12).

나. 공제시 필요절차(매입처별세금계산서합계표 제출)

납부세액 계산에서 매입세액을 공제받으려면 재화 또는 용역을 공급받을 때 세금계산서를 받아 이를 근거로 매입처별세금계산서합계표를 작성해서 이를 예정신고 또는 확정신고를 할 때 관할 세무서장에게 제출하여야 한다. 세금계산서를 발급받는 것은 매입세액공제에 있어서 기본적인 전제가 되는 것이다.

다만, 사업자가 다음에 해당하지 아니하는 일반과세자로부터 재화 또는 용역을 공급받고 부가가치세액이 별도로 구분되는 신용카드매출전표등(현금영수증, 직불카드영수증, 선불카드영수증 포함)을 발급받은 경우로서 법정 요건(신용카드매출전표등 수령명세서를 제출할 것, 신용카드매출전표등을 5년간 보관할 것, 간이과세자가 영수증을 발급하여야 하는 기간

에 발급한 신용카드매출전표등이 아닐 것)을 모두 충족하는 경우 그 부가가치세액은 공제할 수 있는 매입세액으로 본다(부법 46 ③, 부령 88 ⑤).

① 목욕・이발・미용업
② 여객운송업(전세버스운송사업 제외)
③ 입장권을 발행하여 경영하는 사업
④ 과세대상 의료보건용역을 공급하는 사업(성형수술 등)
⑤ 수의사가 제공하는 과세대상 동물의 진료용역(애완용 동물 등 진료)
⑥ 무도학원, 자동차운전학원의 용역을 공급하는 사업

다. 공제시기

매입세액은 그 세액이 부담된 재화 또는 용역을 공급받은 때가 속한 예정신고기간 또는 과세기간의 매출세액에서 공제한다. 그 공제되는 세액은, 첫째 그 공급받은 재화 또는 용역을 사용했느냐의 여부(생산에 투입되었느냐의 여부), 둘째 부가가치세를 거래징수한 공급자가 그것을 정부에 납부했느냐의 여부, 셋째 재화 또는 용역을 공급받은 자가 공급자에게 부가가치세를 현금으로 지급했느냐 외상으로서 아직 미지불상태에 있느냐의 여부에 불구하고 공급받은 날이 속하는 과세기간의 매출세액에서 공제한다.

즉 공급받을 때 세금계산서만 수취하였으면 그에 표시된 매입세액을 공제할 수 있는 것이다. 그리고 재화 등을 공급받은 예정신고기간에 속하는데 이를 예정신고할 때 공제하지 아니한 것이 있을 경우에는 그 예정신고 기간이 속하는 과세기간분 확정신고를 할 때 공제할 수 있다. 그러나 과세기간을 달리하는 경우에는 공제할 수 없다. 예컨대 재화 등의 공급시기가 제1기에 속하는 매입세액을 제2기의 매출세액에서는 공제할 수 없다.

【통칙・판례・예규 참조】

부 통 면세포기한 사업자의 매입세액공제
수산업등 면세사업을 영위하는 사업자가 법 제28조 제1항에 따라 면세포기를 하는 경우에 면세포기한 사업에 대하여 해당 과세기간에 영세율이 적용되거나 부가가치세가 면제되는 재화・용역의 공급이 없는 때에도 그 과세기간의 면세포기사업과 관련된 매입세액은 법 제38조에 따라 공제한다. 다만, 면세포기한 사업에 대하여 해당 과세기간에 면세되는 재화의 공급만이 있는 경우에는 법 제39조 제1항 제7호에 따라 공제하지 아니한다(부통 38-0-1).

부 통 사업의 양도시까지 발급받지 못한 수입세금계산서 처리
사업양도자가 수입재화에 대한 수입세금계산서를 사업양도 시까지 발급받지 못하고 사업양도 후 사업양수자가 사업양도자명의로 발급받은 경우에는 해당 수입세금계산서를 발급받은 과세기간에 매입세액으로 공제받을 수 있다(부통 38-0-3).

> **부 통** 사업자등록을 정정하지 아니한 경우 매입세액공제
>
> 사업자가 사업장 이전·상호변경 등 영 제14조 제1항에 해당하는 사업자등록증 정정사유가 발생하였으나 이를 정정하지 아니하고 세금계산서를 발급받은 경우에 해당 세금계산서의 필요적 기재사항 또는 임의적 기재사항으로 보아 그 거래사실이 확인되는 때에는 그 세금계산서의 매입세액을 매출세액에서 공제하거나 환급할 수 있다(부통 38-0-4).
>
> **부 통** 공동시설에 관련된 매입세액공제방법
>
> 둘 이상의 사업자가 공동으로 사용할 사업부대설비공사를 그 중 한 사업자의 명의로 계약을 체결한 경우에 해당 설비건설용역을 제공하는 사업자는 각 사업자를 공급받는 자로 하여 세금계산서를 발급할 수 있으며, 그 용역을 공급받은 각 사업자는 자기가 부담한 매입세액을 공제받을 수 있다(부통 38-0-5).
>
> **부 통** 수입세금계산서에 의한 매입세액 공제
>
> 사업자가 자기의 사업과 관련된 재화의 수입에 따른 수입세금계산서를 수입일이 속하는 과세기간 경과 후에 발급받은 때에는 수입세금계산서를 발급받은 날이 속하는 과세기간의 매출세액에서 공제받을 수 있다(부통 38-0-7).

3. 공제하지 아니하는 매입세액

가. 매입처별세금계산서합계표 미제출·불성실기재한 매입세액

(1) 개 념

과세사업자가 매입세액공제를 받기 위해서는 재화 등을 공급받을 때 세금계산서를 받고 이를 근거로 하여 법정사항을 적은 매입처별세금계산서합계표를 작성, 이를 예정신고서 또는 확정신고서와 함께 관할세무서장에게 제출하여야 한다(부법 54 ①).

그런데 매입처별세금계산서합계표를 해당 예정신고 또는 확정신고시에 제출하지 아니한 경우의 그 매입세액 또는 매입처별세금계산서합계표의 기재사항 중 거래처별 등록번호·공급가액의 전부 또는 일부가 적혀 있지 아니하였거나 사실과 다르게 적힌 경우 그 기재사항이 적혀 있지 아니한 부분 또는 사실과 다르게 적힌 부분의 매입세액은 공제하지 아니한다(부법 39 ① (1)).

(2) 예 외

다음 중 하나에 해당하는 경우에는 위의 경우에도 불구하고 매입세액을 공제한다(부령 74).

① 발급받은 세금계산서에 대한 매입처별세금계산서합계표 또는 신용카드매출전표등 수령명세서(전자계산조직에 의하여 처리된 테이프 또는 디스켓 포함)를 과세표준수정신고서와 함께 제출하는 경우

② 발급받은 세금계산서에 대한 매입처별세금계산서합계표 또는 신용카드매출전표등 수령명세서를 경정청구서와 함께 제출하여 경정기관이 경정하는 경우

③ 발급받은 세금계산서에 대한 매입처별세금계산서합계표 또는 신용카드매출전표등 수령명세서를 기한 후 과세표준신고서와 함께 제출하여 관할세무서장이 결정하는 경우

④ 정상적으로 발급받은 세금계산서에 대한 매입처별세금계산서합계표의 거래처별등록번호 또는 공급가액이 착오로 사실과 다르게 적힌 경우로서 발급받은 세금계산서에 따라 거래사실이 확인된 경우

⑤ 부가가치세 경정에 있어서 사업자가 발급받은 세금계산서 또는 발급받은 신용카드매출전표 등(공급받은 자의 등록번호와 부가가치세액을 별도로 기재하고 사업자 또는 그 사용인이 서명날인하여 확인한 것)을 경정기관의 확인을 거쳐 정부에 제출하는 경우

【통칙 · 판례 · 예규 참조】

부 통 공급시기 후에 발급받은 세금계산서의 매입세액 불공제

공급시기 후에 발급받은 세금계산서의 매입세액은 매출세액에서 공제 또는 환급하지 아니한다. 다만, 재화 또는 용역의 공급시기 후에 발급받은 세금계산서로서 해당 공급시기가 속하는 과세기간 내에 발급받은 경우에는 그러하지 아니한다(부통 39-75-1).

예 규 월합계 세금계산서의 작성일자 착오기재에 대한 매입세액 공제

사업자가 부가가치세법시행령 제54조의 규정에 따른 월합계 세금계산서를 발급받았으나 작성년월일이 해당 월의 말일자로 적혀 있지 않고 착오로 적힌 경우 해당 세금계산서의 필요적 기재사항 또는 임의적 기재사항으로 보아 거래사실이 확인된 경우에는 사실과 다른 세금계산서에 포함하지 아니하는 것으로 동 매입세액은 매출세액에서 공제된다(부가 1265-889, 1983. 5. 11).

나. 세금계산서 미수취 · 필요적 기재사항의 부실기재한 매입세액

(1) 개 념

세금계산서를 발급받지 아니한 경우 또는 발급받은 세금계산서에 필요적 기재사항의 전부 또는 일부가 적혀 있지 아니하였거나 그 내용이 사실과 다르게 적힌 경우의 매입세액(공급가액이 사실과 다르게 적힌 경우에는 실제 공급가액과 사실과 다르게 적힌 금액의 차액에 해당하는 세액을 말함)은 매출세액에서 공제하지 아니한다(부법 39 ① (2)).

(2) 예 외

다음 중 하나에 해당하는 경우에는 위의 경우에도 불구하고 매입세액을 공제한다(부령 75).

① 사업자등록을 신청한 사업자가 사업자등록증발급일까지의 거래에 대하여 해당 사업자 또는 대표자의 주민등록번호를 적어 발급받은 경우

② 발급받은 세금계산서의 필요적 기재사항 중 일부가 착오로 적혔으나 해당 세금계산서의 그 밖의 필요적 기재사항 또는 임의적 기재사항으로 보아 거래사실이 확인된 경우

③ 재화 또는 용역의 공급시기 이후에 발급받은 세금계산서로서 해당 공급시기가 속하는 과세기간 대한 확정신고기한까지 발급받은 경우

④ 발급받은 전자세금계산서로서 국세청장에게 전송되지 아니하였으나 발급한 사실이 확인된 경우

⑤ 전자세금계산서 외의 세금계산서로서 재화 또는 용역의 공급시기가 속하는 과세기간에 대한 확정신고기한까지 발급받았고, 그 거래사실도 확인된 경우

【통칙 · 판례 · 예규 참조】

> **판 례** 면세사업자로부터 수취한 세금계산서상의 매입세액을 공제할 수 있는지 여부
>
> 세금계산서의 발급권한이 없는 면세사업자가 세금계산서를 발급했다고 하더라도 발급상의 하자를 알지 못한 것에 대하여 세금계산서를 수취한 자의 귀책사유가 있다고 보기는 어려우므로 선의의 거래당사자로 보아 세금계산서상의 매입세액은 매출세액에서 공제함이 타당함(국심2003광1381, 2003. 10. 18).
>
> **판 례** 필요적 기재사항이 잘못 적혔으나 거래사실이 확인되는 세금계산서를 사실과 다른 세금계산서로 보아 부가가치세과세한 처분의 당부
>
> 부가가치세법시행령 제60조 제2항의 규정을 보면, 비록 매입세액공제와 관련된 규정이지만 세금계산서의 임의적 기재사항으로 보아 거래사실이 확인된 경우에는 매입세액을 공제할 수 있도록 규정하고 있는 점을 고려하면, 쟁점 세금계산서가 비록 매출관련 세금계산서이나 쟁점 세금계산서의 품목란과 비고란에 기재되어 있는 사항으로 반품사실이 확인되는 이건의 경우 쟁점 세금계산서를 사실과 다른 세금계산서로 보는 것은 무리라고 판단됨(국심2003구1990, 2003. 11. 24).

---

⑥ 실제로 재화나 용역을 공급하거나 공급받은 사업장이 아닌 사업장을 기재한 세금계산서를 발급하거나 발급하였더라도 그 사업장이 총괄납부하거나 사업자 단위로 등록된 범위내에 있는 사업장인 경우로 그 재화나 용역을 실제로 공급한 사업자가 그 재화나 용역을 공급한 과세기간에 대한 납부세액을 법에 따라 사업장 관할 세무서장에게 신고하고 납부한 경우

⑦ 재화 또는 용역의 공급시기가 속하는 과세기간에 대한 확정신고기한이 지난 후 세금계산서를 발급받았더라도 그 세금계산서의 발급일이 확정신고기한 다음 날부터 1년 이내이고 다음 중 어느 하나에 해당하는 경우

㉮ 과세표준수정신고서와 경정 청구서를 세금계산서와 함께 제출하는 경우

㉯ 해당 거래사실이 확인되어 납세지 관할 세무서장 등이 결정 또는 경정하는 경우

⑧ 재화 또는 용역의 공급시기 전에 세금계산서를 발급받았더라도 재화 또는 용역의 공급시기가 그 세금계산서의 발급일부터 6개월 이내에 도래하고 해당 거래사실이 확인되어 납세지 관할 세무서장 등이 결정 또는 경정하는 경우

⑨ 다음의 경우로서 그 거래사실이 확인되고 거래 당사자가 납세지 관할 세무서장에게 해당 납부세액을 신고하고 납부한 경우

㉮ 거래의 실질이 위탁매매 또는 대리인에 의한 매매에 해당함에도 불구하고 거래 당사자 간 계약에 따라 위탁매매 또는 대리인에 의한 매매가 아닌 거래로 하여 세금계산서를 발급받은 경우

㉯ 거래의 실질이 위탁매매 또는 대리인에 의한 매매에 해당하지 않음에도 불구하고 거래 당사자 간 계약에 따라 위탁매매 또는 대리인에 의한 매매로 하여 세금계산서를 발급받은 경우

㉰ 거래의 실질이 용역의 공급에 대한 주선·중개에 해당함에도 불구하고 거래 당사자 간 계약에 따라 용역의 공급에 대한 주선·중개가 아닌 거래로 하여 세금계산서를 발급받은 경우

㉱ 거래의 실질이 용역의 공급에 대한 주선·중개에 해당하지 않음에도 불구하고 거래 당사자 간 계약에 따라 용역의 공급에 대한 주선·중개로 하여 세금계산서를 발급받은 경우

㉲ 다른 사업자로부터 사업(용역을 공급하는 사업으로 한정함)을 위탁받아 수행하는 사업자가 위탁받은 사업의 수행에 필요한 비용을 사업을 위탁한 사업자로부터 지급받아 지출한 경우로서 해당 비용을 공급가액에 포함해야 함에도 불구하고 거래 당사자 간 계약에 따라 이를 공급가액에서 제외하여 세금계산서를 발급받은 경우

㉳ 다른 사업자로부터 사업을 위탁받아 수행하는 사업자가 위탁받은 사업의 수행에 필요한 비용을 사업을 위탁한 사업자로부터 지급받아 지출한 경우로서 해당 비용을 공급가액에서 제외해야 함에도 불구하고 거래 당사자 간 계약에 따라 이를 공급가액에 포함하여 세금계산서를 발급받은 경우

㉴ 재화나 용역을 공급할 때 그 품질이나 수량 등에 따라 통상의 대가에서 일정액을 직접 깎아 주는 금액을 공급가액에서 제외해야 함에도 불구하고 거래 당사자 간 계약에 따라 이를 공급가액에 포함하여 세금계산서를 발급받은 경우(공급하는 자가 해당 금액을 공급가액에서 제외하는 수정세금계산서를 발행하지 아니한 경우에 한함)

⑩ 부가가치세를 납부해야 하는 수탁자가 위탁자를 재화 또는 용역을 공급받는 자로 하여 발급된 세금계산서의 부가가치세액을 매출세액에서 공제받으려는 경우로서 그 거래 사실이 확인되고 재화 또는 용역을 공급한 자가 관할 세무서장에게 해당 납부세액을 신고하고 납부한 경우

⑪ 부가가치세를 납부해야 하는 위탁자가 수탁자를 재화 또는 용역을 공급받는 자로 하여 발급된 세금계산서의 부가가치세액을 매출세액에서 공제받으려는 경우로서 그 거래 사실이 확인되고 재화 또는 용역을 공급한 자가 납세지 관할 세무서장에게 해당 납부세액을 신고하고 납부한 경우

다. 사업과 직접 관련이 없는 지출에 대한 매입세액

사업과 직접 관련이 없는 지출에 대한 매입세액은 공제하지 아니한다. 사업과 직접 관련이 없는 지출의 범위는 다음과 같다(부법 39 ① (4), 부령 77).

(1) 소득세법상 업무와 관련 없는 지출

① 사업자가 그 업무와 관련 없는 자산을 취득·관리함으로써 발생하는 취득비·유지비·수선비와 이와 관련되는 필요경비(소령 78)
② 사업자가 그 사업에 직접 사용하지 아니하고 타인(종업원을 제외한다)이 주로 사용하는 토지·건물 등의 유지비·수선비·사용료와 이와 관련되는 지출금
③ 사업자가 그 업무와 관련 없는 자산을 취득하기 위하여 차입한 금액에 대한 지급이자
④ 사업자가 사업과 관련 없이 지출한 기업업무추진비
⑤ 위에 준하는 지출금

(2) 법인세법상 업무와 관련이 없는 지출

① 업무와 관련이 없는 자산을 취득·관리함으로써 생기는 비용, 유지비, 수선비 및 이에 관련되는 비용(법령 49 ③·50)
② 해당 법인이 직접 사용하지 아니하고 다른 사람(주주 등이 아닌 임원과 소액주주인 임원 및 사용인을 제외)이 주로 사용하고 있는 장소·건축물·물건 등의 유지비·관리비·사용료와 이와 관련되는 지출금. 다만, 법인이 중소기업의사업령역보호및기업간협력증진에관한법률 제9조의 규정에 따른 사업을 중소기업(제조업을 하는 자에 한정한다)에게 이양하기 위하여 무상으로 해당 중소기업에 대여하는 생산설비에 관련된 지출금 등을 제외한다.
③ 해당 법인의 주주 등(소액주주를 제외) 또는 출연자인 임원 또는 그 친족이 사용하고 있는 사택의 유지비·관리비·사용료와 이에 관련되는 지출금

(3) 법인세법상 공동경비의 손금불산입액

법인이 해당 법인 외의 자와 같은 조직 또는 사업 등을 공동으로 운영하거나 영위함에 따라 발생되거나 지출된 손비 중 다음 각호의 기준에 따른 분담금액을 초과하는 금액(법령 48 ①)
① 출자에 의하여 특정사업을 공동으로 영위하는 경우에는 출자총액 중 해당 법인이 출자한 금액의 비율
② 그 밖의 경우에는 해당 조직·사업 등에 관련되는 모든 법인 등의 직전 사업연도의 매출액 총액에서 해당 법인의 매출액이 차지하는 비율

부 통   **국가 · 공익단체 등에 무상으로 공급하는 재화의 매입세액공제**

자기의 사업과 관련하여 생산하거나 취득한 재화를 국가 · 지방자치단체 등에 무상으로 공급하는 경우 해당 재화의 매입세액은 매출세액에서 공제하나, 자기의 사업과 관련없이 취득한 재화를 국가 · 지방자치단체 등에 무상으로 공급하는 경우 해당 재화의 매입세액은 공제하지 아니한다(부통 38－0－6).

부 통   **여행업의 매입세액공제범위**

관광진흥법에 따른 여행업을 하는 사업자의 과세표준은 여행알선용역을 제공하고 받는 수수료이므로 해당 여행알선용역의 공급에 직접 관련되지 아니한 관광객의 운송 · 숙박 · 식사 등에 따른 매입세액은 매출세액에서 공제하지 아니한다(부통 39－0－1).

판 례   **필수불가결하게 지출된 비용의 매입세액공제대상 여부**

사업과 직접 관련이 없는 지출에 대한 매입세액 또는 토지의 조성 등을 위한 자본적지출에 관련된 매입세액은 매출세액에서 공제할 수 없는 것이나, 사업을 개업하는 과정에서 필수불가결하게 지출된 비용에 해당되는 경우 관련매입세액은 매출세액에서 공제받는 매입세액으로 보는 것임(심사부가2002－112, 2002. 6. 24.).

라. 승용자동차의 구입 등에 관한 매입세액

승용자동차(배기량 1,000cc 이하 승용자동차 제외)의 구입과 임차(賃借) 및 유지하기 위하여 공급받는 재화 또는 용역의 매입세액은 매출세액에서 공제하지 아니한다(부법 39 ① (5)). 다만, 운수업, 자동차판매업, 자동차임대업, 운전학원업 및 이와 유사한 업종과 같이 자동차를 직접 영업에 사용하는 것은 제외한다.

예 규   **구조변경한 소형승용차의 구입 및 유지에 관련된 매입세액**

사업자가 매입한 미니버스를 편의상 좌석을 개조하였더라도 부가가치세법 제17조 제2항 제3호 및 같은 법시행령 제60조 제2항의 규정에 해당되지 아니하는 경우에는 차량의 매입 및 유지에 관한 매입세액은 공제된다(부가 1235－3423, 1978. 9. 15).

예 규   **비영업용 소형승용자동차 전용주차장 임차료 및 주차료의 매입세액 공제 여부**

사업자가 비영업용 소형승용자동차 전용주차장을 임차하여 사용하고 주차장임차료 또는 주차장관리비를 지급하는 경우 이와 관련된 매입세액은 부가가치세법 제17조 제2항 제3호의 규정에 따라 매출세액에서 공제하지 아니한다(부가 22601－291, 1989. 2. 28).

예 규   **지프형자동차의 구입과 유지에 대한 매입세액 공제 여부**

개별소비세법 제1조 제2항 제3호에서 규정하는 승용자동차에 해당하는 지프형자동차로서 비영업용으로 공하여지는 지프형자동차의 구입과 유지에 관한 매입세액은 매출세액에서 공제하지 아니한다(재무부 소비 46015－276, 1994. 10. 5).

승용차를 임차하여 업무용으로 이용시 매입세액 공제여부

사업자가 승용차 대여업(렌트카)을 영위하는 자로부터 승용차를 임차하여 업무용으로 이용하는 경우와 용역회사로부터 차량용기사를 이용하는 경우에 있어서 그 대가를 지급하고 발급받은 세금계산서의 매입세액은 매출세액에서 공제하지 아니한다(부가 46015-2045, 2000. 8. 22).

마. 기업업무추진비 및 이와 유사한 비용의 지출에 관련된 매입세액

기업업무추진비 및 이와 유사한 비용의 지출에 관련된 매입세액은 공제하지 않는다. 예를 들면 선물을 주기 위하여 매입할 때 부담한 매입세액이나 음식을 제공하고 지출할 때 부담한 매입세액 등이다(부법 39 ① (6)).

【통칙·판례·예규 참조】

판 례 거래처에 제공한 진열장구입비를 접대비로 본 법인세 등 과세처분의 당부

제조업자 등이 자기의 상품 등을 판매하는 자 등에게 자기의 상호·로고·상품명 등을 표시하여 광고효과가 인정되는 물품 등을 제공하고 해당 물품을 회수하여 재사용이 가능한 경우로서 제조업자 등이 물품 등의 소유권을 유지하는 것을 약정한 경우에는 제조업자 등의 자산으로 계상하여 감가상각비상당액을 광고선전비로 처리하므로 상호와 심볼로고가 새겨진 진열장을 외주가공에 의해 제작한 후 거래처에 제공하여 제품을 진열선전하고 동 진열장이 제공법인의 소유로서 매장철수시 회수토록 약정되어 있는 등의 경우 거래처에 제공한 진열장구입비를 접대비로 보아 법인세 및 부가가치세를 과세함은 부당하고 법인의 자산으로서 감가상각비상당액을 광고선전비로 인정함이 타당함(심사법인98-326, 1999. 1. 22.).

예 규 접대비한도액 초과금액에 관련된 매입세액

접대비(한도액초과분 포함)에 관련된 매입세액은 매출세액에서 공제되지 아니한다(부가 1265-947, 1983. 5. 17).

바. 면세사업 관련의 재화·용역 및 토지관련 매입세액

(1) 면세사업 관련의 재화·용역

매입한 재화나 용역이 면세사업(부가가치세가 과세되지 아니하는 재화 또는 용역을 공급하는 사업을 포함한다)에 사용되었거나 사용될 경우에는 매입세액을 공제하지 않는다. 이에는 면세사업용 투자에 관련된 매입세액을 포함한다(부법 39 ① (7)). 이는 재화나 용역을 면세사업에 사용하면 부가가치가 생긴다 하더라도 공급받는 자로부터 부가가치세를 징수하지 아니하며, 납부할 세액이 생기지 아니하기 때문에 매입세액도 공제될 수 없는 것이다. 이때 면세사업자가 공제받지 아니하는 부가가치세 매입세액은 소득과세에 있어서 필요경비나 손금에 산입할 수 있다.

(2) 토지관련 매입세액

토지관련매입세액은 매입세액을 공제받지 못한다. 여기에서 토지관련매입세액이란 토지의 조성 등을 위한 자본적지출에 관련된 매입세액으로 다음 중 하나에 해당하는 매입세액을 말한다(부령 80 ⑥).

① 토지의 취득 및 형질변경, 공장부지 및 택지의 조성 등에 관련된 매입세액
② 건축물이 있는 토지를 취득하여 그 건축물을 철거하고 토지만을 사용하는 경우에는 철거한 건축물의 취득 및 철거비용에 관련된 매입세액
③ 토지의 가치를 현실적으로 증가시켜 토지의 취득원가를 구성하는 비용에 관련된 매입세액

【통칙・판례・예규 참조】

예 규 **주차장을 운영하기 위하여 기존 건물의 철거 관련 매입세액 공제 여부**
부동산 임대업을 하는 사업자가 주차장 운영업을 하기 위하여 기존 건물을 철거하는 경우 기존 건물의 철거와 관련된 매입세액은 부가가치세법시행령 제60조 제6항의 규정에 따라 매출세액에서 공제되지 아니한다(부가 46015-2172, 1998. 9. 24).

예 규 **토지조성용역을 제공하고 토지로 대가를 받는 경우 관련 매입세액 공제 여부**
사업자가 토지조성 용역을 제공하는 경우 이에 관련된 매입세액은 매출세액에서 공제된다. 이 경우 용역제공 대가의 일부를 조성된 토지로 지급받는다 하더라도 동일하다(부가 46015-3252, 2000. 9. 18).

---

(3) 과세사업 사용시 매입세액 공제

부가가치세가 면제되는 재화 또는 용역을 공급하는 사업에 관련된 매입세액과 토지관련 매입세액의 매입세액은 공제받을 수 없다. 그러나 이러한 사유로 매입세액이 공제되지 아니한 재화를 과세사업에 사용하거나 소비하는 경우 그 사업자는 해당 금액을 그 과세사업에 사용하거나 소비하는 날이 속하는 과세기간의 매입세액으로 공제할 수 있다.

사. 등록 전 매입세액

등록을 하기 전의 매입세액은 공제받지 못한다. 다만, 등록하기 전의 매입세액으로 공급시기가 속하는 과세기간이 끝난 후 20일 이내에 등록 신청한 경우 등록신청일부터 공급시기가 속하는 과세기간 기산일(공휴일, 토요일이거나 근로자의 날일 때에는 공휴일, 토요일 또는 근로자의 날의 다음날을 기산일로 한다.)까지 역산한 기간 이내의 것은 제외한다(부법 39 ① (8)). 여기서 등록이란 등록신청일을 기준으로 하며, 등록신청일은 곧 등록신청서 접수일을 말한다.

사업자등록을 신청한 사업자가 사업자등록증 발급일까지의 거래에 대하여 해당 사업자 또

는 대표자의 주민등록번호를 적어 발급받은 경우 매입세액을 공제받을 수 있다(부령 75 (1)).

【통칙·판례·예규 참조】

부통 월합계 매입세금계산서 중 사업자등록 전 매입세액의 공제

사업자가 재화나 용역을 공급한 자로부터 등록 전 매입분이 포함된 월합계에 의한 세금계산서를 발급 받은 때에는 해당 월합계매입세금계산서에 포함된 등록 전 매입세액은 공제하지 아니한다. 다만, 공급 시기가 속하는 과세기간이 끝난 후 20일 이내에 등록을 신청한 경우 등록신청일부터 공급시기가 속하 는 과세기간 기산일까지 역산한 기간 내의 것은 그러하지 아니하다(부통 39-0-2).

판례 선급금을 계약서상의 공사계약금으로 보아 세금계산서상 매입세액을 등록전매입세액 으로 불공제한 처분의 당부

처분청은 건물신축공사도급계약서상의 "계약금"으로 보고 있으나, 도급계약서에 선금 1억원을 지급하 기로 하고, 선금은 기성부분의 대가를 지급할 때마다 별도의 계산식에 의하여 정산하는 것으로 약정하 고 있으며, 청구외 법인도 쟁점 금액을 선수금으로 인식하여 회계처리한 후 세금계산서의 발급일(2002. 8. 20.)에 쟁점 금액을 수입금액으로 계상한 사실 등에 비추어 볼 때, 쟁점 금액은 용역대가의 일부인 계약금으로 보기보다는 공사기간 내에 완공을 위한 착수금 내지 자금지원목적의 선지급금으로 보는 것이 타당한바, 쟁점 금액은 선급금(2002. 8. 1.)으로서 그 공급시기는 공사기성고에 따라 정산하기로 한 때이나, 공급시기 이전에 쟁점 세금계산서를 발급하였으므로 세금계산서를 발급한(2002. 8. 20.) 날을 공급시기로 한 쟁점 세금계산서는 정당한 세금계산서에 해당하므로 당초 등록(2002. 9. 4.)전매입세액으 로 본 처분은 잘못임(국심2003부3469, 2004. 4. 20.).

예규 사업자등록 전의 매입세액을 공제하는 과세기간

사업자등록 신청일로부터 역산하여 20일 내에 재화나 용역을 공급받으면서 수취한 세금계산서상의 매입세액 중 부가가치세법 제17조 제2항의 규정에 따라 불공제되는 매입세액을 제외하고는 해당 세금 계산서를 수취한 날이 속하는 같은 법 제3조 제1항의 규정에 따른 과세기간에 매출세액에서 공제하거 나 환급세액에 더한다(부가 46015-1236, 2001. 9. 12).

---

4. 매입세액공제 특례

가. 공통매입세액의 안분계산

(1) 개 념

사업자가 과세사업과 면세사업을 함께 겸업으로 경영하고 있는 경우에 면세사업에 관련 된 매입세액은 매출세액에서 공제받지 못한다. 따라서 과세사업과 면세사업을 겸업하고 있 는 경우 매입한 재화나 용역이 과세사업에 쓰이는지 면세사업에 쓰이는지를 구분하여야 하며, 그 구분이 분명 하지 아니한 경우나 그 두 사업에 공통으로 쓰이는 경우에는 합리적 인 방법에 따라 과세사업에 해당하는 매입세액과 면세사업에 해당하는 매입세액을 계산하 여야 한다.

이때 과세사업과 면세사업에 공통으로 관련된 매입세액은 그 실지귀속에 따라 공제가능

세액과 공제불가능세액으로 구분하여야 한다. 즉 공급받은 재화 또는 용역의 사용처가 과세사업과 면세사업으로 분명히 구분되는 경우에는 그 실지귀속에 따라 구분하면 되나, 해당 공통매입세액이 과세사업과 면세사업에 어느 정도 관련된 것인지를 구분할 수 없는 경우에는 부득이 일정한 기준을 정하여 그 실지귀속을 인위적으로 구분하여야 하며, 이러한 인위적 구분기준에 의거 공통매입세액 중 공제가능매입세액과 공제불가능매입세액을 계산하는 것을 매입세액 안분계산이라 한다.

이러한 공통매입세액의 안분계산은 다음과 같은 요건이 충족되는 경우에 행한다.

① 동일 사업자가 과세사업과 면세사업을 함께 운영하여야 한다.

② 과세·면세사업에 공통사용 한다.

③ 실질귀속이 불분명하여야 한다.

④ 매출세액에서 공제할 수 있는 요건을 구비하여야 한다.

【통칙·판례·예규 참조】

[부 통] 본점에서 공제받은 공통매입세액 정산사업장

부동산임대업과 금융보험업을 겸영하는 법인사업자가 부동산임대업과 금융보험업에 사용할 지점건물을 신축함에 있어 영 제81조 및 제82조에 규정하는 공통매입세액의 안분계산 및 공통매입세액의 정산은 본점과 지점 중 세금계산서를 발급받은 어느 쪽에서도 가능하다(부통 40-82-1)

[판 례] 조기환급신고시에도 공통매입세액을 정산할 수 있는 지 여부

공통매입세액의 정산시기는 과세사업과 면세사업의 사용면적이 확정되는 과세기간에 대한 납부세액을 확정신고하는 때가 원칙이나, 청구법인의 경우 쟁점건물의 사용면적이 확정된 날 이후 그 사용면적의 변동이 없고 사업자의 자금부담을 덜어주기 위하여 조기환급제도를 두고 있는 취지에 비추어 볼 때 과세기간중에 그 사용면적이 확정되면 그 이후 조기환급신고시에도 공통매입세액을 정산하여 환급신고할 수 있다고 보는 것이 타당한 것으로 판단됨(국심2000서1304, 2000. 11. 10.).

[예 규] 총괄납부사업자의 내부거래분을 매입세액 안분계산산식상의 공급가액에 포함하는지 여부

부가가치세법시행령 제5조 제3항의 규정에 따라 총괄납부사업자가 과세면세겸업사업자가 자기의 제조장에서 생산한 과세재화와 면세재화를 타인에게 판매할 목적으로 자기의 다른 사업장에 반출하는 경우 해당 과세재화와 면세재화의 제조원가의 합계액은 부가가치세법시행령 제61조 제1항에 규정하는 공통매입세액안분계산식의 총공급가액에, 면세재화의 제조원가는 그 계산산식의 면세공급가액에 각각 포함한다(부가 22601-1613, 1992. 10. 27).

---

(2) 안분계산방법

1) 일반적인 경우

사업자가 과세사업과 면세사업(비과세 사업 포함)을 겸영하는 경우에 면세사업에 관련된 매입세액의 계산은 실지귀속에 따라 하되, 과세사업과 면세사업에 공통으로 사용되어 실지귀속을 구분할 수 없는 매입세액은 다음 계산식에 의하여 계산한다(부법 40, 부령 81 ①).

$$면세사업에 \ 관련된 \ 매입세액(매입세액 \ 불공제액) = 공통매입세액 \times \frac{면세공급가액}{총공급가액}$$

① 총공급가액 : 공통매입세액에 관련된 해당 과세기간의 과세사업에 대한 공급가액과 면세사업
  에 대한 수입금액의 합계액
② 면세공급가액 : 공통매입세액에 관련된 해당 과세기간의 면세사업에 대한 수입금액(면세사업
  등에 대한 공급가액과 사업자가 해당 면세사업등과 관련하여 받았으나 과세표준에 포함되지
  아니하는 국고보조금과 공공보조금 및 이와 유사한 금액의 합계액 포함)

다만, 도축업을 영위하는 사업자가 공통매입세액을 과세사업과 면세사업에 관련된 도축
두수(頭數)에 따라 안분하여 계산한다.

그리고 전기통신사업자 및 한국철도공사는 실지귀속을 구분하기 어려운 재화 또는 용역
에 대해서만 위 계산식에서 면세공급가액은 **전사업장면세공급가액**을, 총공급가액은 **전사업
장총공급가액**을 적용하여 계산한다(부령 81 ③). 여기서 '전 사업장의 총공급가액'이란 해당
과세기간의 모든 사업장(전기통신사업자의 경우에는 공통매입세액과 관련된 해당 과세기
간의 모든 사업장)의 과세사업에 대한 공급가액과 면세사업에 대한 수입금액의 합계액을
말하고, '전 사업장의 면세공급가액'이란 해당 과세기간의 모든 사업장(전기통신사업자의
경우에는 공통매입세액과 관련된 해당 과세기간의 모든 사업장)의 면세사업에 대한 수입금
액을 말한다.

$$면세사업등에 \ 관련된 \ 매입세액 \ = \ 공통매입세액 \times \frac{전 \ 사업장의 \ 면세공급가액}{전 \ 사업장의 \ 총공급가액}$$

▶ 사례

다음 2025년 제1기 예정신고기간의 자료에 의해서 월간 잡지사를 운영하고 있는 A사의 공제받
을 수 있는 매입세액을 계산하시오.

〈자 료〉 (1) 과세사업 현황
　　　　　① 공급가액 : 60,000,000원
　　　　　② 매입세액 : 3,000,000원
　　　　(2) 면세사업 현황
　　　　　① 공급가액 : 20,000,000원
　　　　　② 매입세액 : 2,000,000원
　　　　(3) 공통매입세액 : 5,000,000원(종이)

① 공통매입세액 안분계산(공제가능 매입세액)

$$5,000,000 \times \frac{60,000,000}{60,000,000+20,000,000} = 3,750,000원$$

② 공제가능 매입세액

$$3,000,000+3,750,000 = 6,750,000원$$

2) 예 외

가) 공통사용 재화를 공급받은 과세기간 중에 바로 공급한 경우

과세사업과 면세사업에 공통으로 사용되는 재화를 공급받은 과세기간중에 해당 재화를 공급한 경우에는 그 재화에 대한 매입세액의 안분계산은 다음 계산식에 따른다(부칙 54 ②).

> 면세사업에 관련된 매입세액(매입세액 불공제액)
>
> $$=공통매입세액 \times \frac{직전과세기간의 \ 면세공급가액}{직전과세기간의 \ 총공급가액}$$

▶ 사례

J신문사는 광고수입과 신문 판매수입이 있는 과세사업과 면세사업 겸업자이다. 다음 자료에 의하여 2025년 1기 부가가치세확정신고시 매입세액공제액을 산출하라.

〈자 료〉
1. 2025.5. 1. 인쇄기구입(공급가액 30,000,000원, 매입세액 3,000,000)
2. 2025.6.28. 동 인쇄기를 25,000,000원에 처분하다.
3. 2024년 2기 과세표준 내역 : ① 광고료 수입   200,000,000원
　　　　　　　　　　　　　　　 ② 신문 판매수입 100,000,000원
　　　　　　　　　　　　　　　 계   300,000,000원

매입세액공제액

$$3,000,000 \times \frac{200,000,000}{300,000,000} = 2,000,000원$$

나) 과세 · 면세공급가액이 없는 경우

해당 과세기간 중 과세사업과 면세사업의 공급가액이 없거나 그 어느 한 사업의 공급가액이 없는 경우에 해당 과세기간에의 안분계산은 다음의 순서에 따른다. 다만, 건물 또는 구축

물을 신축 또는 취득하여 과세사업과 면세사업에 제공할 예정면적을 구분할 수 있는 경우에는 '③'을 '①' 및 '②'에 우선하여 적용한다(부령 81 ④).

① 총매입가액(공통매입가액을 제외)에 대한 면세사업에 관련된 매입가액의 비율
② 총예정공급가액에 대한 면세사업에 관련된 예정공급가액의 비율
③ 총예정사용면적에 대한 면세사업에 관련된 예정사용면적의 비율

위의 '②'와 '③'에서 '예정'이란 사업자가 각 과세기간에 공통매입세액을 안분계산함에 있어서 공통매입세액과 관련된 공급가액 또는 사용면적이 실제로 확정될 과세기간에 과세·면세사업으로부터 발생이 예상되거나 과세·면세사업으로 사용이 예상되는 것을 말한다(재무부 부가 46015 – 45, 1993.3.15.).

면세사업에 관련된 매입세액(매입세액 불공제액)

$$= 공통매입세액 \times \frac{면세 \ 관련 \ 매입가액^{*}}{총매입가액(공통매입가액 \ 제외)^{**}}$$

* 예정공급가액의 비율예정 : 사용면적의 비율
** 총예정공급가액 : 총예정사용면적

▶ 사례 1

다음 자료에 의하여 과세사업과 면세사업을 겸영하는 (주)여수의 2025년 제1기 예정신고시 공제가능한 매입세액을 계산하시오.

〈자 료〉
① 과세사업 공급가액 : 80,000,000원
② 면세사업 공급가액 : 없음.
③ 면세사업 관련 매입가액 : 44,000,000원
④ 총매입가액 : 94,000,000원(공통매입가액 : 30,000,000원 포함)
⑤ 공통매입세액 : 3,000,000원

 해답

$$3,000,000 \times \frac{94,000,000 - 44,000,000 - 30,000,000}{64,000,000} = 937,500원$$

※ 과세사업 공급가액과 면세사업 공급가액 중 둘 또는 어느 한쪽이 없는 경우 당기 총매입가액(공통매입가액 제외)에 의하여 안분계산

사례 2

다음 자료에 의하여 2025년 1기 부가가치세확정신고시 매입세액불공제세액을 계산하라.

〈자 료〉 ① 2025.4.30.~6.30. 동안 건물신축 관련 매입세액 : 75,000,000(토지에 대한 자본적지
출분 15,000,000원 포함)
② 예정공급가액   5억원
   ㉮ 과세예정공급가액   3억원
   ㉯ 면세예정공급가액   2억원
③ 총건평 : 500㎡
   ㉮ 임대사업에 사용할 예정면적   300㎡
   ㉯ 학원사업(면세)에 사용할 예정면적   200㎡

해답

① 공통매입세액불공제분

$$60,000,000원 \times \frac{200㎡}{500㎡} = 24,000,000원$$

② 확정신고시 총 매입세액불공제액 : 15,000,000 + 24,000,000 = 39,000,000원
  ※ 1) 건물의 신축·취득의 경우는 과세사업과 면세사업에 제공할 예정면적을 구분할 수 있는
       경우에는 매입가액비율, 예정공급가액비율에 우선하여 예정사용면적비율을 적용함.
    2) 건물신축관련 매입세액 중 15,000,000원은 토지에 대한 자본적지출분이므로 매입세액불공제

(3) 매입세액 안분계산의 정산

1) 예정신고 안분 계산의 정산

예정신고를 할 때의 공통매입세액은 예정신고기간에 있어서 총공급가액에 대한 면세공급가액비율에 의하여 안분계산하고, 확정신고를 할 때에 이를 다시 정산하여야 한다(부령 82 (1)).

> 가산 또는 공제되는 세액=
>
> $$총공통매입세액 \times \{1 - \frac{확정신고기간의\ 면세공급가액}{확정신고기간의\ 총공급가액}\} - 기공제세액$$

▶ 사례 1

다음 자료에 의하여 면세사업과 과세사업을 겸영하는 (주)수진의 확정신고시 공제받을 수 없는 매입세액은 얼마인가?

〈자 료〉 ※ 과세기간 : 2025.7.1.~12.31.

구 분	총공급가액	면세공급가액	공통매입세액
7.1.~ 9.30.	60,000,000원	40,000,000원	3,000,000원
10.1.~12.31.	90,000,000원	80,000,000원	5,000,000원
계	150,000,000원	120,000,000원	8,000,000원

① 예정신고시 안분계산

$3,000,000 \times \dfrac{40,000,000}{60,000,000} = 2,000,000원$

② 확정신고시 안분계산

$8,000,000 \times \dfrac{120,000,000}{150,000,000} = 6,400,000원$

③ 확정신고시 불공제액

$6,400,00 - 2,000,000 = 4,400,000원$

▶ 사례 2

다음 자료에 의하여 제1기 확정신고시(2025.4.1.~6.30.) 공통매입세액에 대한 정산을 하시오.

구 분	공통매입세액	면세공급가액	총공급가액
예정신고	2,800,000원	80,000,000원	140,000,000원
확정신고	없음.	100,000,000원	160,000,000원
계	2,800,000원	180,000,000원	300,000,000원

① 예정신고시 안분계산

$2,800,000 \times \dfrac{60,000,000}{140,000,000} = 1,200,000원$

② 확정신고시 정산

$2,800,000 \times \dfrac{120,000,000}{300,000,000} - 1,200,000 = \triangle80,000원(매입세액에서 차감)$

2) 과세·면세 공급가액이 없는 경우

사업자가 매입가액비율, 예정공급가액의 비율, 예정사용면적의 비율의 방법으로 매입세액을 안분계산한 경우에는 해당 재화의 취득으로 과세사업과 면세사업(비과세 사업 포함)의 공급가액 또는 과세사업과 면세사업의 사용면적이 확정되는 과세기간에 대한 납부세액을 확정신고할 때에 다음의 계산식에 의하여 정산한다. 다만, 예정신고를 할 때에는 예정신고 기간에 있어서 총공급가액에 대한 면세공급가액의 비율, 총사용면적에 대한 면세 또는 비과세 사용면적의 비율에 따라 안분하여 계산하고, 확정신고를 할 때에 정산한다(부령 82).

---

① 매입가액비율 또는 예정공급가액비율로 매입세액을 안분계산한 경우

가산 또는 공제되는 세액 = 총공통매입세액 ×

$$\left(1 - \frac{\text{과세사업과 면세사업의 공급가액이 확정되는 과세기간의 면세공급가액}}{\text{과세사업과 면세사업의 공급가액이 확정되는 과세기간의 총공급가액}}\right) - \text{기공제세액}$$

② 예정사용면적비율로 매입세액을 안분계산한 경우

가산 또는 공제되는 세액 = 총공통매입세액 ×

$$\left(1 - \frac{\text{과세사업과 면세사업의 공급가액이 확정되는 과세기간의 면세사용면적}}{\text{과세사업과 면세사업의 공급가액이 확정되는 과세기간의 총사용면적}}\right) - \text{기공제세액}$$

다만, 토지를 제외한 건물 또는 구축물에 대하여 총예정사용면적에 대한 면세사업등에 관련된 예정사용면적의 비율을 적용하여 공통매입세액 안분 계산을 하였을 때에는 그 후 과세사업과 면세사업등의 공급가액이 모두 있게 되어 있어서 총공급가액에 대한 면세공급가액의 계산식에 따라 공통매입세액을 계산할 수 있는 경우에도 과세사업과 면세사업등의 사용면적이 확정되기 전의 과세기간까지는 총예정사용면적에 대한 면세사업등에 관련된 예정사용면적의 비율을 적용하고, 과세사업과 면세사업등의 사용면적이 확정되는 과세기간에 총확정사용면적에 대한 면세사업등에 관련된 확정사용면적의 비율(위 표의 ①)의 산식에 따라 공통매입세액을 정산한다(부령 81 ⑤).

(4) 매입세액 안분계산의 생략

다음의 경우에는 공통매입세액이라 하더라도 안분계산을 생략하고 전액 공제되는 매입세액으로 한다(부령 81 ②).

① 해당 과세기간의 총공급가액 중 면세공급가액이 100분의 5 미만인 경우의 공통매입세액. 다만, 공통매입세액이 5백만원 이상인 경우는 제외한다.

② 해당 과세기간중의 공통매입세액이 5만원 미만인 경우의 매입세액

③ 재화를 공급하는 날이 속하는 과세기간에 신규로 사업을 시작한 자가 해당 과세기간중에 공급받은 재화를 해당 과세기간중에 공급하는 경우의 그 재화에 대한 매입세액

나. 납부ㆍ환급세액의 재계산

(1) 의 의

과세사업을 위하여 사용되었거나 사용될 것으로 공급받은 재화와 용역 또는 수입한 재화
의 매입세액은 매출세액에서 공제된다. 그런데 그러한 재화나 용역을 사용ㆍ소비하는 사업
이 과세사업과 면세사업(부가가치세가 과세되지 아니하는 재화 또는 용역을 공급하는 사업
을 포함한다)의 겸영인 경우에는 그 매입세액이 공통매입세액에 해당되며, 이는 법이 정한
안분계산방법에 의해 과세사업의 매출세액에서 공제할 수 있는 매입세액을 계산하여야 한
다(부법 40, 부령 81ㆍ82).

다시 말해 과세사업과 면세사업을 겸영하는 사업자가 과세사업과 면세사업에 공통으로
사용되는 재화나 용역을 취득한 경우에는 동 취득과 관련된 매입세액은 원칙적으로 그 실지
귀속에 따라 면세사업에 관련된 매입세액부분만큼은 불공제하여야 하나, 동 매입세액이 과
세사업과 면세사업에 어느 정도 관련된 것인지가 불분명하여 그 실지귀속을 구분하기가
현실적으로 불가능한 경우에는 부가가치세법에서 정한 안분계산방식에 따라 매입세액을
불공제하고 나머지 금액은 그 속하는 과세기간의 매출세액에서 공제하는 것이다.

그러나 이러한 과세사업과 면세사업에 공통으로 사용하는 감가상각자산의 경우에는 그
취득한 해당 과세기간에만 사용하는 것이 아니라, 그 이후의 과세기간에도 계속 사용하게
되므로 그 이후의 면세공급가액(면세사용면적)이 총공급가액(총사용면적)에서 차지하는 비
율을 고려하지 아니하고 취득당시의 비율로만 안분계산하여, 그 귀속을 종결시킬 경우에는
자칫 부당하게 매입세액을 공제하여 주는 결과를 초래할 수도 있게 되므로 취득당시의 과세
기간 이후에도 면세공급가액(면세사용면적)이 총공급가액(총사용면적)에서 차지하는 비율
이 증가되는 때에는 당초의 매입세액 안분계산의 방법에 따라 계산한 면세사업에 관련된
매입세액을 조정할 필요가 생긴다.

왜냐하면 안분계산방법에 따라 공통매입세액 중 일부를 과세사업의 매출세액에서 공제
받은 경우, 그 후의 과세기간에는 그 면세비율이 증가하고 과세비율이 감소하게 되면 안분

계산방법에 의해 이미 지난 과세기간에 과세사업의 매출세액에서 공제받은 매입세액공제액이 너무 과대하는 결과가 되기 때문이다. 특히 공통매입세액을 부담한 그 재화가 건축물이나 기계장치 등 감가상각자산인 경우에는 그 사용기간(내용연수)이 장기이기 때문에 이러한 모순된 결과는 더욱 현저하게 발생한다. 따라서 납부세액 등의 재계산은 감가상각자산에 해당하는 재화의 공통매입세액에 대해서만 하게 되는 것이다.

결국 납부세액 등 재계산하는 제도는 공통매입세액공제를 받은 감가상각자산의 경우에 차기의 과세기간에 면세비율의 증가(과세비율의 감소)로 인하여 이미 안분계산방법으로 과세사업의 매출세액에서 공제받은 매입세액이 과대해진 경우 이를 다시 적정하게 정산하는 장치이다. 하지만 감가상각자산의 자가공급 등 공급의제에 해당하여, 과세표준을 계산·매출세액을 발생시킨 경우에는 납부세액 등의 재계산규정을 적용하지 않는다(부령 83 ④).

[표 6-2] 공통매입세액의 정산과 재계산의 비교

구 분	공통매입세액의 정산	공통매입세액의 재계산
대 상	모든 재화나 용역의 안분계산한 공통매입세액	감가상각자산의 공통매입세액
이 유	무조건적이다.	면세비율이 증가(과세비율의 감소)한 경우
처 리 과세기간	① 예정신고시에 안분계산한 경우에만 확정신고시에 한다. ② 매입가액·예정공급가액·예정면적으로 안분계산한 경우 실지확정되는 과세기간에 정산한다.	이미 지난 과세기간에 매입세액을 안분계산한 것을 차후 과세기간에 재계산 한다.
시 기	확정신고	확정신고

【통칙·판례·예규 참조】

예규 사업양도자 납부세액 재계산시의 취득일

과세사업과 면세사업을 겸영하는 사업자가 해당 사업 공통으로 사용할 감가상각자산을 취득하고 그 자산에 대한 매입세액을 부가가치세법시행령 제61조 및 제61조의2 규정에 의해 안분계산 또는 정산하여 공제받은 후 해당 사업을 부가가치세법 제6조 제6항의 규정에 의해 포괄적으로 양도하고, 양수받은 사업자도 해당 과세, 면세사업을 계속 영위함에 있어서 양수 후 해당 총공급가액에 대한 면세공급가액의 비율이 사업양도 전에 안분계산시 또는 정산시에 적용한 총공급가액에 대한 면세공급가액의 비율보다 증가하는 경우 양수자는 해당 감가상각자산에 대해 매입세액을 공제받은 사실이 없음에도 같은 법시행령 제63조의 규정에 의해 납부세액을 재계산시 해당 감가상각 대상자산의 취득일은 양도자가 당초 취득한 날로 한다(소비 46015-374, 1996. 12. 14).

예규 납부세액 재계산시 취득일의 기준

부가가치세법 제17조 제5항의 규정에 따른 '납부세액 또는 환급세액 재계산'은 같은 법 제17조 제1항, 동령 제61조 및 제61조의2의 규정에 의해 계산한 매입세액이 공제된 후 총공급가액에 대한 면세공급가액의 비율 또는 총사용면적에 대한 면세사용면적의 비율이 해당 취득일이 속하는 과세기간(그 후의 과세기간에 재계산한 때에는 그 재계산한 기간)의 그 비율보다 증가되는 경우의 감가상각자산에 한해 적용하는 것으로, 이 경우 취득일이란 해당 재화(감가상각자산)가 실제로 사업에 사용된 날을 말한다 (부가 46015－1239, 1997. 6. 3).

(2) 재계산의 적용대상

1) 대상자산

납부세액 등 재계산의 대상이 되는 자산은 감가상각자산에 한정한다(부법 41). 감가상각 자산 이외의 공통재화에 대하여는 납부세액을 재계산하지 아니한다. 감가상각자산의 범위 는 소득세법시행령 제63조 제1항 또는 법인세법시행령 제24조에 규정하는 자산으로 한다.

납부세액의 재계산은 감가상각자산에 대한 매입세액이 공제된 후 총공급가액에 대한 면 세공급가액의 비율 또는 총사용면적에 대한 면세사용면적의 비율과 해당 감가상각자산의 취득일이 속하는 과세기간(그 후의 과세기간에 재계산한 때에는 그 재계산한 기간)에 적용 하였던 비율간의 차이가 5퍼센트 이상인 경우에만 적용한다(부령 83 ①).

2) 재계산하는 매입세액

재계산의 대상이 되는 매입세액은 해당 감가상각자산을 공급받을 때 거래징수당하여 세 금계산서를 수취한 것으로서 매입세액 안분계산의 대상이 되었던 것이어야 한다. 감가상각 자산을 공급받은 과세기간부터 과세·면세사업에 공통 사용하면서도 매입세액 전액을 면 세사업에 배분함으로써 매입세액공제를 받은 일이 없다면 납부세액 등 재계산도 할 필요가 없다. 하지만 면세비율이 증가하거나 감소하는 경우 모두 재계산을 하여야 한다.

(3) 재계산방법

납부세액 또는 환급세액의 재계산에 의하여 납부세액에 가산 또는 공제하거나 환급세액 에 가산 또는 공제하는 세액은 다음 표의 계산식에 의하여 계산한 금액으로 한다(부령 83 ②). 이 경우 해당 취득일이 속하는 과세기간의 총공급가액에 대한 면세공급가액의 비율로 안분계산한 경우에는 증가되거나 감소된 면세공급가액의 비율에 의하여 재계산하고, 해당 취득일이 속하는 과세기간의 총사용면적에 대한 면세사용면적의 비율로 안분계산한 경우 에는 증가되거나 감소된 면세사용면적의 비율에 의하여 재계산한다(부령 83 ③).

[표 6-3] 납부·환급세의 재계산 방법

구 분	추가납부세액
건물 또는 구축물	매입세액×(1-5%×경과된 과세기간의 수)×증가되거나 감소된 면세 공급가액의 비율 또는 증가되거나 감소된 사용면적의 비율면세
그 밖의 감가상각자산	매입세액×(1-25%×경과된 과세기간의 수)×증가되거나 감소된 면세공급가액의 비율 또는 증가되거나 감소된 사용면적의 비율면세

1) 경과된 과세기간수의 계산

경과된 과세기간의 수는 과세기간단위로 계산하되, 건물 또는 구축물의 경과된 과세기간수가 20을 초과하는 경우에는 20으로, 그 밖의 감가상각자산의 경과된 과세기간의 수가 4를 초과하는 경우에는 4로 한다(부령 83 ②).

그리고 경과된 과세기간의 수를 계산함에 있어서 과세기간의 개시일 후에 감가상각자산을 취득하거나, 해당 재화가 납부세액 재계산하여야 하게 되는 경우에는 그 과세기간의 개시일에 해당 재화를 취득하거나 해당 재화에 대한 납부세액을 재계산을 하게 된 것으로 본다(부령 83 ⑤).

다시 말하면, 해당 감가상각자산을 취득한 날이 속하는 과세기간은 경과된 과세기간으로 계산하고, 재계산을 하는 날이 속하는 과세기간은 경과된 과세기간으로 계산하지 않는다는 의미이다.

2) 면세공급가액 증가비율의 계산방법

면세공급가액 증가비율의 계산방법은 과세기간별로 계산한 면세공급가액의 비율에서 해당 감가상각자산의 취득일이 속하는 과세기간(그 후의 과세기간에 재계산한 때에는 그 재계산한 기간)의 면세공급가액의 비율을 차감하는 방법으로 계산한다(소비 22601-56, 1987. 1.22.).

(4) 재계산 시기와 신고납부

공통매입세액공제를 받은 감가상각자산의 취득일이 속하는 과세기간 후에 면세비율이 증가되었다면 그 증가된 과세기간에 재계산하여 납부세액에 가산된 금액을 확정신고와 함께 관할세무서장에게 이를 신고·납부하여야 한다(부법 41).

과세사업과 면세사업을 겸업한 (주)제주는 공통으로 사용되는 감가상각자산을 취득하여 매입세액을 안분계산에 의거 공제받은 바 있다. 다음 자료에 의하여 납부세액을 재계산하라.

〈자 료〉 | 1. 공통사용 감가상각자산 내역

구 분	취득일자	취득가액		공제받은 매입세액
		공급가액	세 액	
건 물	2024.10.10.	500,000,000	50,000,000	30,000,000
기 계	2024.11.30.	100,000,000	10,000,000	6,000,000

2. 면세 및 과세공급가액

구 분	2024년 제2과세기간	2025년 제1과세기간	2025년 제2과세기간
과세공급가액	90,000,000원	100,000,000원	90,000,000원
면세공급가액	60,000,000원	60,000,000원	90,000,000원
계	150,000,000원	160,000,000원	180,000,000원

해답

1) 면세비율계산

① 2024년 2기 면세비율 : $\dfrac{60,000,000}{150,000,000}=0.400$

② 2025년 1기 면세비율 : $\dfrac{60,000,000}{160,000,000}=0.375$

③ 2025년 2기 면세비율 : $\dfrac{90,000,000}{180,000,000}=0.500$

2) 2025년 1기는 2024년 2기에 비하여 면세비율의 증감 차이가 5% 이내이므로 재계산은 하지 아니한다.

3) 2025년 2기는 면세비율이 10% 증가되어 다음과 같이 재계산을 하여야 한다.

① 건물 : $50,000,000 \times (1-\dfrac{5}{100} \times 2) \times (50\%-40\%)=4,500,000$원

② 기계장치 : $10,000,000 \times (1-\dfrac{25}{100} \times 2) \times (50\%-40\%)=500,000$원

③ 납부세액에 가산되는 금액 : 4,500,000+500,000=5,000,000원

(5) 재계산의 생략

다음의 경우 납부세액 또는 환급세액은 재계산하지 않는다.

① 감가상각자산으로서 자가공급, 개인적공급 및 사업상증여, 사업의 폐지 등으로 인하여 과세된 경우에는 면세비율이 증가되었다 하더라도 재계산을 하지 아니한다(부령 83 ④).

② 과세되는 재화 또는 용역을 공급하는 사업과 면세되는 재화 또는 용역을 공급하는 사업에 공통으로 사용하던 재화를 공급하는 경우(과세기간의 직전과세기간의 면세공급가액이 5% 미만이거나, 재화의 공급가액이 20만원 미만인 경우 또는 신규로 사업을 시작하여 직전과세기간이 없어 안분계산을 생략하고 전액 과세된 경우 포함)에는 해당 재화를 공급하는 날이 속하는 과세기간에는 그 재화에 대한 납부세액 또는 환급세액의 재계산을 하지 아니한다(부칙 55 ③).

다. 면세농산물 등 의제매입세액

(1) 의 의

사업자가 자기의 사업과 관련하여 거래징수당한 매입세액을 매출세액에서 공제하여 납부세액을 계산하는 것이 원칙이다. 그러나 예외적으로 부가가치세가 면제되는 농산물·축산물·수산물·임산물 등의 원재료를 구입하여 부가가치세가 과세되는 재화 또는 용역을 공급하는 사업자에 대하여는 원재료 구입시 직접 거래징수당한 부가가치세액은 없지만, 그 구입가액의 일정률에 해당하는 금액을 매입세액으로 의제하여 매출세액에서 공제받을 수 있도록 하고 있는바, 이를 의제매입세액공제제도라 한다.

의제매입세액을 공제해 주는 취지는 면세되는 농·축·수·임산물 구입시 직접적으로 징수당한 부가가치세액은 없더라도 그 구입가액 중에는 농산물 등의 생산과정에 투입된 기자재 등의 부가가치세액이 포함되어 있으므로 이에 상당하는 금액만큼을 매출세액에서 공제하여 줌으로써, 부가가치세에 대하여 부가가치세가 다시 부과되는 누적과세(효과)를 배제하여 소비자가격을 인하하도록 함으로써 소비자를 보호하는 제도적인 장치이다. 이러한 장치가 없으면 면세재화를 사용하여 과세재화나 용역을 생산하는 자는 자기가 창출한 부가가치에 대해서만 납세의무를 지는 것이 아니고 면세단계의 사업자에 의해 창출된 부가가치에 대해서까지 납세의무를 지는 모순이 생기며, 가격경쟁에서 불리해지는 것이다. 또한 이 제도를 통하여 농어민이 부담한 매입세액을 간접적으로 공제해 준다는 농어민을 지원하는 측면도 있다.

다음 두 사례를 비교해보면 똑같은 부가가치로 이루어졌음에도 불구하고 최종세포함가격은 〈사례 1〉이 〈사례 2〉보다 1,100원이 비싸다. 그 이유는 〈사례 1〉의 경우 A면세단계에서 공제받지 못한 매입세액 1,000원이 원가에 포함되어 매출가격을 형성하였으며, B과세단계에서는 그 1,000원에 대한 부가가치세 100원이 추가되어 납부세액을 형성하였다. 따라서 면세제화를 이용하여 과세재화를 생산하는 경우에는 면세단계에서 공제받지 못한 금액이 원가를 구성할 뿐만 아니라 그 매입세액에 또 다시 부가가치세가 과세되는 누적과세의 현상이 발생한다.

결국 이러한 누적과세효과를 줄이고 소비자가격을 인하하기 위해서 의제매입세액공제제도를 두고 있는 것이다. 〈사례 3〉에서 볼 수 있듯이 약 607원의 의제매입공제를 받은 경우 납부세액은 그만큼 줄어들고 이에 따라 최종소비자가격도 인하된다.

▶ 사례

〈사례 1〉 B는 A의 농수산물을 공급받아 과세재화를 생산 공급한 경우

거래단계	매입액	매입세액	부가가치	매출액	매출세액	납부세액	세포함가격
A면세	10,000	1,000	20,000	31,000	면세	—	31,000
B과세	31,000	—	40,000	71,000	7,100	7,100	78,100

〈사례 2〉 B는 A의 과세재화를 공급받아 과세재화를 생산 공급한 경우

거래단계	매입액	매입세액	부가가치	매출액	매출세액	납부세액	세포함가격
A과세	10,000	1,000	20,000	30,000	3,000	2,000	33,000
B과세	30,000	3,000	40,000	70,000	7,000	4,000	77,000

〈사례 3〉 의제매입세액공제가 있는 경우(2/102)

거래단계	매입액	매입세액	부가가치	매출액	매출세액	납부세액	세포함가격
A면세	10,000	1,000	20,000	31,000	면세	—	31,000
B과세	31,000	607 (의제매입세액)	40,000	71,000	7,100	6,493	77,493

(2) 의제매입세액 공제대상

의제매입세액을 공제받을 수 있는 사업은 특별히 제한을 두지 않고 부가가치세면제를 받아 공급받은 농산물·축산물·수산물 또는 임산물을 원재료로 하여 제조 또는 가공한 재화 또는 창출한 용역의 공급이 과세되는 경우에는 의제매입세액을 공제받을 수 있다. 그러나 면세포기에 의하여 부가가치세 면제를 받지 아니하기로 하고, 영세율이 적용되는 경우에는 제외한다(부법 42).

여기서 농산물 등은 원생신물 자체이거나 또는 원생신물 본래의 성질이 변하지 않는 정도의 1차가공을 거친 것, 김치·두부 등 단순 가공식료품, 1차가공하는 과정에서 필수적으로 발생하는 부산물, 미가공식료품을 단순히 혼합한 것 및 소금을 포함한다(부령 84 ①).

【통칙·판례·예규 참조】

부 통 의제매입세액 공제대상이 되는 원재료

법 제42조 제1항에서 원재료란 다음에 게기하는 것을 말한다(부통 42-84-1).
① 재화를 형성하는 원료와 재료
② 재화를 형성하지는 아니하나 해당 재화의 제조·가공에 직접적으로 사용되는 것으로서 화학반응을 하는 물품
③ 재화의 제조·가공 과정에서 해당 물품이 직접적으로 사용되는 단용원자재
④ 용역을 창출하는데 직접적으로 사용되는 원료와 재료

부 통 의제매입세액공제 원재료의 가액

① 의제매입세액의 공제대상이 되는 원재료의 매입가액은 운임 등의 부대비용을 제외한 매입원가로 한다.
② 과세사업과 면세사업을 겸영하는 사업자가 제조·채취·채굴·재배·양식 그 밖의 이와 유사한 방법에 의하여 취득한 면세원재료가액은 「소득세법 시행령」 제89조 또는 「법인세법 시행령」 제72조 제2항에 따라 계산된 취득가액으로 한다(부통 42-84-2).

☞ 의제매입세액 공제대상 농산물

예 규 도시락 제조업자의 의제매입세액 공제가능 여부

도시락을 제조하여 판매하는 산업활동은 제조업 중 곡물조리식품제조업에 해당되며, 이 경우 도시락은 부가가치세가 과세되는 재화이므로 부가가치세를 면제받아 공급받은 원재료에 대하여는 의제매입세액을 공제받을 수 있다(부가 22601-794, 1990. 6. 27).

예 규 면세로 공급받은 '단순가공식료품'을 원재료로 제조·가공한 재화 또는 창출한 용역의 공급이 과세되는 경우 의제매입세액 공제여부

김치, 단무지, 장아찌 등 면세로 공급받은 단순가공식료품을 원재료로 하여 제조·가공한 재화 또는 창출한 용역의 공급이 과세되는 경우에는 부가가치세법시행령 제62조 제1항의 개정규정(대통령령 제17460호)에 의하여 2002. 1. 1 이후 공급받는 분부터 의제매입세액을 공제할 수 있다(재경부 소비 46015-63, 2002. 3. 15).

☞ 의제매입세액 공제대상 축산물

예 규 피혁제품 원재료인 소·말 원피의 의제매입세액 공제 여부

피혁제조업을 하는 사업자가 부가가치세를 면제받고 공급받은 소 또는 말의 원피를 (원생산물의 본래의 성질이 변하지 아니하는 정도의 1차 가공을 거친 것을 포함)원재료로 하여 제조 또는 가공한 재화의 공급이 과세되는 경우 원재료로 공급받은 소 또는 말의 원피에 대하여는 의제매입세액을 공제받을 수 있다.
다만, 원재료인 원피가 수입재화에 해당하여 세관장이 부가가치세를 거래징수함으로써 해당 부가가치세를 자기의 매출세액에서 공제받은 경우에는 그러하지 아니한다(부가 22601-1503, 1989. 10. 18).

☞ 의제매입세액 공제대상 수산물

예 규 해조류를 가공하여 수출시 해조류에 대한 의제매입세액 공제 여부

해조류(세모가사리, 불등가사리)를 선별하고 이를 염장, 세척, 건조 후 포장판매하는 수산물건제품제조업을 하는 사업자가 부가가치세를 면제받아 공급받은 농·축·수·임산물을 원재료로 하여 제조 또는 가공한 재화의 공급이 과세되는 경우에는 의제매입세액을 공제받을 수 있다(부가 22601-418, 1991. 4. 4).

☞ 의제매입세액 공제대상 임산물

예 규 부산물의 처분과 의제매입세액 추징 여부

의제매입세액 공제를 받은 원재료로 과세재화를 제조하는 경우 동 제조과정에서 필수적으로 부수하여 발생하는 작업폐기물 및 파손품을 자기의 사업용 연료로 사용하는 경우에는 부가가치세가 과세되지 아니하며 부가가치세법 시행령 제62조 제2항의 규정에 따라 공제된 의제매입세액을 추징하지 아니한다. 위의 경우 해당 작업폐기물 및 파손품을 판매하는 경우 동 재화가 과세재화의 생산과정에서 필수적으로 부수하여 생산된 것은 부가가치세가 과세되며 공제된 의제매입세액은 추징하지 아니한다(간세 1235－3655, 1977. 10. 10).

☞ 의제매입세액 공제대상 제조·가공 해당 여부

예 규 위탁가공에 사용된 면세원재료의 의제매입세액 공제 여부

일정한 제조시설을 갖춘 제조업자가 부가가치세를 면제받아 공급받는 농·축·수·임산물을 원재로로 하여 과세되는 재화를 제조 가공함에 있어, 납품기일의 준수 등 부득이한 사유로 자기가 제조 가공해야 할 물량의 일부를 일시적으로 타인에게 위탁제조 또는 위탁가공케하여 공급하는 경우에는 해당 위탁제조 또는 위탁가공에 사용된 면세원재료에 대하여 의제매입세액을 공제할 수 있다(부가 22601－1340, 1989. 12. 9).

☞ 용역제공관련 의제매입세액 공제

예 규 숙박업(기숙사)을 운영하는 사업자의 의제매입세액 공제율

입시학원생을 대상으로 기숙사업을 하는 사업자가 면세농산물을 공급받아 이를 원재료로 하여 과세되는 음식용역을 제공하는 경우에, 동 음식용역은 숙박업에 부수하여 공급되는 것이므로 부가가치세법 제17조 제3항의 규정에 따른 의제매입세액 공제시 같은 법시행규칙 제19조에 규정된 음식업의 공제율을 적용하지 아니하는 것입니다(부가 46015－1177, 2000. 5. 25).

(3) 의제매입세액 계산방법

1) 의제매입세액의 계산

의제매입세액으로 공제할 수 있는 금액은 부가가치세의 면세를 받아 공급받은 농산물·축산물·수산물 또는 임산물(원래의 성질이 변하지 아니하는 정도의 1차가공을 거친 것을 포함)의 가액에 공제율을 곱하여 산출한 금액으로 한다(부령 84 ①). 그리고 수입되는 농산물·축산물·수산물 또는 임산물에 대하여 의제매입세액을 계산함에 있어서 그 수입가액의 계산은 관세의 과세가격으로 한다(부칙 56 ①).

의제매입세액 ＝ 공제대상금액 × 공제율

2) 공제대상금액

의제매입세액 공제대상금액은 다음과 같다.

> 공제대상금액 = Min[면세농산물 등의 매입가액, 공제한도]

가) 면세농산물 등의 매입가액

해당 과세기간의 면세농산물 등의 매입가액은 운임 등의 부대비용을 제외한 매입원가로 계산하며, 수입되는 농산물 등의 경우에는 관세의 과세가격으로 계산한다.

나) 공제 한도

공제 한도는 해당 과세기간에 해당 사업자가 면세농산물 등과 관련하여 공급한 과세표준에 다음의 한도율을 곱한 금액으로 한다.

과세표준	법인사업자	개인사업자
2억원 이하	30%	50%
2억원 초과		40%

다만, 2025년 12월 31일까지는 다음의 한도율로 한다.

과세표준	법인사업자	개인사업자	
		음식점업	일반 업종
1억원 이하	50%	75%	65%
1억원 초과 2억원 이하		70%	
2억원 초과		60%	55%

3) 공제율

의제매입세액 공제율은 다음과 같다.

① 음식점업 : 다음의 구분에 따른 율

  ⑦ 「개별소비세법」에 따른 과세유흥장소의 경영자 : 2/102

  ⑭ '⑦' 외의 음식점을 경영하는 개인사업자 : 8/108(과세표준 2억원 이하인 경우에는 2026년 12월 31일까지 9/109)

  ⑮ '⑦' 외의 음식점을 경영하는 법인사업자 : 6/106

② 제조업 : 다음의 구분에 따른 율

  ⑦ 과자점업, 도정업, 제분업 및 떡류 제조업 중 떡방앗간을 경영하는 개인사업자 : 6/106

  ⑭ '⑦' 외의 제조업을 경영하는 사업자 중 중소기업 및 개인사업자 : 4/104

ⓒ '㉮' 및 '㉯' 외의 사업자 : 2/102

③ 그 밖의 사업 : 2/102

4) 제조업을 영위하는 사업자의 의제매입세액 계산 특례

제2기 과세기간에 대한 납부세액을 확정신고하는 경우 다음의 요건을 모두 충족하는 제조업을 영위하는 사업자의 매입세액으로 공제할 수 있는 금액은 그 해의 1월 1일부터 12월 31일까지 공급받은 면세농산물 등의 가액에 공제율을 곱한 금액에서 제1기 과세기간에 매입세액으로 공제받은 금액을 차감한 금액으로 할 수 있다. 이 경우 매입세액으로서 공제할 수 있는 금액의 한도는 그 해의 1월 1일부터 12월 31일까지 면세농산물 등과 관련하여 공급한 과세표준 합계액에 30%[개인사업자에 대해서는 과세표준 합계액이 4억원 이하인 경우에는 50%, 과세표준 합계액이 4억원 초과인 경우에는 40%(2025년 12월 31일까지는 과세표준 합계액이 4억원 이하인 경우에는 65%, 과세표준 합계액이 4억원 초과인 경우에는 55%), 2025년 12월 31일까지 법인사업자에 대해서는 50%]을 곱하여 계산한 금액에 공제율을 곱한 금액으로 한다.

① 제1기 과세기간에 공급받은 면세농산물 등의 가액을 그 해의 1월 1일부터 12월 31일까지 공급받은 면세농산물 등의 가액으로 나누어 계산한 비율이 75% 이상이거나 25% 미만일 것

② 해당 과세기간이 속하는 해의 1월 1일부터 12월 31일까지 동안 계속하여 제조업을 영위하였을 것

▶ 사례

통조림 제조업체인 중소기업 세무농산(주)는 다음과 같이 생산판매하였다. 2025년 제1기 확정신고시 납부할 부가가치세를 계산하시오(단, 면세농산물 등의 매입가액은 공제한도 내의 금액임).

<자 료> 구 분	공급가액	부가가치세
통조림매출액	40,000,000원	4,000,000원
농산물 매입액	30,600,000원	−
그 밖의 원재료매입액	12,000,000원	1,200,000원

① 의제매입세액 : $30,600,000 \times \dfrac{4}{104} = 1,176,923$원

② 납부세액 : $4,000,000 - 1,200,000 - 1,176,923 = 1,623,077$원

홈텍스(www.hometax.go.kr)에서도
신청할 수 있습니다.

의제매입세액 공제신고서

※ 뒤쪽의 작성방법을 읽고 작성하시기 바랍니다.

(앞쪽)

접수번호	접수일	처리기간	즉시

1. 신고인 인적사항

① 상호(법인명)	② 사업자등록번호
③ 업태	④ 종목

2. 면세농산물등 매입가액 합계

구 분		⑤ 매입처 수	⑥ 건 수	⑦ 매입가액	⑧ 공제율	⑨ 의제매입세액
⑩ 합 계						
사업자로부터의 매 입 분	⑪ 계 산 서					
	⑫ 신용카드 등					
⑬ 농어민 등으로부터의 매입분						

3. 면세농산물등 의제매입세액 관련 신고내용

가. 과세기간 과세표준 및 공제 가능한 금액 등

과세표준			대상액 한도계산		⑲ 당기 매입액	⑳ 공제대상금액 (=⑱과 ⑲의 금액 중 적은 금액)
⑭ 합계	⑮ 예정분	⑯ 확정분	⑰ 한도율	⑱ 한도액		

나. 과세기간 공제할 세액

공제대상세액		이미 공제받은 세액			㉖ 공제(납부)할 세액 (=㉒-㉓)
㉑ 공제율	㉒ 공제대상세액	㉓ 합계	㉔ 예정 신고분	㉕ 월별 조기분	

4. 매입시기 집중 제조업 면세농산물등 의제매입세액 관련 신고내용

가. 해당 해의 1월 1일부터 12월 31일까지 과세표준 및 제2기 과세기간 공제 가능한 금액 등

과세표준			대상액 한도계산		해당 해의 1월 1일부터 12월 31일까지 매입액			㉟ 공제대상금액 (=㉛과 ㉜의 금액 중 적은 금액)
㉗ 합계	㉘ 제1기	㉙ 제2기	㉚ 한도율	㉛ 한도액	㉜ 합계	㉝ 제1기	㉞ 제2기	

나. 제2기 과세기간 공제할 세액

공제대상세액		이미 공제받은 세액					㊸ 공제(납부)할 세액 (=㊲-㊳)
㊱ 공제율	㊲ 공제대상세액	㊳ 총 합계	㊴ 제1기	제2기			
				㊵ 합계	㊶ 예정 신고분	㊷ 월별 조기분	

5. 농어민 등으로부터의 매입분에 대한 명세(합계금액으로 작성함)

일련 번호	㊹ 면세농산물등을 공급한 농어민 등		㊺ 건수	㊻ 품 명	㊼ 수 량	㊽ 매입가액
	성명	주민등록번호				
	합계					
1						
2						
3						

「부가가치세법 시행령」 제84조제5항에 따라 의제매입세액을 공제받기 위해 위와 같이 신고합니다.

년 월 일

신고인

(서명 또는 인)

세 무 서 장 귀하

첨부서류	1. 제조업을 경영하는 사업자가 농어민으로부터 면세농산물등을 직접 공급받는 경우: 첨부서류 없음 2. 그 밖의 경우: 매입처별 계산서합계표 또는 신용카드매출전표등 수령명세서	수수료 없음

210mm×297mm[백상지(80g/㎡) 또는 중질지(80g/㎡)]

작 성 방 법

이 신고서는 아래의 작성방법에 따라 한글과 아라비아 숫자로 정확하게 적어야 하며, 금액은 원단위까지 표시해야 합니다.

2.면세농산물등 매입가액 합계란 (⑤ ～ ⑬)

⑧: 공제율은 일반과세자의 경우 「부가가치세법」 제42조제1항에 따른 공제율을 적습니다.

3.면세농산물등 의제매입세액 관련 신고내용란 (⑭ ～ ㉖)

※ 이 난은 부가가치세 과세표준 확정신고를 할 때만 적습니다.

⑭: 과세기간별 면세농산물등과 관련하여 공급한 과세표준 합계액을 적습니다.

⑮: 월별 조기환급 신고분을 포함하여 적습니다.

⑰: 법인사업자의 경우 100분의 30, 개인사업자의 경우 과세표준(⑭ 합계)이 2억원 이하인 경우 100분의 50, 2억원 초과인 경우 100분의 40을 적습니다. 다만, 법인사업자의 경우 2023년 12월 31일까지는 100분의 50, 음식점업을 경영하는 개인 사업자의 경우 2023년 12월 31일까지는 과세표준이 1억원 이하인 경우에는 100분의 75, 과세표준이 1억원 초과 2억원 이 하인 경우에는 100분의 70, 과세표준이 2억원 초과인 경우에는 100분의 60을 적고, 음식점업 외의 사업을 경영하는 개 인사업자는 2023년 12월 31일까지는 과세표준이 2억원 이하인 경우 100분의 65, 과세표준이 2억원 초과인 경우에는 100분의 55를 적습니다.

⑱: 과세표준(⑭ 합계)에 한도율(⑰)을 곱하여 계산한 금액을 적습니다.

⑲: 매입가액(⑦)의 합계액(⑩)을 적습니다. 예정 신고 및 월별 조기환급 신고를 하였을 때 면세농산물등 매입가액을 포함 하여 적습니다.

⑳: 한도액(⑱)과 당기 매입액 합계(⑲)의 금액 중 적은 금액을 적습니다.

㉒: 공제대상금액(⑳)에 공제율(㉑)을 곱하여 계산한 금액을 적습니다.

㉓: 예정신고 및 월별 조기환급 신고를 하였을 때 공제받은 세액의 합계액을 적습니다.

㉖: 예정신고 및 영세율 등 조기환급 신고를 하였을 때 이미 매입세액 공제를 받은 금액을 확정신고를 할 때 정산한 결과 추가로 납부할 세액이 발생하는 경우에는 해당 세액을 일반과세자 부가가치세 신고서(「부가가치세법 시행규칙」 별지 제21호서식) 제3쪽 (43)번 의제매입세액란에 음수(-)로 적습니다.

4.매입시기 집중 제조업 면세농산물등 의제매입세액 관련 신고내용란 (㉗ ～ ㊸)

※ 이 난은 「부가가치세법 시행령」 제84조제3항에 따라 의제매입세액을 공제받으려는 사업자가 제2기 과세기간에 대한 부가 가치세 과세표준 확정신고를 할 때만 적습니다. 이 경우 3번란은 별도로 적지 않습니다.

㉗: 해당 해의 1월 1일부터 12월 31일까지의 과세기간별 면세농산물등과 관련하여 공급한 과세표준 합계액을 적습니다.

㉘, ㉙ 예정 신고분 및 월별 조기환급 신고분을 포함하여 적습니다.

㉚: 법인사업자의 경우 100분의 30(2023년 12월 31일까지는 100분의 50), 개인사업자의 경우 해당 해의 1월 1일부터 12 월 31일까지 과세표준 합계액이 4억원 이하인 경우에는 100분의 50, 과세표준 합계액이 4억원 초과인 경우에는 100분 의 40(2023년 12월 31일까지는 과세표준 합계액이 4억원 이하인 경우에는 100분의 65, 과세표준 합계액이 4억원 초 과인 경우에는 100분의 55)을 적습니다.

㉛: 과세표준 합계(㉗ 합계)에 한도율(㉚)을 곱하여 계산한 금액을 적습니다.

㉜: 제1기 과세기간의 매입가액(㉝)과 제2기 과세기간의 매입가액(㉞)의 합계액을 적습니다.

㉟: 한도액(㉛)과 해당 해의 1월 1일부터 12월 31일까지 매입액 합계(㉜)의 금액 중 적은 금액을 적습니다.

㊲: 공제대상금액(㉟)에 공제율(㊱)을 곱하여 계산한 금액을 적습니다.

㊳: 제1기 과세기간에 공제받은 세액(㊴)과 제2기 예정신고 및 월별 조기환급 신고를 하였을 때 공제받은 세액(㊵)의 합계 액을 적습니다.

㊸: 예정신고 및 영세율 등 조기환급 신고를 하였을 때 이미 매입세액 공제를 받은 금액을 확정신고를 할 때 정산한 결과 추 가로 납부할 세액이 발생하는 경우에는 해당 세액을 일반과세자 부가가치세 신고서(「부가가치세법 시행규칙」 별지 제 21호서식) 제3쪽 (43)번 의제매입세액란에 음수(-)로 적습니다.

5.농어민 등으로부터의 매입분에 대한 명세란 (㊹ ～ ㊽)

간이과세 음식점업자(「소득세법」 제160조에 따른 복식부기의무자는 제외합니다)가 농어민이나 개인으로부터 직접 공급받 은 면세농산물등의 가액(과세공급대가의 100분의 5를 한도로 합니다)을 ⑬란, ㊹란부터 ㊽란까지 적습니다. 제조업자는 농어 민으로부터 직접 공급받은 면세농산물등의 가액을 ⑬란, ㊹란부터 ㊽란까지 적습니다.

210mm×297mm[백상지(80g/㎡) 또는 중질지(80g/㎡)]

2) 겸업자의 의제매입세액계산

과세사업과 면세사업을 겸업하는 공통매입세액안분계산방법을 준용하여 의제매입세액을 계산한다(부칙 56 ④).

【통칙 · 판례 · 예규 참조】

부 통 겸업자의 의제매입세액계산

① 과세사업과 면세사업을 겸업하는 사업자가 면세원재료를 매입한 경우에는 그 과세기간종료일까지 해당 원재료의 실지귀속에 따라 의제매입세액공제대상 원재료 여부를 구분하고 차기이월원재료에 대하여는 그 용도가 불분명하므로 영 제81조 제1항을 준용한다.

② 영 제81조 제1항을 준용할 때 적용하는 계산식은 해당 사업장에서 매입한 면세원재료로써 제조·가공한 과세재화 또는 창출한 과세용역과 면세재화 또는 면세용역과의 총공급가액에 대한 과세재화 또는 과세용역 공급가액이 차지하는 비율에 따라 의제매입세액공제대상 원재료를 구분한다.

③ 구분된 의제매입세액공제대상 원재료의 매입가액으로 의제매입세액을 계산공제한다.

④ 의제매입세액이 공제된 원재료가 과세재화 또는 과세용역의 원재료로 사용되지 아니하고 면세재화 또는 면세용역의 원재료로 전용되는 경우 영 제84조 제2항에 따라 전용한 날이 속하는 예정 또는 확정신고 시 추가 납부한다(부통 42-84-4).

$$\text{의제매입세액 공제대상 원재료가액} = \text{면세되는 농·축·수·임산물의 공급} \times \frac{\text{과세공급가액}}{\text{총공급가액}}$$

▶ 사례

농수산물을 구입하여 과세·면세 겸업하는 경우 다음 자료에 의하여 의제매입세액을 계산하라 (음식점업이 아닌 중소법인 제조업).

① 과세기간 : 2025.4.1. ~ 6.30.

② 구입가격 : 42,000,000원(매입시 부담한 운반비 2,000,000원이 포함되었으며 과세사업 또는 면세사업에 사용되는지 실지귀속이 불분명함).

③ 총공급가액 : 100,000,000원
  ㉮ 과세분(통조림 판매분) 60,000,000원
  ㉯ 면세분(수산물 판매분) 40,000,000원

① 의제매입세액 공제대상 원재료가액

$$40,000,000원 \times \frac{60,000,000원}{100,000,000원} = 24,000,000원$$

※ 원재료의 매입가액은 운임 등의 부대비용을 제외한 매입원가로 계상

② 의제매입세액

$$24,000,000원 \times \frac{4}{104} = 923,076원$$

※ 의제매입세액의 회계처리

(차) 부가세대급금　　　　923,076　　(대) 면세원재료(농수산물)　923,076

【통칙 · 판례 · 예규 참조】

예규 매입세액 공제 여부 및 안분계산방법

사업자가 직접 재배한 양송이 전부를 원재료로 투입하여 부가가치세가 과세되는 양송이 통조림을 제조하는 경우 부가가치세 면세사업인 양송이재배에 관련된 매입세액은 매출세액에서 공제되지 아니한다. 다만, 과세사업과 양송이재배사업에 공통으로 사용되어 실지귀속을 구분할 수 없는 매입세액은 부가가치세법 시행령 제61조 제1항의 계산식을 적용하여 안분계산하는 것이며 이때 "면세공급가액"은 의제매입세액 공제대상이 되는 원재료(양송이)가액이다. 위 경우 "의제매입세액 공제대상이 되는 원재료가액"은 부가가치세법에 따른 각 과세기간별로 소득세법 시행령 제89조 또는 법인세법 시행령 제72조의 규정에 따라 계산한 취득가액이다(부가 22601－1221, 1985. 7. 1).

예규 과세 · 면세 겸업자가 면세공급가액의 비율이 증가한 경우 의제매입세액을 재계산하는지 여부

과세사업과 면세사업을 겸영하는 경우 부가가치세법 제17조 제3항의 규정에 따른 의제매입세액공제는 실지귀속에 따라 하되 실지귀속이 불분명할 때에는 같은법시행령 제61조 제1항을 준용하는 것이며, 총공급가액에 대한 면세공급가액의 비율이 증가한 경우에도 납부세액(환급세액)의 재계산을 하지 아니한다(부가 46015－916, 1995. 5. 22).

예규 제조업자가 일부품목에 대하여 위탁제조후 판매시 의제매입세액 공제 가능 여부

종합식품 제조업을 하는 사업자가 부가가치세를 면제받아 공급받은 수산물 등을 다른 사업자에게 위탁가공하여 판매하는 경우 해당 위탁가공하여 판매하는 사업이 한국표준산업분류표상 제조업을 하는 것에 해당하고 해당 위탁가공한 재화의 공급이 부가가치세가 과세되는 경우에는 해당 위탁가공에 사용된 면세수산물에 대하여는 부가가치세법 제17조 제3항의 규정에 따라 부가가치세 의제매입세액을 공제할 수 있다(부가 46015－2305. 1999. 8. 3).

---

(4) 의제매입세액의 신고시 첨부서류

의제매입세액을 공제받으려는 사업자는 다음에 해당하는 서류를 첨부하여 관할세무서장에게 제출(국세정보통신망에 따른 제출 포함)하여야 한다(부령 84 ⑤). 다만, 제조업을 하는 사업자가 농 · 어민으로부터 면세농산물 등을 직접 공급받는 경우에는 의제매입세액공제신고서만을 제출한다. 이 때 농 · 어민은 통계청장이 고시하는 한국표준산업분류상의 농업 중 작물재배업, 축산업, 작물재배 및 축산복합농업에 종사하거나 임업, 어업 및 소금채취업에 종사하는 개인을 말한다(부령 84 ⑥).

① 「소득세법」또는 「법인세법」에 따른 매입처별 계산서합계표

② 신용카드매출전표등 수령명세서

③ 「소득세법」또는 「법인세법」에 따른 매입자발행계산서합계표

위 '①·②'에 해당하는 서류를 다음과 같이 제출하는 경우에도 의제매입세액을 공제받을 수 있다(부령 84 ⑤).

① 과세표준수정신고서와 함께 제출하는 경우

② 경정청구서와 함께 제출하는 경우

③ 기한후과세표준신고서와 함께 제출하는 경우

④ 경정에 있어서 경정기관의 확인을 거쳐 정부에 제출하는 경우

⑤ 사업자등록을 신청한 사업자가 사업자등록증발급일까지의 거래에 대하여 해당 사업자 또는 대표자의 주민등록번호를 기재하여 발급받은 경우

⑥ 발급받은 계산서의 필요적 기재사항 중 일부가 착오로 적혔으나 해당 계산서의 그 밖의 필요적 기재사항 또는 임의적 기재사항으로 보아 거래사실이 확인된 경우

⑦ 재화 또는 용역의 공급시기 이후에 발급받은 세금계산서로서 해당 공급시기가 속하는 과세기간 내에 발급받은 경우

【통칙·판례·예규 참조】

부 통 공제하지 아니한 의제매입세액의 구제방법

① 사업자가 예정신고 시에 영 제84조 제3항에서 정한 서류를 제출하지 못하여 공제받지 못한 의제매입세액은 확정신고 시에 제출하여 공제받을 수 있으며, 예정 또는 확정신고 시에 공제받지 못한 의제매입세액은 해당 서류를 다음 각 호와 같이 제출하는 경우에는 의제매입세액을 공제받을 수 있다(부통 42-84-6).

1. 국세기본법시행령 제25조 제1항의 규정에 따라 과세표준수정신고서와 함께 제출하는 경우
2. 국세기본법시행령 제25조의 3의 규정에 따라 경정청구서와 함께 제출하여 경정기관이 경정하는 경우
3. 국세기본법시행령 제25조의 4의 규정에 따른 기한 후 과세표준신고서와 함께 제출하여 관할세무서장이 결정하는 경우
4. 법 제57조의 경정에 있어서 발급받은 계산서 또는 시행규칙 제56조 제3항이 정하는 신용카드매출전표등 수령명세서를 경정기관의 확인을 거쳐 정부에 제출하는 경우

② 사업자등록을 신청한 사업자가 사업자등록증 발급일까지의 거래에 대하여 해당 사업자 또는 대표자의 주민등록번호를 기재하여 발급받은 계산서도 의제매입세액을 공제할 수 있는 계산서로 본다.

③ 발급받은 계산서의 필요적기재사항 중 일부가 착오로 적혔으나 해당 계산서의 그 밖의 필요적 기재사항 또는 임의적기재사항으로 보아 거래사실이 확인된 경우의 계산서는 의제매입세액을 공제할 수 있는 계산서로 본다.

④ 면세되는 농산물 등의 공급시기 이후에 발급받은 계산서로서 해당 공급시기가 속하는 부가가치세과세기간 내 발급받은 계산서는 의제매입세액을 공제받을 수 있는 계산서로 본다.

(5) 의제매입세액공제 사업자의 기장의무

사업자가 부가가치세가 부과되는 재화 또는 용역의 공급과 함께 부가가치세가 면제되는 재화 또는 용역을 공급하거나 의제매입세액공제를 받는 경우 과세되는 공급과 면제되는 공급 및 면세농산물 등의 공급을 받은 사실을 각각 구분하여 장부에 기록하여야 한다(부법 71 ②).

(6) 의제매입세액 공제시기

의제매입세액은 해당 원재료를 실제로 공급받는 때가 속하는 예정신고 또는 확정신고시 매입세액으로 공제한다.

【통칙 · 판례 · 예규 참조】

[부 통] 의제매입세액 공제시기

사업자가 면세원재료인 농산물 · 축산물 · 수산물 또는 임산물을 직접 재배 · 사육 또는 양식을 하거나 타인이 재배 · 사육 또는 양식 중에 있는 농산물 · 축산물 · 수산물 또는 임산물을 구입한 때의 의제매입세액 공제시기는 해당 농산물 · 축산물 · 수산물 또는 임산물을 생산 · 채취 또는 벌목 등을 하여 과세재화의 제조 · 가공 또는 과세용역의 창출에 사용하거나 사용할 수 있는 때이다(부통 42-84-5).

---

(7) 의제매입세액의 재계산

의제매입세액으로 공제받은 농산물 · 축산물 · 수산물 또는 임산물을 ① 그대로 양도 또는 인도하거나, ② 부가가치세가 면제되는 재화 또는 용역을 공급하는 사업이나 그 밖의 목적을 위하여 사용하거나 소비하는 때에는 그 공제한 금액을 전용한 날이 속하는 예정 또는 확정신고시 납부세액에 더하거나 환급세액에서 공제하여야 한다(부령 84 ②).

【통칙 · 판례 · 예규 참조】

[부 통] 의제매입세액 재계산

면세로 공급받은 농산물 · 축산물 · 수산물 또는 임산물을 구입 시에 의제매입세액을 공제받은 후 해당 재화의 구성부분의 일부만을 과세재화의 제조 · 가공 또는 과세용역의 창출에 사용하고 나머지 부분은 그대로 양도 또는 인도하는 경우(소시지 제조업자가 생돈을 구입하여 돈육을 사용하고 부산물을 판매하는 경우 등)에는 영 제84조 제2항에 따라 그 공제한 금액을 납부세액에 가산하거나 환급세액에서 공제하여야 한다. 이 경우 양도한 부분의 취득가액을 구분할 수 없거나 합리적인 구분 기준이 없는 때에는 양도한 부분의 양도가액을 기준으로 하여 계산할 수 있다(부통 42-84-3)

사례

사과주스를 제조하는 일반과세업자 갑(대기업 법인)의 두 기간의 사업실적이 다음과 같은 경우 납부세액을 각각 계산하시오.

1. 과세기간 : 4.1. ~ 6.30.
   ① 매출 : 사과주스   20,000,000원
   ② 매입 : 사과   7,140,000원
           부재료   7,000,000원 (매입세액 : 700,000원)

2. 과세기간 : 7.1. ~ 9.30.
   ① 매출 : 사과주스   18,000,000원
           사과판매   2,500,000원 (제1기에 매입한 사과 2,040,000원을 판매한 것임)
   ② 매입 : 부재료   6,000,000원 (매입세액 : 600,000원)

해답

1. 제1기 확정신고분

① 의제매입세액의 계산

$$7,140,000 \times \frac{2}{102} = 140,000원$$

② 납부세액의 계산
$$2,000,000 - (700,000 + 140,000) = 1,160,000원$$

2. 제2기 예정신고분

① 의제매입세액의 재계산

$$2,040,000 \times \frac{2}{102} = 40,000원$$

② 납부세액의 계산
$$1,800,000 - (600,000 - 40,000) = 1,240,000원$$

라. 재활용폐자원 등에 대한 의제매입세액공제

(1) 의 의

재활용폐자원 및 중고자동차를 수집하는 사업자가 국가·지방자치단체, 부가가치세 과세사업을 영위하지 아니하는 자(면세사업과 과세사업을 겸영하는 경우를 포함)와 간이과세자로부터 재활용폐자원 및 중고자동차를 취득하여 제조 또는 가공하거나 이를 공급하는 경우에는 법정방법에 따라 계산한 금액을 매출세액에서 매입세액으로 공제할 수 있다(조특법 108 ①).

이 재활용폐자원 등에 대한 의제매입세액공제는 앞에서 말한 의제매입세액공제처럼 부가가치세의 누적과세를 완화시키는 목적과 함께 폐자원의 수집이 보다 원활하게 이루어질 수 있도록 하여 환경보전을 도모하려는 데 있다.

(2) 매입세액공제 대상요건

1) 공제사업자의 범위

재활용폐자원 및 중고자동차를 수집하는 사업자로서 매입세액공제를 받을 수 있는 사업자의 범위는 다음과 같다(조특령 110 ③, 동칙 50 ①).

① 폐기물관리법에 따라 폐기물재생처리업허가를 받은 자 또는 폐기물재생처리신고를 한 자
② 자동차관리법에 따라 중고자동차매매업등록을 받은 자
③ 한국자원재생공사법에 따라 설립된 한국자원재생공사
④ 무역업자(중고자동차를 수출하는 경우에 한함)
⑤ 재생재료수집 및 판매를 주된 사업으로 하는 자

2) 폐자원 등의 구입 상대방

① 국가·지방자치단체, 부가가치세 과세사업을 영위하지 아니하는 자(면세사업과 과세사업을 겸영하는 경우를 포함)
② 간이과세자

3) 공제대상재화의 범위

부가가치세과세사업을 영위하지 아니하는 자로부터 취득하는 재활용폐자원 및 중고자동차로서 매입세액공제를 받을 수 있는 재활용폐자원 및 중고자동차의 범위는 다음과 같다(조특령 110 ④, 동칙 50 ①).

① 재활용폐자원
  ㉮ 고 철
  ㉯ 폐 지
  ㉰ 폐유리
  ㉱ 폐합성수지
  ㉲ 폐합성고무
  ㉳ 폐금속캔
  ㉴ 폐건전지
  ㉵ 폐비철금속류

㉙ 폐타이어

㉚ 폐섬유

㉛ 폐 유

② 중고자동차 : 자동차관리법에 따른 자동차

(3) 매입세액계산방법

재활용폐자원에 대하여는 취득가액에 103분의 3을 곱하여 계산한 금액을, 중고자동차에 대하여는 취득가액에 110분의 10을 곱하여 계산한 금액을 매출세액에서 매입세액으로 공제할 수 있다(조특법 108 ②).

다만, 재활용폐자원을 수집하는 사업자가 재활용폐자원에 대한 부가가치세 매입세액 공제특례를 적용받는 때에는 부가가치세 확정신고시 해당 과세기간에 해당 사업자가 공급한 재활용폐자원과 관련한 부가가치세 과세표준에 80%을 곱하여 계산한 금액에서 세금계산서를 발급받고 매입한 재활용폐자원 매입가액(해당 사업자의 사업용 고정자산 매입가액을 제외)을 뺀 금액을 한도로 하여 계산한 매입세액을 매출세액에서 공제할 수 있다. 이 경우 예정신고 및 환급신고시 이미 재활용폐자원 매입세액공제를 받은 금액이 있는 경우에는 확정신고시정산하여야 한다.

$$\text{재활용폐자원 및 중고품에 대한 의제매입세액}=\text{재활용폐자원 취득가액}\times\frac{3^{*}}{103}$$

* 중고자동차의 경우 10/110

▶ 사례

자동차관리법에 따라 중고자동차매매업허가를 받은 이주일씨는 개인으로부터 중고자동차를 1,980,000원에 사서 수요자에게 2,970,000원(부가가치세 포함)에 판매한 경우 납부세액은?

해답

$$(\text{매출액 } 2,970,000원\times\frac{10}{110})-(\text{매입액 } 1,980,000원\times\frac{10}{110})=90,000원$$

재활용폐자원 및 중고자동차 매입세액 공제신고서(갑)
(년   기)

※ 뒤쪽의 작성방법을 읽고 작성하시기 바랍니다.   (앞쪽)

	처리기간	즉시

1. 신고자 인적사항

① 성 명(법 인 명)	② 사업자등록번호
③ 업 태	④ 종 목

2. 재활용폐자원 등 매입 합계

구분	매입처수	건수	취득금액	매입세액 공제액
⑤ 합계				
⑥영수증 수취분				
⑦계산서 수취분				

3. 재활용폐자원 매입세액공제 관련 신고내용
가. 과세기간 과세표준 및 공제가능한 금액 등

매출액			대상액 한도계산		당기 매입액			⑯ 공제가능한 금액 (=⑫−⑭)
⑧ 합계	⑨ 예정분	⑩ 확정분	⑪ 한도율	⑫ 한도액	⑬ 합계	⑭ 세금 계산서	⑮ 영수증 등	

나. 과세기간 공제할 세액

⑰ 공제대상금액 (=⑮과 ⑯의 금액 중 적은 금액)	공제대상세액		이미 공제받은 세액			㉓ 공제 (납부)할 세액 (=⑲−⑳)
	⑱ 공제율	⑲ 공제대상 세액	⑳ 합계	㉑ 예정 신고분	㉒ 월별 조기분	

4. 영수증 수취분에 대한 매입처 명세(합계금액으로 기재, 단 중고자동차는 거래건별로 기재)

일련 번호	㉔ 공급자		㉕ 구분 코드*	㉖ 건수	㉗ 품명	㉘ 수량	㉙ 차량번호 (중고자동차)	㉚ 차대번호 (중고자동차)	㉛ 취득금액
	성명 또는 상호(기관명)	주민등록번호 또는 사업자등록번호							
	합계								
1									
2									
3									
4									
5									

* 구분코드 : 1. 중고자동차, 2. 기타 재활용폐자원

「조세특례제한법 시행령」 제110조 제5항에 따라 재활용폐자원 및 중고자동차에 대한 매입세액을 공제받기 위해 신고합니다.

년   월   일

신고인   (서명 또는 인)

세무서장   귀하

첨부서류	* 구비서류 : 매입처별계산서합계표 * 공급자가 5곳을 초과하는 경우(중고자동차의 경우 거래건수가 5건을 초과하는 경우)에는 별지 제69호서식(2)에 이어서 작성합니다.	수수료 없음

210mm×297mm[백상지 80g/㎡ 또는 중질지 80g/㎡]

작 성 방 법

이 신고서는 아래의 작성방법에 따라 한글과 아라비아 숫자로 정확하게 적어야 하며 금액은 원단위까지 표시해야 합니다.

2. 재활용폐자원 등 매입합계란	(⑤ ~ ⑦)

⑤ : ⑥ 영수증 수취분과 ⑦ 계산서 수취분의 매입처 수, 건수, 취득금액, 매입세액 공제액의 합계를 적습니다.

⑥ : 부가가치세 일반과세자가 아닌 사업자 및 개인 등으로부터 재활용폐자원 및 중고자동차를 매입하고 영수증을 수취한 매입처 수, 건수, 취득금액, 매입세액 공제액의 합계를 적으며, "4. 영수증 수취분에 대한 매입처 명세"란의 합계와 일치해야 합니다.

⑦ : 부가가치세 면세사업자 등으로부터 재활용폐자원 및 중고자동차를 매입하고 계산서를 수취한 매입처 수, 건수, 취득금액, 매입세액 공제액의 합계를 적으며, 별도로 매입처별계산서합계표를 작성·제출해야 합니다.

※ 매입세액 공제액 산정 시 공제율
　－ 「자동차관리법」에 따른 자동차 중 중고자동차 : 109분의 9
　　(2018년 1월 1일부터 2022년 12월 31일까지 취득분은 110분의10)
　　　* 제작연월일부터 수출신고 수리일까지의 기간이 1년 미만인 중고자동차를 수출하는 경우는 공제 대상에서 제외

　－ 중고자동차를 제외한 재활용폐자원 : 103분의 3
　　(2014년 1월 1일부터 2015년 12월 31일까지 취득분은 105분의 5)

3. 재활용폐자원 매입세액공제 관련 신고내용란	(⑧ ~ ㉓)

※ 이 란은 중고자동차의 경우에는 작성하지 아니하며, 부가가치세 과세표준 확정신고를 할 때만 적습니다.

⑧ : 과세기간별 재활용폐자원 매출금액 합계액을 적습니다.

⑨ : 월별 조기환급 신고분을 포함하여 적습니다.

⑪ : 100분의 80(2008년 이전 취득분은 100분의 90)을 적습니다.

⑫ : 매출액합계(⑧)에 한도율(⑪)을 곱하여 계산한 금액을 적습니다.

⑭ : 세금계산서 수취분 재활용폐자원 공급가액 합계액을 적습니다.

⑮ : ⑥ 영수증 수취분 취득금액과 ⑦ 계산서 수취분 취득금액의 합계액과 일치합니다.

⑯ : 한도액(⑫)에서 세금계산서분(⑭)을 뺀 금액을 적으며, 음수인 경우에는 "0"으로 적습니다.

⑲ : 공제대상금액(⑰)에 공제율(⑱)을 곱하여 계산한 금액을 적습니다.

⑳ : 예정신고 및 월별 조기환급 신고 시 공제받은 세액의 합계액을 적습니다.

㉓ : 예정신고 및 영세율 등 조기환급 신고 시 이미 매입세액 공제를 받은 금액을 확정신고 시 정산한 결과 추가로 납부할 세액이 발생하는 경우에는 해당 세액을 일반과세자 부가가치세 신고서(「부가가치세법 시행규칙」 별지 제21호서식) 4쪽 중 제3쪽 (43)번 재활용폐자원등매입세액란에 음수(△)로 적습니다.

4. 영수증 수취분에 대한 매입처 명세란	(㉔ ~ ㉛)

부가가치세 일반과세자가 아닌 사업자 및 단체와 개인 등이 재활용폐자원 등을 판매하고 발행한 영수증 상에 적힌 내용을 중고자동차와 기타 재활용폐자원을 구분하여 거래처별로 합하여 적습니다.

㉙, ㉚ : 중고자동차 매입 시에만 적습니다.

※ 공급자가 5곳을 초과하는 경우(중고자동차의 경우 거래건수가 5건을 초과하는 경우)에는 별지 제69호 서식(2)에 이어서 작성합니다.

210mm×297mm[백상지 80g/㎡ 또는 중질지 80g/㎡]

조세특례제한법 시행규칙 [별지 제69호서식(2)] <개정 2019. 3. 20.>

재활용폐자원 및 중고자동차 매입세액 공제신고서(을)
(년   기)

사업자등록번호	

일련번호	공급자		구분코드*	건수	품명	수량	차량번호 (중고자동차)	차대번호 (중고자동차)	취득금액
	성명 또는 상호(기관명)	주민등록번호 또는 사업자등록번호							
1									
2									
3									
4									
5									
6									
7									
8									
9									
10									
11									
12									
13									
14									
15									
16									
17									
18									
19									
20									
21									
22									
23									
24									
25									

* 구분코드 : 1. 중고자동차, 2. 기타 재활용폐자원

210㎜×297㎜[일반용지 60g/㎡(재활용품)]

(4) 매입세액공제신고

재활용폐자원 및 중고품에 대하여 매입세액공제를 받으려는 자는 예정 및 확정신고와 함께 소득세법 또는 법인세법의 규정에 따른 계산서 또는 영수증이나 재활용폐자원 등의 매입세액공제신고서를 제출하여야 한다. 이 경우 재활용폐자원 등의 매입세액공제신고서에 다음의 사항이 기재되어 있지 아니하거나, 그 거래내용이 사실과 다른 경우에는 매입세액을 공제하지 아니한다(조특령 110 ⑤).

① 공급자의 등록번호(개인의 경우에는 주민등록번호)와 명칭 및 대표자성명(개인의 경우에는 그의 성명)
② 취득가액
③ 취득연월일

마. 매입자발급세금계산서에 따른 매입세액공제

납세의무자로 등록한 사업자로서 사업자가 재화 또는 용역을 공급하고 거래시기에 세금계산서를 발급하지 아니한 경우 그 재화 또는 용역을 공급받은 자는 관할세무서장의 확인을 받아 매입자발급세금계산서를 발급할 수 있다(조특법 126조의 4). 매입자발급세금계산서를 발급한 신청인은 예정신고 및 확정신고 또는 경정청구시 매입자발급세금계산서합계표를 제출한 경우 매입자발급세금계산서에 적힌 매입세액을 해당 재화 또는 용역의 공급시기에 해당하는 과세기간의 매출세액 또는 납부세액에서 매입세액으로 공제받을 수 있다.

바. 면세사업용 감가상각자산의 과세사업용 전환시 세액공제

(1) 과세사업에 직접 사용하는 경우

사업자가 매입세액이 공제되지 아니한 재화를 과세사업에 사용하거나 소비하는 때에 공제하는 세액은 다음의 계산식에 의하여 계산한 금액으로 한다. 경과된 과세기간의 수를 계산함에 있어서 과세기간 개시일 후에 감가상각자산을 취득하는 경우에는 그 과세기간 개시일에 해당 재화를 취득한 것으로 본다.

대상구분	공제 매입세액 계산
건물·구축물	취득 당시 해당 재화의 면세사업과 관련하여 공제되지 아니한 매입세액 $\times \ (1- \dfrac{5}{100}) \times$ 경과된 과세기간의 수
그 밖의 감가상각자산	취득 당시 해당 재화의 면세사업과 관련하여 공제되지 아니한 매입세액 $\times \ (1- \dfrac{25}{100}) \times$ 경과된 과세기간의 수

(2) 과세사업과 면세사업에 공통 사용하는 경우

1) 해당 과세기간의 공급가액이 있는 경우

① 매입세액이 공제되지 아니한 감가상각자산을 과세사업과 면세사업에 공통으로 사용하거나 소비하는 때에 공제하는 세액은 다음의 계산식에 따라 계산한 금액으로 하되, 그 과세사업에 따른 과세공급가액이 총공급가액 중 5% 미만인 경우에는 공제세액이 없는 것으로 본다.

대상구분	공제 매입세액 계산			
건물·구축물	취득 당시 해당 재화의 면세사업과 관련하여 공제되지 아니한 매입세액	$\times (1 - \dfrac{5}{100}) \times$	경과된 과세기간의 수	$\times \dfrac{\text{과세사업에 사용·소비한 날이 속하는 과세기간의 과세공급가액}}{\text{과세사업에 사용·소비한 날이 속하는 과세기간의 총공급가액}^{1)}}$
그 밖의 감가상각자산	취득 당시 해당 재화의 면세사업과 관련하여 공제되지 아니한 매입세액	$\times (1 - \dfrac{25}{100}) \times$	경과된 과세기간의 수	$\times \dfrac{\text{과세사업에 사용·소비한 날이 속하는 과세기간의 과세공급가액}}{\text{과세사업에 사용·소비한 날이 속하는 과세기간의 총공급가액}^{1)}}$

1) 총공급가액이란 면세사업용 감가상각자산을 과세사업에 사용·소비한 날이 속하는 과세기간의 과세사업에 대한 공급가액과 면세사업에 대한 수입금액의 합계액을 말한다.

② 경과된 과세기간의 수를 계산함에 있어서 과세기간 개시일 후에 감가상각자산을 취득하는 경우에는 그 과세기간 개시일에 그 재화를 취득한 것으로 본다.

2) 해당 과세기간의 공급가액이 없는 경우

해당 과세기간 중 과세사업과 면세사업의 공급가액이 없거나 그 어느 한 사업의 공급가액이 없는 경우에 그 과세기간에는의 안분계산은 다음의 순서에 따른다. 다만, 취득시 면세사업과 관련하여 매입세액이 공제되지 아니한 건물을 과세사업과 면세사업에 제공할 예정면적을 구분할 수 있는 경우에는 '③'를 '①' 및 '②'에 우선하여 적용한다.

① 총매입가액에 대한 과세사업에 관련된 매입가액의 비율
② 총예정공급가액에 대한 과세사업에 관련된 예정공급가액의 비율
③ 총예정사용면적에 대한 과세사업에 관련된 예정사용면적의 비율

3) 총예정사용면적 등에 의하여 안분계산한 경우 정산

위 '2)'에 따라 안분계산한 매입세액을 공제한 경우에는 면세사업용 감가상각자산의 과세사업용 사용·소비로 과세사업과 면세사업의 공급가액 또는 과세사업과 면세사업의 사용면적이 확정되는 과세기간에 대한 납부세액을 확정신고하는 때에 다음의 계산식에 따라

정산한다.

① 위 '2)'의 '①' 및 '②'에 따라 공제매입세액을 안분계산한 경우

대상구분	정　　　산				
건물・구축물	취득 당시 해당 재화의 면세사업과 관련하여 공제되지 아니한 매입세액	$\times\ (1-\dfrac{5}{100})\times$	경과된 과세기간의 수	$\times\ \dfrac{\text{과세사업과 면세사업의 공급가액이 확정되는 과세기간의 과세공급가액}}{\text{과세사업과 면세사업의 공급가액이 확정되는 과세기간의 총공급가액}}$	$-$ 이미 공제 매입세액
그 밖의 감가상각자산	취득 당시 해당 재화의 면세사업과 관련하여 공제되지 아니한 매입세액	$\times\ (1-\dfrac{25}{100})\times$	경과된 과세기간의 수	$\times\ \dfrac{\text{과세사업에 사용・소비한 날이 속하는 과세기간의 과세공급가액}}{\text{과세사업에 사용・소비한 날이 속하는 과세기간의 총공급가액}}$	$-$ 이미 공제 매입세액

② 위 '2)'의 '③'에 따라 공제매입세액을 안분계산한 경우

대상구분	정　　　산				
건물・구축물	취득 당시 해당 재화의 면세사업과 관련하여 공제되지 아니한 매입세액	$\times\ (1-\dfrac{5}{100})\times$	경과된 과세기간의 수	$\times\ \dfrac{\text{과세사업과 면세사업의 사용면적이 확정되는 과세기간의 과세사용면적}}{\text{과세사업과 면세사업의 사용면적이 확정되는 과세기간의 총사용면적}}$	$-$ 이미 공제 매입세액

(3) 신고사항

매입세액이 공제되지 아니한 감가상각자산을 과세사업에 사용・소비하는 때에는 동 과세사업에 사용・소비하는 날이 속하는 과세기간에 대한 확정신고와 함께 기획재정부령으로 정하는 과세사업전환 감가상각자산신고서에 따라 각 사업장 관할세무서장에게 신고하여야 한다.

사. 일반과세자로 변경 시 재고품등에 대한 매입세액 공제

(1) 의　의

간이과세자가 일반과세자로 과세유형이 변경되는 경우에 해당 변경당시의 재고품, 건설중인 자산 및 감가상각자산에 대한 매입세액을 과세유형변경 후 매입세액으로 공제할 수 있다(부법 44). 이것이 간이과세자가 일반과세자로 전환할 때의 재고매입세액공제이다.

이 재고매입세액공제도를 마련하는 이유는 간이과세자가 일반과세자로 전환하는 시점의

재고품과 감가상각자산의 가액에는 공제받지 못한 매입세액이 포함되어 있는바, 이를 그 전환시점에서 공제받음으로써 정산되도록 하는 것이다.

간이과세자는 재화를 공급받을 때 세금계산서를 발급받아 이를 적법하게 제출하였다고 하더라도 일반과세자로부터 거래징수당한 그 매입세액을 전액 공제받지 못하고, 그 세금계산서에 적힌 매입세액에 법정공제율, 즉 간이과세자는 해당 업종의 부가가치율에 따라 매입세액으로 공제받게 된다(부법 63 ③, 부령 111 ②).

그리고 나머지 매입세액은 이를 매출세액에서 공제받지 못하고 과세사업 소득계산상 그 공급받은 재화 등의 원가를 구성하게 되는 것이다. 이러한 재고품·감가상각자산을 간이과세자가 일반과세자로 전환된 후 일반과세자로서 거래상대방에게 이를 공급하는 경우 그 공급가액에 10%의 세율을 곱하여 매출세액을 계산하기 때문에 간이과세자로 있을 때 공제받지 못한 매입세액은 결과적으로 중복과세(공급하는 상대방이 소비자인 경우)되거나 누적효과(공급하는 상대방이 사업자인 경우)를 발생하게 될 것이다.

따라서 간이과세자가 일반과세자로 전환하는 시점의 재고품과 감가상각자산의 가액에는 공제받지 못한 매입세액이 포함되어 있는바, 이를 그 전환시점에서 공제받음으로써 정산되도록 하는 장치를 마련한 것이 바로 이 제도이다.

(2) 재고매입세액의 계산

재고품, 건설 중인 자산 및 감가상각자산을 신고한 자에 대한 재고매입세액의 계산은 다음 표의 방법에 따라 계산한 금액을 재고매입세액으로 한다(부령 86 ③).

[표 6-4] 재고매입세액의 계산방법

대상구분		재고매입세액 공제
재고품(상품·제품·반제품·재공품·재료·부재료)		재고금액 $\times \dfrac{10}{110} \times (1-0.5\% \times \dfrac{110}{10})$
건설 중인 자산		해당 건설 중인 자산과 관련된 공제대상매입세액 $\times (1-0.5\% \times \dfrac{110}{10})$
감가상각자산을 매입한 경우	건물·구축물	취득가액 $\times (1-\dfrac{5}{100} \times$ 경과된 과세기간의 수$) \times \dfrac{10}{110} \times (1-0.5\% \times \dfrac{110}{10})$
	그 밖의 감가상각자산	취득가액 $\times (1-\dfrac{25}{100} \times$ 경과된 과세기간의 수$) \times \dfrac{10}{110} \times (1-0.5\% \times \dfrac{110}{10})$
감가상각자산을 제작·건설한 경우	건물·구축물	관련매입세액 $\times (1-\dfrac{5}{100} \times$ 경과된 과세기간의 수$) \times (1-0.5\% \times \dfrac{110}{10})$
	그 밖의 감가상각자산	관련매입세액 $\times (1-\dfrac{25}{100} \times$ 경과된 과세기간의 수$) \times (1-0.5\% \times \dfrac{110}{10})$

가) 경과된 과세기간수의 계산

경과된 과세기간의 수는 과세기간단위로 계산하되, 건물 또는 구축물의 경과된 과세기간의 수는 20, 그 밖의 감가상각자산은 4를 초과하지 못한다. 그리고 경과된 과세기간의 수를 계산함에 있어서 과세기간의 개시일 후에 감가상각자산을 취득하거나 공급으로 보게 되는 경우에는, 그 과세기간의 개시일에 취득하거나 공급된 것으로 본다.

이는 다시 말하면 과세기간의 개시일 후에 감가상각자산을 취득한 경우라도 경과된 과세기간의 수를 계산함에 있어서는 1과세기간으로 계산하고, 과세유형이 변경되는 날의 과세기간은 경과된 과세기간의 수에 포함하지 않는다는 의미이다.

나) 재고품 등의 가액

여기서 재고품, 건설 중인 자산 및 감가상각자산의 금액은 장부 또는 세금계산서에 따라 확인되는 해당 재고품, 건설 중인 자산 및 감가상각자산의 취득가액(부가가치세를 포함)으로 한다(부령 86 ②).

(3) 재고매입세액공제시기

결정된 재고매입세액은 그 승인을 얻은 날이 속하는 예정신고기간 또는 과세기간의 매출세액에서 공제한다(부령 86 ⑦).

(4) 재고매입세액의 공제 제외

일반과세자가 간이과세자로 변경된 후에 다시 일반과세자로 변경되는 경우에는 간이과세자로 변경된 때에 재고납부세액을 적용받지 않는 재고품, 건설 중인 자산 및 감가상각자산에 대해서는 재고매입세액규정을 적용하지 않는다(부령 86 ⑤).

(5) 재고매입세액공제절차

1) 재고품, 건설 중인 자산 및 감가상각자산 신고

간이과세자가 일반과세자로 변경되는 경우에는 그 변경되는 날 현재의 다음에 규정하는 재고품, 건설 중인 자산 및 감가상각자산(매입세액공제대상인 것에 한함)을 변경되는 날의 직전과세기간에 대한 확정신고와 함께 일반과세전환시 재고품등 신고서에 따라 각 사업장 관할세무서장에게 신고(국세정보통신망에 따른 제출 포함)하여야 한다(부령 86 ①).

① 상 품
② 제품(반제품 및 재공품 포함)
③ 재료(부재료를 포함)
④ 건설 중인 자산

⑤ 감가상각자산(건물 및 구축물의 경우에는 취득·건설 또는 신축 후 10년 이내의 것, 그 밖의 감가상각자산의 경우에는 취득 또는 제작 후 2년 이내의 것에 한정한다).

2) 재고금액조사·승인 및 통보

재고품, 건설 중인 자산 및 감가상각자산신고를 받은 관할세무서장은 재고매입세액으로 공제할 수 있는 재고금액을 조사·승인하고 직전과세기간에 대한 확정신고기한경과 후 1월 이내에 해당 사업자에게 공제될 재고매입세액을 통지하여야 한다.

이 경우에 그 기한 내에 통지하지 아니한 때에는 해당 사업자가 신고한 재고금액을 승인한 것으로 본다(부령 86 ⑥).

다만, 이때에 승인하거나 승인한 것으로 보는 재고매입세액의 내용에 오류 또는 탈루가 있는 경우에는 재고매입세액으로 조사하여 경정한다(부령 86 ⑧).

▶ 사례

간이과세자가 일반과세자로 변경된 날인 2025.7.1. 현재의 재고품, 건설 중인 자산 및 감가상각자산이 다음과 같을 때 재고매입세액공제액을 계산하시오.

<자 료> 재고종류	취득가액(부가가치세 포함)	비 고
상 품	22,000,000원	
기계장치	33,000,000원	2024.1.8. 취득
건 물	110,000,000원	2023.10.2. 취득

해답

① 상품 : $22,000,000 \times \dfrac{10}{110} \times (1 - 0.5\% \times \dfrac{110}{10}) = 1,890,000$원

② 기계장치 : $33,000,000 \times \dfrac{10}{110} \times (1 - \dfrac{25}{100} \times 3) \times (1 - 0.5\% \times \dfrac{110}{10}) = 708,750$원

③ 건물 : $110,000,000 \times \dfrac{10}{110} \times (1 - \dfrac{5}{100} \times 4) \times (1 - 0.5\% \times \dfrac{110}{10}) = 7,560,000$원

④ 재고매입세액공제액 : $1,890,000 + 708,750 + 7,560,000 = 10,158,750$원

부가가치세법 시행규칙 [별지 제18호서식] <개정 2022. 3. 18.>　　홈텍스(www.hometax.go.kr)에서도 신청할 수 있습니다.

[ ]일반
[ ]간이 ┐ 과세전환 시의 재고품등 신고서

※ 아래의 작성방법을 읽고 작성하시기 바랍니다.

접수번호	접수일		처리기간　즉시

1. 신고인 인적사항

① 상호(법인명)	② 사업자등록번호
③ 성명(대표자명)	④ 전화번호
⑤ 사업장(주된 사업장) 소재지	
⑥ 업태	⑦ 종목

2. 과세유형 전환 내용

※ 일반과세자로 유형전환 시 작성합니다.				※ 간이과세자로 유형전환 시 작성합니다.		
⑧ 일반과세 적용시기	년　월　일부터			⑩ 간이과세 적용기간		년　월　일부터 년　월　일까지
⑨ 일반과세 적용사유	일반과세 전환통지	간이과세 포기신고	기타	⑪ 간이과세 전환통지일		년　월　일

3. 재고품, 건설 중인 자산 및 감가상각자산 명세

⑫ 품명	⑬ 규격	⑭ 수량	⑮ 단가	⑯ 재고품 등의 금액	⑰ 재고매입세액 또는 재고납부세액	⑱ 보관장소	⑲ 취득일 (감가상각자산만 해당함)

「부가가치세법 시행령」 [ ]제86조 제1항에 따라 일반
　　　　　　　　　　　 [ ]제112조 제1항에 따라 간이 ┐ 과세전환 시의 재고품 등을 신고합니다.

년　　　월　　　일

신고인　　　　　　　　　　　　　　　(서명 또는 인)

세무서장 귀하

첨부서류	없음	수수료 없음

작성방법

1. ① ~ ⑦은 사업자의 기본사항을 작성합니다.
2. ⑧, ⑨는 간이과세자에서 일반과세자로 유형전환된 사업자가 적습니다.
3. ⑩, ⑪은 일반과세자에서 간이과세자로 유형전환된 사업자가 적습니다.
4. ⑫ ~ ⑲는 과세유형전환 시의 재고품 및 감가상각자산 명세를 적습니다.
5. ⑯ : 간이과세자에서 일반과세자로 유형전환된 사업자가 재고매입세액 신고 시에는 부가가치세를 포함한 금액을 적고, 일반과세자에서 간이과세자로 유형전환된 사업자가 재고납부세액 신고 시에는 부가가치세를 제외한 금액을 적습니다.
6. ⑰ : 재고매입세액 신고 시에는 「부가가치세법 시행령」 제86조 제3항에 따라 계산한 금액을 적고, 재고납부세액 신고 시에는 「부가가치세법 시행령」 제112조 제3항에 따라 계산한 금액을 적습니다.
7. 해당하는 신고사항에 [√]표시하고 작성일을 적은 후 신고인 란에 서명 또는 날인하여 제출합니다.

210mm×297mm[백상지 80g/㎡(재활용품)]

제4절 세액공제와 납부세액 경감

1. 신용카드매출전표등의 발급에 따른 세액공제

가. 의 의

주로 사업자가 아닌 자에게 재화 또는 용역을 공급하는 사업을 하는 사업자(법인사업자와 직전 연도의 재화 또는 용역의 공급가액의 합계액이 10억원을 초과하는 개인사업자는 제외)가 부가가치세가 과세되는 재화 또는 용역을 공급하고 세금계산서의 발급시기에 신용카드 매출전표, 현금영수증, 직불카드영수증, 기명식선불카드영수증(이하 "신용카드매출전표 등"이라 함)을 발급하거나 전자적 결제 수단에 의하여 대금을 결제받는 경우에는 발급금액 또는 결제금액의 1%(2026년 12월 31일까지는 1.3%)에 해당하는 금액[한도 : 연간 500만원 (2026년 12월 31일까지는 연간 1천만원)]을 납부세액에서 공제한다(부법 46 ①).

이 경우 공제받는 금액이 해당 금액을 차감하기 전의 납부할 세액[이 법 및 조세특례제한 법에 따라 빼거나 더할 세액(가산세는 제외한다)을 빼거나 더하여 계산한 세액을 말하며, 해당 계산한 세액이 "0"보다 작으면 "0"으로 본다]을 초과하는 경우에는 그 초과하는 부분은 없는 것으로 본다.

이는 기업이 기업업무추진비 등을 지출할 때는 신용카드로 결제토록 유도하여 신용사회로의 이행을 촉진함으로써 기업의 소비성 경비지출을 건전화하고 신용카드매출전표 발급의 확대로 사업자와 소비자 간의 영수증 주고받기 활성화를 유도하기 위한 것이다.

여기서 전자적 결제수단이란 다음의 요건을 갖춘 것을 말한다(부령 88 ③).
① 카드 또는 컴퓨터 등 전자적인 매체에 화폐가치를 저장하였다가 재화 또는 용역 구매 시 지급하는 결제수단일 것
② 전자화폐를 발급하는 사업자가 결제내역을 가맹 사업자별로 구분하여 관리하는 것

나. 세액공제대상 사업자

주로 사업자가 아닌 자에게 재화 또는 용역을 공급하는 사업으로서 다음의 사업을 하는 사업자(법인사업자와 직전 연도의 재화 또는 용역의 공급가액의 합계액이 10억원을 초과하는 개인사업자는 제외)가 세액공제를 받을 수 있다(부령 88 ②).

① 소매업

② 음식점업(다과점 포함)

③ 숙박업

④ 미용, 욕탕 및 유사서비스업

⑤ 여객운송업

⑥ 입장권을 발급하여 영위하는 사업

⑦ 변호사업, 해사보좌인업, 변리사업, 법무사업, 행정사업, 공인회계사업, 세무사업, 경영지도사업, 기술지도사업, 평가인업, 통관업, 기술사업, 건축사업, 도선사업, 측량사업 그 밖의 이와 유사한 사업서비스업 및 행정사업.

⑧ 주로 사업자가 아닌 소비자에게 재화 또는 용역을 공급하는 다음 사업

  ㉮ 도정업, 제분업 중 떡방앗간

  ㉯ 양복점업·양장점업·양화점업

  ㉰ 건축물자영건설업 중 주택건설업

  ㉱ 운수업 및 주차장운영업

  ㉲ 부동산중개업

  ㉳ 사회서비스업 및 개인서비스업

  ㉴ 가사서비스업

  ㉵ 전기통신사업법에 따른 전기통신사업 중 사업자가 아닌 일반소비자에게 전기통신용역을 제공하는 사업

  ㉶ 그 밖의 '㉮'부터 '㉵'까지와 유사한 사업으로서 세금계산서 발급이 불가능하거나 현저히 곤란한 사업

⑨ 과세되는 의료용역을 공급하는 사업

⑩ 수의사가 제공하는 과세되는 동물의 진료용역

⑪ 과세되는 교육용역을 공급하는 사업

다. 신용카드가맹점가입대상자 지정

국세청장은 주로 사업자가 아닌 소비자에게 재화 또는 용역을 공급하는 사업자로서 소매업·음식점업·숙박업 그 밖의 주로 사업자가 아닌 소비자를 대상으로 하는 사업을 하는 자에 대하여 납세관리에 필요하다고 인정되는 경우에는 여신전문금융업법에 따른 신용카드가맹점가입대상자 또는 조세특례제한법에 따른 현금영수증가맹점가입대상자로 지정하여 신용카드가맹점 또는 현금영수증가맹점으로 가입하도록 지도할 수 있다(부법 46 ④, 부령 88 ⑥).

이때 국세청장으로부터 신용카드가맹점 가입대상으로 지정받은 사업자가 정당한 사유없이 신용카드가맹점으로 가입하지 아니한 경우로서 사업규모나 영업상황으로 보아 신고내용이 불성실하다고 판단되는 경우에는 결정·경정사유에 해당한다(부법 57 ① (4), 부령 103 ② (4)).

【통칙·판례·예규 참조】

예규 **직불카드의 신용카드세액공제 적용여부**

부가가치세법시행령 제79조의2 제1항 및 제2항에 규정된 사업자가 재화 또는 용역을 공급하고 세금계산서 발급시기에 여신전문금융업법에 따른 영수증을 발급한 경우 같은 법 제32조의 2의 규정을 적용받는다(재경원 소비 46015-203, 1996. 7. 10).

예규 **위·수탁 판매시 신용카드로 대금결제 받는 경우 매출전표 공급자 명의와 세금계산서 발급방법**

위·수탁 판매의 경우 세금계산서는 부가가치세법시행령 제58조의 규정에 따라 발급하여야 하며, 해당 판매대가를 신용카드로 결제받는 경우 위탁자와의 위·수탁판매에 관한 명시적인 계약내용과 세금계산서 발급 등의 관련장부의 기장내용과 증명 서류 등에 의해 위수탁판매 대가임이 확인가능할 때에는 판매대금 영수 용도에 한해 수탁자의 명의로 된 매출전표를 상대방에게 발급할 수 있다(부가 46015-2575, 1997. 11. 15).

예규 **신용카드 매출전표를 발급한 경우 세금계산서 발급의무**

자동차정비업을 하는 일반과세자가 자동차 정비용역을 제공하고 해당 용역의 공급시기에 그 대가를 신용카드로 결재받으면서 해당 신용카드매출전표에 공급받는 자와 부가가치세액을 별도로 기재하고 확인한 경우에는 부가가치세법 제16조 제1항의 규정에 따른 세금계산서를 발급하지 않는다(부가 46015-1140, 2000. 5. 23).

예규 **소매업자가 신용카드 결재 후 세금계산서 발급시 발급세액공제 가능여부**

개인사업자로서 소매업 등을 영위하는 사업자가 부가가치세가 과세되는 재화 또는 용역을 공급하고 부가가치세법시행령 제57조 제1의 2호 단서 또는 같은법시행령 제79조의 2 제3항의 규정에 의해 세금계산서를 발급하고 그 대가를 공급받는 자의 신용카드에 의해 결재되는 경우 같은법 제32조의 2의 규정에 의해 신용카드발급세액공제를 할 수 있다(재경부 소비 46015-36, 2002. 2. 5).

예규 **신용카드 등의 사용에 따른 세액공제시 연간 한도액의 계산기준**

사업자의 과세유형이 간이과세자에서 일반과세자로 전환된 경우, 부가가치세법 제32조의 2 제1항에서 규정하는 세액공제의 연간 한도액을 계산함에 있어서 간이과세자로서 동 세액공제를 받은 금액은 납부세액에서 실제로 공제된 금액을 말한다(서삼 46015-10411, 2003. 3. 12).

---

2. 전자세금계산서 발급 전송에 대한 세액공제

직전 연도의 사업장별 재화 및 용역의 공급가액(부가가치세 면세공급가액을 포함)의 합계액이 3억원 미만인 개인사업자(해당 연도에 신규로 사업을 시작한 개인사업자를 포함)가 전자세금계산서를 2027년 12월 31일까지 발급(전자세금계산서 발급명세를 기한까지 국세청장에게 전송한 경우로 한정함)하는 경우에는 전자세금계산서 발급 건수 당 200원을 곱하여 계산한 금액(한도 : 연간 100만원)을 해당 과세기간의 부가가치세 납부세액에서 공제할 수 있다(부법 47 ①, 부령 89).

한편 세액공제를 적용받으려는 개인사업자는 예정신고 및 확정신고할 때 전자세금계산서 발급세액공제신고서를 납세지 관할 세무서장에게 제출하여야 한다(부법 47 ③).

3. 전자신고에 대한 세액공제

납세자가 직접 전자신고방법에 따라 부가가치세를 확정신고(예정신고 제외)를 하는 경우에는 해당 납부세액에서 1만원을 공제하거나 환급세액에 더한다(조특법 104의8 ②).

한편 세무사가 납세자를 대리하여 전자신고의 방법으로 직전 과세기간 동안 부가가치세를 신고한 경우에는 해당 세무사의 부가가치세 납부세액에서 1만원을 공제하되, 연간 공제한도액(해당 세무사가 소득세 또는 법인세의 납부세액에서 공제받을 금액 및 부가가치세에서 공제받을 금액을 합한 금액)은 300만원(세무법인 또는 회계법인은 750만원)으로 한다(조특법 104의8 ④).

4. 일반택시 운송사업자의 부가가치세 납부세액 경감

「여객자동차 운수사업법」에 따른 일반택시 운송사업자에 대해서는 부가가치세 납부세액의 99%를 경감한다(조특법 106의7 ①).

한편 일반택시 운송사업자는 경감세액 중 부가가치세 납부세액의 90%에 해당하는 금액을 국토교통부장관이 정하는 바에 따라 경감된 부가가치세의 확정신고납부기한 종료일부터 1개월 이내(이하 '지급기간'이라 함)에 일반택시 운수종사자에게 현금으로 지급하여야 한다(조특법 106의7 ②). 또한 일반택시 운송사업자는 택시 감차 보상의 재원으로 사용하기 위하여 경감세액 중 부가가치세 납부세액의 5%에 해당하는 금액을 국토교통부장관이 정하는 바에 따라 지급기간 이내에 국토교통부장관이 지정하는 기관(택시 감차보상재원 관리기관)에 지급하여야 한다(조특법 106의7 ③). 그리고 일반택시 운송사업자는 택시운수종사자 복지기금의 재원 마련을 위하여 경감세액 중 부가가치세 납부세액의 4%에 해당하는 금액을 국토교통부장관이 정하는 바에 따라 지급기간 이내에 택시운송사업자단체 중 법령으로 정하는 단체에 지급하여야 한다(조특법 106의7 ④).

부가가치세법 강의

제7장

거래징수와 세금계산서

제1절　거래징수
제2절　세금계산서

제1절 거래징수

1. 의　의

　사업자가 재화 또는 용역을 공급하는 때에는 과세표준에 세율을 적용하여 계산한 부가가치세를 그 공급받는 자로부터 징수하여야 한다고 규정하고 있는데 이를 거래징수라고 한다(부법 31).

　과세방법으로 전단계세액공제방법을 택하고 있는 우리나라의 부가가치세제하에서의 거래징수제도는 부가가치세부담을 최종소비자에게 전가시키기 위한 일련의 절차로서 사업자가 거래징수한 세액은 그 자체가 해당 사업자의 납부세액이 되는 것이 아니라 자기가 거래징수한 세액에서 거래전단계에서 부담한 매입 세액을 공제한 차액이 곧 납부세액이 된다. 하지만 부가가치세의 과세방법이 전단계거래액공제방법 또는 가산법을 채택하여 해당 거래단계에서 창출된 부가가치로 과세표준을 삼는 경우라면 이 거래징수제도는 중요하지 아니한다.

　이러한 거래징수를 사업자의 측면에서 보면 부가가치세법상 권리임과 동시에 의무이다. 그러나 사업자는 재화 등을 공급하면서 자기의 경제적 손실을 감수하고 그 거래징수권을 포기할 수 있고, 이 포기에 의해 거래상대방은 지급의무를 벗어나는 것이다. 예컨대, 세금계산서에 공급가액과 부가가치세를 구분·명시하여 발급하면서 재화 등을 외상으로 공급하면 당연히 재화 등을 공급하는 사업자는 부가가치세액까지 청구할 권리가 있으며 거래상대방은 그 부가가치세액을 지급할 의무를 지게 된다. 그러나 세금계산서를 발급하지 아니한 경우에는 거래징수권의 묵시적 포기와 같으므로(거래징수권은 세금계산서의 발급이 그 행사의 필수요건이다) 거래상대방에 대하여 대가의 청구권은 있지만 부가가치세액의 청구권은 가질 수 없게 된다.

　따라서 이러한 거래징수의 규정은 사업자로부터 징수하고 있는 부가가치세 상당액을 공급받는 자에게 차례로 전가시킴으로써 궁극적으로는 이를 부담시키겠다는 취지에 불과하고, 이 규정이 있다고 하여 공급을 받는 자가 조세채무자의 지위에서 거래의 상대방이나 국가에 대하여 부가가치를 지급하거나 납부의무가 있다고 볼 수는 없다는 것이 판례의 입장이다(대법원 82다카500, 1984.3.27.).

2. 거래징수요건

가. 거래징수의무자

재화 또는 용역을 공급하는 사업자는 부가가치세의 거래징수의무자가 된다. 이 거래징수의무는 과세관청의 지정이나 사업자의 신고 등 어떤 절차가 필요없이 부가가치세법상 납세의무자는 당연히 거래징수의무도 지게 되는 것이다. 즉, 영리목적의 유무에 불구하고 사업상 독립적으로 과세재화·용역을 공급하는 사업자이면 당연히 납세의무자이므로 재화 또는 용역을 공급할 때 부가가치세를 거래징수하여야 하는 것이다.

면세사업자는 부가가치세법상 납세의무가 없으므로 거래징수의무도 있을 수 없다. 간이과세자 또한 거래징수에 관한 규정이 적용되지 아니하므로 거래징수에 관한 명시된 의무가 없다. 그러나 실질적으로는 간이과세자의 과세표준인 공급대가에 부가가치세액이 포함되기 때문에 부가가치세를 거래징수한 것으로도 볼 수 있다.

나. 거래징수대상

부가가치세는 대물세이므로 거래징수대상도 당연히 과세거래인 재화나 용역의 공급이다. 그리고 거래징수는 재화 또는 용역을 공급받는 자가 과세사업자·면세사업자·국가지방자치단체·최종소비자 등 누구인지를 불문하고 부가가치세를 거래징수한다.

다만, 해당 재화 또는 용역이 면세대상인 경우에 면세공급은 부가가치세납세의무 자체가 없는 것이므로 부가가치세 거래징수도 할 필요가 없다. 재화 또는 용역의 공급이 영세율적용 대상인 경우에는 거래징수 때 적용하는 세율이 영이기 때문에 거래징수할 부가가치세액도 영일 뿐이다.

다. 거래징수시기

거래징수의 시기는 사업자가 재화 또는 용역을 공급한 때이다. 여기서 재화 또는 용역을 공급한 때의 기준은 거래시기를 말하며, 이 시기는 곧 세금계산서의 발급 특례로 별도 규정하는 것을 제외하고는 세금계산서 발급시기에 해당하므로 거래징수시기를 세금계산서 발급시기로 대응시킬 수 있다.

라. 거래징수시 원 미만의 처리

국고단수계산법에 따라 부가가치세 거래징수시 단수처리한다. 즉 국고금단수계산법에 따라 공급가액의 1원 미만은 절사하고 부가가치세를 거래징수한다(국고금관리법 47). 그리고 세액으로서 10원 미만의 단수가 있을 때에는 그 단수는 계산하지 않는 것이다.

【통칙 · 판례 · 예규 참조】

예규 면세사업자에게 공급하는 용역의 과세

과세되는 용역의 공급인 경우에 용역을 공급받는 자가 면세사업자라도 용역의 공급에 대한 부가가치세를 공급받는 자로부터 거래징수하여야 한다(간세 1235－2208, 1977. 7. 25).

예규 사업용고정자산 양도시 부가가치세 거래징수 여부

과세사업자가 자기의 사업용고정자산 등 부가가치세가 과세되는 재화를 공급하는 경우에는 공급받는 자가 면세사업자 · 비사업자 등 여부에 불구하고 부가가치세를 거래징수하여야 한다. 다만, 부가가치세법 제6조 제6항의 규정에 따라 사업을 양도하는 경우에는 그러하지 아니한다(간세 1235－2936, 1977. 9. 5).

예규 추징세액의 거래징수

사업자가 과세표준신고시 영세율적용신고를 하였으나 해당 신고가 영세율적용분이 아님이 확인되어 재화 또는 용역의 공급시기가 속하는 과세기간의 확정신고기한 후에 경정에 의하여 세액을 추징당한 경우, 동 추징세액을 소급하여 공급받는 자로부터 부가가치세법 제15조에 따른 거래징수는 할 수 없으나 추징세액상당액을 청구하는 것은 거래상대방간에 해결할 사항이다(부가 1235－3091, 1978. 8. 21).

예규 선급금에 대한 부가가치세 거래징수

완성도기준지급 또는 중간지급조건부로 용역을 제공하는 경우 용역의 공급시기 도래 이전에 선급금을 받는 것은 부가가치세 거래징수대상이 되지 않으나 세금계산서 또는 간이세금계산서를 발급하는 때에는 부가가치세를 거래징수하여야 한다(부가 1235－3557, 1978. 9. 27).

제2절 세금계산서

1. 의 의

세금계산서(tax invoice)란 부가가치세가 과세되는 재화 또는 용역을 공급한 사업자가 이를 공급받는 자로부터 부가가치세를 거래징수하고, 그 거래내용과 거래징수 사실을 증명하기 위하여 발급하는 증서를 말한다. 부가가치세법은 납세의무자로 등록한 사업자가 재화 또는 용역을 공급하는 때에는 거래시기(공급시기)에 법정사항을 적은 계산서(세금계산서) 등을 공급받는 자에게 발급하여야 한다고 규정하고 있다(부법 32 ①). 이는 전단계세액공제법을 채택하고 있는 우리나라의 경우에 부가가치가 간접적으로 산정되고 거래징수방법에 따라 부가가치세액을 전가시키도록 하고 있기 때문이다. 따라서 세금계산서는 현행 우리나라의 부가가치세제운영에서 가장 중추적인 역할을 한다고 할 수 있다.

2. 세금계산서의 기능

세금계산서의 기능은 세금계산서를 활용하는 주체, 즉 사업자 또는 과세관청이 세금계산서를 어떻게 활용하느냐에 그 기준을 두어, 그 기능을 매입세액공제증명 자료로서의 기능과 과세자료로서의 기능 및 송장·청구서·영수증 등으로서의 기능으로 크게 구분할 수 있다.

가. 매입세액공제의 증명 자료

매입세액을 공제받기 위해서는 반드시 세금계산서를 발급받고, 이를 근거하여 작성한 매입처별세금계산서합계표 등을 과세관서에 제출해야 한다. 즉 세금계산서의 수취와 매입처별세금계산서합계표의 제출은 매입세액공제의 필요적 요건인 것이다. 따라서 과세관청은 사업자가 발급받은 세금계산서에 따라 재화를 공급받을 때 거래징수당한 매입세액의 부담을 확인·매입세액공제의 정당 여부를 확인하게 된다. 그런데 매입세액공제는 그 세액을 공급한 자가 정당하게 과세관청에 신고하여 납부했느냐의 여부에 관계없이 발급받은 세금계산서가 정확하고 적법한 것이면 그 공제는 정당화되는 것이다.

따라서 우리나라와 같이 전단계세액공제방식을 택하고 있는 부가가치세제하에서의 세금계산서의 기능은 거래징수내용을 확인해 주는 증명 자료로서 중요한 역할을 하게 된다. 만약, 이러한 전단계세액공제방식을 택하고 있는 부가가치세제하에서 거래징수내용을 확인해 주는 증명 자료가 없다고 한다면 매출세액에서 공제해 줄 매입세액을 확정할 수 있는 근거가 없어 결국 부가가치세액산출은 사실상 다단계매상세과세방식 등에 의하여 산출할 수밖에 없게 되어 부가가치세가 장점으로 갖는 과세의 중립성 측면을 크게 저해할 소지가 많게 된다.

나. 과세자료

발급한 세금계산서와 발급받은 세금계산서에 대하여 매출·매입처별세금계산서합계표를 과세관청에 제출하도록 하는 것은 부가가치세의 과세에만 활용하는 것에 그치지 아니하고, 소득과세나 법인세 등의 과세자료로도 활용되게 된다. 즉, 매출·매입처별세금계산서합계표를 제출받은 과세관청은 세금계산서상의 내용을 전산조직을 이용 집계·분류·분석하여 거래상대방 상호간을 검증(cross check)하거나, 또는 수동분석 등에 의하여 불성실사업자를 색출하는 데 활용한다. 이러한 의미에서 세금계산서는 과세행정상 과세자료로서의 중요한 역할을 하게 되는 것이다.

다. 송장·청구서·영수증 등으로서의 기능

(1) 송 장

사업자가 공급하는 재화 또는 용역의 구체적인 내용을 기재하여 거래상대방이 재화를 공급받거나 용역을 제공받는 송장의 기능을 하고 있다.

(2) 청구서 또는 영수증

세금계산서 그 자체가 거래의 내용을 담은 증표이므로 사업자간 또는 사업자와 소비자간에 있어서는 외상거래에 있어서는 청구서의 기능을 현금거래에 있어서는 대금영수증의 기능을 한다.

(3) 세금영수증

부가가치세액의 수수에 대한 세금영수증의 역할을 담당하게 되는 것이다.

(4) 증명 서류

사업자는 세금계산서를 기업 내부의 경영관리 또는 회계처리상의 자료나 증명 자료로서 활용될 수 있으며, 영세사업자의 경우는 매출·매입장으로서의 장부기능도 아울러 갖고 있다. 과세관청은 사업자가 발급한 세금계산서에 따라 거래상황을 검증·확인하고 정당 여부를 판단한다.

3. 세금계산서의 종류

부가가치세법에서 규정하는 계산서는 일반과세자가 원칙적으로 발급하는 '세금계산서 또는 전자세금계산서', 일반과세자 중 소매업·음식점업자 등 시행령의 지정업종의 사업자가 발급하는 '영수증', 간이과세자가 발급하는 '영수증' 그리고 세관장이 재화의 수입자에게 발급하는 '수입세금계산서'와 이미 발급한 세금계산서의 기재사항에 착오 또는 정정사유가 발생하여 이를 수정하는 '수정세금계산서' 등으로 구별할 수 있다.

이상에서 본 세금계산서, 전자세금계산서, 수입세금계산서 그리고 영수증은 사업자나 세관장이 부가가치세가 과세되는 재화 또는 용역을 공급하는 경우에 발급하지만, 사업자 또는 세관장이 부가가치가 면제되는 재화 또는 용역을 공급하는 경우에는 소득세법 및 법인세법에서 규정하는 계산서(계산서, 수입계산서, 영수증)를 발급한다.

계산서는 그 형태 및 일부의 기능(과세자료로서의 기능, 송장·영수증·회계처리증명 자료로서의 기능) 측면에서는 세금계산서와 유사하다고 볼 수 있겠으나 발급대상은 세금계산서발급대상 이외의 것으로서 소득세법이나 법인세법에서 규정한 것으로 한다. 그러므로 세금계산서와 계산서는 부가가치세법이나 소득세법, 법인세법에서 정하는 바에 따라 각각 양립은 하지만, 수입금액에 대하여는 과세자료로서의 상호 보충적인 기능을 갖는다고 보아야 할 것이다. 따라서 계산서(계산서, 수입계산서, 영수증)에는 부가가치세액이 포함되거나 별도 기재될 수 없으며, 그 성격 측면에서도 부가가치세와 관련된 세금계산서와는 서로 다르므로 세금계산서와는 구분된다.

부가가치세과세거래는 이상에서 살펴본 세금계산서나 영수증 등의 발급의무를 수반하지만, 예외적으로 일부 과세거래 등에 대해서는 현행 세법에서 세금계산서나 영수증의 발급의무를 면제하고 있는 것도 있다.

[표 7-1] 세금계산서의 종류와 발급의무자

구 분	발급의무자	비 교
세금계산서	일반과세자	일정 신용카드매출전표 등 수취분 포함
전자세금계산서	일반과세자 중 법인사업자 등	
수입세금계산서	세관장	재화의 수입에 대하여 발급
수정세금계산서	세금계산서를 발급한 사업자	
영 수 증	① 일반과세자 중 최종소비자와 거래하는 사업자((소매·음식·숙박 등) ② 간이과세자	금전등록기 설치 사업자가 발급하는 계산서 및 신용카드 매출전표 포함
계 산 서	면세사업자	소득세법·법인세법에 근거

4. 세금계산서

가. 발급의무자

세금계산서는 납세의무자로 등록한 사업자가 재화 또는 용역을 공급하는 때에 발급하도록 하고 있다(부법 32 ①). 따라서 세금계산서는 원칙적으로 사업자등록을 한 일반과세자만이 발급할 수 있다. 일반과세자 중 주로 최종소비자와 직접 거래하는 소매업, 음식·숙박업 및 서비스업, 여객운송업 등의 경우에는 영수증을 발급하며, 간이과세자는 세금계산서를 발급할 수 없고 영수증만 발급할 수 있다. 면세사업자는 부가가치세의 납세의무 자체가 없으므로 세금계산서를 발급할 수 없다.

나. 발급대상

세금계산서의 발급대상이 되는 것은 과세거래, 즉 재화 또는 용역의 공급이다. 영세율의 적용대상 되는 재화 또는 용역의 공급은 과세거래이므로 비록 부가가치세액을 거래징수하지 아니한다고 하더라도 세금계산서의 발급의무가 면제되지 않은 한 세금계산서의 발급대상이 된다. 면세되는 재화 또는 용역의 공급은 세금계산서 발급대상이 되는 거래가 아니다.

다. 발급시기

(1) 원칙적 발급시기

납세의무자로 등록한 사업자가 재화 또는 용역을 공급하는 때에는 그 **공급시기(법령에서 시기를 다르게 정하는 경우에는 그 시기)에 세금계산서를 공급을 받는 자에게 발급**하여야 한다. 이 경우 세금계산서를 발급한 후 그 기재사항에 관하여 착오나 정정 등 사유가 발생한 경우에는 세금계산서를 수정하여 발급할 수 있다.

(2) 발급시기의 특례

① 사업자의 세금계산서 발급편의를 위하여 사업자가 다음에 해당하는 경우에는 재화 또는 용역의 공급일이 속하는 달의 **다음달 10일**(다음 달 10일이 공휴일 또는 토요일인 때에는 해당 일의 다음 날을 말한다)까지 **세금계산서를 발급**할 수 있도록 하고 있다(부법 34 ③).

> ㉮ 거래처별로 달의 1일부터 말일까지의 공급가액을 합계하여 해당 월의 말일자를 작성연월일로 하여 세금계산서를 발급하는 경우
> ㉯ 거래처별로 달의 1일부터 말일까지의 기간 이내에서 사업자가 임의로 정한 기간의 공급가액을 합계하여 그 기간의 종료일자를 작성연월일로 하여 세금계산서를 발급하는 경우.
> ㉰ 관계증명 서류 등에 의하여 실제거래사실이 확인된 경우로서 해당 거래일자를 작성연월일로 하여 세금계산서를 발급하는 경우

② 사업자가 재화 또는 용역의 공급시기가 도래하기 전에 세금계산서를 발급하고 그 세금계산서 발급일부터 7일 이내에 대가를 지급받는 경우에는 세금계산서를 발급한 것으로 본다.

③ 위 '②'의 규정에 불구하고 대가를 지급하는 사업자가 다음의 요건을 모두 충족하는 경우에는 공급하는 사업자가 재화 또는 용역의 공급시기가 도래하기 전에 세금계산서를 발급하고 그 세금계산서 발급일부터 7일 경과 후 대가를 지급받더라도 세금계산서를 발급한 것으로 본다.

> ㉮ 거래 당사자간의 계약서·약정서 등에 대금청구시기와 지급시기가 별도로 기재될 것
> ㉯ 대금청구시기와 지급시기 사이의 기간이 30일 이내일 것

【통칙·판례·예규 참조】

부 통 대행수출시의 세금계산서 발급
수출품생산업자가 수출업자와 수출대행계약을 체결하여 재화를 수출하는 때(수출대행계약과 함께 수출용 완제품 내국신용장을 개설받은 경우를 포함한다)에는 영 제71조 제1항 제4호에 따라 세금계산서 발급이 면제된다. 다만, 수출업자는 수출대행용역의 대가에 대하여 세금계산서를 발급하여야 한다(부통 33-71-2).

부 통 세금계산서 분실 시 처리
① 공급자 보관용 세금계산서를 분실한 경우에는 기장 및 제증명 자료에 의하여 공급자 보관용 세금계산서를 사본으로 작성하여 보관하여야 한다(부통 32-67-1).
② 공급받는 자 보관용 세금계산서를 분실한 경우에는 공급자가 확인한 사본을 발급받아 보관하여야 한다.

부 통 내국신용장에 따른 재화공급시의 세금계산서발급
영 제31조 제2항에 따른 내국신용장에 의하여 수출용 원자재 등을 공급하는 사업자는 공급받는 사업자가 재화를 인수하는 때에 해당 일자의 「외국환거래법」에 따른 기준환율 또는 재정환율에 의하여 계산한 금액을 공급가액으로 하여 세금계산서를 발급한다(부통 32-67-2).

부 통 휴·폐업시의 세금계산서 수수
사업자가 사업을 폐지할 때 재고재화로서 과세된 잔존하는 재화를 실지로 처분하는 때에는 세금계산서를 발급할 수 없으며, 일반영수증을 발급하여야 한다. 다만, 휴업하는 사업자의 경우에는 전력비·난방비·불용재산 처분 등 사업장 유지관리 등에 따른 세금계산서는 발급받거나 발급할 수 있다(부통 32-67-3).

부 통 수출용 원자재 등 구매 시 세금계산서 발급
수출품생산업자로부터 원신용장을 양도받아 대행수출하는 수출업자가 수출품생산업자의 수출용 재화의 원자재 구입을 위하여 내국신용장을 개설하고 수출품생산업자가 원자재생산업자로부터 직접 원자재를 공급받는 경우에는 원자재생산업자는 수출품생산업자를 공급받는 자로 하여 세금계산서를 발급하여야 한다(부통 32-67-4).

부 통 관세환급금에 대한 세금계산서 발급
① 사업자가 수입원재료를 사용하여 제조 또는 가공한 재화를 내국신용장에 의하여 수출업자에게 공급하고 수출업자로부터 해당 수입원재료에 대한 관세환급금을 받는 경우에 해당 관세환급금은 대가의 일부로서 영세율과세표준에 산입되므로 세금계산서를 발급하여야 한다.
② 내국신용장에 의한 재화의 공급 시 공급대가에 포함된 관세환급금상당액이 추후 수출업자가 세관장

으로부터 환급받은 관세환급금과 서로 달라 그 차액을 정산하는 경우에는 해당 금액이 확정되는 때에 영 제70조에 따라 수정세금계산서를 발급한다(부통 32－67－5).

예규 거래시기 도래 전 착오로 작성된 세금계산서 처리

사업자가 재화 또는 용역의 공급시기가 도래하기 전에 공급받는 자의 동의없이 일방적으로 세금계산서를 작성하여 자기만이 해당 세금계산서를 정부에 제출한 경우 그 세금계산서는 부가가치세법 제9조 제3항 규정의 공급시기에 같은 법 제16조 규정에 따라 정당하게 발급된 세금계산서로 볼 수 없는 것이며, 따라서사업자는 당초에 신고한 과세표준을 수정하는 과세표준 수정신고서를 국세기본법 제45조 제1항의 규정에 따라 제출할 수 있으며 같은 법 동조 제2항의 규정에 따라 당초 신고한 과세표준 또는 납부세액을 경정받게 된다(간세 1235. 1－1987, 1980. 7. 1).

예규 사업장 이전시 세금계산서 수수방법

사업자가 사업장을 이전하는 경우에는 이전 전 사업장에서 재화나 용역을 공급하거나 공급받은 분에 대하여는 이전 전 사업장 명의로, 이전 후 사업장에서 재화나 용역을 공급하거나 공급받은 분에 대하여는 이전 후 사업장명의로 세금계산서를 발급하거나 발급받아야 하며 는 신고일 현재 사업장 관할세무서장에게 제출한다(부가 1265. 2－1818, 1981. 7. 11).

예규 휴업기간 중 세금계산서 발급방법

법인이 일시휴업하게 되는 때에는 지체없이 휴업신고서에 사업자등록증을 첨부하여 소관세무서장에게 제출하여야 하고, 휴업기간 중에 고정자산 등 재화의 일부를 처분하는 것은 부가가치세법 제6조 제1항의 규정에 따른 재화의 공급이므로 사업자등록증을 반환받아 세금계산서를 발급하여야 한다(부가 1265－1907, 1982. 7. 15).

예규 제조업자가 종업원에게 재화판매시 세금계산서 발급

제조·도매업을 하는 사업자가 자기의 제품을 종업원 및 소비자에게 판매할 때는 부가가치세법 제16조의 규정에 따라 세금계산서를 발급하여야 하며 공급받는 자가 사업자 등록을 하지 아니한 경우에는 주민등록번호를 기재하여 세금계산서를 발급한다(부가 1265－2440, 1982. 9. 15).

예규 세금계산서상의 '품목'란 기재요령

사업자가 부가가치세가 과세되는 재화 또는 용역을 공급하고 그 공급시기에 세금계산서를 발급하는 경우에 있어 해당 세금계산서상의 「품목」 란에는 공급가액이 가장 큰 품목순으로 기재하되, 거래품목이 4가지를 초과할 경우에는 마지막 「품목」 란에 「○○외 ○종」으로 적는다. 다만, 부가가치세법시행령 제54조의 규정에 따라 거래금액을 합계한 세금계산서를 발급하는 경우에는 「품목」 란 첫째란에 「주요품목외 ○종」으로 기재할 수 있다(부가 46015－3497, 2000. 10. 17).

예규 공급자용 적색, 공급받는 자용 청색으로 구분되지 않은 세금계산서 효력

세금계산서는 부가가치세법 제16조 제1항 각 호의 규정에 따른 기재사항을 시행규칙 별지 제11호 서식에 공급자용(적색)과 공급받는 자용(청색)을 구분하여 작성 후 공급받는 자에게 공급받는 자용(청색)을 발급하여야 하나, 적색과 청색의 구분은 필요적 기재사항 또는 임의적 기재사항에 해당하지 아니하므로 세금계산서로서의 효력에는 영향을 미치지 아니한다(부가 46415－3558, 2000. 10. 17).

예규 공급가액 일천억 이상의 세금계산서 발급방법

사업자가 부가가치세가 과세되는 재화 또는 용역을 공급하고 그 거래시기에 세금계산서를 발급하는데 있어 공급가액이 일천억원 이상인 경우에는 부가가치세법시행규칙 제16조에 규정한 세금계산서 서식(별지 제11호 서식)의 "공급가액"란과 "세액"란을 수정(추가분할)하여 "공급가액"과 "세액"을 기재하여 발급한다. 이 경우 "공란수"란에는 "0"으로 기재하여야 한다(서삼 46015－11837, 2002. 10. 29).

라. 세금계산서의 작성방법

(1) 세금계산서 기재사항

납세의무자로 등록한 사업자가 재화 또는 용역을 공급하는 시기에 다음의 사항을 적은 세금계산서를 공급을 받는 자에게 발급하여야 한다(부법 32 ①). 이 경우 세금계산서를 발급한 후 그 기재사항에 관하여 착오나 정정 등 사유가 발생한 경우에는 세금계산서를 수정하여 발급할 수 있다(부법 32 ⑦).

1) 필요적 기재사항

① 공급하는 사업자의 등록번호와 성명 또는 명칭
② 공급받는 자의 등록번호. 다만, 공급받는 자가 사업자가 아니거나 등록한 사업자가 아닌 경우에는 고유번호 또는 공급받는 자의 주민등록번호
③ 공급가액과 부가가치세액
④ 작성연월일

2) 임의적 기재사항

① 공급하는 자의 주소
② 공급받는 자의 상호·성명·주소
③ 공급하는 자와 공급받는 자의 업태와 종목
④ 공급품목
⑤ 단가와 수량
⑥ 공급연월일
⑦ 거래의 종류
⑧ 사업자단위과세사업자의 경우 실제로 재화 또는 용역을 공급하거나 공급받는 종된사업장의 소재지 및 상호

부가가치세법 시행규칙 [별지 제14호서식] (적색) <개정 2021. 10. 28.>

	책 번 호		권	호

세금계산서(공급자보관용)

일 련 번 호 ☐☐ - ☐☐☐☐

공급자	등 록 번 호	☐☐☐ - ☐☐ - ☐☐☐☐☐		성 명 (대표자)		공급받는자	등 록 번 호			성 명 (대표자)	
	상호(법인명)						상호(법인명)				
	사업장 주소						사업장 주소				
	업 태		종 목				업 태		종 목		

작성	공 급 가 액	세 액	비 고
연 월 일 빈칸 수	조 천 백 십 억 천 백 십 만 천 백 십 일	천 백 십 억 천 백 십 만 천 백 십 일	

월	일	품 목	규 격	수 량	단 가	공 급 가 액	세 액	비 고

합 계 금 액	현 금	수 표	어 음	외상 미수금	이 금액을 영수 함 청구

210㎜×148.5㎜ (인쇄용지(특급) 34g/㎡)

부가가치세법 시행규칙 [별지 제14호서식] (청색) <개정 2021. 10. 28.>

	책 번 호		권	호

세금계산서(공급받는 자 보관용)

일 련 번 호 ☐☐ - ☐☐☐☐

공급자	등 록 번 호	☐☐☐ - ☐☐ - ☐☐☐☐☐		성 명 (대표자)		공급받는자	등 록 번 호			성 명 (대표자)	
	상호(법인명)						상호(법인명)				
	사업장 주소						사업장 주소				
	업 태		종 목				업 태		종 목		

작성	공 급 가 액	세 액	비 고
연 월 일 빈칸 수	조 천 백 십 억 천 백 십 만 천 백 십 일	천 백 십 억 천 백 십 만 천 백 십 일	

월	일	품 목	규 격	수 량	단 가	공 급 가 액	세 액	비 고

합 계 금 액	현 금	수 표	어 음	외상 미수금	이 금액을 영수 함 청구

210㎜×148.5㎜(인쇄용지(특급) 34g/㎡)

3) 세금계산서의 특별 기재사항 등

일반과세자 중 자동차 제조업 및 자동차 판매업을 영위하는 사업자가 영수증을 발급하였으나, 공급을 받는 사업자가 해당 재화를 공급받은 날이 속하는 과세기간의 다음 달 10일까지 사업자등록증을 제시하고 세금계산서의 발급을 요구하는 때에는 세금계산서를 발급 발급하는 경우 : 비고란에 영수증 취소분이라고 표시하여 기재(부령 67 ③)

4) 그 밖의 기재사항

① 사업자는 위 필요적 기재사항과 그 밖의 필요하다고 인정되는 사항 및 국세청장에게 신고한 계산서임을 적은 세금계산서를 국세청장에게 신고한 후 발급할 수 있다(부령 67 ④).

② 국외사업자의 위탁매매인, 준위탁매매인 또는 대리인에 의하여 용역등을 공급하는 경우에는 세금계산서 발급 시 해당 용역등을 공급하는 비거주자 또는 외국법인자의 상호 및 주소를 덧붙여 적어야 한다(부령 69 ⑰).

(2) 세금계산서 기재요령

세금계산서의 기재요령은 다음에 따른다(부가가치세사무처리규정 110).

1) 숫자는 아라비아숫자로, 문자는 한글로 적는다.

2) '공급자'란 : 인쇄하거나 고무인으로 날인하여야 한다.

3) '공급받는 자의 등록번호'란 : 공급받는 자의 등록번호를 기재하되, 공급받는 자가 부가가치세면세사업자인 경우에는 소득세법 또는 법인세법의 규정에 따른 등록번호 또는 고유번호를 적는다.

4) '공급자 및 공급받는 자의 업태·종목'란 : 공급자 및 공급받는 자의 사업자등록증에 적힌 업태·종목 중 해당 거래품목에 해당하는 업태·종목을 적는다. 다만, 2가지 이상의 업태·종목을 거래하는 경우에는 공급가액이 가장 큰 품목에 해당하는 업태·종목을 기재하되 '○○ 외'라고 적는다.

5) '작성연월일'란 : 세금계산서를 실제로 작성하는 일자를 적는다. 다만, 부가가치세법시행령 제54조의 규정에 따라 거래금액을 합한 세금계산서를 발급하는 경우에는 거래월의 말일자 또는 1역월 이내에서 거래관행상 정하여진 기간의 최종일자를 기재하거나, 관련증명 서류 등에 의하여 실제 거래사실이 확인된 경우로서 재화 또는 용역의 공급일이 속하는 달의 다음달 10일까지 세금계산서를 발급하는 경우에는 해당 거래일자를 발행일자로 적는다.

6) '공급가액'란 : 재화 또는 용역의 공급에 대하여 거래상대방으로부터 받는 가액(부가가치세를 제외한 금액)을 기재하고, '공란수'에는 공급가액으로 적은 금액 앞의 빈칸수를 적는다.

7) '세액'란 : 재화 또는 용역의 공급가액에 세율을 적용하여 산출한 부가가치세액을 적는다. 다만, 부가가치세법 제11조 및 동령 제24조부터 제26조까지의 규정에 따라 영세율이 적용되는 거래의 경우에는 '영세율'라 적는다.

8) '품목'란 : 공급가액이 가장 큰 품목순으로 기재하되, 거래품목이 4가지를 초과할 경우에는 마지막 '품목'란에 'ㅇㅇ 외 ㅇ종'으로 기재하고 공급가액 및 세액란은 합계하여 기재하며, 규격·수량·단가는 기재하지 아니한다. 다만, 부가가치세법시행령 제54조의 규정에 따라 거래금액을 합계한 세금계산서를 발급하는 경우에는 '품목'란 첫째란에 '주요 품목 외 ㅇ종'(예 : ㅇㅇ 외 ㅇ종)으로 기재하고 공급가액 및 세액란은 합계한 금액으로 기재할 수 있다. 이 경우 규격·수량·단가는 기재하지 아니한다.

9) '비고'란
   ① 위수탁매매 또는 대리인을 통한 매매의 경우 수탁자 또는 대리인의 등록번호
   ② 공급받는 자가 일반소비자인 경우 공급받는 자의 주민등록번호
   ③ 부가가치세법시행령 제54조의 규정에 따라 거래금액을 합계한 세금계산서를 발급하는 경우에는 '합계'
   ④ 부가가치세법시행규칙 제18조 제1항의 규정에 따라 전력을 공급받은 명의자가 전력을 실지로 소비하는 자를 공급받는 자로 하여 세금계산서를 발급하는 경우에는 '전력', 동조 제2항의 규정에 따라 조합 또는 이와 유사한 단체 및 도시가스를 공급받는 명의자가 세금계산서를 발급하는 경우에는 '공동매입'
   ⑤ 음식·숙박용역이나 개인서비스용역을 공급하고 그 대가와 함께 종업원(자유직업소득자를 포함한다)의 봉사료를 받는 경우 '종업원봉사료 ㅇㅇㅇ원', 다만 해당 봉사료가 부가가치세법시행령 제48조 제8항 단서의 규정에 따라 사업자의 수입금액에 포함되는 경우에는 그러하지 아니한다.
   ⑥ 그 밖의 필요한 사항

10) '이 금액을 영수(청구)함'란 : 현금 판매시에는 '청구'를, 외상판매시에는 '영수'를 두 줄로 삭제한다.

마. 특수한 경우 세금계산서의 발급방법

(1) 위탁판매시 세금계산서 발급

위탁판매 또는 대리인에 따른 판매의 경우 수탁자 또는 대리인이 재화를 인도하는 때에는

수탁자 또는 대리인이 위탁자 또는 본인의 명의로 세금계산서를 발급하며, 위탁자 또는 본인이 직접 재화를 인도하는 때에는 위탁자 또는 본인이 세금계산서를 발급할 수 있다. 이 경우에는 세금계산서상 비고란에 수탁자 또는 대리인의 등록번호를 덧붙여 적어야 한다(부령 69 ①). 용역의 공급에 대한 주선·중개의 경우도 이와 같다(부령 69 ⑤).

【통칙 · 판례 · 예규 참조】

부 통 위탁판매 등의 세금계산서 발급

사업자가 위탁 또는 대리에 의하여 재화를 공급하는 경우에는 수탁자 또는 대리인이 위탁자 또는 본인의 명의로 세금계산서를 발급하여야 한다. 다만, 위탁자 또는 본인을 알 수 없는 경우에는 위탁자(본인)는 수탁자(대리인)에게, 수탁자(대리인)는 거래상대방에게 공급한 것으로 보아 세금계산서를 발급한다 (부통 32-69-5).

예 규 위탁자를 알 수 없는 위탁매매에 있어서 세금계산서 발급

위탁판매업을 하는 연쇄화 사업법인이 각 제조업자로부터 일괄구입 공동보관한 상품을 각 가맹점별로 분할배달하는 경우에 일괄구입시 위탁자인 각 가맹점을 알 수 없는 경우에는 부가가치세법 제16조 제4항 및 같은 법시행령 제58조 제4항의 규정에 따라 각 제조업자는 연쇄화 사업법인에게, 연쇄화 사업법인은 각 가맹점포에 재화를 공급하는 것으로 보아 각각 세금계산서를 발급해야 한다(간세 1235-2121, 1977. 7. 19).

---

(2) 수탁매입시 세금계산서 발급

위탁매입 또는 대리인에 따른 매입의 경우에는 공급자가 위탁자 또는 본인을 공급받는 자로 하여 세금계산서를 발급한다. 이 경우에는 세금계산서상의 비고란에 수탁자 또는 대리인의 등록번호를 부기하여야 한다(부령 69 ②). 용역의 공급에 대한 주선·중개의 경우도 이와 같다(부령 69 ⑤).

(3) 「조달사업에 관한 법률」에 따른 물자공급시 세금계산서 발급

「조달사업에 관한 법률」에 의하여 물자가 공급되는 경우에는 공급자 또는 세관장이 해당 실수요자에게 직접 세금계산서를 발급하여야 한다. 다만, 물자를 조달하는 때에 해당 물자의 실수요자를 알 수 없는 경우에는 조달청장에게 세금계산서를 발급하고 조달청장이 실지로 실수요자에게 해당 물자를 인도하는 때에는 해당 실수요자에게 세금계산서를 발급할 수 있다(부령 69 ⑥).

(4) 시설대여업자로부터 시설임차시 세금계산서 발급

납세의무있는 사업자가 「여신전문금융업법」 제3조의 규정에 따라 등록한 시설대여업자로부터 시설 등을 임차하고, 해당 시설 등을 공급자 또는 세관장으로부터 직접 인도받는 경우에는 공급자 또는 세관장이 해당 사업자에게 직접 세금계산서를 발급할 수 있다(부령 69 ⑧).

(5) 수용으로 인한 재화공급시 세금계산서 발급

수용으로 인하여 재화가 공급되는 경우에는 해당 사업시행자가 세금계산서를 발급할 수 있다(부령 69 ④).

(6) 창고증권양도로 임치물 반환이 수반되는 경우의 세금계산서 발급

조달청이 발급한 창고증권의 양도로서 임치물의 반환이 수반되는 경우의 세금계산서발급은 위 '(3)'의 단서를 준용하여 사업자인 임치인이 임치물을 임치하는 때에 "창고증권과의 교환으로 임치물을 반환받는 자"를 알 수 없는 경우에는 임치인이 창고업자에게 세금계산서를 발급하고 창고업자는 해당 "창고증권과의 교환으로 임치물을 반환 받는 자"에게 세금계산서를 발급할 수 있다(부령 69 ⑨).

(7) 전기사업자 등 경우 등의 세금계산서

「전기사업법」에 따른 전기사업자가 전력을 공급함에 있어서 전력을 공급받는 명의자와 전력을 실지로 소비하는 자가 서로 다른 경우에 해당 전기사업자가 전력을 공급받는 명의자를 공급받는 자로 하여 세금계산서를 발급하고 해당 명의자는 그 발급받은 세금계산서에 적힌 공급가액의 범위 안에서 전력을 실지로 소비하는 자를 공급받는 자로 하여 세금계산서를 발급한 때에는 해당 전기사업자가 전력을 실지로 소비하는 자를 공급받는 자로 하여 세금계산서를 발급한 것으로 본다(부령 69 ⑭).

그리고 동업자가 조직한 조합 또는 이에 유사한 단체가 그 조합원 그 밖의 구성원을 위하여 재화 또는 용역을 공급하거나 공급받는 경우와 국가를 당사자로 하는 법률에 따른 공동도급계약에 의하여 용역을 공급하고 그 공동수급체의 대표자가 그 대가를 지급받는 경우 및 도시가스사업법에 따른 도시가스사업자가 도시가스를 공급함에 있어서 도시가스를 공급받은 명의자와 도시가스를 실지로 소비하는 자가 서로 다른 경우에 이를 준용한다(부령 69 ⑮).

【통칙·판례·예규 참조】

`부 통` **전력을 공급받는 명의자의 세금계산서 발급**
영 제69조 제14항에 규정하는 전력을 공급받는 명의자의 범위에는 부가가치세법상 일반과세자가 아닌 자를 포함하며, 일반과세자가 아닌 자가 세금계산서를 발급할 때에는 간이과세자등록번호·면세사업자등록번호 또는 고유번호 등을 기재하여 일반과세자의 세금계산서발급요령에 따라 발급한다(부통 32 -69-7).

`예 규` **조합의 공동매입 등에 대한 세금계산서 발급**
동업자가 조직한 조합 또는 이와 유사한 단체가 부가가치세법 시행규칙 제18조의 규정에 따라 그 조합원, 그 밖의 구성원을 위하여 제조업자로부터 재화를 공동구입하여 조합원, 그 밖의 구성원에게 세금계산서를 발급하여 동 재화를 공급한 경우에는 제조업자가 실수요자인 조합원, 그 밖의 구성원을 공급받는 자로 하여 세금계산서를 발급한 것으로 본다(부가 1265. 2-464, 1980. 3. 15).

> **예 규** 공동매입에 대한 세금계산서 제출과 미제출시 가산세 적용 여부
>
> 중소기업협동조합은 공동판매 알선용역에 대한 부가가치세 납세의무자로서 알선용역에 관계된 공급가액과 세액은 부가가치세법에 따른 신고를 하고 공동구매와 공공판매품은 협동조합의 사업을 위한 재화가 아니므로 세금계산서만 정부에 제출하는 경우 적법하며, 공동구매와 공동판매에 관련된 세금계산서를 미제출시 가산세를 적용하지 아니한다(부가 1265-2707, 1982. 10. 19).

(8) 감정평가업자가 법원의 의뢰에 의하여 감정평가용역을 제공하는 경우

「감정평가 및 감정평가사에 관한 법률」에 따른 감정평가업자 또는 「신문 등의 진흥에 관한 법률」에 따른 신문 발급업자 및 「잡지 등 정기간행물의 진흥에 관한 법률」에 따른 정기간행물 발급업자 또는 「뉴스통신진흥에 관한 법률」에 따른 뉴스통신사업을 경영하는 법인이 법원의 의뢰에 의하여 감정평가용역 또는 광고용역을 제공하는 경우 당해 용역을 실지로 공급받는 자를 알 수 없는 경우에는 감정평가업자 또는 신문 발급업자 및 정기간행물 발급업자 또는 뉴스통신사업을 경영하는 법인은 법원에 세금계산서를 발급하고, 당해 법원이 감정평가용역 또는 광고용역을 실지로 공급받는 자에게 그 용역에 대한 대가를 징수하는 때에 세금계산서를 발급할 수 있다(부령 69 ⑩).

(9) 다른 전기통신사업자의 가입자에게 전기통신역무를 제공한 경우

「전기통신사업법」에 따른 전기통신사업자가 다른 전기통신사업자의 이용자에게 전기통신역무를 제공하고 그 대가의 징수를 다른 전기통신사업자에게 대행하게 하는 경우에는 해당 전기통신역무를 제공한 사업자가 다른 전기통신사업자에게 세금계산서를 발급하고, 다른 전기통신사업자가 이용에게 세금계산서를 발급할 수 있다(부령 69 ⑪).

(10) 한국가스공사가 가스도입판매사업자를 위하여 천연가스를 직접 수입하는 경우

「한국가스공사법」에 따른 한국가스공사가 기획재정부령으로 정하는 가스도입판매사업자를 위하여 천연가스(액화한 것을 포함한다)를 직접 수입하는 경우에는 세관장이 해당 가스도입판매사업자에게 직접 세금계산서를 발급할 수 있다(부령 69 ⑦).

(11) 발전사업자가 전력시장을 통하여 전기판매사업자 또는 전기사용자에게 전력 공급

「전기사업법」에 따른 발전사업자가 전력시장을 통하여 전기판매사업자 또는 전기사용자에게 전력을 공급하고 그 대가를 한국전력거래소를 통하여 받는 경우에는 해당 발전사업자가 한국전력거래소에 세금계산서를 발급하고 한국전력거래소가 해당 전기판매사업자 또는

전기사용자에게 세금계산서를 발급할 수 있다(부령 69 ⑫).

(12) 재생에너지전기공급사업자가 전기사용자에게 전력 공급

「전기사업법」에 따른 재생에너지전기공급사업자가 전기사용자에게 전력을 공급하고 같은 법에 따른 전기판매사업자 및 한국전력거래소에 관련 대금을 지급하는 경우에는 전기판매사업자 및 한국전력거래소가 재생에너지전기공급사업자에게 세금계산서를 발급하고 재생에너지전기공급사업자가 전기사용자에게 세금계산서를 발급할 수 있다(부령 69 ⑬).

(13) 위성이동멀티미디어방송사업자

위성이동멀티미디어방송사업자 및 일반위성방송사업자가 「전기통신사업법」에 따른 전기통신사업자의 이용자에게 위성이동멀티미디어방송용역 및 일반위성방송용역을 제공하고 그 대가의 징수를 전기통신사업자에게 대행하게 하는 경우에는 위성이동멀티미디어방송사업자 및 일반위성방송사업자가 전기통신사업자에게 세금계산서를 발급하고, 전기통신사업자가 이용자에게 세금계산서를 발급할 수 있다(부령 69 ⑬).

(14) 런던금속거래소의 지정창고에 보관된 물품

조달청 창고 및 런던금속거래소의 지정창고에 보관된 물품이 국내로 반입되는 경우에는 세관장이 수입세금계산서를 발급한다(부령 69 ⑯).

【통칙·판례·예규 참조】

부 통 화물운송주선의 경우 세금계산서 발급

운송주선용역을 공급하는 사업자가 불특정다수인의 화주와 운송위탁계약을 체결하여 화주로부터 화물·운임 및 주선수수료를 받아 운수업자로 하여금 화물을 운송하게 하고 그 운임을 지불하는 경우 세금계산서의 발급은 다음 각호와 같이 한다(부통 132-69-6).

① 운송주선사업자는 운송주선용역을 공급받는 자(화주 또는 운송업)에게 운송주선용역의 대가인 수수료에 대하여 세금계산서를 발급하고 화물운송계약이 확정될 때에 운송업자의 명의로 화주에게 화물운송용역에 대한 세금계산서를 발급한다. 이 경우 화물운송주선업자의 등록번호를 비고란에 부기한다.

② 화물운송업자는 화물운송주선업자가 화물운송업자의 명의로 세금계산서를 발급하지 아니한 경우에만 화주에게 세금계산서를 발급한다.

부 통 지입차량에 대한 세금계산서발급

지입회사가 지입차주의 위탁을 받아 지입차량을 매입하는 경우에 지입회사는 법 제10조 제7항 단서에 따라 차량공급자로부터 자기의 명의로 세금계산서를 발급받고 자기의 명의로 지입차주에게 세금계산서를 발급하여야 한다(부통 32-69-1).

부 통 보험사고 자동차 수리비의 세금계산서 발급

보험사고자동차에 대한 수리용역을 제공하는 사업자는 해당 용역대가의 지급자 또는 해당 차량의 소유자 여부를 불문하고 실제 자기책임하에 자동차수리용역을 제공받는 자에게 세금계산서를 발급하여야

한다(부통 32-69-2).

하치장에서 인도되는 재화의 세금계산서발급

사업자가 하치장으로 반출한 재화를 해당 하치장에서 거래상대자에게 인도하는 경우에 세금계산서는 그 재화를 하치장으로 반출한 사업장을 공급하는 자로 발급하여야 한다(부통 32-69-3).

사업장이 2 이상인 경우의 세금계산서발급

제조장과 직매장 등 2 이상의 사업장을 가진 사업자가 제조장에서 생산한 재화를 직매장 등에서 전담하여 판매함에 있어, 수송 등의 편의를 위하여 제조장에서 거래처에 직접 재화를 인도하는 경우에는 공급자를 제조장으로 하는 세금계산서를 직접 거래처에 발급하는 것이나, 이미 제조장에서 직매장 등으로 세금계산서(총괄납부사업자의 경우에는 거래명세서)를 발급한 경우에는 직매장 등에서 거래처에 세금계산서를 발급하여야 한다(부통 32-69-4).

☞ 본지점간의 세금계산서 발급

본사가 영세율을 적용받는 경우 제조장의 세금계산서 발급

본사에서 신용장을 받고 공장에서 제품을 생산하여 직접 선적 수출한 후 본사에서 영세율을 적용받는 경우에는 공장은 본사로부터 부가가치세를 거래징수하고 세금계산서를 발급한다(부가 1265-2688, 1980. 10. 14).

본·지점있는 사업자의 매입세금계산서를 발급받는 사업장

둘 이상의 사업장이 있는 사업자가 자기의 사업장(공장)에서 사용·소비할 재화를 구입하기 위하여 다른 사업장(본사)에서 계약·발주·대금결재 등 거래가 이루어지고, 수송편의 등을 위하여 재화를 공급하는 자가 해당 재화를 직접 공장에 운송하는 경우에는 거래가 이루어진 사업장(본사) 명의로 세금계산서를 발급받을 수 있다(부가 1265. 1-2036, 1983. 9. 23).

☞ 월합계세금계산서 발급

임차기간 40개월의 임차료를 선지급하고 세금계산서를 발급받은 경우 매입세액공제 여부

사업자가 해당 용역의 공급시기가 도래하기 전에 부가가치세법 제16조 제1항의 규정에 따라 세금계산서를 발급하는 경우에는 그 발급하는 때를 해당 용역의 공급시기로 보는 것으로 해당 세금계산서를 발급받은 사업자는 세금계산서를 발급받은 과세기간의 매출세액에서 공제받을 수 있는 것임(부가 46015-526, 2000. 3. 8) (심사부가2001-242, 2001. 8. 3.).

월합계 세금계산서를 발급한 분에 대한 대금영수시 신용카드매출표 발급 가능 여부

거래의 관행상 고정거래처와의 외상거래에 대하여 부가가치세법시행령 제54조의 규정에 따라 월합계 세금계산서를 발급하여 그 대금을 청구하고 추후 대금결재수단으로 신용카드 매출표를 발급할 수 있으나, 동 신용카드 매출표에는 기 세금계산서 발급분임을 표시하여야 하는 것입니다. 이 경우 단순히 대금결재 수단으로 발급하는 신용카드매출표는 부가가치세법시행규칙 제16조 제3항 및 제17조의2 제2항에서 규정하는 세금계산서 또는 금전등록기계산서로 보지 아니한다(부가 22601-1716, 1992. 11. 17).

(15) 배출권 거래소가 공급받은 배출권

「온실가스 배출권의 할당 및 거래에 관한 법률」에 따라 배출권 거래계정을 등록한 자(이하 "할당대상업체등"이라 한다)가 같은 법에 따른 배출권 거래소가 개설한 배출권 거래시장

을 통하여 다른 할당대상업체등에게 같은 법에 따른 배출권(상쇄배출권을 포함한다)을 공급하고 그 대가를 배출권 거래소를 통하여 받는 경우에는 법 제32조 제6항에 따라 그 할당대상업체등이 배출권 거래소에 세금계산서를 발급하고 배출권 거래소가 공급받은 할당대상업체등에게 세금계산서를 발급할 수 있다.

(16) 법인의 합병

법인이 합병하는 경우 실제합병일부터 합병등기일까지 합병으로 인해 소멸하는 법인의 재화 또는 용역의 공급분에 대해서는 합병 이후 존속하는 법인 또는 합병으로 인하여 신설되는 법인 명의로 세금계산서를 발급할 수 있다(부령 69 ⑲).

(17) 법인의 분할

분할 또는 분할합병에 따라 소멸하는 법인이 해당 계약서에 기재된 분할 또는 분할합병을 할 날부터 분할등기일 또는 분할합병등기일까지의 기간에 재화 또는 용역을 공급하거나 공급받는 경우 다음의 어느 하나에 해당하는 법인으로서 해당 재화 또는 용역에 대한 권리와 의무를 승계한 법인이 세금계산서를 발급하거나 발급받을 수 있다(부령 69 ㉑).
 ① 분할 또는 분할합병 이후 존속하는 법인
 ② 분할 또는 분할합병으로 신설되는 법인

바. 세금계산서 발급의무 면제

사업자가 재화 또는 용역을 공급하는 때에는 세금계산서를 발급하여야 하는 것이 원칙이나 다음과 같이 세금계산서를 발급하기 어렵거나 불필요한 경우에는 세금계산서발급의무를 면제한다(부법 33, 부령 71 ①).
 ① 택시운송 사업자, 노점 또는 행상을 하는 자와 다음에 해당하는 자가 공급하는 재화 또는 용역
　㉮ 무인자동판매기를 이용하여 재화 또는 용역을 공급하는 자
　㉯ 전력 또는 도시가스를 실지로 소비하는 자(사업자가 아닌 자에 한정한다)를 위하여 전기사업법에 따른 전기사업자 또는 도시가스사업법에 따른 도시가스사업자로부터 전력 또는 도시가스를 공급받는 명의자
　㉰ 도로 및 관련시설 운영용역을 공급하는 자. 다만, 공급받는 자로부터 세금계산서의 발급을 요구받는 경우를 제외한다.
 ② 소매업 또는 미용, 욕탕 및 유사서비스업을 하는 사업자가 공급하는 재화 또는 용역. 다만, 소매업의 경우에는 공급받는 자가 세금계산서발급을 요구하지 아니하는 경우에 한정한다.

③ 자가공급, 개인적공급, 사업상증여, 폐업 등으로 인하여 재화의 공급으로 보는 경우의 해당 재화. 다만, 2 이상의 사업장이 있는 사업자가 타인에게 직접 판매할 목적으로 다른 사업장에 반출하는 경우는 제외한다.

④ 수출하는 재화(내국신용장 또는 구매확인서에 따라 공급하는 재화와 한국국제협력단, 한국국제보건의료재단 및 대한적십자사에 공급하는 재화를 제외한다), 국외에서 제공하는 용역, 외국항행용역(공급받는 자가 국내에 사업장이 없는 비거주자 또는 외국법인인 경우와 항공기의 외국항행용역 및 항공사업법에 따른 상업서류 송달용역에 한정한다)

⑤ 영세율이 적용되는 그 밖의 외화획득사업 중 다음의 것

  ㉮ 국내에서 국내사업장이 없는 비거주자 또는 외국법인에게 재화 또는 용역을 공급하고 그 대금을 외국환은행에서 원화로 받는 경우

  ㉯ 국내에서 국내사업장이 있는 경우 국내에서 국외의 비거주자 또는 외국법인과 직접 공급계약을 하고 그 대금을 해당 국외의 비거주자 또는 외국법인으로부터 외국환은행을 통하여 원화로 받는 경우

  ㉰ 외국을 항행하는 선박 및 항공기 또는 원양어선에 공급하는 재화 또는 용역(공급받는 자가 국내에 사업장이 없는 비거주자 또는 외국법인에 한함)

  ㉱ 국내에 주재하는 외국정부기관 등에 공급하는 재화 또는 용역

  ㉲ 일반여행업자가 공급하는 관광알선 용역 또는 관광기념품으로서 구매자의 성명·국적·여권번호·품명·수량·공급가액 등이 적힌 물품판매기록표에 의하여 외국인과의 거래임이 표시되는 것

  ㉳ 외국인관광객에게 공급하는 관광알선용역 또는 관광기념품 공급, 관광진흥법에 따른 호텔업을 하는 자가 제공하는 숙박용역(객실요금의 경우에 한정한다)으로서 일정 요건을 충족하는 것

⑥ 그 밖에 국내사업장이 없는 비거주자 또는 외국법인에게 공급하는 재화 또는 용역. 다만, 그 비거주자 또는 외국법인이 해당 외국의 개인사업자 또는 법인사업자임을 증명하는 서류를 제시하고 세금계산서 발급을 요구하는 경우 또는 외국법인 연락사무소에 재화 또는 용역을 공급하는 경우는 제외한다.

⑦ 부동산임대용역 중 전세금 또는 임대보증금 등에 대한 간주임대료. 따라서 간주임대료에 대한 부가가치세를 임대인·임차인 중 어느 편이 부담하는지를 불문하고 세금계산서를 발급하거나 발급받을 수 없다.

⑧ 「전자서명법」에 따른 공인인증기관이 공인인증서를 발급하는 용역. 다만, 공급받는 자가 사업자로서 세금계산서의 발급을 요구하는 경우는 제외한다.

⑨ 간편사업자등록을 한 사업자가 국내에 공급하는 전자적 용역

부 통 간주임대료에 대한 세금계산서발급면제

부동산임대에 따른 간주임대료에 대한 부가가치세를 임대인·임차인 중 어느 편이 부담하는지에 관계 없이 영 제71조에 따라 세금계산서를 발급하거나 발급받을 수 없다(부통 33-71-1).

예 규 수출대행시 세금계산서 발급 여부

사업자가 무역거래법의 규정에 따라 수출입허가를 받은 사업자와 수출대행계약에 의하여 자기재화를 수출하는 경우 부가가치세법 제11조 제1항 제1호에 규정하는 수출재화로서 영세율이 적용되므로 수출 대행을 의뢰한 사업자는 같은 법시행령 제57조 제3호의 규정에 따라 세금계산서 발급의무가 면제된다 (간세 1235-3734, 1977. 10. 13, 간세 1235-4635, 1977. 12. 21).

예 규 자기사업장간의 재화이동에 대한 세금계산서

2이상의 사업장이 있는 광산업자가 선광장이 없는 사업장의 광물을 선광장이 있는 사업장으로 원재료로 반출하는 경우에는 세금계산서 발급의무가 없으나 생산 또는 취득한 재화를 직접 판매할 목적으로 다른 사업장에 반출하는 경우에는 세금계산서를 발급하여야 한다(부가 1265-1493, 1981. 6. 11).

예 규 고정자산의 사업장간 이동에 대한 세금계산서 발급 여부

사업자가 자기사업과 관련하여 취득한 고정자산을 사업확장을 위해 다른 사업장을 신설하기 위하여 해당 고정자산을 반출하는 경우 재화의 공급에 해당되지 아니하므로 세금계산서 발급대상이 아니다(부 가 1265-2442, 1982. 9. 14).

예 규 폐업시 과세된 재고재화의 처분시 세금계산서 발급 여부

사업자가 사업을 폐지하여 부가가치세법 제6조 제4항의 규정에 따라 재고재화로서 과세된 잔존재화를 실지로 처분하는 때는 세금계산서를 발급할 수 없으며 일반영수증을 발급하여야 한다(부가 1265-831, 1983. 5. 2).

5. 전자세금계산서

(1) 발급의무자

법인사업자와 직전 연도의 사업장별 재화 및 용역의 공급가액(면세공급가액을 포함)의 합 계액이 8천만원 이상인 개인사업자는 전자적 방법으로 전자세금계산서를 발급하여야 한다 (부령 68 ①). 여기서 '전자세금계산서 의무발급 개인사업자'는 사업장별 재화 및 용역의 공급가액의 합계액이 8천만원 이상인 해의 다음 해 제2기 과세기간부터 전자세금계산서를 발급하여야 한다. 다만, 사업장별 재화 및 용역의 공급가액의 합계액이 수정신고 또는 결정 및 경정으로 8천만원 이상이 된 경우에는 수정신고 등을 한 날이 속하는 과세기간의 다음 과세기간부터 전자세금계산서를 발급하여야 한다(부령 68 ②).

이 때 세무서장은 개인사업자가 전자세금계산서 의무발급 개인사업자에 해당하는 경우 에는 전자세금계산서를 발급하여야 하는 의무가 발생하기 1개월 전까지 그 사실을 해당 개인사업자에게 통지하여야 한다. 만약, 개인사업자가 전자세금계산서를 발급하여야 하는

의무가 발생하기 1개월 전까지 통지를 받지 못한 경우에는 통지서를 수령한 날이 속하는 달의 다음 다음 달 1일부터 전자세금계산서를 발급하여야 한다.

여기서 전자적 방법이란 다음 중 하나에 해당하는 방법으로 세금계산서의 기재사항을 계산서 작성자의 신원 및 계산서의 변경여부 등을 확인할 수 있는 공인인증시스템을 거쳐 정보통신망으로 발급하는 것을 말한다(부령 68 ⑤).

① 전사적(全社的) 기업자원 관리설비를 이용하는 방법
② 재화 또는 용역을 실제 공급하는 사업자를 대신하여 전자세금계산서 발급업무를 대행하는 사업자의 전자세금계산서 발급 시스템을 이용하는 방법
③ 국세청장이 구축한 전자세금계산서 발급 시스템을 이용하는 방법
④ 전자세금계산서 발급이 가능한 현금영수증 발급장치 및 그밖에 국세청장이 지정하는 전자세금계산서 발급 시스템을 이용하는 방법

만일 위 '① · ② · ④'에 따른 설비 또는 시스템을 구축하고 운영하려는 자는 미리 기획재정부령으로 정하는 바에 따라 국세청장 또는 관할 세무서장에게 등록하여야 한다.

(2) 임의 발급자

전자세금계산서를 의무적으로 발급하여야 하는 사업자가 아닌 사업자도 전자세금계산서를 발급·전송할 수 있다(부법 32 ⑤).

(3) 발급명세 전송

전자세금계산서를 발급하였을 때에는 **전자세금계산서 발급일의 다음 날**까지 세금계산서 발급명세를 국세청장에게 전송하여야 한다(부령 68 ⑥).

(4) 전자세금계산서 발급방법

1) 국세청 시스템을 통한 발급방법

① 대상 : ERP, ASP를 이용하지 않는 사업자
② 방식 : 공급자가 국세청에 접속, 실시간으로 세금계산서 발급

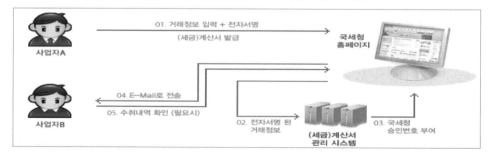

(국세청 홈택스 : www.hometax.go.kr)

2) 시스템 사업자 대상 발급방법

① 대상 : 한국인터넷진흥원으로부터 표준인증을 받은 자체발급시스템 구축사업자 (ERP) 또는 세금계산서 중개업자(ASP)

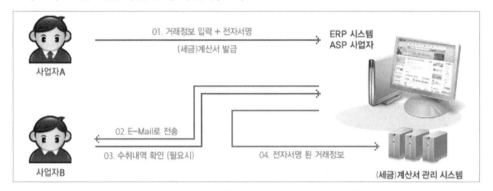

* ERP(Enterprise Resource Planning) : 정보기술을 활용하여 구매·생산·판매·재고·회계 등 기업의 기능을 효율적으로 관리하는 전산시스템
* ASP(Application Service Provider) : 응용소프트웨어 등을 제공하는 사업자로서 사업자로부터 일정 수수료를 받아 전자세금계산서 발급을 대행하는 업무 담당

3) 그 밖의

신용카드 단말기를 통한 발급, 전화 ARS(국세청)를 통한 발급 등

(5) 전자세금계산서 수신

① 재화나 용역을 공급받는 자가 전자세금계산서를 발급받을 수신함을 가지고 있지 아니하거나 지정하지 아니한 경우 또는 전자세금계산서 발급이 가능한 현금영수증 발급장치 등 수신함이 적용될 수 없는 시스템을 사용하는 경우에는 국세청장이 구축한 전자세금계산서 발급 시스템을 수신함으로 지정한 것으로 본다(부령 68 ⑩).

② 전자세금계산서가 재화나 용역을 공급받는 자가 지정하는 수신함에 입력되거나 국세청장이 구축한 전자세금계산서 발급 시스템에 입력된 때에 재화나 용역을 공급받는 자가 그 전자세금계산서를 수신한 것으로 본다(부령 68 ⑪).

(6) 특별 형식의 전자세금계산서 발급

다음의 사업을 하는 사업자는 해당 사업과 관련하여 세금계산서의 필요적 기재사항과 그 밖에 필요하다고 인정되는 사항 및 관할 세무서장에게 신고한 전자세금계산서임을 적은 계산서를 관할 세무서장에게 신고한 후 발급할 수 있다. 이 경우 사업자는 표준인증을 받고 공급일의 다음 달 11일까지 전자세금계산서 파일을 국세청장에게 전산매체로 제출하여야 한다(부령 68 ⑧).

① 「전기사업법」에 따른 전기사업자가 산업용 전력을 공급하는 경우
② 「전기통신사업법」에 따른 전기통신사업자가 사업자에게 전기통신역무를 제공하는 경우. 다만, 부가통신사업자가 통신판매업자에게 「전기통신사업법」에 따른 부가통신역무를 제공하는 경우는 제외한다.
③ 「도시가스사업법」에 따른 도시가스사업자가 산업용 도시가스를 공급하는 경우
④ 「집단에너지사업법」에 따른 한국지역난방공사가 산업용 열을 공급하는 경우
⑤ 「방송법」에 따른 방송사업자가 사업자에게 방송용역을 제공하는 경우
⑥ 일반과세자가 농·어민에게 「조세특례제한법」 제105조의2에 따른 농·어업용 기자재를 공급하는 경우
⑦ 「인터넷 멀티미디어 방송사업법」 제2조 제5호 가목에 따른 인터넷 멀티미디어 방송 제공사업자가 사업자에게 방송용역을 제공하는 경우

(7) 전자세금계산서 설비 및 시스템 등록

1) 시스템을 등록하려는 사업자 요건

전자세금계산서 설비 및 시스템을 구축하고 운영하려는 자는 미리 기획재정부령으로 정하는 바에 따라 국세청장 또는 관할 세무서장에게 등록하여야 한다(부령 68 ⑤). 등록신청을 받은 국세청장 또는 관할 세무서장은 해당 사업자가 다음 중 어느 하나에 해당하는 경우를 제외하고는 등록을 거부할 수 없다. 다만, ①~③까지의 요건은 전자세금계산서 발급대행사업자에 한정하여 적용한다(부칙 50 ③).

① 자본금이 2억원 미만인 경우
② 사업자 또는 사업자의 대표자가 신청일 직전 5년 이내에 「조세범 처벌법」에 따른 처벌을 받은 사실이 있는 경우
③ 업자 또는 사업자의 대표자가 신청일 직전 2년 이내에 국세를 3회 이상 체납하거나 신청일 직전 5년 이내에 결손처분받은 사실이 있는 경우
④ 해당 전자세금계산서 설비 및 시스템의 안전성과 보안성이 미흡한 경우

2) 등록신청서 제출

따라서 전자세금계산서 설비 또는 시스템을 등록하려는 사업자는 등록신청서에 다음 각 호의 서류를 첨부하여 국세청장 또는 관할 세무서장에게 제출하여야 한다(부칙 50 ②).

① 위험관리계획서
② 전산조직운용명세서
③ 대표자 보안 서약서

④ 「정보통신망 이용촉진 및 정보보호 등에 관한 법률」 제26조에 따른 한국인터넷진흥원 표준인증서 사본

3) 등록 결정

국세청장은 등록신청을 받은 경우에는 전자세금계산서의 안정성·신뢰성 및 이용자 보호 등을 종합적으로 고려하여 신청일부터 14일 이내에 그 등록 여부를 결정하여 사업자에게 알려야 한다(부칙 50 ④).

4) 등록 취소

국세청장은 다음 중 어느 하나에 해당하는 경우에는 전자세금계산서 설비 및 시스템을 등록을 취소할 수 있다. 다만, ⑥ ~ ⑨까지의 사유는 전자세금계산서 발급대행사업자에 한정하여 적용한다(부칙 50 ⑤).

① 거짓이나 그 밖의 부정한 방법으로 등록하거나 한국인터넷진흥원 표준인증을 받은 경우
② 한국인터넷진흥원으로부터 표준인증이 취소된 경우
③ 전자세금계산서 설비 및 시스템이 정당한 사유 없이 전자세금용 공인인증서나 다른 발행시스템에서 발행된 세금계산서를 인식하지 못하는 경우
④ 사업자가 보안점검에 응하지 아니하거나 보안점검에 따른 결과를 이행하지 아니하는 경우
⑤ 사업자가 국세청장의 전산자료 요청에 응하지 아니하는 경우
⑥ 자본금이 2억원 미만인 경우
⑦ 사업자 또는 사업자의 대표자가 「조세범 처벌법」에 따른 처벌을 받은 경우
⑧ 사업자 또는 사업자의 대표자가 정당한 사유 없이 3회 이상 국세를 체납한 경우
⑨ 연속하여 3년 이상 결손이 발생하여 등록을 취소하는 것이 타당하다고 인정되는 경우
⑩ 그 밖의 전자세금계산서 제도의 목적에 반하는 행위를 한 경우

6. 수입세금계산서

가. 의 의

수입세금계산서는 재화의 수입에 대하여 세관장이 부가가치세법을 준용하여 발급하는 세금계산서로 그 기재사항 및 기능은 세금계산서와 동일하나, 단지 다른 점이 있다면 세금계산서를 발급하는 자가 사업자가 아닌 세관장이다.

이는 우리나라 부가가치세법이 부가가치세에 대하여 소비지국과세원칙을 채택하고 있기 때문이다. 즉 수출재화에 대하여는 영세율을 적용하여 그 재화가 부담한 부가가치세를 환급하고, 수입재화에 대하여는 국내재화와 동등하게 부가가치세를 부과하고 있는 것이다. 이때 공급자가 부가가치세를 거래 징수하여야 하는 것이나 그 수입재화의 공급자는 우리의 과세고권의 지배를 받지 않는 비거주자 또는 외국법인이므로 그 거래징수의 업무를 수입할 때 세관장이 담당하도록 하는 것이다. 따라서 세관장은 수입재화에 대하여 부가가치세를 징수하고 세금계산서를 발급하여야 한다.

나. 수입세금계산서 작성·발급

세관장은 수입되는 재화에 대하여 부가가치세를 징수할 때(부가가치세의 납부가 유예되는 때를 포함)에는 수입된 재화에 대한 수입세금계산서를 수입하는 자에게 발급하여야 한다(부법 35 ①). 이 경우 부가가치세 납부가 유예되는 때에는 수입세금계산서에 부가가치세 납부유예 표시를 하여 발급한다.

【통칙·판례·예규 참조】

예 규 시설대여산업육성법에 의해 대여하는 재화의 수입

시설대여산업육성법에 따라 허가를 받는 시설대여회사가 국내에서 납세의무있는 사업자에게 재대여(Sub Lease)할 목적으로 외국으로부터 시설 등을 대여받아 해당 재임차사업자에게 해당시설 등을 세관장이 직접 인도하는 경우에는 시설을 대여받을 그 사업자가 외국으로부터 재화를 직접 수입한 것으로 보아 세관장으로부터 수입세금계산서를 발급받을 수 있다(간세 1235-3048, 1977. 9. 12).

예 규 수입재화에 대한 세금계산서 발급받을 장소

여러 개의 사업장이 있는 사업자가 재화를 수입하는 경우 수입면장상 적힌 사업장과 해당 재화를 사용 소비할 사업장이 상이한 경우에는 수입재화를 실지로 사용 소비할 사업장으로 세금계산서를 발급받을 수 있다(간세 1235-3427, 1977. 9. 22).

다. 수입세금계산서의 발급시기

세관장은 수입되는 재화에 대하여 부가가치세를 징수할 때에는 수입된 재화에 대한 수입세금계산서를 수입하는 자에게 발급하여야 한다(부법 35 ①).

라. 수정수입세금계산서

(1) 발급

세관장은 다음 중 어느 하나에 해당하는 경우에는 수입하는 자에게 수정수입세금계산서를 발급하여야 한다(부법 35 ②).

① 「관세법」에 따라 세관장이 과세표준 또는 세액을 결정 또는 경정하기 전에 수입하는 자가 수정신고 등을 하는 경우(③에 따라 수정신고하는 경우는 제외)

② 「관세법」에 따라 세관장이 과세표준 또는 세액을 결정 또는 경정하는 경우(수입하는 자가 해당 재화의 수입과 관련하여 다음 중 어느 하나에 해당하지 아니하는 경우로 한정함)

   ㉮ 「관세법」을 위반하여 고발되거나 같은 법에 따라 통고처분을 받은 경우

   ㉯ 「관세법」에 따른 부정한 행위 또는 「자유무역협정의 이행을 위한 관세법의 특례에 관한 법률」에 따른 부정한 행위로 관세의 과세표준 또는 세액을 과소신고한 경우

   ㉰ 수입자가 과세표준 또는 세액을 신고하면서 관세조사 등을 통하여 이미 통지받은 오류를 다음 신고 시에도 반복하는 등 중대한 잘못이 있는 경우

③ 수입하는 자가 세관공무원의 관세조사 등이 발생하여 과세표준 또는 세액이 결정 또는 경정될 것을 미리 알고 그 결정·경정 전에 「관세법」에 따라 수정신고하는 경우(해당 재화의 수입과 관련하여 '②'의 어느 하나에 해당하지 아니하는 경우로 한정함)

세관장이 수정수입세금계산서를 발급하는 경우에는 부가가치세를 납부받거나 징수 또는 환급한 날을 작성일로 적고 비고란에 최초 수입세금계산서 발급일 등을 덧붙여 적은 후 추가되는 금액은 검은색 글씨로 쓰고, 차감되는 금액은 붉은색 글씨로 쓰거나 음(陰)의 표시를 하여 발급한다(부령 72 ⑤).

(2) 신청 및 통지

만약 수입하는 자는 세관장이 수정수입세금계산서를 발급하지 아니하는 경우 「국세기본법」에 따른 제척기간 내에 세관장에게 수정수입세금계산서의 발급을 신청할 수 있다(부법 35 ⑤). 이때 신청을 받은 세관장은 신청을 받은 날부터 2개월 이내에 수정수입세금계산서를 발급하거나 발급할 이유가 없다는 뜻을 신청인에게 통지하여야 한다.

마. 수입세금계산서의 제출

세금계산서를 발급한 세관장은 부가가치세의 납세의무는 없지만 그 발급한 수입세금계산서에 대하여 매출·매입처별세금계산서합계표를 예정신고기한 또는 확정신고기한 내에 관할세무서장에게 제출하여야 한다(부법 54 ④). 또한 수정수입세금계산서를 발급한 세관장은 수정된 매출처별 세금계산서합계표를 해당 세관 소재지를 관할하는 세무서장에게 제출하여야 한다(부법 35 ⑥).

7. 수정세금계산서

세금계산서 또는 전자세금계산서의 기재사항을 착오로 잘못 적거나 세금계산서 또는 전자세금계산서를 발급한 후 그 기재사항에 관하여 다음에 해당하는 사유가 발생하면 수정세금계산서 또는 수정전자세금계산서를 발급할 수 있다(부법 32 ⑦).

① **처음 공급한 재화가 환입된 경우** : 재화가 환입된 날을 작성일자로 기재하고 비고란에 당초 세금계산서 작성일자를 부기한 후 붉은색 글씨로 쓰거나 음(陰)의 표시를 하여 발급한다.

② **계약의 해제로 재화 또는 용역이 공급되지 아니한 경우** : 계약이 해제된 때에 그 작성일은 계약해제일로 적고 비고란에 처음 세금계산서 작성일을 덧붙여 적은 후 붉은색 글씨로 쓰거나 음(陰)의 표시를 하여 발급한다.

③ **계약의 해지 등에 따라 공급가액에 추가 또는 차감되는 금액이 발생한 경우** : 증감사유가 발생한 날을 작성일자로 기재하고 추가되는 금액은 검은색 글씨로 쓰고, 차감되는 금액은 붉은색 글씨로 쓰거나 음(陰)의 표시를 하여 발급한다.

④ **재화 또는 용역을 공급한 후 공급시기가 속하는 과세기간 종료 후 25일**(그 날이 토요일 및 일요일, 공휴일 및 대체공휴일 또는 근로자의 날인 경우에는 바로 다음 영업일을 말함) **이내에 내국신용장이 개설되었거나 구매확인서가 발급된 경우** : 내국신용장 등이 개설된 때에 그 작성일자는 당초 세금계산서 작성일자를 기재하고 비고란에 내국신용장 개설일 등을 부기하여 영세율 적용분은 검은색 글씨로 세금계산서를 작성하여 발급하고, 추가하여 당초에 발급한 세금계산서의 내용대로 세금계산서를 붉은색 글씨로 또는 음(陰)의 표시를 하여 작성하고 발급한다.

⑤ **필요적 기재사항 등이 착오로 잘못 적힌 경우**(다음 각 목의 어느 하나에 해당하는 경우로서 과세표준 또는 세액을 경정할 것을 미리 알고 있는 경우는 제외한다) : 처음에 발급한 세금계산서의 내용대로 세금계산서를 붉은색 글씨로 쓰거나 음(陰)의 표시를 하여 발급하고, 수정하여 발급하는 세금계산서는 검은색 글씨로 작성하여 발급한다.

　㉮ 세무조사의 통지를 받은 경우

　㉯ 세무공무원이 과세자료의 수집 또는 민원 등을 처리하기 위하여 현지출장이나 확인업무에 착수한 경우

　㉰ 세무서장으로부터 과세자료 해명안내 통지를 받은 경우

　㉱ 그밖에 ㉮부터 ㉰에 따른 사항과 유사한 경우로서 경정이 있을 것을 미리 안 것으로 인정되는 경우

⑥ **필요적 기재사항 등이 착오 외의 사유로 잘못 적힌 경우**(위 ⑤의 어느 하나에 해당하는

경우로서 과세표준 또는 세액을 경정할 것을 미리 알고 있는 경우는 제외) : 재화나 용역의 공급일이 속하는 과세기간에 대한 확정신고기한 다음 날부터 1년 이내에 세금계산서를 작성하되, 처음에 발급한 세금계산서의 내용대로 세금계산서를 붉은색 글씨로 쓰거나 음(陰)의 표시를 하여 발급하고, 수정하여 발급하는 세금계산서는 검은색 글씨로 작성하여 발급. 다만, 위 ⑤의 어느 하나에 해당하는 경우로서 과세표준 또는 세액을 경정할 것을 미리 알고 있는 경우는 제외한다.

【통칙·판례·예규 참조】

예규 소비자가 당초 판매한 사업자에게 물품을 반품하는 경우

– 소비자가 동일제품으로 교환받는 때 사업자가 소비자에게 동일제품으로 교환하여 주는 것은 재화의 공급으로 보지 아니하며, 소비자로부터 반품받는 물품에 대하여 수정세금계산서를 발급하지 아니한다.
– 소비자가 동일제품이 아닌 동종(유사)제품으로 교환받는 때 사업자가 소비자로부터 물품을 반품받고 동일제품이 아닌 동종(유사)제품을 교환하여 주는 경우 동종(유사)제품에 대하여는 세금계산서를 발급하여야 하며, 소비자로부터 반품받는 물품에 대하여는 사업자가 부가가치세법시행령 제59조의 규정에 따른 수정세금계산서를 발급한다. 다만, 사업자가 소비자에게 물품을 공급한 때에 세금계산서를 발급하지 아니하여 수정세금계산서를 발급할 수 없는 경우에는 반품일이 속하는 과세기간의 부가가치세과세표준에서 반품받는 물품의 당초 공급가액을 차감하여 신고한다.

예규 재화 공급후 해당 월중에 내국신용장등이 개설된 경우 세금계산서 발급방법

사업자가 재화 또는 용역을 공급한 후 해당 재화 또는 용역의 공급시기가 속하는 월중에 내국신용장이 개설되거나 대외무역법에서 정하는 구매승인서가 발급되는 경우로서 관계증명 서류 등에 의하여 실제 거래사실이 확인된 경우에는 해당 재화 또는 용역의 공급시기를 발급일자로 하여 그 공급시기가 속하는 날의 다음 달 10일까지의 영세율 세금계산서를 발급할 수 있다. 이 경우 비고란에 내국신용장 또는 구매승인서의 개설일자를 부여하여야 한다(부가 46015－1994, 1998. 9. 3).

---

⑦ **착오로 전자세금계산서를 이중으로 발급한 경우** : 당초에 발급한 세금계산서의 내용대로 음(陰)의 표시를 하여 발급한다.

⑧ **면세 등 발급대상이 아닌 거래 등에 대하여 발급한 경우** : 처음에 발급한 세금계산서의 내용대로 붉은색 글씨로 쓰거나 음(陰)의 표시를 하여 발급한다. 다만, 매입세액을 공제받은 경우는 제외한다.

⑨ **세율을 잘못 적용하여 발급한 경우**(위 ⑤의 어느 하나에 해당하는 경우로서 과세표준 또는 세액을 경정할 것을 미리 알고 있는 경우는 제외한다) : 처음에 발급한 세금계산서의 내용대로 세금계산서를 붉은색 글씨로 쓰거나 음(陰)의 표시를 하여 발급하고, 수정하여 발급하는 세금계산서는 검은색 글씨로 작성하여 발급한다.

⑩ **일반과세자에서 간이과세자로 과세유형이 전환된 후 과세유형전환 전에 공급한 재화 또는 용역**에 대하여 위 ①에서 ③까지의 사유가 발생한 경우에는 위 ①에서 ③까지의 절차에도 불구하고, 처음에 발급한 세금계산서 작성일자를 수정세금계산서의 작성일

자로 적고, 비고란에 사유발생일을 부기한 후 추가되는 금액은 검은색 글씨로 쓰고 차감되는 금액은 붉은색 글씨로 쓰거나 음(陰)의 표시를 하여 수정세금계산서를 발급할 수 있다(부령 70 ②).

⑪ 간이과세자에서 일반과세자로 과세유형이 전환된 후 과세유형전환 전에 공급한 재화 또는 용역에 위 ①에서 ③까지의 사유가 발생하여 수정세금계산서나 수정전자세금계산서를 발급하는 경우에는 위 ①에서 ③까지의 절차에도 불구하고 처음에 발급한 세금계산서 작성일을 수정세금계산서 또는 수정전자세금계산서의 작성일로 적고, 비고란에 사유 발생일을 덧붙여 적은 후 추가되는 금액은 검은색 글씨로 쓰고 차감되는 금액은 붉은색 글씨로 쓰거나 음(陰)의 표시를 해야 한다(부령 70 ③).

8. 매입자발행세금계산서

가. 의 의

납세의무자로 등록한 사업자로서 사업자가 재화 또는 용역을 공급하고 거래시기에 세금계산서를 발급하지 아니한 경우(사업자의 부도·폐업, 공급 계약의 해제·변경 또는 사업자가 재화 또는 용역을 공급하고 주소 또는 거소를 국외로 이전하거나 행방불명되는 경우 등으로서 사업자가 수정세금계산서 또는 수정전자세금계산서를 발급하지 아니한 경우를 포함) 그 재화 또는 용역을 공급받은 자는 관할세무서장의 확인을 받아 매입자발급세금계산서를 발급할 수 있다(부법 34의2, 부령 71의2).

나. 매입자발급세금계산서 발급 요건

① 납세의무자로 등록한 사업자로서 세금계산서 발급의무가 있는 사업자(간이과세자는 제외하며, 세금계산서 발급의무가 있는 사업자 포함)가 세금계산서를 발급하지 아니한 경우 그 재화 또는 용역을 공급받은 자는 관할세무서장의 확인을 받아 매입자발급세금계산서를 발급할 수 있다.

② 매입자발급세금계산서 발급을 위한 거래사실의 확인신청 대상이 되는 거래는 거래건당 공급대가가 5만원 이상인 경우로 한다.

다. 매입자발급세금계산서 발급 절차

① 신청기간 : 매입자발행세금계산서를 발행하려는 신청인은 해당 재화 또는 용역의 공급시기가 속하는 과세기간의 종료일부터 1년 이내에 거래사실확인신청서에 거래사실을 객관적으로 입증할 수 있는 서류를 첨부하여 신청인 관할 세무서장에게 거래사실

의 확인을 신청하여야 한다.

② 보정기간 : 신청을 받은 관할세무서장은 신청서에 재화 또는 용역을 공급한 자의 인적사항이 부정확하거나 신청서 기재방식에 흠이 있는 경우에는 신청일부터 7일 이내에 일정한 기간을 정하여 보정요구를 할 수 있다.

③ 확인을 거부하는 결정 사유 : 신청인이 보정기간 이내에 보정요구에 응하지 아니하거나 다음에 해당하는 경우에는 신청인의 관할세무서장은 거래사실의 확인을 거부하는 결정을 하여야 한다.

　㉮ 제1항의 신청기간을 넘긴 것이 명백한 경우

　㉯ 신청서의 내용으로 보아 거래당시 미등록사업자 및 휴·폐업자와 거래한 것이 명백한 경우

④ 송부 : 신청인 관할세무서장은 위 '③'에 따른 확인을 거부하는 결정을 하지 아니한 신청에 대하여는 거래사실확인신청서가 제출된 날(보정을 요구한 때에는 보정이 된 날)부터 7일 이내에 신청서와 제출된 증명 서류를 공급자의 관할세무서장에게 송부하여야 한다.

⑤ 거래사실여부 확인 : 신청서를 송부받은 공급자 관할세무서장은 신청인의 신청내용, 제출된 증명 자료자료를 검토하여 거래사실여부를 확인하여야 한다. 이 경우 거래사실의 존재 및 그 내용에 대한 입증책임은 신청인에게 있다.

⑥ 통지기한 : 공급자 관할세무서장은 신청일의 다음달 말일까지 거래사실여부를 확인하여 다음 각 호의 구분에 따른 통지를 공급자와 신청인 관할세무서장에게 하여야 한다.

　㉮ 거래사실이 확인된 경우 : 공급자 및 공급받는 자의 사업자등록번호, 작성연월일, 공급가액 및 부가가치세액 등을 포함한 거래사실 확인 통지

　㉯ 거래사실이 확인되지 아니하는 경우 : 거래사실 확인불가 통지

　다만, 다음 사유가 있는 경우에는 거래사실 확인기간을 20일 이내의 범위에서 연장할 수 있다.

　㉮ 공급자의 부도, 질병, 장기출장 등으로 거래사실 확인이 곤란하여 공급자가 연기를 요청한 경우

　㉯ 세무공무원이 거래사실의 확인을 위하여 2회 이상 공급자를 방문하였으나 폐문·부재 등으로 인하여 공급자를 만나지 못한 경우

⑦ 확인결과 통지 : 신청인 관할세무서장은 공급자 관할세무서장으로부터 위 '⑥'의 통지를 받은 후 즉시 신청인에게 그 확인결과를 통지하여야 한다.

⑧ 매입자발급세금계산서 발급 : 신청인 관할세무서장으로부터 거래사실 확인 통지를 받은 신청인은 공급자 관할세무서장이 확인한 거래일자를 작성일자로 하여 매입자발급

세금계산서를 발급하여 공급자에게 발급하여야 한다. 다만, 신청인 및 공급자가 관할세무서장으로부터 통지를 받은 경우에는 매입자발급세금계산서를 발급한 것으로 본다.

[매입자발행세금계산서 확인 절차]

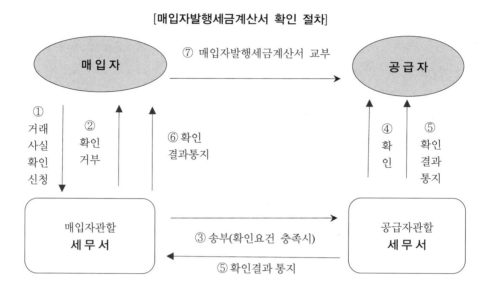

라. 매입자발급세금계산서 발급 효력

매입자발급세금계산서를 발급한 신청인은 예정신고 및 확정신고 또는 「국세기본법」에 따른 경정청구시 매입자발급세금계산서합계표를 제출한 경우 매입자발급세금계산서에 적힌 매입세액을 해당 재화 또는 용역의 공급시기에 해당하는 과세기간의 매출세액 또는 납부세액에서 매입세액으로 공제받을 수 있다.

부가가치세법 시행규칙 [별지 제14호의3서식] (적색) <개정 2021. 10. 28.>

매입자발행세금계산서(공급자보관용)

책 번 호	권	호

일 련 번 호 □□ - □□□□

공급자	등 록 번 호	□□□ - □□ - □□□□□		공급받는자	등 록 번 호		
	상호(법인명)		성 명 (대표자)		상호(법인명)		성 명 (대표자)
	사업장 주소				사업장 주소		
	업 태		종 목		업 태		종 목

작성			공 급 가 액										세 액									비 고
연	월	일	빈칸 수	조	천	백	십	억	천	백	십	만	천	백	십	일						

월	일	품 목	규 격	수 량	단 가	공 급 가 액	세 액	비 고

합 계 금 액	현 금	수 표	어 음	외상 미수금	이 금액을 영수 함 청구

210㎜×148.5㎜ (인쇄용지(특급) 34g/㎡)

부가가치세법 시행규칙 [별지 제14호의3서식] (청색) <개정 2021. 10. 28.>

매입자발행세금계산서(공급받는 자 보관용)

책 번 호	권	호

일 련 번 호 □□ - □□□□

공급자	등 록 번 호	□□□ - □□ - □□□□□		공급받는자	등 록 번 호		
	상호(법인명)		성 명 (대표자)		상호(법인명)		성 명 (대표자)
	사업장 주소				사업장 주소		
	업 태		종 목		업 태		종 목

작성			공 급 가 액										세 액									비 고
연	월	일	빈칸 수	조	천	백	십	억	천	백	십	만	천	백	십	일						

월	일	품 목	규 격	수 량	단 가	공 급 가 액	세 액	비 고

합 계 금 액	현 금	수 표	어 음	외상 미수금	이 금액을 영수 함 청구

210㎜×148.5㎜(인쇄용지(특급) 34g/㎡)

9. 영수증

가. 의 의

영수증은 간이과세자 및 일반과세자 중 주로 최종소비자와 직접 거래하는 소매업, 음식·숙박업 및 서비스업, 여객운송업 등의 경우에 발급하는 계산서로서, 공급받는 자와 부가가치세액이 별도로 구분 적혀 있지 아니하기 때문에 매입세액공제증명 자료로는 활용될 수 없으며, 과세자료 및 송장·영수증·회계처리증명 자료 등으로 활용된다. 여기서 신용카드 매출전표와 현금영수증 등은 영수증으로 본다.

【통칙·판례·예규 참조】

부 통 영수증에 갈음되는 계산서 등
공급자의 등록번호·상호(법인은 법인명) 또는 성명(법인은 대표자 성명)·공급대가 및 작성연월일이 적힌 다음의 계산서 등은 영수증으로 본다(부통 36−73−1).
① 여객운송사업자가 발급하는 승차권·승선권·항공권
② 공연장·유기장의 사업자가 발급하는 입장권·관람권. 다만, 개별소비세법이 적용되는 것은 그 법이 정하는 바에 따른다.
③ 금전등록기계산서와 신용카드가맹사업자가 발급하는 계산서
④ 전기사업법에 따른 전기사업자가 발급하는 비산업용 전력사용료에 대한 영수증
⑤ 그 밖의 '①~④'에 유사한 계산서

나. 영수증 발급 의무자

(1) 원 칙

주로 사업자가 아닌 자에게 재화 또는 용역을 공급하는 사업자로서 다음의 사업을 하는 사업자가 재화 또는 용역을 공급(부가가치세가 면제되는 재화 또는 용역의 공급은 제외)하는 경우에는 영수증을 발급하여야 한다(부법 36 ① (1), 부령 73 ①).

① 소매업

② 음식점업(다과점업 포함)

③ 숙박업

④ 미용, 욕탕 및 유사서비스업

⑤ 여객운송업

⑥ 입장권을 발급하여 영위하는 사업

⑦ 변호사업, 해사보좌인업, 변리사업, 법무사업, 행정사업, 공인회계사업, 세무사업, 경영지도사업, 기술지도사업, 평가인업, 통관업, 기술사업, 건축사업, 도선사업, 측량사업

그 밖의 이와 유사한 사업서비스업 및 행정사업. 다만, 과세사업자 또는 소득세법에 따른 사업자(부동산임대소득자·사업소득자·산림소득자)에게 공급하는 것은 제외한다. 즉 이러한 인적용역의 사업자가 과세사업자 또는 소득세법상의 부동산임대소득자·사업소득자·산림소득자에게 용역을 공급하는 경우에는 그 사업자 등이 요구하지 않더라도 영수증을 발급할 수 없고 세금계산서를 발급해야 한다는 뜻이다.

⑧ 우정사업조직이 부가우편업무 중 소포우편물을 방문접수하여 배달하는 용역을 공급하는 사업

⑨ 의료용역 중 과세되는 사업

⑩ 수의사가 제공하는 과세되는 동물의 진료용역

⑪ 과세되는 교육용역을 공급하는 사업

⑫ 공인인증서를 발급하는 사업

⑬ 간편사업자등록을 한 사업자가 국내에 전자적 용역을 공급하는 사업

⑭ 주로 사업자가 아닌 소비자에게 재화 또는 용역을 공급하는 다음 사업

　　㉠ 도정업, 제분업 중 떡방앗간

　　㉡ 양복점업·양장점업·양화점업

　　㉢ 주거용건물공급업(주거용건물을 자영건설하는 경우를 포함한다)

　　㉣ 운수업 및 주차장운영업

　　㉤ 부동산중개업

　　㉥ 사회서비스업 및 개인서비스업

　　㉦ 가사서비스업

　　㉧ 도로 및 관련 시설운영업

　　㉨ 자동차 제조업 및 자동차 판매업. 다만, 자동차 제조업 및 자동차 판매업을 경영하는 사업자가 영수증을 발급하였으나, 그 사업자로부터 재화를 공급받는 사업자가 해당 재화를 공급받은 날이 속하는 과세기간의 다음 달 10일까지 세금계산서의 발급을 요구하는 경우에는 세금계산서를 발급해야 한다. 이 경우 처음에 발급한 영수증은 발급되지 않은 것으로 본다.

　　㉩ 주거용 건물 수리·보수 및 개량업

또한 간이과세자 중 다음의 어느 하나에 해당하는 자도 영수증을 발급하여야 한다(부법 36 ① ⑵).

① 직전 연도의 공급대가의 합계액(직전 과세기간에 신규로 사업을 시작한 개인사업자의 경우 환산한 금액)이 4,800만원 미만인 자

② 신규로 사업을 시작하는 개인사업자로서 간이과세자로 하는 최초의 과세기간 중에

있는 자

(2) 영수증 발급 의무자의 세금계산서 발급 특례

1) 사업자등록증을 제시하고 세금계산서의 발급을 요구하는 때

위의 '①~③과 ⑤(전세버스운송사업의 경우에 한함) 및 ⑦, ⑧, ⑫, ⑭'의 사업을 하는 사업자가 재화 또는 용역을 공급하는 경우로서 그 재화 또는 용역을 공급받는 사업자가 세금계산서의 발급을 요구하는 경우에는 세금계산서를 발급해야 한다(부령 73 ③).

2) 감가상각자산 또는 해당 업종의 역무외의 역무를 공급

또한 위의 '④, ⑤(전세버스운송사업을 제외) 및 ⑥, ⑨~⑪'에 규정하는 사업을 하는 사업자가 **감가상각자산**을 공급하거나 **해당 업종의 역무외의 역무를 공급**하는 경우로서 그 재화 또는 용역을 공급받는 사업자가 세금계산서의 발급을 요구하는 경우에는 세금계산서를 발급해야 한다(부령 73 ④).

다. 영수증 발급 가능자

다음 중 어느 하나에 해당하는 경우에는 위 '영수증 발급 의무자'가 아닌 경우에도 영수증을 교부할 수 있다(부령 73 ②).

① 임시사업장개설 사업자가 그 임시사업장에서 사업자가 아닌 소비자에게 재화 또는 용역을 공급하는 경우
② 「전기사업법」에 의한 전기사업자가 산업용이 아닌 전력을 공급하는 경우
③ 「전기통신사업법」에 의한 전기통신사업자가 전기통신역무를 제공하는 경우. 다만, 부가통신사업자가 통신판매업자에게 「전기통신사업법」 제5조 제4항[29]에 따른 부가통신역무를 제공하는 경우를 제외한다.
④ 「도시가스사업법」에 의한 도시가스사업자가 산업용이 아닌 도시가스를 공급하는 경우
⑤ 「집단에너지사업법」에 따라 집단에너지를 공급하는 사업자가 산업용이 아닌 열 또는 산업용이 아닌 전기를 공급하는 경우

---

29) 제5조 【전기통신사업의 구분 등】 ① 전기통신사업은 기간통신사업, 별정통신사업 및 부가통신사업으로 구분한다.
　② 기간통신사업은 전기통신회선설비를 설치하고, 그 전기통신회선설비를 이용하여 기간통신역무를 제공하는 사업으로 한다.
　③ 별정통신사업은 다음 각 호의 어느 하나에 해당하는 사업으로 한다.
　　1. 제6조에 따른 기간통신사업의 허가를 받은 자(이하 "기간통신사업자"라 한다)의 전기통신회선설비 등을 이용하여 기간통신역무를 제공하는 사업
　　2. 대통령령으로 정하는 구내(構內)에 전기통신설비를 설치하거나 그 전기통신설비를 이용하여 그 구내에서 전기통신역무를 제공하는 사업
　④ 부가통신사업은 부가통신역무를 제공하는 사업으로 한다.

⑥ 「방송법」에 따른 방송사업자가 사업자가 아닌 자에게 방송용역을 제공하는 경우
⑦ 「인터넷 멀티미디어 방송사업법」 제2조 제5호 가목에 따른 인터넷 멀티미디어 방송 제공사업자가 사업자가 아닌 자에게 방송용역을 제공하는 경우

【통칙·판례·예규 참조】

예규 전화회선을 이용한 용역제공 사업자의 영수증 발급의무 여부
주로 최종 소비자에게 전화회선을 이용하여 오락 등 서비스용역을 제공하고 그 대금을 전화요금에 포함하여 징수하는 사업자는 별도의 영수증을 발급하지 않아도 된다. 다만, 공급받는 자가 세금계산서를 요구시에는 세금계산서를 발급하여야 한다(부가 46015-606, 1996. 4. 1).

예규 가정용품 임대업의 영수증 발급 가능 여부
사업자가 가정용품(정수기)을 제조 또는 취득하여 사업자가 아닌 최종소비자에게 대여(임대)하고 그 대가를 받은 경우에는 부가가치세법시행령 제79조의2 제1항 제7호의 규정에 따라 영수증을 발급할 수 있다(부가 46015-1751. 1999. 6. 22).

예규 제조업자가 재화를 통신 판매하는 경우 영수증 발급 가능 여부
제조업을 하는 사업자가 자기가 제조한 재화를 통신 또는 전자상거래에 의하여 사업자가 아닌 최종 소비자에게 직접 판매하는 경우에는 부가가치세법 제32조 제1항 및 같은 법시행령 제79조의2 제1항의 규정에 따라 영수증을 발급할 수 있다(부가 46015-1749. 1999. 6. 22).

라. 영수증의 발급방법

영수증은 다음 각 호의 어느 하나에 해당하는 방법으로 발급할 수 있다(부령 73 ⑨).
① 신용카드단말기 또는 현금영수증발급장치 등을 통해 신용카드매출전표 등을 출력하여 공급받는 자에게 교부하는 방법
② 결제내역을 「전자문서 및 전자거래 기본법」 제2조 제1호에 따른 전자문서의 형태로 공급받는 자에게 송신하는 방법. 다만, 전자적 방법으로 생성·저장된 결제내역을 공급받는 자가 「국세기본법」 제2조 제18호에 따른 정보통신망 등을 통하여 확인할 수 있는 경우에는 공급받는 자에게 송신한 것으로 본다.

마. 영수증의 기재사항

부가가치세법상의 영수증에는 공급자의 등록번호·상호·성명(법인의 경우 대표자의 성명)·공급대가·작성연월일 그 밖의 필요한 사항을 기재하여야 한다. 이 경우 영수증의 서식 그 밖의 필요한 사항은 국세청장이 정하도록 하고 있다(부령 73 ⑦).

그리고 영수증 발급의무 및 발급 가능한 사업을 하는 자가 신용카드기 또는 직불카드기 등 기계적 장치(금전등록기를 제외)를 사용하여 영수증을 발급할 때에는 영수증에 공급가액과 세액을 별도로 구분하여 기재하여야 한다(부령 73 ⑧).

바. 영수증의 발급의무 면제

영수증발급의무 사업자가 세금계산서발급의무 면제대상인 재화 또는 용역을 공급하는 경우에는 영수증을 발급하지 아니한다. 다만, 소매업 또는 미용, 욕탕 및 유사서비스업을 하는 사업자가 재화 또는 용역을 공급하는 경우에는 공급받는 자가 영수증 발급을 요구하지 아니하는 경우에 한정한다(부령 73 ⑥).

(적 색)

<table>
<tr><td rowspan="2">0303-1B</td><td colspan="8" align="center">영 수 증
(공급자용)</td><td></td></tr>
</table>

근거 : 부가가치세법시행령 제79조의 2 제6항				권 호	

<table>
<tr><td rowspan="4">공급자</td><td>등 록 번 호</td><td colspan="5"></td></tr>
<tr><td>상 호</td><td colspan="2"></td><td>성 명</td><td colspan="2"></td></tr>
<tr><td>사 업 장 주 소</td><td colspan="5"></td></tr>
<tr><td>업 태</td><td colspan="2"></td><td>종 목</td><td colspan="2"></td></tr>
</table>

작 성			공 급 대 가								비 고
년	월	일	억	천	백	십	만	천	백	십	일

품 목	단 가	수 량	공 급 대 가

위 금액을 영수(청구)함

귀하

95㎜×135㎜(신문용지 54g/㎡)

(청 색)

<table>
<tr><td rowspan="2">0303-1B</td><td colspan="8" align="center">영 수 증
(공급받는 자용)</td><td></td></tr>
</table>

근거 : 부가가치세법시행령 제79조의 2 제6항				권 호	

<table>
<tr><td rowspan="4">공급자</td><td>등 록 번 호</td><td colspan="5"></td></tr>
<tr><td>상 호</td><td colspan="2"></td><td>성 명</td><td colspan="2"></td></tr>
<tr><td>사 업 장 주 소</td><td colspan="5"></td></tr>
<tr><td>업 태</td><td colspan="2"></td><td>종 목</td><td colspan="2"></td></tr>
</table>

작 성			공 급 대 가								비 고
년	월	일	억	천	백	십	만	천	백	십	일

품 목	단 가	수 량	공 급 대 가

위 금액을 영수(청구)함.

귀하

95㎜×135㎜(신문용지 54g/㎡)

국세청고시(제95-24호, 1995.7.1.) 서식

사. 현금영수증

(1) 의 의

현금영수증이란 현금영수증가맹점이 재화 또는 용역을 공급하고 그 대금을 현금으로 받는 경우 해당 재화 또는 용역을 공급받는 자에게 현금영수증 발급장치에 의해 발급하는 것으로서 거래일시·금액 등 결제내역이 적힌 영수증을 말한다(조특법 126의3 ①, 조특령 121의3).

(2) 현금거래의 확인

1) 현금거래의 확인 대상

다음의 사업자로부터 재화 또는 용역을 공급받은 자가 그 대가를 현금으로 지급하였으나 현금영수증을 발급받지 못한 경우에는 현금거래 사실에 관하여 관할세무서장의 확인을 받은 때에는 현금영수증을 발급받은 것으로 본다(조특법 126의5 ①, 조특령 121의5).
① 소매업·음식점업·숙박업
② 그 밖의 주로 사업자가 아닌 소비자에게 재화 또는 용역을 공급하는 사업으로서 국세청장이 정하는 업종

2) 현금거래의 확인 절차

① 현금거래 사실의 확인을 신청하려는 자는 거래일부터 15일 이내에 현금거래확인신청서에 거래사실을 객관적으로 입증할 수 있는 거래증명 자료를 첨부하여 세무서장·지방국세청장 또는 국세청장에게 제출하여야 한다.
② 현금거래확인신청서를 접수받은 세무서장·지방국세청장 또는 국세청장은 거래사실의 확인이 요청된 재화 또는 용역을 공급한 자의 관할세무서장에게 해당 현금거래확인신청서 및 거래증명 자료를 송부하여야 한다.
③ 신청서를 송부받은 공급자의 관할세무서장은 신청인의 신청내용, 제출한 증명 자료자료를 검토하여 거래사실여부를 확인하여야 한다. 이 경우 거래사실의 존재 및 그 내용에 대한 입증책임은 신청인에게 있다.
④ 공급자의 관할세무서장은 신청일의 다음달 말일까지 국세청장이 정하는 바에 따라 현금거래 사실여부를 확인하고 그 사실을 신청인에게 통지하여야 한다. 다만, 사업자의 일시 부재 등 기획재정부령으로 정하는 불가피한 사유가 있는 경우에는 거래사실 확인기간을 20일 이내의 범위에서 연장할 수 있다.

3) 현금거래의 확인 효력

① 현금거래 사실이 확인된 경우에는 신청인이 현금영수증을 발급받은 것으로 본다.

② 현금거래의 확인에 의하여 신청인이 현금영수증을 발급받은 것으로 보는 경우 현금영수증을 발급하지 아니한 사업자에 대하여는 해당 금액에 대하여 신용카드 등의 사용에 따른 세액공제를 적용하지 아니한다.

10. 세금계산서합계표의 제출

가. 의 의

세금계산서는 거래를 한 당사자간에 있어서 거래증명 자료인 송장·청구서·물품대금의 영수증 등 여러 가지의 기능을 가질 뿐만 아니라 부가가치세액을 회수한 사실을 증명하는 세금영수증의 기능을 가진다. 전자의 기능은 부가가치세뿐만 아니라 소득세·법인세 등의 근거과세 자료로서 활용되고, 후자의 기능은 부가가치세에 있어서 사업자가 매입세액을 공제받을 수 있는 근거서류의 역할을 한다.

따라서 부가가치세법은 세금계산서를 발급한 사업자와 발급받은 사업자는 물론 부가가치세의 납세의무가 없는 국가·지방자치단체 그 밖의 시행령으로 정하는 자에게까지 세금계산서합계표를 정부에 제출하도록 하고 있다(부법 54 ⑤). 즉 과세사업자는 발급하였거나 발급받은 세금계산서에 대하여 매출·매입처별세금계산서합계표를 해당 예정신고 또는 확정신고와 함께 정부에 제출하여야 한다(부법 54 ①). 그리고 세금계산서를 발급한 세관장과 세금계산서를 발급받은 국가·지방자치단체 그 밖의 시행령으로 정하는 자는 부가가치세의 납세의무가 없는 경우에도 발급하였거나 발급받은 세금계산서에 대한 매출·매입처별세금계산서합계표를 이에 준하여 정부에 제출하여야 하는 것이다. 이렇게 제출되는 세금계산서합계표는 전산조직을 통하여 상호검증함으로써 매입세액의 공제·환급이 정당한가를 확인하고, 소득과세 등의 과세자료로 활용함으로써 근거과세를 구현하려는데 그 의의가 있다.

나. 세금계산서합계표제출 의무자

다음에 규정하는 자는 부가가치세 납세의무 여부에 불구하고 매출처별세금계산서합계표와 매입처별세금계산서합계표를 제출할 의무가 있다(부법 54, 부령 99). 그러나 부가가치세 납세의무가 없는 자의 제출의무는 세금계산서합계표를 제출하지 아니하였다 하더라도 가산세를 적용할 수 없는 단순한 제출에 관한 협력의무에 불과하다.

① 부가가치세 납세의무자

② 세관장

③ 국가·지방자치단체·지방자치단체조합

④ 부가가치세가 면제되는 사업자 중 소득세 또는 법인세의 납세의무가 있는 자(조세특례
제한법에 따른 소득세 또는 법인세가 면제되는 자 포함)

⑤ 「민법」 제32조의 규정에 따라 설립된 비영리법인, 즉 학술, 종교, 자선, 기예, 사교 그
밖의 영리아닌 사업을 목적으로 하는 사단 또는 재단으로 주무관청의 허가를 얻은
법인

⑥ 특별법에 따라 설립된 법인

⑦ 각급학교 기성회·후원회 또는 이와 유사한 단체

⑧ 「법인세법」에 따른 외국법인연락사무소

다. 전자세금계산서 발급명세 전송자 특례

전자세금계산서를 발급하거나 발급받고 전자세금계산서 발급명세를 해당 재화 또는 용
역의 공급시기가 속하는 과세기간(예정신고의 경우에는 예정신고기간) 마지막 날의 다음
달 11일까지 국세청장에게 전송한 경우에는 해당 예정신고 또는 확정신고(개인사업자로 예
정고지를 받은 경우 과세기간의 확정신고)시 매출·매입처별 세금계산서합계표를 제출하
지 아니할 수 있다(부법 54 ②).

라. 세금계산서합계표 제출방법

(1) 매출·매입처별세금계산서합계표의 기재사항

매출·매입처별세금계산서합계표에는 다음의 사항이 기재되어야 한다(부법 54 ①).

① 공급하는 사업자 및 공급받는 자의 등록번호와 성명 또는 명칭

② 거래기간

③ 작성일자

④ 거래기간의 공급가액의 합계액 및 세액의 합계액

⑤ 거래처별 세금계산서 발급매수

⑥ 그 밖의 재경경제부령으로 정하는 사항

(2) 매출·매입처별세금계산서합계표의 제출방법

매출·매입처별세금계산서합계표를 관할세무서장에게 제출하여야 한다. 그러나 사업자
가 국세청장이 정하는 바에 따라 매출·매입처별세금계산서합계표의 기재사항을 모두 적

은 전자계산조직에 의하여 처리된 테이프 또는 디스켓을 제출하는 경우에는 매출·매입처별세금계산서합계표를 제출한 것으로 본다(부령 97).

마. 제출시기

(1) 부가가치세 납세의무자의 경우

매출처별세금계산서합계표와 매입처별세금계산서합계표는 해당 예정신고 또는 확정신고와 함께 제출하여야 한다. 다만, 예정신고기간에 대하여 예정고지에 의하여 납부하는 사업자는 해당 과세기간의 확정신고와 함께 제출하여야 한다(부법 54 ①, ③). 또한 예정신고기간 중 또는 과세기간 최종 3월중 매월 또는 매 2월에 대한 영세율 등 조기환급신고를 하는 경우에는 매출처별세금계산서합계표 및 매입처별세금계산서합계표를 영세율 등 조기환급신고서에 첨부하여 제출하여야 하며, 이 경우의 제출한 매출처별세금계산서합계표 및 매입처별세금계산서합계표는 예정신고 또는 확정신고시에 제출한 것으로 본다(부령 109 ⑤·⑥).

(2) 부가가치세 납세의무가 없는 자의 경우

① 세금계산서를 발급한 세관장은 매출처별세금계산서합계표를 위 부가가치세납세의무자의 경우에 준하여 사업장관할세무서장에게 제출하여야 한다.

② 세금계산서를 발급받은 국가·지방자치단체·지방자치단체조합·그 밖의 부가가치세의 납세의무가 없는 경우에도 매입처별세금계산서합계표를 제출할 의무가 있는 자는 매입처별세금계산서합계표를 해당 과세기간종료 후 25일 이내에 사업장관할세무서장에게 제출하여야 한다(부법 54 ⑤).

(3) 지연제출과 수정제출

1) 지연제출

예정신고와 함께 적기 제출하지 못한 매출·매입처별세금계산서합계표는 그 예정신고기간이 속하는 과세기간의 확정신고와 함께 제출할 수 있다(부법 20 ③). 이 경우 매출처별세금계산서합계표의 지연제출에 대한 가산세는 납부하여야 하며 매입처별세금계산서합계표의 지연제출에 대한 가산세는 없다. 매입처별세금계산서합계표를 지연제출하여도 발급받은 세금계산서의 매입세액은 공제받는다.

2) 수정신고서·경정청구서 또는 기한후과세표준신고서 제출

예정신고 또는 확정신고와 함께 제출하지 아니한 매입처별세금계산서합계표는 국세기본법의 수정신고서·경정청구서 또는 기한후과세표준신고서와 함께 제출할 수 있다(부령 74). 수정신고서·경정청구서 또는 기한 후 과세표준신고서와 함께 제출하면 발급받은 세금계산서의 매입세액은 공제받는다.

■ 부가가치세법 시행규칙 [별지 제38호서식(1)] <개정 2024. 3. 22.>

홈택스(www.hometax.go.kr)에서도
신청할 수 있습니다.

매출처별 세금계산서합계표(갑)

년 제 기 (월 일 ~ 월 일)

※ 뒤쪽의 작성방법을 읽고 작성하시기 바랍니다.

(앞쪽)

1. 제출자 인적사항

① 사업자등록번호		② 상호(법인명)	
③ 성명(대표자)		④ 사업장 소재지	
⑤ 거래기간	년 월 일 ~ 년 월 일	⑥ 작성일	년 월 일

2. 매출세금계산서 총합계

구 분		⑦ 매출처수	⑧ 매수	⑨ 공급가액					⑩ 세 액				
				조	십억	백만	천	일	조	십억	백만	천	일
합 계													
과세기간 종료일 다음 달 11일 까지 전송된 전자 세금계산서 발급분	사업자등록 번호 발급분												
	주민등록번호 발급분												
	소 계												
위 전자 세금계산서 외의 발급분	사업자등록 번호 발급분												
	주민등록번호 발급분												
	소 계												

3. 과세기간 종료일 다음 달 11일까지 전송된 전자세금계산서 외 발급분 매출처별 명세
(합계금액으로 적음)

⑪ 번호	⑫ 사업자 등록번호	⑬ 상호 (법인명)	⑭ 매수	⑮ 공급가액					⑯ 세액					비고
				조	십억	백만	천	일	조	십억	백만	천	일	
1														
2														
3														
4														
5														

⑰ 관리번호(매출)	-

210mm×297mm[백상지 80g/㎡ 또는 중질지 80g/㎡]

작성방법

이 합계표는 아래의 작성방법에 따라 한글과 아라비아숫자로 정확하고 선명하게 적어야 하며, 공급가액과 세액은 원 단위까지 표시하여야 합니다.

①~④: 제출자의 사업자등록증에 적힌 사업자등록번호(또는 고유번호), 상호(법인명), 성명(대표자), 사업장 소재지를 적습니다.

⑤: 신고대상기간을 적습니다(예시: 2010년 1월 1일 ~ 2010년 6월 30일).

⑥: 이 합계표를 작성하여 제출하는 연월일을 적습니다.

⑦~⑩: 합계란에는 과세기간 종료일 다음 달 11일까지 전송된 전자세금계산서 발급분 소계와 위 전자세금계산서 외의 발급분 소계의 단순합계를 적습니다.

과세기간 종료일 다음 달 11일까지 전송된 전자세금계산서 발급분: 전자적으로 발급하고, 과세기간(예정신고대상자의 경우 예정신고기간) 종료일 다음 달 11일(토요일, 공휴일인 경우에는 그 다음 날)까지 국세청에 전송된 매출세금계산서에 대한 매출처 수, 총매수, 총공급가액 및 총세액을 적습니다.

위 전자세금계산서 외의 발급분: 종이로 발급한 세금계산서, 전자적으로 발급하였으나 그 개별명세를 과세기간(예정신고대상자의 경우 예정신고기간) 종료일 다음 달 11일(토요일, 공휴일인 경우에는 그 다음 날)까지 국세청에 전송하지 않은 전자세금계산서 또는 매입자발행세금계산서제도에 따라 매입자가 발급한 매입자발행세금계산서에 대한 매출처 수, 총매수, 총공급가액 및 총세액을 적습니다.

⑪: 과세기간 종료일 다음 달 11일까지 전송된 전자세금계산서 외 발급분 매출처별 명세에는 위 전자세금계산서 외의 발급분에 대한 각각의 매출처별로 1번부터 순위를 부여하여 마지막까지 순서대로 적습니다[매출처별 세금계산서합계표(갑)서식을 초과하는 매출처별 거래분에 대해서는 매출처별 세금계산서합계표(을)서식에 연속하여 적습니다].

※ 사업자등록번호로 발급한 분만 해당하며 주민등록번호로 발급한 분에 대해서는 적지 않습니다.

⑫ · ⑬: 위 전자세금계산서 외의 발급분 세금계산서의 거래처(공급받는 자) 사업자등록번호와 상호(법인명)를 적습니다.

⑭~⑯: 위 전자세금계산서 외의 발급분 세금계산서를 거래처(공급받는 자)별로 더한 세금계산서 매수, 공급가액, 세액을 적습니다. 수정세금계산서의 경우에도 매수와 금액을 더하여 적습니다(예정신고 누락분을 확정신고 시 제출하는 경우에는 거래처에 합하여 적되, 부가가치세 신고서에는 구분하여 적습니다).

⑰: 사업자가 적지 않습니다(권번호-페이지번호).

※ 3. 과세기간 종료일 다음 달 11일까지 전송된 전자세금계산서 외 발급분 매출처가 5개를 초과하는 경우 『매출처별 세금계산서합계표(을)』[별지 제38호서식(2)]에 이어서 작성합니다.

■ 부가가치세법 시행규칙 [별지 제38호서식(2)] <개정 2024. 3. 22.>

매출처별 세금계산서합계표(을)

년 제 기 (월 일 ~ 월 일)

사업자등록번호	

⑪ 번호	⑫ 사업자 등록번호	⑬ 상 호 (법인명)	⑭ 매수	⑮ 공급가액						⑯ 세액						비고
				조	십억	백만	천	일		조	십억	백만	천	일		

작 성 방 법

 이 서식은 과세기간 종료일 다음 달 11일까지 전송된 전자세금계산서 외 발급분 매출처가 6개 이상으로서 『매출처별 세금계산서합계표(갑)』 [별지 제38호서식(1)]을 초과하는 경우에 사용합니다.

(   )쪽

⑰ 관리번호(매출)	－

210mm×297mm [백상지 80g/㎡ 또는 중질지 80g/㎡]

■ 부가가치세법 시행규칙 [별지 제39호서식(1)] <개정 2024. 3. 22.>

홈택스(www.hometax.go.kr)에서도
신청할 수 있습니다.

매입처별 세금계산서합계표(갑)

년 제 기 (월 일 ~ 월 일)

※ 아래의 작성방법을 읽고 작성하시기 바랍니다.

(앞쪽)

1. 제출자 인적사항

① 사업자등록번호	② 상호(법인명)
③ 성명(대표자)	④ 사업장 소재지
⑤ 거래기간 년 월 일 ~ 년 월 일	⑥ 작성일 년 월 일

2. 매입세금계산서 총합계

구 분		⑦ 매입처수	⑧ 매수	⑨ 공급가액					⑩ 세 액				
				조	십억	백만	천	일	조	십억	백만	천	일
합 계													
과세기간 종료일 다음 달 11일 까지 전송된 전자세금계산서 발급받은 분	사업자등록번호 발급받은 분												
	주민등록번호 발급받은 분												
	소 계												
위 전자 세금계산서 외 의 발급받은 분	사업자등록번호 발급받은 분												
	주민등록번호 발급받은 분												
	소 계												

* 주민등록번호로 발급받은 세금계산서는 사업자등록 전 매입세액 공제를 받을 수 있는 세금계산서만 적습니다.

3. 과세기간 종료일 다음 달 11일까지 전송된 전자세금계산서 외 발급받은 매입처별 명세
(합계금액으로 적음)

⑪ 번호	⑫ 사업자 등록번호	⑬ 상 호 (법인명)	⑭ 매수	⑮ 공급가액					⑯ 세액					비고
				조	십억	백만	천	일	조	십억	백만	천	일	
1														
2														
3														
4														
5														

⑰ 관리번호(매입)	–

210mm×297mm[백상지 80g/㎡ 또는 중질지 80g/㎡]

작성방법

이 합계표는 아래의 작성방법에 따라 한글과 아라비아숫자로 정확하고 선명하게 적어야 하며, 공급가액과 세액은 원 단위까지 표시하여야 합니다.

①~④: 제출자의 사업자등록증에 적힌 사업자등록번호(또는 고유번호), 상호(법인명), 성명(대표자), 사업장 소재지를 적습니다.

⑤: 신고대상기간을 적습니다(예시: 2010년 1월 1일 ~ 2010년 6월 30일).

⑥: 이 합계표를 작성하여 제출하는 연월일을 적습니다.

⑦~⑩: 합계란에는 과세기간 종료일 다음 달 11일까지 전송된 전자세금계산서 발급받은 분 소계와 위 전자세금 계산서 외의 발급받은 분 소계의 단순합계를 적습니다.

과세기간 종료일 다음 달 11일까지 전송된 전자세금계산서 발급받은 분에는 전자세금계산서로 발급받고, 과세 기간(예정신고대상자의 경우 예정신고기간) 종료일 다음 달 11일(토요일, 공휴일인 경우 그 다음 날)까지 국 세청에 전송된 매입세금계산서에 대한 매입처 수, 총매수, 총공급가액 및 총세액을 적습니다.

위 전자세금계산서 외의 발급받은 분에는 종이세금계산서, 전자세금계산서로 발급받았으나 그 개별명세가 과 세기간(예정신고대상자의 경우 예정신고기간) 종료일 다음 달 11일(토요일, 공휴일인 경우 그 다음 날)까지 국세청에 전송되지 않은 전자세금계산서에 대한 매입처 수, 총매수, 총공급가액 및 총세액을 적습니다.

⑪: 과세기간 종료일 다음 달 11일까지 전송된 전자세금계산서 외 발급받은 매입처별 명세는 위 전자세금계산 서 외의 발급받은 분에 대한 각각의 매입처별로 1번부터 부여하여 마지막까지 순서대로 적고[매입처별 세금 계산서합계표(갑)서식을 초과하는 매입처별 거래분에 대해서는 매입처별 세금계산서합계표(을)서식에 이어서 적습니다], 주민등록번호로 발급받은 세금계산서는 사업자등록 전 매입세액 공제를 받을 수 있는 세금계산서 만 적으며, 매입자가 세무서장에게 요청하여 발급하는 매입자발행세금계산서는 별도의 「매입자발행세금계산서 합계표」에 적고, 전자세금계산서 외의 발급받은 분에는 포함하지 않습니다.

⑫·⑬: 위 전자세금계산서 외의 발급받은 분 세금계산서의 거래처(공급자) 사업자등록번호와 상호(법인명)를 적습니다.

⑭~⑯: 위 전자세금계산서 외의 발급받은 분 세금계산서를 거래처(공급자)별로 합하여 세금계산서 매수, 공급 가액, 세액을 적습니다. 수정세금계산서의 경우에도 매수와 금액을 더하여 적습니다(예정신고 누락분을 확정 신고 시 제출하는 경우 거래처에 더하여 적습니다).

⑰: 사업자가 적지 않습니다(권번호-페이지번호).

※ 3. 과세기간 종료일 다음 달 11일까지 전송된 전자세금계산서 외 발급받은 매입처가 5개를 초과하는 경 우 『매입처별 세금계산서합계표(을)』[별지 제39호서식(2)]에 이어서 작성합니다.

■ 부가가치세법 시행규칙 [별지 제39호서식(2)] <개정 2024. 3. 22.>

매입처별 세금계산서합계표(을)

년 제 기 (월 일 ~ 월 일)

사업자등록번호	

⑪ 번호	⑫ 사업자 등록번호	⑬ 상호 (법인명)	⑭ 매수	⑮ 공급가액						⑯ 세액						비고
				조	십억	백만	천	일		조	십억	백만	천	일		

작 성 방 법

이 서식은 과세기간 종료일 다음 달 11일까지 전송된 전자세금계산서 외 발급받은 매입처가 6개 이상으로서 『매입처별 세금계산서합계표(갑)』 [별지 제39호서식(1)]을 초과하는 경우에 사용합니다.

( )쪽

⑰ 관리번호(매입)	－

210mm×297mm[백상지 80g/㎡ 또는 중질지 80g/㎡]

제8장

신고 · 납부와 환급

제1절 신고와 납부

1. 의 의

납세의무는 세법이 정하는 과세요건이 충족될 때에 성립하는데, 부가가치세에 있어서는 각 과세기간이 종료하는 때에 성립한다(기법 21 ① 7호). 다만, 수입재화의 경우에는 세관장에게 수입신고를 하는 때에 성립한다. 이러한 과세요건의 충족으로 인하여 추상적으로 성립된 납세의무의의 이행을 가능하도록 하는 절차를 확정이라고 한다. 즉, 납세의무의 확정이란 조세의 납부 또는 징수를 위하여 세법이 정하는 절차에 따라 납부할 세액을 납세의무자 또는 세무관청의 일정한 행위나 절차를 거쳐서 구체적으로 확정하는 것을 말한다. 부가가치세의 경우에는 납세의무자 자신 스스로 과세표준과 세액을 조사·계산·확인하고 신고에 함으로써 납세의무가 확정된다. 이와 같이 납세의무자가 과세표준과 세액을 정부에 신고하는 때 납세의무가 확정되는 제도를 신고납세주의라고 한다. 하지만 신고납세주의일지라도 납세의무자가 신고를 하지 않으면 과세관청이 과세권에 의하여 부과결정하여 납세의무를 확정시키며, 납세의무자의 신고에 오류·탈루가 있는 경우에는 과세관청이 조사하여 납세의무를 경정한다.

[표 8-1] 부가가치세 납세의무의 성립·확정·소멸

납세의무의 성립	납세의무의 확정		납세의무의 소멸
	신고한 경우	신고하지 않은 경우	
과세기간이 종료하는 때(다만, 수입재화의 경우에는 세관장에게 수입신고를 하는 때)	신고하는 때	부과결정하는 때	① 신고납부 ② 납세고지된 세액납부 ③ 강제징수에 따른 충당 ④ 부과의 취소

부가가치세법은 납세의무를 확정시키는 과세표준과 납부세액의 신고절차를 예정신고와 확정신고로 나누어 규정하고 있다. 이와 같이 예정·확정의 신고로 나누어 하나의 과세기간에 두 번 신고하도록 하는 것은 세수의 조기확보 및 납세의무자의 조세부담을 분산시키기 위해서이다. 예정신고와 확정신고는 과세사업자에게만 그 의무가 부과된다. 그러므로 영세율적용거래는 신고하여야 하지만 본래부터 납세의무를 지우지 아니한 면세거래 면세사업자는 부가가치세의 과세표준과 납부세액의 신고의무를 지지 아니한다.

자진신고납부 또는 납세고지된 세액을 납부하면 확정된 납세의무는 소멸되며, 납부불이행시 압류·공매 등에 의하여 강제징수에 의하여 충당되는 경우에 납세의무는 소멸된다.

2. 예정신고와 납부

가. 의 의

부가가치세에 있어서 과세기간은 개인·법인을 구분하지 아니하고 1년을 6개월 단위로 나누어 제1기(1월 1일부터 6월 30일까지)와 제2기(7월 1일부터 12월 31일까지)로 구분하고 있으며, 과세기간 중 3개월분에 해당하는 기간을 예정신고기간으로 정하여 과세표준과 납부세액 또는 환급세액을 정부에 신고·납부하여야 한다. 다만, 개인사업자와 직전 과세기간 공급가액의 합계액이 1억5천만원 미만인 법인사업자에게는 원칙적으로 정부가 납부할 세액을 고지하여 납부토록 하고 있다.

부가가치세의 경우 예정신고기간이 종료하는 때에 납세의무는 성립한다(기법 21 ② 3호). 그러나 예정신고에 의하여 예정신고기간의 납세의무가 확정되는 것은 아니다. 즉 예정신고는 순수한 협력의무이행의 효력을 가질 뿐 부가가치세납세의무를 확정하는 효력이 없으며, 예정신고와 함께 납부하는 세액은 확정신고시에 정산되는 것을 전제로 한 예납적 납부 또는 예납적 징수라고 할 것이다. 따라서 부가가치세의 확정신고가 원칙적으로 각 과세기간(1월 1일~6월 30일 또는 7월 1일~12월 31일) 전체의 납세의무를 확정시키는 효력이 있는 것이다.[30]

예정신고를 하는 경우에 다음의 서류를 해당 신고서에 **첨부하지 아니한 부분**에 대하여는 예정신고로 보지 아니한다(부령 90 ⑦).
① 영세율이 적용되는 과세표준에 관하여 영세율 첨부서류
②「조세특례제한법」에 따라 영세율이 적용되는 과세표준에 관하여 공급받는 기관의 장이 발급하는 납품증명서 또는 용역공급사실을 증명하는 서류, 월별판매액합계표 ,면세공급증명서 및「농·축산·임·어업용 기자재 및 석유류에 대한 부가가치세 영세율 및 면세 적용 등에 관한 특례 규정하는 영세율 첨부서류

---

30) 최명근,「부가가치세법론」(서울, 조세통람사, 2001), pp407~408.

나. 예정신고

(1) 예정신고기간

사업자는 각 과세기간 중 다음의 예정신고기간에 대한 과세표준과 납부세액 또는 환급세액을 사업장 관할세무서장에게 신고하여야 한다. 다만, 신규로 사업을 시작하거나 시작하려는 자에 대한 최초의 예정신고기간은 사업개시일(사업개시일 이전에 사업자등록을 한 경우에는 사업자등록을 한 날)로부터 그날이 속하는 예정신고기간의 종료일까지로 한다(부법 48 ①).

[표 8-2] 예정신고 기간

기별	사업자별	예정신고 기간
1기	계속사업자	1월 1일~3월 31일
	신규사업자	사업개시일(시작 전 등록의 경우 등록일)~3월 31일
2기	계속사업자	7월 1일~9월 30일
	신규사업자	사업개시일(시작 전 등록의 경우 등록일)~9월 30일

(2) 예정신고 기한

부가가치세의 예정신고기한은 해당 예정신고기간이 끝난 후 25일 이내이다(부법 48 ①).
① 제1기 예정신고기한 : 4월 25일
② 제2기 예정신고기한 : 10월 25일

(3) 예정신고 대상

신고의 대상은 예정신고기간의 과세표준과 납부세액 또는 환급세액으로 한다. 다만, 영세율 또는 사업설비투자로 인하여 예정신고기한 이전에 이미 조기환급을 받고자 신고한 내용은 예정신고대상에서 제외하며, 예정신고시에는 가산세는 제외하고 신용카드매출전표등세액공제는 포함한다(부령 90 ①).

(4) 예정신고 제출서류

부가가치세의 예정신고에 있어서는 다음의 서류를 각 사업장관할세무서장에게 제출(국세정보통신망에 따른 제출 포함)하여야 한다(부령 90 ②·③).
① 부가가치세예정신고서
　　다음의 사항을 적은 부가가치세예정신고서. 다만, 조기환급신고에 있어서 이미 신고한 내용은 예정신고대상에서 제외한다.

㉮ 사업자의 인적사항

㉯ 납부세액 및 그 계산근거

㉰ 공제세액 및 그 계산근거

㉱ 매출·매입처별세금계산서합계표 제출내용

㉲ 그 밖의 참고사항

② 공제받지 못할 매입세액이 있는 경우에는 공제받지 못할 매입세액명세서

③ 신용카드매출전표 등을 발급한 사업자는 신용카드매출전표 등 발급금액집계표

④ 전자적 결제수단에 의하여 매출하여 공제받는 경우에는 전자화폐결제명세서

⑤ 신용카드매출전표 등에 의하여 매입세액을 공제받는 경우에는 신용카드매출전표등
수령명세서

⑥ 부동산임대업자의 경우에는 **부동산임대공급가액명세서**와 임대차계약서 사본(사업장
을 임대한 후 임대차계약을 갱신한 경우에만 해당한다)

⑦ **현금매출명세서** : 예식장업, 부동산중개업, 보건업(병원·의원으로 한정한다), 변호사
업, 심판변론인업, 변리사업, 법무사업, 공인회계사업, 세무사업, 경영지도사업, 기술지
도사업, 감정평가사업, 손해사정인업, 통관업, 기술사업, 건축사업, 도선사업, 측량사
업, 공인노무사업, 의사업, 한의사업, 약사업, 한약사업, 수의사업, 그밖에 이와 유사한
사업서비스업은 현금매출명세서를 제출하여야 한다.

⑧ 건물·기계장치 등을 취득하는 경우에는 건물등감가상각자산취득명세서

⑨ 사업자단위과세사업자인 경우에는 사업자단위과세의 사업장별 부가가치세과세표준
및 납부세액(환급세액)신고명세서

⑩ 영세율을 적용하여 재화 또는 용역을 공급한 경우 기획재정부령이 정하는 영세율 매출
명세서 및 해당 사업자의 다음과 같은 영세율 첨부서류

㉮ 수출실적명세서(전자계산조직에 의하여 처리된 테이프 또는 디스켓 포함). 다만,
소포우편에 의하여 수출한 경우에는 해당 우체국장이 발급하는 소포수령증

㉯ 수출계약서사본 또는 외국환은행이 발급하는 외화입금증명서 (외국인도수출을 적
용받는 사업자가 같은 위탁가공무역 방식의 수출을 적용받는 사업자로부터 매입
하는 경우는 매입계약서를 추가로 첨부한다)

㉰ 내국신용장 또는 구매확인서가 「전자무역촉진에 관한 법률」에 따라 전자무역기반
시설을 통하여 개설되거나 발급된 경우 : 내국신용장·구매확인서 전자발급명세
서(그 밖의 경우 : 내국신용장 사본)

㉱ 국국제협력단이 발급한 공급사실을 증명할 수 있는 서류

㉲ 공기의 외국항행용역에 관하여는 공급가액확정명세서

ⓑ 임가공계약서사본(수출재화임가공용역을 해당 수출업자와 같은 장소에서 제공하는 경우를 제외한다)

ⓐ 해당 수출업자가 발급한 납품사실을 증명할 수 있는 서류(수출업자와 직접 도급계약을 한 분에 한정한다) 또는 수출대금입금증명서

ⓗ 관할세관장이 발급하는 선(기)적완료증명서. 다만, 전기통신사업법에 따른 전기통신사업에 있어서는 용역공급기록표

ⓩ 외국환은행이 발급하는 수출(군납)대금입금증명서 또는 관할세무서장이 발급하는 군납완료증명서 또는 해당 외국정부기관 등이 발급한 납품 또는 용역공급사실을 증명할 수 있는 서류. 다만, 전력·가스 그 밖의 공급단위를 구획할 수 없는 재화를 계속적으로 공급하는 사업에 있어서는 재화공급기록표

ⓒ 일반여행업자가 외국인관광객에게 공급하는 관광알선용역은 외국환은행이 발급하는 외화입금증명서(외화 현금으로 받는 경우에는 관광알선수수료명세표 및 외화매입증명서로 한다).

ⓚ 외교관면세판매기록표

ⓣ 외국인환자 유치수수료 명세표

⑪ 한국국제보건의료재단이 발급한 공급사실을 증명할 수 있는 서류

(5) 예정신고의무자

법인사업자(직전 과세기간 공급가액의 합계액이 1억5천만원 미만인 법인사업자 제외)는 예정신고를 하여야 한다(부법 48 ① · ③). 이 경우 사업자에는 영세율사업자가 당연히 포함되지만 면세사업자는 포함되지 않는다. 따라서 개인사업자는 납세편의를 위해 예정신고 의무가 없다.

(6) 신고 관할세무서

1) 일반적인 경우

부가가치세 예정신고는 각 사업장별로 관할세무서장에게 하여야 한다(부법 48 ①).

2) 주사업장총괄납부사업자의 경우

주사업장총괄납부사업자란 각 사업장별로 납부하여야 할 부가가치세를 주된사업장에서 단순히 납부만을 총괄하는 것이므로, 총괄납부승인을 받은 사업자라 하더라도 부가가치세의 신고는 각 사업장별로 하여야 한다.

3) 사업장을 이전한 경우

부가가치세 예정신고기간 중에 사업장을 이전한 경우 해당 과세기간에 대한 부가가치세 예정신고 및 환급신청은 예정신고기한 현재 사업장을 관할하는 세무서장에게 신고하여야 한다(국기법 43 ①).

【통칙·판례·예규 참조】

부 통 주사업장 총괄납부사업자의 신고 관할세무서

주사업장 총괄납부사업자가 예정 또는 확정신고를 함에 있어 주사업장 관할세무서장에게 종된 사업장 분을 합산신고하고 종된 사업장 관할세무서장에게는 신고하지 아니한 경우에 종된 사업장분은 무신고가 된다. 다만, 각 사업장별로 작성한 신고서를 관할세무서장 외의 세무서장에게 제출한 경우에는 무신고로 보지 아니한다(부통 48-90-1).

다. 납 부

사업자는 예정신고기간의 납부세액(해당 예정신고기간에 대하여 수시부과한 세액은 공제한다)을 다음의 기한 내에 각 사업장관할세무서장에게 납부하거나 국세징수법에 따른 납부서에 부가가치세예정신고서를 첨부하여 한국은행(그 대리점 포함) 또는 체신관서에 납부하여야 한다. 이때 주사업장총괄납부사업자의 경우는 주사업장 관할세무서장에게 납부한다(부법 48 ②).

① 제1기 예정신고·납부 : 4월 1일~4월 25일
② 제2기 예정신고·납부 : 10월 1일~10월 25일

라. 예정결정·고지에 따른 징수

(1) 개 념

부가가치세 예정신고의 경우 납세의무자가 과세표준과 세액을 신고·납부함을 원칙으로 하지만, 개인사업자와 직전 과세기간 공급가액의 합계액이 1억5천만원 미만인 법인사업자에 대하여는 과세관청이 직권으로 예정신고기간의 부가가치세를 결정하여 고지하고 징수한다.

(2) 예정결정·고지의 대상

납세지 관할 세무서장은 개인사업자와 직전 과세기간 공급가액의 합계액이 1억5천만원 미만인 법인사업자에 대하여는 각 예정신고기간마다 직전 과세기간에 대한 납부세액의 50%에 상당하는 금액(1천원 미만의 단수가 있을 때에는 그 단수금액은 버림)을 결정하여

해당 예정신고기한 내에 징수한다(부법 48 ③). 다만, 다음 중 어느 하나에 해당하는 경우에는 징수하지 아니한다.

① 징수하여야 할 금액이 50만원 미만인 경우

② 간이과세자에서 해당 과세기간 개시일 현재 일반과세자로 변경된 경우

③ 「국세징수법」 제13조 제1항 각 호의 어느 하나에 해당하는 사유로 관할 세무서장이 징수하여야 할 금액을 사업자가 납부할 수 없다고 인정되는 경우

이때 직전 과세기간에 대한 납부세액에는 공제하거나 경감한 세액 및 수시부과한 세액이 있는 경우에는 그 세액을 차감하고, 결정 또는 경정과 수정신고 및 경정청구에 따른 결정이 있는 경우에는 그 내용이 반영된 금액을 말한다.

(3) 예정결정·고지의 예외(선택)

사업자가 휴업 등 다음의 사유에 해당하는 경우에는 예정신고를 하고 예정신고기간의 납부세액(해당 예정신고기간에 대하여 수시부과한 세액은 공제한다)을 납부할 수 있다. 이 경우 정부의 예정고지 결정이 있는 경우에 개인사업자가 예정신고를 한 때에는 그 결정이 없었던 것으로 본다(부법 48 ④, 부령 90 ⑤).

① 휴업 또는 사업부진으로 인하여 각 예정신고기간의 공급가액 또는 납부세액이 직전과세기간의 공급가액 또는 납부세액의 3분의 1에 미달하는 자

② 예정신고기간분에 대하여 조기환급을 받으려는 자

(4) 고지기한

관할세무서장은 예정고지 결정한 부가가치세액에 대하여 다음의 기간 내에 납부고지서를 발부해야 한다(부령 90 ⑤).

① 제1기분 예정신고기간분 : 4월 1일~4월 10일

② 제2기분 예정신고기간분 : 10월 1일~10월 10일

마. 비거주자 또는 외국법인의 신고·납부

비거주자 또는 외국법인의 대리인은 해당 비거주자 또는 외국법인을 대리하여 예정신고 및 납부를 하여야 한다(부령 90 ⑧).

【통칙·판례·예규 참조】

예규 사업자의 2이상 사업장 중 하나의 사업장 폐지시 부가가치세 신고납부 방법
2이상의 사업장이 있는 사업자가 그 중 한 사업장을 폐지하고 해당 사업장의 재고재화를 다른 사업장으로 이동시키는 경우에는 부가가치세법시행령 제11조의 규정에 따라 사업자등록 정정신고를 하여야

하며, 이 경우 부가가치세법 제18조 및 제19조에 따른 신고·납부는 기존사업장의 거래분과 폐지한 사업장의거래분을 합하여 신고일 현재의 관할세무서장에게 하는 것이며, 총괄납부사업자의 경우에는 같은 법 제4조 제2항의 규정에 따라 주사업장에서 총괄하여 납부한다(부가 22601-876, 1990. 7. 12).

> **예 규** 내국신용장의 사후 개설에 따른 부가가치세 신고방법
> 부가가치세법시행령 제73조 제3항의 규정에 따라 매월별로 영세율 등 조기환급신고를 하는 사업자가 재화를 공급하면서 해당 재화의 공급시기에 내국신용장이 개설되지 아니하여 과세분(10%)으로 세금계산서를 발급하여 신고한 후 해당 재화의 공급시기가 속하는 예정신고기간 내에 내국신용장이 개설되어 수정세금계산서를 발급한 경우에는 해당 수정세금계산서를 부가가치세 예정신고에 포함하여 신고하며, 예정신고기간 경과 후 과세기간 내에 내국신용장이 개설되어 수정세금계산서를 발급한 경우에는 해당 수정세금계산서를 부가가치세 확정신고에 포함하여 신고한다(부가 46015-5048. 1999. 12. 27).

3. 확정신고와 납부

가. 의 의

부가가치세 납세의무는 과세기간이 종료하는 때에 성립한다(국기법 21 ②). 성립한 납세의무는 추상적인 조세채권이기 때문에 이를 구체화시키기 위해서 납세의무 확정절차가 필요하는데 이것이 확정신고이다. 그리고 사업자는 확정신고와 함께 그 과세기간에 대한 납부세액을 사업장관할세무서장에게 납부하여야만 납세의무가 소멸된다.

확정신고를 하는 경우에는 다음의 서류를 해당 신고서에 **첨부하지 아니한 부분**에 대하여는 확정신고로 보지 아니한다.

① 영세율이 적용되는 과세표준에 관하여 영세율 첨부서류
② 「조세특례제한법」에 따라 영세율이 적용되는 과세표준에 관하여 공급받는 기관의 장이 발급하는 납품증명서 또는 용역공급사실을 증명하는 서류, 월별판매액합계표, 면세공급증명서 및 「농·축산·임·어업용 기자재 및 석유류에 대한 부가가치세 영세율 및 면세 적용 등에 관한 특례 규정」 하는 영세율 첨부서류

나. 확정신고

(1) 확정신고 기간

확정신고기간은 각 과세기간의 전체기간을 말한다.

> 과세기간 = 확정신고기간

[표 8-3] 확정신고기간과 기한

기별	사업자별	확정신고기간	확정신고기한
1기	계속사업자	1월 1일~6월 30일	7월 25일
	신규사업자	사업개시일(시작 전 등록의 경우 등록일)~6월 30일	7월 25일
	폐 업 자	과세기간개시일~폐업일	폐업일로부터 25일
2기	계속사업자	7월 1일~12월 31일	다음해 1월 25일
	신규사업자	사업개시일(시작 전 등록의 경우 등록일)~12월 31일	다음해 1월 25일
	폐 업 자	과세기간개시일~폐업일	폐업일로부터 25일

※ 과세기간 중 간이과세자에 대한 확정신고기간은 간이과세자포기의 신고일이 속하는 과세기간의 개시
일로부터 그 신고일이 속하는 달의 말일까지이며, 이때의 확정신고기한은 포기신고일이 속하는 달의
다음달 25일이다.

(2) 확정신고 기한

사업자는 각 과세기간에 대한 과세표준과 납부세액 또는 환급세액을 그 과세기간이 끝난
후 25일(폐업하는 경우에는 폐업일이 속한 달의 다음 달 25일) 이내에 사업장 관할 세무서장
에게 신고하여야 한다(부법 49 ①).

【통칙 · 판례 · 예규 참조】

부 통 합병으로 인한 소멸법인의 신고
법인의 합병으로 인한 소멸법인의 최종과세기간분에 대한 확정신고는 합병 후 존속하는 법인 또는
합병으로 인하여 설립된 법인이 소멸법인을 해당 과세기간의 납세의무자로 하여 소멸법인의 사업장
관할세무서장에게 신고하여야 한다(부통 49-91-1).

부 통 사업양도시의 신고
사업을 양도하고 폐업한 사업자는 폐업일이 속하는 과세기간의 개시일로부터 폐업일까지의 과세기간
분에 대한 확정신고를 하여야 한다(부통 49-91-2).

---

(3) 확정신고 대상

확정신고의 대상은 과세기간내의 과세표준과 납부세액 또는 환급세액이다. 확정신고에
서는 예정신고와는 달리 가산세는 포함하지만, 예정신고 또는 영세율 등 조기환급신고에서
이미 신고한 내용은 확정신고대상에서 제외한다(부법 49 ①). 따라서 확정신고시에는 예정
신고누락분을 신고할 수 있다.

(4) 확정신고 제출서류

부가가치세의 확정신고에 있어서는 다음의 서류를 각 사업장관할세무서장에게 제출하여야 한다(부령 91 ②).

① 부가가치세확정신고서

　　다음의 사항을 적은 부가가치세확정신고서. 다만, 조기환급신고에 있어서 이미 신고한 내용은 확정신고대상에서 제외한다. 여기에서 가산세액 및 그 계산근거에 관한 것은 확정신고에서만 기재할 내용이다.

　　㉮ 사업자의 인적사항

　　㉯ 납부세액 및 그 계산근거

　　㉰ 가산세액·공제세액 및 그 계산근거

　　㉱ 매출·매입처별세금계산서합계표 제출내용

　　㉲ 그 밖의 참고사항

② 공제받지 못할 매입세액이 있는 경우에는 공제받지 못할 매입세액명세서

③ 신용카드매출전표 등을 발급한 사업자는 신용카드매출전표 등 발급금액집계표

④ 전자적 결제수단에 의하여 매출하여 공제받는 경우에는 전자화폐결제명세서

⑤ 신용카드매출전표 등에 의하여 매입세액을 공제받는 경우에는 신용카드매출전표등 수령명세서

⑥ 부동산임대업자의 경우에는 부동산임대공급가액명세서와 임대차계약서 사본(사업장을 임대한 후 임대차계약을 갱신한 경우에만 해당한다)

⑦ 업종의 특성 및 세원관리를 고려하여 변호사업, 공인회계사업, 세무사업, 건축사업, 변리사업 및 관세사업의 경우에는 현금매출명세서

⑧ 건물·기계장치 등을 취득하는 경우에는 건물등감가상각자산취득명세서

⑨ 사업자단위과세사업자인 경우에는 사업자단위과세의 사업장별 부가가치세 과세표준 및 납부세액(환급세액)신고명세서

⑩ 부동산관리업을 하는 사업자의 경우에는 건물관리명세서. 다만, 주거용 건물관리는 제외한다.

⑪ 포괄적으로 사업을 양도하는 경우에는 사업양도신고서

⑫ 음식·숙박업자 및 그 밖의 서비스업자의 경우에는 사업장현황명세서

⑬ 영세율이 적용되는 경우 다음과 같은 영세율 첨부서류

　　㉮ 수출실적명세서(전자계산조직에 의하여 처리된 테이프 또는 디스켓 포함). 다만, 소포우편에 의하여 수출한 경우에는 해당 우체국장이 발급하는 소포수령증

　　㉯ 수출계약서사본 또는 외국환은행이 발급하는 외화입금증명서

ⓓ 국신용장이나 구매확인서사본(「전자무역 촉진에 관한 법률」 제6조 제1항에 따른 전자무역기반사업자를 통하여 제출하는 전자문서를 포함한다) 또는 외국환은행이 발급하는 수출대금입금증명서

ⓔ 국국제협력단이 발급한 공급사실을 증명할 수 있는 서류

ⓕ 공기의 외국항행용역에 관하여는 공급가액확정명세서

ⓖ 임가공계약서사본(수출재화임가공용역을 해당 수출업자와 같은 장소에서 제공하는 경우를 제외한다)

ⓗ 해당 수출업자가 발급한 납품사실을 증명할 수 있는 서류(수출업자와 직접 도급계약을 한 분에 한정한다) 또는 수출대금입금증명서

ⓘ 관할세관장이 발급하는 선(기)적완료증명서. 다만, 전기통신사업법에 따른 전기통신사업에 있어서는 용역공급기록표

ⓙ 외국환은행이 발급하는 수출(군납)대금입금증명서 또는 관할세무서장이 발급하는 군납완료증명서 또는 해당 외국정부기관 등이 발급한 납품 또는 용역공급사실을 증명할 수 있는 서류. 다만, 전력·가스 그 밖의 공급단위를 구획할 수 없는 재화를 계속적으로 공급하는 사업에 있어서는 재화공급기록표

ⓚ 외국인물품판매기록표. 다만, 일반여행업에 있어서는 외국환은행이 발급하는 외화입금증명서

ⓛ 외국인숙박기록표

ⓜ 외교관면세판매기록표

ⓝ 차관사업증명서

(5) 영세율 적용시 첨부서류

영세율이 적용되는 경우에는 부가가치세확정신고서에 영세율 첨부서류를 첨부하여 제출하여야 한다. 다만, 예정신고 및 조기환급의 규정에 따른 신고에 있어서 이미 제출한 서류는 제외한다(부법 49 ①). 이때 영세율이 적용되는 과세표준에 관하여 영세율 첨부서류를 해당 신고서에 첨부하지 아니한 부분에 대하여는 신고로 보지 아니한다(부령 91 ③).

(6) 비거주자 또는 외국법인의 신고납부

비거주자 또는 외국법인의 대리인은 해당 비거주자 또는 외국법인을 대리하여 확정신고 및 납부를 하여야 한다(부령 90 ⑥).

다. 납 부

사업자는 확정신고를 할 때 예정신고에 의하여 신고한 환급세액 중 조기에 환급되지 아니한 세액과 예정고지에 따라 징수되는 금액, 그리고 수시부과한 세액을 확정신고 시의 납부세액에서 빼고 부가가치세 확정신고서와 함께 다음의 확정신고·납부기한 내에 각 납세지 관할 세무서장(주사업장총괄납부사업자의 경우에는 주된 사업장 소재지의 관할 세무서장을 말한다)에게 납부하거나 「국세징수법」에 따른 납부서를 작성하여 한국은행 또는 체신관서에 납부하여야 한다(부법 49 ①·②).

① 제1기 확정신고·납부 : 7월 1일~7월 25일
② 제2기 확정신고·납부 : 다음해 1월 1일~1월 25일

라. 환급세액 등 납부세액 공제

부가가치세를 납부하는 경우 예정신고 등에 따라 신고한 환급세액 중 환급되지 아니한 세액과 개인사업자의 예정고지에 따른 징수금액을 확정신고시 납부세액에서 공제한다.

[ ]예정 [ ]확정

일반과세자 부가가치세   [ ]기한후과세표준   신고서

[ ]영세율 등 조기환급

※ 뒤쪽의 작성방법을 읽고 작성하시기 바랍니다.

관리번호						처리기간		즉시	

	신고기간 년 제 기 (월 일 ~ 월 일)								
사업자	상 호 (법인명)		성 명 (대표자명)		사업자등록번호		-	-	
	생년월일		전화번 호	사업장	주소지		휴대전화		
	사업장 주소			전자우편 주소					

		① 신 고 내 용				
		구 분		금 액	세율	세 액
과세 표준 및 매출 세액	과 세	세금계산서 발급분	(1)		10 / 100	
		매입자발행 세금계산서	(2)		10 / 100	
		신용카드·현금영수증 발행분	(3)		10 / 100	
		기타(정규영수증 외 매출분)	(4)		10 / 100	
	영 세 율	세금계산서 발급분	(5)		0 / 100	
		기 타	(6)		0 / 100	
	예정 신고 누락분		(7)			
	대손세액 가감		(8)			
	합계		(9)		㉮	
매입 세액	세금계산서 수 취 분	일 반 매 입	(10)			
		수출기업 수입분 납부유예	(10-1)			
		고정자산 매입	(11)			
	예정 신고 누락분		(12)			
	매입자발행 세금계산서		(13)			
	그 밖의 공제매입세액		(14)			
	합계 (10)-(10-1)+(11)+(12)+(13)+(14)		(15)			
	공제받지 못할 매입세액		(16)			
	차감계 (15)-(16)		(17)		㉯	
납부(환급)세액 (매출세액㉮-매입세액㉯)					㉰	
경감· 공제 세액	그 밖의 경감·공제세액		(18)			
	신용카드매출전표등 발행공제 등		(19)			
	합계		(20)		㉱	
소규모 개인사업자 부가가치세 감면세액			(20-1)		㉲	
예정 신고 미환급 세액			(21)		㉳	
예정 고지 세액			(22)		㉴	
사업양수자가 대리납부한 세액			(23)		㉵	
매입자 납부특례에 따라 납부한 세액			(24)		㉶	
신용카드업자가 대리납부한 세액			(25)		㉷	
가산세액 계			(26)		㉸	
차감·가감하여 납부할 세액(환급받을 세액)(㉰-㉱-㉲-㉳-㉴-㉵-㉶-㉷+㉸)			(27)			
총괄 납부 사업자가 납부할 세액(환급받을 세액)						

② 국세환급금 계좌신고	거래은행	은행	지점	계좌번호	
③ 폐업 신고	폐업일		폐업 사유		
④ 영세율 상호주의	여[ ] 부[ ]	적용구분	업종	해당 국가	

⑤ 과 세 표 준 명 세						「부가가치세법」 제48조·제49조 또는 제59조와 「국세기본법」 제45조의3에 따라 위의 내용을 신고하며, 위 내용을 충분히 검토하였고 신고인이 알고 있는 사실 그대로를 정확하게 적었음을 확인합니다.
업 태	종목	생산요소	업종 코드	금 액		
(28)						년 월 일
(29)						신고인 : (서명 또는 인)
(30)						세무대리인은 조세전문자격자로서 위 신고서를 성실하고 공정하게 작성하였음을 확인합니다.
(31)수입금액 제외						세무대리인 : (서명 또는 인)
(32)합 계						세무서장 귀하
						첨부서류 뒤쪽 참조

세무대리인	성 명		사업자등록번호		전화번호		생년월일	

210㎜×297㎜[백상지 (80g/㎡) 또는 중질지(80g/㎡)]

| 신고인 제출서류 | 1. 매출처별 세금계산서합계표
3. 매입자발행 세금계산서합계표
5. 대손세액 공제신고서
7. 매출처별 계산서합계표
9. 신용카드매출전표등 수령명세서
11. 부동산임대공급가액명세서
13. 현금매출명세서
14. 주사업장 총괄 납부를 하는 경우 사업장별 부가가치세 과세표준 및 납부세액(환급세액) 신고명세서
15. 사업자 단위 과세를 적용받는 사업자의 경우에는 사업자 단위 과세의 사업장별 부가가치세 과세표준 및 납부세액(환급세액) 신고명세서
16. 건물 등 감가상각자산 취득명세서
18. 그 밖에 필요한 증명서류 | 2. 매입처별 세금계산서합계표
4. 영세율 첨부서류
6. 매입세액 불공제분 계산근거
8. 매입처별 계산서합계표
10. 전자화폐결제명세서(전산작성분 첨부 가능)
12. 건물관리명세서(주거용 건물관리의 경우는 제외합니다)

17. 의제매입세액 공제신고서 | 수수료 없음 |
| 담당 공무원 확인사항 | 사업자등록증(사업을 폐업하고 확정신고하는 사업자의 경우에는 해당 서류를 제출하게 하고 이를 확인) | | |

행정정보 공동이용 동의서

본인은 이 건 업무처리와 관련하여 담당 공무원이 「전자정부법」 제36조 제1항에 따른 행정정보의 공동이용을 통하여 위의 담당 공무원 확인 사항을 확인하는 것에 동의합니다. 동의하지 않는 경우에는 신고인이 직접 관련 서류를 제출해야 합니다.
신고인 (서명 또는 인)

작 성 방 법

※ 이 신고서는 한글과 아라비아 숫자로 적고, 금액은 원 단위까지 표시합니다.
　▨　표시란은 사업자가 적지 않습니다.

① 신고내용란

(1) ~ (4) : 해당 신고대상기간에 부가가치세가 과세되는 사업실적 중 세금계산서 발급분은 (1)란에, 매입자로부터 받은 매입자발행 세금계산서의 금액과 세액은 (2)란에, 신용카드매출전표등 발행분과 전자화폐수취분은 (3)란에, 세금계산서 발급의무가 없는 부분 등 그 밖의 매출은 (4)란에 적습니다(금액에 세율을 곱하여 세액란에 적습니다).
(5)·(6) : 해당 신고대상기간에 영세율이 적용되는 사업실적 중 세금계산서 발급분은 (5)란에, 세금계산서 발급의무가 없는 부분은 (6)란에 적습니다.
(7) : 예정신고를 할 때 누락된 금액을 확정신고할 때 신고하는 경우에 적으며, 4쪽 중 제3쪽 (37)합계란의 금액과 세액을 적습니다.
(8) : 부가가치세가 과세되는 재화 또는 용역의 공급에 대한 외상매출금 등이 대손되어 대손세액을 공제받는 사업자가 적으며, 대손세액을 공제받는 경우에는 대손세액을 차감표시(△)하여 적고, 대손금액의 전부 또는 일부를 회수하여 회수금액에 관련된 대손세액을 납부할 납부 세액으로 적습니다.
(10)·(10-1)·(11) : 발급받은 세금계산서상의 공급가액 및 세액을 고정자산 매입분(11)과 그 외의 매입분(10)으로 구분 집계하여 각각의 난에 적고, 「부가가치세법 시행령」 제91조의2제8항에 따라 재화의 수입에 대한 부가가치세 납부유예를 승인받아 납부유예된 세액은 (10-1)란에 적습니다.
(12) : 예정신고를 하였을 때 누락된 금액을 확정신고하는 경우에 적으며, 4쪽 중 제3쪽 (40)합계란의 금액과 세액을 적습니다.
(13) : 매입자가 관할 세무서장으로부터 거래사실확인 통지를 받고 발행한 매입자발행 세금계산서의 금액과 세액을 적습니다.
(14) : 발급받은 신용카드매출전표등의 매입세액, 면세농산물등 의제매입세액, 2019 광주 세계수영선수권대회 관련 사업자에 대한 의제매입세액, 재활용폐자원 등에 대한 매입세액, 재고매입세액, 변제대손세액, 외국인 관광객 숙박용역에 대한 환급세액 또는 외국인 관광객 미용성형 의료용역에 대한 환급세액이 있는 사업자가 적으며, 4쪽 중 제3쪽 (49)합계란의 금액과 세액을 적습니다.
(16) : 발급받은 세금계산서의 매입세액 중 공제받지 못할 매입세액, 과세사업과 면세사업등에 공통으로 사용된 공통매입세액 중 면세사업등과 관련된 매입세액 또는 대손처분받은 세액이 있는 사업자가 적으며, 4쪽 중 제3쪽 (53)합계란의 금액 및 세액을 적습니다.
(18) : 택시운송사업자 경감세액 등[4쪽 중 제3쪽 (60)합계란의 금액]을 적습니다.
(19) : 개인사업자(직전 연도의 과세공급가액이 10억원을 초과하는 사업자는 제외)로서 소매업자, 음식점업자, 숙박업자 등 「부가가치세법 시행령」 제73조 제1항 및 제2항에 따른 사업자가 신용카드(및 전자화폐)에 의한 매출이 있는 경우에 적으며, 금액란에는 신용카드매출전표 발행금액 등과 전자화폐 수취금액을, 세액란에는 그 금액의 13/1,000에 해당하는 금액(연간 500만원, 2023년까지는 연간 1,000만원을 한도로 합니다)을 적습니다.
(20-1) : 「조세특례제한법」 제108조의4에 따른 소규모 개인사업자 부가가치세 감면세액을 적습니다.
(21) : 예정신고를 할 때 일반환급세액이 있는 것으로 신고한 경우 그 환급세액을 적습니다.
(22) : 해당 과세기간 중에 예정고지된 세액이 있는 경우 그 예정고지세액을 적습니다.
(23) : 「부가가치세법 시행령」 제95조 제5항에 따라 사업양수자가 국고에 납입한 부가가치세액을 적습니다.
(24) : 「조세특례제한법 시행령」 제106조의9제5항 및 제106조의13제4항에 따른 부가가치세 관리기관이 국고에 직접 입금한 부가가치세액을 적습니다.
(25) : 「조세특례제한법」 제106조의10제1항에 따라 신용카드업자가 국고에 납입한 부가가치세액을 적습니다.
(26) : 신고한 내용에 가산세가 적용되는 경우가 있는 사업자만 적으며, 4쪽 중 제3쪽 (79)합계란의 세액을 적습니다.

② 국세환급금계좌신고란

(27)란에 "환급받을 세액"이 발생한 사업자만 적습니다.

③ 폐업신고란

사업을 폐업하고 확정신고하는 사업자만 적습니다.

④ 영세율 상호주의란

「부가가치세법」 제25조 또는 같은 법 시행령 제33조 제2항 제1호 단서 및 제2호에 따라 영세율에 대한 상호주의가 적용되어 (5)·(6)란에 영세율 과세표준 금액이 존재하는 사업자가 적습니다. 적용구분란에는 부가가치세법령상 근거조항(예 : 법 제21조, 법 제22조, 법 제23조, 법 제24조 제1항 제1호, 법 제24조 제1항 제2호, 영 제33조 제2항 제1호 단서, 영 제33조 제2항 제2호)을 적고, 업종란에는 부가가치세 영세율이 적용된 재화·용역 또는 그 업종을 적습니다.

⑤ 과세표준명세란

(28) ~ (32) : 과세표준 합계액(9)을 업태, 종목, 생산요소별로 적되, 생산요소는 임의적 기재사항으로 2015. 1. 1. 이후 신고분부터 적습니다. (31)수입금액 제외란은 고정자산매각[「소득세법」 제19조 제1항 제20호에 따른 사업용 유형고정자산(같은 법 시행령 제62조 제2항 제1호 가목은 제외합니다)의 매각금액은 (28)~(30) 해당란에 기재], 직매장공급 등 소득세수입금액에서 제외되는 금액을 적고, (32)란의 합계액은 (9)란의 금액과 일치해야 합니다.

210㎜×297㎜[백상지 (80g/㎡) 또는 중질지(80g/㎡)]

※ 이 쪽은 해당 사항이 있는 사업자만 사용합니다.

※ 뒤쪽의 작성방법을 읽고 작성하시기 바랍니다.

사업자등록번호 ☐☐☐ - ☐☐ - ☐☐☐☐☐ *사업자등록번호는 반드시 적으시기 바랍니다.

		구 분		금 액	세율	세 액
예정신고 누락분 명세	(7)매출	과세	세 금 계 산 서 (33)		10 / 100	
			기 타 (34)		10 / 100	
		영세율	세 금 계 산 서 (35)		0 / 100	
			기 타 (36)		0 / 100	
		합 계 (37)				
	(12)매입	세 금 계 산 서 (38)				
		그 밖의 공제매입세액 (39)				
		합 계 (40)				

	구 분		금 액	세율	세 액
(14) 그 밖의 공제 매입세액 명세	신용카드매출전표등 수령명세서 제출분	일반 매입 (41)			
		고정자산매입 (42)			
	의 제 매 입 세 액 (43)			뒤쪽 참조	
	재 활 용 폐 자 원 등 매 입 세 액 (44)			뒤쪽 참조	
	과세사업전환 매입세액 (45)				
	재 고 매 입 세 액 (46)				
	변 제 대 손 세 액 (47)				
	외국인 관광객에 대한 환급세액 (48)				
	합 계 (49)				

	구 분	금 액	세율	세 액
(16) 공제받지 못할 매입세액 명세	공제받지 못할 매입세액 (50)			
	공통매입세액 중 면세사업등 해당 세액 (51)			
	대 손 처 분 받 은 세 액 (52)			
	합 계 (53)			

	구 분	금 액	세율	세 액
(18) 그 밖의 경감·공제 세액 명세	전 자 신 고 세 액 공 제 (54)			
	전자세금계산서 발급세액 공제 (55)			
	택 시 운 송 사 업 자 경 감 세 액 (56)			
	대리납부 세액공제 (57)			
	현금영수증사업자 세액공제 (58)			
	기 타 (59)			
	합 계 (60)			

	구 분		금 액	세 율	세 액
(26) 가산세액 명세	사 업 자 미 등 록 등 (61)			1 / 100	
	세 금 계 산 서	지연발급 등 (62)		1 / 100	
		지연수취 (63)		5 / 1,000	
		미발급 등 (64)		뒤쪽 참조	
	전자세금계산서 발급명세 전송	지연전송 (65)		3 / 1,000	
		미전송 (66)		5 / 1,000	
	세금계산서 합계표	제출 불성실 (67)		5 / 1,000	
		지연제출 (68)		3 / 1,000	
	신고 불성실	무신고(일반) (69)		뒤쪽참조	
		무신고(부당) (70)		뒤쪽참조	
		과소·초과환급신고(일반) (71)		뒤쪽참조	
		과소·초과환급신고(부당) (72)		뒤쪽참조	
	납부지연 (73)		뒤쪽참조	
	영세율 과세표준신고 불성실 (74)		5 / 1,000	
	현금매출명세서 불성실 (75)		1 / 100	
	부동산임대공급가액명세서 불성실 (76)		1 / 100	
	매입자 납부특례	거래계좌 미사용 (77)		뒤쪽참조	
		거래계좌 지연입금 (78)		뒤쪽참조	
	신용카드매출전표 등 수령명세서 미제출·과다기재 (79)		5 / 1,000	
	합 계 (80)			

	업태	종목	코드번호	금액
면세사업 수입금액	(81)			
	(82)			
	(83) 수입금액 제외			
			(84) 합계	

계산서 발급 및 수취 명세	(85) 계산서 발급금액	
	(86) 계산서 수취금액	

210㎜×297㎜[백상지 (80g/㎡) 또는 중질지(80g/㎡)]

작 성 방 법

(7), (12) 예정신고 누락분 명세란

(33) ~ (36), (38) · (39) : 4쪽 중 제1쪽 (7)란, (12)란의 예정신고 누락분을 합계하여 적은 경우 그 예정신고 누락분의 명세를 적습니다. 다만, 매입자발행 세금계산서는 세금계산서란에 적습니다.

(14) 그 밖의 공제매입세액 명세란

(41) · (42) : 사업과 관련한 재화나 용역을 공급받고 발급받은 신용카드매출전표 등을 신용카드매출전표등 수령명세서에 작성하여 제출함으로써 매입세액을 공제하는 경우에 일반매입과 고정자산매입을 구분하여 적습니다.
(43) : 면세농산물등을 원재료로 제조 · 창출한 재화 또는 용역이 과세되어 의제매입세액을 공제받는 사업자는 금액란에는 「부가가치세법 시행규칙」 별지 제15호서식의 면세농산물등의 매입가액을, 세액란에는 공제할 세액을 적고, 「조세특례제한법」 제104조의28제5항에 따라 매입세액을 공제받는 사업자는 금액란에는 「조세특례제한법 시행규칙」 별지 제64호의24서식의 매입가액을, 세액란에는 공제할 세액을 적고, 「조세특례제한법」 제104조의29제1항에 따라 매입세액을 공제받는 사업자는 금액란에는 「조세특례제한법 시행규칙」 별지 제64호의25서식의 매입가액을, 세액란에는 공제할 세액을 적습니다.
(44) : 재활용폐자원 등에 대한 매입세액을 공제받는 사업자가 적고, 금액란에는 재활용폐자원 등의 취득가액을, 세액란에는 「조세특례제한법 시행규칙」, 별지 제69호서식(1) 재활용폐자원 및 중고자동차 매입세액 공제신고서(갑)의 공제할 세액을 적습니다.
(45) : 면세사업등에 사용하는 감가상각자산을 과세사업에 사용하거나 소비하는 경우 취득 시 공제하지 않은 매입세액을 공제받는 경우에 적습니다.
(46) : 간이과세자에서 일반과세자로 변경된 사업자가 그 변경되는 날 현재의 재고품등에 대하여 매입세액을 공제받는 경우에 적습니다.
(47) : 공급받은 재화나 용역에 대한 외상매입금, 그 밖에 매입채무가 대손확정되어 매입세액을 불공제받은 후 대손금액의 전부 또는 일부를 변제한 경우 변제한 대손금액에 관련된 대손세액을 적습니다.
(48) : 「조세특례제한법 시행령」 제109조의2제6항에 따른 특례적용관광호텔 사업자 또는 같은 영 제109조의3제8항에 따른 특례적용의료기관 사업자가 공제받을 부가가치세액을 적습니다.

(16) 공제받지 못할 매입세액 명세란

(50) : 발급받은 세금계산서 중 매입세액을 공제받지 못할 세금계산서의 공급가액, 세액의 합계액을 적습니다.
(51) : 부가가치세 과세사업과 면세사업등에 공통으로 사용하는 공통매입세액 중 면세사업등에 해당하는 부분을 안분(按分)하여 계산한 공급가액과 세액을 적습니다.
(52) : 부가가치세가 과세되는 재화 또는 용역을 공급받고 매입세액을 공제받은 외상매입금 그 밖에 매입채무가 폐업 전에 대손이 확정되어 거래상대방이 대손세액을 공제받은 경우 관련 대손처분을 받은 세액을 적습니다.

(18) 그 밖의 경감 · 공제세액 명세란

(54) : 「조세특례제한법」 제104조의8제2항에 따른 전자신고 세액공제 금액(10,000원)을 확정신고할 때 적습니다.
(55) : 직전연도의 사업장별 재화 및 용역의 공급가액(부가가치세 면세공급가액을 포함)의 합계액이 3억원 미만인 개인사업자가 전자세금계산서를 발급하고 발급명세를 국세청에 전송한 경우 공제세액(발급건당 200원씩 연간 100만원 한도)을 적습니다.
(56) : 일반택시운송사업자만 적고, 4쪽 중 제1쪽 ⑯란에 적은 납부세액의 99/100에 해당하는 금액을 적습니다.
(57) : 「조세특례제한법」 제106조의10제4항에 따른 부가가치세 대리납부세액 공제금액을 적습니다.
(58) : 「조세특례제한법」 제126조의3에 따른 현금영수증사업자에 대한 부가가치세 공제액을 적습니다.

(26) 가산세액 명세란

(61) : 사업자등록을 하지 않거나 타인의 명의로 등록한 경우 또는 타인 명의의 사업자등록을 이용한 경우 그 공급가액과 세액을 적습니다.
(62) : 세금계산서 발급시기를 경과하여 발급하거나 세금계산서의 필요적 기재사항의 전부 또는 일부가 착오 또는 과실로 적혀 있지 않거나 사실과 다른 경우 그 공급가액과 세액을 적습니다.
(63) : 재화 또는 용역의 공급시기 이후에 발급받은 세금계산서로서 해당 공급시기가 속하는 과세기간의 확정 신고기한까지 발급받아 매입세액공제를 받은 경우 그 공급가액과 세액을 적습니다.
(64) : 세금계산서를 발급하지 않거나 재화 또는 용역의 공급 없이 세금계산서등을 발급 및 수취하거나 실제로 재화 또는 용역을 공급하는 자 및 공급받는 자가 아닌 자의 명의로 세금계산서 등을 발급 및 수취하거나 재화 또는 용역의 공급가액을 과다하게 기재하여 세금계산서 등을 발급 및 수취한 경우 그 공급가액과 세액을 적습니다.
- 세금계산서를 발급하지 않은 경우 : 공급가액의 2%,
- 재화 또는 용역의 공급 없이 세금계산서등을 발급 및 수취한 경우 : 세금계산서등에 적힌 금액의 3%,
- 실제로 재화 또는 용역을 공급하는 자 및 공급받는 자가 아닌 자의 명의로 세금계산서 등을 발급 및 수취하거나 재화 또는 용역의 공급가액을 과다하게 기재하여 세금계산서 등을 발급 및 수취한 경우 : 공급가액의 2%
(65) : 전자세금계산서 발급 의무 사업자가 전자세금계산서 발급일의 다음 날이 경과한 후 재화 또는 용역의 공급시기가 속하는 과세기간에 대한 확정신고기한까지 세금계산서 발급명세를 전송한 경우 그 공급가액과 세액을 적습니다.
(66) : 전자세금계산서 발급 의무 사업자가 전자세금계산서 발급일의 다음 날이 경과한 후 재화 또는 용역의 공급시기가 속하는 과세기간에 대한 확정신고기한까지 세금계산서 발급명세를 전송하지 않은 경우 그 공급가액과 세액을 적습니다.
(67) : 「부가가치세법」 제60조 제6항 및 제7항에 해당하는 경우(매출 · 매입처별 세금계산서합계표를 미제출 · 부실기재 등) 그 공급가액과 세액을 적습니다. 다만, 「부가가치세법」 제60조 제6항 제3호에 해당하는 경우는 (68)번에 적습니다.
(68) : 매출처별 세금계산서합계표를 각 예정신고와 함께 제출하지 않고 해당 예정신고기간이 속하는 과세기간의 확정신고와 함께 제출하는 경우 그 공급가액과 세액을 적습니다.
(69) · (70) : 「국세기본법」 제47조의2에 따라 법정신고기한까지 신고하지 않을 경우 납부세액과 그 가산세를 적습니다.
- 부정행위에 따른 부당 무신고가산세 : 납부세액의 40%, - 그 외 일반 무신고가산세 : 납부세액의 20%
※ 법정신고기한이 지난 후 1개월 이내에 기한 후 신고한 경우 가산세의 50%, 1개월 초과 3개월 이내 30%, 3개월 초과 6개월 이내 20% 감면
(71) · (72) : 「국세기본법」 제47조의3에 따라 과소신고한 납부세액 또는 초과신고한 환급세액과 그 가산세를 적습니다.
- 부정행위에 따른 부당 과소 · 초과환급신고 가산세 : 납부세액의 40%, - 그 외 일반 과소 · 초과환급신고 가산세 납부세액의 10%
※ 법정신고기한이 지난 후 수정신고한 경우 가산세의 90%, 1개월 초과 3개월 이내 75%, 3개월 초과 6개월 이내 50%, 6개월 초과 1년이내 30%, 1년 초과 1년 6개월 이내 20%, 1년 6개월 초과 2년 이내 10% 감면
(73) : 「국세기본법」 제47조의4에 따라 납부하지 않거나 미달하게 납부한 세액 및 환급신고해야 할 환급세액을 초과한 환급세액과 그 가산세액을

적으며, 가산세율은 $\dfrac{22 \times (경과일수)}{100,000}$ 입니다.

※ 경과일수는 당초 납부기한의 다음 날부터 납부일까지 또는 환급받은 날의 다음 날부터 납부일까지의 기간의 일수를 말합니다.
(74) : 영세율이 적용되는 과세표준을 신고하지 않거나 미달하게 신고한 경우 그 공급가액과 세액을 적습니다.
(75) : 현금매출명세서를 제출해야 할 사업자가 그 명세서를 제출하지 않거나 사실과 다르게 적은 경우 그 공급가액과 세액을 적습니다.
(76) : 부동산임대공급가액명세서를 제출해야 할 사업자가 그 명세서를 제출하지 않거나 사실과 다르게 적은 경우 그 공급가액과 세액을 적습니다.
(77) : 「조세특례제한법」 제106조의4제7항 및 제106조의9제6항에 따라 금거래계좌 및 스크랩등거래계좌를 사용하지 않고 결제받은 경우 그 가산세액을 적으며, 가산세율은 제품가액의 100분의 10에 해당하는 금액입니다.
(78) : 「조세특례제한법」 제106조의4제8항 및 제106조의9제7항에 따라 거래시기에 부가가치세액을 거래계좌에 입금하지 않은 경우 공급일(공급일이 세금계산서 발급일보다 빠른 경우 세금계산서 발급일)의 다음 날부터 부가가치세 입금일까지 기간에 대한 가산세액을 적으며, 가산세액은 지연입

금액$\times \dfrac{22 \times (경과일수)}{100,000}$ 입니다.

(79) : 「부가가치세법」 제60조 제5항에 따라 신용카드매출전표등 수령명세서를 제출하지 않았거나 금액을 과다하게 기재한 경우 그 공급가액과 세액을 적습니다.

면세사업 수입금액란, 계산서 발급 및 수취 명세란

(81) · (82) : 부가가치세가 면제되는 사업의 수입금액을 업태, 종목별로 구분하여 적습니다.
(83) : 수입금액 제외란은 고정자산 매각 등 종합소득세 수입금액에서 제외되는 금액[「소득세법」 제19조 제1항 제20호에 따른 사업용 유형고정자산(같은 법 시행령 제62조제2항 제1호 가목은 제외합니다)의 매각금액은 (79)~(80) 해당란에 기재]을 적습니다.
(84) : 수입금액 합계액을 적습니다.
(85) : 부가가치세가 과세되지 않은 재화 또는 용역을 공급하고 발급한 계산서의 합계액을 적습니다.
(86) : 거래상대방으로부터 발급받은 계산서의 합계액을 적습니다.

210㎜×297㎜[백상지 (80g/㎡) 또는 중질지(80g/㎡)]

4. 재화의 수입에 대한 신고 · 납부 및 납부의 유예

가. 신고 · 납부

부가가치세 납세의무자인 재화를 수입하는 자는 「관세법」에 따라 관세를 신고·납부하는 경우에는 재화의 수입에 대한 부가가치세를 함께 신고·납부하여야 한다.

나. 납부 유예

(1) 납부 유예 요건

세관장은 다음 요건을 충족하는 중소·중견사업자가 물품을 제조·가공하기 위한 원재료 등 자기의 과세사업에 사용하기 위한 재화의 수입에 대하여 부가가치세의 납부유예를 미리 신청하는 경우에는 해당 재화를 수입할 때 부가가치세의 납부를 유예할 수 있다. 이때 납부유예는 「관세법」 제38조에 따른 납세신고를 할 때 납부하여야 하는 부가가치세에 한정하여 적용한다.

① 직전 사업연도에 중소·중견기업(제조업을 주된 사업으로 경영하는 기업에 한정한다) 에 해당하는 법인일 것

② 직전 사업연도에 영세율을 적용받은 재화의 공급가액의 합계액(이하 "수출액"이라 한다)이 다음에 해당할 것

㉮ 직전 사업연도에 중소기업인 경우 : 직전 사업연도에 공급한 재화 또는 용역의 공급가액의 합계액에서 수출액이 차지하는 비율이 30% 이상이거나 수출액이 50억원 이상일 것

㉯ 직전 사업연도에 중견기업인 경우 : 직전 사업연도에 공급한 재화 또는 용역의 공급가액의 합계액에서 수출액이 차지하는 비율이 30% 이상일 것

③ 아래 (4)에 따른 확인 요청일 현재 다음의 요건에 모두 해당할 것

㉮ 최근 3년간 계속하여 사업을 경영하였을 것

㉯ 최근 2년간 국세(관세 포함)를 체납한 사실이 없을 것(다만, 납부기한 경과 후 15일 이내에 체납된 국세를 모두 납부한 경우는 제외)

㉰ 최근 2년간 「조세범처벌법」 또는 「관세법」 위반으로 처벌받은 사실이 없을 것

㉱ 최근 2년간 법 제50조의2 제3항에 따라 납부유예가 취소된 사실이 없을 것

(2) 납부 유예 세액의 정산 및 납부

납부를 유예받은 중소·중견사업자는 부가가치세의 예정신고, 확정신고 또는 조기환급신고를 할 때 해당 재화에 대하여 공제하는 매입세액과 납부가 유예된 세액을 정산하여

납부하여야 한다. 이 경우 납세지 관할 세무서장에게 납부한 세액은 세관장에게 납부한 것으로 본다.

(3) 납부 유예의 취소

세관장은 부가가치세의 납부가 유예된 중소·중견사업자가 국세를 체납하는 등 다음 사유에 해당하는 경우에는 그 납부의 유예를 취소할 수 있으며, 국세청장, 지방국세청장, 세무서장은 해당 중소·중견사업자가 해당 사실을 알게 되었을 때에는 지체 없이 그 사실을 관세청장에게 통보하여야 한다. 그리고 세관장은 해당 중소·중견사업자에게 그 취소 사실을 통지하여야 한다.이 경우 납부유예 취소는 중소·중견사업자가 부가가치세 납부를 유예받고 수입한 재화에 대해서는 영향을 미치지 아니한다.

① 해당 중소·중견사업자가 국세를 체납한 경우
② 해당 중소·중견사업자가 「조세범처벌법」 또는 「관세법」 위반으로 국세청장·지방국세청장·세무서장 또는 관세청장·세관장으로부터 고발된 경우
③ 위 (1)의 요건을 충족하지 아니한 중소·중견사업자에게 납부유예를 승인한 사실을 관할 세관장이 알게 된 경우

(4) 납부 유예의 요건의 충족 확인 요청

중소·중견사업자는 다음의 신고기한의 만료일 중 늦은 날부터 3개월 이내에 관할 세무서장에게 위 (1)에 해당하는 요건의 충족 여부의 확인을 요청할 수 있다. 이 경우 관할 세무서장은해당 중소·중견사업자가 요건에 해당하는지 여부를 확인한 후 요청일부터 1개월 이내에 확인서를 해당 중소·중견사업자에게 발급하여야 한다.

① 직전 사업연도에 대한 「법인세법」 에 따른 법인세 과세표준 신고의 신고기한
② 직전 사업연도에 대한 부가가치세 확정신고에 따른 신고기한

(5) 납부 유예의 승인

① 부가가치세의 납부를 유예받으려는 중소·중견사업자는 (4)에 따라 발급받은 확인서를 첨부하여 부가가치세 납부유예 적용 신청서를 관할 세관장에게 제출하여야 한다.
② 신청을 받은 관할 세관장은 신청일부터 1개월 이내에 납부유예의 승인 여부를 결정하여 해당 중소·중견사업자에게 통지하여야 한다.
③ 납부유예를 승인하는 경우 그 유예기간은 1년으로 한다.

5. 주사업장총괄납부

가. 개　념

　부가가치세는 사업장마다 신고·납부하는 것이 원칙이나 사업장이 둘 이상인 사업자(사업장이 하나이나 추가로 사업장을 개설하려는 사업자를 포함함)가 주된 사업장의 관할 세무서장에게 주사업장 총괄 납부를 신청한 경우에는 납부할 세액을 주된 사업장에서 총괄하여 납부할 수 있는데, 이를 주사업장총괄납부제도라고 한다(부법 51 ①). 이는 사업장별로 과세하는 것이 적당하지 않은 경우에 납세편의적인 측면과 세무행정상의 능률제고라는 측면을 고려한 것이다.

　예를 들면 어느 한 사업장에서는 납부세액이 발생하고, 어느 한 사업장에서는 환급세액이 발생하여 사업장마다 납부를 원칙으로 할 경우에는 납부세액은 납부하여야 하고, 환급세액은 그 이후 환급받게 되어 사업자입장에서 볼 때는 운영자금의 부담을 갖게 되는데 주사업장총괄납부제도는 이러한 점을 해소시켜준다.

나. 총괄납부의 요건

　사업자가 주사업장에서 부가가치세를 총괄납부하기 위하여서는 다음에 게기하는 일정한 요건을 모두 갖추어야 한다(부법 51 ②).

　① 총괄납부를 할 수 있는 사업자는 둘 이상의 사업장(직매장 포함)을 경영하여야 한다.

　② 사업자가 총괄납부하기 위해서는 총괄하여 납부하여야 할 주된사업장을 선정하여야 한다. 주된사업장은 법인의 본점(주사무소를 포함) 또는 개인의 주사무소를 말한다. 다만, 법인의 경우 지점(분사무소를 포함)을 주사업장으로 할 수 있다(부령 92 ①).

　③ 주된사업장에서 총괄하여 납부하고자 하면 주된사업장 관할 세무서장에게 신청하여야 한다.

다. 총괄납부 신청

(1) 계속사업자

　주된사업장에서 총괄하여 납부하려는 자는 과세기간시작 20일 전에 다음 사항을 적은 주사업장총괄납부신청서를 주된사업장의 관할세무서장에게 제출(국세정보통신망에 따른 제출 포함)하여야 한다(부령 92 ②).

　① 사업자의 인적사항

　② 총괄납부신청사유

　③ 그 밖의 참고사항

(2) 신규사업자

신규로 사업을 시작하는 자는 주된 사업장의 사업자등록증을 받은 날부터 20일 이내에, 사업장이 하나이나 추가로 사업장을 개설하려는 자는 추가 사업장의 사업 개시일로부터 20일 이내(추가 사업장의 사업 개시일이 속하는 과세기간 이내로 한정함)에 주사업장 총괄 납부 신청서를 주된 사업장의 관할 세무서장에게 제출하여야 한다(부령 92 ③).

부가가치세법 시행규칙[별지 제35호서식] <개정 2023. 3. 20.> 홈택스(www.hometax.go.kr)에서도 신청할 수 있습니다.

주사업장 총괄 납부 [ ] 신청서
[ ] 포기신고서

※ [ ]에는 해당하는 곳에 √ 표시를 합니다.

접수번호	접수일		처리기간	즉시

신고(신청)인 인적사항	상호(법인명)		사업자등록번호	
	성명(대표자)		전화번호	
	사업장(주된 사업장) 소재지			
	업태		종목	
	총괄 납부 관리번호			

주사업장 총괄 납부(신청·포기신고)를 하려는 사업장의 내용 및 사유

사업장 소재지	사업의 종류		사업자 등록번호	상호 (법인명)	사업장 관할 세무서
	업태	종목			
(주된 사업장)					
사유					

[ ] 「부가가치세법」 제51조 및 같은 법 시행령 제92조 제2항·제3항에 따라 위와 같이 주된 사업장에서 총괄하여 납부할 것을 신청합니다.

[ ] 「부가가치세법 시행령」 제94조 제2항에 따라 주된 사업장 총괄 납부를 포기하고 위의 각 사업장에서 부가가치세를 납부할 것을 신고합니다.

년   월   일

신고(신청)인   (서명 또는 인)

세무서장 귀하

첨부서류	없음	수수료 없음

작 성 방 법

1. 주사업장 총괄 납부를 신청하거나 이미 총괄 납부를 신청한 사업장의 총괄 납부 포기를 신고하는 경우에 작성합니다.
2. 해당되는 신청(신고)사항에 [√]표시하고 해당 사항을 적은 후 작성일자와 신청인(신고인)란에 서명 또는 날인하여 제출합니다.

210mm×297mm[백상지 80g/㎡(재활용품)]

라. 신청의 효력

(1) 직매장 반출재화 비과세

2 이상의 사업장이 있는 사업자가 자기사업과 관련하여 생산 또는 취득한 재화를 타인에게 직접 판매할 목적으로 다른 사업장에 반출하는 것은 재화의 공급으로 간주한다. 다만, 주사업장총괄납부사업자 또는 사업자단위과세사업자가 총괄납부 또는 사업자단위과세의 적용을 받는 과세기간에 반출하는 것은 이를 재화의 공급으로 보지 아니한다(부법 10 ③).

(2) 총괄납부

주사업장총괄납부사업자는 각 사업장의 납부세액 또는 환급세액을 총괄하여 납부하거나 환급신청을 한다. 이 경우 신규로 사업을 시작하는 자가 주사업장총괄납부를 신청하였을 때에는 해당 신청일이 속하는 과세기간부터 총괄하여 납부한다(부령 92 ④).

(3) 신고 및 결정 · 경정시의 총괄배제

총괄납부는 단순히 부가가치세의 납부세액 또는 환급세액을 총괄하는 것일 뿐 사업자의 신고 및 결정 · 경정 등에 관한 관할권까지를 총괄하는 의미는 아니다. 따라서 **주사업장총괄납부사업자라 할지라도 각 사업장의 신고 및 결정 · 경정에 관한 관할권은 각 사업장별 관할세무서에 있다.**

즉 주사업장총괄납부사업자는 주사업장관할세무서에 종사업장납부(환급)세액을 총괄하여 납부하여야 하지만, 예정 · 확정신고시(폐업시 확정신고분 포함) 및 영세율 등 조기환급신고서는 각사업장관할세무서장에게 제출하고 주사업장관할세무서장에게는 「사업장별부가가치세과세표준및납부(환급)세액신고명세서」를 제출하여야 한다. 다만, 국세기본법에 따른 수정신고서는 수정신고 사유가 발생한 사업장관할세무서장에게 제출함과 동시에 납부하여야 하며 주사업장관할세무서장에게는 수정한 「사업장별부가가치세과세표준및납부(환급)세액신고명세서」를 제출하여야 한다(부가가치세사무처리규정 34).

【총괄납부 사업자의 업무관할】

구 분	정상신고	수정신고	경정청구 및 경정
① 예정 · 확정신고 ② 영세율 등 조기환급신고	각 사업장관할세무서	각 사업장관할세무서	각 사업장관할세무서
③ 세액납부 ④ 세액환급	주사업장관할세무서		

마. 주사업장총괄납부의 변경

(1) 변경신청

주사업장총괄납부사업자(총괄납부신청을 한 것으로 보는 자 포함)는 다음의 사유가 발생한 경우에는 다음의 구분에 따른 관할세무서장에게 사업자의 인적사항·변경사유 등이 기재된 주사업장총괄납부변경신청서를 제출(국세정보통신망에 따른 제출 포함)하여야 한다. 이 경우 '①' 및 '③'의 규정에 따라 신청서를 받은 종된사업장의 관할세무서장은 주된사업장의 관할세무서장에게 이를 지체없이 송부하여야 한다(부령 93 ①).

① 종된사업장을 신설하는 경우 : 그 신설하는 종된사업장관할세무서장

② 종된사업장을 주된사업장으로 변경하려는 경우 : 주된사업장으로 변경하려는 사업장 관할세무서장

③ 다음에 해당하는 경우 : 그 정정사유가 발생한 사업장관할세무서장(아래 '㉯'에 해당하는 경우에는 주된사업장관할세무서장)

  ㉮ 상호를 변경하는 때

  ㉯ 법인의 대표자를 변경하는 때

  ㉰ 사업의 종류에 변동이 있는 때

  ㉱ 사업장을 이전하는 때

  ㉲ 상속으로 인하여 사업자의 명의가 변경되는 때

④ 일부 종된사업장을 총괄납부대상 사업장에서 제외하려는 경우 : 주된사업장관할세무서장

⑤ 기존의 사업장을 총괄납부대상 사업장에 추가하려는 경우 : 주된사업장관할세무서장

(2) 변경승인의 효력

종된사업장의 신설이나 종된 사업장의 주된사업장으로의 변경에 관한 승인을 얻은 때에는 그 승인을 얻은 날이 속하는 과세기간부터 총괄하여 납부한다(부령 93 ②).

【주사업장총괄납부사업자 및 사업자단위과세사업자의 사업장 비교】

구　　　분	총괄납부사업자	사업자단위과세사업자
정기 신고(예정·확정·조기)	각 사업장	본점 또는 주사무소
정기 신고에 따른 납부·환급	주 사업장	
수정신고 및 경정청구	각 사업장	
결정·경정 관할기관 판정기준	각 사업장	

주사업장 총괄 납부 변경신청서

접수번호		접수일		처리기 간	즉시

신청인 인적사항	상호(법인명)		사업자등록번호	
	성명(대표자)		전화번호	
	사업장(주된 사업장) 소재지			
	업태		종목	
	총괄 납부 관리번호			

신청내용

변경사유		사업장 소재지	사업의 종류		사업자등록번호	상호 (법인명)	대표자
			업태	종목			
사업장 신설							
기존 사업장 추가							
일부 사업장 제외							
주된 사업장 변경사항	당초						
	정정						
사업자등록 변경사항	당초						
	정정						
	당초						
	정정						

「부가가치세법 시행령」 제93조에 따라 주사업장 총괄 납부의 변경을 신청합니다.

년   월   일

신청인   (서명 또는 인)

세무서장 귀하

첨부서류	없음	수수료 없음

210mm×297mm[백상지 80g/㎡(재활용품)]

바. 주사업장 총괄납부의 적용 제외 및 포기

(1) 주사업장 총괄납부의 적용 제외

주사업장총괄납부사업자가 다음 중 어느 하나에 해당하는 경우에는 주사업장총괄납부를 적용하지 아니할 수 있다(부령 94 ①).

① 사업내용의 변경으로 총괄납부가 부적당하다고 인정되는 때

② 주된사업장의 이동이 빈번한 때

③ 그 밖의 사정변경에 의하여 총괄납부가 적당하지 아니하게 된 때

(2) 총괄납부의 포기

주사업장총괄납부사업자가 각 사업장에서 납부하고자 할 때에는 그 납부하려는 과세기간시작 20일 전에 주사업장총괄납부포기신고서를 주된사업장관할세무서장에게 제출(국세정보통신망에 따른 제출 포함)하여야 한다(부령 94 ②).

(3) 주사업장 총괄납부의 적용 제외 및 포기의 통지

주사업장 총괄납부를 적용하지 아니하게 되거나 포기한 경우에 주된사업장관할세무서장은 지체없이 그 내용을 해당 사업자와 주된사업장 이외의 사업장 관할세무서장에게 통지하여야 한다(부령 94 ③).

(4) 각 사업장별 납부

주사업장총괄납부를 적용하지 아니하게 되거나 포기한 경우에는 그 적용을 하지 아니하게 된 날 또는 포기한 날이 속하는 과세기간의 다음 과세기간부터 각 사업장에서 납부하여야 한다.

제2절 대리납부

1. 의 의

국내에 사업장이 없는 비거주자 또는 외국법인으로부터 용역을 공급받는 자(공급받은 해당 용역을 과세사업에 공하는 경우 제외)가 그 대가를 지급하는 때에 부가가치세를 징수하고, 예정신고·납부 및 확정신고·납부에 관한 규정을 준용하여 사업장 또는 주소지 관할 세무서장에게 납부하는 것을 대리납부제도라고 한다.

원칙적으로 부가가치세의 경우 재화나 용역을 공급하는 자가 공급받는 자로부터 거래징수하여 납부하여야 한다. 그리고 재화의 수입의 경우에 있어서는 재화의 수입시점에서 세관장이 부가가치세를 징수하여 납부하여야 한다. 그런데 용역을 공급하는 자가 국내에 사업장이 없는 비거주자 또는 외국법인일 경우에는 용역의 수입에 해당하나 용역의 성격상 세관장이 수입시점에서 과세대상거래사실을 포착하여 부가가치세를 과세하기가 현실적으로 불가능할 뿐만 아니라, 우리의 과세권이 그 비거주자 또는 외국법인에 미치지 못하기 때문에 이들로 하여금 국내에서 용역을 공급받는 자로부터 부가가치세액을 거래징수하여 납부하도록 할 수가 없는 것이다.

따라서 부가가치세법은 국내에서 용역을 공급받는 자가 용역의 공급자인 그러한 비거주자 또는 외국법인에게 용역의 대가를 지급 할 때 그들을 대리하여 그 대가에서 부가가치세를 징수하여 사업장 또는 주소지관할세무서장에게 납부하도록 한 것이다.

2. 대리납부의 대상

(1) 대리납부 의무자

다음 중 어느 하나에 해당하는 자(이하 "국외사업자"라 함)로부터 용역 또는 무체물을 공급(무체물인 재화의 수입으로서 관세와 함께 부가가치세를 신고·납부하여야 하는 재화의 수입에 해당하지 아니하는 경우를 포함한다)받는 자(공급받은 용역등을 과세사업에 제공하는 경우는 제외하되 매입세액이 공제되지 아니하는 용역등을 공급받는 경우를 포함한다)는 그 대가를 지급하는 때에 부가가치세를 징수하고 사업장 또는 주소지 관할 세무서장에게 납부하여야 한다(부법 52 ①).

1) 국내사업장이 없는 비거주자 또는 외국법인의 대리납부

비거주자 또는 외국법인의 재화·시설물 또는 권리를 우리나라에서 사용하고 그 대가를 지급하는 자는 공급받은 해당 용역을 과세사업에 공하는 경우를 제외하고는 대리납부를 하여야 하나, 부가가치세가 면제되는 용역은 대리납부의 대상이 되지 아니한다.

【통칙·판례·예규 참조】

부 통 대리납부 대상
법 제52조 제1항에서 규정하는 비거주자 또는 외국법인의 재화·시설물 또는 권리를 우리나라에서 사용하고 그 대가를 지급하는 자(공급받은 그 용역을 과세사업에 제공하는 경우는 제외하되, 법 제39조에 따라 매입세액이 공제되지 아니하는 용역을 공급받는 경우는 포함한다)는 대리납부를 하여야 하나, 법 제26조에 따라 부가가치세가 면제되는 용역은 대리납부의 대상이 되지 아니한다. 이 경우 재화·시설물 또는 권리란 부동산, 부동산상의 권리, 광업권, 조광권, 채석권, 선박, 항공기, 자동차, 건설기계, 기계, 설비, 장치, 운반구, 공구, 학술 또는 예술상의 저작물(영화필름을 포함)의 저작권, 특허권, 상표권, 의장, 모형, 도면, 비밀의 공식 또는 공정, 라디오·텔레비전·방송용 필름 및 테이프, 산업상·상업상 또는 과학상의 지식·경험 또는 숙련에 관한 정보, 우리나라 법에 따른 면허·허가 또는 이와 유사한 처분에 의하여 설정된 권리 그 밖의 이와 유사한 재화 시설물 또는 권리를 말한다(부통 52-95-1).

부 통 선박·항공기 등의 이용대가에 대한 대리납부
법 제52조 제1항에서 규정하는 비거주자 또는 외국법인이 우리나라에서 공급하는 외국항행용역(선원부 용선계약에 따른 외국항행용역을 포함한다)은 대리납부대상이 되지 아니하나, 선박 및 항공기를 나용선(기)계약에 따라 사용하고 용선(기)료를 지급하는 때에는 대리납부를 하여야 한다(부통 52-95-2).

부 통 비거주자의 국내체재 경비의 대리납부 대상
국내에 사업장이 없는 외국법인과 기술도입계약을 체결하여 동 법인소속의 기술자로부터 계약에 정하는 기술용역을 공급받고 기술자의 체재경비를 지급하는 경우에 해당 체재경비가 용역의 대가에 포함되는 때에는 그 대가를 지급하는 때에 부가가치세를 징수하여 대리납부하여야 한다(부통 52-95-4).

---

2) 국내사업장이 있는 비거주자 또는 외국법인의 대리납부

국내사업장이 있는 비거주자 또는 외국법인으로부터 용역등을 제공받고 대리납부하는 경우는 비거주자 또는 외국법인의 국내사업장과 관련없이 용역등을 제공하는 경우로서 다음의 경우에 한정한다(부령 95 ④).

① 국내사업장이 있는 비거주자 또는 외국법인의 국내원천소득으로서 국내사업장과 실질적으로 관련되지 아니하거나 그 국내사업장에 귀속되지 아니한 소득금액을 지급하는 경우이다.

② 위 '①' 외의 경우로서 해당 용역의 제공이 국내사업장에 귀속되지 아니하는 경우

(2) 사업양수자의 대리납부 특례

사업을 양수받는 자는 그 대가를 지급하는 때에 **재화의 공급으로 보지 않는 포괄적인 사업양도**(이에 해당하는지 여부가 분명하지 아니한 경우를 포함한다)**에도 불구하고** 그 대가를 받은 자로부터 부가가치세를 징수하여 그 대가를 지급하는 날이 속하는 달의 다음 달 25일까지 사업장 관할 세무서장에게 납부할 수 있다(부법 52 ④).

3. 대리납부 시기

국내에 사업장이 없는 비거주자 또는 외국법인으로부터 용역을 공급받는 자는 그 대가를 지급하는 때에 부가가치세를 징수하고 그 지급일이 속하는 예정신고 또는 확정신고시에 사업장 또는 주소지관할세무서장에게 납부하여야 한다(부법 52 ②).

4. 대리납부세액의 계산

(1) 일반적인 경우

대리납부세액은 공급받은 가액의 10%로 한다.

【통칙 · 판례 · 예규 참조】

부 통   대리납부세액의 계산
대리납부세액의 계산은 다음과 같이 한다(부통 52-95-3).
① 거래당사자간에 부가가치세액의 징수 및 부담에 대하여 별도의 계약이 있는 경우에는 해당 계약에 따른다.
② 부가가치세액의 징수 및 부담에 대하여 별도의 계약이 없이 용역대가의 전액을 지급하는 때에는 해당 용역대가에 부가가치세가 제외되어 있는 것으로 하여 계산한다.
③ 부가가치세액의 징수 및 부담에 대하여 별도의 계약이 없이 용역대가에서 부가가치세액을 공제하여 지급하는 때에는 해당 용역대가에 부가가치세가 포함되어 있는 것으로 하여 계산한다.

---

(2) 과세사업과 면세사업에 공통으로 사용된 경우

비거주자 또는 외국법인으로부터 공급받은 용역이 과세사업과 면세사업에 공통으로 사용되어 그 실지귀속을 구분할 수 없는 경우의 면세사업에 사용된 용역의 과세표준은 다음 계산식에 의하여 계산한 금액으로 한다(부령 95 ②). 다만, 과세기간 중 과세사업과 면세사업의 공급가액이 모두 없거나 어느 하나의 사업에 공급가액이 없으면 그 과세기간의 안분계산은 매입세액의 안분계산과 공통매입세액의 정산을 준용한다.

$$대리납부\ 세액 = $$

$$해당\ 용역의\ 총공급가액 \times \frac{대가의\ 지급일이\ 속하는\ 과세기간의\ 면세공급가액}{대가의\ 지급일이\ 속하는\ 과세기간의\ 총공급가액}$$

(3) 대가를 외화로 지급한 경우

부가가치세를 대리납부 하여야 할 자가 대가를 외화로 지급하는 경우에는 다음의 구분에 따른 금액을 그 대가로 한다(부령 95 ③).

① 원화로 외화를 매입하여 지급하는 경우에는 지급일 현재의 대고객외국환매도율에 의하여 계산한 금액

② 보유중인 외화로 지급하는 경우에는 지급일 현재의 기준환율 또는 재정환율에 의하여 계산한 금액

5. 대리납부 절차

(1) 비거주자 또는 외국법인의 대리납부

국내사업장이 없는 비거주자 또는 외국법인으로부터 용역을 공급받은 자로서 대리납부 의무가 있는 자가 그 대가지급시 징수한 부가가치세는 다음의 사항을 적은 부가가치세대리 납부신고서와 함께 이를 징수한 사업장 또는 주소지 관할세무서장에게 납부하거나 국세징 수법에 따른 납부서에 의하여 한국은행 또는 체신관서에 납부하여야 한다(부령 95 ①).

① 용역공급자의 상호·주소·성명

② 대리납부하는 사업자의 인적사항

③ 공급가액 및 부가가치세액

④ 그 밖의 참고사항

(2) 사업양수자의 대리납부

사업을 양수받는 자가 그 대가를 받은 자로부터 징수한 부가가치세는 다음의 사항을 적은 부가가치세 대리납부신고서와 함께 사업장 관할 세무서장에게 납부하거나,「국세징수법」에 따른 납부서를 작성하여 한국은행 또는 체신관서에 납부하여야 한다.

① 사업양수자의 인적사항

② 사업의 양수에 따른 대가를 받은 자의 인적사항

③ 사업의 양수에 따른 대가의 가액과 부가가치세액

④ 그 밖의 참고 사항

부가가치세 대리납부신고서

※ 아래의 작성방법을 읽고 작성하시기 바랍니다.

접수번호	접수일	처리기간 즉시

1. 신고인 인적사항

① 상호(법인명)	② 사업자등록번호
③ 성명(대표자)	④ 사업장 소재지
⑤ 업태	⑥ 종목

2. 대리납부 신고 내용

용역 등 공급자		⑨ 대가지급 연월일	⑩ 공급 받은 금액	⑪ 부가 가치세	⑫ 가산세	⑬ 납부할 세 액
⑦ 성명(법인명)	⑧ 주소					

「부가가치세법 시행령」 제95조 제1항에 따라 위와 같이 부가가치세 대리납부를 신고합니다.

년   월   일

신고인   (서명 또는 인)

세 무 서 장   귀하

첨부서류	없음	수수료 없 음

작 성 방 법

이 신고서는 아래의 작성방법에 따라 한글과 영문, 아라비아 숫자로 정확하게 적고, 거래금액은 원단위까지 표시합니다.

1. 사업자기본사항

  ① ~ ⑥ : 대리납부신고서를 제출하는 사업자의 인적사항을 적습니다.

2. 대리납부 신고 내용

  ⑦ : 용역 등 공급자의 성명 또는 법인명을 적습니다.

  ⑧ : 용역 등 공급자의 정확한 주소를 적습니다.

  ⑨ : 용역 등 대가 지급일(외화송금일)을 적습니다.

  ⑩ : 용역 등 대가 지급액을 원화로 적습니다. 다만, 원화를 외화로 매입하여 지급하는 경우에는 지급일 현재의 대고객 외국 환매도율에 의하여 계산한 금액으로 하고, 보유 중인 외화로 지급하는 경우에는 지급일 현재의 기준환율 또는 재정환율에 의하여 계산한 금액으로 적습니다.

  ⑪ : 대리납부하는 부가가치세액을 적습니다.

  ⑫ : 「국세기본법」 제47조의5에 따른 가산세가 적용되는 경우 가산세를 적습니다.

  ⑬ : 대리납부하는 부가가치세액과 가산세를 더한 금액을 적습니다.

210㎜×297㎜[백상지 80g/㎡(재활용품)]

6. 대리납부 불이행시의 제재

가. 가산세의 적용

국내에 사업장이 없는 비거주자 또는 외국법인으로부터 용역을 공급받은 자가 부가가치세를 사업장 또는 주소지관할세무서장에게 대리하여 납부하지 아니한 때에는 사업장 또는 주소지관할세무서장은 그 납부하지 아니한 세액에 그 세액의 10%에 상당하는 금액을 한도로 하여, 다음의 금액을 합한 금액을 가산세로 한다(국기법 47의5 ①).

① 납부하지 아니한 세액 또는 과소납부분 세액의 3%에 상당하는 금액
② 납부하지 아니한 세액 또는 과소납부분 세액 × 납부기한의 다음 날부터 자진납부일 또는 납세고지일까지의 기간 × 금융회사 등이 연체대출금에 대하여 적용하는 이자율 등을 고려하여 대통령령으로 정하는 이자율

나. 수정신고의 배제

부가가치세 대리납부의 절차는 단순히 예정신고납부 및 확정신고 납부 절차만을 준용하도록 하고 있으므로(부법 52 ②), 대리납부의 불이행은 국세기본법 제45조에서 게기하는 과세표준 수정신고대상이 되지 않는다(재무부조세 22601-377, 1985.3.27.).

7. 국외사업자의 용역등 공급에 관한 특례

① 국외사업자가 사업자등록의 대상으로서 다음 중 어느 하나에 해당하는 자를 통하여 국내에서 용역등을 공급하는 경우에는 해당 위탁매매인등이 해당 용역등을 공급한 것으로 본다(부법 53 ①).
㉮ 위탁매매인
㉯ 준위탁매매인
㉰ 대리인
㉱ 중개인(구매자로부터 거래대금을 수취하여 판매자에게 지급하는 경우에 한정한다)
② 국외사업자로부터 권리를 공급받는 경우에는 공급받는 자의 국내에 있는 사업장의 소재지 또는 주소지를 해당 권리가 공급되는 장소로 본다(부법 53 ②).

8. 전자적 용역을 공급하는 국외사업자의 특례

(1) 전자적 용역을 공급하는 국외사업자

① 국외사업자가 정보통신망을 통하여 이동통신단말장치 또는 컴퓨터 등으로 공급하는 용역으로서 다음 중 어느 하나에 해당하는 전자적 용역을 국내에 제공하는 경우(등록사업자의 과세사업 또는 면세사업에 대하여 용역을 공급하는 경우는 제외)에는 사업의 개시일부터 20일 이내에 간편사업자등록을 하여야 한다(부법 53의2 ①, 부령 96의2).

㉮ 이동통신단말장치 또는 컴퓨터 등에 저장되어 구동되거나, 저장되지 아니하고 실시간으로 사용할 수 있는 게임·음성·동영상 파일, 전자 문서 또는 소프트웨어와 같은 저작물 등으로서 광(光) 또는 전자적 방식으로 처리하여 부호·문자·음성·음향 및 영상 등의 형태로 제작 또는 가공된 것과 이에 따른 전자적 용역을 개선시키는 것

㉯ 광고를 게재하는 용역

㉰ 「클라우드컴퓨팅 발전 및 이용자 보호에 관한 법률」에 따른 클라우드컴퓨팅서비스

㉱ 국내에서 물품 또는 장소 등을 대여하거나 사용·소비할 수 있도록 중개하는 용역 및 국내에서 재화 또는 용역을 공급하거나 공급받을 수 있도록 중개하는 용역. 다만, 재화 또는 용역의 공급에 대한 대가에 중개 용역의 대가가 포함되어 납세의무자가 부가가치세를 신고하고 납부하는 경우는 제외함.

② 국외사업자가 다음 중 어느 하나에 해당하는 제3자(비거주자 또는 외국법인을 포함)를 통하여 국내에 전자적 용역을 공급하는 경우(등록사업자의 과세사업 또는 면세사업에 대하여 용역을 공급하는 경우나 국외사업자의 용역등 공급 특례가 적용되는 경우는 제외)에는 그 제3자가 해당 전자적 용역을 공급한 것으로 보며, 그 제3자는 사업의 개시일부터 20일 이내에 간편사업자등록을 하여야 한다(부법 53의2 ②).

㉮ 정보통신망 등을 이용하여 전자적 용역의 거래가 가능하도록 오픈마켓이나 그와 유사한 것을 운영하고 관련 서비스를 제공하는 자

㉯ 전자적 용역의 거래에서 중개에 관한 행위 등을 하는 자로서 구매자로부터 거래대금을 수취하여 판매자에게 지급하는 자

(2) 전자적 용역을 공급하는 국외사업자의 간편사업자등록

국내에 전자적 용역을 공급하는 자(비거주자 또는 외국법인으로 한정함)는 그 사업의 개시일부터 20일 이내에 간편사업자등록을 신청하여야 한다.

이 경우 간편사업자등록을 하려는 사업자는 정보통신망을 이용하여 인터넷 등으로 국세

정보통신망에 접속하여 다음의 사항을 입력하는 방식으로 간편사업자등록을 신청하여야한다(부령 96의2 ③). 그러면 국세청장은 간편사업자등록을 하고 간편사업자등록번호를 부여한 후 이를 사업자(납세관리인이 있는 경우 납세관리인을 포함한다)에게 통지(정보통신망을 이용한 통지를 포함)하여야 한다.

① 사업자 및 대표자의 이름(법인명 및 법인명과 다른 이름으로 거래하는 경우 거래명을 포함한다)과 연락처(전화번호, 우편주소, 이메일 주소 및 웹사이트 주소 등)

② 용역을 제공하는 사업장이 소재하는 국외 사업자 등록과 관련한 정보(등록국가·주소 및 등록번호 등)

③ 제공하는 전자적 용역의 종류 및 국내에 전자적 용역을 공급하는 사업개시일 등 그 밖에 간편사업자등록을 위하여 필요한 사항은 다음과 같다.

㉮ 납세관리인이 있는 경우 납세관리인의 성명, 주민등록번호 또는 사업자등록번호, 주소 또는 거소 및 전화번호

㉯ 부가가치세 환급금을 지급받기 위하여 금융회사 또는 체신관서에 계좌를 개설한 경우 그 계좌번호

(3) 전자적 용역을 공급하는 국외사업자의 신고 · 납부

간편사업자등록을 한 자는 정보통신망을 이용하여 인터넷 등으로 국세정보통신망에 접속하여 다음의 사항을 입력하는 방식으로 부가가치세 예정신고 및 확정신고를 하여야 한다(부령 96의2 ⑤).

① 사업자명 및 간편사업자등록번호

② 신고기간 동안 국내에 공급한 전자적 용역의 총 공급가액, 공제받을 매입세액 및 납부할 세액

③ 그 밖에 필요한 사항으로서 기획재정부령으로 정하는 것

간편사업자등록을 한 자는 해당 전자적 용역의 공급과 관련하여 공제되는 매입세액 외에는 매출세액 또는 납부세액에서 공제하지 아니한다. 납부는 국세청장이 정하는 바에 따라 외국환은행의 계좌에 납입하는 방식으로 한다.

(4) 기준환율 적용 과세표준

간편사업자등록을 한 자가 국내에 공급한 전자적 용역의 대가를 외국통화나 그 밖의 외국환으로 받은 경우에는 과세기간 종료일(예정신고 및 납부에 대해서는 예정신고기간 종료일을 말함)의 기준환율을 적용하여 환가한 금액을 과세표준으로 할 수 있다. 이 경우 국세청장은 정보통신망을 이용하여 통지하거나 국세정보통신망에 고시하는 방법 등으로 사업자(납세관리인이 있는 경우 납세관리인을 포함)에게 기준환율을 알려야 한다(부령 96의2 ⑦).

⑸ 전자적 용역의 공급시기

국내로 공급되는 전자적 용역의 공급시기는 다음 각 호의 시기 중 빠른 때로 한다(부령 96의2 ⑪).

① 구매자가 공급하는 자로부터 전자적 용역을 제공 받은 때

② 구매자가 전자적 용역을 구매하기 위하여 대금의 결제를 완료한 때

⑹ 기 타

① 간편사업자등록을 한 자는 전자적 용역의 공급에 대한 거래명세(등록사업자의 과세사업 또는 면세사업에 대하여 용역을 공급하는 경우의 거래명세를 포함)를 그 거래사실이 속하는 과세기간에 대한 확정신고 기한이 지난 후 5년간 보관하여야 하며(부법 53의2 ⑥), 이 경우 정보처리장치 등의 전자적 형태로 보관할 수 있다(부령 96의2 ⑨). 한편 전자적 용역의 공급에 대한 거래명세에는 다음의 사항이 포함되어야 한다(부령 96의2 ⑧).

  ㉮ 공급한 전자적 용역의 종류

  ㉯ 공급가액과 부가가치세액

  ㉰ 공급시기

  ㉱ 공급받는 자의 등록번호(사업자인 경우로 한정한다) 및 성명·상호

  ㉲ 그 밖에 기획재정부령으로 정하는 사항

② 국세청장은 부가가치세 신고의 적정성을 확인하기 위하여 간편사업자등록을 한 자에게 전자적 용역 거래명세서를 제출할 것을 요구할 수 있으며(부법 53의2 ⑦), 이 경우 간편사업자등록을 한 자는 요구를 받은 날부터 60일 이내에 전자적 용역 거래명세서를 국세청장에게 제출하여야 한다(부법 53의2 ⑧).

③ 국세청장은 간편사업자등록을 한 자가 국내에서 폐업한 경우 간편사업자등록을 말소할 수 있다(부법 53의2 ⑨).

제3절 환 급

1. 의 의

　일반적인 환급이란 납세의무자가 납부한 국세 및 강제징수비로 납부한 금액 중 과오납부한 금액을 납세의무자에게 되돌려주는 것을 말한다. 그러나 부가가치세법에서의 환급은 이러한 과오납부한 금액을 말하는 것이 아니고, 예정신고기간 또는 과세기간의 매입세액이 매출세액을 초과하는 금액을 환급세액이라 하여 납세의무자에 돌려주는 금액을 말한다.

　이는 부가가치세액을 계산함에 있어서 소비형에 따른 전단계세액공제방법을 택하고 있기 때문에 발생하는 것으로써 세액계산의 단위가 되는 과세기간 내에 매입세액이 매출세액을 초과하는 경우에는 환급세액이 발생하게 된다. 따라서 우리나라의 부가가치세법에서도 환급세액의 발생을 인정하고 있으며, 매입세액이 매출세액보다 더 커서 환급세액이 발생하는 주요한 원인은 다음과 같은 것이 있다.

　① 공급에 영세율이 적용되는 경우
　② 사업설비를 신설·취득·확장 또는 증축하는 재화의 공급을 많이 받는 경우
　③ 재화의 공급보다 재화(상품·원재료 등)를 더 많이 공급받아서 재고자산이 증가한 경우
　④ 공급받은 가액보다 저렴한 가액으로 공급하는 경우 등

2. 환급의 구분

가. 개 념

　부가가치세법상 환급세액은 과세기간별로 환급하는 것이 원칙이다. 그러나 영세율 적용대상인 경우 등 일정한 경우에는 예외적으로 신속하게 환급을 받을 수 있는 제도를 두고 있는데, 이러한 경우는 과세기간별로 환급하는 일반적인 경우인 일반환급과 구분하여 조기환급이라 하고 있다.

나. 일반환급

(1) 과세기간별 환급

사업장 관할세무서장은 각 과세기간별로 해당 과세기간에 대한 환급세액을 그 확정신고 기한 경과 후 30일 내에 사업자에게 환급하여야 한다(부법 59 ①).

(2) 경정에 따른 환급

관할세무서장은 결정·경정에 의하여 추가로 발생한 환급세액을 지체없이 사업자에게 환급하여야 한다(부령 106 ②).

다. 조기환급

(1) 조기환급의 의의

조기환급은 부가가치세법상의 절차에 의하여 환급세액이 확정이 되기 전에 이루어지며, 확정신고 등의 절차에 의하여 환급세액이 확정될 때 정산할 것을 전제로 미리 환급하는 제도이다. 즉 확정신고가 있기 전에 예정신고기간 또는 영세율 등 조기환급기간단위로 법정 요건을 충족하고 있는 사업자가 조기환급을 신고한 경우에게 환급세액을 환급하는 것이다.

조기환급은 수출과 사업설비투자에 관련된 매입세액이 매출세액을 초과하여 환급세액이 발생한 경우에는 수출과 사업설비투자지원의 조세정책적 목적에 의거 이를 신속히 환급하 여 줌으로써 수출과 사업설비투자에 대하여 자금부담을 덜어주도록 하는 제도이다.

(2) 조기환급대상

사업장관할세무서장은 사업자가 다음 중 하나에 해당하는 경우에 환급세액을 사업자에 게 조기환급할 수 있다(부법 59 ②).

① 영세율을 적용하는 경우

② 사업설비를 신설·취득·확장 또는 증축하는 경우. 여기서 사업설비의 범위는 소득세 법시행령 제62조 및 법인세법시행령 제24조에서 규정하는 감가상각자산을 말한다(부 령 107 ②).

③ 사업자가 재무구조개선계획을 이행 중인 경우. 여기서 재무구조개선계획을 이행 중이 란 조기환급기간, 예정신고기간 또는 과세기간의 종료일 현재「조세특례제한법 시행 령」제34조 제7항에 따른 재무구조개선계획승인권자가 승인한 같은 조 제6항 제1호, 제2호 또는 제4호에 따른 계획을 이행 중인 경우를 말한다.

신고기간별 영세율적용시의 조기환급

법 제59조 제2항 제1호에 따른 조기환급을 받을 수 있는 사업자는 해당 영세율 등 조기환급신고기간 · 예정신고기간 또는 과세기간중에 법 제21조부터 제24조까지의 규정 및 「조세특례제한법」 제105조에 따라 각 신고기간 단위별로 영세율의 적용대상이 되는 과세표준이 있는 경우에 한한다(부통 59 − 107 − 1).

조기환급신고 시의 환급세액 계산

법 제59조 제2항에 따른 조기환급세액은 영의 세율이 적용되는 공급분에 관련된 매입세액 · 시설투자에 관련된 매입세액 또는 국내공급분에 대한 매입세액을 구분하지 아니하고 사업장별로 해당 매출세액에서 매입세액을 공제하여 계산한다(부통 59 − 107 − 2).

사업장이 2 이상인 경우 조기환급신고

사업자가 어느 한 사업장에서 조기환급사유가 발생하는 경우 해당 사업장의 거래분만을 조기환급신고할 수 있다. 다만, 법 제51조에 따른 주사업장 총괄 납부 사업자의 경우에는 그러하지 아니하다(부통 59 − 107 − 3).

리스시설에 대한 조기환급

납세의무 있는 사업자가 사업설비를 신설 · 취득 · 확장 등의 목적으로 해당 시설 등을 「여신전문금융업법」 제3조에 따라 등록한 시설대여업자로부터 임차하고 영 제69조 제8항에 따라 공급자 또는 세관장으로부터 세금계산서를 발급받은 경우에는 법 제59조 제2항에 따라 조기환급을 받을 수 있다. 이 경우 사업설비란 「소득세법 시행령」 제62조 및 「법인세법 시행령」 제24조에 규정하는 감가상각자산을 말한다(부통 59 − 107 − 4).

영세율 적용시 시설투자매입세액의 조기환급

사업자가 영의 세율이 적용되는 공급분에 대한 매입세액 이외에 시설투자에 관련된 매입세액과 부가가치세가 과세되는 국내 공급분에 대한 매입세액이 동시에 발생되는 경우 해당 사업장의 총공급분에 대한 매출세액에서 해당 사업장의 총매입세액을 공제하여 발생한 환급세액은 조기환급이 된다(간세 1235 − 1675, 1978. 6. 8).

예정신고시 미환급세액의 환급방법

사업자가 예정신고기간의 미환급세액을 확정신고시 공제하지 아니한 경우에도 해당 미환급세액은 국세기본법 제51조 제1항의 규정에 따라 환급받을 수 있다(부가 1235 − 66, 1979. 1. 9).

제조장건설과 관련한 조기환급

제조업을 하는 사업자가 제조장을 이전하기 위하여 새로운 제조장을 건설함에 있어 동 제조장에 대하여는 건설이 완공될 때까지 사업자등록을 하지 아니하여 동 제조장의 건설에 관련된 세금계산서를 구제조장 명의로 발급받을 경우 동 세금계산서에 대한 매입세액은 구제조장의 매출세액에서 공제되는 것이므로 구제조장의 조기환급대상이 된다(부가 1265 − 40, 1981. 1. 9).

(3) 조기환급절차

1) 예정 또는 확정신고기간별 신고와 환급

정부는 사업자가 영세율적용 및 사업설비의 신축 · 취득 · 확장 또는 증축 등으로 인하여 환급세액이 발생하는 경우에 그 환급세액은 각 예정 또는 확정신고기간별로 그 예정 또는 확정신고기한경과 후 15일 이내에 사업자에게 환급하여야 한다(부법 59 ①, 부령 107 ①).

이 경우에 영세율이 적용되는 사업자가 조기환급을 받고자 할 때에는 예정신고서 또는 확정신고서를 제출한 경우에는 환급에 관한 신고로 본다. 다만, 사업설비를 신설·취득·확장 또는 증축함으로써 조기환급을 받으려는 경우 또는 사업자가 재무구조개선계획을 이행 중인 경우에는 다음의 사항을 적은 건물등감가상각자산취득명세서 또는 재무구조개선계획서를 그 영세율등조기환급신고서에 첨부하여야 한다(부령 107 ③).

① 사업설비의 종류·용도·설비예정일자, 설비일자

② 공급받는 재화 또는 용역과 그 매입세액

③ 그 밖의 참고사항

2) 영세율 등 조기환급기간별 신고와 환급

조기환급을 받을 수 있는 사업자가 예정신고기간중 또는 과세기간 최종 3월(과세기간중 예정신고기간을 제외한 나머지 기간) 중 매월 또는 매 2월에 영세율 등 조기환급기간종료일로부터 25일 내에 영세율 등 조기환급기간에 대한 과세표준과 환급세액을 정부에 신고하는 경우에는 앞의 예정 또는 확정신고기간별 환급에 불구하고 신고한 조기환급기간별로 해당 조기환급신고기한 경과 후 15일 이내에 사업자에게 환급하여야 한다(부령 107 ④). 이를 표로 나타내면 다음과 같다.

부가가치세를 전자신고하는 사업자가 조기환급에 필요한 첨부서류의 제출기한

(2003.1.22. 국세청고시 2003-1호)

국세기본법 제5조의 2 제2항의 규정에 따라 부가가치세를 전자신고하는 사업자가 영세율 적용으로 조기환급을 받으려는 경우에는 부가가치세법시행령 제64조 제3항에 규정하는 영세율 첨부서류를 부가가치세법에서 규정하는 신고기한 내에 관할세무서에 제출하여야 한다.

[표 8-4] 조기환급신고와 환급

구 분	예정신고기간중		과세기간 최종 3월중	
	대상기간	신고기한	대상기간	신고기한
매1월	1.1~1.31	2.25	4.1~4.30	5.25
	2.1~2.28	3.25	5.1~5.31	6.25
	3.1~3.31	4.25	6.1~6.30	7.25
매2월	1.1~2.28	3.25	4.1~5.31	6.25
	3.1~3.31	4.25	6.1~6.30	7.25

이 경우 영세율 등 조기환급신고에 있어서는 다음의 사항을 적은 '부가가치세 영세율 등 조기환급신고서'에 해당 과세표준에 대한 영세율첨부서류와 매출처별세금계산서합계표 및 매입처별세금계산서합계표를 첨부하여 제출하여야 한다. 다만, 사업설비의 경우에 있어

서는 건물등감가상각자산취득명세서를 그 신고서에 첨부하여야 한다(부령 107 ⑤). 이때에 제출한 매출처별세금계산서합계표 및 매입처별세금계산서합계표는 예정신고 및 확정신고 의 규정에 따라 제출한 것으로 본다(부령 107 ⑥).

① 사업자의 인적사항
② 과세표준과 환급세액 및 그 계산근거
③ 매출·매입처별세금계산서합계표 제출내용
④ 그 밖의 참고사항

라. 조세특례제한법에 따른 환급

(1) 농·어업용기자재에 대한 환급

1) 의 의

다음에 해당하는 세무서장은 대통령령으로 정하는 농·어민이 농·어업에 사용하기 위하여 일반과세자로부터 구입하는 기자재로서 또는 직접 수입하는 기자재로서 대통령령으로 정하는 것에 대하여는 기자재를 구입한 때에 부담한 부가가치세액을 해당 농·어민에게 환급할 수 있다(조특법 105의2 ①).

① 환급대행자를 통하여 환급을 신청하는 경우에는 환급대행자의 사업장관할세무서장
② 위 '①'의 경우에는 해당 농·어민의 사업장관할세무서장

따라서 이러한 농·어민기자재를 공급하는 일반과세자(영수증을 발급하는 일반과세자 포함)는 해당 기자재를 구입하는 농·어민이 세금계산서의 발급을 요구하는 때에는 세금계산서를 발급하여야 한다.

2) 환급대행자

환급을 받으려는 농·어민은 다음의 환급대행자를 통하여 환급을 신청하여야 한다. 다만, 대통령령으로 정하는 자는 사업장관할세무서장에게 직접 환급을 신청할 수 있다(조특법 105의2 ③). 환급대행자는 부가가치세의 환급대행과 관련하여 환급신청서의 작성 및 제출, 환급관리대장의 비치, 환급금의 배분 등에 소요되는 비용에 충당하기 위하여 환급을 받는 자로부터 대통령령으로 정하는 금액을 수수료로 징수할 수 있다.

① 농업협동조합법에 따른 조합
② 수산업협동조합법에 따른 수산업협동조합(수산업협동조합중앙회를 제외한다)
③ 엽연초생산협동조합법에 따른 엽연초생산협동조합

3) 환급세액추징

관할세무서장은 농·어업용기자재에 대한 부가가치세액을 환급받은 자가 다음에 해당하는 경우에는 그 환급받은 부가가치세액과 대통령령으로 정하는 바에 따라 계산한 이자상당가산액을 부가가치세로 추징한다(조특법 105의2 ⑤).

① 농·어민이 부가가치세액을 환급받은 기자재를 본래의 용도에 사용하지 아니하거나 농·어민 외의 자에게 양도한 경우

② 농·어민이 다음 중 하나에 해당하는 세금계산서에 따라 부가가치세를 환급받은 경우

㉮ 재화의 공급없이 발급된 세금계산서

㉯ 재화를 공급한 사업장 외의 사업장명의로 발급된 세금계산서

㉰ 재화의 공급시기가 속하는 과세기간 후에 발급된 세금계산서

㉱ 정당하게 발급된 세금계산서를 해당 농·어민이 임의로 수정한 세금계산서

㉲ 그밖에 사실과 다르게 적힌 대통령령으로 정하는 세금계산서

③ 농·어민에 해당하지 아니하는 자가 부가가치세액을 환급받은 경우

4) 환급대행자에 대한 가산세

환급대행자는 환급을 신청한 자가 다음에 해당하는 경우에는 관할세무서장에게 이를 통보하여야 하며, 환급대행자가 이를 통보를 하지 아니할 경우 관할세무서장은 농·어민에 해당하지 아니하는 자가 부가가치세액을 환급받은 세액의 10%에 상당하는 금액을 해당 환급대행자로부터 가산세로 징수한다.

① 농·어민이 아닌 것으로 판단되는 경우

② 농·어민의 경작면적·시설규모 등을 고려할 때 허위 그 밖의 부정한 방법으로 환급을 신청한 것으로 판단되는 경우

5) 환급제한

농·어민이 다음 1에 해당하는 경우에는 해당 요건을 충족하는 추징세액의 고지일부터 2년간 이 규정에 따른 환급을 받을 수 없다.

① 2년 이내에 3회 이상 부가가치세를 추징당한 경우

② 추징된 세액의 합계액이 200만원 이상으로서 대통령령으로 정하는 금액을 초과하는 경우

(2) 외국인관광객·외국사업자 등에 대한 영세율적용 및 환급

1) 외국인관광객 등에 대한 영세율적용 및 환급

외국인관광객 등이 국외로 반출하기 위하여 정부가 정하는 사업자로부터 구입하는 재화

에 대하여는 부가가치세영세율을 적용하거나 해당 재화에 대한 부가가치세를 환급할 수 있다(조특법 107 ①).

2) 외국사업자에 대한 부가가치세의 환급

국내에 사업장이 없는 외국법인 또는 비거주자로서 외국에서 사업을 하는 자(외국사업자)가 국내에서 사업상 다음에 규정하는 재화 또는 용역을 구입하거나 제공받은 때에는 해당 재화 또는 용역과 관련된 부가가치세를 해당 외국사업자에게 환급할 수 있다. 다만, 해당 외국사업자의 한 해(1월 1일부터 12월 31일까지로 함)의 환급금액이 30만원 이하인 경우에는 그러하지 아니하다(조특법 107 ⑥, 동령 107, 동칙 49 ①).

① 음식·숙박용역

② 광고용역

③ 전력·통신용역

④ 부동산 임대용역

⑤ 외국사업자의 국내사무소의 운영 및 유지에 필요한 재화 또는 용역으로서 다음에 게기하는 것. 다만 부가가치세법에 따라 매입세액이 공제되지 아니한 것을 제외한다.

　㉮ 국내사무소용 건물·구축물 및 해당 건물·구축물의 수리용역

　㉯ 사무용 기구·비품 및 해당 기구·비품의 임대용역

위의 부가가치세 환급신청과 환급절차는 조세특례제한법 제107조 제2항과 제3항에 규정되어 있다. 여기서 외국사업자에 대한 부가가치세환급은 해당 외국에서 우리나라의 사업자에게 동일하게 환급하는 경우에만 적용한다(조특법 107 ⑧). 즉 상호주의 원칙에 따른다.

3) 외교관 등에 대한 부가가치세의 환급

우리나라에 주재하거나 파견된 외교관 또는 외교사절과 주한외국공관에 근무하는 외국인으로서 해당 국가의 공무원 신분을 가진 자가 외교관면세점으로부터 재화 또는 용역(부가가치세법 제11조의 규정을 적용받는 재화 또는 용역을 제외한다)을 구입하거나 제공받는 경우에 부담하는 부가가치세는 환급절차에 따라 연간 200만원을 한도로 하여 해당 외교관 등에게 환급할 수 있다(조특법 107 ⑦).

여기서 외교관면세점이란 국세청장이 정하는 바에 따라 관할세무서장의 지정을 받은 사업장(개별소비세법시행령 28조의 규정에 따라 지정을 받은 판매장을 포함한다)을 말한다(조특령 108 ②).

3. 환급세액

부가가치세법상 환급하여야 할 세액은 예정신고, 확정신고 또는 영세율 등 조기환급신고 시에 제출한 신고서 및 이에 첨부된 증명 서류와 매입처별세금계산서합계표, 신용카드매출 전표등 수령명세서에 따라 확인되는 금액에 한정한다(부령 106 ①).

부가가치세법 강의

제9장

결정 · 경정 · 징수와 가산세

제1절 결정 · 경정과 징수
제2절 가산세

제1절 결정 · 경정과 징수

1. 결정 · 경정

가. 의 의

부가가치세는 납세의무자가 과세표준과 납부세액 또는 환급세액을 계산하여 정부에 신고·납부함으로써 납세의무가 확정되고 소멸된다. 그러나 납세의무자가 부가가치세를 신고하지 않으면 과세권자인 관할세무서장 등이 과세표준과 세액을 확정하게 되는데 이를 결정이라고 한다. 그리고 납세의무자의 확정신고에 오류·탈루가 있는 경우에 과세관청이 다시 과세표준과 납부세액 또는 환급세액을 조사하여 그 조사된 내용에 따라 이미 확정된 조세채무를 변경·확정하게 되는데 이를 경정이라고 한다.

우리나라의 부가가치세는 신고납세방식을 채택하고 있다. 따라서 사업자의 성실한 신고를 그 바탕으로 하여 부가가치세의 납세의무는 확정되지만, 그러나 납세의무자가 과세표준과 납부세액을 신고하지 아니하거나 또는 불성실하게 신고하는 때에는 정부가 조세채권의 확보를 위하여 후차적으로 납세의무를 확정하게 되는데 이러한 정부의 후차적인 납세의무 확정을 부가가치세법상에는 결정 및 경정이라 한다.

나. 결정 · 경정기관

과세표준과 납부세액 또는 환급세액의 결정·경정은 각 사업장관할세무서장이 행한다. 다만, 국세청장이 특히 중요하다고 인정하는 경우에는 관할지방국세청장 또는 국세청장이 이를 결정·경정할 수 있다(부령 102 ①). 국세청장·관할지방국세청장 또는 각 사업장관할세무서장(총괄납부의 경우에 한함)이 결정·경정한 때에는 이를 지체없이 납세지관할세무서장 또는 총괄납부를 하는 주된 사업장의 관할세무서장에게 통지하여야 한다(부령 102 ②). 이는 주사업장총괄납부를 하는 경우에도 결정·경정은 각 사업장관할세무서장이 하여야 하기 때문이다.

다. 결정 · 경정의 사유

사업장관할세무서장 · 사업장관할지방국세청장 또는 국세청장은 사업자가 다음 중 하나에 해당하는 경우에만 그 과세기간에 대한 부가가치세의 과세표준과 납부세액 또는 환급세액을 조사하여 결정 또는 경정한다(부법 57 ①, 부령 103 ①).

(1) 확정신고를 하지 아니한 경우

부가가치세 납세의무자의 과세표준 신고가 없는 경우에 과세관청이 조사하여 과세표준과 세액을 확정하여 결정한다.

(2) 확정신고한 내용에 오류 또는 탈루가 있는 경우

확정신고한 내용에 오류 또는 탈루가 있는 경우 과세관청은 이를 적법하고 진실되게 바로잡아야 경정하여야 한다. 이때 오류란 계산상의 착오는 물론 면세거래가 포함된 경우, 과세기간이 잘못된 경우, 다른 사업장의 과세거래가 포함된 경우 등 과세표준과 납부세액 또는 환급세액계산을 왜곡시킨 법적 · 사실적 모든 사유를 포함할 것이다. 그리고 탈루는 계상해야 할 것이 계상되지 않은 모든 사유를 의미한다.

(3) 확정신고를 할 때 매입 · 매출처별세금계산서합계표 미제출 또는 부실하게 적은 경우

확정신고를 할 때 매출처별세금계산서합계표 또는 매입처별세금계산서합계표를 제출하지 아니하거나 제출한 매출처별세금계산서합계표 또는 매입처별세금계산서합계표의 기재사항의 전부 또는 일부가 적혀 있지 아니하거나 사실과 다르게 적혀 있는 경우에는 과세관청은 경정하여야 한다.

세금계산서는 거래를 한 당사자간에 있어서 거래증명 자료인 송장 · 청구서 · 물품대금의 영수증 등 여러 가지의 기능을 가질 뿐만 아니라 부가가치세액을 회수한 사실을 증명하는 세금영수증의 기능을 가진다. 따라서 과세사업자는 발급하였거나 발급받은 세금계산서에 대하여 매출 · 매입처별세금계산서합계표를 해당 예정신고 또는 확정신고와 함께 정부에 제출하여야 한다(부법 54 ① · ③). 이렇게 제출되는 세금계산서합계표는 전산조직을 통하여 상호검증함으로써 매입세액의 공제 · 환급이 정당한가를 확인하고, 소득과세 등의 과세자료로 활용함으로써 근거과세를 구현하려는 데 그 의의가 있다.

(4) 그 밖에 다음의 사유로 인하여 부가가치세를 포탈할 우려가 있는 경우

① 사업장의 이동이 빈번한 경우
② 사업장의 이동이 빈번하다고 인정되는 지역에 사업장이 있는 경우
③ 휴업 또는 폐업상태에 있는 경우

④ 신용카드가맹점 또는 현금영수증가맹점가입대상으로 지정받은 사업자가 정당한 사유 없이 신용카드가맹점 또는 현금영수증가맹점으로 가입하지 아니한 경우로서 사업규모나 영업상황으로 보아 신고 내용이 불성실하다고 판단되는 경우

⑤ 조기환급 신고의 내용에 오류가 있거나 내용이 누락된 경우

(5) 예정신고를 하지 아니하는 등의 경우

사업장관할세무서장은 사업자가 예정신고를 하지 아니하는 때, 예정신고한 내용에 오류 또는 탈루가 있는 때 및 수시부과의 사유가 있는 때에도 부가가치세법 제21조의 규정을 준용하여 과세표준과 납부세액 또는 환급세액을 조사하여 결정 또는 경정하고 국세징수의 예에 의하여 징수할 수 있다(부법 57 ①).

【통칙 · 판례 · 예규 참조】

예규　추계경정시 매입세액 공제 여부

추계경정시 매입세액 공제범위는 부가가치세법 제21조의 규정에 따른 경정에 있어서 사업자가 발급받은 세금계산서 또는 발급받은 신용카드매출전표 등을 경정기관의 확인을 거쳐 제출한 경우 매출세액에서 공제받을 수 있다(간세 1235-1490, 1978. 5. 20).

예규　경정조사시 실재고차이에 대한 부가가치세 경정과세기분

경정조사시 기장상재고와 실지재고가 차이가 있을 경우에는 그 원인을 규명하여 누락된 기분으로 경정결정한다(부가 1265-1933, 1982. 7. 21).

예규　과세표준을 다른 사업장에 합산신고한 경우의 처리

사업자가 납세지 착오로 1개의 사업장에 다른 사업장의 부가가치세 과세표준을 합산하여 신고한 경우에는 국세기본법 제43조 제2항에 규정하는 납세지를 달리한 신고에 해당하지 아니하므로 부가가치세법 제21조 제1항의 규정에 따라 해당 신고서를 접수한 세무서장은 경정하여 착오납부된 세액을 환급조치하고 다른 사업장 관할세무서장은 경정에 의하여 같은 법 제17조의 규정에 따른 납부세액에 같은 법 제22조 각항에 규정하는 가산세를 가산하여 징수한다(부가 1265. 1-385, 1984. 2. 28).

라. 결정 · 경정방법

(1) 실지조사방법

사업장관할세무서장 · 사업장관할지방국세청장 또는 국세청장은 사업자의 결정 · 경정사유 발생으로 인하여 각 과세기간에 대한 과세표준과 납부세액 또는 환급세액을 결정 또는 경정하는 경우에는 세금계산서 · 장부 또는 그 밖의 증명 자료를 근거하여야 한다고 규정하고 있다(부법 57 ②). 이는 과세관청이 조세채무를 성정 또는 결정함에 있어서 근거과세를 원칙으로 하여야 한다는 것을 규정하고 있는 것이다.

(2) 추계조사방법

1) 개 념

사업장관할세무서장·사업장관할지방국세청장 또는 국세청장은 경정을 함에 있어서는 원칙적으로 세금계산서·장부 또는 그 밖의 증명 자료를 근거로 실지조사하여 결정 또는 경정을 하여야 하나, 근거과세의 원칙을 준수할 수 없는 부득이한 경우에는 각종의 간접적인 자료에 의하여 합리성 있는 추계조사방법으로 조세채무를 확정시킨다. 부가가치세법에서는 이러한 추계 결정 또는 경정의 사유와 방법을 별도 규정하고 있다. 그러나 추계조사 결정 또는 경정은 근거과세의 예외적인 방법이고, 납세의무자에게 불이익이 될 수도 있는 불가피한 제도이므로 법적 요건이 충족된 경우에만 고도의 합리성과 객관성이 보장되어야 한다.

2) 추계사유

사업장관할세무서장·사업장관할지방국세청장 또는 국세청장은 사업자가 다음 중 하나에 해당하는 경우에는 결정 또는 경정을 추계할 수 있다(부법 57 ②). 이러한 추계사유의 충족에 대한 입증책임 내지 소명책임은 과세관청에 있다고 해석된다.

① 과세표준을 계산할 때 필요한 세금계산서·장부 또는 그 밖의 증명 자료가 없거나 그 중요한 부분이 갖추어지지 아니한 경우

② 세금계산서·장부 또는 그 밖의 증명 자료의 내용이 시설규모, 종업원 수와 원자재·상품·제품 또는 각종 요금의 시가(時價)에 비추어 거짓임이 명백한 경우

③ 세금계산서·장부 또는 그 밖의 증명 자료의 내용이 원자재 사용량, 동력(動力) 사용량이나 그 밖의 조업 상황에 비추어 거짓임이 명백한 경우

3) 추계방법

위의 추계사유가 충족된 경우 다음에 규정하는 방법 중 가장 타당하다고 인정되는 방법에 따른다(부령 104).

① 기장이 정당하다고 인정되고 신고가 성실하여 경정을 받지 아니한 동일 업황의 다른 동업자와의 권형에 의하여 계산하는 방법

② 국세청장이 업종별로 투입원재료에 대하여 조사한 생산수율이 있는 때에는 이를 적용하여 계산한 생산량에 그 과세기간중에 공급한 수량의 시가를 적용하여 계산하는 방법

③ 국세청장이 사업의 종류·지역 등을 고려하여 사업과 관련된 인적·물적시설(종업원·객실·사업장·차량·수도·전기 등)의 수량 또는 가액과 매출액의 관계를 정한 영업효율이 있는 때에는 이를 적용하여 계산하는 방법

④ 국세청장이 사업의 종류별·지역별로 정한 다음의 기준 중의 하나에 의하여 계산하는

방법

㉮ 생산에 투입되는 원·부재료 중에서 일부 또는 전체의 수량과 생산량과의 관계를 정한 원단위 투입량

㉯ 인건비·임차료·재료비·수도광열비 그 밖의 영업비용 중에서 일부 또는 전체의 비용과 매출액의 관계를 정한 비용관계비율

㉰ 일정기간 동안의 평균재고금액과 매출액 또는 매출원가와의 관계를 정한 상품회전율

㉱ 일정기간 동안의 매출액과 매출총이익의 비율을 정한 매매총이익률

㉲ 일정기간 동안의 매출액과 부가가치세액의 비율을 정한 부가가치율

⑤ 추계결정 또는 경정대상사업자에 대하여 위 '②'부터 '④'까지의 비율을 산정할 수 있는 경우에는 이를 적용하여 계산하는 방법

⑥ 주로 최종소비자를 대상으로 거래하는 음식 및 숙박업과 서비스업에 대하여는 국세청장이 정하는 입회조사기준에 의하여 계산하는 방법

마. 결정·경정시 매입세액공제

(1) 일반적인 경우

경정하는 경우 확정신고와 함께 제출하지 아니한 발급받은 세금계산서·수입세금계산서·신용카드매출전표(공급받는 자와 부가가치세액을 별도로 기재하고 확인한 것)를 경정기관의 확인을 받아 관할세무서장에게 제출하면 매입세액공제를 받을 수 있다(부령 74 (5)).

(2) 추계에 따른 경우

추계에 의하여 납부세액을 계산함에 있어서 공제하는 매입세액은 발급받은 세금계산서를 관할세무서장에게 제출하고 그 기재내용이 명백한 분에 대한 것에 한정한다. 다만, 재해 그 밖의 불가항력으로 인하여 발급받은 세금계산서가 소멸됨으로써 이를 제출하지 못하는 때에는 해당 사업자에게 공급한 거래상대자가 제출한 세금계산서에 따라 확인되는 것은 공제할 수 있다(부령 104 ②).

바. 경정의 제한

다음에 규정하는 사업 중 국세청장이 정하는 업종을 영위하는 사업자로서 동일 장소에서 계속하여 5년 이상 사업을 영위한 자에 대하여는 객관적인 증명 자료에 의하여 과소신고한 것이 명백한 경우에만 경정할 수 있다(부령 103 ②).

① 소매업

② 음식점업(다과점업 포함)

③ 숙박업

④ 미용, 욕탕 및 유사서비스업

⑤ 여객운송업

⑥ 입장권을 발급하여 영위하는 사업

⑦ 변호사업, 해사보좌인업, 변리사업, 법무사업, 행정사업, 공인회계사업, 세무사업, 경영지
  도사업, 기술지도사업, 평가인업, 통관업, 기술사업, 건축사업, 도선사업, 측량사업 그 밖
  의 이와 유사한 사업서비스업으로서 기획재정부령이 정한 것(사업자에게 공급하는 것은
  제외함)

⑧ 주로 사업자가 아닌 소비자에게 재화 또는 용역을 공급하는 사업으로서 다음의 사업

  ㉮ 도정업, 제분업 중 떡방앗간

  ㉯ 양복점업·양장점업·양화점업

  ㉰ 건축물 자영건설업 중 주택건설업

  ㉱ 운수업 및 주차장운영업

  ㉲ 부동산중개업

  ㉳ 사회서비스업 및 개인서비스업

  ㉴ 가사서비스업

  ㉵ 전기통신사업법에 따른 전기통신사업 중 사업자가 아닌 일반소비자에게 전기통신용
    역을 제공하는 사업

  ㉶ 그 밖의 '㉮'부터 '㉵'까지와 유사한 사업으로서 세금계산서발급이 불가능하거나
    현저히 곤란한 사업

사. 재경정

사업장관할세무서장·사업장관할지방국세청장 또는 국세청장은 실지조사 방법 또는 추계
방법에 따라 결정 또는 경정한 과세표준과 납부세액 또는 환급세액에 오류 또는 탈루가 있는
것이 발견된 때에는 즉시 이를 다시 경정한다(부법 57 ③).

2. 수시부과의 결정

가. 수시부과의 사유

납세지 관할 세무서장등은 사업자가 과세기간 중에 다음의 어느 하나에 해당하는 경우에
는 수시로 그 사업자에 대한 부가가치세를 부과(이하 "수시부과"라 한다)할 수 있다(부법
57의2 ①).

① 재화 또는 용역을 공급하지 아니하고 세금계산서 또는 신용카드매출전표등(이하 "세금계산서등"이라 한다)을 발급한 경우(가공발급)

② 재화 또는 용역을 공급받지 아니하고 세금계산서등을 발급받은 경우(가공수취)

③ 재화 또는 용역을 공급하고 실제로 재화 또는 용역을 공급하는 자가 아닌 자 또는 실제로 재화 또는 용역을 공급받는 자가 아닌 자의 명의로 세금계산서등을 발급한 경우(허위발급)

④ 재화 또는 용역을 공급받고 실제로 재화 또는 용역을 공급하는 자가 아닌 자의 명의로 세금계산서등을 발급받은 경우(허위수취)

⑤ 재화 또는 용역을 공급하고 세금계산서등의 공급가액을 과다하게 기재한 경우(과다기재발급)

⑥ 재화 또는 용역을 공급받고 '⑤'가 적용되는 세금계산서등을 발급받은 경우(과다기재수취)

⑦ 그 밖에 다음의 사유로 부가가치세를 포탈할 우려가 있는 경우

   ㉮ 사업장의 이동이 빈번한 경우

   ㉯ 사업장의 이동이 빈번하다고 인정되는 지역에 사업장이 있을 경우

   ㉰ 휴업 또는 폐업 상태에 있을 경우

   ㉱ 신용카드가맹점 또는 현금영수증가맹점 가입 대상자로 지정받은 사업자가 정당한 사유 없이 신용카드가맹점 또는 현금영수증가맹점으로 가입하지 아니한 경우로서 사업 규모나 영업 상황으로 보아 신고 내용이 불성실하다고 판단되는 경우

   ㉲ 조기환급 신고의 내용에 오류가 있거나 내용이 누락된 경우

이러한 수시부과의 결정에는 앞서 결정・경정에서 살펴본 결정・경정방법(부법 57 ②)과 재경정(부법 57 ③)의 내용을 준용한다.

나. 수시부과기간

수시부과는 해당 과세기간의 개시일부터 수시부과의 사유가 발생한 날까지를 수시부과기간으로 하여 적용한다. 이 경우 수시부과의 사유가 확정신고기한 이전에 발생한 경우로서 사업자가 직전 과세기간에 대하여 확정신고를 하지 아니한 경우에는 직전 과세기간을 수시부과기간에 포함한다(부법 57의2 ②).

3. 징 수

가. 의 의

납세자가 납세의무를 이행하지 않은 경우에 과세권자가 조세채권을 실현하는 절차를 징수라고 한다. 일반적으로 국세징수에 관한 사항은 국세징수법에 따라 행하도록 규정하고 있다.

부가가치세법은 신고납세주의에 의하여 조세채무를 스스로 계산하여 확정시키는 권리를 납세의무자에게 부여할 뿐만 아니라 예정신고를 할 때에는 납부세액도 함께, 확정신고를 할 때에도 납부세액을 함께, 수입재화에 대하여는 수입 신고를 할 때 부가가치세액을 관세와 함께 스스로 납부의무를 부여하고 있다. 그러나 납세의무자 스스로가 능동적으로 계산·신고한 세액에 오류·탈루가 있거나, 법정기한까지 납세의무자 스스로가 능동적으로 이행(납부)하지 않으면 조세채권자는 강제징수하여야 한다. 따라서 부가가치세법에서는 사업자가 자기 스스로 납부세액을 납부하지 아니한 때에 그 납부하지 아니한 세액을 정부가 강제적으로 받아들일 수 있는 조세징수권한과 재화의 수입에 대한 부가가치세의 징수에 관한 사항을 규정하고 있다.

나. 추가납부세액에 대한 징수

납세지 관할 세무서장은 사업자가 다음의 어느 하나에 해당하는 경우에는 다음의 구분에 따른 세액을 「국세징수법」에 따라 징수한다(부법 58 ①).

① 예정신고 또는 확정신고를 할 때에 신고한 납부세액을 납부하지 아니하거나 납부하여야 할 세액보다 적게 납부한 경우 : 그 미납부세액

② 결정 또는 경정을 한 경우 : 추가로 납부하여야 할 세액

③ 수시부과한 경우 : 수시부과한 세액

다. 재화의 수입에 대한 징수

재화의 수입에 대한 부가가치세는 세관장이 「관세법」에 따라 징수한다(부법 58 ②). 세관장이 법 제58조 제2항에 따라 부가가치세를 징수할 때(납부받거나 환급할 때를 포함한다)에는 「관세법」 제11조, 제16조부터 제19조까지, 제38조, 제38조의2부터 제38조의4까지, 제39조, 제41조, 제43조, 제46조, 제47조 및 제106조에 따른다(부령 105).

제2절 가산세

1. 사업자등록 불성실 가산세

(1) 미등록 가산세

사업자 또는 국외사업자가 사업개시일부터 20일 이내에 사업자등록을 신청하지 아니한 경우에는 사업개시일부터 등록을 신청한 날의 직전일까지의 공급가액 합계액의 1%를 납부세액에 더하거나 환급세액에서 뺀다(부법 60 ① (1)).

> ▶ 사례

다음 자료에 의하여 과세사업자인 이부산씨의 미등록가산세를 계산하시오.

〈자 료〉
- (1) 사업개시일 : 2025.8.18.
- (2) 사업자등록신청 : 10.23.
- (3) 공급가액 내역
  - ① 8.18. ~ 9.30.   7,500,000원
  - ② 9.30. ~ 10.22.   2,200,000원
  - ③ 10.23. ~ 12.31.   5,300,000원

해답

(7,500,000 + 2,200,000) × 1% = 97,000원

(2) 타인명의등록 가산세

사업자가 타인의 명의로 사업자등록을 하거나 그 타인 명의의 사업자등록을 이용하여 사업을 하는 것으로 확인되는 경우 그 타인 명의의 사업 개시일부터 실제 사업을 하는 것으로 확인되는 날의 직전일까지의 공급가액 합계액의 2%를 납부세액에 더하거나 환급세액에서 뺀다. 다만, 다음 중 어느 하나에 해당하는 자는 제외한다(부법 60 ① (2)).
① 사업자의 배우자
② 상속으로 인하여 피상속인이 경영하던 사업이 승계되는 경우 그 피상속인(상속개시일

부터 상속세 과세표준 신고기한까지의 기간 동안 상속인이 피상속인 명의의 사업자등록을 활용하여 사업을 하는 경우로 한정함)

2. 세금계산서 불성실 가산세

가. 세금계산서

사업자가 다음 중 어느 하나에 해당하면 가산세를 납부세액에 더하거나 환급세액에서 뺀다(부법 60 ②).

구 분	사 유	가산세
① 미발급	세금계산서의 발급시기가 지난 후 해당 재화 또는 용역의 공급시기가 속하는 과세기간에 대한 확정신고 기한까지 세금계산서를 발급하지 아니한 경우	공급가액×2%
② 허위발급	재화 또는 용역을 공급하고 실제로 재화 또는 용역을 공급하는 자가 아닌 자 또는 실제로 재화 또는 용역을 공급받는 자가 아닌 자의 명의로 세금계산서를 발급한 경우	
③ 허위수취	재화 또는 용역을 공급받고 실제로 재화 또는 용역을 공급하는 자가 아닌 자의 명의로 세금계산서를 발급받은 경우	
④ 과다기재발급	재화 또는 용역을 공급하고 세금계산서의 공급가액을 과다하게 기재한 경우	
⑤ 과다기재수취	재화 또는 용역을 공급받고 위 '④'가 적용되는 세금계산서를 발급받은 경우	
⑥ 가공발급	재화 또는 용역을 공급하지 아니하고 세금계산서를 발급한 경우	세금계산서에 적힌 공급가액×3%
⑦ 가공수취	재화 또는 용역을 공급받지 아니하고 세금계산서를 발급받은 경우	
⑧ 지연발급	세금계산서의 발급시기가 지난 후 해당 재화 또는 용역의 공급시기가 속하는 과세기간에 대한 확정신고 기한까지 세금계산서를 발급하는 경우	공급가액×1%
⑨ 부실기재	세금계산서의 필요적 기재사항의 전부 또는 일부가 착오 또는 과실로 적혀 있지 아니하거나 사실과 다른 경우	
⑩ 전자세금계산서 미발급	전자세금계산서를 발급하여야 할 의무가 있는 자가 전자세금계산서를 발급하지 아니하고 세금계산서의 발급시기에 전자세금계산서 외의 세금계산서를 발급한 경우	

구 분	사 유	가산세
⑪ 다른 사업장 명의로 발급	둘 이상의 사업장을 가진 사업자가 재화 또는 용역을 공급한 사업장 명의로 세금계산서를 발급하지 아니하고 세금계산서의 발급시기에 자신의 다른 사업장 명의로 세금계산서를 발급한 경우	공급가액×1%
⑫ 전자세금계산서 지연전송	전자세금계산서 발급명세 전송기한이 지난 후 재화 또는 용역의 공급시기가 속하는 과세기간에 대한 확정신고기한까지 국세청장에게 전자세금계산서 발급명세를 전송하는 경우	공급가액×0.3%
⑬ 전자세금계산서 미전송	전자세금계산서 발급명세 전송기한이 지난 후 재화 또는 용역의 공급시기가 속하는 과세기간에 대한 확정신고기한까지 국세청장에게 전자세금계산서 발급명세를 전송하지 아니한 경우	공급가액×0.5%

나. 매출처별세금계산서합계표

사업자가 다음 중 어느 하나에 해당하면 가산세를 납부세액에 더하거나 환급세액에서 뺀다(부법 60 ⑥).

사 유	가산세
매출처별 세금계산서합계표를 제출하지 아니한 경우	공급가액×0.5%
제출한 매출처별 세금계산서합계표의 기재사항 중 거래처별 등록번호 또는 공급가액의 전부 또는 일부가 적혀 있지 아니하거나 사실과 다르게 적혀 있는 경우	
예정신고를 할 때 제출하지 못하여 해당 예정신고기간이 속하는 과세기간에 확정신고를 할 때 매출처별 세금계산서합계표를 제출하는 경우(위 '②'에 해당하는 경우는 제외)	공급가액×0.3%

다. 매입처별세금계산서합계표

사업자가 다음 중 어느 하나에 해당하면 가산세를 납부세액에 더하거나 환급세액에서 뺀다(부법 60 ⑦).

사 유	가산세
재화 또는 용역의 공급시기 이후에 발급받은 세금계산서로서 해당 공급시기가 속하는 과세기간에 대한 확정신고기한까지 발급받은 경우	공급가액*×0.5%
재화 또는 용역의 공급시기가 속하는 과세기간에 대한 확정신고기한이 지난 후 세금계산서를 발급받았더라도 그 세금계산서의 발급일이 확정신고기한 다음 날부터 1년 이내이고 다음의 어느 하나에 해당하는 경우 ㉠ 과세표준수정신고서와 경정 청구서를 세금계산서와 함께 제출하는 경우 ㉡ 해당 거래사실이 확인되어 납세지 관할 세무서장 등이 결정 또는 경정하는 경우	

사 유	가산세
재화 또는 용역의 공급시기 전에 세금계산서를 발급받았더라도 재화 또는 용역의 공급시기가 그 세금계산서의 발급일부터 6개월 이내에 도래하고 해당 거래사실이 확인되어 납세지 관할 세무서장 등이 결정 또는 경정하는 경우	공급가액*×0.5%
경정시 경정기관의 확인을 거쳐 세금계산서를 제출하여 매입세액을 공제받은 경우	
매입처별 세금계산서합계표의 기재사항 중 공급가액을 사실과 다르게 과다하게 적어 신고한 경우	

* 매입처별 세금계산서합계표에 따르지 아니하고 세금계산서에 따라 공제받은 매입세액에 해당하는 공급가액 또는 과다하게 적어 신고한 공급가액

3. 현금매출명세서 등 제출 불성실 가산세

사업자가 현금매출명세서 또는 부동산임대공급가액명세서를 제출하지 아니하거나 제출한 수입금액이 사실과 다르게 적혀 있으면 제출하지 아니한 부분의 수입금액 또는 제출한 수입금액과 실제 수입금액과의 차액의 1%를 납부세액에 더하거나 환급세액에서 뺀다(부법 60 ⑧).

4. 가산세의 중복 적용 배제

구분	적용배제 가산세
사업자등록 불성실 가산세(1% 또는 2% 적용분)	세금계산서 불성실 가산세(1% 적용분)
	전자세금계산서 전송 불성실 가산세(0.3%, 0.5% 적용분)
	매출처별세금계산서합계표 제출 불성실 가산세(0.5%, 0.3% 적용분)
세금계산서 불성실 가산세(2% 또는 3% 적용분)	사업자등록 불성실 가산세(1% 적용분)
	매출처별세금계산서합계표 제출 불성실 가산세(0.5%, 0.3% 적용분)
	매입처별세금계산서합계표 제출 불성실 가산세(0.5% 적용분)
세금계산서 불성실 가산세(허위발급 2% 적용분)	세금계산서 불성실 가산세(미발급 2% 적용분)
세금계산서 불성실 가산세(과다기재발급 2% 적용분)	세금계산서 불성실 가산세(부실기재 1% 적용분)
세금계산서 불성실 가산세(지연발급 1%, 부실기재 1% 적용분) 또는 전자세금계산서 전송 불성실 가산세(0.3%, 0.5% 적용분)	매출처별세금계산서합계표 제출 불성실 가산세(0.5%, 0.3% 적용분)
세금계산서 불성실 가산세(지연발급 1%, 미발급 2% 적용분)	전자세금계산서 전송 불성실 가산세(0.3%, 0.5% 적용분)
	세금계산서 불성실 가산세(부실기재 1% 적용분)
세금계산서 불성실 가산세(부실기재 1% 적용분)	전자세금계산서 전송 불성실 가산세(0.3%, 0.5% 적용분)

부가가치세법 강의

제10장

보 칙

제1절 기장의무

1. 의 의

사업자는 자기의 납부세액 또는 환급세액과 관계되는 모든 거래사실을 장부에 기록하여 사업장에 갖추어 두어야한다(부법 71 ①). 이것이 기장의무이다. 여기서 기장이란 사업자가 일정기간 동안의 기업의 경영성과를 측정하고 일정 시점에서의 재무상태를 명확히 파악하기 위하여 기업에서 발생하는 모든 거래의 내용을 비망적으로 기록하는 행위를 말한다. 하지만 이러한 기장은 기업을 운영하는 사업자뿐만 아니라 해당 기업의 이해관계자나 조세를 부과하는 과세관청에게도 기업의 사업내용을 파악하는 데 그 증명 자료로서 활용된다. 특히 신고납부제도를 채택하고 있는 우리나라의 현행 부가가치세법에서는 사업자가 자기의 납부세액 또는 환급세액을 정확히 계산하여 자진신고·납부할 수 있도록 이와 관련된 모든 거래사실을 장부에 기록하고 비치하도록 별도의 규정을 두어 장부의 기장 및 비치를 의무화하고 있다.

2. 장부의 기장 및 비치의무

사업자는 자기의 납부세액 또는 환급세액과 관계되는 모든 거래사실을 장부에 기록하고 사업장에 갖추어 두어야한다. 여기서 장부에 기록하여야 할 거래사실은 다음에 게기하는 것으로 한다(부령 117 ①).
- ① 공급한 자 및 공급받은 자
- ② 공급한 품목 및 공급받은 품목
- ③ 공급가액 및 공급받은 가액
- ④ 매출세액 및 매입세액
- ⑤ 공급한 시기 및 공급받은 시기
- ⑥ 그 밖의 참고사항

3. 기장의 방법

가. 과세·면세겸업자의 구분기장

사업자가 부가가치세가 부과되는 재화 또는 용역의 공급과 함께 부가가치세가 면제되는 재화 또는 용역을 공급하거나 의제매입세액을 공제받는 경우에는 과세되는 공급과 면세되는 공급 및 면세농산물 등의 공급을 받은 사실을 각각 구분하여 장부에 기록하여야 한다(부법 71 ②).

나. 간이과세자 및 과세특례자의 기장금액

간이과세자는 부가가치세액을 합계한 공급대가를 기록할 수 있다(부령 117 ②).

다. 기장의 간주

간이과세자가 발급받았거나 발급한 세금계산서 또는 영수증을 보관한 경우에는 기장의무를 이행한 것으로 본다(부령 117 ③). 따라서 간이과세자가 발급받은 세금계산서와 영수증 그리고 발급한 영수증을 보관한 별도의 장부를 비치·기장하지 아니하여도 되는 것이다.

라. 사업장별 기장·비치

① 부가가치세는 사업장단위로 과세하는 세목이므로 장부는 사업장에서 기록하고 갖추어 두어야한다(부법 71 ①). 따라서 2 이상 사업장이 있는 사업자인 경우에도 사업장마다 장부를 비치 기장하여야 한다.

② 수의사가 제공하는 면세용역 중 어느 하나에 해당하는 용역을 공급하는 사업자는 **동물진료용역의 매출대장**을 작성하여 사업장에 갖추어 두어야 한다(부령 117 ⑤). 이 경우 매출대장을 정보처리장치·전산테이프 또는 디스켓 등의 전자적 형태로 작성할 수 있다. 다만, 사업자가 「수의사법」에 따른 진료부에 면세사유, 공급가액 등의 기재사항을 모두 적는 경우에는 그 진료부로 매출대장을 대신할 수 있다(부령 117 ⑥).

4. 장부 및 세금계산서의 보관

가. 보관기간

사업자는 기록한 장부와 발급하거나 발급받은 세금계산서 또는 영수증을 그 거래사실이 속하는 과세기간에 대한 확정신고 기한 후 5년간 보존하여야 한다. 다만, 전자세금계산서를 발급한 사업자가 국세청장에게 세금계산서 발급명세를 전송한 경우에는 그러하지 아니하다(부법 71 ③).

나. 보관방법

사업자는 장부·세금계산서 또는 영수증을 정보처리장치·전산테이프 또는 디스켓 등의 전자적 형태로 이를 보존할 수 있다(부령 117 ④). 국세기본법에 따르면 사업자는 장부를 보관함에 있어 마이크로 필름·자기테이프·디스켓 그 밖의 정보보존장치에 의하여 보존할 수 있도록 하고 있다(국기법 85의3 ③). 이때의 장부와 증명 서류의 보존장치는 다음의 기준에 적합하여야 한다(국기령 65의7 ①).

① 자료를 저장하거나 저장된 자료를 수정 또는 삭제하는 절차·방법 등 정보보존장치의 생산과 이용에 관련된 전자계산조직의 개발과 운영에 관한 기록을 보관할 것
② 정보보존장치에 저장된 자료의 내용을 쉽게 확인할 수 있도록 하거나 이를 문서화할 수 있는 장치와 절차가 마련되어 있어야 하며, 필요시 다른 정보보존장치에 복제가 가능하도록 되어 있을 것
③ 정보보존장치가 거래내용을 포괄하고 있어야 하며, 과세표준과 세액을 결정할 수 있도록 검색과 이용이 가능한 형태로 보존되어 있을 것

5. 기장 및 장부보관 의무불이행에 대한 제재

조세포탈을 위한 증거인멸의 목적으로 비치를 요하는 장부를 법정신고기한인 확정신고 기한이 지난 날부터 5년 이내에 소각·파기 또는 은닉하는 경우 2년 이하의 징역 또는 2천만원 이하의 벌금에 처하게 된다(조세범처벌법 8).

제2절 부가가치세의 세액 등에 관한 특례

　　납부세액에서 부가가치세의 감면세액 및 공제세액을 빼고 가산세를 더한 세액의 74.7%를 부가가치세로, 25.3%를 지방소비세로 한다. 부가가치세와 「지방세법」에 따른 지방소비세를 신고·납부·경정 및 환급할 경우에는 부가가치세와 지방소비세를 합한 금액을 신고·납부·경정 및 환급한다(부법 72).

제3절 납세관리인

1. 의 의

납세자가 국내에 주소 또는 거소를 두지 아니한 때에는 국세에 관한 사항을 처리하기 위하여 납세관리인을 정하여야 한다. 이 경우 납세자는 국세에 관한 사항을 처리하게 하기 위하여 세무사로 등록한 자를 납세관리인으로 둘 수 있으며, 납세관리인을 정한 납세자는 관할세무서장에게 신고하여야 한다. 또한 납세관리인을 변경한 때에도 신고하여야 한다(국기법 82). 하지만 국세기본법에서는 납세관리인에 대해 세법이 특례규정을 두고 있는 경우에는 그 세법에 의하도록 하고 있다(국기법 3).

부가가치세법상 납세관리인이란 사업자가 통상적으로 사업장 내에 머무르지 아니하거나 또는 일정기간 이상 국외에 체류하게 되는 경우에 사업자를 대리하여 사업자의 지위에서 부가가치세법상의 제반의무, 즉 신고·납부·환급 및 그 밖의 필요한 사항을 처리하는 자를 말하는 것으로 이러한 납세관리인을 선정하는 그 의의는 사업자의 유고시에도 부가가치세제를 효율적으로 운영하기 위함에 있다 하겠다.

2. 납세관리인 선정사유

가. 법정사유가 있는 경우

개인사업자가 다음에 해당하는 경우에는 부가가치세에 관한 신고·납부·환급, 그 밖에 필요한 사항을 처리하는 납세관리인을 정하여 정부에 신고하여야 한다(부법 73 ①).

① 사업자가 사업장 내에 통상적으로 머무르지 아니한 경우
② 6개월 이상 국외에 체류하려는 경우

나. 그 밖의 사유

사업자는 법정사유가 없는 경우에도 부가가치세에 관한 신고·납부·환급, 그 밖에 필요한 사항을 처리하게 하기 위하여 다음에 정하는 자를 납세관리인으로 정할 수 있다(부법 73 ②, 부령 118 ①).

① 세무사법에 따라 세무사를 등록한 자

② 다단계판매업자(해당 다단계판매업자에게 등록을 한 다단계판매원 중 제7조 제6항 단서의 규정에 따른 다단계판매원 외의 다단계판매원이 선정하는 경우에 한정한다)

③ 「자본시장과 금융투자업에 관한 법률」에 따른 신탁회사(같은 법에 따른 신탁업 중 부동산에 관한 신탁업에 한정한다)

3. 납세관리인 선정신고의 절차

납세관리인을 선정하거나 변경한 사업자(다단계판매업자를 포함한다)는 다음의 사항을 적은 납세관리인선정(변경)신고서(기칙 33 별지 43호 서식)를 지체없이 관할세무서장에게 제출하여야 한다. 또한 납세관리인의 주소 또는 거소가 변경된 때에도 또한 같다(부령 118 ②).

① 사업자의 인적사항

② 납세관리인의 주소·성명 및 주민등록번호

③ 그 밖의 참고사항

국세기본법시행령에서는 세무서장은 납세관리인이 부적당하다고 인정하는 때에는 기한을 정하여 납세자에게 그 변경을 요구할 수 있다(국기령 65 ①). 그러나 요구받은 납세자가 정하여진 기한 내에 납세관리인변경의 신고를 하지 아니한 때에는 납세관리인의 설정은 없는 것으로 본다고 규정하고 있다(국기령 65 ②).

4. 납세관리인의 업무범위

납세관리인은 다음의 사항에 관하여 납세자를 대리할 수 있다.

① 국세기본법 및 세법에 규정한 신고·신청·청구 그 밖의 서류의 작성 및 제출

② 세무서장 등이 발부한 서류의 수령

③ 국세 등의 납부 또는 국세환급금의 수령

【통칙·판례·예규 참조】

부 통 납세관리인의 권한소멸

납세관리인은 다음에서 계기하는 사유가 발생한 때 그 권한이 소멸한다(기통 8-0-2…82).

① 납세자의 해임행위(민법 128)

② 납세자의 사망

③ 납세관리인의 사망, 금치산 또는 파산 등

부가가치세법상 납세관리인

납세관리인은 부가가치세법 제33조의 규정에 의거 납세의무자의 부가가치세에 관한 신고, 납부, 환급, 그 밖에 필요한 사항을 처리한다(부가 22601－2451, 1985. 12. 16).

사업장 내에 통상적으로 머무르지 아니하는 사업자의 납세관리인 선정

사업자가 사업장 내에 통상적으로 머무르지 아니하는 때에는 부가가치세법 제33조 및 같은 법 시행령 제84조의 규정에 의거 납세관리인을 정하여 정부에 신고하여야 하며, 사업자등록 신청시 납세관리인을 정하여 신고할 의무가 있는 자가 납세관리인을 선정하지 아니하는 경우에는 정부는 부가가치세의 납세 보전을 위하여 부가가치세법 제35조의 규정에 의거 납세의무자에 대하여 필요한 사항을 명할 수 있다 (부가 22601－1312, 1988. 7. 28).

제4절 질문·조사와 명령사항 및 자료제출

1. 질문·조사

부가가치세에 관한 사무에 종사하는 공무원은 부가가치세에 관한 사무를 위하여 필요하면 납세의무자, 납세의무자와 거래가 있는 자, 납세의무자가 가입한 동업조합 또는 이에 준하는 단체에 대하여 부가가치세와 관계되는 사항을 질문하거나 그 장부·서류나 그 밖의 물건을 조사할 수 있다(부법 74 ①). 다만, 부가가치세에 관한 사무에 종사하는 공무원은 직무상 필요한 범위 외에 다른 목적 등을 위하여 그 권한을 남용해서는 아니 된다(부법 74 ④).

세무공무원이 질문조사의 권한을 행사하기 위해서는 그 권한을 표시하는 조사원증을 휴대하여 이를 관계인에게 제시하여야 한다(부법 74 ③).

2. 명령사항

납세지 관할 세무서장은 부가가치세의 납세보전 또는 조사를 위하여 납세의무자에게 장부·서류 또는 그 밖의 물건을 제출하게 하거나 그 밖에 필요한 사항을 명할 수 있다. 이에 따라 국세청장, 관할 지방국세청장 또는 관할 세무서장은 납세의무자에게 다음의 사항을 명할 수 있다(부법 74 ②, 부령 119). 다만, 부가가치세에 관한 사무에 종사하는 공무원은 직무상 필요한 범위 외에 다른 목적 등을 위하여 그 권한을 남용해서는 아니 된다(부법 74 ④).

① 세금계산서의 발급
② 금전등록기의 설치·사용
③ 신용카드 조회기의 설치·사용
④ 현금영수증 발급장치의 설치·사용
⑤ 표찰(標札)의 게시(揭示)
⑥ 업종별 표시
⑦ 그 밖에 납세보전을 위한 단속에 필요한 사항

국세청장, 납세지 관할 지방국세청장 또는 납세지 관할 세무서장은 납세보전 또는 조사를 위한 명령을 위반한 자에게는 2천만원 이하의 과태료를 부과한다(부법 76).

3. 자료제출

다음 중 어느 하나에 해당하는 자는 재화 또는 용역의 공급과 관련하여 국내에서 판매 또는 결제를 대행하거나 중개하는 경우 관련 명세를 매 분기 말일의 다음 달 15일까지 국세청장, 납세지 관할 지방국세청장 또는 납세지 관할 세무서장에게 제출하여야 한다(부법 75 ①, 부령 121 ②).

① 「전기통신사업법」에 따른 부가통신사업자로서 「전자상거래 등에서의 소비자보호에 관한 법률」에 따른 통신판매업자의 판매를 대행 또는 중개하는 자
② 「여신전문금융업법」에 따른 결제대행업체
③ 「전자금융거래법」에 따른 전자금융업자
④ 「외국환거래법」에 따른 전문외국환업무취급업자
⑤ 그 밖에 '①'부터 '④'까지의 사업자와 유사한 사업을 수행하는 자로서 다음의 어느 하나에 해당하는 자
⑦ 「정보통신망 이용촉진 및 정보보호 등에 관한 법률」 제2조 제1항 제9호의 게시판을 운영하여 재화 또는 용역의 공급을 중개하는 자로서 국세청장이 고시하는 자
⑥ 「전기통신사업법」 제2조 제13호에 따른 앱 마켓사업자

국세청장, 납세지 관할 지방국세청장 또는 납세지 관할 세무서장은 관련 명세를 제출하여야 하는 자가 관련 명세를 제출하지 아니하거나 사실과 다르게 제출한 경우 그 시정에 필요한 사항을 명할 수 있다(부법 75 ②). 그리고 국세청장, 납세지 관할 지방국세청장 또는 납세지 관할 세무서장은 시정 명령을 위반한 자에게는 2천만원 이하의 과태료를 부과한다(부법 76).

부가가치세법 강의

제11장

간이과세

제1절 간이과세의 의의 · 범위

1. 의 의

간이과세제도는 매출액을 정상적으로 신고하더라도 실질적으로 세부담이 크지 않도록 하여 정상적으로 신고 · 납부하는 풍토를 조성하려는데 주목적을 두고 일정금액 미만인 개인사업자에 대하여는 현행의 세금계산서에 의해 납부세액을 계산하는 일반과세제도와는 달리 세금계산서 없이도 세부담이 합리적으로 이루어지면서 세액계산도 간편하게 할 수 있도록 하는 제도인데, 프랑스 · 독일 · 영국 · 일본 등 외국의 입법례에서도 우리나라 경우와 유사한 간이과세제도를 두고 있다.

하지만 초기 간이과세자제도에서 다음과 같은 문제가 있어 폐지의 논란이 있었다.

첫째, 매출액에 업종별 평균부가가치율을 곱하여 부가가치액을 산정하는 구조에서는 그 평균부가가치율의 높이를 어떻게 설정하는가에 따라 세액의 크기가 좌우되는데 부가가치율의 객관성이 문제이다.

둘째, 간이과세제도하에서도 부가가치액은 사업자가 받은 세금계산서와는 관계없이 법정된 업종별 평균부가가치율을 적용하여 산정되기 때문에 간이과세자의 세금계산서 수취 기피현상은 크게 해소되지 않을 것이다. 간이과세제도를 도입한 후 오히려 세금계산서의 수수율이 하락하였다.

2. 간이과세자의 범위

가. 간이과세적용대상 사업자

(1) 계속사업자

직전 연도의 재화와 용역의 공급에 대한 공급대가(부가가치세가 포함된 대가)가 1억4백만원에 미달하는 개인사업자를 간이과세자라 하여 부가가치세를 부과 · 징수한다. 다만, 다음 중 어느 하나에 해당하는 사업자의 경우에는 간이과세자로 보지 아니한다(부법 61 ①).

① 간이과세가 적용되지 아니하는 다른 사업장을 보유하고 있는 사업자

② 업종, 규모, 지역 등을 고려하여 대통령령으로 정하는 사업자

③ 부동산임대업 또는 과세유흥장소를 경영하는 사업자로서 해당 업종의 직전 연도의 공급대가의 합계액이 4,800만원 이상인 사업자

④ 둘 이상의 사업장이 있는 사업자로서 그 둘 이상의 사업장의 직전 연도의 공급대가의 합계액이 1억4백만원 이상인 사업자. 다만, 부동산임대업 또는 과세유흥장소에 해당하는 사업장을 둘 이상 경영하고 있는 사업자의 경우 그 둘 이상의 사업장의 직전 연도의 공급대가(하나의 사업장에서 둘 이상의 사업을 겸영하는 사업자의 경우 부동산임대업 또는 과세유흥장소의 공급대가만을 말함)의 합계액이 4,800만원 이상인 사업자

(2) 신규사업자

신규로 사업을 시작하는 개인사업자는 사업을 시작하는 날이 속하는 연도의 공급대가의 합계액이 1억4백만원에 미달될 것이라고 예정되어 간이과세적용을 받으려는 경우에는 사업자등록신청과 함께 다음의 사항을 적은 간이과세적용신고서를 관할세무서장에게 제출(국세정보통신망에 따른 제출 포함)하여야 한다. 다만, 사업자등록신청서에 연간공급대가예상액과 그 밖의 참고사항을 기재하여 제출한 경우에는 간이과세적용신고서를 제출한 것으로 본다(부법 61 ③, 부령 109 ④). 이 경우 1월 미만의 끝수가 있을 때에는 이를 1월로 한다.

① 사업자의 인적사항

② 사업시설착수연월일 또는 사업시작연월일

③ 연간공급대가예상액

④ 그 밖의 참고사항

이와 같이 간이과세적용신고를 한 사업자나 등록을 하지 아니한 개인사업자로서 사업을 시작한 날이 속하는 연도의 공급대가의 합계액이 1억4백만원에 미달하는 경우에는 최초의 과세기간에는 간이과세자로 한다. 다만, 간이과세가 적용되지 아니하는 다른 사업장을 보유하고 있는 사업자와 간이과세 배제업종의 사업자의 경우에는 그러하지 아니하다(부법 61 ④·⑤).

> **【통칙·판례·예규 참조】**
>
> 부 통 일부사업을 폐지하는 경우의 간이과세 적용
> 같은 사업장에서 2 이상의 사업을 겸영하는 사업자가 그 중 일부 사업을 폐지한 경우의 간이과세 적용은 직전 1역년의 공급대가에 폐지한 사업(광업·제조업 및 도매업 등을 포함한다)의 공급대가를 포함하여 계산한다(부통 61-109-1).

간이과세 [ ] 적 용 [ ] 포 기 [ ] 재적용 ┐ 신고서

※ [ ]에는 해당하는 곳에 √ 표시를 합니다.

접수번호	접수일		처리기간	즉시

신고인 인적사항	상호(법인명)		등록번호	
	성명(대표자명)		전화번호	
	사업장(주된 사업장) 소재지			
	업태		종목	

신고내용

[ ]간이과세 적용신고	「부가가치세법」 제61조제3항 및 같은 법 시행령 제109조제4항 또는 제116조제2항에 따라 간이과세의 적용을 받기 위하여 신고합니다.			
	신규 사업자	사업시설착수 연월일 또는 사업 개시 연월일	간이과세를 적용받으려는 과세기간	연간공급대가 예상액
	기존 사업자	간이과세를 포기한 과세기간 개시연월일	간이과세를 적용받으려는 과세기간	간이과세를 포기한 날부터 적용받으려는 과세기간 개시일까지의 경과연수

[ ]간이과세 포기신고	「부가가치세법」 제70조제1항·제2항 및 같은 법 시행령 제116조제1항에 따라 아래 과세기간부터 일반과세를 적용받기 위하여 간이과세의 포기를 신고합니다.			
	간이과세 기준	신 규 사 업 자 □	간이과세를 포기하려는 과세기간	년 제 기 (. . 부터)
		직전 연도 공급대가 합계액 4,800만원 미만 □		
		직전 연도 공급대가 합계액 4,800만원 이상 □		

[ ]간이과세 재적용신고	「부가가치세법」 제70조제4항·제5항 및 같은 법 시행령 제116조제3항·제4항에 따라 아래 과세기간부터 간이과세를 재적용받기 위하여 간이과세의 재적용을 신고합니다.	
	간이과세를 재적용받으려는 과세기간	년 제 기(. . .부터)

년 월 일

신고인

(서명 또는 인)

세무서장 귀하

첨부서류	없음	수수료 없음

작 성 방 법

※ 해당되는 신고사항에 [√]표시하고 해당 사항을 적은 후 작성일과 신고인란에 서명 또는 날인하여 제출합니다.

210mm×297mm[백상지 80g/㎡ 또는 중질지 80g/㎡]

나. 간이과세적용배제 사업

(1) 간이과세가 적용되지 아니하는 다른 사업장을 보유하고 있는 사업자

간이과세적용기준금액에 미달한 개인사업자의 경우라 하더라도 간이과세가 적용되지 아니하는 다른 사업장을 보유하고 있는 사업자는 간이과세적용을 배제한다(부법 61 ①, 부령 109 ②, 부칙 71). 다만, 간이과세가 적용되는 개인택시운송업, 용달및개별화물자동차운송업, 그 밖의 도로화물운송업, 이용업, 미용업 그 밖에 이와 유사한 것으로서 대통령령으로 정하는 사업에 대하여는 그러하지 아니한다(조특법 106 ⑤).

하지만 간이과세가 적용되지 아니하는 다른 사업장(기준사업장)의 해의 1월 1일부터 12월 31일까지의 공급대가가 1억4백만원에 미달하는 경우에는 기준사업장과 본 규정에 따라 일반과세로 전환된 사업장 모두에 대하여 간이과세에 관한 규정을 적용한다. 다만, 본 규정에 따라 일반과세로 전환된 사업장의 해의 1월 1일부터 12월 31일까지의 공급대가가 1억4백만원 이상이거나 다음 (2)에 해당하는 경우에는 그러하지 아니하다(부령 110 ⑤).

(2) 업종·규모·지역 등을 고려하여 다음에 규정하는 사업을 하는 사업자

업종·규모·지역 등을 고려하여 다음에 규정하는 사업을 하는 사업자는 간이과세적용기준금액에 미달한 개인사업자의 경우라 하더라도 간이과세적용을 배제한다(부령 109 ②).
① 광 업
② 제조업. 다만, 주로 최종소비자에게 재화를 공급하는 사업으로 다음에서 정하는 것은 제외한다.
   ㉮ 과자점업
   ㉯ 도정업과 제분업(떡방앗간 포함)
   ㉰ 양복점업
   ㉱ 양장점업
   ㉲ 양화점업
   ㉳ 그 밖의 자기가 공급하는 재화의 100분의 50 이상을 최종소비자에게 공급하는 사업으로서 국세청장이 정한 것
③ 도매업(소매업을 겸영하는 경우를 포함하되, 재생용 재료수집 및 판매업 제외) 및 상품중개업
④ 부동산매매업
⑤ 과세유흥장소를 영위하는 사업으로서 특별시·광역시 및 시지역(광역시 및 도농복합형태의 시지역의 읍·면지역을 제외한다)과 국세청장이 업황 등을 고려하여 과세특례적용대상에서 제외하는 것이 필요하다고 인정하여 고시하는 지역에서 과세유흥장소

를 영위하는 사업으로 한다(부칙 71 ②). 여기서 개별소비세법상 과세유흥장소의 종류
는 유흥주점·외국인전용유흥접객업과 이와 유사한 장소를 말한다.

⑥ 부동산임대업으로서 특별시·광역시 및 시(행정시 포함)의 지역에 소재하는 부동산임
대사업장을 영위하는 사업으로서 국세청장이 정하는 규모 이상인 경우

⑦ 변호사업, 심판변론인업, 변리사업, 법무사업, 공인회계사업, 세무사업, 경영지도사업,
기술지도사업, 감정평가사업, 손해사정인업, 통관업, 기술사업, 건축사업, 도선사업, 측
량사업, 공인노무사업, 의사업, 한의사업, 약사업, 한약사업, 수의사업, 그밖에 이와 유
사한 사업서비스업으로서 기획재정부령으로 정하는 것

⑧ 일반과세자로부터 포괄적으로 양수한 사업. 다만, 위 '① 내지 ⑦' 및 다음 '⑨ 또는
⑩'에 해당하지 아니하는 경우로서 사업의 양수 이후 1역년의 공급대가가 1억4백만원
에 미달하여 간이과세자 기준을 충족하는 경우에는 제외함.

⑨ 사업장의 소재지역, 사업의 종류, 규모 등을 고려하여 국세청장이 정하는 기준에 해당
하는 것

⑩ 전전년도 기준 복식부기의무자가 경영하는 사업

⑪ 전기·가스·증기 및 수도 사업

⑫ 건설업. 다만, 주로 최종소비자에게 직접 재화 또는 용역을 공급하는 사업으로서 기획
재정부령으로 정하는 사업은 제외함.

⑬ 전문·과학·기술서비스업, 사업시설 관리·사업지원 및 임대 서비스업. 다만, 주로
최종소비자에게 직접 용역을 공급하는 사업으로서 기획재정부령으로 정하는 사업은
제외함.

다. 간이과세와 일반과세의 적용시기

(1) 계속사업자

계속사업자로 간이과세자에 관한 규정이 적용되거나 적용되지 아니하게 되는 기간은 해
의 1월 1일부터 12월 31일까지의 공급대가가 1억4백만원에 미달되거나 그 이상이 되는 **해의
다음 해의 7월 1일부터 그 다음 해의 6월 30일까지로** 한다(부법 62 ①).

(2) 신규사업자

신규로 사업을 개시한 사업자의 경우 간이과세자에 관한 규정이 적용되거나 적용되지
아니하게 되는 기간은 최초로 사업을 개시한 해의 **다음 해의 7월 1일부터 그 다음 해의 6월
30일까지로** 한다(부법 62 ②). 여기에서는 다음과 같이 나누어 볼 수 있다.

1) 간이과세적용신고를 한 경우

신규로 사업을 시작하는 개인사업자는 사업을 시작한 날이 속하는 연도의 공급대가의 합계액이 1억4백만원에 미달될 것으로 예상되면 등록을 신청할 때 납세지 관할 세무서장에게 간이과세의 적용 여부를 함께 신고하여야 한다(부법 61 ③). 신고를 한 개인사업자는 최초의 과세기간에는 간이과세자로 한다(부법 61 ④).

2) 간이과세적용신고를 하지 않는 경우

직전 해의 1월 1일부터 12월 31일까지 기간 중 신규로 사업을 시작한 개인사업자에 대하여는 그 사업 개시일부터 그 과세기간 종료일까지의 공급대가를 합한 금액을 12개월로 환산한 금액을 기준으로 하여 간이과세의 적용 여부를 판정한다. 이 경우 1개월 미만의 끝수가 있으면 1개월로 한다(부법 61 ②).

(3) 직전 해의 1월 1일부터 12월 31일까지 기간 중 휴업자

직전 해의 1월 1일부터 12월 31일까지 기간 중 휴업자에 대하여는 휴업기간을 제외한 잔여기간에 대한 재화 또는 용역의 공급대가의 합계액을 12월로 환산한 금액을 기준으로 하며 직전 해의 1월 1일부터 12월 31일까지 기간 중 공급대가가 없는 경우에는 신규로 사업을 시작한 것으로 본다. 이 경우에 1월 미만의 끝수가 있을 때에는 이를 1월로 본다(부령 109 ③).

(4) 경정·재경정으로 인한 과세유형 변경

간이과세가 적용되는 사업자에 대하여 결정 또는 경정한 공급대가가 기준 금액 이상이 되는 경우에는 그 결정 또는 경정한 날이 속하는 과세기간까지 간이과세로 보고 그 다음 과세기간부터 일반과세자 유형을 적용한다(부법 61 ⑥).

(5) 간이과세자가 간이과세적용배제사업을 겸영하게 된 경우

간이과세자가 간이과세적용배제사업을 신규로 겸영하는 경우에는 해당 사업의 개시일이 속하는 과세기간의 다음 과세기간부터 간이과세를 적용하지 아니한다. 다만, 일반과세자로 전환된 사업자로서 당해 연도 공급대가의 합계액이 1억4백만원 미만인 사업자가 간이과세적용배제사업을 폐지하는 경우에는 해당 사업의 폐지일이 속하는 해의 다음 해 7월 1일부터 간이과세자에 관한 규정을 적용한다(부령 110 ④).

(6) 미등록사업자의 경우

사업자등록을 하지 아니한 개인사업자로서 사업을 시작한 날이 속하는 연도의 공급대가의 합계액이 간이과세자 적용기준금액에 미달하는 경우에는 최초의 과세기간에는 간이과세자로 한다(부법 61 ⑤).

(7) 다른 사업장이 있는 경우

간이과세자가 간이과세포기신고를 하는 경우에는 일반과세를 적용받으려는 달이 속하는 과세기간의 다음 과세기간부터 해당 사업장 외의 사업장에 대하여 간이과세자에 관한 규정을 적용하지 아니한다(부령 110 ⑥).

(8) 기준사업장이 폐업되는 경우

기준사업장이 폐업되는 경우 간이과세가 적용되지 아니하는 다른 사업장을 보유하고 있어 일반과세로 전환된 사업장에 대하여 기준사업장의 폐업일이 속하는 연도의 다음 연도 7월 1일부터 간이과세자에 관한 규정을 적용한다. 다만, 간이과세가 적용되지 아니하는 다른 사업장을 보유하고 있어 일반과세로 전환된 사업장의 1역년의 공급대가가 1억4백만원 이상이거나 업종·규모·지역 등을 고려하여 간이과세가 적용 배제되는 경우에는 그러하지 아니하다(부령 110 ⑧).

라. 과세유형의 변경통지

(1) 통지 및 등록증정정발급

사업자의 관할세무서장은 간이과세자에 관한 규정이 적용되거나 적용되지 아니하게 되는 **과세기간 개시 20일 전까지 그 사실을 통지**하여야 하며, 사업자등록증을 정정하여 과세기간 개시당일까지 발급하여야 한다(부령 110 ①).

(2) 통지의 효력

간이과세가 새로이 적용되는 경우에는 통지와 관계없이 간이과세를 적용한다. 다만, 부동산임대업을 하는 사업자의 경우에는 간이과세 전환 통지를 받은 날이 속하는 과세기간까지는 일반과세자에 관한 규정을 적용한다(부령 110 ②). 다만, 부동산임대업을 경영하는 사업자의 경우에는 통지를 받은 날이 속하는 과세기간까지는 일반과세자에 관한 규정을 적용한다.

따라서 간이과세가 적용되지 않는 경우는 통지를 받은 날이 속하는 과세기간까지는 간이과세를 적용하므로 과세유형변경통지가 과세유형변경의 중요한 요건이 된다.

제2절 간이과세의 포기

1. 의 의

간이과세자는 세금계산서를 발급할 수 없으므로 재화를 공급받는 자가 매입세액 공제를 받을 수 없는 불이익 때문에 간이과세자로부터의 재화 등 구입을 기피할 수 있다. 또한 간이과세자로서 영세율적용을 받으면 일반과세자처럼 환급세액을 환급받을 수 없다는 제도상의 불이익 등에서 벗어나기를 원할 수도 있다. 그리하여 부가가치세법은 간이과세자에 해당하는 사업자의 자유의사에 따라 간이과세에 관한 규정을 적용받지 아니하고 일반과세를 적용받을 수 있는 길을 열어 놓았다. 이것이 간이과세의 포기이다.

2. 포기의 절차

① 간이과세자 또는 간이과세자에 관한 규정을 적용받게 되는 일반과세자가 간이과세자에 관한 규정의 적용을 포기하고 일반과세자에 관한 규정을 적용받으려는 경우에는 일반과세자의 유형을 적용받을 수 있다. 그러나 일반과세를 적용 받으려는 사업자는 **그 적용을 받으려는 달의 전달 마지막 날까지** 다음 사항을 적은 간이과세포기신고서를 관할세무서장에게 제출하여야 한다(부법 70 ①, 부령 116 ①).
  ㉮ 사업자의 인적사항
  ㉯ 간이과세를 포기하려는 과세기간
  ㉰ 그 밖의 참고사항
② 신규로 사업을 시작하는 개인사업자가 사업자등록을 신청할 때 납세지 관할 세무서장에게 간이과세자에 관한 규정의 적용을 포기하고 일반과세자에 관한 규정을 적용받으려고 신고한 경우에는 일반과세자의 규정을 적용받을 수 있다.

3. 포기의 효력

가. 재적용의 제한

간이과세포기신고를 한 개인사업자는 다음의 구분에 따른 날부터 3년이 되는 날이 속하는 과세기간까지는 간이과세자에 관한 규정을 적용받지 못한다(부법 70 ③). 즉 이 기간 동안에는 다시 간이과세자가 될 수 없다.

① 계속사업자가 포기신고를 한 경우 : 일반과세자에 관한 규정을 적용받으려는 달의 1일
② 신규사업자가 포기신고를 경우 : 사업 개시일이 속하는 달의 1일

다만, 간이과세포기신고를 한 개인사업자 중 직전 연도의 공급대가의 합계액이 4,800만원 이상 1억4백만원 미만인 개인사업자는 3년이 되는 날이 속하는 과세기간 이전이라도 간이 과세자에 관한 규정을 적용받을 수 있다(부법 70 ④). 이에 따라 간이과세자에 관한 규정을 적용받으려는 개인사업자는 적용받으려는 과세기간 개시 10일 전까지 납세지 관할 세무서 장에게 신고하여야 한다(부법 70 ⑤).

나. 재적용시 적용신고서의 제출

간이과세 적용 제한기간이 지난 후 다시 간이과세를 적용받으려는 때에는 그 적용받으려는 과세기간 개시 10일 전까지 간이과세적용신고서를 관할 세무서장에게 제출하여야 한다. 그러나 이 경우에 그 적용을 받을 수 있는 자는 해당 과세기간 직전 해의 1월 1일부터 12월 31일까지의 공급대가의 합계액이 간이과세 적용 기준금액에 해당하는 개인사업자로 한정 한다(부령 116 ②).

【통칙 · 판례 · 예규 참조】

예규 간이과세포기 신고후 3년 경과자의 과세유형 적용방법
일반과세자에 관한 규정을 적용받고자 간이과세포기신고서를 제출한 사업자는 같은 법 제30조 제4항에 서 규정하는 기간이 경과하고 직전 1억년의 재화 또는 용역의 공급대가의 합계액이 같은 법 제25조 제1항 제1호에 규정한 금액에 해당하는 경우에도 해당 사업자가 같은 법시행령 제78조 제3항의 규정에 따라 간이과세적용신고서를 제출하기 전까지는 계속 일반과세자에 대한 규정을 적용받는다(부가 46015-543. 1999. 2. 26.).

예규 간이과세 포기 신고후 매입세액의 공제 여부
건물을 임차하여 목욕탕을 운영하던 간이과세자가 해당건물을 취득하면서 일반과세를 적용받고자 부가가치세법 제30조 제1항의 규정에 따라 간이과세포기신고를 하여 일반과세자로 전환된 이후에 같은 법 제9조에 규정한 재화의 공급시기가 도래한 경우로서 해당 재화의 공급시기에 세금계산서를 발급받은 경우 해당 세금계산서의 매입세액은 매출세액에서 전액 공제된다(부가 46015-4241. 1999. 10. 20).

제3절 과세표준과 세액계산

1. 과세표준과 세율

간이과세자는 일반과세자가 그 공급가액을 과세표준으로 하는 것과는 달리 그 공급대가, 즉 재화와 용역의 공급에 대한 부가가치세가 포함된 대가를 과세표준으로 한다(부법 63 ①). 그러나 간이과세자의 과세표준의 계산에 관하여는 일반과세자의 과세표준계산규정을 준용한다. 다만, 이 경우에는 공급가액을 공급대가로 본다(부령 111 ①). 간이과세자의 세율을 10%이다(부법 63 ②).

2. 세액계산

가. 납부세액

(1) 납부세액계산 계산식

간이과세자의 납부세액은 다음의 계산식에 의하여 계산한 금액을 납부세액으로 한다. 이 경우 간이과세자가 2 이상의 업종을 겸영하는 간이과세자의 경우에는 각각의 업종별로 계산한 금액의 합계액을 납부세액으로 한다(부법 63 ②).

> 납부세액＝과세기간*의 공급대가×해당 업종의 부가가치율×10%
> *예정부과기간에 신고한 경우 예정부과기간

(2) 해당 업종의 부가가치율

해당 업종의 부가가치율은 직전 3년간 신고된 업종별 평균 부가가치율 등을 고려하여 5%에서 50%의 범위 내에서 대통령령으로 정하며, 대통령령으로 정하는 해당 업종의 부가가치율은 다음의 것을 말한다(부법 63 ②, 부령 111 ②).

1) 일반적인 경우

구분	부가가치율
1. 소매업, 재생용 재료수집 및 판매업, 음식점업	15%
2. 제조업, 농업·임업 및 어업, 소화물 전문 운송업	20%
3. 숙박업	25%
4. 건설업, 운수 및 창고업(소화물 전문 운송업은 제외한다), 정보통신업	30%
5. 금융 및 보험 관련 서비스업, 전문·과학 및 기술서비스업(인물사진 및 행사용 영상 촬영업은 제외한다), 사업시설관리·사업지원 및 임대 서비스업, 부동산 관련 서비스업, 부동산임대업	40%
6. 그 밖의 서비스업	30%

2) 종별 실지귀속이 불분명한 공통사용재화공급의 경우

간이과세자가 2 이상의 업종에 공통으로 사용하던 재화를 공급하여 업종별 실지귀속을 구분할 수 없는 경우에 적용할 부가가치율은 다음 계산식에 의하여 계산한 율의 합계로 한다. 이 경우 휴업 등으로 인하여 해당 과세기간의 공급가액이 없는 경우에는 그 재화를 공급한 날에 가장 가까운 과세기간의 공급대가에 의하여 계산한다(부령 111 ⑤).

$$\text{해당 재화와 관련된 각 업종별 부가가치율} \times \frac{\text{해당 재화의 공급일이 속하는 과세기간의 해당 재화와 관련된 각 업종의 공급대가}}{\text{해당 재화의 공급일이 속하는 과세기간의 해당 재화와 관련된 각 업종의 총공급대가}}$$

나. 납부할 세액 계산

(1) 일반적인 경우 납부세액 계산

일반적인 경우 간이과세자의 납부할 세액은 다음 표와 같이 계산한다.

[표 11-1] 간이과세의 납부할 세액 계산

납부세액		=공급대가×업종의 부가가치율×10%	
	(−)	공제·경감세액	┌ 세금계산서 등 매입세액공제 └ 신용카드매출전표등발급세액공제
	(+)	재고납부세액	
	(+)	가산세	
차가감납부할세액			

(2) 결정・경정시 납부세액 계산

결정 또는 경정하거나 「국세기본법」에 따라 수정신고한 간이과세자의 해당 연도의 공급대가가 1억4백만원 이상인 경우 대통령령으로 정하는 과세기간의 납부세액은 일반과세자를 준용하여 계산한 금액으로 한다. 이 경우 공급가액은 공급대가에 110분의 100을 곱한 금액으로 하고, 매입세액을 계산할 때에는 세금계산서 등을 받은 부분에 대하여 간이과세자로서 공제받은 세액은 매입세액으로 공제하지 아니한다(부법 63 ⑥, 부령 111 ⑧).

3. 매입세액공제・경감세액

가. 세금계산서 등 수취 매입세액공제

(1) 개 념

간이과세자가 다른 사업자로부터 세금계산서, 신용카드매출전표 등(일반과세자로부터 재화 또는 용역을 공급받고 **부가가치세액이 별도로 구분 가능한 신용카드매출전표 등을 발급받은 경우** 신용카드매출전표 등 수령명세서를 제출하고, 신용카드매출전표 등 5년간 보관한 것)을 발급받아 해당 매입처별세금계산서합계표 또는 신용카드매출전표등 수령명세서 등을 사업장관할세무서장에게 제출하는 때에는 공제율에 따라 계산한 금액을 각 과세기간에 대한 납부세액에서 공제한다(부법 63 ③). 이는 세금계산서 등의 수수를 높여 근거과세제도의 확립과 탈세 예방의 차원 등의 목적이 있다.

> 세금계산서 등 수취 매입세액공제＝세금계산서 등을 발급받은 재화와 용역의 공급대가×0.5%

이때 간이과세자가 매입처별세금계산서합계표와 신용카드매출전표등 수령명세서를 제출하거나 결절・경정에 있어서 해당 간이과세자가 보관하고 있는 것을 결정・경정기관의 확인을 거쳐 관할세무서장에게 제출하는 경우에 납부세액에서 뺀다.

(2) 간이과세자가 과세사업과 면세사업을 겸영하는 경우

간이과세자가 과세사업과 면세사업을 겸영하는 경우에는 과세사업과 면세사업의 실지귀속에 의하되, 과세사업과 면세사업의 실지귀속을 구분할 수 없는 분에 대하여는 다음 계산식에 의하여 계산한다(부령 111 ⑦).

$$\text{납부세액에서 공제할 세액} = \begin{array}{c} \text{해당 과세기간에 발급받은} \\ \text{세금계산서 등에 적힌 매입세액} \end{array} \times \dfrac{\text{해당 과세기간의 과세공급가액}}{\text{해당 과세기간의 총공급가액}} \times 0.5\%$$

▶사례

다음 자료에 의하여 간이과세사업자인 제조업(과자점업)을 경영하는 이수봉씨가 납부할 부가가치세를 계산하시오.

≪자 료≫ ① 기간 : 2025.1.1.~12.31.
② 공급대가 : 66,000,000원
③ 제조업의 부가가치율 : 20%
④ 세금계산서를 발급받고 매입한 공급대가 : 26,000,000원(매입처별세금계산서 제출)

해답

① 납부세액 : 66,000,000×20%×10%=1,320,000원
② 세금계산서 등 매입세액공제액 : 26,000,000×0.5%=130,000원
③ 납부할세액 : 1,320,000−130,000=1,190,000원

(3) 세금계산서 등 수취 매입세액공제 배제

다음과 같은 매입세액의 경우에는 매입처별세금계산서합계표 또는 신용카드매출전표등 수령명세서를 사업장관할세무서장에게 제출하더라도 매입세액공제를 받을 수 없다(부령 114 ⑥).

① 제출한 매입처별세금계산서합계표의 기재사항 중 거래처별등록번호 또는 공급가액의 전부 또는 일부가 적혀 있지 아니하였거나 사실과 다르게 적힌 경우 그 기재사항이 적혀 있지 아니한 부분 또는 사실과 다르게 적힌 부분의 매입세액

② 세금계산서 또는 전자세금계산서를 발급받지 아니한 경우 또는 발급받은 세금계산서에 필요적 기재사항의 전부 또는 일부가 적혀 있지 아니하였거나 사실과 다르게 적힌 경우의 매입세액

③ 사업과 직접 관련이 없는 지출에 대한 매입세액

④ 비영업용 소형승용자동차는 「개별소비세법」 제1조 제2항 제3호[31])에 따른 자동차로서

---

31) 제1조 (과세대상과 세율) ②개별소비세를 부과할 물품(이하 "과세물품"이라 한다)과 그 세율은 다음과 같다.
  3. 다음 각 목의 승용자동차에 대하여는 그 물품가격에 해당 각 목의 세율을 적용한다.
    가. 배기량이 2천씨씨 초과의 것과 캠핑용 자동차에 대하여는 그 물품가격의 100분의 10
    나. 배기량이 2천시시 이하의 것(배기량이 1천시시 이하의 것으로서 대통령령으로 정하는 규격의 것을

운수업, 자동차판매업, 자동차임대업 및 운전학원업에서와 같이 자동차를 직접 영업에 사용하는 것 외의 목적으로 사용하는 자동차로 한다.

⑤ 기업업무추진비 및 이와 유사한 비용의 지출에 관련된 매입세액

⑥ 부가가치세가 면제되는 재화 또는 용역을 공급하는 사업에 관련된 매입세액(투자에 관련된 매입세액)과 토지관련매입세액

⑦ 등록을 하기 전의 매입세액

나. 신용카드매출전표 등 발급세액공제

(1) 세액공제액 계산

간이과세자가 부가가치세가 과세되는 재화 또는 용역을 공급하고 세금계산서의 발급시기에 여신전문금융업법에 따른 직불카드영수증, 결제대행업체를 통한 신용카드매출전표, 선불카드(실지명의가 확인되는 것에 한정한다) 및 조세특례제한법에 따른 현금영수증(부가통신사업자가 통신판매업자를 대신하여 발급하는 현금영수증을 포함한다)을 발급하거나 전자화폐 등 전자적 결제수단에 의하여 대금을 결제받는 경우에는 그 발급금액 또는 결제금액의 1%(2026년 12월 31일까지는 1.3%)에 해당하는 금액[한도 : 연간 500만원(2026년 12월 31일까지는 연간 1천만원)]을 납부세액에서 공제한다(부법 46 ①).

이 경우 공제받는 금액이 해당 금액을 차감하기 전의 납부할 세액[이 법 및 조세특례제한법에 따라 빼거나 더할 세액(제22조의 규정에 따른 가산세를 제외한다)을 빼거나 더하여 계산한 세액을 말하며, 해당 계산한 세액이 "0"보다 작으면 "0"으로 본다]을 초과하는 경우에는 그 초과하는 부분은 없는 것으로 본다.

> 신용카드매출전표 등 발급세액공제＝신용카드매출전표발급금액×1.3%

다. 전자세금계산서 발급세액공제

간이과세자(간이과세자 중 4,800만원 미만인 자 및 신규로 사업을 시작하는 개인사업자는 제외)가 전자세금계산서를 2027년 12월 31일까지 발급(전자세금계산서 발급명세를 법정기한까지 국세청장에게 전송한 경우로 한정함)하고 전자세금계산서 발급세액공제신고서를 납세지 관할 세무서장에게 제출한 경우에는 전자세금계산서 발급 건수 당 200원을 곱하여 계산한 금액(한도 : 연간 100만원)을 해당 과세기간의 부가가치세 납부세액에서 공제할 수 있다(부법 63 ④).

제외한다)과 이륜자동차에 대하여는 그 물품가격의 100분의 5

라. 공제세액의 범위

간이과세자의 경우는 세금계산서 등 수취 매입세액공제액, 신용카드매출전표 등 발급세액공제액 및 전자세금계산서 발급세액공제액이 각 과세기간의 납부세액을 초과하는 경우에는 그 초과하는 부분은 없는 것으로 한다(부법 63 ⑤). 즉 공제세액이 납부세액을 초과한 경우 그 초과부분에 대하여 환급하지 않는다.

▶ 사례

다음 자료에 의하여 간이과세자인 김포상회(제조업)의 2025년 과세기간의 신고시 납부할 세액을 계산하시오.

≪자 료≫
① 해당 과세기간중 공급대가 : 48,000,000원(이 중 신용카드매출전표에 따른 매출 8,000,000원 포함)
② 해당 과세기간중 매입액 : 20,000,000원(이 중 세금계산서 수취분(부가세 포함) 6,400,000원)
③ 해당 업종의 부가가치율 : 20%로 가정

해답

① 납부세액 : 48,000,000×20%×10%=960,000원
② 세금계산서 매입세액공제액 : 6,400,000×0.5%=32,000원
③ 신용카드매출세액공제액 : 8,000,000×1.3%=104,000원
④ 납부할 세액 : 960,000-32,000-104,000=824,000원

4. 재고납부세액 가산

가. 개 념

일반과세자가 간이과세로 과세유형이 변경되는 경우 전환일 현재까지 보유하고 있던 재화에 대해서는 공급받을 때 거래징수당한 매입세액을 이미 공제받았거나 앞으로 신고하여 공제를 받게 되므로 일반과세자보다 낮은 세율을 적용받을 수 있다(부법 64). 이렇게 되면 전환일 현재 보유하고 있는 재화의 공급에 대하여 낮은 세율을 적용받으면서, 또 매입세액 공제를 받았으므로 이중으로 유리한 처분을 받게 된다. 그러므로 이처럼 간이과세자로 전환할 때 이미 공제받은 매입세액은 공제받을 수 없도록 재고자산에 대한 납부세액을 재계산하게 된다.

나. 재고납부세액의 적용대상

재고납부세액의 계산대상은 재고품과 감가상각자산 중 매입세액공제를 받은 것으로써 다음의 것으로 한다. 이때 재고품, 건설 중인 자산 및 감가상각자산은 매입세액이 공제된 것에 한하여, 그 가액은 장부 또는 세금계산서에 따라 확인되는 해당 재고품, 건설 중인 자산 및 감가상각자산의 취득가액으로 하며, 장부 또는 세금계산서가 없거나 기장이 누락된 경우 시가에 따른다(부령 112 ① · ②).

① 상품

② 제품(반제품과 재공품을 포함)

③ 재료 · 부재료를 포함

④ 건설 중인 자산

⑤ 감가상각자산(건물 및 구축물의 경우에는 취득 · 건설 · 신축 10년 이내의 것을 말하며, 그 밖의 감가상각자산의 경우에는 취득 · 제작 후 2년 이내의 것을 말한다)

다. 재고납부세액의 계산

(1) 재고품(상품 · 제품 · 반제품 · 재공품 · 재료 · 부재료)의 계산

$$재고납부세액 = 재고금액 \times \frac{10}{100} \times (1 - 0.5\% \times \frac{110}{10})$$

(2) 건설 중인 자산의 계산

$$해당\ 건설\ 중인\ 자산과\ 관련하여\ 공제받은\ 매입세액 \times (1 - 0.5\% \times \frac{110}{10})$$

(3) 감가상각자산으로서 타인으로부터 구입한 자산

① 건물 또는 구축물

$$재고납부세액 = 취득가액 \times (1 - \frac{5}{100} \times 경과된\ 과세기간의\ 수) \times \frac{10}{100} \times (1 - 0.5\% \times \frac{110}{10})$$

② 그 밖의 감가상각자산

$$재고납부세액 = 취득가액 \times (1 - \frac{25}{100} \times 경과된\ 과세기간의\ 수) \times \frac{10}{100} \times (1 - 0.5\% \times \frac{110}{10})$$

(4) 감가상각자산으로서 사업자가 직접 제작·건설·신축한 자산

① 건물 또는 구축물

$$재고납부세액 = \begin{array}{c} 해당\ 자산의\ 건설 \\ 등에\ 관련\ 매입세액 \end{array} \times (1 - \frac{5}{100} \times 경과된\ 과세기간의\ 수) \times (1 - 0.5\% \times \frac{110}{10})$$

② 그 밖의 감가상각자산

$$재고납부세액 = \begin{array}{c} 해당\ 매입세액\ 등에\ 관련 \\ 공제받은\ 자산의\ 건설 \end{array} \times (1 - \frac{25}{100} \times 경과된\ 과세기간의\ 수) \times (1 - 0.5\% \times \frac{110}{10})$$

(5) 부가가치율

위의 부가가치율은 간이과세자로 변경되는 날이 속하는 과세기간에 적용되는 해당 업종의 부가가치율을 말한다(부령 112 ④).

(6) 경과된 과세기간수의 계산

위 계산식에서 규정하는 경과된 과세기간의 수는 다음과 같이 계산한다.

1) 계산원칙

경과된 과세기간의 수는 과세기간 단위로 계산하되 건물 또는 구축물의 경과된 과세기간의 수는 20, 그 밖의 감가상각자산은 4를 초과하지 못한다(부령 112 ③).

2) 계산특례

경과된 과세기간의 수를 계산함에 있어서 과세기간의 개시일 후에 감가상각자산을 취득하거나 해당 재화가 공급된 것으로 보게 되는 경우에는 그 과세기간의 개시일에 해당 재화를 취득하거나 해당 재화가 공급된 것으로 본다.

이는 다시 말하면 과세기간의 개시일 후에 감가상각자산을 취득한 경우라도 경과된 과세기간의 수를 계산함에 있어서는 1과세기간으로 계산하고 과세유형이 변경되는 날의 과세기간은 경과된 과세기간의 수에 포함하지 않는다는 의미이다.

라. 절차와 방법

(1) 재고품, 건설 중인 자산 및 감가상각자산 신고

일반과세자가 간이과세자로 변경되는 경우에는 그 변경되는 날 현재의 재고품, 건설 중인 자산 및 감가상각자산(매입세액을 공제받은 경우만 해당하되, 사업양도에 의하여 사업양수자가 양수한 자산으로서 사업양도자가 매입세액을 공제받은 재화를 포함한다)을 그 변경되는 날의 직전과세기간에 대한 확정신고와 함께 간이과세전환시의 재고품등 신고서에 따라 각 사업장관할세무서장에게 신고(국세정보통신망에 따른 제출 포함)하여야 한다(부령 112 ①).

(2) 재고납부세액의 승인 및 결정통지

재고품, 건설 중인 자산 및 감가상각자산의 신고를 받은 관할세무서장은 재고금액을 조사·승인하고 간이과세자로 변경된 날부터 90일 내에 해당 사업자에게 재고납부세액을 통지하여야 한다. 이 경우에 그 기한 내에 통지하지 아니하는 때에는 해당 사업자가 신고한 재고금액을 승인한 것으로 본다(부령 112 ⑤).

이때에 승인하거나 승인한 것으로 보는 재고납부세액의 내용에 오류 또는 탈루가 있는 경우에는 재고납부세액을 조사하여 경정한다(부령 112 ⑧).

그러나 해당 사업자가 재고품, 건설 중인 자산 및 감가상각자산의 신고를 하지 아니하거나 과소하게 신고한 경우에는 관할세무서장은 재고금액을 조사하여 해당 재고납부세액을 결정 통지하여야 한다(부령 112 ⑥).

(3) 재고납부세액의 납부

재고납부세액은 간이과세자로 변경된 날이 속하는 과세기간에 대한 확정신고시 납부할 세액에 가산하여 납부한다(부령 112 ⑦).

▶ 사례

제조업을 하는 일반과세자인 개인기업 수도상사(부가가치율 20%)가 2025.1.1.자로 간이과세자로 과세유형이 전환되었다. 이 경우 다음 자료에 의하여 재고납부세액을 계산하시오.

≪자 료≫ ① 상품재고 금액 9,000,000원
② 건물취득가액 60,000,000원(2024.3.10. 취득)
③ 기계의 현재시가 10,000,000원(기계는 2024.8.30. 직접 제작한 것이나 제작가액은 알 수 없다).

① 상품 : $9,000,000 \times \dfrac{10}{100} \times (1 - 0.5\% \times \dfrac{110}{10}) = 850,500$원

② 건물 : $60,000,000 \times \dfrac{10}{100} \times (1 - \dfrac{5}{100} \times 2) \times (1 - 0.5\% \times \dfrac{110}{10}) = 5,103,000$원

③ 기계 : $10,000,000 \times \dfrac{10}{100} \times (1 - \dfrac{25}{100} \times 1) \times (1 - 0.5\% \times \dfrac{110}{10}\ ) = 708,750$ 원

④ 재고납부세액합계 : $850,500 + 5,103,000 + 708,750 = 6,662,250$ 원

5. 전자신고에 대한 세액공제

납세자가 직접 전자신고방법에 따라 부가가치세를 신고를 하는 경우에는 해당 납부세액에서 1만원을 공제하거나 환급세액에 더한다. 간이과세자에 대하여는 공제세액이 납부세액에 세금계산서등등 수취 매입세액공제 및 재고매입세액가산과 의제매입세액공제에 따른 금액을 가감한 후의 금액을 초과하는 경우에는 그 초과하는 금액은 이를 없는 것으로 본다(조특법 104의8 ②).

제4절 신고와 납부·가산세

1. 신고와 납부

가. 과세기간의 신고·납부

(1) 신고대상자

모든 간이과세자는 과세기간의 과세표준과 납부세액을 그 과세기간이 끝난 후 25일(폐업하는 경우에는 폐업일이 속한 달의 다음 달 25일) 이내에 사업장 관할 세무서장에게 신고·납부하여야 한다(부법 67 ①).

(2) 과세기간 및 신고납부기한

간이과세자가 각 과세기간에 대한 과세표준과 세액의 신고기간 및 납부기한은 다음과 같다(부법 67 ①, 68 ④).

[표 11-2] 간이과세자의 과세기간과 신고납부기한

사업자별	과세기간	신고·납부기한
계속사업자	1월 1일~12월 31일	다음해 1월 25일
신규사업자	사업개시일(시작 전 등록의 경우 등록일)~12월 31일	다음해 1월 25일
폐업자	과세기간개시일~폐업일	폐업일로부터 25일

(3) 신고·납부방법

간이과세자는 부가가치세액을 납부할 때에는 해당 예정부과기간 또는 과세기간의 납부세액에서 가산세를 더하고, 다음의 세액을 차감한 금액을 간이과세자부가가치세 신고서와 함께 관할 세무서장에게 납부하거나 「국세징수법」에 따른 납부서를 작성하여 한국은행 또는 체신관서에 납부해야 한다(부령 114 ④).

① 세금계산서 등 수취 매입세액공제
② 신용카드매출전표 등 발급세액공제
③ 전자세금계산서 발급세액공제
④ 수시부과한 세액

(4) 신고시 제출서류

간이과세자는 매출·매입처별 세금계산서합계표를 제출하여야 한다(부법 67 ③).

간이과세자 부가가치세 [　]예정신고서 [　]신고서 [　]기한후과세표준신고서

(4쪽 중 1쪽)

관리번호									처리기간		즉시

	신고기간		년 (　월　일 ~ 　월　일)								

사 업 자	상　호		성명(대표자명)			사업자등록번호					
	생년월일			전화번호		사업장		주소지		휴대전화
	사업장 소재지					전자우편주소				

① 신고내용

구　분				금 액	부가가치율	세율	세 액
과세 표준 및 매출 세액	21.6.30. 이전 과세분	전기·가스·증기 및 수도사업	(1)		5/100	10/100	
		소매업, 재생용 재료수집 및 판매업, 음식점업	(2)		10/100	10/100	
		제조업, 농·임·어업, 숙박업, 운수 및 통신업	(3)		20/100	10/100	
		건설업, 부동산임대업, 그 밖의 서비스업	(4)		30/100	10/100	
	21.7.1. 이후 과세분	소매업, 재생용 재료수집 및 판매업, 음식점업	(5)		15/100	10/100	
		제조업, 농·임·어업, 소화물 전문 운송업	(6)		20/100	10/100	
		숙박업	(7)		25/100	10/100	
		건설업, 운수 및 창고업(소화물 전문 운송업 제외), 정보통신업, 그 밖의 서비스업	(8)		30/100	10/100	
		금융 및 보험 관련 서비스업, 전문·과학 및 기술서비스업(인물사진 및 행사용 영상 촬영업 제외), 사업시설관리·사업지원 및 임대서비스업, 부동산 관련 서비스업, 부동산임대업	(9)		40/100	10/100	
	영 세 율 적 용 분	세금계산서 발급분	(10)			0/100	
		기타	(11)			0/100	
	재고 납부세액		(12)				
	합계		(13)			㉮	
공 제 세 액	매입세금계산서등 수취세액공제	21.6.30. 이전 공급받은 분	(14)			2쪽 참조	
		21.7.1. 이후 공급받은 분	(15)				
	의 제 매 입 세 액 공 제		(16)				
	매입자발행 세금계산서 세액공제	21.6.30. 이전 공급받은 분	(17)				
		21.7.1. 이후 공급받은 분	(18)				
	전 자 신 고 세 액 공 제		(19)				
	전자세금계산서 발급세액 공제		(20)				
	신용카드매출전표등 발행세액공제	21.6.30. 이전 공급한 분	(21)				
		21.7.1. 이후 공급한 분	(22)				
	기타		(23)				
	합계		(24)			㉯	
매입자 납부특례 기납부세액			(25)			㉰	
예정 부과(신고) 세액			(26)			㉱	
가산세액계			(27)			㉲	
차감 납부할 세액(환급받을 세액) (㉮-㉯-㉰-㉱+㉲)			(28)				

② 과세표준 명세

	업　태	종　목	업 종 코 드	금 액
(29)				
(30)				
(31)	기타(수입금액 제외분)			
(32)	합　계			

③ 면세수입금액

	업　태	종　목	업 종 코 드	금 액
(33)				
(34)				
(35)	수입금액 제외분			
(36)	합　계			

④ 국세환급금계좌신고	거래은행	은행	지점	계좌번호	
⑤ 폐 업 신 고	폐업연월일	. .		폐업사유	

⑥ 영 세 율 상 호 주 의	여[　] 부[　]	적용구분		업종		해당 국가	

「부가가치세법 시행령」 제114조 제3항 및 「국세기본법」 제45조의3에 따라 위의 내용을 신고하며, 위 내용을 충분히 검토하였고 신고인이 알고 있는 사실 그대로를 정확하게 작성하였음을 확인합니다.

년　　월　　일

신고인 :　　　　　　　　(서명 또는 인)

세무대리인은 조세전문자격자로서 위 신고서를 성실하고 공정하게 작성하였음을 확인합니다.

세무대리인 :　　　　　　　(서명 또는 인)

세무서장　귀하

세무대리인	성　명		사업자등록번호		전화번호	

210mm×297mm[백상지(80g/㎡) 또는 중질지(80g/㎡)]

첨부서류	1. 매입처별 세금계산서합계표 2. 매출처별 세금계산서합계표(세금계산서를 발급한 자만 제출합니다) 3. 매입자발행 세금계산서합계표 4. 영세율 첨부서류(영세율 적용을 받는 자만 제출합니다) 5. 부동산임대공급가액명세서(부동산임대업자만 제출합니다) 6. 사업장현황명세서(음식, 숙박 및 그 밖의 서비스업자가 확정신고를 하는 경우만 제출합니다) 7. 의제매입세액 공제신고서 8. 그 밖에 「부가가치세법 시행규칙」 제74조 제2항에 따른 해당 서류	수수료 없음

작 성 방 법

이 신고서는 한글과 아라비아 숫자로 작성하며, 금액은 원 단위까지 표시합니다.

▨ 란은 사업자가 적지 않습니다.

① 신고내용란

(1) ~ (4) : 해당 업종의 금액란에는 2021년 6월 30일 이전 매출액(과세분으로 공급한 재화 또는 용역의 공급대가)을 적습니다.

(5) ~ (9) : 해당 업종의 금액란에는 4쪽 중 3쪽 (41),(46),(51),(56),(61)합계란의 금액을 적습니다. 세액란에는 (금액×해당 업종의 부가가치율×10/100)에 따라 계산된 세액을 적습니다.

(10)·(11) : 해당 신고대상기간에 영세율이 적용되는 사업실적 중 세금계산서 발급분은 (10)란에, 세금계산서 발급의무가 없는 부분은 (11)란에 적습니다.

(12) : 일반과세자에서 간이과세자로 변경된 사업자가 변경된 날 현재의 재고품 및 감가상각자산에 대한 재고납부세액을 납부하는 경우에 적습니다.

(14) : 일반과세자로부터 받은 세금계산서 또는 신용카드매출전표 등에 적은 매입세액을 공제받는 경우에 적으며, 금액란에는 해당 매입세금계산서 또는 신용카드매출전표 등에 적은 부가가치세 합계액을, 세액란에는 (금액× 해당 업종의 부가가치율)에 따라 계산된 세액을 적습니다.

(15) : 사업자로부터 세금계산서 또는 신용카드매출전표 등을 발급받아 납부세액에서 공제받는 경우에 적으며, 금액란에는 해당 매입세금계산서 또는 신용카드매출전표 등에 적은 공급대가 합계액을, 세액란에는 (금액× 0.5퍼센트)에 따라 계산된 세액을 적습니다.

(16) : 음식점업, 제조업 사업자가 2021년 6월 30일 이전에 공급받아 음식점업, 제조업에 사용된 면세농산물등에 대한 의제매입세액을 공제받는 경우에 적고, 금액란에는 의제매입세액 공제신고서의 면세농산물등의 매입가액을, 세액란에는 [음식점업 사업자 중 과세유흥장소 사업자는 면세농산물등의 가액 × 2/102, 과세유흥장소 외 음식점업 사업자는 면세농산물등의 가액 × 8/108(과세표준 4억원 이하인 경우 9/109), 제조업 사업자는 면세농산물등의 가액 × 6/106]에 따라 계산한 금액을 적습니다.

(17) : 매입자가 관할 세무서장으로부터 거래사실확인 통지를 받고 발행한 매입자발행 세금계산서에 적은 매입세액을 공제받는 경우에 적으며, 금액란에는 해당 매입세금계산서 또는 신용카드매출전표 등에 적은 부가가치세 합계액을, 세액란에는 (금액× 해당 업종의 부가가치율)에 따라 계산된 세액을 적습니다.

(18) : 매입자가 관할 세무서장으로부터 거래사실확인 통지를 받고 발행한 매입자발행 세금계산서에 적은 매입세액을 공제받는 경우에 적으며, 금액란에는 해당 매입세금계산서 또는 신용카드매출전표 등에 적은 공급대가 합계액을, 세액란에는 (금액× 0.5퍼센트)에 따라 계산된 세액을 적습니다.

(19) : 「조세특례제한법」 제104조의8제2항에 따른 전자신고 세액공제 금액(10,000원)을 적되, 공제세액이 (13)란의 세액에서 (14)란부터 (18)란까지의 세액을 뺀 후의 세액을 초과할 때에는 그 초과하는 세액은 공제되지 않습니다.

(20) : 2023년 7월 1일 이후 공급한 재화 또는 용역에 대하여 전자세금계산서를 발급하고 발급명세를 국세청에 전송한 경우 발급 건수당 200원을 곱하여 계산한 금액(연간 100만원 한도)을 적습니다.

(21) : 2021년 6월 30일 이전에 신용카드 등이나 전자화폐에 의한 매출액이 있는 사업자가 적으며, 금액란에는 신용카드 등 및 전자화폐에 의한 매출액을, 세액란에는 (신용카드 등이나 전자화폐 매출액 × 13/1,000, 음식점업 또는 숙박업은 26/1,000)에 따라 계산한 금액을 적습니다.

(22) : 2021년 7월 1일 이후에 신용카드 등이나 전자화폐에 의한 매출액이 있는 사업자가 적으며, 금액란에는 신용카드 등 및 전자화폐에 의한 매출액을, 세액란에는 (신용카드 등이나 전자화폐 매출액 × 10/1,000, 2023년 12월 31일까지는 13/1,000)에 따라 계산한 금액을 적습니다.

  ※ (21)의 세액과 (22)의 세액을 더한 금액은 연간 500만원을 한도로 하되, 2023년 12월 31일까지는 1,000만원을 한도로 적습니다.

(24) : 세액의 합계액은 (13)란을 한도로 하여 공제합니다.

(25) : 「조세특례제한법 시행령」 제106조의9제5항 및 제106조의13제4항에 따른 부가가치세 관리기관이 국고에 직접 입금한 부가가치세액을 세액란에 적습니다.

(26) : 해당 과세기간 중에 예정부과(신고)된 세액이 있는 경우 그 예정부과(신고)세액을 적습니다.

(27) : 신고한 내용에 가산세가 적용되는 경우가 있는 사업자만 적으며, 4쪽 중 3쪽 (77)합계란의 세액을 적습니다.

② 과세표준 명세란

(29)·(30) : (13)의 과세표준 합계액을 업태, 종목별로 구분하여 적습니다.

(31) : 부가가치세는 과세되나 소득세 과세 시 수입금액에서 제외되는 금액(고정자산매각, 직매장공급 등)을 적고, (32)란의 합계액이 (13)란의 금액과 일치해야 합니다.

③ 면세수입금액란

(33)·(34) : 부가가치세가 면세되는 매출액이 있는 경우 업태, 종목별로 구분하여 적습니다.

(35) : 면세수입금액 중 종합소득세 과세 시 수입금액에서 제외되는 금액(고정자산매각 등)을 적습니다.

④ 국세환급금계좌신고란

국세환급금을 송금받으려는 거래은행과 계좌번호를 적습니다.

⑤ 폐업신고란

폐업을 하고 확정신고하는 사업자만 적습니다.

⑥ 영세율 상호주의란

「부가가치세법」 제25조 또는 같은 법 시행령 제33조 제2항 제1호 단서 및 제2호에 따라 영세율에 대한 상호주의가 적용되어 (10)·(11)란에 영세율 과세표준 금액이 존재하는 사업자가 적습니다. 적용 구분란에는 부가가치세법령상 근거조항(예 : 법 제21조, 법 제22조, 법 제23조, 법 제24조 제1항 제1호, 법 제24조 제1항 제2호, 영 제33조 제2항 제1호 단서, 영 제33조 제2항 제2호)을 적고, 업종란에는 부가가치세 영세율이 적용된 재화·용역 또는 그 업종을 적습니다.

210mm×297mm[백상지(80g/㎡) 또는 중질지(80g/㎡)]

※ 이 쪽은 해당 사항이 있는 사업자만 사용합니다.
※ 아래의 작성방법을 읽고 작성하시기 바랍니다.

사업자등록번호 ☐☐☐ - ☐☐ - ☐☐☐☐☐ *사업자등록번호는 반드시 적으시기 바랍니다.

구분				금액(공급대가)
(5) 소매업, 재생용 재료수집 및 판매업, 음식점업	세금계산서 발급분	(37)		
	매입자발행 세금계산서	(38)		
	신용카드·현금영수증 발행분	(39)		
	기타(정규영수증 외 매출분)	(40)		
	합계	(41)		
(6) 제조업, 농·임·어업, 소화물 전문 운송업	세금계산서 발급분	(42)		
	매입자발행 세금계산서	(43)		
	신용카드·현금영수증 발행분	(44)		
	기타(정규영수증 외 매출분)	(45)		
	합계	(46)		
(7) 숙박업	세금계산서 발급분	(47)		
	매입자발행 세금계산서	(48)		
	신용카드·현금영수증 발행분	(49)		
	기타(정규영수증 외 매출분)	(50)		
	합계	(51)		
(8) 건설업, 운수 및 창고업(소화물 전문 운송업 제외), 정보통신업, 그 밖의 서비스업	세금계산서 발급분	(52)		
	매입자발행 세금계산서	(53)		
	신용카드·현금영수증 발행분	(54)		
	기타(정규영수증 외 매출분)	(55)		
	합계	(56)		
(9) 금융 및 보험 관련 서비스업, 전문·과학 및 기술서비스업(인물사진 및 행사용 영상 촬영업 제외), 사업시설관리·사업지원 및 임대서비스업, 부동산 관련 서비스업, 부동산임대업	세금계산서 발급분	(57)		
	매입자발행 세금계산서	(58)		
	신용카드·현금영수증 발행분	(59)		
	기타(정규영수증 외 매출분)	(60)		
	합계	(61)		

(좌측 병합 셀: (5)~(9) 21.7.1. 이후 과세분 명세)

구분			금액	세율	세액
사업자 미등록 등		(62)		5 / 1,000	
세금계산서	지연발급 등	(63)		1 / 100	
	미발급 등	(64)		4쪽 참조	
	미수취	(65)		5 / 1,000	
세금계산서 합계표	제출 불성실	(66)		5 / 1,000	
	지연제출	(67)		3 / 1,000	
신고 불성실	무신고(일반)	(68)		4쪽 참조	
	무신고(부당)	(69)		4쪽 참조	
	과소신고(일반)	(70)		4쪽 참조	
	과소신고(부당)	(71)		4쪽 참조	
납부지연		(72)		4쪽 참조	
결정·경정기관 확인 매입세액 공제		(73)		5 / 1,000	
영세율 과세표준신고 불성실		(74)		5 / 1,000	
매입자 납부특례	거래계좌 미사용	(75)		4쪽 참조	
	거래계좌 지연입금	(76)		4쪽 참조	
합계		(77)			

(좌측 병합 셀: (27) 가산세액 명세)

210mm×297mm[백상지(80g/㎡) 또는 중질지(80g/㎡)]

작 성 방 법

(37) ~ (61) : 해당 신고대상기간에 부가가치세가 과세되는 사업실적 중 세금계산서 발급분은 (37),(42),(47),(52),(57)란에, 매입자
로부터 받은 매입자발행 세금계산서의 발급분은 (38),(43),(48),(53),(58)란에, 신용카드매출전표등 발행분과 전자화폐수취분
은 (39),(44),(49),(54),(59)란에, 세금계산서 발급의무가 없는 부분 등 그 밖의 매출은 (40),(45),(50),(55),(60)란에 적습니다.
  ※ 이 때 금액은 공급대가를 적습니다.

(62) ~ (77) : 아래의 각 가산세 부과 사유를 참고해서 해당 란에 적습니다.

	가산세 부과 사유	가산세 적용대상 금액	가산세율
(62)	사업자등록을 하지 않은 경우	미등록 신고기간 동안의 공급대가(매출액)	5/1,000*
	사업자등록을 타인 명의로 한 경우 또는 타인 명의의 사업자 등록을 이용한 경우	공급대가(매출액)	5/1,000
(63) :	세금계산서 발급시기를 경과하여 발급하거나 세금계산서의 필요적 기재사항의 전부 또는 일부가 착오 또는 과실로 적혀 있지 않거나 사실과 다른 경우	공급가액	1/100
(64)	세금계산서를 발급하지 않은 경우	공급가액	2/100
	재화 또는 용역의 공급 없이 세금계산서 등을 발급한 경우	세금계산서 등에 적힌 금액	3/100
	실제로 재화 또는 용역을 공급하는 자가 아닌 자의 명의로 세금계산서 등을 발급하거나 재화 또는 용역의 공급가액을 과다하게 기재하여 세금계산서 등을 발급한 경우	공급가액	2/100
(65) :	세금계산서를 발급하여야 하는 사업자로부터 재화 또는 용역을 공급받고 세금계산서를 발급받지 아니한 경우	공급대가	5/1,000
(66) :	매출처별 세금계산서합계표를 제출하지 아니한 경우, 거래처별 등록번호 또는 공급가액의 전부 또는 일부가 적혀 있지 않거나 사실과 다르게 적혀 있는 경우	제출하지 아니한 부분에 대한 공급가액 기재사항이 적혀 있지 않거나 사실과 다르게 적혀 있는 부분에 대한 공급가액	5/1,000
(67) :	매출처별 세금계산서합계표를 법 제66조 제6항 단서에 따라 신고를 할 때 제출하지 못하여 해당 예정부과기간이 속하는 과세기간에 확정신고를 할 때 제출하는 경우	공급가액	3/1,000
(68)·(69) :	법정기한까지 신고하지 않은 경우	무신고 납부세액	20/100부당 40/100
(70)·(71) :	법정기한까지 과소신고한 경우	과소신고 납부세액	10/100부당 40/100
(72) :	법정기한까지 납부세액을 납부하지 않은(과소납부한) 경우	미납부(과소납부)한 납부세액	지연일수 1일당 22/100,000
(73) :	결정·경정기관의 확인을 거쳐 매입세액 공제받는 경우	공급가액	5/1,000
(74) :	영세율 적용분을 신고하지 않은(과소신고한) 경우	무신고(과소신고)한 공급대가(매출액)	5/1,000
(75) :	「조세특례제한법」 제106조의4제7항 및 제106조의9제6항에 따라 금거래계좌, 스크랩등거래계좌를 사용하지 않고 결제받은 경우	제품가액	10/100
(76) :	「조세특례제한법」 제106조의4제8항 및 제106조의9제7항에 따라 입금기한 내에 금거래계좌, 스크랩등거래계좌에 입금하지 않은 경우	지연 입금한 부가가치세액	지연일수 1일당 22/100,000

* 납부의무면제자의 경우 5/1,000와 5만원 중 큰 금액

210mm×297mm[백상지(80g/㎡) 또는 중질지(80g/㎡)]

■ 부가가치세법 시행규칙 [별지 제46호서식] <개정 2024. 3. 22.>　　홈택스(www.hometax.go.kr)에서도 신청할 수 있습니다.

(2쪽 중 제1쪽)

<부동산임대업종 외 사업자용>

보내는 사람

○○세무서장

○○시 ○○구 ○○동 ○○○번지

⊕ ○○○-○○○

요금후납

부가가치세 신고서 재중

받는 사람

님 귀하

⊕ ○○○-○○○

※ 이 신고서는 간이과세사업자(부동산임대업자 제외)를 위한 간편 신고서입니다.

⇒ 2개 이상 업종의 사업을 하는 경우, 영세율·재고납부세액·가산세·신용카드매출전표에 의한 매입세액에 대한 신고사항이 있는 경우 또는 해당 신고기간에 세금계산서를 발급한 경우에는 정식 신고서(「부가가치세법 시행규칙」 별지 제44호서식)를 작성해야 하고, 정식 신고서는 국세청 인터넷 홈페이지(www.nts.go.kr)에서 내려받을 수 있습니다.

간이과세자 부가가치세 간편 신고서(부동산임대업종 외 사업자용)

관리번호		처리기간	즉시

신고기간　　년 (　월　일 ~ 　월　일)

사업자	상호		성명(대표자명)		사업자등록번호			
	주민등록번호		전자우편주소		전화	사업장	주소지	휴대전화
	사업장 소재지				번호			

신 고 내 용

구　　분			금　　액		부가가치율		세　율	세　액
매출	21.6.30. 이전 공급한 분	(1)		×		×	10/100	㉮
	21.7.1. 이후 공급한 분	(2)		×		×	10/100	㉯
공제세액	매입세금계산서상 세액 합계	21.6.30. 이전 공급받은 분 (3)		×				㉰
		21.7.1. 이후 공급받은 분 (4)		×				㉱
	신용카드매출금액 합계	21.6.30. 이전 공급한 분 (5)		×				㉲
		21.7.1. 이후 공급한 분 (6)		×				㉳
	의제매입세액 공제(면세농산물등 구입금액)	(7)		×				㉴
납부할 세액(㉮+㉯-㉰-㉱-㉲-㉳-㉴)							(8)	
예정고지세액							(9)	
차감납부할 세액{(8)-(9)}							(10)	

(3): 일반과세자로부터 받은 세금계산서에 적은 매입세액을 공제받는 경우에 적으며, 금액란에는 해당 매입세금계산서에 적은 부가가치세 합계액을, 세액란에는 (금액 × 해당 업종의 부가가치율)에 따라 계산된 세액을 적습니다.

(4): 사업자로부터 세금계산서 또는 신용카드매출전표 등을 발급받아 납부세액에서 공제받는 경우에 적으며, 금액란에는 해당 매입세금계산서에 적은 공급대가 합계액을, 세액란에는 (금액 × 0.5퍼센트)에 따라 계산된 세액을 적습니다.

(5): 2021년 6월 30일 이전에 신용카드 등이나 전자화폐에 의한 매출액이 있는 사업자가 적으며, 금액란에는 신용카드 등 및 전자화폐에 의한 매출액을, 세액란에는 (신용카드 등이나 전자화폐 매출액 × 13/1,000, 음식점업 또는 숙박업은 26/1,000)에 따라 계산한 금액을 적습니다.

(6): 2021년 7월 1일 이후에 신용카드 등이나 전자화폐에 의한 매출액이 있는 사업자가 적으며, 금액란에는 신용카드 등 및 전자화폐에 의한 매출액을, 세액란에는 (신용카드 등이나 전자화폐 매출액 × 10/1,000, 2026년 12월 31일까지는 13/1,000)에 따라 계산한 금액을 적습니다.

※ (5)와 (6)의 세액을 더한 금액은 연간 500만원을 한도로 하되, 2026년 12월 31일까지는 1,000만원을 한도로 적습니다.

(7): 음식점업, 제조업 사업자가 2021년 6월 30일 이전에 공급받아 음식점업, 제조업에 사용된 면세농산물등에 대한 의제매입세액을 공제받는 경우에 적고, 의제매입세액 공제율은 음식점업 중 과세유흥장소는 2/102, 과세유흥장소 외 음식점업은 8/108(과세표준 4억원 이하)은 9/109), 제조업은 6/106을 적용합니다.

면 세 수 입 금 액

	업　태	종　목	업종코드	금　액
(11)				
(12)				

「부가가치세법 시행령」 제114조제3항 및 「국세기본법」 제45조의3에 따라 위의 내용을 신고하며, 위 내용을 충분히 검토하였고 신고인이 알고 있는 사실 그대로를 정확하게 적었음을 확인합니다.

년　　월　　일

신고인

(서명 또는 인)

세무서장　귀하

210mm×297mm[백상지(80g/㎡) 또는 중질지(80g/㎡)]

매입처별 세금계산서합계표

매입세금계산서 총 합계

구분	매입처수	매수	공급가액				세 액			비고
			십억	백만	천	일	백만	천	일	
총합계										
과세기간 종료일 다음 달 11일까지 전송된 전자세금계산서를 발급받은 분										
위 전자세금계산서 외의 세금계산서를 발급받은 분										

과세기간 종료일 다음 달 11일까지 전송된 전자세금계산서 외의 세금계산서를 발급받은 분 명세

번호	거래처(상대방)		매수	공급가액				세 액			비고
	사업자등록번호	상호(법인명)		십억	백만	천	일	백만	천	일	
1											
2											
3											
4											
5											
6											
7											
8											
9											
10											

※ 첨부서류: 의제매입세액 공제신고서(의제매입세액 공제를 받으려는 음식점업자의 경우에만 첨부합니다)

210mm×297mm[백상지(80g/㎡) 또는 중질지(80g/㎡)]

<회송용>

보내는 사람

○○시 ○○구 ○○동 ○○○번지

○○○

㊻○○○-○○○

부가가치세 신고서 재중

우표

받는 사람

○○시 ○○구 ○○동 ○○○번지

○○ 세무서장

㊻○○○-○○○

나. 예정부과와 납부

(1) 내 용

사업장 관할세무서장은 간이과세자에 대하여 직전 과세기간에 대한 납부세액(납부세액에서 공제하거나 경감한 세액 및 수시부과한 세액이 있는 경우에는 그 세액을 뺀 금액으로 하고, 결정 또는 경정과 수정신고 및 경정청구에 따른 결정이 있는 경우에는 그 내용이 반영된 금액으로 함)의 50%에 해당하는 금액(직전 과세기간이 일반과세자가 간이과세자로 변경되는 경우에 해당하면 직전 과세기간에 대한 납부세액의 전액을 말하며, 1천원 미만의 금액은 버림)을 예정부과기간인 1월 1일부터 6월 30일까지의 납부세액으로 결정하여 하여 예정부과기간이 끝난 후 25일 이내(예정부과기한)까지 징수한다. 다만, 다음 중 어느 하나에 해당하는 경우에는 징수하지 아니한다(부법 66 ①).

① 징수하여야 할 금액이 50만원 미만인 경우
② 간이과세자에서 해당 과세기간 개시일 현재 일반과세자로 변경된 경우
③ 「국세징수법」 제13조 제1항 각 호의 어느 하나에 해당하는 사유로 관할 세무서장이 징수하여야 할 금액을 간이과세자가 납부할 수 없다고 인정되는 경우

한편 예정부과기간에 세금계산서를 발급한 간이과세자는 예정부과기간의 과세표준과 납부세액을 예정부과기한까지 사업장 관할 세무서장에게 신고하여야 한다(부법 66 ③).

(2) 예정부과신고 · 납부

① 위 '(1)'에도 불구하고 휴업 또는 사업부진 등으로 인하여 예정부과기간의 공급가액 또는 납부세액이 직전예정부과기간의 공급가액 또는 예정부과 납부세액의 3분의 1에 미달하는 간이과세자는 예정부과기간의 과세표준과 납부세액을 예정부과기한까지 사업장 관할 세무서장에게 신고할 수 있다. 이 경우 위 '(1)'에 따른 결정이 있는 경우에 간이과세자가 신고를 한 경우에는 그 결정이 없었던 것으로 본다(부법 66 ② · ④).
② 예정부과기간에 신고하는 간이과세자는 예정부과기간의 납부세액을 사업장 관할 세무서장에게 납부하여야 한다(부법 66 ⑤).
③ 예정부과기간에 신고하는 간이과세자는 매출 · 매입처별 세금계산서합계표를 제출하여야 한다. 다만, 매출 · 매입처별 세금계산서합계표를 제출하지 못하는 경우에는 정규 신고를 할 때 이를 제출할 수 있다(부법 66 ⑥).

다. 납부의무의 면제

(1) 내 용

간이과세자의 해당 과세기간에 대한 공급대가가 4,800만원 미만인 경우에는 해당 세액의

납부의무를 면제한다(부법 69 ①). 다만, 일반과세자가 간이과세자로 변경되는 경우에 변경 당시의 재고품, 건설 중인 자산 및 감가상각자산에 대한 재고매입세액으로 납부세액에 가산하여야 할 세액은 면제하지 아니하다.

이때 다음의 경우에는 공급대가의 합계액을 12개월로 환산한 금액을 기준으로 한다. 이 경우 1개월 미만의 끝수가 있으면 1개월로 한다.

① 해당 과세기간에 신규로 사업을 시작한 간이과세자는 그 사업 개시일부터 그 과세기간 종료일까지의 공급대가의 합계액

② 휴업자·폐업자 및 과세기간 중 과세유형을 전환한 간이과세자는 그 과세기간 개시일부터 휴업일·폐업일 및 과세유형 전환일까지의 공급대가의 합계액

③ 직전 연도 공급대가가 1억4백만원 미만이 되어 과세유형 변경에 따른 과세기간의 적용을 받는 간이과세자는 해당 과세기간의 공급대가의 합계액

(2) 가산세 적용배제

납부의무를 면제하는 때에는 미등록·타인명의 등록 가산세의 규정을 적용하지 아니한다. 다만, 기한 내에 사업자등록을 하지 아니한 경우(고정된 물적 시설을 갖추지 않고 공부 (公簿)에 등록된 사업장 소재지가 없는 경우는 제외한다) 미등록가산세는 0.5%에 해당하는 금액과 5만원 중 큰 금액을 부과한다(부법 69 ②).

2. 결정·경정과 징수

가. 결정·경정

① 간이과세자에 대한 과세표준과 납부세액은 일반과세자의 규정을 준용하여 결정 또는 경정할 수 있다(부법 68 ①).

② 결정 또는 경정한 공급대가가 1억4백만원 이상인 개인사업자는 그 결정 또는 경정한 날이 속하는 과세기간까지 간이과세자로 본다(부법 61 ⑥).

③ 결정 또는 경정하거나 「국세기본법」에 따라 수정신고한 간이과세자의 해당 연도의 공급대가의 합계액이 1억4백만원 이상인 경우결정·경정 과세기간의 다음 다음 과세기간의 납부세액은 일반과세자의 규정을 준용하여 계산한 금액으로 한다. 이 경우 공급가액은 공급대가에 110분의 100을 곱한 금액으로 하고, 매입세액을 계산할 때에는 세금계산서등을 받은 부분에 대하여 공제받은 세액은 매입세액으로 공제하지 아니한다(부법 63 ⑥, 부령 74의3 ⑧).

나. 징 수

간이과세자에 대한 부가가치세의 징수에 관하여는 일반과세자의 징수규정을 준용한다
(부법 68 ④).

3. 가산세

간이과세자에 대한 가산세는 부가가치세법상의 미등록가산세·타인명의 등록가산세와
국세기본법상의 무신고가산세, 과소신고·초과환급신고가산세, 납부불성실·환급불성실
가산세를 적용한다. 다만, 미등록가산세, 타인명의 등록가산세를 부과함에 있어서는 공급가
액을 공급대가로 하고, 1%는 0.5%로, 2%는 1%로 하여 가산세를 계산한다(부법 68의2, 부령
114 ④).

부가가치세법 강의

부 록

1. 면세하는 미가공식료품 분류표
2. 면세하지 아니하는 수입 미가공식료품
   분류표
3. 면세하는 품목의 분류표

1. 면세하는 미가공식료품 분류표

[별표 1] <개정 2023. 12. 27.>

면세하는 미가공식료품 분류표(제24조 제1항 관련)

구분	관세율표 번호	품명
1. 곡류	1001	① 밀과 메슬린(meslin)
	1002	② 호밀
	1003	③ 보리
	1004	④ 귀리
	1005	⑤ 옥수수
	1006	⑥ 쌀(벼를 포함한다)
	1007	⑦ 수수
	1008	⑧ 메밀·밀리트(millet)·카나리시드(canary seed)와 그 밖의 곡물
	1101	⑨ 밀가루나 메슬린(meslin) 가루
	1102	⑩ 곡물가루[밀가루나 메슬린(meslin) 가루는 제외한다]
	1103	⑪ 곡물의 부순 알곡, 거친 가루, 펠릿(pellet)
	1104	⑫ 그 밖의 가공한 곡물[예: 껍질을 벗긴 것, 압착한 것, 플레이크(flake) 모양인 것, 진주 모양인 것, 얇은 조각으로 만든 것, 거칠게 빻은 것(관세율표 제1006호의 쌀은 제외한다)], 곡물의 씨눈으로서 원래 모양인 것, 압착한 것, 플레이크(flake) 모양인 것, 잘게 부순 것
	1106	⑬ 관세율표 제1106호에 해당하는 물품 중 건조한 채두류(菜豆類)(관세율표 제0713호의 것)의 거친 가루, 가루
2. 서류	0714	① 매니옥(manioc)·칡뿌리·살렙(salep)·돼지감자(Jerusalem artichoke)·고구마와 그 밖에 이와 유사한 전분이나 이눌린(inulin)을 다량 함유한 뿌리·괴경(塊莖)[자른 것인지 또는 펠릿(pellet) 모양인지에 상관없으며 신선한 것, 냉장·냉동한 것, 건조한 것으로 한정한다], 사고야자(sago)의 심(pith)
	1106	② 관세율표 제1106호에 해당하는 물품 중 사고(sago)·뿌리나 괴경(塊莖)(관세율표 제0714호의 것)의 고운 가루 및 거친 가루
	0701	③ 감자(신선한 것이나 냉장한 것으로 한정한다)
	1105	④ 감자의 고운 가루, 거친 가루, 가루, 플레이크(flake), 알갱이, 펠릿(pellet)
3. 특용작물류	0901	① 관세율표 제0901호에 해당하는 물품 중 커피(원래 모양이나 분쇄한 것으로서 볶은 것은 제외한다) 및 커피의 껍데기·껍질과 웨이스트(waste)
	0902	② 차류(소매용으로 포장한 것은 제외한다)
	0904	③ 후추[파이퍼(Piper)속의 것으로 한정한다], 건조하거나 부수거나 잘게 부순 고추류[캡시컴(Capsicum)속]의 열매나 피멘타(Pimenta)속의 열매
	1201	④ 대두(부수었는지에 상관없다)

구분	관세율표 번호	품명
	1206	⑤ 땅콩(볶거나 그 밖의 조리를 한 것은 제외하며, 껍데기를 벗겼는지, 부수었는지에 상관없다) ⑥ 해바라기씨(부수었는지에 상관없다)
	1207	⑦ 그 밖의 채유(採油)에 적합한 종자와 과실[팜너트(palm nut)와 핵(核), 목화씨, 피마자, 잇꽃 종자, 양귀비씨는 제외하며, 부수었는지는 상관없다]
	1208	⑧ 채유(採油)에 적합한 종자와 과실의 고운 가루 및 거친 가루(겨자의 고운 가루 및 거친 가루는 제외한다)
	1212	⑨ 관세율표번호 제1212호에 해당하는 물품 중 사탕무와 사탕수수(신선한 것·냉장이나 냉동한 것·건조한 것으로서 잘게 부수었는지에 상관없다)
	1211	⑩ 관세율표 제1211호에 해당하는 물품 중 인삼류
	1801	⑪ 코코아두(원래 모양이나 부순 것으로 한정한다)
	1802	⑫ 코코아의 껍데기와 껍질, 그 밖의 코코아 웨이스트(waste)
	2401	⑬ 잎담배와 담배 부산물
	0910	⑭ 관세율표 제0910호에 해당하는 물품 중 생강
4. 과실류	0801	① 코코넛·브라질너트·캐슈너트(cashew nut)(신선한 것이나 건조한 것으로 한정하며, 껍데기나 껍질을 벗겼는지에 상관없다)
	0802	② 그 밖의 견과류(신선하거나 건조한 것으로 한정하며, 껍데기나 껍질을 벗겼는지에 상관없다)
	0803	③ 바나나[플랜틴(plantain)을 포함하며, 신선하거나 건조한 것으로 한정한다]
	0804	④ 대추야자·무화과·파인애플·아보카도(avocado)·구아바(guava)·망고(mango)·망고스틴(mangosteen)(신선하거나 건조한 것으로 한정한다)
	0805	⑤ 감귤류의 과실(신선하거나 건조한 것으로 한정한다)
	0806	⑥ 포도(신선한 것으로 한정한다)
	0807	⑦ 멜론(수박을 포함한다)과 포포(papaw)[파파야(papaya)](신선한 것으로 한정한다)
	0808	⑧ 사과·배·마르멜로(quince)(신선한 것으로 한정한다)
	0809	⑨ 살구·체리·복숭아[넥터린(nectarine)을 포함한다]·자두·슬로(sloe)(신선한 것으로 한정한다)
	0810	⑩ 그 밖의 과실(신선한 것으로 한정한다)
	0811	⑪ 냉동 과실과 냉동 견과류(물에 삶거나 찐 것과 설탕이나 그 밖의 감미료를 첨가한 것은 제외한다)
	0812	⑫ 일시적으로 보존하기 위하여 처리(예 : 이산화유황가스·염수·유황수나 그 밖의 저장용액으로 보존처리)한 과실과 견과류(그 상태로는 식용에 적합하지 않은 것으로 한정한다)
	0813	⑬ 건조한 과실(관세율표 제0801호부터 제0806호까지에 해당하는 것은 제외한다)과 관세율표 제8류의 견과류나 건조한 과실의 혼합물

구분	관세율표 번호	품명
5. 채소류	0702	① 토마토(신선한 것이나 냉장한 것으로 한정한다)
	0703	② 양파·쪽파·마늘·리크(leek)와 그 밖의 파속의 채소(신선한 것이나 냉장한 것으로 한정한다)
	0704	③ 양배추·꽃양배추·구경(球莖)양배추·케일(kale)과 그 밖에 이와 유사한 식용 배추속(신선한 것이나 냉장한 것으로 한정한다)
	0705	④ 상추[락투카 사티바(Lactuca sativa)]와 치커리(chicory)[시커리엄(Cichorium)종](신선한 것이나 냉장한 것으로 한정한다)
	0706	⑤ 당근, 순무, 샐러드용 사탕무뿌리, 선모(仙茅), 셀러리액(celeriac), 무와 그 밖에 이와 유사한 식용 뿌리(신선한 것이나 냉장한 것으로 한정한다)
	0707	⑥ 오이류(신선한 것이나 냉장한 것으로 한정한다)
	0708	⑦ 채두류(菜豆類)(꼬투리가 있는지에 상관없으며 신선한 것이나 냉장한 것으로 한정한다)
	0709	⑧ 그 밖의 채소(신선한 것이나 냉장한 것으로 한정한다)
	0710	⑨ 냉동채소(조리한 것은 제외한다)
	0711	⑩ 일시적으로 보존하기 위하여 처리(예 : 이산화유황가스·염수·유황수나 그 밖의 저장용액으로 보존처리)한 채소(그 상태로는 식용에 적합하지 않은 것으로 한정한다)
	0712	⑪ 건조한 채소(원래 모양인 것, 절단한 것, 얇게 썬 것, 부순 것, 가루 모양인 것으로 한정하며, 더 이상 조제한 것은 제외한다)
	0713	⑫ 건조한 채두류(菜豆類)(꼬투리가 없는 것으로서 껍질을 제거한 것인지 또는 쪼갠 것인지에 상관없다)
6. 수축류	0101	① 말(경주마, 승용마 및 번식용 말은 제외한다), 당나귀, 노새와 버새
	0102	② 소(물소를 포함한다)
	0103	③ 돼지
	0104	④ 면양과 산양
	0105	⑤ 가금(家禽)류(닭·오리·거위·칠면조 및 기니아새로 한정한다)
	0106	⑥ 그 밖의 살아 있는 동물(식용에 적합한 것으로 한정한다)
7. 수육류	0201	① 쇠고기(신선한 것이나 냉장한 것으로 한정한다)
	0202	② 쇠고기(냉동한 것으로 한정한다)
	0203	③ 돼지고기(신선한 것, 냉장하거나 냉동한 것으로 한정한다)
	0204	④ 면양과 산양의 고기(신선한 것, 냉장하거나 냉동한 것으로 한정한다)
	0205	⑤ 말·당나귀·노새·버새의 고기(신선한 것, 냉장하거나 냉동한 것으로 한정한다)
	0206	⑥ 소·돼지·면양·산양·말·당나귀·노새·버새의 식용 설육(屑肉)(신선한 것, 냉장하거나 냉동한 것으로 한정한다)
	0207	⑦ 관세율표 제0105호의 가금(家禽)류의 육과 식용 설육(屑肉)(신선한 것, 냉장하거나 냉동한 것으로 한정한다)
	0208	⑧ 그 밖의 육과 식용 설육(屑肉)(신선한 것, 냉장하거나 냉동한 것으로 한정한다)

구분	관세율표 번호	품명
	0209	⑨ 살코기가 없는 돼지 비계와 가금(家禽)의 비계(기름을 빼지 않은 것이나 그 밖의 방법으로 추출하지 않은 것으로서 신선한 것, 냉장하거나 냉동한 것, 염장하거나 염수장한 것, 건조하거나 훈제한 것으로 한정한다)
	0210	⑩ 육과 식용 설육(屑肉)(염장하거나 염수장한 것이나 건조하거나 훈제한 것으로 한정한다), 육이나 설육(屑肉)의 식용 고운 가루 및 거친 가루
	0504	⑪ 동물(어류는 제외한다)의 장·방광·위의 전체나 부분(식용에 적합한 것으로 한정한다)
	0511	⑫ 관세율표 제0511호에 해당하는 물품 중 건(腱)·근(筋)과 원피의 웨이스트(waste) 및 누에가루(식용에 적합한 것으로 한정한다)
	0506	⑬ 뼈와 혼코어(horn-core)[가공하지 않은 것, 탈지(脫脂)한 것, 단순히 정리한 것(특정한 형상으로 깎은 것은 제외한다), 산(酸)처리를 하거나 탈교한(degelatinised) 것], 이들의 가루와 웨이스트(waste)
8. 유란류	0401	① 밀크(관세율표 제0401호에 해당하는 물품 중 신선한 것으로 한정하며 농축·건조·가당 또는 발효된 것은 제외한다)
	0402	② 관세율표 제0402호에 해당하는 물품 중 농축유·연유와 분유
	0407	③ 새의 알(껍질이 붙은 것으로서 신선하거나 저장에 적합한 처리를 한 것으로 한정한다)
	0408	④ 새의 알(껍질이 붙지 않은 것)과 알의 노른자위(신선한 것, 건조한 것, 그 밖의 저장에 적합한 처리를 한 것으로 한정한다)
	1901	⑤ 관세율표 제1901호에 해당하는 물품 중 유아용 조제 분유로 한정한다.
	3502	⑥ 알의 흰자위(egg albumin)(신선한 것, 건조한 것, 그 밖의 저장에 적합한 처리를 한 것으로 한정한다)
9. 생선류	0301	① 활어(관상용은 제외한다)
	0302	② 신선하거나 냉장한 어류[관세율표 제0304호의 어류의 필레(fillet)와 그 밖의 어육은 제외한다]
	0303	③ 냉동어류[기름치 (Oilfish, 학명 Ruvettus pretiosus)와 관세율표 제0304호의 어류의 필레(fillet)와 기타 어육은 제외한다]
	0304	④ 어류의 필레(fillet)와 그 밖의 어육(잘게 썰었는지에 상관없으며 신선한 것, 냉장·냉동한 것으로 한정한다)
	0305	⑤ 건조한 어류, 염장이나 염수장한 어류, 훈제한 어류(훈제과정 중이나 훈제 전에 조리한 것인지에 상관없다)
	0306	⑥ 갑각류(껍데기가 붙어 있는 것인지에 상관없으며 살아 있는 것과 신선한 것, 냉장이나 냉동한 것, 건조한 것, 염장이나 염수장한 것으로 한정하며, 껍데기가 붙어 있는 상태로 물에 찌거나 삶아서 냉장이나 냉동한 것, 건조한 것, 염장이나 염수장한 것을 포함한다)
	0307	⑦ 연체동물(껍데기가 붙어 있는지에 상관없으며 살아 있는 것과 신선한 것, 냉장이나 냉동한 것, 건조한 것, 염장이나 염수장한 것을 포함한다)

구분	관세율표 번호	품명
	0308	⑧ 수생(水生) 무척추동물(갑각류와 연체동물은 제외하며, 살아 있는 것과 신선한 것, 냉장이나 냉동한 것, 건조한 것, 염장이나 염수장한 것을 포함한다)
	0309	⑨ 어류·연체동물 및 수생(水生) 무척추동물(갑각류는 제외한다)의 고운 가루 및 거친 가루와 펠릿(pellet)(식용에 적합한 것으로 한정한다)
	0511	⑩ 관세율표 제0511호에 해당하는 물품 중 어류의 웨이스트(waste)(식용에 적합한 것으로 한정한다)
10. 패류	0307	관세율표 제0307호에 해당하는 물품 중 조개·바지락·백합·홍합·전복과 그 밖의 패류(살아 있는 것과 신선한 것, 냉장이나 냉동한 것, 건조한 것, 염장이나 염수장한 것으로 한정한다)
11. 해조류	1212	관세율표 제1212호에 해당하는 물품 중 김·미역·톳·파래·다시마와 그 밖의 식용에 적합한 해조류(신선한 것과 냉장이나 냉동한 것, 건조한 것, 염장이나 염수장한 것으로 한정한다)
12. 그 밖에 식용으로 제공되는 농산물, 축산물, 수산물 또는 임산물과 단순가공 식료품	0409	① 천연꿀
	0410	② 따로 분류되지 않은 식용인 동물성 생산품
	1212	③ 관세율표 제1212호에 해당하는 물품 중 주로 식용에 적합한 과실의 핵(核)과 그 밖의 식물성 생산품으로서 따로 분류되지 아니한 것(산채류를 포함한다)
	2501	④ 관세율표 제2501호에 해당하는 물품 중 소금
		⑤ 데친 채소류·김치·단무지·장아찌·젓갈류·게장·두부·메주·간장·된장·고추장(제조시설을 갖추고 판매목적으로 독립된 거래단위로 관입·병입 또는 이와 유사한 형태로 포장하여 2026년 1월 1일부터 공급하는 것은 제외하되, 단순하게 운반편의를 위하여 일시적으로 관입·병입 등의 포장을 하는 경우를 포함한다)
	1209	⑥ 관세율표 제1209호에 해당하는 물품 중 채소 종자
		⑦ 쌀에 인산추출물·아미노산 등 식품첨가물을 첨가·코팅하거나 버섯균 등을 배양시킨 것으로서 쌀의 원형을 유지하고 있어야 하고(쌀을 분쇄한 후 식품첨가물을 혼합하여 다시 알곡모양을 낸 것은 제외한다), 쌀의 함량이 90퍼센트 이상인 것

2. 면세하지 아니하는 수입 미가공식료품 분류표

[별표 2]

면세하지 아니하는 수입 미가공식료품 분류표(제37조제1항 관련)

관세율표 번호	품목
0901	관세율표 제0901호에 해당하는 물품 중 커피 및 커피의 껍데기·껍질과 웨이스트 (waste)
1801	코코아두(원래 모양이나 부순 것으로서 볶은 것을 포함한다)
1802	코코아의 껍데기와 껍질과 코코아 웨이스트(waste)

[별표 2의2] <개정 2024. 3. 22.>

부가가치세가 면제되는 장애인용품 (제42조 관련)

1. 장애인을 위한 용도로 특수하게 제작되거나 제조된 다음 각 목의 물품과 그 수리용 부분품

가. 「장애인·노인등을 위한 보조기기 지원 및 활용촉진에 관한 법률 시행규칙」 제2조에 따른 보조기기
  로서 다음의 것
  (1) 음성 또는 점자 체온계, 체중계, 혈압계
  (2) 점자교육용 보조기기
  (3) 점자 읽기자료
  (4) 지각 훈련용 보조기기 중 청각 훈련용 보조기기
  (5) 음성 및 언어능력 훈련용 보조기기
  (6) 팔, 몸통, 다리 운동 장치 및 스포츠용 보조기기
  (7) 기립틀 및 기립을 위한 지지대
  (8) 팔 보조기, 다리 보조기, 척추 및 머리보조기
  (9) 팔의지(義肢), 다리의지(義肢)
  (10) 기타 의지[의이(義耳), 의비(義鼻), 안면보형물, 구개보형물, 가슴보형물로 한정한다]
  (11) 호흡용 보조기(산소통 없이 사용하는 것에 한정한다)
  (12) 대화 장치, 의사소통용 증폭기(휴대용인 것에 한정한다)
  (13) 헤드폰(텔레비전용, 전화용, 강연청취용에 한정한다)
  (14) 청각보조기기(청각보조기용 액세서리를 포함한다)
  (15) 시각 신호 표시기
  (16) 읽기 및 독서용 시력 보조기
  (17) 영상 확대 비디오 시스템
  (18) 확대용 돋보기 안경, 렌즈 및 렌즈시스템
  (19) 양팔 조작형 보행용 보조기
  (20) 수동휠체어, 전동휠체어
  (21) 시계 및 시간 측정 장치
  (22) 나침반, 타이머(시각장애인용으로 한정한다)
  (23) 문자판독기
  (24) 촉각막대기 또는 흰지팡이
  (25) 대소변 흡수용 보조기구
  (26) 욕창방지 방석 및 커버

(27) 욕창 예방용 등받이 및 패드

(28) 와상용 욕창 예방 보조기구

(29) 침대 및 침대장비(욕창방지용으로 한정한다)

(30) 목욕통, 목욕의자, 바퀴가 있거나 없는 샤워의자

(31) 소변 처리기기

(32) 안경 및 콘택트렌즈(선천성 시각장애를 가진 만 19세 미만 아동의 시력발달 위하여 공급하는 것으로 한정한다)

(33) 타자기 중 점자타자기

(34) 촉각 화면 표시기

(35) 특수 키보드(점자키보드에 한정한다)

(36) 프린터(점자프린터, 점자 또는 입체복사기, 점자라벨기, 점자제판기, 점자인쇄기를 포함한다)

(37) 사람을 제외한, 질량 측정용 보조기기 및 도구(음성저울 및 음성 전자계산기에 한정한다)

(38) 특수 출력 소프트웨어

(39) 음성 화면 표시기

나.「장애인복지법」제40조에 따른 장애인보조견

다.「의료기기법」제2조에 따른 의료기기로서 다음의 것

(1) 인공후두

(2) 인공달팽이관장치(연결사용하는 외부 장치 및 배터리를 포함한다)

(3) 인조인체부분(심장병 환자의 것, 연결사용하는 외부보조장치를 포함한다)

(4) 보청기[인공중이(中耳)를 포함한다]

라. 장애인용 특수차량(관세율표 번호 제8713호의 물품과 장애인을 수송하기 위하여 특수하게 제작·설계된 수송용의 자동차로 한정한다)

마.「식품위생법」제7조에 따른 식품 중 선천성 대사질환자용으로 사용할 특수의료용도등식품

(1) 선천성 대사질환자용 식품

2. 질병치료를 위한 용도로 특수하게 제작되거나 제조된 다음 각 목의 물품

가. 만성신부전증환자가 사용할 물품

(1) 인공신장기

(2) 인공신장기용 투석여과기 및 혈액운송관

(3) 인공신장기용 투석액을 제조하기 위한 원자재·부자재

(4) 인공신장기용 투석여과기를 재사용하기 위한 의료용 화학소독기 및 멸균액

(5) 복막투석액을 제조하기 위한 원자재·부자재

(6) 인공신장기용 혈액운송관을 제조하기 위한 원자재·부자재

나. 희귀난치성 질환자가 사용할 물품

(1) 세레자임 등 고쉐병환자가 사용할 치료제

(2) 로렌조오일 등 부신백질디스트로피환자가 사용할 치료제

(3) 근육이양증환자의 치료에 사용할 치료제

(4) 윌슨병환자의 치료에 사용할 치료제

(5) 후천성면역결핍증으로 인한 심신장애인이 사용할 치료제

(6) 혈우병으로 인한 심신장애인이 사용할 열처리된 혈액응고인자 농축제

(7) 장애인의 음식물섭취에 사용할 삼킴장애제거제
(8) 장기이식 후 면역억제제의 합병증으로 생긴 림프구증식증 환자의 치료에 사용할 치료제
(9) 니티시논 등 타이로신혈증환자가 사용할 치료제
(10) 발작성 야간 헤모글로빈뇨증, 비정형 용혈성 요독증후군, 전신 중증 근무력증 또는 시신경 척수염 범주질환 환자의 치료에 사용할 치료제
(11) 신경섬유종증 1형 환자의 치료에 사용할 치료제
(12) 아미팜프리딘 등 람베르트-이튼증후군 환자의 치료에 사용할 치료제

3. 장애인 교육용 물품(사회복지법인이 수입하는 경우만 해당한다)
   (1) 핸드벨 및 차임벨
   (2) 프뢰벨
   (3) 몬테소리교구
   (4) 디·엠·엘교구

3. 면세하는 품목(관세의 기본세율이 무세인 품목)의 분류표

[별표 3] <개정 2022. 3. 18.>

면세하는 품목(관세의 기본세율이 무세인 품목)의 분류표(제43조 관련)

구분	관세율표 번호	품명
1. 살아 있는 동물	0102 0103 0105	① 번식용 소 ② 번식용 돼지 ③ 번식용 닭
2. 다른 류에 분류되지 않은 동물성 생산품	0511	① 소의 정액 ② 동물의 정액(소의 것은 제외한다) ③ 수정란
3. 식용의 채소·뿌리·괴경(塊莖) 4. 곡물	0701	종자용 감자
5. 채유(採油)에 적합한 종자와 과실, 각종 종자와 과실, 공업용·의약용 식물, 짚과 사료용 식물	1005 1209	종자용 옥수수 파종용의 종자·과실·포자(胞子)
6. 의료용품	3001 3002 3822	① 피부와 뼈(이식용으로 한정한다) ② 면역혈청 ③ 혈청과 혈장(합성인 것은 제외한다) ④ HSK번호 제3002.12.3000호, 제3002.13.0000호, 제3002.14.0000호의 것 ⑤ 사람의 피 ⑥ 동물의 피(치료용·예방용·진단용으로 조제한 것으로 한정한다) ⑦ 말라리아용 진단 시험 도구모음
7. 인쇄서적·신문·회화·그 밖의 인쇄물, 수제(手製) 문서·타자문서·도면	4901 4902 4903 4904 4905 4906 4907 4911	① 인쇄서적·소책자·리플릿(leaflet)과 이와 유사한 인쇄물(단매인지에 상관없다) ② 신문·잡지·정기간행물(그림이나 광고 선전물이 있는지에 상관없다) ③ 아동용 그림책과 습화책 ④ 악보[인쇄나 수제(手製)의 것으로서 제본되었는지 또는 그림이 있는지에 상관없다] ⑤ 지도·해도나 이와 유사한 차트(제본한 것, 벽걸이용의 것, 지형도와 지구의를 포함하며, 인쇄한 것으로 한정한다) ⑥ 설계도와 도안[건축용·공학용·공업용·상업용·지형학용이나 이와 유사한 용도에 사용하는 것으로서 수제(手製) 원도(原圖)로 한정한다], 손으로 쓴 책자와 이들을 감광지에 사진복사·카본복사한 것 ⑦ 사용하지 않은 우표·수입인지나 이와 유사한 물품(해당국에서 통용되거나 발행된 것으로 한정한다), 스탬프를 찍은 종이, 지폐, 수표, 주식·주권·채권과 이와 유사한 유가증권 ⑧ 광고 선전물, 상업용 카탈로그(catalogue)와 이와 유사한 것 ⑨ 서화·디자인 및 사진을 제외한 그 밖의 인쇄물(인쇄된 설계도

구분	관세율표 번호	품명
		와 도안을 포함한다)
8. 원자로 및 그 부분품	8401	원자로, 방사선을 조사(照射)하지 않은 원자로용 연료 요소(카트리지)와 동위원소 분리용 기기
9. 차량·항공기·선박과 수송기 관련품	8609	컨테이너(액체운반용 컨테이너를 포함하며, 하나 이상의 운송수단으로 운반할 수 있도록 특별히 설계되거나 구조를 갖춘 것으로 한정한다)
10. 철도용이나 궤도용 외의 차량과 그 부분품·부속품	8710	전차와 그 밖의 장갑차량[자주식(自走式)으로 한정하며, 무기를 장비하였는지에 상관없다], 이들의 부분품
11. 항공기와 우주선, 이들의 부분품	8802	① 그 밖의 항공기(헬리콥터는 제외한다), 우주선(인공위성을 포함한다), 우주선 운반로켓
	8804	② 로토슈트(rotochute) 및 로토슈트의 부분품과 부속품
	8805	③ 항공기 발진장치, 갑판 착륙장치나 이와 유사한 장치, 지상비행 훈련장치, 이들의 부분품(군용·경찰용의 것으로 한정한다)
	8806	④ 무인기
	8807	⑤ 관세율표 제8801호·제8802호·제8806호 물품의 부분품
12. 선박과 수상 구조물	8901	① 순항선·유람선·페리보트(ferry-boat)·화물선·부선(barge)과 이와 유사한 선박(사람이나 화물 수송용으로 한정한다) 중 수리선박
	8902	② 어선과 어획물의 가공용이나 저장용 선박 중 수리선박
	8906	③ 군함을 제외한 그 밖의 선박(노를 젓는 보트 외의 구명보트를 포함한다) 중 수리선박
		④ 군함(수리선박을 포함한다)
13. 무기·총포탄과 이들의 부분품과 부속품	9301	① 군용 무기[리볼버(revolver)·피스톨(pistol)과 관세율표 제9307호의 무기는 제외한다]
	9302	② 리볼버(revolver)와 피스톨(pistol)(관세율표 제9303호·제9304호의 것은 제외한다)
	9305	③ 리볼버(revolver) 또는 피스톨(pistol)(관세율표 제9302호의 것)의 부분품과 부속품
		④ 군용 무기(관세율표 제9301호의 것)의 부분품과 부속품
	9306	⑤ 폭탄·유탄·어뢰·지뢰·미사일과 이와 유사한 군수품과 이들의 부분품, 탄약, 그 밖의 총포탄·탄두와 이들의 부분품[산탄알과 탄약 안에 충전되는 와드(wad)를 포함한다]
	9307	⑥ 검류·창과 이와 유사한 무기, 이들의 부분품과 집
14. 예술품·수집품·골동품	9701	① 회화·데생·파스텔(손으로 직접 그린 것으로 한정하며, 관세율표 제4906호의 도안과 손으로 그렸거나 장식한 가공품은 제외한다), 콜라주(collage)와 이와 유사한 장식판
	9702	② 오리지널 판화·인쇄화·석판화
	9703	③ 오리지널 조각과 조상(彫像)(어떤 재료라도 가능하다)
	9706	④ 골동품

비고 : 제6호의 품명란에서 "HSK번호"란 기획재정부장관이 고시하는 관세통계통합품목분류표상의 번호를 말한다.

저┃자┃약┃력

• 구 성 권

고려대학교 국어교육학 학사
독학학위제 법학 학사
고려대학교 대학원 경영학(회계학) 석사
고려대학교 대학원 법학(조세법) 박사
명지대학교 대학원 경영학(회계학) 박사
공인회계사 · 세무사
삼일회계법인(회계감사, 세무)
세무사, 관세사, 공무원 출제위원
국세심사위원회 위원
한국지방세연구원 쟁송사무 자문위원
(현) 명지전문대학 세무회계과 교수

〈주요저서〉
법인세법, (주)조세통람
세무회계강의, 세학사

• 오 기 수

숭실대학교 대학원 회계학과 졸업(경영학박사)
국가공인 전산 · 세무회계자격시험 출제위원
경기도 세무직 채용시험 출제위원
한국세무회계학회 부회장
한국세무학회 부회장
김포대학교 총무처장
김포대학교 기획실장
김포대학교 교무처장
김포대학교 총장직무대행
한국조세사학회 회장
김포대학교 세무회계정보과 교수

〈주요저서〉
Pass전산세무2급, 도서출판 어울림
실전세무회계(1급), 도서출판 어울림
실전세무회계(2급), 도서출판 어울림
조세법총론, 도서출판 어울림(공저)
세종대왕의 조세정책, 도서출판 어울림
조선시대의 조세법, 도서출판 어울림
세종대왕의 혁신 리더십, 도서출판 어울림

2025 부가가치세법 강의

제 2 6 판 : 2025년 3월 6일 발행
초   판 : 2000년 2월 18일 초판 발행
저   자 : 구성권 · 오기수
발 행 인 : 허병관
발 행 처 : 도서출판 어울림
주   소 : 서울시 영등포구 양산로 57-5, 1301호 (양평동3가)
전   화 : 02) 2232-8607, 8602
팩   스 : 02) 2232-8608
등   록 : 제 2-4071 호
Homepage : http://www.aubook.co.kr

ISBN 978-89-6239-980-6 13320   정 가 : 29,000원

저자와의
협의하에
인지생략